W0396380

Ihr Buch Maturawissen Deutsch

Dieses Buch wurde speziell für Lernende in Vorbereitungslehrgängen für die Berufsreifeprüfung entwickelt. Die Inhalte wurden in Hinblick auf das **kompetenzbasierte Curriculum Deutsch des Bundesministeriums für Unterricht, Kunst und Kultur** entwickelt und sind auf von **Expertinnen und Experten erarbeitete Prüfungsrichtlinien** abgestimmt. „Maturawissen Deutsch" bietet den Stoff in kompakter Form und gibt konkrete Orientierung für die Prüfungsvorbereitung.

Wien 2010

Autoren:

Mag. Helga Längauer-Hohengaßner
arbeitet nach langjähriger Unterrichtstätigkeit an der HAK/HAS Hallein am BIFIE Salzburg im Bereich Bildungsstandards; Lehrbeauftragte an der Universität Salzburg: Fachdidaktik Deutsch

Mag. Andrea Motamedi
Landes-ARGE-Leiterin „Persönlichkeitsbildung und soziale Kompetenz", unterrichtet am Schulzentrum Ungargasse Wien

Mag. Dr. Gerhard Tanzer
unterrichtet am Schulzentrum Ungargasse Wien

Mag. Herbert Pichler
Lehrer am Schulzentrum Ungargasse Wien, Lehrbeauftragter an der Universität Wien: Fachdidaktik Geografie und Wirtschaftskunde, Regionalkoordinator für COOL (Wien, NÖ, Bgld.)

Mag. Dr. Elisabeth Angermayr
Lehrbeauftragte an der Universität Wien: Deutsch als Fremdsprache

Mag. Andrea Mokesch-Marksz
Lehrerin an der der HTL Donaustadt Wien, verfügt über langjährige Unterrichtserfahrung in Vorbereitungslehrgängen für die Berufsreifeprüfung und unterrichtet in Kursen „Berufsmatura Wien"

Printed in Austria, ISBN 978-3-7068-3921-1

Das vorliegende Buch wurde auf chlorfrei gebleichtem Papier gedruckt.

Umschlaggestaltung: buero8, Wien; Druck: Druckerei Theiss GmbH, 9431 St. Stefan

Wissen ist MANZ

Einige Erläuterungen zur Benutzung des Buches!

Das innovative MANZ Lernpaket

Als führender Verlag im berufsbildenden Schulwesen wissen wir, dass Sie Lernpakete benötigen, die Sie zielgerecht zum Lernerfolg – dem Wissen des Lernstoffes – führen. Wir wollen, dass Sie nach Abschluss Ihrer Ausbildung Ihre persönlichen Chancen am Arbeitsmarkt bestmöglich wahrnehmen können.
Wir arbeiten täglich an der Produktion zeitgemäßer Lernpakete und stehen dabei im ständigen Dialog mit erfahrenen Autoren und Wissenschaftlern.

Ihr Lernpaket besteht aus einem übersichtlich gegliederten Buch und abwechlungsreichen Online-Ergänzungen im Rahmen von SbX. Alle Teile des Lernpakets sind aufeinander abgestimmt und folgen dem MANZ 4-Schritte-Lernmodell.

Das MANZ 4-Schritte-Lernmodell

Dieses Buch ist ein speziell für Sie neu gestaltetes, modernes Lern- und Arbeitsbuch. Der Lernstoff ist in diesem Buch in Kapitel und innerhalb der Kapitel in Lerneinheiten gegliedert. Die Lerneinheiten sind nach dem MANZ 4-Schritte-Lernmodell aufgebaut und ein spezielles Leitsystem erleichtert die „Navigation" im Buch.

LERNEN (Input)
Information aufnehmen, Zusammenhänge erkennen, Theorie erfassen

ÜBEN (Anwendung)
Routine erwerben, Zusammenhänge verstehen, Erfahrung sammeln

SICHERN (Festigung)
Gelerntes zusammenfassen, Übersicht gewinnen, Inhalte wiederholen

WISSEN (Kontrolle)
Wissen testen, Kompetenz überprüfen, Können beweisen

SbX Zu diesem Lern- und Arbeitsbuch gibt es im Rahmen von SbX vielfältige Online-Ergänzungen. Auch die Online-Ergänzungen sind nach dem MANZ 4-Schritte-Lernmodell aufgebaut und ermöglichen Ihnen zusammen mit dem Buch abwechslungsreiches und nachhaltiges Lernen.

Vorbereitung auf die Berufsreifeprüfung
In den Lerneinheiten 2 und 3 des Kapitels 6 finden Sie jeweils im Schritt WISSEN eine komplette Aufgabenstellung zur Vorbereitung auf die Prüfung. Aufgabenstellungen zu anderen Themenbereichen finden Sie im SbX.

Dem Verlag MANZ ist es ein grundlegendes Anliegen, ...
... Chancengleichheit wo immer möglich zu fördern. Frauen und Männer werden in den Texten und Beispielen dieses Buches gleichberechtigt behandelt. Um den Lesefluss nicht zu stören, wird aber – wo nötig – auf das Nebeneinander weiblicher und männlicher Formen verzichtet.

Das Buch

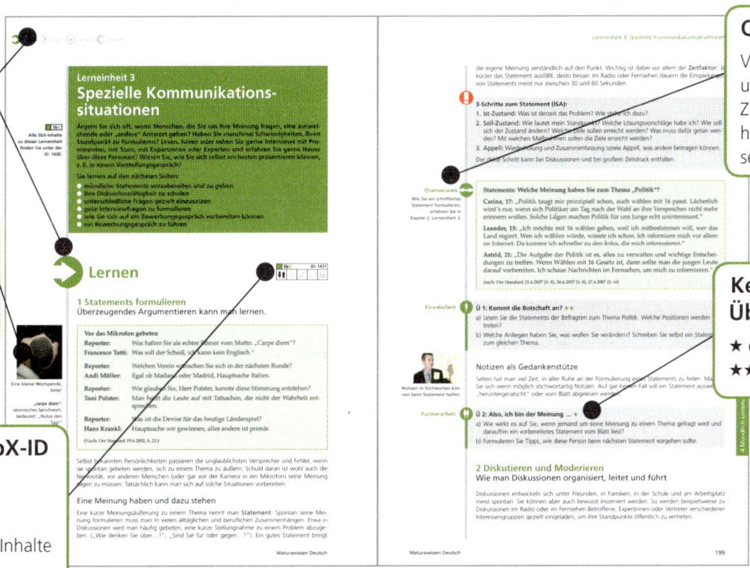

Lerneinheiten
führen Sie Schritt für Schritt durch den Lernstoff.

Marginalspalte
enthält Zusatzinformationen und Beispiele

SbX-Leiste und SbX-ID
SbX ID: 0003
Übersicht über die SbX-Inhalte zu jedem Arbeitsschritt

Querverweis
Verweise auf andere Kapitel und Lerneinheiten helfen, Zusammenhänge zu verstehen und unterstützen den selbständigen Lernprozess.

Kennzeichnung der Übungsbeispiele:
★ einfach, ★★ mittelschwer, ★★★ komplex

SbX – Digitale Inhalte

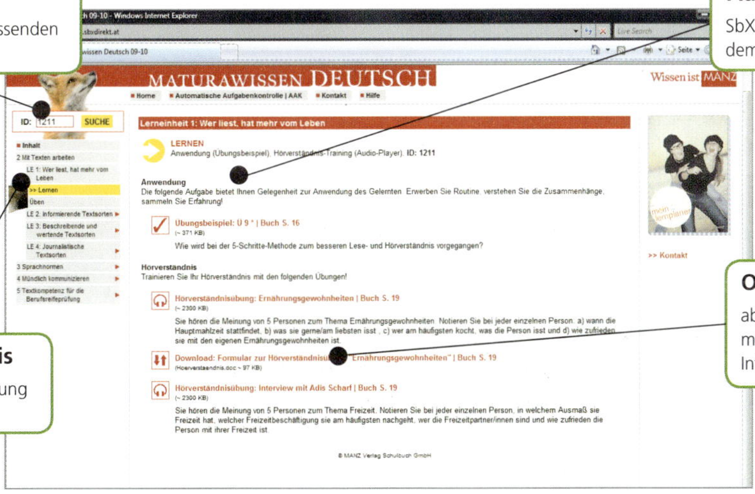

ID-Eingabe
führt direkt zu den passenden Online-Inhalten.

Inhaltsverzeichnis
Übersichtliche Darstellung der Inhalte

Aufbau
SbX und Buch folgen demselben Aufbau.

Online-Ergänzungen
abwechslungsreiche Übungsmöglichkeiten und aktuelle Informationen zum Lernstoff

Aktivieren Sie kostenlos Ihr SbX:

→ **www.sbxdirekt.at**

→ **Startcode: 00253921**

Inhaltsverzeichnis

Maturawissen Deutsch

1 Start – Ziel

Wer an den Start geht, möchte auch ans Ziel kommen. Für manche zählt dabei nur der Sieg, für andere genügt es, dabei zu sein. Das gilt für den Sport. Und für Ihren Weg zur Berufsreifeprüfung? Für Ihre Deutschprüfung?

Sie kommen mit unterschiedlichen Voraussetzungen, mit unterschiedlichen schulischen und beruflichen Erfahrungen, aber eines wollen Sie alle: Kompetenzen, Fähigkeiten und Fertigkeiten erwerben, damit Sie die schriftliche und mündliche Teilprüfung Deutsch der Berufsreifeprüfung erfolgreich ablegen können.

Auf den folgenden Seiten lernen Sie:

- **das 4-Schritte-Modell Ihres Skriptums kennen**
- **die Bildungsstandards und den Start Ihres Weges zur BRP kennen**
- **das Ziel Ihres Weges zur BRP kennen**

1 Mit vier Schritten zum Lernerfolg
Das Lernkonzept

Alle reden vom Erfolg. Aber wie ist man denn erfolgreich beim Lernen? Ihr Deutschbuch geht von vier Schritten aus, die gesetzt werden müssen, um etwas nachhaltig – also gründlich und auf Dauer – zu lernen. Vier Schritte, das klingt nicht viel – probieren Sie es doch einfach aus!

Erster Schritt: Lernen
Können kommt von Kennen und Kennen kommt von Kennenlernen.

Der erste Schritt beim Lernen ist das Lernen selbst. Gemeint ist das Lernen durch **Kennenlernen.** Ich lerne etwas Neues kennen oder vertiefe etwas schon Bekanntes. Ich lerne es kennen, indem ich darüber lese, die Lehrerin etwas erklärt, jemand ein Referat hält, wir in der Gruppe gemeinsam überlegen und logische Schlüsse ziehen, ein Film vorgezeigt und analysiert wird, wir einer Radiosendung lauschen usw.

Lerne deine Sprache kennen.

Die Möglichkeiten des (Kennen-)Lernens sind fast unbegrenzt.

Einzelarbeit

Ü 1: Lernen – aber wie? ★
Ihr Buch hat vier Kapitel und jedes Kapitel ist untergliedert in Lerneinheiten. Suchen Sie sich zwei Lerneinheiten aus und tragen Sie Ihre Ergebnisse in die Tabelle ein.

Nummer des Kapitels/ Titel der Lerneinheit	Wie lernen Sie? ● durch Erklärung von Regeln ● durch Tipps für Vorgangsweisen ● durch Präsentation von Beispielen ● …	Bekanntheitsgrad: ● ganz neu: 3 ● zum Teil neu: 2 ● schon bekannt: 1	Persönliche Bewertung: Für mich … ● sehr interessant: 3 ● neutral: 2 ● wenig interessant: 1

Zweiter Schritt: Üben
Übung macht den Meister oder die Meisterin.

Dem Schritt „Lernen" folgt der Schritt „Üben", den man sich vielleicht gerne ersparen möchte. Aber wie das Sprichwort sagt, kommt man erst durch Übung – moderner gesprochen durch Training – zur wahren Meisterschaft.

Querverweis
Die sieben wichtigsten Beistrichregeln werden in Kapitel 3, Lerneinheit 5 besprochen.

Nur weil ich die „7 glorreichen Beistrichregeln" verstanden habe und auswendig aufsagen kann, heißt das nicht, dass ich ab jetzt keinen Beistrichfehler mehr mache. Ich muss die gelernten Regeln „umsetzen", denn ohne Praxis bleibt die Theorie blind. Jeder, der Sport betreibt, weiß das. Für das Sprachtraining gelten ganz ähnliche Regeln: Theoretisches Wissen ist die Basis, praktische Anwendung das Ziel.

Ganz ohne Anstrengung geht das Lernen nicht.
Aber es kann ebenso viel Spaß machen.

Dazwischen liegen viele Übungsschritte.

Partnerarbeit

Ü 2: Gerne üben ★

Wählen Sie eine Lerneinheit, die Sie interessiert, und schauen Sie sich den Übungsteil dazu näher an. Welche Übung gefällt Ihnen am besten? Warum?

Sprechen Sie darüber mit Ihrer Sitznachbarin oder Ihrem Sitznachbarn.

Johann Wolfgang von Goethe (1749–1832) war einer der bedeutendsten deutschen Schriftsteller der Geschichte und sah sich selbst als Universalgenie.

die Marginalspalte: linke Randspalte in diesem Buch

● Dritter Schritt: Sichern

„Wer sichere Schritte tun will, muss langsam gehen." (J. W. von Goethe)

Wer kennt das nicht? Man hat stundenlang für einen Test geübt, aber ein paar Tage später kann man die Aufgaben nicht mehr richtig lösen und die Fragen nicht mehr vollständig beantworten.

Der Grund dafür ist, dass das Geübte wiederholt und gefestigt werden muss, damit es auch wirklich gut im Gedächtnis verankert wird. Ihr Deutschbuch nennt diesen Schritt „Sichern". Nach ausreichend viel Übung sollte man die Aufgaben „sichernd" wiederholen. Im Schritt „Sichern" finden Sie in der Marginalspalte immer das Stichwort, rechts daneben die Antworten. Decken Sie den rechten Teil ab und geben Sie selbst die Antworten. Wenn Ihnen das auch längere Zeit nach dem eigentlichen Lernen und Üben gelingt, haben Sie Ihr Wissen und Ihr Können gut gesichert.

Was für das Klettern gilt, gilt auch für das Lernen: Es muss gesichert werden!

Einzelarbeit

Ü 3: Das Erlernte sichern ★

Gehen Sie zum Schritt „Sichern" auf Seite 159 und überprüfen Sie sich selbst. Decken Sie den rechten Teil ab und lesen Sie die Stichwörter in der Marginalspalte. Können Sie zum Stichwort richtig und vollständig antworten? Wenn ja, dann ist Ihr Wissen gesichert und Sie können zum Schritt „Wissen" weitergehen. Wenn nicht, dann heißt das, dass Sie in diesem Bereich noch Neues kennenlernen, üben und sichern werden.

● Vierter Schritt: Wissen

„Wissen ist ein Schatz, der seinen Besitzer überallhin begleitet." (Sprichwort aus China)

Wie viel kann ein Mensch tatsächlich wissen? Was müssen Lernende in einem Fach können, um durchzukommen? Stimmt es, dass das Wissen sich in nur wenigen Jahren vervielfacht? Und was bedeutet „Wissen" überhaupt? Wer etwas in einem bestimmten Bereich wirklich weiß, ist darin kompetent. Das heißt, er kann das erworbene Wissen in konkreten Lebenssituationen umsetzen.

Der Schritt „Wissen" teilt sich in Wissenskontrolle und Wissens-Check. Bei der Wissenskontrolle stellen Sie selbst fest, inwieweit Sie Wissen – im Sinne von Kompetenz – erworben haben. Wenn Sie größere „Wissenslücken" entdecken, ist es ratsam, die Schritte 1 bis 3 zu wiederholen.

Im Wissens-Check geht es um Ihre Meinung zu bestimmten Fragen und die Einschätzung Ihrer eigenen Kompetenz. Die eigenen Leistungen realistisch einschätzen zu können, ist ebenfalls eine wichtige Kompetenz.

„Nach Wissen suchen, heißt Tag für Tag dazugewinnen."
(Laotse, chinesischer Philosoph)

Einzelarbeit

Ü 4: Wissenskontrolle ★

Wählen Sie eine Lerneinheit aus, die Sie interessiert, und lesen Sie sich die Kontrollfragen dazu durch. Niemand erwartet, dass Sie diese Fragen schon jetzt beantworten können. Aber die Kontrollfragen zeigen Ihnen, worüber Sie am Ende der Lerneinheit Bescheid wissen und was Sie können werden. Markieren Sie, worin Sie bald kompetent sein möchten, und teilen Sie das Ihren Kolleginnen/Kollegen mit.

Gruppenarbeit

Sokrates († 399 v. Chr.) war ein für das abendländische Denken grundlegender griechischer Philosoph.

Es ist noch kein Meister vom Himmel gefallen: Es braucht seine Zeit, bis man etwas gut kann.

Ü 5: Lernen und Wissen ★★

„Ich weiß, dass ich nichts weiß."
(Sokrates zugeschrieben)

Was könnte mit dieser Aussage gemeint sein?

2 Bildungsstandards

Es ist noch kein Meister vom Himmel gefallen.

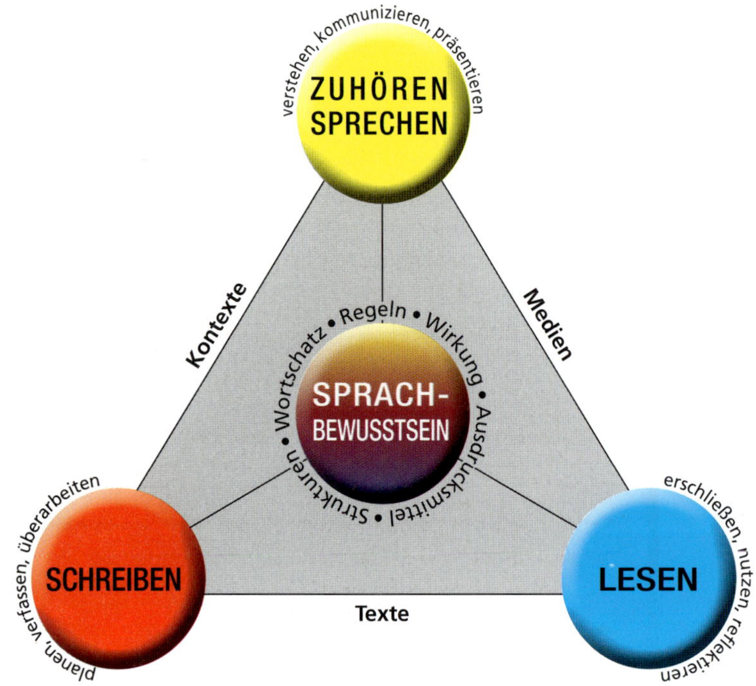

Kompetenzen im Deutschunterricht

Die Abbildung gibt die grundlegenden Bereiche wieder, in denen die Schülerinnen und Schüler im Fach Deutsch bis zum Ende der 8. Schulstufe Kompetenzen erworben haben sollten. Gemeint sind damit die Fähigkeiten und Fertigkeiten, die man im Umgang mit der deutschen Sprache besitzt. Sie sind in den Bildungsstandards festgelegt.

Testen Sie sich selbst: Sind Sie in der Lage, bei einem Referat die Aufmerksamkeit der Zuhörenden zu wecken? Können Sie erfolgreich Ihre Anliegen vorbringen, Ihre Meinung vertreten, die Ansichten anderer verstehen? Haben Sie einen genügend großen Wortschatz, um eine spannende Geschichte zu schreiben? Können Sie einen längeren Text so zusammenfassen, dass sein Sinn erhalten bleibt? Verstehen Sie, was in der Zeitung steht? Können Sie Anliegen auch schriftlich vorbringen oder überlassen Sie das anderen, die's besser können – weil Sie Angst haben, sich mit Ihren Deutschkenntnissen zu blamieren? Lesen Sie gerne oder meiden Sie Bücher, weil Sie sehr langsam lesen und das Lesen Sie schnell ermüdet? Haben Sie schon den Künstler/die Künstlerin in sich entdeckt?

Vielleicht sagen Sie sich: Das soll ich schon alles können? – Seien Sie beruhigt: Der Aufbau des Buches ermöglicht es Ihnen,

- Unsicherheiten in der deutschen Sprache zu verringern,
- bereits Gelerntes zu festigen,
- die notwendigen Fähigkeiten und Fertigkeiten in den Bereichen Zuhören, Sprechen, Lesen, Schreiben und Sprachbewusstsein für die Berufsreifeprüfung zu erwerben.

Sie brauchen gute Deutschkenntnisse für die Reifeprüfung und Ihr ganzes Leben: in Ihrem jetzigen Beruf, in einem späteren Studium und bei Ihrer zukünftigen beruflichen Tätigkeit.

Einzelarbeit

Ü 6: Deutschkenntnisse gefragt ★★

In vielen Job-Inseraten werden gute Deutschkenntnisse erwartet.

Überlegen Sie: Was hat die Firma davon?

Können Sie sich Situationen vorstellen, in denen Sie bei den beschriebenen Jobs gute Deutschkenntnisse brauchen? Welche Kenntnisse genau?

der Account Manager: der Kundenbetreuer

Wir suchen für die **Division MM Packaging** per sofort eine/n ambitionierte/n

European Account Manager (m/w)

Aufgabengebiet:

- Verantwortliche Betreuung und strategische Weiterentwicklung von internationalen Kunden der Markenartikelindustrie
- Konzeptionelle Entwicklung und Durchführung von Maßnahmen zur Erreichung der Umsatz- und Ergebnisziele
- Verhandlung und Umsetzung von Vertragsparametern
- Koordination aller kundenorientierten Aktivitäten in enger Zusammenarbeit mit Produktion, Produktentwicklung, Supply Chain Management und IT
- Zentraler, kompetenter Ansprechpartner für alle Belange auf der Kundenseite

Persönliche Voraussetzungen:

- Abgeschlossenes Studium (WU, FH) mit Fachrichtung BWL
- Mehrjährige Vertriebserfahrung im Bereich Verpackung, Druck, Papier/Karton oder FMCG auf europäischer oder internationaler Ebene
- Ausgeprägte Kunden- und Serviceorientierung
- Analytischer, strukturierter Arbeitsstil
- Schnittstellenübergreifendes Denken
- Hohes Maß an Eigeninitiative, Durchsetzungskraft und Abschlussstärke
- Ausgezeichnete Englisch- und Deutschkenntnisse sowie Kenntnisse einer weiteren Fremdsprache (Ostsprache von Vorteil)
- Reisebereitschaft
- Gute EDV-Anwenderkenntnisse, insbesondere MS Excel

Wir bieten Ihnen eine interessante, fachlich herausfordernde Aufgabe als Einstieg in einen international agierenden Konzern. Bei entsprechendem Einsatz und Erfolg können Sie mit ausgezeichneten Karriere- und Verdienstmöglichkeiten innerhalb des Konzerns rechnen.

Ihre aussagekräftigen Bewerbungsunterlagen (E-Mail bevorzugt) senden Sie bitte unter Angabe der Referenz **„European Account Manager"** an:

E-Mail: jobapplication@mm-karton.com

Mayr-Melnhof Karton Gesellschaft m.b.H.
Human Ressources
Brahmsplatz 6, 1041 Wien

das Leumundszeugnis: polizeiliche Bestätigung, dass keine Vorstrafen vorliegen; wird auch „Führungszeugnis" genannt

Security-Personal

in Wien für Bewachungsdienste,
ab sofort,
Mo.-Fr. zwischen 9.00 und 15:00,
2 Tage in der Woche,
auf geringfügiger Basis.

Voraussetzungen sind:
Volljährigkeit, ein einwandfreies Leumundszeugnis, sicheres und gepflegtes Äußeres, Mindestkörpergröße 172 cm sowie perfekte Deutschkenntnisse.

Bewerbungstermin:
Dienstags, zwischen 14:00 und 16:00,
1050 Wien,
Rüdigergasse 10,
bei Hrn. Willer

Infos auf www.promo-team.at

Im Einzelnen sind mit den Kompetenzen im Deutschunterricht folgende Fertigkeiten verbunden:

reflektieren: nachdenken

Zuhören, Sprechen	mündlichen Darstellungen folgen und sie verstehen
	Sprache situationsangemessen, partnergerecht und sozial verantwortlich gebrauchen
	Gespräche führen
	Inhalte mündlich präsentieren
Lesen	Texte aus verschiedenen Medien formal erschließen
	Texte aus verschiedenen Medien inhaltlich erschließen
	Informationen aus Texten und Medien entnehmen
	Medienangebote nutzen
	Texte und Medien reflektieren
Schreiben	Texte planen
	Texte verfassen
	Texte überarbeiten
	Schreiben als Hilfsmittel einsetzen

der differenzierte **Wortschatz:** unterschiedliche Sprachverwendung, an Situationen angepasst

Sprachbewusstsein 	Text- und Satzstrukturen kennen und anwenden
	Wortarten und Wortstrukturen kennen und anwenden
	über einen differenzierten Wortschatz verfügen und sprachliche Ausdrucksmittel situationsgerecht anwenden
	grundlegende Regeln der Rechtschreibung und Zeichensetzung anwenden
	Bedeutung und Wirkung von Sprache in geschriebenen und gesprochenen Texten unter Berücksichtigung eines mehrsprachigen Umfeldes reflektieren

3 Ziel erreicht
Ihre Kompetenzen sind gefragt.

Am Ende des Vorbereitungslehrganges zur Berufsreifeprüfung treten Sie zur Reifeprüfung an. Bis dahin haben Sie

- sich mit vielfältigen Themen, ausgehend von unterschiedlichen Text- und Bildimpulsen, auseinandergesetzt,
- selbst unterschiedliche Texte verfasst und
- gelernt, Ihren Standpunkt schriftlich und mündlich sprachlich richtig zu präsentieren.

Was erwartet Sie nun bei der Prüfung?

Bei der schriftlichen Prüfung können Sie zwischen zwei Themen wählen!

Im Rahmen der **schriftlichen Prüfung** werden Sie zu einem Thema unterschiedliche (meist zwei bis drei) Aufgaben erfüllen, z. B. in Form eines Leserbriefes zu einer Meinung Stellung nehmen, die Kernaussagen eines beiliegenden Textes zusammenfassen, diese Aussage kommentieren, ein Redemanuskript oder eine Buchempfehlung verfassen …

In Rahmen der **mündlichen Prüfung** werden Sie Ihre schriftliche Arbeit präsentieren und wichtige Aussagen diskutieren, d. h.,

- einen Teilaspekt Ihrer Arbeit, ausgehend z. B. von einer Präsentationsunterlage, einer Grafik, einer Mindmap, einer Gliederung, präsentieren sowie
- Ihre Meinung und Aussagen verteidigen, z. B. auf Einwände eingehen, Ideen weiterentwickeln, zu anderen Argumenten Stellung beziehen etc.

Im Rahmen des Vorbereitungslehrganges und mithilfe dieses Deutschbuches werden Sie bis zur Prüfung die nötige Vielfalt an Kompetenzen kennengelernt, geübt und vor allem nachhaltig erworben haben.

2 Mit Texten arbeiten

„Aufsatzschreiben kann man nicht lernen. Das liegt einem oder nicht", so hört man viele Menschen sagen. Dabei stimmt das ganz und gar nicht! Natürlich: Jeder Mensch hat seinen eigenen Stil, aber die meisten Texte folgen bestimmten Kriterien des Aufbaus und des Inhalts. Und wenn Sie diese kennen und anwenden, haben Sie schon einen wesentlichen Schritt in Richtung erfolgreich abgelegte Berufsreifeprüfung in Deutsch getan.

Sie lernen hier:

- unterschiedliche Textsorten kennen und voneinander unterscheiden
- unterschiedliche Textsorten verfassen
- die besonderen Merkmale der einzelnen Textsorten kennen
- dass Schreiben Spaß machen kann

Lerneinheit 1

Wer liest, hat mehr vom Leben

Wenn von der PISA-Studie die Rede ist, dann geht es nicht um die italienische Stadt mit dem schiefen Turm, sondern um ein Programm zur Messung von Schülerleistungen. Diese Messungen werden in vielen Ländern der Welt alle drei Jahre durchgeführt. Spätestens seit dem Ergebnis der PISA-Studie des Jahres 2000 ist eines klar: Österreichs Schülerinnen und Schüler haben Probleme mit dem Lesen. Fast 20 Prozent der 15-Jährigen können einem einfachen Sachtext nicht die wichtigsten Informationen entnehmen. Wer nicht gut liest, dem macht das Lesen natürlich auch keinen Spaß. Noch schlimmer ist aber die Tatsache, dass Menschen mit Leseproblemen schlechte Chancen auf dem Arbeitsmarkt haben.

Lesen und Lernen sind sehr eng miteinander verknüpft. Wer gut liest, hat es auch beim Lernen leichter. Gemeint ist dabei nicht, ob jemand gut vorlesen kann, sondern ob jemand die jeweils richtige Lesetechnik anwendet. Das Lesen zum Vergnügen ist etwas anderes als das lernende Lesen.

Sie lernen hier:

- gute und schlechte Lesegewohnheiten unterscheiden
- grundsätzliche Regeln für das Lesen
- verschiedene Lesetechniken kennen und anwenden
- Lese- und Lerntypen und ihre Auswirkungen auf die Ausbildung kennen
- die 5-Schritte-Methode für Sachtexte kennen
- die 5-Schritte-Methode auf literarische Texte anwenden

SbX

Alle SbX-Inhalte zu dieser Lerneinheit finden Sie unter der ID: 1210.

Tägliche Nahrung: Haben Sie heute schon einen Apfel gegessen und ein Buch gelesen?

PISA: Programme for International Student Assessment; internationale Vergleichsstudie zur Messung von schulischen Leistungen 15-Jähriger

Lernen

SbX ID: 1211

1 Der Stellenwert des Lesens

Wie oft und was wir lesen

die Frequenz: die Häufigkeit

Bei Umfragen zur Lesehäufigkeit zeigt sich immer wieder, dass viele Menschen angeben, praktisch nie zu lesen. Aber ist das in unserem Kulturkreis überhaupt möglich? Wahrscheinlich denken die Befragten zu sehr an das Lesen ganzer Romane. Doch das Lesen von Büchern als Freizeitbeschäftigung ist nur eine Seite des Lesens.

Lieblingsort Bibliothek

Der Stellenwert, den Menschen dem Lesen geben, und die Lesegewohnheiten hängen sehr stark mit den Erfahrungen in der Kindheit zusammen. Wem als Kleinkind Geschichten vorgelesen wurden und wer als Kind Erwachsene immer wieder Zeitungen oder Bücher lesen sah, wird als Jugendlicher selbst auch häufiger zu einem Buch greifen. Das Erstellen einer **Lesebiografie** hilft, die Gründe für das eigene Leseverhalten besser zu verstehen und zu verändern – wenn dies notwendig ist.

Einzelarbeit

Ü 1: Medienvielfalt und Lesehäufigkeit ★

Wie oft lesen Sie in folgenden Medien? Kreuzen Sie Zutreffendes an.

	täglich bzw. mehrmals pro Woche	einmal pro Woche bis einmal pro Monat	seltener als einmal pro Monat
Schulbücher, Overheadfolien, Beamer-Projektionen, Tafel			
Zeitschriften und Magazine			
Sachbücher oder Fachaufsätze			
Newsletter, E-Mails			
Internet (Homepages, Informationsseiten, Spiele mit überwiegend Text …)			
TV-/Kino-Programme, Teletext			
Erzählungen, Romane, Jugendbücher			
Gedichte, Liedtexte, Briefe, Kalendersprüche …			
Tages- oder Wochenzeitung			
Prospekte und Kataloge			
Fahrpläne, Listen, Grafiken, Plakate …			
Gebrauchsanleitungen (Handy, PC-Installation …), Rezepte			
Mitschriften, kopierte Unterlagen			

Bücher sind vielseitig: Sie können uns unterhalten, informieren, erheitern …

Tägliche Lesezeit

Schauen Sie sich die von Ihnen ausgefüllte Tabelle zu „Medienvielfalt und Lesehäufigkeit" noch einmal an und überlegen Sie, wie viel Zeit pro Tag Sie mit dem Lesen verbringen. Tragen Sie Ihre Schätzungen in die Tabelle in Ü 2 ein.

Einzelarbeit

Ü 2: Ermittlung der täglichen Lesezeit ★

Wählen Sie sich einen bestimmten Tag in dieser Woche aus, an dem Sie Ihre Lesezeit exakt messen. Tragen Sie das Ergebnis in die Tabelle ein. Trennen Sie dabei zwischen der Zeit, in der Sie von bedrucktem Papier lesen, und jener, in der Sie etwas von Bildschirmen ablesen.

	a) Lesezeit pro Tag: gedrucktes Papier (Bücher, Zeitschriften …)	**b) Lesezeit pro Tag:** Bildschirm, Projektionstafel …
geschätzt: Datum:		
gemessen: Datum:		

Gesamtlesezeit (a + b): __________ Minuten/Tag

Lesezeiten im Vergleich

Schreiben Sie die gemessene Gesamtlesezeit in Minuten pro Tag anonym auf ein Zettelchen. Die Zettel werden eingesammelt. Berechnen Sie mit den Kursteilnehmerinnen und Kursteilnehmern den Durchschnitt. Vergleichen Sie den Kursdurchschnitt mit Ihrem persönlichen Wert.

anonym: ohne Angabe des Namens

Kursdurchschnitt: __________

Persönlicher Wert: __________

2 Lesegewohnheiten
Wie wir lesen

Bücher sind (wie) Freunde: Sie haben immer etwas zu erzählen.

Sind Sie zufrieden mit dem Ergebnis des Lesezeitvergleichs von Seite 9? Freut es Sie, dass Sie zu denen gehören, die überdurchschnittlich viel lesen? Oder stört es Sie, dass Ihre tägliche Lesezeit unter dem Kursdurchschnitt liegt?

Oft sind schlechte **Lesegewohnheiten** die Ursache dafür, dass jemand nicht so gerne liest. Wenn es gelingt, **„hemmende"** Gewohnheiten durch **„fördernde"** zu ersetzen, macht das Lesen mehr Spaß. Wer mehr Freude am Lesen hat, der liest auch mehr, wie Statistiken zeigen. Und wer mehr liest, hat bekanntlich mehr Vorteile im Leben, vor allem im Berufsleben.

Einzelarbeit

Ü 3: Lesegewohnheits-Check ★

Arbeiten Sie die neun Fragen durch und kreuzen Sie an, was auf Sie zutrifft.

	ja	nein
1. Ich spreche beim Lesen (fast unhörbar) mit.	☐	☒
2. Ich lese (sehr) langsam.	☐	☒
3. Beim Lesen habe ich weniger als fünf bis acht Wörter voraus im Blickfeld.	☒	☐
4. Ich merke oft plötzlich, dass meine Augen noch dem Text folgen, aber ich weiß nicht, was ich gelesen habe. Ich muss an die Stelle zurückgehen, an der ich noch etwas mitbekommen habe.	☒	☐
5. Ich buchstabiere beim Lesen einzelne – vor allem längere – Wörter.	☐	☒
6. Wenn ich laut (vor)lese, brauche ich wesentlich mehr Zeit, als wenn ich denselben Text leise lese.	☐	☒
7. Wenn ich lese, „fährt" der Finger die Zeile mit.	☐	☒
8. Wenn ich lese, lege ich mir ein Lineal oder einen Stift unter die Zeile, die ich gerade lese.	☐	☒
9. Lesen Sie folgenden fehlerhaft getippten Text zügig (rasch und ohne abzusetzen) durch: *Gmäeß eneir Sutide eneir egnlihcesn Uvinsiterät, ist es nchit witihcg, in wlecehr Rneflogheie die Bstachuebn in eneim Wort snid, das ezniige, was wcthiig ist, ist dass der estre und der leztte Bstabchue an der ritihcegn Pstoiion snid. Der Rset knan ein ttoaelr Bsinöldn sein, tedztorm knan man ihn onhe Pemoblre lseen. Das ist so, wiel wir nicht jeedn Bstachuebn enzelin leesn, snodern das Wort als gseatems.* Konnten Sie den fehlerhaft getippten Text bei zügiger Lesegeschwindigkeit nicht richtig lesen?	☒	☐

Wenn Sie nur die Fragen 3, 6 und 9 mit „ja" beantwortet haben, liegen bei Ihnen keine hemmenden Lesegewohnheiten vor. Die anderen Gewohnheiten sind hemmend. Sie sollten versuchen, diese abzubauen und fördernde Gewohnheiten aufzubauen.

Menschen haben die unterschiedlichsten Gewohnheiten, was den **Zeitpunkt und den Ort des Lesens** betrifft. Manche lesen abends im Bett vor dem Einschlafen und schlafen dabei oft auch gleich ein, denn im Liegen lesen macht schnell müde. Andere glauben, sie können ohne die Morgenzeitung nicht aus dem Haus und nehmen sie sogar mit aufs WC. Wieder andere nützen jede Fahrt mit dem Bus oder der U-Bahn zum Lesen usw.

Einzelarbeit

Ü 4: Leseplätze und Lesepositionen ★

Kreuzen Sie jene Lesepositionen (sitzend, liegend, stehend …) und Leseplätze (Sofa, Bett, Schreibtisch …) an, die auch Ihre sein könnten.

An welchen Orten und in welcher Position lesen Sie gerne Bücher, Zeitungen, Informationstexte etc.? Diskutieren Sie Ihre Gewohnheiten mit den Kusteilnehmerinnen und -teilnehmern.

Grundsatz 1: Sorgen Sie dafür, dass Sie gut sehen.

„Na gut, dann setz' ich mir eben die Brille auf."

Zehn allgemeine Grundsätze für das Lesen

Lesen lernt man, indem man liest. Doch das Lesetraining beginnt nicht beim Lesen selbst. Das Lesen ist zwar eine Leistung unseres Geistes, aber auch der Körper spielt dabei eine wesentliche Rolle: vor allem die Augen und die Körperhaltung. Ein Experte hat Grundsätze für „optimales Lesen" formuliert. Kreuzen Sie an, welche Tipps Sie für sinnvoll halten.

Sorgen Sie beim Lesen dafür, dass …

- Sie gut sehen. Gehen Sie zum Augenarzt, wenn Sie das Gefühl haben, nicht (mehr) gut genug zu sehen oder andere Sie darauf aufmerksam machen.
- es hell genug ist, wenn Sie vom Papier ablesen.
- die Lichtquelle Sie nicht blendet.
- der Bildschirm nicht spiegelt oder verschmutzt ist.
- der Abstand zwischen dem Text und den Augen stimmt (25 bis 35 cm).

- Sie gut durchatmen können. Richten Sie sich beim Lesen auf und blicken Sie leicht senkrecht auf den Text.
- Ihre Augen nicht müde sind und brennen. Wenn doch, machen Sie sofort eine Pause und bewegen Sie sich.
- der Text nie ganz flach vor Ihnen auf dem Tisch liegt. Nehmen Sie das Buch in die Hand oder stellen Sie die Tischfläche schräg.
- Ihre Blickspanne weit ist. Sie sollten immer mindestens 5 bis 8 Wörter im Blickfeld (ca. 10 cm) haben.
- Sie öfter einmal blinzeln. Das entlastet die Augen.

(Adaptiert nach: Ott, Ernst: Optimales Lesen. Reinbek bei Hamburg 2007, S. 29.)

Gruppenarbeit

Ü 5: Lesegrundsätze ★★

Sprechen Sie im Kurs über jene Grundsätze, die Ihnen nicht einleuchtend erscheinen, und über Ihre eigenen Erfahrungen. Was erleichtert Ihnen das Lesen? Macht es einen Unterschied, ob Sie einen Sachtext oder einen Krimi lesen?

3 Lesekompetenz

Lesen erschließt eine neue Welt.

Erinnern Sie sich noch an Ihre Leseanfänge? Daran, wie lange Sie brauchten, um ein einziges Wort zu lesen? Mit der Zeit wurde Ihr Lesen immer „flüssiger". Sie konnten die einzelnen Wörter rascher erfassen und – von schwierigen Wörtern abgesehen – ohne Fehler lesen.

„Wenn das Lesen automatisch passiert: Warum lesen dann nicht alle gleich gut?" – Nicht bei allen Menschen verläuft der Prozess des Lesenlernens ohne Störungen. Manche brauchen daher eine spezielle Lesebetreuung.

Wenn Ihnen nach vielen Jahren (schulischer) Leseerfahrung ein neues Wort begegnet, können Sie auch dieses (meistens) auf Anhieb richtig lesen. Denn selbst in neuen, unbekannten Wörtern stecken bekannte Silben oder Wortteile. Das Gedächtnis hat einen Speicher und aktiviert die Wörter und Silben daraus direkt und automatisch. Das Lesen funktioniert daher mühelos. Zu einer guten Lesekompetenz gehört aber auch ein gewisses Maß an **Lesegeschwindigkeit.**

Schnelllesen allein ist aber nicht alles. Wer nur schnell liest, am Ende aber nicht sagen kann, was er/sie gelesen hat, verfügt nicht über die richtige Kompetenz. Das Ziel ist schnelles und zugleich den Sinn erfassendes Lesen. Zur Messung der Lesegeschwindigkeit gibt es Tests, zur Steigerung der Lesegeschwindigkeit gibt es Übungen.

Partnerarbeit

Stoppen Sie die Zeit!

Ü 6: Test zur Bestimmung der Lesegeschwindigkeit ★★

Sie benötigen zu zweit jeweils eine Stoppuhr (Handy). Beginnen Sie mit der Zeitnahme, sobald Ihr Partner oder Ihre Partnerin mit dem **lauten Lesen** des Textes beginnt, und stoppen Sie, wenn er/sie den letzten Satz zu Ende gelesen hat. Tauschen Sie danach die Rollen: Sie lesen den Text und Ihr Partner/Ihre Partnerin stoppt die Zeit. Tragen Sie Ihre eigene Lesezeit sofort ein. Achten Sie darauf, dass der/die eine Text A, der/die andere Text B liest.

Schlagen Sie Seite 41 auf. Dort finden Sie den Text „Malta. Die Malteser Medienprofis." von Martin Amanshauser.

Text A (215 Wörter): Linke Spalte von „Ich war an dem Tag …" bis zum Ende von 3) „… trugen sie schwarze Mäntel."

Text B (218 Wörter): Rechte Spalte von 4) „Malta erhielt …" bis zum Ende des Textes.

Gelesener Text: A / B   Lesedauer: ____________ Sekunden

WPM: Wörter pro Minute

Kreuzen Sie den gelesenen Text an und tragen Sie Ihre Lesedauer in Sekunden ein. Berechnen Sie jetzt Ihren Lesegeschwindigkeitswert, den sogenannten WPM-Wert.

Berechnungsbeispiel: Jemand liest einen Text mit 430 Wörtern in 110 Sekunden. In einer Sekunde liest er: 430 / 110 = 3,9 (gerundet: 4) Wörter. In einer Minute (× 60) liest er demnach 240 Wörter. Der WPM beträgt 240.

WPM-Wert der 1. Messung: ____________________

Datum: ____________________

SbX
Zusätzliche Lesetraining-Aufgaben finden Sie unter der ID: 1211.

Wer bei der 1. Messung Text A gelesen hat, liest bei der 2. Messung Text B und umgekehrt. Natürlich sollten Sie in der Zwischenzeit viel lesen – auch laut vorlesen –, um zu üben.

WPM-Wert der 2. Messung: ______________________

Datum: ______________________

4 Lesehaltung und Lesetechniken
Punktuelles, kursorisches und intensives Lesen

Beim Lesen eines Textes können **drei verschiedene Lesetechniken** angewendet werden. Welche Lesetechnik man wählt, hängt von der **Lesehaltung** ab. Will ich mich zum Beispiel zu einem bestimmten Thema im Internet schlaumachen, gebe ich einen Begriff in eine Suchmaschine ein. Im Nu habe ich eine lange Liste von Texten zu diesem Thema. Es ist unmöglich, alle diese Texte vollständig zu lesen. Ich wähle als Lesetechnik daher das **punktuelle Lesen.** Das heißt: Ich lese nicht den ganzen Text, sondern jeweils nur den Beginn eines Absatzes (= anlesen). Ich erkenne so, ob der Text wirklich genau dem entspricht, was ich suche. Beim **kursorischen Lesen** geht es darum, dass ich mir durch rasches „Überfliegen" des Textes einen inhaltlichen Überblick verschaffe. Nach dem kursorischen Lesen folgt bei Sachtexten das **intensive Lesen.** Literarische Texte lesen wir immer intensiv, weil das Vergnügen ja im Lesen selbst besteht.

Brummt Ihnen auch manchmal der Schädel? Die richtige Lesetechnik kann helfen, schnell zu erkennen, welche Informationen wichtig sind.

Lesetechniken

A Punktuelles Lesen	● der Text wird nur teilweise gelesen ● Absätze werden „angelesen" ● besonders geeignet für Hypertexte
B Kursorisches Lesen	● rasches Überfliegen des Textes ● Erfassen der wichtigsten Textinhalte und -strukturen
C Intensives Lesen	● vollständige Lektüre des Textes ● Textstellen markieren, unterstreichen usw. (Sachtexte) ● den Text auf stilistische Besonderheiten hin untersuchen (literarische Texte)

der Hypertext: Online-Informationstext mit logischen Verbindungen (Hyperlinks) zu anderen, „verwandten" Wissensbereichen

Einzelarbeit

Ü 7: Die richtige Lesetechnik wählen ★★

Welche **Lesetechnik** passt zu welcher Leseabsicht bzw. Textsorte? Kreuzen Sie Zutreffendes an.

		A	B	C
1	Einen spannenden Krimi lesen			
2	Im Internet nach geeigneten Texten für ein Referat suchen			
3	Einen Text zur Vorbereitung auf ein Referat durcharbeiten			
4	Sich die eigene Deutsch-Schularbeit vor der Abgabe noch einmal durchlesen			

Die Wahl der richtigen Methode erleichtert es, sich das Gelesene oder Gehörte zu merken.

5 Lese- und Hörverständnistraining
Methoden zum besseren Textverständnis

Querverweis
In Lerneinheit 2 lernen Sie das **Exzerpt** kennen. Beim Exzerpt geht es darum, Sachinformationen, die einem Text entnommen werden, gut gegliedert und in Stichworten aufzuschreiben. Als „Vorarbeit" für das Exzerpt eignet sich die 5-Schritte-Methode.

Vieles von dem, was wir zu einem bestimmten Fachgebiet lesen oder hören, erscheint interessant. Die Frage ist nur, wie man sich das alles merken soll. Hier lernen Sie eine Methode kennen, die sich vor allem für das Lesen von **Sachtexten** zur Informationsgewinnung eignet – also für die Vorbereitung auf Tests, Prüfungen und Referate: die **5-Schritte-Methode.**

Die 5-Schritte-Methode zur Texterfassung: So schaff' ich es locker!

1. Schritt: Einen Überblick gewinnen
2. Schritt: Fragen an den Text stellen
3. Schritt: Lesen
4. Schritt: Zusammenfassen
5. Schritt: Wiederholen

(Klippert, Heinz: Methodentraining. Weinheim 1998, S. 97.)

Einzelarbeit

Ü 8: Die 5-Schritte-Methode zum besseren Lese- und Hörverständnis ★

Überlegen Sie, zu welchem Schritt die beschriebene Vorgangsweise passt, und tragen Sie die Schrittnummer ein.

SbX
Sie finden Ü 8 mit automatischer Korrektur und Bewertung unter der ID: 1211.

erledigt ✓

Ü 8: ☐

Schritt	Vorgangsweise
2	Sie überlegen, noch bevor Sie den Text zur Gänze lesen, auf welche Fragen der Text möglicherweise eine Antwort gibt. Sie schreiben Ihre Erwartungen auf einen Zettel.
5	Sie wiederholen zum Schluss noch einmal die wichtigsten Aussagen des Textes. Sie vergessen nicht auf die Fragen. Die Wiederholung kann so aussehen, dass Sie sich selbst einen Vortrag über die Inhalte des Textes halten.
1	Sie schauen vor allem auf die Überschrift, auf Bilder, Fettgedrucktes, sonstige Hervorhebungen, auf die Anfänge der einzelnen Textabschnitte.
3	Sie lesen den Text nun gründlich durch. Sie denken dabei an die Fragen, indem Sie während des Lesens Pausen einlegen. Sie schlagen die Bedeutung unbekannter Wörter im Wörterbuch nach.
4	Sie überlegen nach jedem Textabschnitt, was Sie gelesen haben und ob Ihnen alles klar ist. Sie fassen die Inhalte gedanklich oder schriftlich in eigenen Worten zusammen.

Die 5-Schritte-Methode kann man in leicht abgeänderter Form auch auf literarische Texte wie Kurzgeschichten und Erzählungen anwenden.

Das Lesen literarischer Texte kann interessant und spannend sein.

Lesen Sie den literarischen Text aufmerksam – **intensiv** – (Schritt 1), um den Inhalt zu erfassen und um ihn wirken zu lassen. Es kann sein, dass Ihnen die Geschichte auf Anhieb gefällt. Genauso kann es vorkommen, dass Sie nicht wissen, worauf sie hinausläuft. Lesen Sie den Text ein **zweites Mal** und notieren Sie, was Ihnen auffällt: ungewöhnliche Ausdrücke, Wiederholungen von einzelnen Wörtern, Sätzen usw. (Schritt 2). Bilden Sie **Hypothesen** (Schritt 3) mit Fragen wie: Was könnte die Autorin/der Autor mit der Geschichte bewirken wollen? Was bedeutet der Titel? Wieso geht die Geschichte so und nicht anders aus?

die Hypothese: vorläufig unbestätigte Annahme; Vermutung

die Interpretation: Auslegung, Erklärung, Deutung von Texten

Sammeln Sie dann in der Gruppe Ihre Hypothesen und diskutieren Sie darüber (Schritt 4). Die **Diskussion** liefert Ihnen mögliche Antworten auf die Fragen bzw. Hypothesen. Diese Fragen führen zur sogenannten **Interpretation** (Schritt 5). Einen literarischen Text interpretieren heißt, seine Bedeutung erkennen und mit eigenen Worten beschreiben können.

Lesehaltung	Lesetechnik	Wie wird's gemacht?
Lesen von literarischen Texten	**intensives** (aufmerksames) Lesen	**5-Schritte-Methode für literarische Texte:** 1. aufmerksam (eventuell wiederholt) lesen 2. Ungewöhnliches notieren 3. Hypothesen (Annahmen) über den Text bilden 4. mit anderen über den Text diskutieren 5. den Text interpretieren

Einzelarbeit

Ü 9: Die 5-Schritte-Methode auf literarische Texte anwenden ★★

Lesen Sie die Kurzgeschichte „Die Küchenuhr" von Wolfgang Borchert. Wenden Sie die 5-Schritte-Methode an. Formulieren Sie Hypothesen (Annahmen) zu folgenden Fragen:

- In welcher Zeit könnte der Text spielen?
- Wieso hat der Zwanzigjährige ein altes Gesicht?
- Welche Bedeutung hat die kaputte Küchenuhr?
- Wer könnte so eine Geschichte gerne lesen wollen? Usw.

Diskutieren Sie im Kurs über Ihre Annahmen und interpretieren Sie den Text – mündlich oder schriftlich.

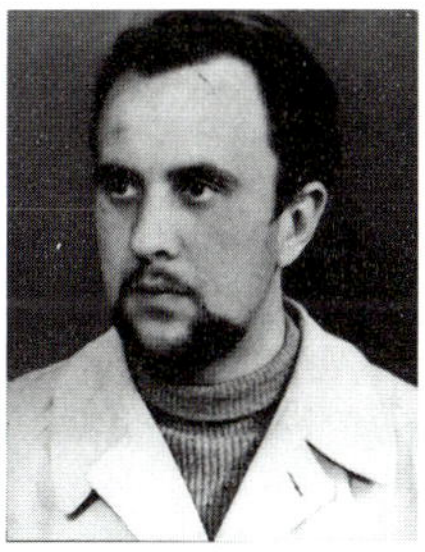

Wolfgang Borchert (1921–1947), dt. Schriftsteller; einer der bekanntesten Vertreter der „Trümmerliteratur" (Thema: Zerstörung von Städten und Menschen durch den Krieg, seelische Verwundungen)

Wolfgang Borchert: Die Küchenuhr

Sie sahen ihn schon von weitem auf sich zukommen, denn er fiel auf. Er hatte ein ganz altes Gesicht, aber wie er ging, daran sah man, dass er erst zwanzig war. Er setzte sich mit seinem alten Gesicht zu ihnen auf die Bank. Und dann zeigte er ihnen, was er in der Hand trug.

Das war unsere Küchenuhr, sagte er und sah sie alle der Reihe nach an, die auf der Bank in der Sonne saßen. Ja, ich habe sie noch gefunden. Sie ist übrig geblieben. Er hielt eine runde, tellerweiße Küchenuhr vor sich hin und tupfte mit dem Finger die blau gemalten Zahlen ab.

Sie hat weiter keinen Wert, meinte er entschuldigend, das weiß ich auch. Und sie ist auch nicht besonders schön. Sie ist nur wie ein Teller, so mit weißem Lack. Aber die blauen Zahlen sehen doch ganz hübsch aus, finde ich. Die Zeiger sind natürlich nur aus Blech. Und nun gehen sie auch nicht mehr. Nein. Innerlich ist sie kaputt, das steht fest. Aber sie sieht noch aus wie immer. Auch wenn sie jetzt nicht mehr geht.

Er machte mit der Fingerspitze einen vorsichtigen Kreis auf dem Rand der Telleruhr entlang. Und er sagte leise: Und sie ist übrig geblieben.

Die auf der Bank in der Sonne saßen, sahen ihn nicht an. Einer sah auf seine Schuhe und die Frau sah in ihren Kinderwagen. Dann sagte jemand: Sie haben wohl alles verloren? Ja, ja, sagte er freudig, denken Sie, aber auch alles! Nur sie hier, sie ist übrig. Und er hob die Uhr wieder hoch, als ob die anderen sie noch nicht kannten.

Aber sie geht doch nicht mehr, sagte die Frau. Nein, nein, das nicht. Kaputt ist sie, das weiß ich wohl. Aber sonst ist sie doch noch ganz wie immer: weiß und blau. Und wieder zeigte er ihnen seine Uhr. Und was das Schönste ist, fuhr er aufgeregt fort, das habe ich Ihnen ja noch überhaupt nicht erzählt. Das Schönste kommt nämlich noch: Denken Sie mal, sie ist um halb drei stehen geblieben. Ausgerechnet um halb drei, denken Sie mal.

Dann wurde Ihr Haus sicher um halb drei getroffen, sagte der Mann und schob wichtig die Unterlippe vor. Das habe ich schon oft gehört. Wenn die Bombe runtergeht, bleiben die Uhren stehen. Das kommt von dem Druck.

Er sah seine Uhr an und schüttelte den Kopf. Nein, lieber Herr, nein, da irren Sie sich. Das hat mit den Bomben nichts zu tun. Sie müssen nicht immer von den Bomben reden. Nein. Um halb drei war etwas ganz anderes, das wissen Sie nur nicht. Das ist nämlich der Witz, dass sie gerade um halb drei stehen geblieben ist. Und nicht um Viertel nach vier oder um sieben. Um halb drei kam ich nämlich immer nach Hause. Nachts, meine ich. Fast immer um halb drei. Das ist ja gerade der Witz.

Er sah die anderen an, aber sie hatten ihre Augen von ihm weggenommen. Er fand sie nicht. Da nickte er seiner Uhr zu: Dann hatte ich natürlich Hunger, nicht wahr? Und ich ging immer gleich in die Küche. Da war es dann fast immer halb drei. Und dann, dann kam nämlich meine Mutter. Ich konnte noch so leise die Tür aufmachen, sie hat mich immer gehört. Und wenn ich in der dunklen Küche etwas zu essen suchte, ging plötzlich das Licht an. Dann stand sie da in ihrer Wolljacke und mit einem roten Schal um. Und barfuß. Und dabei war unsere Küche gekachelt. Und sie machte ihre Augen ganz klein, weil ihr das Licht so hell war. Denn sie hatte ja schon geschlafen. Es war ja Nacht.

So spät wieder, sagte sie dann. Mehr sagte sie nie. Nur: So spät wieder. Und dann machte sie mir das Abendbrot warm und sah zu, wie ich aß. Dabei scheuerte sie immer die Füße aneinander, weil die Kacheln so kalt waren. Schuhe zog sie nachts nie an. Und sie saß so lange bei mir, bis ich satt war. Und dann hörte ich sie noch die Teller wegsetzen, wenn ich in meinem Zimmer schon das Licht ausgemacht hatte. Jede Nacht war es so. Und meistens immer um halb drei. Das war ganz selbstverständlich, fand ich, dass sie mir nachts um halb drei in der Küche das Essen machte. Ich fand das ganz selbstverständlich. Sie tat das ja immer. Und sie hat nie mehr gesagt als: So spät wieder. Aber das sagte sie jedes Mal. Und ich dachte, das könnte nie aufhören. Es war mir so selbstverständlich. Das alles war doch immer so gewesen.

Einen Atemzug lang war es still auf der Bank. Dann sagte er leise: Und jetzt? Er sah die anderen an. Aber er fand sie nicht. Da sagte er der Uhr leise ins weißblaue runde Gesicht: Jetzt, jetzt weiß ich, dass es das Paradies war. Das richtige Paradies. Auf der Bank war es ganz still. Dann fragte die Frau: Und Ihre Familie? Er lächelte sie verlegen an: Ach, sie meinen meine Eltern? Ja, die sind auch mit weg. Alles ist weg. Alles, stellen Sie sich vor. Alles weg. Er lächelte verlegen von einem zum anderen. Aber sie sahen ihn nicht an. Da hob er wieder die Uhr hoch und lachte. Er lachte: Nur sie hier. Sie ist übrig. Und das Schönste ist ja, dass sie ausgerechnet um halb drei stehen geblieben ist. Ausgerechnet um halb drei. Dann sagte er nichts mehr. Aber er hatte ein ganz altes Gesicht. Und der Mann, der neben ihm saß, sah auf seine Schuhe. Aber er sah seine Schuhe nicht. Er dachte immerzu an das Wort Paradies ...

Das (Hin-)Hören lernen

SbX

„Wer lesen will, sollte hören." Prof. Dr. Karin Landerl, Sprachheilpädagogin, über Ursachen für die Schwierigkeiten beim Lesenlernen. **Nähere Informationen dazu finden Sie unter der ID: 1211.**

„Wozu soll man das Hören lernen", werden Sie sich wahrscheinlich fragen. Abgesehen von Menschen mit einer Hörbehinderung hat doch niemand damit ein Problem – oder doch?

In diesem Abschnitt geht es nicht um das Zuhören in einer Gesprächssituation, sondern um das gezielte **Hinhören.** Ziel ist, gehörte Informationen zu verstehen und sich das Wesentliche zu merken. Im Unterricht sind Sie häufig in der Situation, hinhören zu müssen, um Informationen aufzunehmen: Wenn die/der Lehrende etwas erklärt, wenn eine Kursteilnehmerin/ein Kursteilnehmer ein Referat hält usw.

Hörverständnisübungen sind Ihnen aus dem Fremdsprachenunterricht bekannt. Meistens hören Sie diese Texte mehrmals. Beim ersten Hören geht es in der Regel um das so genannte **Globalverstandnis.** Das heißt, Sie sollen nach dem Hören des Textes sagen können, worum es geht. Mit jedem weiteren Hördurchgang erfassen Sie mehr Details und entwickeln das so genannte **Detailverständnis** des Textes. Manchmal wird die Aufmerksamkeit durch gezielte Fragestellungen auf ganz bestimmte Aspekte gelenkt, die Sie aus dem Text „heraushören" sollen.

der Laie: jemand, der nicht Experte/Expertin auf einem bestimmten Gebiet ist

Ein Hörverständnistext in Deutsch unterscheidet sich von jenen in einer Fremdsprache und dennoch müssen Sie auch bei einem deutschsprachigen Hörtext „die Ohren spitzen". Wenn Sie nicht Profis, sondern Laien sprechen hören, dann müssen Sie sich blitzschnell auf den Akzent oder den Dialekt dieser Personen einstellen, um zu verstehen. Manche Wörter und Ausdrucksweisen können Ihnen unbekannt sein, auch wenn es sich um eine vertraute Sprache handelt. Manches hören Sie ganz einfach nicht, weil die Aufnahmequalität mangelhaft ist oder es viel Umgebungslärm gibt. Alles Nicht-Gehörte muss Ihr Geist dann aus dem Zusammenhang erschließen.

Gruppenarbeit

SbX

Das Interview mit Adis Scharf finden Sie unter der ID: 1211.

Spitzt eure Ohren! **Die Ohren spitzen:** Redewendung in der Bedeutung von „gut hinhören, aufmerksam sein"

Ü 10: Hörverständnis ★★

Hören Sie sich das Interview mit dem Journalisten Adis Scharf an. Lesen Sie sich zuvor die Fragen zum Interview durch. Sie bekommen dadurch eine ungefähre Vorstellung davon, worum es im Interview geht. Ab Frage 2 folgen alle Fragen dem Verlauf des Gesprächs. Vergleichen Sie die Ergebnisse in Kleingruppen und hören Sie sich abschließend das Interview noch einmal an.

Fragen zum Hörverständnis:

1. Welche Begriffe werden im Interview erwähnt? Kreuzen Sie Zutreffendes an!
   - ☐ regionale Tageszeitung
   - ☐ Jazzveranstaltungen
   - ☐ Redaktion
   - ☐ Jugend-Parlament
   - ☐ Reportage
   - ☐ Routine
   - ☐ Musikmagazine
   - ☐ regionale Wochenzeitung
   - ☐ Tourismusfachschule
   - ☐ Praxis
   - ☐ Skandal
   - ☐ Kolumne
   - ☐ „grüner Tourismus"
   - ☐ Event
2. An welcher Schule hat der Journalist maturiert?
   - ☐ an einer HLT (höhere Lehranstalt für Tourismus)
   - ☐ an einer Abend-HTL (höhere technische Lehranstalt)
   - ☐ am Abend-Gymnasium
3. Wann hat Herr Scharf Kulturkritiken geschrieben?
   - ☐ vor dem Studium
   - ☐ während des Studiums
   - ☐ nach dem Studium
4. Was hat er studiert?
   - ☐ Germanistik und Musikpädagogik
   - ☐ Germanistik und Musikwissenschaft
   - ☐ Kommunikations- und Musikwissenschaft
5. Herr Scharf arbeitet gerne bei einer Wochenzeitung, weil …
   - ☐ … er dort Zeit zum Recherchieren hat.
   - ☐ … er dort bessere Aufstiegsmöglichkeiten hat.
   - ☐ … er dort keinem so starken Druck ausgesetzt ist.
   - ☐ … es dort keine täglichen Redaktionssitzungen gibt.
   - ☐ … die Arbeit vielfältig ist.
6. Welche politischen Themen sind in diesem Bezirk gerade aktuell?
   - ☐ Widerstand gegen ein Wasserkraftwerk
   - ☐ Widerstand gegen eine 380-kV-Stromleitung
   - ☐ Widerstand gegen die Errichtung von Gebäuden in einem Naturschutzgebiet
   - ☐ Widerstand gegen die Errichtung eines Fun-Parks auf der Alm
7. Wie sollen nach Ansicht der Befürworter des Projektes „sanfter Tourismus" in Zukunft die Leute auf die Alm, die Herr Scharf erwähnt, gelangen?
   - ☐ zu Fuß
   - ☐ mit dem Rad
   - ☐ mit dem Lift
   - ☐ mit der Seilbahn
   - ☐ weiterhin mit dem Auto

Lesen Sie gerne? Mögen Sie Fantasy-Geschichten? Warum probieren Sie's dann nicht mit dem Hörbuch „Der Herr der Ringe"? Hörbücher liegen voll im Trend und die Geschichte von Frodo, dem Hobbit, auf dem Weg zur Rettung von Mittelerde ist spannend bis zur letzten Minute.

8. In welcher Form arbeitet die Zeitung mit Jugendlichen zusammen?
   - ☐ Die Zeitung hat kein großes Interesse an jugendlichen Lesern.
   - ☐ Die Zeitung hat Kontakte zu den Jugendzentren des Bezirkes.
   - ☐ Die Zeitung berichtet über Konzerte von jugendlichen Bands und Jugend-Events.
   - ☐ Die Redakteure bilden Schul-Reporter aus, die eine eigene Zeitung herausgeben.
   - ☐ Die Zeitung berichtet über Jugendliche und ihre politischen Forderungen.

9. Welche Kriterien, die man beim Berichtschreiben unbedingt beachten sollte, nennt der Journalist?
   - ☐ Informationen sammeln und in den Bericht einarbeiten
   - ☐ sich vom eigenen Interesse leiten lassen
   - ☐ so schreiben, als hätte man mit dem Thema noch nie etwas zu tun gehabt
   - ☐ beim Leser nichts voraussetzen
   - ☐ auf Nachvollziehbarkeit achten
   - ☐ grundsätzlich am Ende alles kürzen

10. Für wie viele Zeitungsseiten pro Woche ist der Redakteur verantwortlich?
    - ☐ bis zu 10
    - ☐ 10–20
    - ☐ 10–30
    - ☐ 20–30

11. Wie sieht der Arbeitstag aus, der kein „klassischer Büroarbeitstag" ist?
    - ☐ Der Journalist arbeitet fünf bis sechs Stunden und fotografiert viel.
    - ☐ Der Journalist hat fünf bis sechs Termine, fotografiert und macht Notizen.
    - ☐ Der Journalist empfängt fünf bis sechs Interviewpartner im Büro und macht Notizen.
    - ☐ Der Journalist hat fünf bis sechs Fototermine zwischen neun Uhr vormittags und zehn Uhr abends.

SbX
Weitere Übungen zum Hörverständnis finden Sie unter der ID: 1211.

6 Lese- und Lerntypen
Und welcher Typ sind Sie?

Untersuchungen bestätigen, dass wir uns im Durchschnitt

- 10 % von dem merken, was wir lesen,
- 20 % von dem merken, was wir hören,
- 30 % von dem merken, was wir sehen,
- 50 % von dem merken, was wir zugleich sehen und hören,
- 70 % von dem merken, was wir sehen, hören und worüber wir diskutieren,
- 90 % von dem merken, was wir hören, sehen, worüber wir diskutieren und was wir selber tun.

(Quelle: Tony Buzan: Kopftraining. Anleitung zum kreativen Denken – Tests und Übungen. Mosaik bei Goldmann 2002.)

Trotzdem funktioniert das Lernen nicht bei allen Menschen in gleicher Weise. Es gibt nämlich unterschiedliche Lerntypen. Manche sprechen von drei, andere von vier Lerntypen. Die meisten Menschen sind jedoch „Mischtypen".

	Der **Sehtyp** lernt am besten durch das Sehen, durch das Beobachten von Abläufen und auch durch das Lesen. Ihm verwandt ist daher der **Lesetyp**.
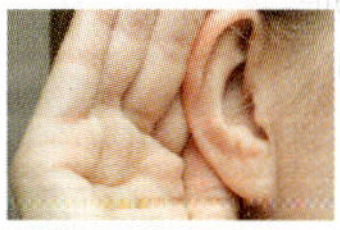	Der **Hörtyp** merkt sich besonders leicht, was ihm gesagt, erklärt, erzählt wird.
	Der **motorische Typ** handelt nach der Devise: „learning by doing". Das heißt: Lernen durch Ausprobieren.
	Der **kommunikative Typ** lernt am meisten durch Gespräche und in Diskussionen. Er lernt durch das Fragen und kann auch selbst gut erklären.

Die Stärken der vier Lerntypen

Der **Hörtyp** hat einen großen Vorteil bei Lehrpersonen, die hauptsächlich mündlich vortragen. Hörtypen merken sich schon beim reinen Zuhören eine ganze Menge. Wichtig für sie ist, dass sie sich das Wesentliche von dem aufschreiben, was die Lehrkraft sagt. Daheim lesen sie sich ihre Notizen noch einmal halblaut vor und erzielen so gute Lernerfolge.

Der **Lesetyp** versucht ebenfalls, im Unterricht mitzuschreiben. Daheim liest er sich in Ruhe die Mitschrift noch einmal durch. Wenn ihm das nicht reicht, liest er zusätzlich in Büchern oder im Internet.

Der **Sehtyp** muss sich das Gehörte in Bilder „übersetzen". Für ihn ist daher wichtig, dass im Unterricht nicht nur gesprochen wird, sondern die Dinge auch gezeigt werden. Dem Sehtyp genügt die Mitschrift nicht, er macht zusätzlich Skizzen und Zeichnungen.

In „theoretischen" Fächern hat es der **motorische Typ** schwer. Er arbeitet am liebsten praktisch und nimmt gern Werkzeuge in die Hand.

Der **kommunikative Typ** liebt Diskussionen. Wie alle anderen Lerntypen muss auch er sich theoretisches Wissen v. a. durch Zuhören und Lesen aneignen. Gut mitschreiben und exzerpieren können ist für ihn besonders wichtig.

Üben

SbX ID: 1212

Ü ★★★

Einzelarbeit

Ü 11: Erweiterung der Blickspanne ★★

Gute Leser und Leserinnen lesen vorausschauend. Das heißt: Sie haben beim Lesen mindestens die nächsten fünf, sechs Wörter im Blickfeld. Die Erweiterung der Blickspanne lässt sich trainieren. Lesen Sie das links stehende Wort so, dass Sie das rechte schon im Blickfeld haben. Bewegen Sie dabei nur die Augen. Der Kopf bleibt ruhig. Der Abstand zwischen dem ersten Buchstaben des linken Wortes und dem letzten Buchstaben des rechten Wortes beträgt 10 cm.

(aus: Ott, Ernst: Optimales Lesen. Reinbek bei Hamburg 2007, S. 40.)

anklagen	Generator
Werbesong	Forschung
Forderung	Seilbahn
Verwaltung	Überblick
Einladung	Dachziegel
unsensibel	Gutachten
Auskunft	Annahme
Erlebnis	erklären
berichten	Reisetasche
verbessern	Motorhaube
Bewegung	abraten
Zielpunkt	aufsteigen

Tipp: Erstellen Sie selbst zum Üben eine solche Liste aus Nomen oder Verben mit drei bis vier Silben.

Einzelarbeit

Ü 12: Konzentrationsübung ★★

Welche Zahl gehört zu welchem Buchstaben? Suchen Sie mit den Augen (ohne Finger, Stift etc.) die Verbindungslinien.

(Ott, Ernst: Optimales Lesen. Reinbek bei Hamburg 2007, S. 146.)

Einzelarbeit

Ü 13: Konzentrationsübung ★★

Nehmen Sie einen Stift zur Hand. Suchen Sie die Zahl 1 und verbinden Sie diese durch eine Linie mit der Zahl 2, diese mit 3 usw. Es ist wichtig, dass Sie immer einige Zahlen „vorspeichern". Wenn Ihr Auge von oben über das Feld gleitet, um die 1 zu suchen, sollten Sie sich bereits die Lage von 2 und 3, möglichst auch noch von 4 und 5 merken. Nur so können Sie die Übung in kurzer Zeit erledigen.

Es ist auch möglich, die Übung ohne Stift – nur mit den Augen – durchzuführen.

Die letzte Zahl ist 40.

SbX

Wenn Sie diese Übung wiederholen möchten, können Sie sie unter der ID: 1212 herunterladen.

(Ott, Ernst: Optimales Lesen. Reinbek bei Hamburg 2007, S. 161.)

Einzelarbeit

Ü 14: Persönliche Lesegrundsätze ★★

Nehmen Sie sich zwei fördernde Lesegrundsätze vor, auf die Sie in den nächsten zwei Monaten besonders achten möchten. Schreiben Sie diese Vorsätze jeweils auf ein Post-it und kleben Sie dieses dann an einen Platz, wo Sie häufig lesen (Schreibtisch, PC ...). Vermerken Sie auch das Datum und kontrollieren Sie in exakt einem Monat, ob Sie diese Grundsätze jetzt fast automatisch befolgen. Sie können so lange weitermachen, bis Ihr Leseverhalten Ihren positiven Grundsätzen ganz und gar entspricht.

Einzelarbeit

Ü 15: Texte zur Ermittlung der Lesegeschwindigkeit ★

Lesen Sie Text A und Text B und stoppen Sie jeweils die Zeit, die Sie für das Lesen benötigen. Ermitteln Sie anschließend Ihre mittlere Lesegeschwindigkeit in Minuten (vgl. Ü 6). Verbessert sich Ihre Lesegeschwindigkeit, je mehr Texte Sie lesen?

Text A (475 Wörter): Wolfgang Borchert: „Die Küchenuhr": Vom Beginn „Wir sahen ihn ..." bis zum Ende des 8. Absatzes „ ... der Witz." (Seite 15/16)

Text A: Lesedauer: ________ Sekunden WPM: ________ Wörter

Text B (450 Wörter): Wolfgang Borchert: „Die Küchenuhr": Vom 9. Absatz „Er sah die anderen an ..." bis zum Ende des Textes. (Seite 16)

T B: Lesedauer: ________ Sekunden WPM: ________ Wörter

Einzelarbeit

Ü 16: Lesetechnik ★★

Welche Lesetechnik wenden Sie an, wenn ...

		A	B	C
1	... Sie in einem Lehrbuch einen Text zur Vorbereitung auf eine Prüfung lesen?			
2	... Sie im Internet nach Hundezüchtern in der Schweiz suchen?			
3	... Sie einen Artikel in der Zeitung daraufhin „überprüfen", ob er Sie auch wirklich interessiert?			
4	... Sie eine Installationsanleitung für eine Gegensprechanlage lesen?			
5	... Sie sich in einem Katalog einen Überblick über Fernreiseziele verschaffen wollen?			
6	... Sie ein Gedicht lesen?			
7	... Sie den englischsprachigen Songtext Ihres Lieblingsliedes lesen?			
8	... Sie das Kinoprogramm des nächsten Monats durchsehen?			
9	... Sie ein Kochrezept lesen?			
A – punktuelles Lesen; B – kursorisches Lesen; C – intensives Lesen				

Einzelarbeit

Ü 17: Merkfähigkeit ★

Wie gut ist die Merkfähigkeit ausgeprägt? Ordnen Sie den Prozentzahlen die Kompetenzen zu: Wir merken uns im Durchschnitt ...

10 %	vom Gelesenen.
20 %	vom ________.
30 %	vom ________.
50 %	vom ________.
70 %	vom ________.
90 %	vom ________.

Einzelarbeit

Der **WWF** (World Wide Fund For Nature) ist eine internationale Naturschutzorganisation. Auf **www.wwf.at** finden Sie das Artenschutzlexikon mit Informationen über andere bedrohte Tierarten.

Ü 18: Lese- und Textverständnis – Afrikanischer Elefant ★★

a) Lesen Sie den Text „Afrikanischer Elefant" aus dem Online-Artenlexikon des WWF und beachten Sie dabei die ersten 4 Schritte der **5-Schritte-Methode** für Sachtexte.

Afrikanischer Elefant

Name: Savannen- und Waldelefant

Wissenschaftlicher Name: Loxodonta africana & Loxodonta cyclotis

Lebensraum: Savannenelefanten kommen im Trockenwald, in der Savanne sowie in Teilen der Halbwüsten und Wüsten vor. Waldelefanten bewohnen die immergrünen tropischen Feuchtwaldgebiete Afrikas.

Geografische Verbreitung: Savannenelefant: südlich der Sahara im östlichen und südlichen Afrika; Waldelefant: Zentral- und Westafrika

Gefährdungsstatus: „gefährdet"

alle Populationen außer denen in Botswana, Namibia, Simbabwe und Südafrika

Bestandsgröße: Etwa 400 000 bis 660 000 Tiere

Afrikanischer Elefant – Steckbrief

Die afrikanischen Elefanten sind die größten Landsäugetiere der Erde.

Die beiden Arten, der Savannen- und der Waldelefant, bewohnen die Trockenwälder der Savanne südlich der Sahara sowie die immergrünen tropischen Feuchtwaldgebiete Afrikas.

Während die Savannenelefanten eine Schulterhöhe von bis zu 3,30 Meter erreichen und sechs Tonnen schwer werden können, ist die Waldform mit 2,80 Metern deutlich kleiner. Die unterschiedlichen äußeren Merkmale sind eine Anpassung an ihre verschiedenen Lebensräume. Für ihre Größe sind Elefanten erstaunlich schnell: Sie können bis zu 38 Stundenkilometer erreichen und sind damit etwa doppelt so schnell wie ein Mensch.

Anders als beim Asiatischen Elefanten, bei dem die Kühe keine sichtbaren Stoßzähne besitzen, verfügen bei den afrikanischen Elefanten beide Geschlechter über Stoßzähne. Die der Bullen können drei Meter lang werden. Das Elfenbein ist als Rohstoff für kunstvolle Schnitzereien, Skulpturen, Schmuck, Einlegearbeiten und luxuriöse Gebrauchsgegenstände seit jeher begehrt. Deshalb wurden Elefanten seit Urzeiten gejagt.

Der WWF setzt sich seit seiner Gründung 1961 für den Schutz der Elefanten ein.

Neben Walen, Tigern, dem Großen Panda, großen Menschenaffen, Nashörnern und Meeresschildkröten gehören sie zu den sieben Leitartengruppen des WWF, für die sich die Umweltstiftung besonders engagiert.

Allein seit 1995 hat der WWF über 60 Projekte zum Schutz der afrikanischen Elefanten unterstützt.

Dabei handelt es sich um Unterstützung und Unterhaltung von Reservaten und Nationalparks, Schutzgebiet-Management, Ausbildung und Finanzierung von Wildhütern und Anti-Wilderer-Einheiten, Zählung und Überwachung der Elefantenbestände, Entschädigung der lokalen Bevölkerung für von Elefanten zerstörte Felder sowie Unterstützung bei der Kontrolle des Handels mit Elefantenprodukten. Das prominenteste Waldelefanten-Projekt des WWF liegt im Dzanga-Sangha-Schutzgebiet in der Zentralafrikanischen Republik.

(www.wwf.at/Artenlexikon/Elefant-Afrikanischer Elefant (18.09.2008))

Partnerarbeit

b) Wenn Sie nicht alle Fragen klären konnten, suchen Sie die Zusammenarbeit mit jemandem aus dem Kurs. Erledigen Sie Punkt 5 der **5-Schritte-Methode** gemeinsam.

Gruppenarbeit

die Collage: aus Papier und anderem geklebten Material gemachtes Bild

c) **Kreative „Elefanten-Runde":** Bilden Sie Kleingruppen, um Ihr Wissen über Afrikanische Elefanten kreativ zu verarbeiten. Jede Gruppe wählt eine andere Form der Präsentation. Zur Wahl stehen: a) Collage, b) Cluster (vgl. Seite 52), c) Interview, d) Radio-Spot (für den WWF) etc.

Einzelarbeit

Ü 19: Lerntypen und ihre Merkmale ★

Ordnen Sie den Lerntypen die entsprechenden Merkmale zu:

1	Seh- und Lesetyp
2	Hörtyp
3	Der motorische Typ
4	Der kommunikative Typ

a	Stellt in Diskussionen Fragen und gibt auch gerne Erklärungen ab.
b	Ist gut im Beobachten von Abläufen.
c	Arbeitet gern mit den Händen.
d	Merkt sich viel von dem, was Vortragende sagen.
e	Lernt durch „learning by doing".
f	Merkt sich viel von dem, was er gelesen und gesehen hat.
g	Sagt sich das zu Lernende selbst halblaut vor.

Einzelarbeit

Tipp: Lerntypen-Tests helfen bei der Orientierung und lassen eine Tendenz erkennen. Diese Tests haben aber eine gewisse „Unschärfe". Man soll sie daher nicht überbewerten.

Ü 20: Den Lerntyp ermitteln ★

Auf **www.schule.at** finden Sie Hinweise auf Online-Lerntypen-Tests. Rufen Sie eine dieser Seiten auf und ermitteln Sie Ihren persönlichen Lerntyp. Zwei Beispiele:

- Der sogenannte HALB-Test: **http://arbeitsblaetter.stangl-taller.at/TEST/HALB/Test.html** Zeitaufwand: ca. 25 Minuten (inklusive Auflösung).
- Der Lerntypen-Test von Prof. Aufenager von der Universität Hamburg (2003): **http://lernmethoden.piranho.de/lerntypen.htm.** Der Zeitaufwand ist relativ groß, denn die Testung muss an vier aufeinanderfolgenden Tagen stattfinden und Materialien müssen hergestellt werden.

Lesen Sie sich das Ergebnis des Lerntypen-Tests genau durch. Wenn Sie beide Tests gemacht haben, können Sie die Ergebnisse vergleichen. Kommt Ähnliches heraus?

Einzelarbeit

Ü 21: Die 5-Schritte-Methode für Sachtexte anwenden ★★

Wählen Sie aus einem Ihrer Schulbücher oder aus dem Internet einen etwa zweiseitigen Informationstext zu einem Thema aus, das Sie besonders interessiert. Lesen Sie diesen Text intensiv unter Anwendung der 5-Schritte-Methode.

Einzelarbeit

www.kurzgeschichten.de ist eine Plattform, auf der alle, die sich registrieren, ihre Kurzgeschichten veröffentlichen können. Die Texte sind nach Themen (Jugend, Weihnachten, Krimi ...) geordnet.

Ü 22: In Kurzgeschichten schmökern ★★

a) Suchen Sie nach Kurzgeschichten in Ihren Lesebüchern oder in einer Bibliothek. Lesen Sie einige Geschichten an, um eine Geschichte für interpretierendes Lesen auszusuchen.

b) Suchen Sie nach Kurzgeschichten Ihres Lieblingsautors oder Ihrer Lieblingsautorin, um eine Geschichte für interpretierendes Lesen auszusuchen.

c) Rufen Sie die Seite **www.kurzgeschichten.de** auf. Lesen Sie einige Geschichten an, um eine für interpretierendes Lesen auszusuchen.

Einzelarbeit

Ü 23: Eine Kurzgeschichte interpretierend lesen ★★★

Lesen Sie eine Kurzgeschichte Ihrer Wahl (siehe Ü 9) und gehen Sie beim Interpretieren nach der 5-Schritte-Methode vor. Halten Sie Ihre Hypothesen und Ihre Interpretation schriftlich fest.

SbX
ID: 1212

Weitere Übungen im SbX

Ü 24: Expertengespräch ★★
Führen Sie in Partnerarbeit ein Expertengespräch und erhöhen Sie damit Ihre Lesekompetenz.

Ü 25: Verweiswörter ★★
Verbessern Sie Ihr Textverständnis durch das Erkennen von Verweiswörtern.

Ü 26: Lesetechniken ★★★
Wenden Sie unterschiedliche Lesetechniken an.

Sichern

der Stellenwert des Lesens

In der westlichen Welt hat das Lesen einen sehr hohen Stellenwert. Lesen gilt als die **wichtigste Kulturtechnik.** Es ist hilfreich, den Stellenwert zu ermitteln, den man selbst dem Lesen gibt. So erkennt man, wo Verbesserungsmöglichkeiten liegen.

fördernde Lesegewohnheiten

Förderlich sind **zügiges Lesen** (hohe Lesegeschwindigkeit), eine **weite Blickspanne** (10 cm), **Wortbilderfassung** statt zu buchstabieren, **leises Lesen** ohne Hilfsmittel (Finger etc.) und ohne mitzusprechen.

günstige Lesevoraussetzungen

Die **Augen** sind gesund und die Beleuchtung ist optimal. Die **Haltung** sollte möglichst aufrecht sein und der Abstand zum Text stimmen (25 bis 35 cm). Die Blickrichtung ist senkrecht zum Text. Es ist wichtig, Pausen zu machen, um die Augen zu entspannen.

die Lesegeschwindigkeit

Die Lesegeschwindigkeit ist messbar und kann durch entsprechendes Training erhöht werden. Sie steht in direktem **Zusammenhang mit dem Textverständnis.**

die Lesetechniken

Grundsätzlich werden drei Lesetechniken unterschieden:

- punktuelles Lesen (Text nur „anlesen")
- kursorisches Lesen (Text „überfliegen")
- intensives Lesen (vollständig und genau lesen; inhaltliche oder stilistische Besonderheiten markieren)

das Textverständnis verbessern

Um das Textverständnis zu verbessern, kann die **5-Schritte-Methode** angewendet werden. Sie ist vor allem für Sachtexte geeignet: 1. Überblick gewinnen; 2. Fragen stellen; 3. lesen; 4. zusammenfassen; 5. wiederholen.

hohe Lesekompetenz

Lesekompetenz ist die Fähigkeit, zügig und „flüssig" zu lesen und **das Gelesene zu verstehen** und zu behalten. Es gibt standardisierte Tests zur Überprüfung der Lesekompetenz.

Merkfähigkeit

10 % lesen; 20 % hören; 30 % sehen; 50 % hören und sehen; 70 % sehen, hören und diskutieren; 90 % sehen, hören, diskutieren und tun.

Lerntypen

Man unterscheidet Seh- und Lesetyp, Hörtyp, motorischen Typ und kommunikativen Typ. Jeder Mensch ist ein **„Mischtyp".** Ein Typus ist aber dominant.

Lesehaltung und Lesetechnik bei Sachtexten

- **Informationssuche:** kursorischen Lesen („überfliegen") und punktuelles Lesen (Absätze „anlesen")
- **Informationserwerb:** intensives Lesen, Anwendung der 5-Schritte-Methode für Sachtexte:
  1. kursorisch lesen
  2. Fragen stellen/klären
  3. intensiv lesen
  4. zusammenfassen
  5. wiederholen

Lesehaltung beim Lesen von literarischen Texten

Intensives Lesen; wenn der Text/das Buch interpretiert werden soll: Anwendung der **5-Schritte-Methode für literarische Texte:**

1. aufmerksam lesen
2. Auffälligkeiten beachten
3. Hypothesen (Annahmen) zum Text bilden
4. über die Annahmen diskutieren
5. interpretieren

Wissen

Wissensfragen und -aufgaben

W 1: Medienvielfalt

Sehen Sie sich noch einmal die Tabelle zu „Medienvielfalt und Lesehäufigkeit" auf Seite 9 an. Hat sich seit dieser Eintragung etwas geändert? Wenn ja, tragen Sie das Kreuzchen jetzt mit anderer Farbe ein und nehmen Sie sich zumindest ein Medium vor, das Sie in den nächsten zwei Monaten häufiger nutzen wollen. Markieren Sie dieses Medium und schreiben Sie das heutige Datum dazu. Kontrollieren Sie in exakt zwei Monaten den Erfolg.

W 2: Lesegewohnheiten

Sprechen Sie mit einer Kursteilnehmerin/einem Kursteilnehmer über Ihre Lesegewohnheiten: über die, die Sie sich abgewöhnen wollen, und über die, die Sie entwickeln möchten.

W 3: Grundsätze für das Lesen

Welche Grundsätze des Lesens werden in den drei Bildern laut Experten missachtet?

W 4: Lesegeschwindigkeitstraining

Erhöhen Sie Ihre Lesegeschwindigkeit durch regelmäßiges Training. Lesen Sie jeden Tag 45 Minuten (alles außer Schulunterlagen). 15 Minuten davon müssen auf lautes Lesen entfallen.

WPM: Wörter pro Minute; Einheit für die Lesegeschwindigkeit

Messen Sie Ihren WPM-Wert im Drei-Wochen-Abstand und notieren Sie sich die Ergebnisse. Nach 12 Wochen sollte der Fortschritt deutlich zu erkennen sein.

Berechnungsbeispiel: Jemand liest einen Text mit 430 Wörtern in 110 Sekunden. In einer Sekunde liest er: 430 / 110 = 3,9 (gerundet: 4) Wörter. In einer Minute (× 60) liest er demnach 240 Wörter.

W 5: Lesetechniken

Wie lauten die drei Lesetechniken, die Sie kennengelernt haben? Beschreiben Sie, wann Sie welche Technik anwenden.

W 6: 5-Schritte-Methode

Wie lauten die Elemente der 5-Schritte-Methode? In welchen Fällen ist diese Methode besonders hilfreich?

W 7: Hörverständnis

Wie erlangt man ein Globalverständnis eines Textes, wie ein Detailverständnis?

das Globalverständnis: den groben Inhalt eines Textes, nicht einzelne Details verstehen

W 8: Merkfähigkeit

Welche Sinne müssen angesprochen werden, damit die Merkfähigkeit 70 oder mehr Prozent beträgt?

W 9: Lese- und Lerntipps

Wie sollen sich Hörtypen im Unterricht verhalten, wenn die Lehrkraft überwiegend vorträgt? Wie sollen sich Lesetypen verhalten?

W 10: Die vier Lerntypen

Nennen Sie die Stärken der vier Lerntypen.

W 11: Lesetechniken

Was bedeuten kursorisches und punktuelles Lesen? In welchen Situationen wenden Sie diese Lesetechniken an?

W 12: 5-Schritte-Methode bei Sachtexten

Welche drei Schritte folgen dem kursorischen und dem punktuellen Lesen von Sachtexten?

W 13: 5-Schritte-Methode bei literarischen Texten
Wie lautet die 5-Schritte-Methode für literarische Texte und was bedeutet es, einen Text zu interpretieren?

W 14: WPM-Testanleitung
Schreiben Sie eine Schritt-für-Schritt-Anleitung für die Durchführung des WPM-Tests.

Ein kurzer Wissens-Check, bevor's weitergeht!

Wissens- und Einstellungs-Check

	☺	😐	☹
Ich bin mit dem Stellenwert, den ich dem Lesen gebe, zufrieden.			
Ich kann fördernde und hemmende Lesegewohnheiten unterscheiden.			
Ich habe gute Lesegewohnheiten.			
Ich bin mit meiner bisherigen Lesebiografie zufrieden.			
Meine Lesegeschwindigkeit ist in Ordnung.			
Ich kann die drei Lesetechniken unterscheiden und anwenden.			
Ich kenne die 5-Schritte-Methode zum Bearbeiten von Sachtexten.			
Ich wende die 5-Schritte-Methode an – auch in anderen Fächern.			
Ich kenne die 5-Schritte-Methode zum Interpretieren von literarischen Texten.			
Ich kann erklären, wie man den WPM-Test durchführt.			
Ich sehe einen Zusammenhang zwischen der richtigen Lesetechnik und dem Lernerfolg.			
Ich lese gerne Informationstexte in Sachbüchern oder im Internet.			
Ich lese gerne Geschichten und Romane zur Unterhaltung.			
Ich weiß, welchem Lerntyp/welchen Lerntypen ich angehöre.			
Ich bin mit meiner Merkfähigkeit zufrieden.			

SbX
Alle SbX-Inhalte zu dieser Lerneinheit finden Sie unter der ID: 1220.

Lerneinheit 2
Informierende Textsorten

Man unterscheidet grundsätzlich sachbezogene (= informierende) und meinungsbezogene Textsorten. In dieser Lerneinheit lernen Sie einige informierende Textsorten kennen und erhalten Anleitungen, wie man sie verfasst. In unserem Alltagsleben spielen informierende Textsorten eine wichtige Rolle: Wenn Sie sich etwa einen neuen Scanner kaufen, lesen Sie vor der Installation die Beschreibung durch. Bevor Sie sich entscheiden, welchen Film Sie sich im Kino ansehen, informieren Sie sich über den Inhalt. Gebrauchsanweisung und Inhaltsangabe sind nur zwei Beispiele für informierende Textsorten. Im Laufe des Kurses lernen Sie viele weitere kennen.

Sie lernen hier:

- **wie Sie die wesentlichen Informationen eines Sachtextes erkennen**
- **wie Sie Informationen sortieren und gliedern**
- **wie Sie richtig exzerpieren**
- **was Sie bei einer Kurzfassung zu beachten haben**
- **Tipps, wie man sich das Lernen erleichtern kann**

Lernen

SbX ID: 1221

1 Exzerpt und Kurzfassung
In der Kürze liegt die Würze.

Sie haben im Lauf Ihrer Schulzeit sicherlich schon einmal ein Referat vorbereitet oder aus anderen Gründen aus mehreren Quellen Informationen gesammelt. Daher wissen Sie, wie schwierig es ist, alles Wissenswerte im Kopf zu behalten. Exzerpte und Kurzfassungen helfen Ihnen, Informationen zu sortieren und sie prägnant zusammenzufassen.

prägnant: in knapper Form, genau, treffend

Das Exzerpt

Exzerpieren bedeutet im ursprünglichen Sinn „herausklauben, auslesen". Das Exzerpt ist demnach ein Textauszug, bei dem es darum geht, die wesentlichen Informationen herauszufiltern und gut gegliedert aufzuschreiben. Exzerpte eignen sich bestens als schriftliche Grundlage für Referate und zur Vorbereitung auf Tests.

exzerpieren: einen stichwortartigen Textauszug erstellen

Checkliste für das Erstellen eines Exzerptes:

- Den Text zur Gänze durchlesen, um **einen Überblick zu gewinnen**
- **Fragen an den Text stellen:** Auf welche Fragen soll mir der Text antworten? Welche Informationen suche ich?
- Den Text noch einmal **lesen** und gleichzeitig die wichtigsten Informationen **markieren** (unterstreichen, mit Textmarker anstreichen …)
- Die **Informationen sortieren:** Was gehört thematisch zusammen?
- Absatzweise **passende Überschriften** finden
- Die Inhalte in Stichworten formulieren, **zusammenfassen** (keine ganzen Sätze)
- Das Exzerpt gut gliedern (Absätze, Einrückungen, unterschiedliche Farben …)
- Die Quelle nennen (Autor/in, Titel des Textes, Erscheinungsort, Jahreszahl, Seitenzahl)

Markieren Sie die wichtigsten Informationen in einem Text mit einem Textmarker.

Querverweis
Die **5-Schritte-Methode** zum besseren Textverständnis (siehe Lerneinheit 1) ist die beste Basis für das Exzerpt. Statt Schritt 5: „Wiederholen" exzerpieren Sie und können so auch später wieder auf die Informationen zurückgreifen.

Einzelarbeit

Ü 1a: Exzerpt ★★

Lesen Sie sich den folgenden Informationstext von Frau Prof. Dr. Martina de Zwaan über die **Magersucht** (anorexia nervosa) durch, um einen Überblick zu gewinnen. Notieren Sie nach der Erstlektüre Fragen zum Text und lesen Sie ihn dann ein zweites Mal durch. Markieren Sie dabei die wesentlichen Informationen. Die nächsten Schritte sind das Sortieren der Informationen, das Finden von Überschriften und das Zusammenfassen in Stichworten. Damit Ihnen die Aufgabe leichter fällt, finden Sie einen Vorschlag, wie Sie beginnen können, im Anschluss an den Text.

Viele junge Frauen leiden an Magersucht und fühlen sich zu dick.

Magersucht

Magersucht ist eine Essstörung, die besonders Mädchen und junge Frauen im Alter von zwölf bis 25 Jahren betrifft. Männer sind nur zu fünf Prozent betroffen. Die Betroffenen halten meist eine strenge Diät oder verweigern Nahrung total. Häufig beginnt die Magersucht kurz nach dem Einsetzen der ersten Regelblutung. Die genaue Ursache, wie Magersucht entsteht, ist nicht bekannt. Wahrscheinlich führt eine Kombination aus seelischen, gesellschaftlichen und anderen Faktoren zum Entstehen dieser Krankheit. Als mögliche Auslöser gelten Angst vor dem Erwachsenwerden und Frau-Sein/Mann-Sein, Angst vor Übergewicht, Konflikte in der Familie, Konkurrenzdenken. Außerdem besteht ein besonderes Risiko für Personen, von denen erwartet wird, dass sie besonders schlank sind (z. B. Fotomodelle, Ballett-Tänzerinnen und -Tänzer).

Anzeichen, an denen man die Krankheit erkennt, sind veränderte Essgewohnheiten. Die Betroffenen vermeiden kalorienreiche Nahrung. Sie zerpflücken das Essen in kleine Stücke und selbst kleine Mahlzeiten dauern lange. Sie kochen für andere, ohne selbst zu essen. Viele horten auch Nahrungsmittel. Trotz starker Gewichtsabnahme fühlen sich die Betroffenen immer noch zu dick. Neben strenger Diät und sportlicher Betätigung verwenden viele Magersüchtige zusätzlich Appetitzügler und Abführmittel, um abzunehmen. Oft magern sie auf 45 Prozent ihres Gewichts ab, viele wiegen nur noch um die 30 Kilogramm. Bei einem Body-Mass-Index von 17,5 oder weniger spricht man von Magersucht. Durch diese Mangelernährung entstehen körperliche Schäden wie Hormonstörungen, das Ausbleiben der Monatsblutung, Lustlosigkeit in Bezug auf Sex, niedriger Blutdruck (Hypotonie), Unterzucker (Hypoglykämie), Haarausfall, Wachstumshemmung, flaumartige Behaarung im Gesicht und am Rücken (Lanugo), trockene Haut, brüchige Nägel, Blauverfärbung der Hände, Kältegefühl. Oft tragen die Betroffenen daher mehrere Schichten von Kleidung. Es kommt zu Darmträgheit und Verstopfung, auch der Elektrolythaushalt reagiert gestört. Wenn Magersüchtige auch erbrechen oder Abführmittel nehmen, besteht die große Gefahr, dass sie Kalium verlieren. Dies kann zu lebensbedrohlichen Herzrhythmusstörungen führen. Auch seelische Veränderungen sind eine Folge der Krankheit. Die Betroffenen haben panische Angst vor der Gewichtszunahme, häufig sind sie depressiv und stark reizbar oder leben in sozialer Isolation.

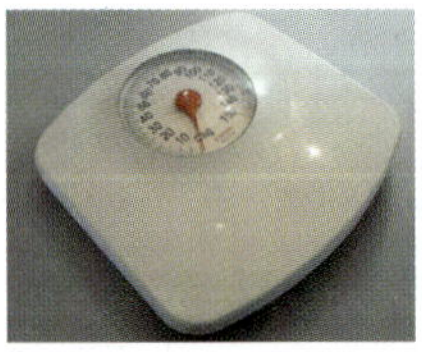

Bei Magersucht ist die Waage das „Feindbild" Nummer 1.

Eindeutige Anzeichen für Magersucht sind ein Gewichtsverlust von mindestens 25 Prozent (Körpergröße und Alter eingerechnet) bzw. ein Body-Mass-Index von 17,5 oder weniger. Der Gewichtsverlust ist mit Absicht herbeigeführt worden durch Diät, Bewegung, Diuretika, Abführmittel, Appetitzügler und/oder Erbrechen. Ein weiteres Anzeichen ist die Furcht vor dem Dicksein und vor einer Gewichtszunahme (Gewichtsphobie) und häufiges Wiegen. Situationen, die mit Essen verbunden sind (Einladungen, Feste, Lokale), werden von den Betroffenen gemieden. Weil zu Beginn der Krankheit noch kein Krankheitsgefühl besteht, reagieren die Erkrankten abwehrend, wenn sie auf ihr Gewicht angesprochen werden. Die Krankheit hat sowohl körperliche als auch seelische Symptome, wodurch die Behandlung beide Gebiete abdecken muss. Aus diesem Grund sollte nicht nur ein Arzt befragt, sondern gegebenenfalls auch ein Psychologe bzw. ein Psychotherapeut zu Rate gezogen werden. Ziel ist es, den normalen Ernährungsstand wiederherzustellen. Kostanleitungen helfen, eine Diät (gemeint ist eine gesunde Kost; nicht um abzunehmen!) sinnvoll zu gestalten. Bei lebensbedrohlichen Zuständen muss die Behandlung im Krankenhaus erfolgen. Eine Psychotherapie mit Familiengesprächen, Einzelgesprächen und Elternberatung ist ratsam. In manchen Fällen ist eine medikamentöse Behandlung notwendig, besonders wenn Depressionen oder schwere Zwangssymptome auftreten.

Meistens dauert die Behandlung mehrere Jahre. Die Magersucht (Anorexie) kann zu einer chronischen Krankheit werden, denn die permanenten Hungerzustände lösen Osteoporose (Verminderung der Knochensubstanz) aus und führen zu Schäden an Herz, Leber, Niere und Gehirn. Bei Jugendlichen setzt eine Wachstumshemmung ein. Müdigkeit und Konzentrationsschwäche sind die Folge. Das psychische Gleichgewicht geht verloren und Missmut, Depressionen und/oder Selbstmordgedanken können auftreten. Auch ein Sterberisiko ist durch Selbstmord oder Unterernährung gegeben. Betroffene sollten daher einer guten Freundin/einem guten Freund, ihren Eltern oder Geschwistern erzählen, wie es ihnen geht und sich nicht isolieren. Das Ausgehen mit Freunden, die professionelle Hilfe von Ärzten und Therapeuten und auch ein Tage buch über die eigenen Essgewohnheiten helfen, der Krankheit den Kampf anzusagen. Selbst nach mehreren Jahren Magersucht stehen die Chancen gut, wieder vollkommen gesund zu werden.

(www.netDoktor.at (20.06.2007; bearbeitet))

Tipp: Notieren Sie sich immer gleich die Quelle (= Autor/in und Erscheinungsort).

Tipp: Bevor Sie mit dem Exzerpieren beginnen, vergleichen Sie Ihre Markierungen mit jenen von Kolleginnen/Kollegen. Übereinstimmende Markierungen sind der beste Hinweis darauf, dass Sie das Wesentliche erkannt haben.

Vorschlag für ein Exzerpt (Beginn)

Magersucht *(anorexia nervosa)*
Quelle: Prof. Dr. Martina Zwaan, in: www.netDoktor.at

= Essstörung
besonders betroffen: Mädchen/junge Frauen (12–25 Jahre); Männer: 5 %

Ursachen:
nicht genau bekannt; wahrscheinlich Kombination aus seelischen, gesellschaftlichen u. a. Faktoren

mögliche Auslöser:
Angst vorm Erwachsenwerden (Frau-/Mann-Sein)
Angst vor Übergewicht
Konflikte in der Familie
Konkurrenzdenken
Besonders gefährdete Berufsgruppen: Fotomodelle, Ballett-Tänzer/innen

Einzelarbeit

Wie wichtig ist eine tolle Bikinifigur?

Ü 1b: Thema Schönheit ★

Wie sehr interessiert Sie das Thema **„Gewicht und Schönheit"**? Tragen Sie in die Skala ein.

gar nicht	eher nicht	eher schon	sehr

Ermitteln Sie das Interesse im Kurs insgesamt und dann getrennt nach Frauen und Männern. Gibt es einen Unterschied? Wenn ja, was könnten die Gründe dafür sein? Sprechen Sie darüber im Kurs.

Kursergebnis

gar nicht	eher nicht	eher schon	sehr

Frauen

gar nicht	eher nicht	eher schon	sehr

Männer

gar nicht	eher nicht	eher schon	sehr

Einzelarbeit

recherchieren: ermitteln, nachforschen, sich über etwas genau informieren

Ü 2: Schönheitsideale ★★

a) Recherche

Recherchieren Sie in der Bibliothek oder im Internet: Wie wird das Idealgewicht eines Menschen ermittelt, wie der BMI (Body-Mass-Index)?

Gruppenarbeit

diskriminieren: durch (unzutreffende) Behauptungen in der Öffentlichkeit das Ansehen einer Person oder einer Personengruppe herabsetzen; durch unterschiedliche Behandlung benachteiligen

b) Diskussion

Diskutieren Sie im Kurs:

- Wie sieht in Ihren Augen der ideale Frauenkörper/der ideale Männerkörper aus?
- Wovon ist dieses Ideal Ihrer Meinung nach beeinflusst?
- Wie reagiert man in Ihrer Umgebung auf extrem dünne, wie auf stark übergewichtige Menschen? Ist das für Sie in Ordnung?
- Spielt es eine Rolle, ob Ihr Freund oder Ihre Freundin dick oder dünn ist?
- Werden dicke Menschen diskriminiert?

Die Kurzfassung

Checkliste für das Erstellen einer Kurzfassung

Die ersten drei Arbeitsschritte bei der Kurzfassung sind identisch mit jenen des Exzerptes. Ergänzen Sie also selbst die folgende Checkliste:

1. den Text zur Gänze durchlesen, um ____________________
2. den Text noch ____________________ und gleichzeitig ____________________
3. die Informationen ____________________ und dann
   - in ganzen Sätzen ausformulieren,
   - direkte Reden in indirekte Reden umwandeln und
   - das Präsens verwenden.

FAQs: (englisch: frequently asked questions) häufig gestellte Fragen; findet man vor allem auf Homepages.

FAQs zur Kurzfassung

1. Um wie viel muss ich den Text kürzen?
   Das kommt ganz darauf an. Die meisten Sachtexte lassen sich auf ein Drittel kürzen, ohne dass der Sinnzusammenhang verlorengeht. Manchmal gibt es auch Vorgaben, zum Beispiel: „Maximaler Umfang des Textes: 250 Wörter". Das ist oft bei Beiträgen für Zeitungen und Zeitschriften der Fall. Und natürlich hängt es auch vom Thema und dem eigenen Interesse ab.
2. Muss ich den Text gleichmäßig kürzen?
   Informationstexte grundsätzlich ja, aber bei Zeitungsberichten nimmt die Informationsdichte gegen Ende des Artikels immer mehr ab, das heißt, dass die wichtigsten Informationen im ersten Teil des Berichtes stecken. In so einem Fall hat gleichmäßiges Kürzen natürlich keinen Sinn.
3. Kann ich die wichtigsten Sätze einfach abschreiben?
   Nein. Sie können einzelne Formulierungen übernehmen, aber Ihre eigene Schreibleistung muss erkennbar sein. Wenn Sie ausnahmsweise einen Satz wörtlich übernehmen – zum Beispiel eine Interviewaussage – müssen Sie das als Zitat kennzeichnen und unter Anführungszeichen setzen.
4. Ist meine Meinung zum Thema gefragt?
   Natürlich werden Sie sich Gedanken zum Thema machen, aber bei der Kurzfassung geht es um das Festhalten von Informationen, nicht um persönliche Meinungen.

Einzelarbeit

Ü 3: Kurzfassung ★★

Sie haben den Text „Afrikanischer Elefant" auf Seite 22 nach der 5-Schritte-Methode bearbeitet. Verfassen Sie auf Basis Ihrer Markierungen und Notizen eine Kurzfassung von diesem Text.

2 Die Beschreibung: Gegenstände, Vorgänge und Personen
Das ist so ein Ding, das …

Hanna und Verena beim Malen: abstrakt statt gegenständlich

In unserem Alltag beschreiben wir ständig etwas: Gegenstände, Personen, Vorgänge und Funktionsweisen. Wir beschreiben den Schlüsselbund, den wir verlegt haben, damit andere uns bei der Suche helfen können. Wir beschreiben unserem Großvater, wie der DVD-Player funktioniert, damit auch er ihn benützen kann. Wir beschreiben, wie die neue Schauspielerin in unserer Lieblingsserie aussieht, damit die Freundin sich ein Bild von ihr machen kann usw.

Beim Beschreiben kommt es darauf an, **eindeutig und objektiv** zu sein. Das ist manchmal aber schwierig, weil Menschen und Gegenstände unterschiedlich wahrgenommen werden. Der eine beschreibt Herrn Meier als kleinen Mann, in den Augen des anderen ist er durchschnittlich groß. Häufig werden Beschreibungen auch mit Bewertungen vermischt. Es ist aber äußerst wichtig, zwischen Beschreiben und Bewerten bewusst zu unterscheiden.

Einen Gegenstand beschreiben

Wenn wir möchten, dass jemand für uns ein ganz bestimmtes Produkt besorgt, dann müssen wir möglichst genau beschreiben, was wir wollen. Wenn wir etwas verloren haben, ist es zur Wiederauffindung des Gegenstandes notwendig, möglichst viele Details zu nennen. Dafür und für die Beschreibung von Schäden, die an Gegenständen entstanden sind, haben Flughäfen eigene Formulare entwickelt.

Einzelarbeit

einchecken: sich am Flughafen abfertigen lassen

Ü 4: Beschreibung eines Gepäckstückes ★★

Ihre Sporttasche, die Sie als Reisegepäck am Flughafen „eingecheckt" haben, wurde beschädigt. Sie wenden sich an einen Mitarbeiter Ihrer Fluglinie und erhalten am Schalter ein Formular. Auch an österreichischen Flughäfen ist der Vordruck in englischer Sprache formuliert. Füllen Sie jene Teile des Formulars aus, die das Gepäckstück betreffen. Verwenden Sie, wenn nötig, ein Wörterbuch (englisch – deutsch).

Am Gepäcksförderband warten oft böse Überraschungen auf den Fluggast.

Damaged Baggage Report

Airline

SZG

Date Time Reported

Reported ☐ by phone ☐ by Letter ☐ In Person

Passengers Last name & Init. ☐ Mr. ☐ Ms. ☐ Mrs. ☐ Miss

	Local address	Permanent address
Number and street		
City / Zip Code		
Area Code / Phone number		

Passenger itinerary

From	TO	Airline	Flight	Date

Previously reported ☐ No ☐ Yes At — Date — Ticket serial no.

Excess Valuation Purchased ☐ Yes ______ ☐ No — Excess Valuation Ticket Number

Content Claim ☐ Yes ☐ No — If Yes — List items and discribe damage

Speaks only ☐ — English ☐ ☐ — Cash settlement accepted ☐ Yes ☐ No — Loaner Bag provided ☐ Yes ☐ No

Claim check number	Bag type or name of article	Colour	Material	Manufacturer or Brand	Purchased Mo. Yr.	Original cost

Describe damage

Cause of damage – if known

Mark Damaged area on diagrams

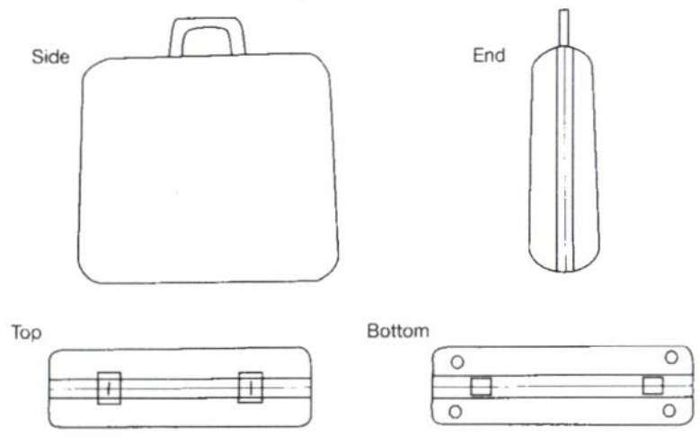

die Identifizierung: die Wiedererkennung

Nicht immer reicht zur Identifizierung eines Objektes ein Formular aus. Manchmal ist es erforderlich, den Gegenstand in ganzen Sätzen zu beschreiben. Achten Sie in diesem Fall darauf, dass Sie **möglichst viele Details** erfassen. Die Checkliste hilft Ihnen bei der Wiedererkennung einer Person oder einer Sache.

„Und welchen Ihrer Koffer meinten Sie?"

Checkliste für Beschreibungen:

- Beschreibungen im Präsens
- vom Allgemeinen zum Detail
- Bezeichnung des Gegenstandes, Marke, Herstellungsjahr
- Maße: Größe, Dimensionen, Gewicht
- Material, Form, Farbe, Oberflächenbeschaffenheit
- Funktion und Verwendung
- besondere Kennzeichen, auffällige Details
- eventuell: persönlicher Bezug zum Gegenstand (Warum ist er für mich wertvoll?)

Partnerarbeit

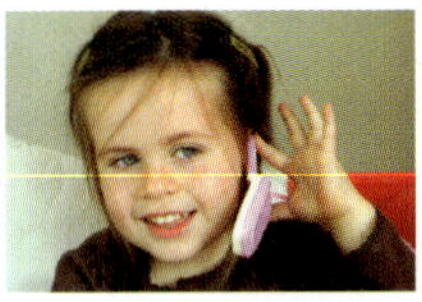

Die Firma Motorola stellte 1992 das erste GSM-fähige Mobiltelefon her. Heute ist das Handy für Europäer/innen ein Alltagsgegenstand – auch für die jüngsten.

Ü 5: Alltagsgegenstände beschreiben ★★

Sprechen Sie mit Ihrer Sitznachbarin oder Ihrem Sitznachbarn über Gegenstände, die Sie beide (fast) täglich verwenden, und legen Sie eine Liste von mindestens fünfzehn Alltagsgegenständen an. Wählen Sie dann einen dieser Gegenstände aus und beschreiben Sie ihn gemeinsam. Verwenden Sie dafür die Checkliste für Gegenstandsbeschreibungen. Beginnen Sie mit der Formulierung so: „Bei dem Gegenstand, den wir beschreiben, handelt es sich um …"

Einen Vorgang beschreiben

Haben Sie schon einmal versucht, einem alten Menschen zu erklären, was eine SMS ist und wie man eine solche verschickt? Haben Sie selbst schon einmal versucht, ein Regal mithilfe der beiliegenden **Anleitung** zusammenzubauen, einen DVD-Rekorder gemäß der Gebrauchsanweisung zu programmieren oder eine Computerhardware zu installieren? Und? Sind Sie wie Millionen vor Ihnen verzweifelt und hätten Sie am liebsten alles hingeworfen? Oder waren Sie erfolgreich? Wenn ja, dann ist es Ihnen offenbar gelungen, die einzelnen Schritte gut zu verstehen. Gerade das ist aber oft schwierig, weil in Gebrauchsanweisungen mitunter:

der Laie: Nicht-Experte; Außenstehender

die Illustration: veranschaulichende Bebilderung

- Fachvokabular verwendet wird, das für einen Laien nicht verständlich ist
- nicht alle Arbeitsschritte bis ins letzte Detail erklärt werden
- bei Produkten die deutsche Übersetzung fehlerhaft und zum Teil unverständlich ist
- Illustrationen (Zeichnungen, Fotos) fehlen

Dabei nimmt die Zahl der Anleitungen, die einem **Schritt für Schritt** erklären sollten, wie etwas funktioniert, mit der Technisierung unseres Lebens immer mehr zu.

Unter den Vorgangsbeschreibungen finden wir auch die Spielanleitung und das Kochrezept. Überlegen Sie sich ein kurzes Kochrezept, vielleicht Ihrer Lieblingsspeise, und schreiben Sie es auf.

SbX

Als Beispiel finden Sie ein Rezept für köstliche Wraps unter der ID: 1221.

Der junge Koch Jamie Oliver aus Essex beginnt sein Rezept für „Mein Lieblings-Curry" so:

Dieses Curry werden Sie bestimmt mögen – die Zubereitung ist einfach und macht außerdem Spaß. Zunächst zwei kleine Tipps. Erstens: Zum Zerhacken der Zwiebel …"

(Jamie Oliver: Genial kochen mit Jamie Oliver. Starnberg 2002.)

Partnerarbeit

Ü 6: Alltägliche Vorgänge ★

Legen Sie zu zweit eine Liste mit Vorgangsbeschreibungen und Anleitungen an, die zu unserem Alltag gehören, z. B.:

- Fahrkartenschalter am Bahnhof
- Getränkeautomat im Pausenraum

Der schnelle Pausenkaffee auf Knopfdruck

Zu einem Ihrer Alltagsgegenstände gehört sicherlich auch ein Handy. Lesen Sie sich die Beschreibung „Einlegen der SIM-Karte und des Akkus" durch und schauen Sie sich die Abbildungen dazu an.

Einlegen der SIM-Karte und des Akkus (Nokia Handy 5310 XpressMusic)

Erste Schritte

Die SIM-Karte und die Kontakte darauf können durch Kratzer oder Verbiegen leicht beschädigt werden. Gehen Sie deshalb sorgsam mit der Karte um und lassen Sie beim Einlegen oder Entfernen der Karte Vorsicht walten.

Wichtig: Entfernen Sie stets den Akku, bevor Sie die SIM-Karte einlegen oder entfernen.

1. Öffnen Sie das rückseitige Cover (1, 2) und entfernen Sie den Akku (3).
2. Legen Sie die SIM-Karte ein oder entfernen Sie sie (4).
3. Legen Sie den Akku ein (5) und bringen Sie das rückseitige Cover wieder an (6, 7).

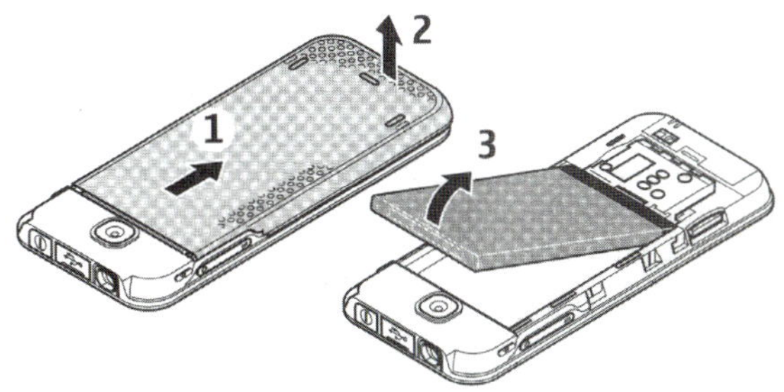

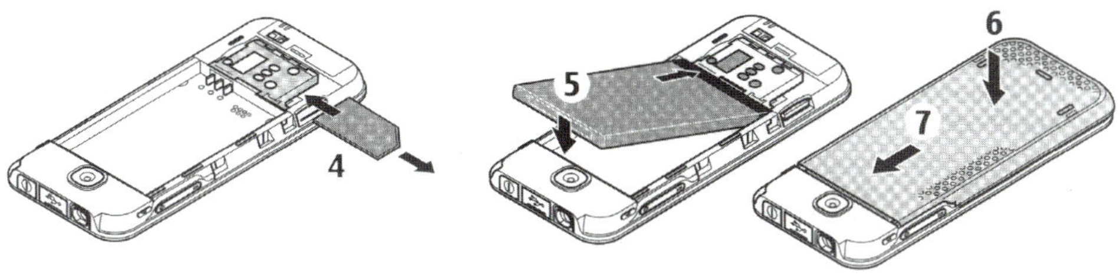

(Quelle: Nokia)

die Diktion: Ausdrucksweise, Schreibart

Grundsätzlich stehen Ihnen für die Vorgangsbeschreibung drei verschiedene **Diktionen** zur Verfügung:

a) Der **Imperativ** (Befehlsform): Legen Sie den … ein. Entfernen Sie die …
b) Das unpersönliche Pronomen **„man"** (sehr häufig bei Kochrezepten): Man legt … ein. Man entfernt die …
c) Das **Passiv:** Der … wird eingelegt. Die … wird entfernt.

Einzelarbeit

Ü 7: Vorgangsbeschreibung ★★

a) Die Diktion erkennen

Lesen Sie die Beschreibung noch einmal durch, um festzustellen, welche Diktion bei der Beschreibung der SIM-Karten-Installation vorwiegend gewählt wurde.

b) Die Diktion ändern

Schreiben Sie den Text um, indem Sie eine andere Diktion wählen. Vergleichen Sie die Varianten. Welche gefällt Ihnen besser? Diskutieren Sie im Kurs, welche der drei Ausdrucksweisen die Handykunden mehr anspricht. Begründen Sie Ihre Einschätzung.

Ein Sprichwort lautet: „Ein Bild sagt mehr als tausend Worte." Das können Sie sicher bestätigen, denn ohne die Abbildungen wäre die Anleitung zur Erstinstallation der SIM-Karte für jemanden, der noch nie eine SIM-Karte eingelegt hat, nur schwer verständlich.

Eine Person beschreiben

„Der Neue"

Maja: Und war der Neue heute da?
Anna: Ja, er ist gerade noch vor der Trautmannsdorff in den Kurs geschlüpft.
Maja: Und was hat die Trauti gesagt?
Anna: Naja, kennst sie ja. Ihre Bemerkungen sollten wohl witzig sein. Jeder muss eine zweite Chance kriegen und so.
Maja: Wie sieht er denn aus, der Neue?
Anna: Du, eh ganz sympathisch. Er ist relativ groß und hat ein Kinnbärtchen.
Maja: Echt?
Anna: Ja, und im rechten Ohr trägt er einen ziemlich großen Ohrring mit einem schwarzen Stein. Ich glaube, das ist ein Onyx.
Maja: Bei Steinen kenn ich mich nicht aus. Wie heißt er eigentlich?
Anna: Peter Ilic.
Maja: Dann ist er wohl mit dem Tschaikowskij verwandt?
Anna: Was? Wer?
Anna: Ich meine den russischen Komponisten: Peter Iljitsch Tschaikowskij.
Maja: Du spinnst ja! Aber musikalisch ist der Neue sicher. Er spielt in einer Band Schlagzeug, hat er gesagt.
Anna: Wow! …

Einzelarbeit

Ü 8: Beschreibung oder Bewertung? ★★

Lesen Sie das Telefonat zwischen den Freundinnen Anna und Maja und ordnen Sie die Aussagen der beiden den Bereichen **„informieren, sachlich beschreiben"** und **„bewerten, kommentieren, assoziieren"** richtig zu. Vergleichen Sie Ihre Ergebnisse im Kurs.

informieren, sachlich beschreiben	bewerten, kommentieren, interpretieren
	gerade noch
	Naja, kennst sie ja.

Partnerarbeit

Ü 9: Personenbeschreibung ★★

Wählen Sie zu zweit eine Person aus, von der Sie annehmen können, dass alle im Kurs sie kennen (Filmstar, Sänger/in, Politiker/in, TV-Moderator/in …). Entwickeln Sie ein Telefonat, in dem es um diese Person geht. Nennen Sie aber ihren Namen nicht. Mischen Sie beschreibende und bewertende Aussagen. Achten Sie darauf, dass Ihre Bewertungen nicht abfällig oder gar beleidigend sind. Unterstreichen Sie die sachlich beschreibenden Textpassagen. Tragen Sie das „Telefonat" vor. Die Kursteilnehmer/innen versuchen zu erraten, um wen es geht.

Einzelarbeit

SbX

Das Antragsformular zur Ausstellung eines Reisepasses und weitere Übungen zum Thema Beschreibung finden Sie unter der ID: 1221.

Ü 10: Personendaten im Antragsformular ★

Sie stellen beim Magistratischen Bezirksamt bzw. bei der Bezirkshauptmannschaft oder beim Magistrat einen Antrag auf Ausstellung eines Reisepasses. Füllen Sie das Formular im SbX aus.

Zuverlässiger als Personendaten und Personenbeschreibungen sind sogenannte **biometrische Daten**. Dazu zählen Fingerabdruck, Gesichtsgeometrie, Iris (Regenbogenhaut), Körpergeruch, Tippverhalten auf der Tastatur und vieles andere mehr.

3 Der Bericht
Sachlich berichten statt persönlich bewerten

Über ein Ereignis berichten heißt, ein Ereignis oder einen Sachverhalt **objektiv,** also **ohne persönliche Wertung,** darzustellen. Im Journalismus ist der Bericht eine sehr häufige Textform mit vielen Ausprägungen.

Jeder Bericht hat das Ziel, wahrheitsgetreu und vollständig zu informieren. Dies ist der Fall, wenn der Bericht die sogenannten **W-Fragen** beantwortet:

„Don't drink and drive!" – das gilt auch für die Piste!

- **Wer?** → z. B. Max Mustermann
- **Was?** → z. B. ein Schiunfall
- **Wo?** → z. B. in Axams bei Innsbruck
- **Wann?** → z. B. um 14 Uhr 20
- **Wie?** → z. B. Konzentrationsmangel
- **Warum?** → z. B. durch Alkoholisierung
- **Welche Folgen?** → z. B. ein gebrochenes Schulterblatt

Beim Verfassen eines Berichts ist stets Folgendes zu beachten:

- Die Zeitform des Berichts ist das Präteritum (Mitvergangenheit).
- Der Bericht muss objektiv sein: Es darf keine Spannung aufgebaut werden.
- Die Reihenfolge der Ereignisse muss beibehalten werden.
- Wörtliche Rede soll vermieden werden. Aussagen von Interviewten sollten in indirekter Rede wiedergegeben bzw. zusammengefasst werden.

Partnerarbeit

Ü 11: Ein Ereignis, drei verschiedene Berichte ★★

Lesen Sie sich zuerst alle drei Berichte durch und beraten Sie anschließend mit Ihrem Sitznachbarn oder Ihrer Sitznachbarin, welcher dieser Texte die **W-Fragen** am besten beantwortet. Markieren Sie jene Textstellen, die das Kriterium der Objektivität nicht erfüllen. Notieren Sie stichwortartig die Antworten auf die W-Fragen. Überprüfen Sie auch, ob die Zeitform stimmt.

Bericht 1:

Ich muss zugeben: Am Anfang konnte ich mir nicht vorstellen, wie das funktionieren soll. Alle 350 Mitarbeiter/innen mussten zwei Seminare auswählen, sich in Workshop A und B eintragen und hintereinander diese zwei Kurse besuchen. Ich habe unter A Power-Chi gewählt. Nicht, dass ich mir darunter viel vorstellen konnte, aber es klang gut und unter B habe ich Töpfern gewählt. Beides hat mir besser gefallen, als ich erwartet hatte. *Sandra Michalek*

- Wer? ______
- Was? ______
- Wo? ______
- Wann? ______
- Wie? ______
- Warum? ______
- Welche Folgen? ______
- Zeitform: ______

Bericht 2:

Die Geschäftsleitung unseres Unternehmens hat beschlossen, dass es jedes Jahr einen Fortbildungstag für alle Mitarbeiter/innen geben soll. Heuer wurde als Schwerpunkt das Thema „Gesundheit und Kreativität" gewählt. Das Thema Gesundheit betrifft uns nämlich alle und Kreativität fördert die Entspannung und gleichzeitig die Konzentration.

In Workshops kann man vieles lernen.

Die 350 Mitarbeiter/innen konnten aus mehr als 30 Workshops zwei auswählen, die sie besonders interessieren. Zur Wahl standen Kurse aus den Bereichen Bewegung und Entspannung, Ernährung und Medizin, Psychohygiene, Fitness und Wellness sowie Kreatives wie Töpfern, Theater, Acrylmalerei. Viele Kurse wurden von speziellen Trainern geleitet. Bei manchen haben aber auch Mitarbeiter/innen die Leitung übernommen, beispielsweise beim Salsa-Tanzen und beim Yoga-Workshop. Es haben aber auch Freiwillige mitgewirkt: am Gesundheits-Checkpoint zum Beispiel. Da boten Mitarbeiter/innen des Roten Kreuzes und des Landeskrankenhauses Blutdruckmessungen, Ernährungsberatung und Tipps zum Stressabbau an.

Die Frage, ob ihnen dieser Tag etwas gebracht hätte, beantworteten die meisten mit ja. Und so wird es im nächsten Jahr wahrscheinlich wieder einen Fortbildungstag zu einem speziellen Thema geben. Ich freue mich schon darauf. *Thomas Breuer*

- Wer? ______
- Was? ______
- Wo? ______
- Wann? ______
- Wie? ______
- Warum? ______
- Welche Folgen? ______
- Zeitform: ______

Bericht 3:

In unserer Firma hat letzte Woche ein Gesundheits- und Kreativtag stattgefunden. Spezielle Trainer haben Kurse geleitet, aber es sind auch Leute vom Roten Kreuz und vom Landeskrankenhaus gekommen. Über 30 verschiedene Kurse wurden angeboten. Man hatte also die Qual der Wahl. Zusammen mit vier Kolleginnen aus meiner Abteilung habe ich zuerst am „gesunden Buffet" mitgearbeitet. Es war wirklich unglaublich, dass wir in so kurzer Zeit so viele Brote streichen und Gemüse schneiden konnten, aber interessanter war für mich der Workshop mit der Hautärztin. Da wurde sehr offen über Hautprobleme gesprochen, die praktisch jeder kennt, aber über die keiner gerne spricht.

Der Gesundheits- und Kreativtag sollte uns die Möglichkeit geben, uns aktiv um unsere Gesundheit zu kümmern. Aber einmal im Jahr ist da zu wenig, finde ich.

Manuela Civic

- Wer? ______
- Was? ______
- Wo? ______
- Wann? ______
- Wie? ______
- Warum? ______
- Welche Folgen? ______
- Zeitform: ______

Einzelarbeit

SbX

Sie finden Ü 12 mit automatischer Korrektur und Bewertung unter der ID: 1221.

erledigt: ☑

Ü 12: ☐

Ü 12: Arten des Berichts ★

Ordnen Sie den beschriebenen Sachverhalt dem jeweils erforderlichen Bericht zu.

1 Unfallbericht	A Eine Institution (z. B. Schule) oder ein Verein verfasst ihn jedes Jahr.
2 Patientenbericht	B Jemand hat sich bei einem Sportunfall ein Bein gebrochen.
3 Polizeibericht	C Abteilungsverantwortliche in einer Firma verfassen diesen Bericht in regelmäßigen Abständen, um die Vorgesetzten über die Leistungen dieser Abteilung zu informieren.
4 Jahresbericht	D Die Polizei gibt ihn an die Öffentlichkeit (Radio, Fernsehen …) weiter.
5 das Reporting	E Eine Fachärztin schickt ihn an den Hausarzt. Er enthält die Diagnose und Empfehlungen zur Behandlung des Patienten.

Einzelarbeit

Tipp: Beachten Sie, dass nicht in allen Ländern die gleichen Vorrangregeln gelten!

Ü 13: Einen Verkehrsunfallbericht verfassen ★★

Stellen Sie sich vor, Sie haben gerade die Straße überquert (strichlierte Linien, links im Bild), als es zu dem Unfall kam, den die Zeichnung zeigt. Als Zeuge bzw. Zeugin sind Sie aufgefordert, einen Bericht über den Unfallhergang zu verfassen. Berücksichtigen Sie dabei die W-Fragen und ergänzen Sie Angaben, die aus der Zeichnung nicht hervorgehen (Zeit, Ort usw.).

4 Die Inhaltsangabe

Und worum geht's bei der Geschichte?

Die Inhaltsangabe ist eine Textsorte, die uns täglich begegnet: beim Durchblättern des Fernsehprogramms, bei der Auswahl eines interessanten Buches für einen selbst oder als Geschenk für Freunde, bei der Überlegung, welchen Film oder welches Theaterstück wir uns als nächstes ansehen wollen.

Inhaltsangaben sind grundsätzlich **Sachtexte,** die **literarische Texte,** Filme, Theaterstücke usw. **zusammenfassen.** Man unterscheidet drei Arten von Inhaltsangaben:

- Informative Inhaltsangabe
- Werbende Inhaltsangabe
- Kritische Inhaltsangabe

Die **informative Inhaltsangabe** informiert sachlich und beschreibt auch den Ausgang eines Buches, Films oder Theaterstückes. Die **werbende Inhaltsangabe** will zum Lesen des Textes anregen und lässt daher den Ausgang der Handlung offen. Die **kritische Inhaltsangabe** bewertet den Inhalt zusätzlich.

Checkliste für die Inhaltsangabe:

- Zeitform: Präsens
- Einleitung:
  - Titel und Textsorte bzw. Filmgenre
  - Autor bzw. Regisseur (Name, persönliche Daten, Werk)
  - Erzählform
- Hauptteil:
  - Ort der Handlung
  - Zeit (Epoche) der Handlung
  - Personen der Handlung
  - Kürzestfassung der Handlung (mit oder ohne Beschreibung des Ausgangs)
  - Eventuell Wertung oder Kritik

das Genre: Gattung, Art; z. B. Drama, Komödie, Actionfilm etc.

- Schluss:
  - Mögliche Absicht des Autors
  - Mögliche Wirkung des Inhalts
  - Eventuell Empfehlung oder Nicht-Empfehlung

Einzelarbeit

Ü 14: Art der Inhaltsangabe erkennen ★

Lesen Sie sich die drei Inhaltsangaben aus dem TV-Programm „tele" durch und klären Sie, um welche Art von Inhaltsangabe es sich handelt:

A ______________________________

B ______________________________

C ______________________________

A WEITERE ***tele***-TIPPS

Wie küsst man einen Millionär? NEU!

Drei Landeier suchen in Berlin die große Liebe! Einzige Voraussetzung: nie wieder einen Loser! SAT.1 20.15

Kein Millionär, sondern ein Rikschafahrer für Lilly (Mina Tander): Jo (Luca Zamperoni).

TV-Romanze. *D 2007* Weil Lilly (**Mina Tander**), Nora (**Anita Matija**) und Jessica (**Cordelia Wege**) die Nasen gestrichen voll vom Männerangebot in ihrer verschlafenen Landgemeinde haben, brechen die drei Freundinnen mit Elan und der geklauten Kasse vom Feuerwehrfest nach Berlin auf, um dort zumindest einen Millionär fürs Leben zu finden. Kommt natürlich alles anders als erwartet. Spaß macht's aber trotzdem.

Sonntag 4. März ***tele*** **B**

Findet Nemo ★★★★ ORF 1 20.15

Oscargekrönte Free-TV-Premiere – ein Spaß, nicht nur für Kinder! NEU!

Animationsfilm. *USA 2003* Der Hit aus dem Hause Pixar führt in eine aufregende Unterwasserwelt und erzählt von den Abenteuern eines kleinen Clownfisches, der ausgerechnet an seinem ersten Schultag in ein Fischernetz gerät. Jetzt zappelt er im Aquarium eines zierfischfreudigen Zahnarztes, und sein Daddy muss durch den halben Pazifik schwimmen, um ihn zu befreien. Wunderbares Familienvergnügen (Oscar für den besten animierten Film 2003), heiter, unterhaltsam, grotesk, genial und mit einem Wortwitz gewürzt, wie er beim großen Konkurrenten Disney schon lange nicht mehr zu finden ist. Auch auf PRO 7! Siehe ***tele***-Tipp S. 3!

Clownfisch Nemo und seine bunten Kameraden.

C DIE ***tele***-TOP-TIPPS

Komm, süßer Tod ★★★★ ORF 1 22.30

Hochkarätige Austro-Stars in einer Verfilmung nach Wolf Haas.

Krimikomödie. *Ö 2000* **Wolfgang Murnbergers** gelungene Verfilmung des Kultromans von **Wolf Haas**: Brenner (**Josef Hader**) ist aus dem Polizeidienst ausgeschieden und fährt jetzt Rettung. Als aber plötzlich Morde im Rettungsfahrer-Umfeld passieren, wird er in die Ermittlungen hineingezogen.

Welche Rolle spielt Angelika (Nina Proll) im Krieg der Rettungsfahrer?

(tele. Das österreichische Fernsehmagazin. Nr. 9/2007.)

Einzelarbeit

Ü 15: Kriterien ermitteln ★

Wählen Sie einen der drei Filme aus und ordnen Sie den in der Tabelle angeführten Kriterien die zutreffende Angabe aus der Inhaltsangabe von „tele" zu. Welcher Film ist Ihr Favorit? Warum?

Titel	
Filmgenre	
Autor/Regisseur	
Filmtyp	
Ort der Handlung	
Zeit der Handlung	

Personen (Schauspieler)	
Kürzestfassung der Handlung	
Wertung/Kritik	
Mögliche Absicht	
Mögliche Wirkung	

Einzelarbeit

Ü 16: Von der Inhaltsangabe zur Lektüreentscheidung ★★

Lesen Sie sich die Inhaltsangaben zu den Romanen von Imre Kertész und Benjamin Lebert durch. Welches der beiden Bücher spricht Sie mehr an? Begründen Sie Ihre Wahl. Möchten Sie eines der beiden Bücher lesen? Wenn ja, warum? Sprechen Sie darüber in Ihrem Kurs.

Imre Kertész, geb. 1929 in Budapest. 1944 ins KZ Auschwitz deportiert, 1945 befreit. Kertész lebt jetzt wieder in Ungarn. Im Jahr 2002 erhielt er den **Nobelpreis für Literatur** – die höchste Auszeichnung, die ein Schriftsteller oder eine Schriftstellerin erhalten kann.

Imre Kertész: Roman eines Schicksallosen.
Taschenbuch: 312 Seiten, **Verlag:** Rowohlt Tb (Juni 2005)

Der „Roman eines Schicksallosen" wurde von dem ungarischen Schriftsteller Imre Kertész geschrieben, erstmals 1975 veröffentlicht und 2005 von Lajos Koltai verfilmt. Im Jahr 2002 erhielt Kertész den Nobelpreis für Literatur.

Er beschreibt aus der Perspektive eines in Budapest lebenden, 15-jährigen Burschen namens György das Leben in Ungarn während des Zweiten Weltkrieges, die Deportation in die Konzentrationslager Buchenwald und Auschwitz und den dortigen Lageralltag. Der 1929 geborene Imre Kertész ist selbst KZ-Häftling gewesen und verarbeitet in dem Werk seine persönlichen Erfahrungen.

Ungewöhnlich an diesem Roman ist, dass das Grauen frei von Empörung und Entsetzen beschrieben wird. Zwar ist György mit dem Geschehen meist nicht einverstanden, erlebt die Geschehnisse jedoch beinahe wie einen Abenteuerroman und überlebt so den Prozess der industriell organisierten Ausbeutung und Ermordung von Menschen. Diese Perspektive hat zu heftiger Kritik an dem Roman geführt, aber auch zu großem Lob für den Mut des Autors.

(Adaptiert aus: www.wikipedia.de)

Benjamin Lebert, geb. 1982, hat mit 16 Jahren einen Bestseller geschrieben. Der Autor lebt in Freiburg und Berlin.

Benjamin Lebert: Crazy.
Taschenbuch: 174 Seiten, **Verlag:** Goldmann (Juli 2001)

„Crazy" ist der Titel des 1999 erschienenen autobiografischen Romans von Benjamin Lebert über die Zeit der Jugend. Dabei porträtiert der Autor seine Erfahrungen als Halbseitenspastiker und geht auch auf die Probleme des Erwachsenwerdens, Pubertät, Neid und Eifersucht, Freundschaft und Liebe ein.

Der 16-jährige Benjamin wird von seinen Eltern in das Internat Neuseelen geschickt. Für den halbseitig gelähmten Jungen ist es nicht der erste Schulwechsel, er ist ein schlechter Schüler, vor allem in Mathematik. Benni, wie er genannt wird, teilt sein Zimmer mit Janosch, der sich mehr für Mädchen als für die Schule interessiert. Beide Jungs sind in ihre Mitschülerin Malen verliebt. Im Gegensatz zur Verfilmung des Buches (2000) verfolgt der Roman diese Tatsache nicht weiter.

Zu Bennis Freunden zählen auch der schweigsame Troy, der dicke und der dünne Felix sowie Florian, den alle „Mädchen" nennen. Auf einer unerlaubten Nachtparty im Mädchentrakt des Internats lernt Benni Marie kennen, mit der er seinen ersten Geschlechtsverkehr erlebt. Allerdings wendet sich Marie gleich danach von Benni ab und sie haben keinen Kontakt mehr.

Im nächsten großen Handlungsschritt wollen die Jungen aus dem Internat abhauen. Diese Idee setzen sie in die Tat um und fahren mithilfe eines alten Mannes, der selbst einmal Internatsschüler war, nach München. Die Wohnung des verbitterten Witwers liegt über einem Striplokal. Dorthin lädt der Alte die Jugendlichen ein. Am nächsten Morgen bringt er sie zurück ins Internat.

Am Ende des Buches erfährt man, dass Benni das Schuljahr wieder nicht geschafft hat und daher nochmals die Schule wechselt.

Benjamin Lebert beschreibt in dem Roman Probleme, mit denen Jugendliche, ob mit Behinderung oder ohne, zu kämpfen haben. Seine Protagonisten fühlen sich manchmal richtig „crazy". Ob man sich in den Jugendlichen wiedererkennt oder nicht, kann erst beurteilen, wer das Buch gelesen hat.

(Adaptiert aus: www.wikipedia.de)

adaptieren: anpassen, bearbeiten (z. B. einen Roman für einen Film)

Einzelarbeit

Ü 17: Analyse der Inhaltsangaben ★★

Um welche Form der Inhaltsangabe handelt es sich?

- Roman eines Schicksallosen: ____________________ Inhaltsangabe
- Crazy: ____________________ Inhaltsangabe

SbX

Sie finden Ü 17 mit automatischer Korrektur und Bewertung unter der ID: 1221.

erledigt: ☑

Ü 17: ☐

Lesen Sie beide Inhaltsangaben noch einmal durch, um die Kriterien zu überprüfen. Ist ein Kriterium – direkt oder indirekt – erfüllt, setzen Sie ein Häkchen (österreichisch: Hakerl) in die entsprechende Spalte!

Kriterien der Inhaltsangabe	Roman eines Schicksallosen	Crazy
Titel		
Textsorte		
Autor		
Erzählform		
Ort der Handlung		
Zeit der Handlung		
Personen (Schauspieler)		
Kürzestfassung der Handlung		
Wertung/Kritik		
Mögliche Absicht		
Mögliche Wirkung		

prägnant: etwas ist in knapper Form treffend ausgedrückt

Sicherlich ist Ihnen aufgefallen, dass das Kriterium „Kürzestfassung" der Handlung unterschiedlich aufgefasst werden kann (5 Zeilen beim „Roman eines Schicksallosen", 18 Zeilen bei „Crazy"). Je kürzer dieser Teil ausfällt, desto prägnanter müssen die Formulierungen sein.

Einzelarbeit

Ü 18: Lektüre und Textverständnis ★★

Lesen Sie den Text „Malta. Die Malteser Medienprofis. Impressionen an einem Tag, an dem es nichts zu erleben gab" aus dem **„Logbuch Welt. 52 Reiseziele für Profi-Traveller und chronische Daheimbleiber"** von Martin Amanshauser. Der österreichische Autor schreibt in seinem Buch über seine Reiseerlebnisse in 52 verschiedenen Orten auf allen fünf Kontinenten.

Martin Amanshauser, geb. 1968; lebt in Wien als Autor und Übersetzer.

Das „Logbuch Welt" von Martin Amanshauser

die Malteser: 1) die Bewohner des Inselstaates Malta; 2) die Mitglieder des „Malteser Ritterordens"(= Johanniter), ein im Mittelalter gegründeter katholischer Orden, der sich heute hauptsächlich um kranke, alte und behinderte Menschen kümmert ; 3) Bezeichnung für eine Hunderasse; 4) Bezeichnung für eine Taubenrasse

Martin Amanshauser:
„Malta. Die Malteser Medienprofis"

Ich war an dem Tag in Valletta, als der Inselstaat der EU beitrat. Die Stadt wirkte wie ein überdimensionaler Wiener Rathausplatz: Essensständchen aus Mitgliedsländern, Europa-Musik aus Lautsprechern. Mich bestürzte die Herzlosigkeit der Feier: Niemand schien sich zu freuen oder zu begeistern. Allerdings protestierte auch niemand. Ich zählte mehrmals die gelben Sterne auf den schlappen EU-Fahnen durch – und kam auf völlig unterschiedliche Ergebnisse.

Die Straßen waren leer. Zweimal stürzten Kamerateams auf mich zu, ich wurde gefragt, ob ich den Beitritt denn nun begrüßte oder ablehnte. Ich antwortete, dass ich den Beitritt okay fand, dass ich aber kein Malteser sei. Die wenigen Einwohner Vallettas, allesamt Medienprofis, hatten sich nämlich dem Ansturm der internationalen Journalisten entzogen. Vermutlich hielten sie Siesta oder britischen Mittagsschlaf. Ich streunte durch die ausgestorbenen Straßen und grübelte nach, was zum Teufel ich über Malta schreiben konnte. Es gab absolut nichts zu erleben!

Endlich fand ich ein Internet-Café. Ich machte das, was man inzwischen ohne schlechtes Gewissen „recherchieren" nennt. Ich gab diverse Begriffe in die Suchmaschine Google ein. Nach einer halben Stunde war ich bereit für eine Malta-Millionenshow und hatte zehn Merksätze notiert: 1) Valletta liegt südlicher als Tunis. 2) Die Johanniter sind eh die Malteser. 3) Die Kriegstracht der Johanniter war ein roter Mantel mit dem achtspitzigen Malteserkreuz, in Friedenszeiten trugen sie schwarze Mäntel. 4) Malta erhielt vom britischen König das „Georgskreuz", weil es sich im Zweiten Weltkrieg bereitwillig 154 Tage lang bombardieren ließ. 5) Als „Malteser" bezeichnet man auch eine Zwerghunderasse mit behaarten Hängeohren, außerdem heißt eine langhalsige Taubenrasse so. 6) Viele der 360 Kirchen Maltas haben zwei Uhren, eine mit richtiger Zeit und eine mit aufgemalten Zeigern, „um den Teufel irrezuleiten". 8) In der Stadt Hal-Far steht die größte Playmobil-Fabrik der Welt. 8) Die „St. Pauls Shipwreck Church" erinnert an den hiesigen Schiffbruch des Hl. Paulus im Jahr 60 und bewahrt einen seiner Armknochen auf. 9) Malta besteht aus Kalkstein, das Wasser versickert, deshalb fließen hier keine Flüsse. 10) Malta hat bisher als einziges Land die EU-Verfassung ratifiziert, in einem Parlament namens Il-Kamra-tad-Deputati.

Am Abend starteten die Feierlichkeiten. Es gab ein Feuerwerk in den EU-Farben. Ich saß auf einem Felsblock und hielt ein Gratis-Fähnchen mit vielen Sternen in der Hand. Die Einheimischen trugen ebenfalls solche Fähnchen herum. Dias mit multiethnischen Kindergesichtern wurden auf die Burg projiziert. Die Leute winkten den Projektionen halbherzig zu. Kaum war das Spektakel vorüber, senkten sie die Köpfe und gingen heim. Ein paar Minuten später kam die städtische Müllabfuhr und reinigte die Straßen. Ein deutscher Journalist richtete eine Kamera auf mich: „Did you enjoy it?" Ich nickte, aber ich brachte keinen Ton hervor. Ich lächelte hilflos.

a) Beantworten Sie folgende Fragen zum Text:

- In welchem Land befindet sich der Ich-Erzähler und wo liegt dieser „Inselstaat"?
- Was wird an diesem Tag gefeiert?
- Wie verhalten sich die Einheimischen während des Festes? Kommt Stimmung auf?
- Wieso nennt der Ich-Erzähler die Bewohner der Insel „Medienprofis"?
- Warum geht der Ich-Erzähler in ein Internet-Café?
- Wie fühlt sich der Ich-Erzähler am Ende: Warum sagt er nichts?
- Was sagen Sie zu diesem Text? Gefällt er Ihnen? Haben Sie Neues erfahren? Mögen Sie die Art, wie Amanshauser über das Ereignis schreibt?

b) Beantworten Sie die folgenden Fragen zum Reisen und Daheimbleiben:

- „Andere Länder, andere Sitten." Kennen Sie dieses Sprichwort? Was bedeutet es?
- Welche Feste werden in Österreich bzw. Ihrem Herkunftsland gefeiert? Wie wird gefeiert?
- Erinnern Sie sich an einen Aufenthalt in einem anderen Land: Welche Überraschungen haben Sie erlebt? Erzählen Sie einander davon.
- Wenn Österreich für Sie „das andere Land" ist: Was erscheint Ihnen seltsam an der Art, wie gefeiert wird, wie die Menschen leben? Usw.

Einzelarbeit

Ü 19: Inhaltsangabe ★★

Verfassen Sie eine Inhaltsangabe zum Text von Martin Amanshauser. Entscheiden Sie selbst, ob Sie eine informative oder eine werbende Inhaltsangabe schreiben wollen, und achten Sie darauf, alle Kriterien zu erfüllen.

Üben

SbX ID: 1222

Partnerarbeit

SbX

Die Texte zu Ü 20 und Ü 21 finden Sie unter der ID: 1222.

Ü 20: Exzerpt ★★

Wählen Sie zu zweit einen der Texte im SbX aus und erstellen Sie dazu ein Exzerpt. Gehen Sie davon aus, dass Sie den Inhalt des Textes kurz im Kurs referieren sollten. Das Exzerpt wollen Sie dabei als Gedächtnisstütze verwenden.

Einzelarbeit

Ü 21: Kurzfassung ★★

Wählen Sie einen der Texte im SbX aus und erstellen Sie dazu eine Kurzfassung.

Partnerarbeit

Basteln eines Papierfliegers – probieren Sie es doch selbst!

Ü 22: Papierflieger basteln ★★★

Nehmen Sie zwei Bögen Papier und basteln Sie daraus zu zweit einen flugfähigen Papierflieger. Als flugfähig gilt der Flieger ab ca. vier Metern Flugweite. Sobald Sie eine Konstruktion, die diesen Anforderungen entspricht, entwickelt haben, verfassen Sie eine Schritt-für-Schritt-Anleitung zum Nachbau Ihres Modells. Zeichnungen als Ergänzung zur Beschreibung sind erlaubt, dürfen die wörtlichen Formulierungen aber nicht ersetzen. Die Tauglichkeit Ihrer Anleitung überprüfen Ihre Kolleginnen/Kollegen durch Nachbau. Gelingt es den Testpersonen nicht, Ihr Flugmodell zu basteln, müssen Sie Ihre Anleitung überarbeiten (Details hinzufügen, eindeutigere Formulierungen finden usw.).

Einzelarbeit

Ü 23: Schritt-für-Schritt-Anleitung (Vorgangsbeschreibung) ★★★

Schreiben Sie eine Schritt-für-Schritt-Anleitung für das Wechseln einer Druckerpatrone. Orientieren Sie sich dabei an den abgebildeten Zeichnungen zur Installation. Entscheiden Sie sich für die Diktion, die Sie am passendsten finden. Hängen Sie die Beschreibungen im Kursraum auf. Lesen Sie alle Varianten durch und vergeben Sie einen Punkt für die Ihrer Meinung nach verständlichste Anleitung.

HP-Druckerpatronenwechsel

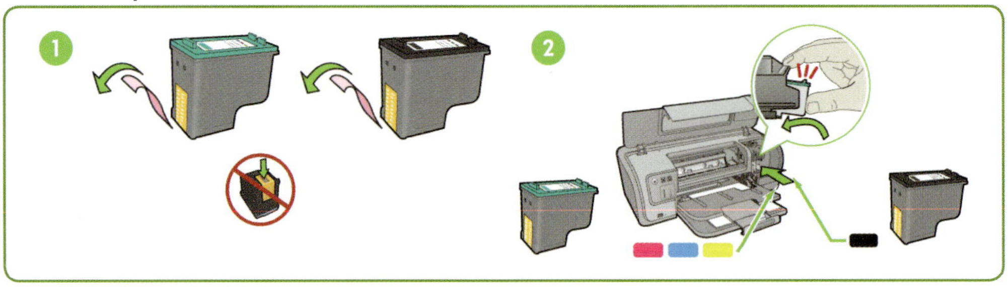

Einzelarbeit

Ü 24: Alltagsvorgänge beschreiben ★★

Beschreiben Sie möglichst detailliert einen Vorgang oder eine Tätigkeit aus Ihrem persönlichen oder beruflichen Alltag: Von A wie anziehen, B wie Basketball spielen, C wie chatten bis Z wie Zähne putzen.

Einzelarbeit

Ü 25: Gegenstand, Vorgang und Person beschreiben ★★

Wählen Sie von den drei Fotos jenes aus, das Sie spontan am meisten anspricht. Sie sehen auf den Fotos sowohl Gegenstände als auch Personen und in gewisser Weise Vorgänge abgebildet. Beschreiben Sie Person, Gegenstand und Vorgang und spekulieren Sie darüber, wer diese Personen sind und warum sie diese Tätigkeiten gerade ausführen.

Einzelarbeit

Ü 26: Einen Bericht analysieren ★

Am 06.07.2007 erschien in der Tageszeitung „Die Presse" ein kurzer Bericht über die „Kinderuni". Lesen Sie sich den Artikel durch und führen Sie den W-Fragen-Check durch. Der Bericht liefert nicht auf alle Fragen Antworten. Recherchieren Sie unter **www.kinderuni.at** und versuchen Sie, die Antworten auf die offen gebliebenen Fragen zu finden.

WIEN

Kinderuni: Einen Tag lang Jungstudent sein

WIEN (jule). Solche Hörer hatte der vielfach ausgezeichnete Physiker Anton Zeilinger wohl noch nie: Am Samstag hält er vor 300 Jung-Studenten zwischen sieben und zwölf Jahren die Vorlesung „Quanten für Kinder" und eröffnet damit die diesjährige Kinderuni in Wien. Beim fünften Jubiläum der Veranstaltung (7. bis 21. Juni) können mehr als 3200 Jungstudenten aus 389 Lehrveranstaltungen und 35 Fachbereichen wählen.

Diesmal sind vier Unis dabei: Medizin, Angewandte Kunst, TU und die vielfältige „Kinderuni Wissenschaft" am Campus. Eine Premiere ist die „Kinderuni am Kongress": Im Messezentrum treffen 600 Kinder auf 2000 Molekularbiologen aus der ganzen Welt. Restkarten gibt es im Internet.

www. kinderuni.at

Partnerarbeit

Ü 27: Bericht nach Bildimpuls ★★

Verfassen Sie zu zweit einen zur Zeichnung von Mike Flanagan passenden Bericht. Der Verfasser des Berichts ist der Golfspieler. Erfinden Sie alle Angaben, die nicht direkt aus der Zeichnung hervorgehen.

SbX
ID: 1222

Weitere Übungen im SbX

Ü 28: Zeichendiktat ★

Zeichnen und beschreiben Sie die Einrichtung eines Zimmers.

Ü 29: W-Fragen ★★★

Bearbeiten Sie die Übung zu den W-Fragen und Berichten in unterschiedlichen Sprachen.

Sichern

das Exzerpt

Das Exzerpt entsteht durch das **Herausschreiben wichtiger Informationen** eines Sachtextes in gut gegliederten Stichworten. Ein gutes Exzerpt ist Lernhilfe und Grundlage für Referate.

die Kurzfassung

Eine Kurzfassung wird auf Basis eines Exzerptes in ganzen Sätzen formuliert und fasst die **wichtigsten Informationen eines Sachtextes** zusammen. Direkte Reden werden in indirekte umgewandelt. Es werden nur Satzteile, nie ganze Sätze wörtlich übernommen. Zeitform ist das Präsens. Die Länge der Kurzfassung hängt von Vorgaben bzw. vom Verwendungszweck ab.

die Gegenstandsbeschreibung

Eine **Gegenstandsbeschreibung** umfasst Angaben zur Bezeichnung des Gegenstandes, zu Marke, Herstellungsjahr, zu Maßen, Material, Form, Farbe, Oberfläche, Funktion und Verwendung, besonderen Kennzeichen und Details. Eventuell kann auch die persönliche Bedeutung des Gegenstandes beschrieben werden.

die Vorgangsbeschreibung

Die **Vorgangsbeschreibung** ist eine Schritt-für-Schritt-Anleitung über die Funktionsweise eines Objektes (Gebrauchsanweisung etc.) bzw. über den Ablauf eines Vorgangs (Koch- oder Bastelanleitung etc.) im Imperativ, in der „man"-Form oder im Passiv. Illustrationen wirken unterstützend.

der Bericht

Ein Bericht ist ein Text, der eine Handlung oder einen Sachverhalt **objektiv darstellt** und frei von Wertungen des Berichtschreibers ist. Berichte folgen den **W-Fragen:** Wer? Was? Wo? Wann? Wie? Warum? Mit welchen Folgen? Die Zeitform ist das Präteritum. Berichte werden in der Reihenfolge der Ereignisse verfasst.

die Inhaltsangabe

Die Inhaltsangabe informiert in knapper Form über den **Inhalt eines literarischen Textes oder Films** im Präsens. In der **Einleitung** werden Titel, Textsorte/Filmgenre, Autor/in bzw. Regisseur/in und Erzählform genannt. Der **Hauptteil** umfasst Angaben zu Ort, Zeit und Personen der Handlung. Der Inhalt wird in wenigen Sätzen zusammengefasst wiedergegeben. Je nach Art der Inhaltsangabe (informierend, werbend, kritisch) wird der **Schluss** der Handlung preisgegeben, werden Empfehlungen ausgesprochen, mögliche Absichten und Wirkungen des Textes/Films angeführt.

Wissen

Wissensfragen und -aufgaben

W 1: Worterklärung
Erklären Sie folgende Nomen und Abkürzungen in eigenen Worten: Formular, Illustration, Diktion, Laie, FAQs.

W 2: Sätze mit Fremdwörtern
Bilden Sie mit folgenden Verben einzelne Sätze oder einen kurzen, zusammenhängenden Text: recherchieren, adaptieren, diskriminieren, identifizieren, assoziieren.

W 3: Gegenteil
Finden Sie das Gegenteil folgender Adjektive bzw. Partizipien: prägnant, illustriert, analog.

W 4: Exzerpieren
Nennen Sie die sechs Schritte, die Sie bei einem Exzerpt zu beachten haben, in der richtigen Reihenfolge.

W 5: Exzerpt und Kurzfassung
Beschreiben Sie den wesentlichen Unterschied zwischen Exzerpt und Kurzfassung.

W 6: Kurzfassung
Welche drei Anhaltspunkte gibt es in Bezug auf die Länge einer Kurzfassung?

W 7: Gegenstandsbeschreibung
Welche Angaben müssen Sie machen, um einen Gegenstand möglichst genau zu beschreiben? Nennen Sie so viele Elemente wie möglich.

W 8: W-Fragen
Nennen Sie die W-Fragen des Berichts und weitere Aspekte, die beim Verfassen eines Berichts zu beachten sind.

W 9: Inhaltsangaben
Welche Elemente beinhaltet die Einleitung einer Inhaltsangabe, welche der Hauptteil?

W 10: Informativ oder werbend?
Was unterscheidet eine informative Inhaltsangabe von einer werbenden?

Ein kurzer Wissens-Check, bevor's weitergeht!

Wissens-Check

	☺	😐	☹
Ich kann einen Sachtext exzerpieren.			
Ich weiß, wie man eine Kurzfassung erstellt.			
Ich kann eine Person gut erkennbar beschreiben.			
Ich weiß, wie man einen Gegenstand detailliert beschreibt.			
Ich kann einen Vorgang mithilfe von Illustrationen beschreiben.			
Ich kann einen Bericht analysieren und unter Berücksichtigung der W-Fragen selbst einen verfassen.			
Ich kenne die Unterschiede zwischen objektiver Berichterstattung und subjektivem Kommentar.			
Ich kann eine Inhaltsangabe verfassen.			

SbX
Alle SbX-Inhalte zu dieser Lerneinheit finden Sie unter der ID: 1230.

analysieren: etwas (wissenschaftlich) zerlegen, untersuchen; Einzelpunkte herausstellen; einer Sache auf den Grund gehen

reflektieren: nachdenken, erwägen

argumentieren: begründen, beweisen

Lerneinheit 3

Beschreibende und wertende Textsorten

In unserem Alltag genügt es oft nicht, die Dinge nur zu beschreiben. Um bestimmte Themen wirklich zu verstehen, müssen wir sie zuerst analysieren. Um uns eine Meinung zu bilden, müssen wir reflektieren. Wenn wir andere von einer Idee überzeugen wollen, müssen wir argumentieren. Analyse, Reflexion und Argumentation sind daher eng miteinander verknüpft.

Sie lernen hier:

- **wie man Tabellen und Grafiken analysiert und beschreibt**
- **wie man argumentiert und kommentiert**

Lernen

SbX ID: 1231

1 Tabellen und Grafiken

Alles auf einen Blick

visuell: das Sehen betreffend, optisch; ein visueller Typ (Sehtyp) ist jemand, der Gesehenes besser behält als Gehörtes/Gelesenes.

Grafiken stellen in Form von Tabellen und Diagrammen Fakten und Zahlen anschaulich dar. Sie helfen uns, wichtige Informationen visuell rasch zu erfassen. Die häufigsten Grafiktypen sind Säulendiagramme, Liniendiagramme und Kreisdiagramme. **Tortendiagramme** nennt man Kreisdiagramme mit 3D-Effekt. **Liniendiagramme** zeigen den Zusammenhang zwischen zwei Merkmalen, verbunden durch eine Linie. Beim **Säulen- oder Stabdiagramm** stehen die Rechtecke auf der x-Achse, beim **Balkendiagramm** liegen sie parallel zur x-Achse.

Einzelarbeit

Ü 1: Dem Schaubild den richtigen Begriff zuordnen ★

Ordnen Sie den Schaubildern (Tabelle, Grafik) den passenden Begriff zu:

A) Tabelle
B) Balkendiagramm
C) Liniendiagramm
D) Kreisdiagramm
E) Säulen- oder Stabdiagramm

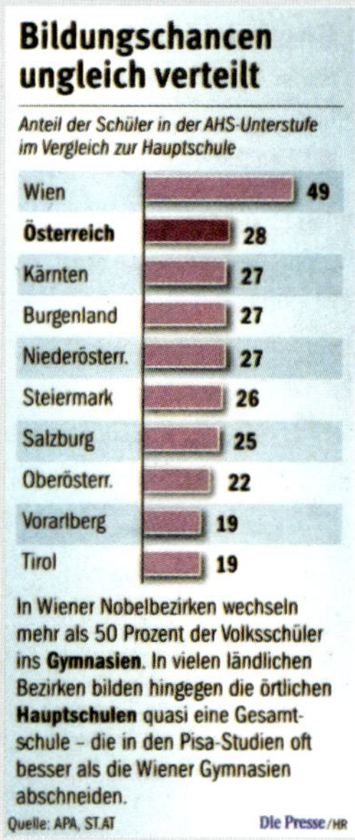

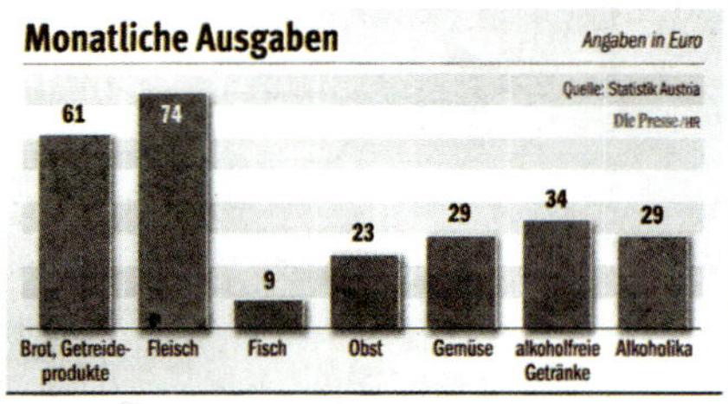

ÖSTERREICH

Pizza, Pasta und Ethno statt Schnitzel
Jede fünfte junge Frau isst kein Fleisch

Die Österreicher ernähren sich, so scheint es, immer gesünder. Der Fleischkonsum geht jährlich um ein bis drei Prozent zurück, steht im neuen österreichischen Lebensmittelbericht. 20 Prozent der jungen Frauen essen überhaupt kein Fleisch mehr. Pizza, Pasta und Ethno-Küche ersetzen die traditionelle österreichische Küche.

Zugleich hat der Verbrauch von Gemüse seit 1990 um 33 Prozent zugenommen. Jetzt beträgt der Pro-Kopf-Verbrauch 106 Kilo jährlich, was fast so viel ausmacht wie der Obstverzehr (93,6 Kilo). Zum Vergleich: Der Fleischkonsum beläuft sich auf 99,4 Kilo.

Tatsächlich geben die Österreicher noch immer am meisten für Fleisch aus, nämlich 74 Euro im Monat. Fisch ist mit nur neun Euro keine relevante Größe. Und wenn man die Ausgaben für Gemüse mit jenen für alkoholische Getränke vergleicht, so zeigt sich: Beides ist den Österreichern gleich viel wert – jeweils 29 Euro im Monat. Für Obst werden monatlich 29 Euro ausgegeben. Seite 24

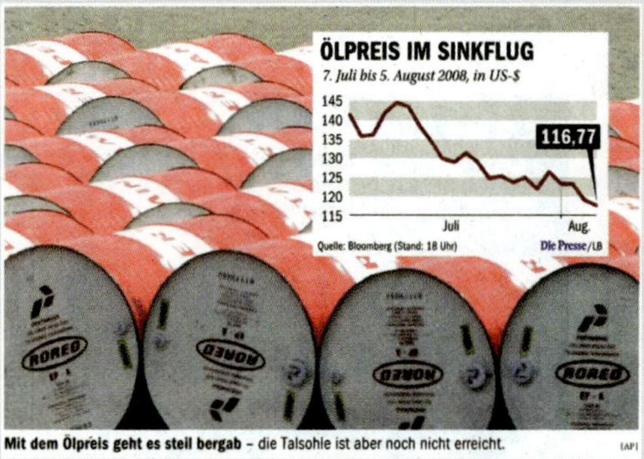

Mit dem Ölpreis geht es steil bergab – die Talsohle ist aber noch nicht erreicht. (AP)

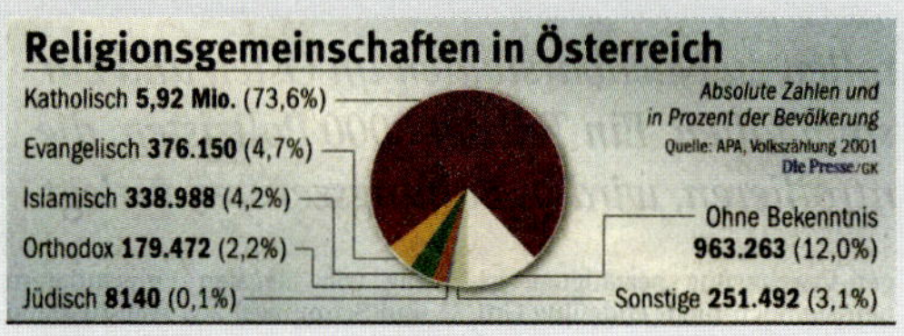

DEUTSCHE BUNDESLIGA:

Tabelle nach 30 Spieltagen

P	Verein	Punkte	S	U	N	Tore
1.	VfL Wolfsburg	60	18	6	6	66:36
2.	Bayern München	57	17	6	7	61:38
3.	Hertha BSC	56	17	5	8	44:36
4.	VfB Stuttgart	55	16	7	7	54:39
5.	Hamburger SV	55	17	4	9	43:41
6.	Borussia Dortmund	52	13	13	4	49:33
7.	FC Schalke 04	49	14	7	9	44:29
8.	Bayer Leverkusen	45	13	6	11	52:38
9.	1899 Hoffenheim	45	12	9	9	54:45
10.	Werder Bremen	39	10	9	11	55:42
11.	1. FC Köln	35	10	5	15	32:45
12.	Hannover 96	35	9	8	13	43:59
13.	Eintracht Frankfurt	32	8	8	14	36:49
14.	VfL Bochum	28	6	10	14	35:49
15.	Energie Cottbus	27	7	6	17	26:51
16.	Arminia Bielefeld	26	4	14	12	25:44
17.	Borussia M'gladbach	24	6	6	18	36:56
18.	Karlsruher SC	23	6	5	19	21:46

In der Champions League spielen die ersten beiden Mannschaften, der Dritte hat eine Chance in der Qualifikation oder spielt neben dem Vierten und Fünften in der Europa League (ehemals Uefa Cup).

Die Presse/GK · Quelle: bundesliga.de

Tabellen und Grafiken finden wir häufig zum besseren Verständnis eines Textes. Es ist wichtig, aus Schaubildern die wichtigen Aussagen herauszulesen und in eigenen Worten wiederzugeben. Dieser Vorgang wird „Verbalisieren einer Grafik" genannt und folgt bestimmten Kriterien.

Checkliste für das Verbalisieren von Grafiken:

- **Titel** nennen (unter Anführungszeichen)
- **Quelle:** Von welcher Person/Institution wurde die Grafik erstellt? Wann und von wem wurde sie veröffentlicht?
- Art der **Darstellung** (Tabelle, Kreisdiagramm …)
- **Überblick:** Worum geht es?
- Darlegung des **Sachverhalts** in Kurzform (Bei mehreren Einzelnennungen ist es ratsam, nicht alles aufzuzählen, sondern die Informationen zu „bündeln", d. h., mehrere ähnliche Sachverhalte, Zahlen, Prozentsätze etc. werden zusammengefasst. Hilfreiche Formulierungen dafür sind:
  - „Im Spitzenfeld liegen mit … Punkten/Prozent … A, B und C."
  - „Im Mittelfeld befinden sich …"
  - „Die letzten Plätze belegen …"
- **Resümee**

das Resümee: Zusammenfassung, Schlussfolgerung

Einzelarbeit

Ü 2: Grafik und Text vergleichen ★★

Schauen Sie sich die untenstehende Grafik genau an und vergleichen Sie sie mit dem Text. Beurteilen Sie mithilfe der Checkliste, ob die Kriterien zur Verbalisierung von Grafiken erfüllt sind. Überlegen Sie, was besser gemacht werden könnte.

„Das Balkendiagramm mit dem Titel „Fünfjährige in Kindertagesheimen" wurde in der Tageszeitung „Die Presse" am 05.08.2008 veröffentlicht. Es zeigt, wie viele der insgesamt 81.931 fünfjährigen Kinder zu dieser Zeit in jedem der neun österreichischen Bundesländer den Kindergarten besuchen. In Niederösterreich sind es mit 14.831 die meisten. An zweiter Stelle liegen Oberösterreich und Wien mit jeweils 13.707 Kindern. In der Steiermark besuchen 9953 Kinder eine Kinderbetreuungseinrichtung, in Tirol 6667. Knapp 5600 sind es in Salzburg, 4734 in Kärnten. Das Schlusslicht bilden Vorarlberg und das Burgenland mit 4049 bzw. 2319 Fünfjährigen im Kindergarten.

Damit sind im Jahr 2008 rund 75.000 Fünfjährige von insgesamt knapp 82.000 in dieser Altersgruppe bereits in einer Kinderbetreuungseinrichtung untergebracht. Rund 7000 würde eine Verpflichtung zum Kindergartenbesuch zusätzlich betreffen."

Von der Verbalisierung zum Kommentar

Es reflektiert: Sonnenstrahlen spiegeln sich im Wasser wider.

Sie reflektiert: Sie denkt nach.

Die Grafik aus Ü 2 in Worten wiederzugeben, erscheint nicht so schwierig. Die Verbalisierung lässt aber einige Fragen offen, zum Beispiel: Warum gibt es in den östlichen Bundesländern so viele, in den westlichen so wenige Kinder? Wo verbringen die rund 7000 Fünfjährigen, die keinen Kindergarten besuchen, die Zeit? Wenn man für die 7000 Kinder ohne Betreuung Kindergartenplätze schaffen möchte, in welchem Bundesland müsste man diese dann bauen? Braucht man überhaupt mehr Kindergärten?

Manche der Fragen lassen sich beantworten, wenn man darüber nachdenkt (reflektiert). Sie wissen zum Beispiel, dass Niederösterreich, Wien und Oberösterreich die bevölkerungsreichsten Bundesländer sind. Daher überrascht es nicht, dass es dort auch die meisten Fünfjährigen gibt.

Zur Beantwortung vieler Fragen muss man die Fakten genauer untersuchen (analysieren) oder weiter nachforschen (recherchieren). Die Statistik Austria (Quelle) kann sicher Auskunft über die Wohnorte der 7000 Fünfjährigen geben, die keinen Kindergarten besuchen. Die Frage, ob man mehr Kindergärten braucht, ist keine Wissens-, sondern eine Meinungsfrage. Was meinen Sie? Begründen Sie Ihre Haltung.

Kreisdiagramm

Oft wird das Ergebnis einer **Meinungsumfrage** als Grafik veranschaulicht. Das Kreisdiagramm „Jobmotivation" zeigt das Resultat einer Umfrage unter Arbeitnehmerinnen und Arbeitnehmern, die selbst keine Führungsverantwortung tragen.

Einzelarbeit

Ü 3: Von der Grafik zum Grafikkommentar ★★

Lesen Sie den Artikel „Jeder zehnte Chef sollte ausgetauscht werden" (Die Presse, 6.8.2008) und markieren Sie jene Textstellen, die folgende Sachverhalte kommentieren. Schreiben Sie den Kommentar neben den Sachverhalt.

Sachverhalt	Kommentar	Kommentiert von
Insgesamt 30 Prozent des Personals werden hier nicht genutzt.		
25 Prozent der Manager haben keine konkreten Zielvorgaben.		
Überhaupt gaben nur neunzehn Prozent an, dass sie durch ihre Bosse „ausgezeichnet" geführt werden.		

das Potenzial: vorhandene Möglichkeiten, Leistungsfähigkeit

„Jeder zehnte Chef sollte ausgetauscht werden"

In Österreich schöpfen Mitarbeiter ihre Potenziale nicht aus. Das liegt auch an mangelnder Führung.

Wien (ak). Österreichs Mitarbeiter schöpfen ihr Potenzial nicht voll aus. Ein nicht zu verachtender Teil der Leistung geht aufgrund von schlechter Führung durch Manager – das sind etwa Geschäftsführer, Bereichs-, Abteilungs- oder Projektleiter – verloren. „Insgesamt 30 Prozent des Potenzials werden hier nicht genutzt. Das heißt, bei besserer Führung könnte man die Menschen dazu bringen, fast ein Drittel mehr zu leisten", sagt Harald Preyer, Geschäftsführer des Eucusa-Instituts, der im Auftrag des Wirtschaftsforums der Führungskräfte (WdF) eine Onlineumfrage über die Jobzufriedenheit durchgeführt hat.

Gründe für die schlechte Führung gibt es einige. Einer liegt in der mangelhaften internen Kommunikation. Preyer: „Nur 25 Prozent der Mitarbeiter tragen die Unternehmensvision voll mit. Bei den Managern sind das 51 Prozent."

Fehlende Motivation durch Chefs

Die Führungskräfte haben laut der Umfrage auch ein Problem, ihre Mitarbeiter zu motivieren. So geben 37 Prozent aller Mitarbeiter ohne eigene Führungskompetenzen an, dass ihre Vorgesetzten sie nicht für ihre Aufgabe begeistern können. Ein Motivationsproblem gibt es aber auch bei Managern, die wiederum von übergeordneten Führungspersonen geleitet werden. Auch hier sagt jeder vierte, dass ihn seine Chefs nicht begeistern könnten. 25 Prozent der Manager haben darüber hinaus auch keine konkreten Zielvorgaben. „Das ist ein Problem. Denn wie soll man ansonsten die Leistungen von Managern messen?"

Die Manager selbst sind zwar insgesamt um zehn Prozent zufriedener als Mitarbeiter ohne Führungsverantwortung. Dennoch sieht jeder dritte von ihnen keine Chance, sich im jeweiligen Unternehmen weiterentwickeln zu können. 13 Prozent der Führungskräfte sind mit ihrer Firma gar nicht zufrieden, haben „innerlich gekündigt".

Überhaupt gaben von den Studienteilnehmern nur neunzehn Prozent an, dass sie durch ihre Bosse „ausgezeichnet" geführt werden. Paul Jankowitsch, Bundesvorsitzender des WdF, und Preyer schlagen hier harte Maßnahmen vor: „Jeder zehnte Chef sollte mangels Führungsqualitäten ausgetauscht werden."

Geld ist kein Motivator

Mangelnde Führung der Chefs wirkt sich scheinbar auch auf die Wechselabsichten der Manager aus. Denn 15 Prozent von ihnen wollen ihren aktuellen Arbeitgeber wechseln, nur 17 Prozent haben vor, „noch lange" für das Unternehmen arbeiten zu wollen. Kritisiert werden vor allem mangelndes Feedback und eine fehlende Kultur im Umgang mit Fehlern. Weitgehend zufrieden sind die Manager mit ihrem Gehalt. Höchster Motivator ist aber nicht Geld, sondern Spaß an der Arbeit gefolgt von Teamgeist und Anerkennung durch Kollegen. „Das zeigt, dass Geld nicht vor Fluktuation der Mitarbeiter schützt", so Preyer.

Bislang nahmen an der Onlineumfrage 1857 Personen teil. Unter nachfolgendem Link kann weiterhin jeder an der Umfrage teilnehmen: **www.jobzufriedenheit.info**

(Die Presse, 6. August 2008)

2 Argumentation und Stellungnahme

Wie Sie Ihre Meinung professionell äußern

Beim schriftlichen Argumentieren geht es um inhaltliche und sprachliche Genauigkeit. Je präziser Sie formulieren, desto genauer werden Sie auch im Denken. Basis für die Meinungsbildung ist immer eine gute Kenntnis der Sachlage. Sie müssen sich daher zuallererst objektiv und umfassend über das Thema informieren. Haben Sie sich Ihre Meinung einmal gebildet, können Sie Position beziehen und eine **Behauptung (These)** aufstellen. Dieser folgt die **Begründung**, und um die Begründung zu bekräftigen, führen Sie ein **Beispiel** oder einen Beweis an.

Argumente sind also Begründungen und werden oft mit einer **kausalen Konjunktion** (denn, da, weil usw.) eingeleitet. Doch nicht alles, was als Argument ausgegeben wird, ist auch tatsächlich eine akzeptable Begründung. Es kann sich auch um Vorurteile, zu starke Verallgemeinerungen, Übertreibungen, untypische Einzelfälle oder Scheinbegründungen handeln. **Folgende Beispiele verdeutlichen das:**

a) *Mädchen wählen seltener einen technischen Beruf, weil eine technische Begabung typisch männlich ist.*
Es handelt sich um ein weit verbreitetes Vorurteil. Warum Mädchen seltener technische Berufe wählen, hat viele Gründe. In den meisten Familien wird die technische Begabung beim männlichen Nachwuchs eher erkannt und gezielter gefördert. Das hat Auswirkungen auf die spätere Berufswahl. Usw.

Ist Schokolade gefährlich?

b) *Schokolade ist gefährlich, weil sie dick macht.*
Der übermäßige Genuss von Schokolade kann zu Gewichtszunahme führen, Karies verursachen usw. Schokolade deshalb als gefährlich zu bezeichnen, ist übertrieben. Schokolade mit hohem Kakaoanteil ist, in Maßen konsumiert, ein wertvolles Genussmittel.

Was als Begründung anerkannt wird, finden Sie in der Checkliste.

Checkliste für anerkannte Begründungen:

Man bezieht sich auf ...

- Gesetze, Beweise, unumstrittene Tatsachen
- beobachtbare und überprüfbare Tatsachen
- Aussagen von Expertinnen und Experten
- allgemein Anerkanntes oder Vereinbartes

Partnerarbeit

Ü 4: Argument oder Scheinargument? ★

Entscheiden Sie, ob es sich bei den untenstehenden Sätzen um akzeptable Argumente oder um Scheinargumente, Vorurteile oder unzulässige Verallgemeinerungen handelt.

a) Fußballbegeisterung lässt sich leicht erklären, weil Fußball weltweit der bekannteste und beliebteste Sport ist.

b) Der Handymarkt kann sich in Österreich kaum mehr ausweiten, weil über 90 % aller Jugendlichen und Erwachsenen ein oder mehrere Handys besitzen.

c) Die Partei X ist die beste Partei, denn sie hat ein Zukunftsprogramm entwickelt.

d) Es ist wichtig, dass jeder gut lernt, in seiner Muttersprache zu lesen und zu schreiben. Wissenschafter haben nämlich herausgefunden, dass man auch andere Sprachen leichter erlernt, wenn man gute Kenntnisse in der eigenen Sprache hat.

e) Das Internet ist die wichtigste Erfindung des letzten Jahrhunderts, weil, wenn du keinen Anschluss hast, bist du draußen.

Argumente sammeln

Ein befreundetes Pärchen plant, ein Unternehmen zu gründen. Der Verkauf von Produkten in Geschäften ist teuer, weil die Mieten hoch sind usw. Deshalb überlegen die beiden, einen Webshop einzurichten. Was halten Sie davon?

Einzelarbeit

Webshopping: Einkaufen nur noch online?

SbX **Diesen Artikel finden Sie auch unter der ID: 1231.**

Ü 5: Pro-Argumente sammeln ★★

Lesen Sie den Text „Klick auf das 10.000-Euro-Sofa" und vervollständigen Sie die Liste mit den Argumenten, die laut dem Artikel für die Einrichtung eines Webshops sprechen.

Webshops haben die Beziehung von Designern zu ihren Kunden tiefgreifend verändert. Selbst kleineren Anbietern bieten sich Chancen, davon zu profitieren – nicht nur finanziell. VON PETER STUIBER

Klick auf das 10.000-Euro-Sofa!

Wer für Minotti oder Cappellini designt, braucht keinen Webshop. Für jene Kreative aber, die ihre Entwürfe selbst produzieren lassen und vertreiben, ist ein Webshop meist eine attraktive Option. Denn er ist relativ kostengünstig (jedenfalls billiger als ein „echter" Shop) und erreicht Kunden in aller Welt. „Gerade kleineren Anbietern bieten sich enorme Chancen", meint Melody Tan, Herausgeberin des Kompendiums „iCatching. Shopping Design Online", das originelle Beispiele für Designshops rund um die Welt präsentiert (siehe Kasten). „Man muss keine große Produktpalette haben oder enormen grafischen Aufwand betreiben, es reicht schon, wenn die Produkte ihre Fans finden und der Verkauf klappt – inklusive sicherer Zahlung und Lieferung." Als Beispiel für eine praktikable Lösung nennt Tan die britische Website www.theshopfloorproject.com, die Mode bis Kunsthandwerk inklusive einer virtuellen Galerieausstellung präsentiert. Hier ist nichts revolutionär, sondern eher sympathisch familiär. „Technisch ist die Seite simpel, aber das Shopkonzept ist überzeugend", so Tan. „Das heißt allerdings nicht, dass einfach gestrickte Shops automatisch gut sind. Es gibt keine Entschuldigung für schlechte Grafik oder öde Seiten. Entscheidend ist, dass die Marke kommuniziert wird und dem Kunden ein Shoppingerlebnis geboten wird. Das waren auch die Kriterien für unsere Auswahl."

Offen für andere. In dem subjektiven „Best of" ist aus Österreich einzig das Designstudio Walking Chair vertreten. „Auf www.walking-things.com gefallen mir zum Beispiel die kleinen Videos, die die Produkte besser vorstellen", so Melody Tan. Eine einfache Idee erweist sich als besonders hilfreich: Die Produkte werden nach Preiskategorien präsentiert: bis 50 Euro, bis 100 Euro etc. Heinz Boesch, der die Walking-Things-Website betreibt: „Bei Geschenken denkt man ja auch: Ich möchte so und so viel ausgeben, das war ausschlaggebend." Von Anfang an war man offen für die Entwürfe anderer, um eine breitere Produktpalette anbieten zu können. Wer auf die Kategorie über 150 Euro klickt, findet dort auch Sachen um mehrere tausend Euro – und so etwas wird online bestellt? „Nein, so gut wie nie. Doch hier hat die Website Katalogfunktion", so Boesch. „Es hilft bei Kontakten mit ‚normalen' Händlern, dass man teurere Sachen online anschauen kann." Die Preisgrenze bei Internetbestellungen liege bei etwa 500 Euro, „darüber werden Verkäufe fast immer über persönlichen E-Mail-Verkehr oder direkt beim Händler abgewickelt".

Erst Probe sitzen. Ähnliche Erfahrungen hat der Grazer Designer Dieter Paul gemacht, dessen Shop seit 2004 unter www.dmp.co.at online ist: „Alle teureren Möbel sind bei uns Sitzmöbel, da wollen die Kunden zuerst Probe sitzen, bevor sie kaufen." Kindersessel, CD-Regale und diverse Garderoben werden hingegen gern auch online bestellt. „Wichtig ist die Kombination von Messen und Onlineshop", so Paul. „Wer unsere Möbel schon live gesehen hat, bestellt nachher auch eher im Internet." Paul verkauft seine Produkte

> Ein Webshop bietet einen enormen Vorteil: direktes Feedback vom Kunden.

auch über andere Onlineshops, wie zum Beispiel die Designwebsite www.hokohoko.com, Offenheit gegenüber anderen Plattformen lohnt sich.

Der Grazer Thomas Maitz wiederum startete vor vielen Jahren die Website www.maxinthebox.com rund um sein gleichnamiges Kindermöbel. „Wir hatten noch keinen Vertrieb und wollten schauen, wie das beim Verbraucher ankommt." Der Vorteil der Max-Box: Das 150-Euro-Möbel wird flach verpackt und kostenlos geliefert, ist leicht zusammenzubauen und im besten Sinn des Wortes „simpel" – ideal fürs Web. Vom Internetverkauf allein hätte Maitz, der seit Kurzem auch den Kindermöbelshop www.perludi.com betreibt, trotzdem nicht leben können. „Ein kleiner Shop kann nie so viele Besucher haben wie eine Website mit tausenden Produkten", so Maitz.

Was nicht heißen soll, dass ein Webshop nichts bringt. „Wir machen damit etwa zehn Prozent des Umsatzes, wobei die Margen für uns natürlich größer sind als über andere Händler", so Maitz. Heinz Boesch von Walking Things schätzt, dass er – je nach Produkt – sogar bis zu 30 Prozent des Umsatzes übers Netz macht. Und dann bietet ein Webshop noch einen enormen Vorteil: Man erhält direktes Feedback vom Kunden. Darin sieht Designspezialistin Melody Tan überhaupt den entscheidenden Punkt: „Webshops haben die Beziehung Designer/Kunde neu definiert. Der Kunde kauft nicht nur, er kann auch mitteilen, was er von einem Produkt genau erwartet."

AUF EINEN BLICK

WEBSHOPS

www.theshopfloorproject.com
Mode, Accessoires und Designschnickschnack, liefern auch nach Österreich.

www.walking-things.com
Design, Mode und Bücher vom Wiener Label Walking Chair und anderen.

www.dmp.co.at
Lustige Kinder- und Erwachsenenmöbel vom Grazer Designer Dieter Paul.

www.hokohoko.com
Junges Design aus Österreich, Deutschland und der Schweiz.

www.maxinthebox.com, www.perludi.com
Sehr nette und gescheite Kindermöbel aus Graz.

iCatching. Shopping Design Online
Hrsg. Melody Tan, Page One, 32 Euro, z. B. bei www.indexbook.com

(Die Presse, 7. Juni 2009)

Für Webshops spricht laut dem Zeitungsartikel:
- *relativ kostengünstig*
- *Man erreicht Kunden in aller Welt.*
- …

Einzelarbeit

Ü 6: Selbst Argumente sammeln ★★★

Werfen Sie selbst einen Blick auf die Internetauftritte der im Kasten genannten Webshops. Was fällt Ihnen positiv auf? Was könnte zusätzlich für den Webshop sprechen?

Es gibt verschiedene Strategien der erfolgreichen Argumentation. Eine davon ist die sogenannte **5-Satz-Technik**. Sie unterstützt zielgerichtetes Argumentieren in fünf Denkschritten und eignet sich sehr gut für die Formulierung eigener Standpunkte (Stellungnahme), egal ob mündlich oder schriftlich.

die Argumentation: die Begründung

Checkliste für die 5-Satz-Technik:
1. Vorstellen des Themas
2. **These:** Argumente für etwas
3. **Antithese:** Argumente gegen etwas
4. **Synthese:** Schlussfolgerung
5. **Appell:** Aufforderung, Bitte

Beim Vorstellen des Themas geht es darum, die **Aufmerksamkeit der Zuhörenden** zu gewinnen. Im Mittelteil – These, Antithese, Synthese – werden die **Vor- und Nachteile** (= das Pro und Kontra) aufgezeigt. Damit wird die Grundlage für die Meinungsbildung geschaffen und die entsprechende Schlussfolgerung gezogen. Am Schluss wird der **Kerngedanke als Appell** zusammengefasst.

Einzelarbeit

Ü 7: Die 5-Satz-Technik erkennen ★★

In einem Chat-Forum zum Thema „Doping im Sport" nimmt jemand Stellung und wendet dabei die 5-Satz-Technik an. Die Reihenfolge 1 bis 4 ist durcheinander geraten, Schritt 5 (Appell) ist verloren gegangen. Stellen Sie die richtige Reihenfolge her und formulieren Sie selbst einen passenden Appell.

Doping und Sport: Wer trägt die Verantwortung?

Schritt	
	Daher müssen alle, die mit Doping zu tun haben, zur Verantwortung gezogen werden.
	Scheinbar sind die Begriffe Sport und Doping nicht mehr voneinander zu trennen.
	Trotzdem tragen die Sportlerinnen und Sportler die größte Verantwortung, weil sie eine Vorbildfunktion haben. Mit dem Doping bringen sie nicht nur sich selbst, sondern eine ganze Sportart oder eine ganze Nation in Verruf.
	Die Athletinnen und Athleten stehen unter riesigem Druck. Sie behaupten, sie wüssten oft gar nicht, was ihnen ihre Coaches verabreichen.
5	

Einzelarbeit

Ü 8: Eine schriftliche Stellungnahme formulieren ★★

a) Verfassen Sie eine schriftliche Stellungnahme zur Frage: „Sind Webshops die Zukunft?" Folgen Sie dabei der 5-Satz-Technik. Machen Sie sich vor dem Schreiben bewusst, ob Sie persönlich die Frage bejahen oder verneinen, denn von Ihrer Position hängt die Schlussfolgerung aus These und Antithese ab.

b) Geben Sie Ihre Stellungnahme jemandem aus dem Kurs und bitten Sie ihn/sie um Rückmeldung. Gleichzeitig geben auch Sie Rückmeldung auf die Stellungnahme des anderen.

Von der **5-Satz-Technik** führt der Weg direkt zur **Erörterung bzw. Problemarbeit**. Die Erörterung ist eine längere, schriftliche Form der Auseinandersetzung mit einem Problem oder einer Fragestellung. Dabei werden das Für und Wider (Pro und Kontra) zu einem Thema aufgezeigt. Der Gegenüberstellung der Argumente folgt die eigene, begründete Meinung.

3 Ein Problem erörtern

Vorarbeiten zum Verfassen einer Problemarbeit

Männer und Frauen: Wirklich gleichberechtigt?

Man unterscheidet verschiedene Formen der Erörterung: die **textgebundene**, die **textbezogene** und die **textunabhängige oder freie Erörterung**. Im Folgenden erarbeiten Sie Vorarbeiten zum Verfassen einer freien Erörterung. Erörtert werden aktuelle Themen wie: Soll man Risikosportarten verbieten? Sind Frauen und Männer wirklich gleichberechtigt? Usw.

Die meisten von Ihnen werden in ihrem Berufsalltag zwar keine Problemarbeiten schreiben müssen, aber die Textsorte hilft Ihnen beim Aufbau wichtiger beruflicher Kompetenzen: Sie entwickeln einen kritischen Blick für Sachtexte und Aussagen von Personen. Sie trainieren richtiges Argumentieren. Sie üben den klaren, präzisen Ausdruck und entwickeln so Ihren persönlichen Überzeugungsstil für Diskussionen und Strategiepapiere.

Struktur finden

Bevor Sie eine Erörterung verfassen, ist es wichtig, dass Sie sich einen Überblick über das Themenfeld verschaffen. Überlegen Sie, wie Sie vorgehen könnten.

Grafische Arbeitstechniken wie eine **Mindmap** oder ein **Cluster** eignen sich dazu, Ideen zu finden und zu ordnen, Zusammenhänge zu erkennen, einen Überblick über ein Thema zu bekommen und damit Ordnung ins Chaos der Gedanken zu bringen.

Das Finden einer Struktur ist oft nicht einfach, doch es gibt dafür einige Tricks.

die Mindmap: (Gedankenkarte) zeichnerische Darstellung der Zusammenhänge (zwischen Begriffen) zu einem Thema; wurde von Tony Buzan entwickelt.

der Cluster: (Gedankennetz) von Gabriel Rico entwickelte Methode des kreativen Schreibens; Gedanken und Assoziationen werden zeichnerisch vernetzt.

Erstellen einer Mindmap

Legen Sie ein ausreichend großes Blatt Papier quer vor sich hin. In die Mitte schreiben Sie zentral den Hauptbegriff, besser wäre noch eine Zeichnung oder Skizze. Von diesem Zentrum aus wird für jeden Gedanken ein Ast gezeichnet und mit Schlüsselwörtern beschriftet. Die Hauptäste können sich verzweigen, so lassen sich Unterpunkte und sich verästelnde Gedanken visuell darstellen.

Mindmap

Ein Bild sagt mehr als tausend Worte.

Verwenden Sie bunte Farben, Symbole und kleine Zeichnungen, um Ihre Mindmap so übersichtlich und einprägsam wie möglich zu gestalten. Gedanklich Zusammengehörendes kann durch Farben und/oder Einrahmen dargestellt werden. Entwickeln Sie ein übersichtliches und buntes Endprodukt über mehrere Entwürfe oder Vorstufen.

die Assoziation: gedankliche Verknüpfung; „Wenn ich an A denke, fällt mir B ein …"

„Ein Cluster ist wie ein sich ausdehnendes Weltall und jedes Wort eine mögliche Galaxie. Jede sich entwickelnde Galaxie kann ihr eigenes Universum hervorbringen." (Gabriel Rico)

Erstellen eines Clusters

In die Mitte eines ausreichend großen Blattes Papier schreiben Sie einen Begriff, einen Satzteil oder Satz und kreisen ihn ein (Thema, Ausgangspunkt der Überlegungen).

Von diesem **Clusterkern** ausgehend notieren Sie nun Gedanken und Assoziationen (Was fällt mir dazu ein?). Die Assoziationen werden eingekreist und mit dem Kreis verbunden, der einen auf den neuen Gedanken gebracht hat. So entstehen Assoziations- oder Gedankenketten. Neue Gedankenketten gehen wieder vom Kern in der Mitte aus.

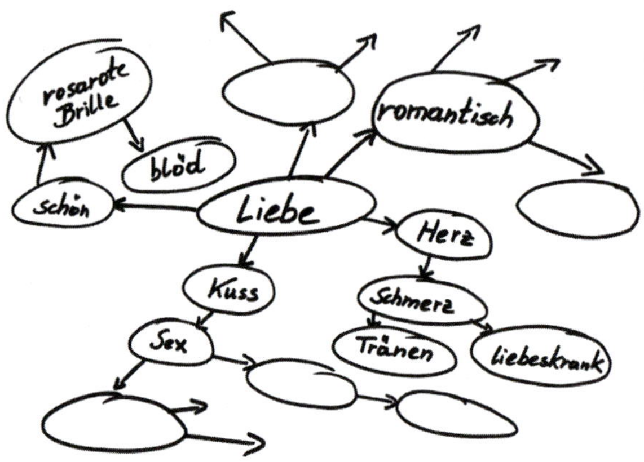

Cluster

Schreiben Sie alle Ideen auf. Einzelne Gedankenketten können eventuell miteinander zu Netzen verbunden werden. In weiteren Versionen kann das Gedankennetz verbessert und verfeinert werden.

Checkliste für die Elemente einer Erörterung/Problemarbeit:

- **Einleitung:** führt zum Thema hin, macht neugierig
- **Hauptteil:** beinhaltet die Pro- und Kontra-Argumente, die sich auf die Fragestellung/das Thema beziehen (in aufsteigender Reihenfolge: vom schwächsten zum stärksten Argument)
- **Schluss:** fasst die wesentlichsten Aussagen knapp zusammen, enthält persönliche Stellungnahme

Einzelarbeit

Ü 9: Die richtige Reihenfolge der Erörterung erkennen ★

Lesen Sie die freie Erörterung von Dominik Steiner (16) zum Thema: „Rauchfreie Schule: Ende der Freiheit?" und bringen Sie die Absätze in die richtige Reihenfolge: Einleitung – Hauptteil (Argumente in aufsteigender Reihenfolge) – Schluss. Entspricht die Erörterung den Kriterien der Checkliste?

	Außerdem haben Raucherzonen in Schulen eine ganz wichtige soziale Funktion. Man trifft dort Freundinnen und Freunde aus der eigenen Klasse und aus anderen Klassen. Man genießt neben der Zigarette vor allem die Möglichkeit zu quatschen und zu diskutieren.
	Das Rauchen ist für Jugendliche aus verschiedenen Gründen wichtig – vor allem auch in der Schule. Es ist bekannt, dass das Nikotin beim Rauchen die Adern weitet und das Blut langsamer fließen lässt. Dadurch stellt sich ein Gefühl der Entspannung ein. Das wirkt befreiend und baut Stressgefühle ab. Für Schülerinnen und Schüler ist die Zigarette vor Schularbeiten und Prüfungen daher ein wichtiges Mittel zum Stressabbau.
	Meiner Meinung nach sind „rauchfreie Schulen" ein wichtiges Signal für die jüngeren Schüler und Schülerinnen, nicht mit dem Rauchen anzufangen. Für die Jugendlichen über 16, denen das Gesetz erlaubt, in der Öffentlichkeit zu rauchen, bedeutet die „rauchfreie Schule" aber das Ende der persönlichen Entscheidungsfreiheit. Ich spreche mich daher für die Aufhebung dieser Maßnahme aus: Alterskontrollen in den Raucherzonen ja, generelles Rauchverbot nein.
	Der Trend zu rauchfreien Bahnhöfen und Spitälern, rauchfreien Restaurants und rauchfreien Flügen ist in ganz Europa feststellbar. Natürlich wird daher auch die „rauchfreie Schule" angestrebt.

die Niederschrift: das, was geschrieben wird/wurde

Man kann sich der Meinung von Dominik Steiner anschließen oder dagegen sein. Eines steht aber fest: Der 16-Jährige hat vor der Niederschrift einiges an Vorarbeit geleistet. Er hat recherchiert und Informationen zu folgenden Bereichen gesammelt:

- Raucher-/Antiraucher-Gesetze in Europa
- Körperliche Auswirkungen von Nikotin
- Rauchergesetz in Österreich

Informationsrecherche

Das Sammeln von Daten ist zeitaufwändig, aber notwendig. Die Qualität der Erörterung hängt stark von den erworbenen Informationen ab. Erst wenn man umfassend informiert ist, kann man sich eine eigene Meinung bilden.

Partnerarbeit

Ü 10: Vorarbeit für die Erörterung leisten (Stoffsammlung) ★★

Suchen Sie im Internet nach Informationsquellen, die Dominik Steiner bei seiner Vorarbeit benützt haben könnte. Stellen Sie fest, ob seine Angaben in Bezug auf Rauchergesetze usw. (noch) richtig sind. Vergessen Sie nicht, zu jeder Information die Internetquelle zu notieren.

Von der Stoffsammlung bis zur fertigen Erörterung/Problemarbeit ist es ein weiter Weg. Die folgende Checkliste „Vorgangsweise beim Verfassen einer Erörterung" hilft Ihnen, alle nötigen Schritte in der richtigen Reihenfolge zu setzen.

Checkliste für die Vorgangsweise beim Verfassen einer Erörterung:

- **Erfassen des Themas:** Was ist mit dem Thema gemeint? Um welches Problem geht es?
- **Stoffsammlung und Recherche:** Was fällt mir zu dem Thema ein? Machen Sie ein Brainstorming. Wo kann ich mehr zum Thema erfahren? Recherchieren Sie in Büchern, in Lexika und im Internet. Verarbeiten Sie Ihre Ideen und die Informationen in einem Cluster oder in einer Mindmap.
- **Gliederung des Hauptteils:** Die Stoffsammlung zeigt Ihnen deutlich, welche Argumente für und welche gegen das zu erörternde Problem sprechen. Ordnen Sie die Argumente nach ihrer Aussagekraft: Beginnen Sie den Hauptteil mit einer logischen Gedankenreihe: Zuerst alle Pro-Argumente vom schwächsten zum aussagekräftigsten (A+, B+, C+), dann alle Kontra-Argumente vom schwächsten zum aussagekräftigsten (A–, B–, C–) oder umgekehrt. Sie können aber auch die Form der Gegenüberstellung der Argumente wählen: A+/A–, B+/B–, C+/C– usw.).
- **Schluss:** Fassen Sie kurz die Pro- und Kontra-Positionen zusammen und nehmen Sie persönlich Stellung. Begründen Sie Ihre Meinung.
- **Einleitung:** Erst jetzt formulieren Sie die Einleitung zu Ihrem Text. Die Einleitung hat das Ziel, neugierig zu machen. Für den Einstieg eignen sich eine Definition der Begriffe, die die Fragestellung enthält, ein passendes Zitat, eine persönliche Erfahrung, ein historischer Rückblick oder auch eine provokante Behauptung.

Von der Information zur Argumentation

Die Zigarette: Keine reine Privatsache?

Bei der schriftlichen Ausformulierung der Erörterung/Problemarbeit kommt es darauf an, die Aussagen gut zu begründen. Es ist günstig, wenn man das Argument durch ein Beispiel, eine allgemein anerkannte Tatsache oder Untersuchungsergebnisse zusätzlich untermauert. Die „**BBB-Formel**" zeigt Ihnen, wie das geht:

Behauptung (**B**) oder Position	Rauchen ist keine reine Privatsache, …
Begründung (**B**) oder Argumentation	… denn der Zigarettenqualm in einem Lokal oder Büro belästigt andere nicht nur, er gefährdet auch ihre Gesundheit.
„Untermauerung" der Argumentation durch Verweis auf ein Beispiel (**B**)	Wie das „health center" und andere Gesundheits-Websites informieren, erhöht das sogenannte Passivrauchen das Risiko, an Lungenkrebs und Asthma zu erkranken, es erhöht Herz- und Schlaganfallhäufigkeit und gefährdet vor allem Ungeborene im Mutterleib.
Wenn nötig, kann auch eine Begriffsdefinition vorgenommen werden.	Unter Passivrauchen versteht man das unfreiwillige Einatmen von tabakrauchhaltiger Luft.

4 Eine Erörterung bzw. Problemarbeit schreiben
Wie gehe ich vor?

Die freie Erörterung

Ein Problem erörtern heißt, dass man es von möglichst vielen Seiten und so vollständig wie möglich beleuchtet. Der Ausgangspunkt einer **freien Erörterung** ist eine Frage, die gegensätzliche Meinungen geradezu herausfordert, wie: „Die modernen Technologien: Mehr Fluch als Segen?"

Ist Vorbereitungszeit vorhanden, sollten Sie sich zuerst **Informationen** beschaffen. Dann werden die Informationen bewertet (spricht für/gegen …) und die **Argumentationsstruktur** wird festgelegt: Welches Argument zuerst? Womit kann ich meine Argumente untermauern? Usw. Dafür eignet sich eine Mindmap sehr gut.

Steht Ihnen keine Vorbereitungszeit zur Verfügung, beginnen Sie am besten mit einer Ideensammlung (Brainstorming). Sortieren Sie danach die Pro-/Kontra-Argumente, Beispiele usw. und legen Sie eine Argumentationsstruktur fest. Oft ist die Fragestellung von einem **Impulstext** begleitet. Lesen Sie diesen Text genau, denn er gibt Anregungen, liefert vielleicht sogar ein paar Argumente, die Sie aufnehmen und durch eigene ergänzen können. Legen Sie auch in diesem Fall eine Argumentationsstruktur fest (Mindmap), bevor Sie mit dem Schreiben beginnen.

Die textbezogene Erörterung

Im Unterschied zur freien Erörterung muss bei einer textbezogenen zu den Thesen und Argumenten des Textes selbst Stellung genommen werden. Dazu gehört, dass man …

- die Kernaussagen des Textes mit eigenen Worten wiedergibt,
- die Argumentationsstruktur erfasst,
- die sprachlichen Mittel analysiert,
- zu den Ansichten des Verfassers/der Verfasserin Stellung nimmt.

Vorgehensweise bei der Planung einer textbezogenen Erörterung:

Schritt 1: Überfliegen Sie den Text („kursorisches Lesen") und sehen Sie sich die Aufgabenstellung genau an: Was wird von Ihnen verlangt? Versuchen Sie bereits beim ersten Lesen die **Kernaussage** zu erfassen und machen Sie sich ein paar Notizen. **Markieren** Sie Wörter und Passagen, die Sie nicht (gut) verstanden haben. Streichen Sie auch an, was Ihnen auffällt (z.B. durch Rufzeichen, Fragezeichen).

Einzelarbeit

Ü 11: Einen Leserbrief analysieren ★★

Lesen Sie den folgenden Leserbrief kursorisch, markieren Sie Auffälliges und Ihnen Unverständliches.

„Gerechtigkeit für Österreich gibt es nicht!"

Wenn ich über die geplante „Vorsorge" gegen die steigenden Einbrüche lese, weiß ich nicht, ob ich lachen oder weinen soll. Zuerst werden die Grenzen nach Osten geöffnet, der besorgten Bevölkerung wird eingeredet, dass dies nur „Vorteile" habe. Hat es auch, aber nicht für die österreichische Bevölkerung, sondern für das ganze Gesindel, welches nun ganz bequem nach Österreich ein- und mit dem Diebesgut wieder ausreisen kann. Jetzt, nachdem wir die Auswirkungen ganz deutlich zu spüren bekommen – speziell im Osten –, soll die Bevölkerung gefälligst selbst für ihre Sicherheit aufkommen. Wie kommen wir dazu, die Kosten für Sicherheitstüren, Alarmanlagen usw. zu tragen?!

Natürlich gibt es Zuschüsse, aber auf dem Rest bleiben wir sitzen. Wer sich dies nicht leisten kann, ist dann wohl selbst schuld, wenn er ungebetenen Besuch bekommt?!

das Fazit: die Schlussfolgerung

Fazit: Die Politik macht Fehler, gesteht diese nicht ein, und der „Schwarze Peter" wird der unschuldigen Bevölkerung zugeschoben. Hätte man auf die Österreicher, speziell im Osten des Landes, gehört, hätten die Kontrollen zu den östlichen Nachbarländern bleiben müssen. Der Polizei kann man bezüglich der geringen Aufklärungsrate keine Vorwürfe machen. Statt das Personal immer wieder zu verringern, hätte dieses – angepasst an die Verbrechensrate – laufend aufgestockt werden müssen. Außerdem darf nicht zugelassen werden, dass von sogenannten Gutmenschen sofort auf die Polizei losgegangen wird, wenn ein Verbrecher bei seiner Verhaftung mal einen „blauen Fleck" davonträgt. Oder gehen die Emotionen genauso hoch, wenn ein Polizist vom Verbrecher verletzt wird? Das ist dann wohl „Berufsrisiko"?! Die Moral von der Gschicht: Gerechtigkeit für die Österreicher gibt es nicht.

Herta Eichinger, Wien

(Kronen-Zeitung, 28. März 2009, Rubrik Leserbriefe)

Erst wenn Sie den Text genau lesen, können Sie hinter seine Fassade blicken.

Schritt 2: Lesen Sie nun den Text **genau**. Manche Passagen werden Sie öfter lesen müssen, um ihren Sinn genau zu erfassen. Gliedern Sie den Text in Abschnitte, geben Sie ihnen kurze Überschriften. Damit können Sie die Argumentationsstruktur leichter herausfinden. Ordnen Sie die Aussagen des Textes dem Schema **(Anti-)These – Argument – Beispiel** zu. Untersuchen Sie auch, welchen Argumenten die Verfasserin des Leserbriefs das stärkste **Gewicht** gibt (durch die Reihenfolge, durch Ausführlichkeit, durch sprachliche Hervorhebungen). Überprüfen Sie anschließend die **Gültigkeit** der Argumente: Beziehen sich die Argumente auf bewiesene Tatsachen, Statistiken, anerkannte Autoritäten? Kommen offensichtlich falsche Aussagen, falsche Verallgemeinerungen, unbegründete Behauptungen etc. vor? Welche Argumente überzeugen am meisten, welche am wenigsten? Warum?

Tipp: Beachten Sie, dass zwischen Zustimmung und Ablehnung mehrere Varianten denkbar sind, etwa: So kann man das auch sehen; das halte ich für eher unwahrscheinlich …

Einzelarbeit

Ü 12: Argument oder Unterstellung? ★★

Im Leserbrief oben werden einige Behauptungen aufgestellt. Listen Sie diese auf und untersuchen Sie, ob und wie sie begründet werden. Welche Unterstellungen bzw. Scheinargumente enthält der Text?

Schritt 3: Charakterisieren Sie die Sprache. **Unterstreichen** Sie zu diesem Zweck ungewöhnliche sprachliche Wendungen und auffällige Stilmittel. Welche Wirkung wird damit beabsichtigt?

Einzelarbeit

resignieren: sich (dem Schicksal) fügen; nicht überzeugt sein, aber keine Alternative sehen

Ü 13: Analyse der sprachlichen Mittel ★★★

a) Der Text ist sehr stark von einem resignativen Grundton geprägt. Welche Wörter weisen darauf hin? Welche stilistischen Mittel? Wie drückt sich die Resignation durch Satzzeichen aus?

b) In diesem Text wird weiters eine sehr große Empörung spürbar. Unterstreichen Sie die Passagen, die dies zum Ausdruck bringen. Wie verstehen Sie den Ausdruck „so genannte Gutmenschen"?

die Intention: Absicht

Schritt 4: Fassen Sie die Intention (Absicht) und die Umsetzungsstrategie (Aufbau) der Verfasserin des Leserbriefs zusammen. Welcher Mittel hat sie sich bedient, um die Leser/innen zu überzeugen? Achten Sie dabei auf eventuelle Informationen über die Autorin, die Textquelle und das Datum der Veröffentlichung. Dadurch können Sie möglicherweise auf das Zielpublikum schließen.

Einzelarbeit

Ü 14: Schreibintention erkennen ★★★

a) Welche Ziele könnte die Schreiberin des Leserbriefes verfolgt haben?

b) Wie passt die Überschrift zum Text?

Schritt 5: Erstellen Sie ein Konzept zur Bearbeitung der Aufgabenstellung. Wenn Sie der üblichen Gliederung (Einleitung – Hauptteil – Schluss) folgen, dann beachten Sie:

In der **Einleitung** sollten Sie bereits die Kernaussage des Textes, auf den Sie sich beziehen, darstellen. Für die Nachzeichnung der **Argumentationsstruktur** haben Sie zwei Möglichkeiten:

a) **linear**: Beibehaltung der inhaltlichen Abfolge des Bezugstextes
b) **systematisch**: Neuordnung der Gedankengänge des Bezugstextes nach selbst gewählten übergeordneten Gesichtspunkten

Hinweis: Bei der linearen Bearbeitungsstrategie ist die Gefahr gegeben, dass man bloß den Text paraphrasiert (mit ähnlichen Worten wiedergibt), ohne eigene Gedanken einzubringen.

Wenn in der Aufgabenstellung eine längere Stellungnahme zum Bezugstext verlangt wird, dann folgen Sie den Kriterien, die für eine Erörterung gelten. Wichtig dabei ist allerdings, auf die Argumente des Verfassers einzugehen und sie zu bestätigen oder zu widerlegen. Als gute Strategie hat sich erwiesen, mit Argumenten zu beginnen, die dem eigenen Standpunkt widersprechen. Enden sollte man mit dem stärksten eigenen Argument.

Tipp: Wenn Sie die Thesen vom Verfasser/von der Verfasserin zurückweisen, überlegen Sie, ob Sie genügend Gegenargumente vorbringen können oder noch recherchieren müssen. Wenn Sie ihm/ihr zustimmen, erweitern Sie die Argumente mit Beispielen bzw. zusätzlichen Erläuterungen. Vielleicht finden Sie auch Aspekte, die nicht berücksichtigt wurden.

Der **Schluss** soll den Bezugstext zusammenfassend charakterisieren und den eigenen Standpunkt bekräftigen.

Einzelarbeit

Ü 15: Fragen zum Text ★★

Beantworten Sie folgende Fragen, um einen präzisen Standpunkt zu gewinnen:

a) Wann wurden die „Grenzen nach Osten" geöffnet? Recherchieren Sie dazu im Internet.
b) Welche Argumente könnten die Behauptung einer zunehmenden Kriminalität durch die Grenzöffnung stützen? Welche Informationen sind dafür erforderlich? Woher kann man sie beziehen?
c) Was könnte die österreichischen Politiker und Politikerinnen dazu bewogen haben, einer Grenzöffnung zuzustimmen? Welche Vorteile könnten sie davon erwartet haben?
d) Wie stehen Sie zur (versteckten) Forderung, der Staat müsste für Maßnahmen wie Sicherheitstüren und Alarmanlagen aufkommen?
e) Wie stehen Sie zum Vorschlag, die Anzahl des Polizeipersonals „laufend" an die Verbrechensrate anzupassen?
f) Wie sieht Ihre abschließende Bewertung des Leserbriefs aus? Geben Sie dazu ein Statement im Kurs ab.

Schritt 6: Schreiben Sie die Texterörterung. Achten Sie darauf, dass Sie:

- den Sinn des Bezugstextes richtig wiedergeben
- klar Ihre eigene Meinung zum Thema von der Wiedergabe des Textinhalts trennen
- korrekt zitieren (bei wörtlicher Wiedergabe Anführungszeichen nicht vergessen!)

Tipp: Um den Text distanziert wiederzugeben, bietet Ihnen das Deutsche mehrere Möglichkeiten an: den Konjunktiv (Beispiel: Sie behauptet, Gerechtigkeit gebe es nicht.) und bestimmte „Marker" (Beispiele: Die Verfasserin meint/behauptet/ist der Meinung, dass ; Ihrer Ansicht nach …).

Querverweis
Der Konjunktiv wird in Kapitel 3, Lerneinheit 3 besprochen.

Partnerarbeit

Ü 16: Eine textbezogene Erörterung analysieren ★★★

In dieser Übung finden Sie einen kurzen Kommentar und eine Erörterung dazu (ohne eigene Stellungnahme).

a) Versuchen Sie, die wesentlichen Punkte einer textbezogenen Erörterung in diesem Beispiel zu finden: Hinweis auf Zeit, Ort, Textart, Verfasser/in; Aufbau, Thesen und Argumente, sprachliche Besonderheiten, Stellungnahme. Welche Teile fehlen oder sind unzureichend berücksichtigt?

b) Unterstreichen Sie alle Wörter bzw. Wortgruppen, die klar machen, dass hier ein fremder Text wiedergegeben wird.

c) Diskutieren Sie über die angesprochene Problematik: Brauchen wir mehr Frauen im Parlament? Wenn ja, ist eine Quotenregelung erforderlich? Welche Vorgaben sollte man dabei machen? Welche Vor- und Nachteile wären damit verbunden?

die Quotenregelung: Zuteilung von Ämtern nach bestimmten Anteilen – hier: nach einem bestimmten Prozentsatz an Frauen. Beispiel: Der Anteil an Frauen im Parlament muss 50 % betragen.

FRAUENGLEICHBEHANDLUNG

Demokratie mit Defekt

Lisa Nimmervoll

Vor dem Gesetz sind Frauen in Österreich gleichberechtigt. Eine schöne Selbstverständlichkeit. Die Realität schaut aber anders aus: Frauen verdienen noch immer weniger als Männer, die Lücke vergrößert sich sogar. Sie sind noch immer Exotinnen in Führungspositionen. Sie leisten noch immer den Großteil der unbezahlten Familienarbeit. Kostet viel Zeit, bringt kein Geld, und ist praktisch – für Männer. Die sind somit freigespielt für Beruf, Karriere – oder Politik. In diesem Bereich sind Frauen schon viel weniger gleichberechtigt. Dass der Anteil der Frauen im Parlament seit 2002 um sechs Prozentpunkte gesunken ist, ist ein Alarmzeichen für einen drohenden Backlash, der verhindert werden muss.

Gerade in Zeiten, in denen viel von Demokratiefähigkeit die Rede ist, sollte nicht extra betont werden müssen, dass eine vollständige, reife Demokratie volle Teilhabe beider Geschlechter sicherstellen muss. Solange das nicht realisiert ist, handelt es sich im Kern um eine defekte Demokratie. Demokratie ist mehr als das Recht, wählen zu gehen.

Was Österreich endlich braucht, ist eine aktive Gleichstellungspolitik nach skandinavischem Vorbild. Es muss klare, verbindliche Vorgaben und Verfahren geben, um das explizite Ziel der gleichen Repräsentation von Frauen und Männern zu erreichen. Die Zahl der Frauen auf Wahllisten – und damit auch in den demokratischen Repräsentativgremien – darf nicht vom Goodwill der Parteimänner abhängen. Politische Teilhabe von Frauen ist keine Gnade, sie ist ein Recht, also sollte sie auch im Recht verankert werden –, als Quote.

(Der Standard, 17. Jänner 2009)

Textbezogene Erörterung

In dem kurzen Text „Demokratie mit Defekt“, der am 17.1.2009 im „Standard“ erschienen ist, beschäftigt sich Lisa Nimmervoll mit der Benachteiligung von Frauen. Der Aufbau folgt dem einfachen Gliederungsschema: Ist-Zustand, Soll-Zustand und Weg dorthin. Ihre Ausgangsthese ist, dass die Frauen zwar vom Gesetz her gleichberechtigt, in der Realität aber gegenüber den Männern benachteiligt sind. Dazu führt sie mehrere Beispiele an: schlechterer Verdienst, weniger Führungskräfte, Hauptlast bei unbezahlter Familienarbeit. Das leitet über zu ihrem Hauptthema: der mangelnden Präsenz der Frauen in der Politik, für die die Männer aus dem oben genannten Grund eben mehr Zeit hätten. Sie befürchtet sogar einen Rückschritt, da die Zahl der Parlamentarierinnen seit 2002 gesunken sei.

Die Journalistin fordert daher im zweiten Absatz die „volle Teilhabe beider Geschlechter“, da sonst die Demokratie unvollständig und damit defekt sei. Diese Ansicht versucht sie außer Streit zu stellen („sollte nicht extra betont werden müssen“); sie sieht darin also etwas Selbstverständliches, das keiner näheren Begründung bedarf.

Auf dem Weg dahin sollten wir uns an Skandinavien ein Vorbild nehmen, meint die Autorin im letzten Teil. Frauen müssten verbindlich genauso häufig wie die Männer

2 Mit Texten arbeiten

die Alliteration: Gleichklang im Anlaut (siehe Seite 86)

auf den Wahllisten und dann in den Gremien vorkommen; sie fordert also eine Quotenregelung.

Mit dem Stilmittel der Alliteration spricht die Überschrift wirkungsvoll das Problem an, dass die Demokratie erst dann vollendet sei, wenn die Zahl der Männer und Frauen in der Politik ausgeglichen ist. Zu Beginn präsentiert Nimmervoll den Lesern in einer Reihe von kurzen Sätzen die ohnehin bekannten „hard facts" der Benachteiligung von Frauen, wie zur Erinnerung. Die zentrale Forderung besteht nur aus einem Wort, und das steht an letzter Stelle: „Quote". Dazwischen versucht sie den Leser mit einer Reihe von Argumenten, in umfangreicheren Sätzen als zu Beginn, dorthin zu führen. Dieser pointenhafte Schreibstil lässt sich auch an anderen Stellen beobachten, zum Beispiel: Unbezahlte Familienarbeit sei „praktisch – für Männer"; diese seien freigestellt für „Beruf, Karriere – oder Politik". Mit der Drohung, dass der einleitend festgestellte schlechte Zustand noch schlechter werden könnte, fordert Nimmervoll eine Aktion („Alarmzeichen", „Backlash, der verhindert werden muss").

Durch diese Passivkonstruktion vermeidet die Autorin, konkret die Personengruppen zu benennen, die diese Quotenregelung durchsetzen sollen. Klarerweise sind die Politiker gefragt, wenn es um die Verankerung im Recht geht. Dazu bedarf es allerdings der Unterstützung durch die öffentliche Meinung – und diese soll mit dem Kommentar im Sinne der Autorin beeinflusst werden.

Üben

SbX ID: 1232

Einzelarbeit

Ü 17: Definition von Schaubildern (Tabellen und Diagrammen) ★

In der rechten Spalte finden Sie Definitionen von Grafiken. Tragen Sie in die linke Spalte den dazupassenden Begriff ein.

Art des Schaubildes	Definition
	Darstellung eines Kreisdiagramms mit 3D-Effekt
	Veranschaulicht durch stehende Rechtecke auf der x-Achse die Ausprägung von Messwerten. Es eignet sich besonders, um wenige Messwerte (bis ca. 15) zu veranschaulichen.
	Geordnete Zusammenstellung von Texten, Zahlen, Daten
	Ist dem Säulen- oder Stabdiagramm sehr ähnlich. Es stellt die Messwerte aber nicht senkrecht, sondern durch waagrecht liegende Balken dar. Eignet sich sehr gut zur Darstellung von Rangfolgen (Rankings, Platzierungen usw.).
	Grafische Darstellung des Zusammenhangs zweier Merkmale in Linienform
	Stellt Teilwerte (Segmente) als Teile eines Kreises dar.

Partnerarbeit

Ü 18: Überlegungen zur Motivation ★

Schauen Sie sich das Tortendiagramm „Jobmotivation" (Seite 47) genauer an. Welche Fragen interessieren Sie in diesem Zusammenhang? Kreuzen Sie sie an und sprechen Sie darüber mit einer Kollegin/einem Kollegen.

- Wie sieht es mit meiner Jobmotivation (für die Zukunft) aus?
- Was gehört zu den Aufgaben einer Führungskraft?
- Wie würde eine Befragung zum Thema „Lernmotivation" in meinem Kurs ausfallen?
- Kann man Lern- und Jobmotivation vergleichen?

Ergänzen Sie die Fragen, die Sie interessieren.

Einzelarbeit

Ü 19: Die Aussagen einer Grafik erfassen ★

Schauen Sie sich die Grafik „Monatliche Ausgaben" an und kreuzen Sie die zutreffenden Aussagen, die sich auf Österreich beziehen, an:

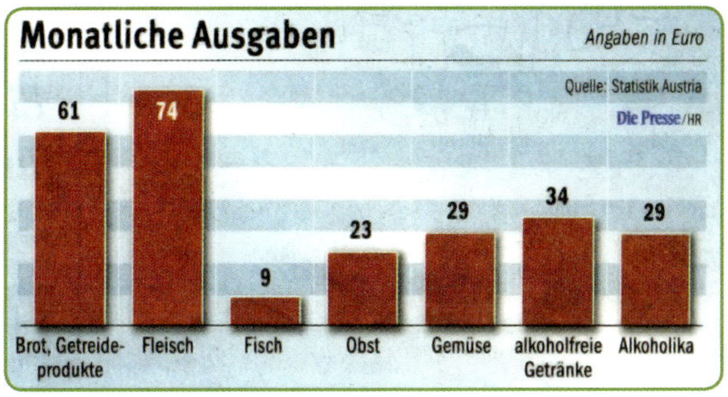

- ☐ Die Österreicher/innen geben für Fisch, Obst und Gemüse etwa gleich viel aus wie für Getränke.
- ☐ Am meisten gibt man in Österreich für Brot und Getreideprodukte aus.
- ☐ Die Österreicher/innen ernähren sich halbwegs gesund.
- ☐ Die Überschrift fasst den Inhalt der Grafik zusammen.
- ☐ Alkoholfreie Getränke sind teurer als Alkoholika.
- ☐ Für Obst wird weniger Geld ausgegeben als für alkoholische Getränke.
- ☐ Die Angaben sind in Prozent gemacht.
- ☐ In anderen Ländern isst man mehr Gemüse, dafür weniger Fleisch.

Einzelarbeit

Ü 20: Wesentliche Daten einer Grafik erkennen ★★

Schauen Sie sich das Liniendiagramm „Ölpreis im Sinkflug" aus Ü 1 (Seite 46) noch einmal genauer an und kreuzen Sie jene Fragen an, die Sie zur Verbalisierung der Grafik unbedingt brauchen. Überlegen Sie eine mögliche Antwort auf die letzte Frage, die nicht aus der Grafik hervorgeht.

- ☐ Wo und wann wurde das Diagramm publiziert?
- ☐ Wie war der Wechselkurs zwischen US-Dollar und Euro am Tag der Erstellung des Diagramms?
- ☐ Wer oder was ist Bloomberg?
- ☐ Wie hoch ist der Preis für Heizöl, Diesel und Benzin im Moment?
- ☐ Worauf bezieht sich der angeführte Preis: auf Liter, Tonnen, Fässer?
- ☐ Warum ist der Ölpreis so wichtig für die Weltwirtschaft?

Einzelarbeit

Ü 21: Eine Grafik verbalisieren und kommentieren ★★★

Aktivieren Sie Ihr eigenes Wissen, fragen Sie Ihre Kolleginnen/Kollegen und recherchieren Sie im Internet, um die Fragen aus Ü 20 zu beantworten. Wenn das gelungen ist, geben Sie den Inhalt des Liniendiagramms „Ölpreis im Sinkflug" in Worten wieder. Ergänzen Sie die Verbalisierung mit einem kurzen Kommentar. Gehen Sie dabei auf die Auswirkungen des Ölpreises auf die Wirtschaft und das Privatleben der Österreicherinnen und Österreicher ein.

Einzelarbeit

Ü 22: Verbalisieren von Grafiken ★★★

Schauen Sie sich die Tortendiagramme zum Thema „Frauen verdienen weniger" genau an. Welche Angaben fehlen? Verbalisieren Sie die Grafik mithilfe der Checkliste. Gehen Sie am Ende in Form eines Kommentars auf mögliche Gründe für die geringeren Einkommen von Frauen ein.

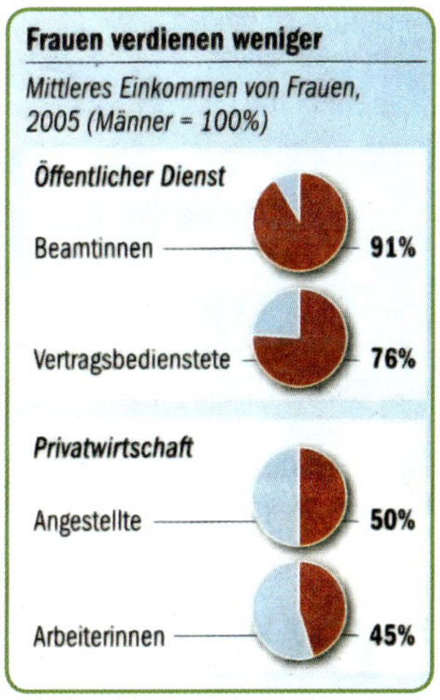

SbX

Weitere Übungen zum Verbalisieren und Kommentieren von Grafiken finden Sie unter der ID: 1232.

Einzelarbeit

Ü 23: Die 5-Satz-Technik anwenden ★★

Formulieren Sie zu einem der angeführten Themen eine Stellungnahme. Setzen Sie dabei die 5-Satz-Technik um.

a) Erneuerung und Erweiterung des Skaterplatzes in Ihrer Gemeinde/Ihrem Stadtteil
b) Weitere Liberalisierung (Freigabe) der Ladenöffnungszeiten
c) Einführung von Laptopklassen in Volksschulen
d) Eigenes Anliegen

Einzelarbeit

Der Eisbär – auch ein Opfer des Klimawandels!

Ü 24: Stichwort „Klimawandel" – Informationen sammeln, Meinung bilden ★★★

Sammeln Sie Informationen zur Frage: „Klimawandel: Katastrophe oder Chance?" Das Thema Klimawandel zeigt sehr deutlich, dass ein- und derselbe Sachverhalt von verschiedenen Stellen unterschiedlich interpretiert wird. Vergleichen Sie immer die Positionen von offiziellen Regierungsstellen (z. B. Umweltministerium) mit jenen von Nicht-Regierungsorganisationen (z. B. Greenpeace). Recherchieren Sie auf folgenden Webseiten:

- www.umweltbundesamt.at/umweltschutz/eea-studien (www.lebensministerium.at)
- www.bmu.de/klimaschutz/klimaschutz_im_ueberblick_doc/2896.php (www.bmu.de)
- www.greenpeace.at/klimawandel.html (www.greenpeace.at)
- www.sos-klima.at/v1.1./klimainfo_2.html (www.global2000.at)

Sollten die angegebenen Seiten nicht mehr existieren, rufen Sie die Internetadressen des österreichischen und deutschen Umweltministeriums, von Greenpeace und Global2000 auf und geben Sie das Stichwort „Klimawandel/Klimaschutz" ein.

Vergleichen Sie die Quellen: Wo finden Sie Übereinstimmungen? Wo gibt es Unterschiede? Wie kommt es zu den Auffassungsunterschieden? Welche Maßnahmen sind zu ergreifen? Wie lautet Ihre Meinung?

Einzelarbeit

Ü 25: Stichwort „Klimawandel" – Argumente formulieren ★★

Sammeln Sie je drei Argumente, die für bzw. gegen den Klimawandel als Katastrophe sprechen. Wenden Sie die „BBB-Formel" an.

Einzelarbeit

Ü 26: Stichwort „Klimawandel" – eine textgebundene Erörterung verfassen ★★

Verfassen Sie auf Basis der in Ü 24 und Ü 25 geleisteten Arbeit eine textgebundene Erörterung. Beachten Sie dabei die Checkliste für das Verfassen einer Erörterung.

Einzelarbeit/
Gruppenarbeit

Ü 27: Eine freie Erörterung verfassen ★★

Wählen Sie eines der angeführten Themen aus und schreiben Sie dazu eine freie Erörterung. Beachten Sie dabei die Checkliste für das Verfassen einer Erörterung. Stoffsammlung und Informationssuche können auch in der Gruppe erfolgen.

a) Handys raus aus den Schulen?
b) Brauchen wir ein Verbot von Killerspielen?
c) Armes reiches Österreich
d) Jugend ohne Träume?

Einzelarbeit

Ü 28: Eine freie Erörterung schreiben ★★

„Ist Webshopping die Zukunft?" Verfassen Sie eine freie Erörterung unter Beachtung der Checkliste. Gehen Sie auf die Vor- und Nachteile (Gefahren) beim Webshopping ein. Bereiten Sie sich inhaltlich auf die Erörterung vor, recherchieren Sie, befragen Sie Webshopper zu ihren Erfahrungen usw. Legen Sie eine Argumentationsstruktur an, bevor Sie mit der Niederschrift des Textes beginnen.

Einzelarbeit

Ü 29: Argumentationsstruktur und sprachliche Mittel analysieren ★★★

a) Zeichnen Sie die Argumentationsstruktur des Textes „Gewerbsmäßiger Betrug" von Stefan Janny nach und analysieren Sie die sprachlichen Mittel.
b) Erörtern Sie die im Text angesprochene Problematik und formulieren Sie eine eigene Stellungnahme.

Mit oder ohne Anabolika?

Gewerbsmäßiger Betrug

Die jüngsten Fälle zeigen, dass Spitzensport ohne Doping unmöglich ist. Die vernünftigste Lösung wäre, auf Kontrollen zu verzichten und Doping freizugeben.

Von Stefan Janny

Spitzensport ist in erster Linie ein ziemlich lukratives Geschäft. Dagegen ist im Prinzip auch nichts einzuwenden. Es ist eine Tatsache, dass es eine Menge Menschen gibt, die bereit sind, Geld dafür zu bezahlen, um zuzusehen, wie 22 Kerle auf einer durch weiße Linien begrenzten Wiese einen Ball in unterschiedliche Richtungen treten. Ein ebensolches Faktum ist es, dass eine bemerkenswert große Anzahl von Personen existiert, die willens ist, ohne Anwendung staatlicher Zwangsmaßnahmen Live-Übertragungen beizuwohnen, die schmächtige Jünglinge bei ihren Versuchen zeigen, nach Abfahrten über eigens konstruierte Schanzen mit angeschnallten Skiern möglichst weit zu hüpfen.

Weil es also eine Menge solcher Enthusiasten gibt, werden Fußballer, Skispringer und professionelle Athleten anderer publikumsträchtiger Sportarten gut bezahlt. Sehr gut sogar. Zudem verdienen am Spitzensport natürlich auch noch eine Unzahl an Trainern, Betreuern, Funktionären, Managern und Vermittlern sowie Vereine, Organisatoren, Agenturen und Fernsehanstalten.

Bezahlt wird der ganz überwiegende Großteil der Gehälter, Honorare, Provisionen und Prämien all jener, die vom Spitzensport leben, von Sponsoren. Unternehmen also, die hoffen, den Absatz von Fischstäbchen, Versicherungen oder Anti-Schuppen-Shampoo zu steigern, indem nette und populäre Sportler in Zeitungsanzeigen und Fernsehspots die Vorteile der jeweiligen Produkte anpreisen und auf Stirnbändern, Sturzhelmen und Hemdkrägen den Schriftzug des Sponsors möglichst öffentlichkeitswirksam zur Schau stellen.

Voraussetzung für die lukrativen Werbeverträge der Sportler, Teams und Verbände ist freilich eine Fiktion: dass diese netten und adretten Athleten ihre Medaillen und Meistertitel ausschließlich durch Talent und jahrelanges entbehrungsreiches Training gewonnen haben.

Die Realität sieht anders aus: Radfahren, Eishockey, Kugelstoßen, Langlaufen, Fußball, Tennis, jede Art von Laufbewerben, Bobfahren, Handball, Eisschnelllauf, Speer-, Diskus- und Hammerwurf, Skifahren, Rudern, Hochsprung, Gewichtheben – die Liste der Sportarten, in denen allein während der abgelaufenen zwölf Monate Athleten beim Doping ertappt wurden, ließe sich beliebig fortsetzen.

Abgesehen vom außerhalb österreichischer Mittelschulen eher mäßig verbreiteten Kampfsport Pfitschigogerln gibt es wahrscheinlich keine Sportdisziplin, die ganz oder teilweise auf Muskelkraft basiert, in der nicht gedopt wird: Selbst der Weltmeisterin in Rhythmischer Sportgymnastik wurde kürzlich die Einnahme verbotener Substanzen nachgewiesen.

Sobald ein Sportler beim Doping ertappt wird, ist er seine einträglichen Werbeverträge natürlich los. Anabolika-Athleten sind nicht gut fürs Geschäft. Angesichts der Tatsache, dass Spitzenleistungen in vielen – wenn schon nicht allen – Sportarten ohne Doping offensichtlich nahezu unmöglich sind, grenzt die Praxis, Sportler als Werbeträger zu engagieren, um Produkten ein sauberes, gesundes und erfolgreiches Image zu verleihen, beinahe schon an gewerbsmäßigen Betrug.

Umso mehr, als die Argumentation, bei den des Dopings überführten Athleten handle es sich bloß um einige schwarze Schafe, nicht mehr als eine reichlich müde Schutzbehauptung ist. Brigitte Zypries, Staatssekretärin im deutschen Innenministerium, schätzt beispielsweise, dass sich allein in der Bundesrepublik rund 200.000 Sportler regelmäßig dopen.

Erwischt werden nur die wenigsten beziehungsweise Ungeschicktesten, weil Dopingtests lückenhaft und viel zu selten stattfinden. Sportärzte, Trainer und Athleten haben gelernt, „richtig“ zu dopen – also so, dass die unmittelbar vor oder nach Wettkämpfen geforderten Urin- und Blutproben keine Spuren der Mogeleien und Medikamente mehr aufweisen.

Am vernünftigsten wäre es daher, auf Kontrollen völlig zu verzichten und Doping nicht mehr zu bestrafen.

Effiziente Dopingkontrollen, die nicht bloß willkürlich einige wenige Pechvögel auffliegen lassen, sind ganz offensichtlich unmöglich: Jeden Sportler, der bei Wettkämpfen anzutreten beabsichtigt, das gesamte Jahr über in Abständen von wenigen Tagen auf eine Vielzahl höchst unterschiedlicher Substanzen und Blutwerte zu testen, ist sowohl organisatorisch als auch finanziell völlig unrealistisch.

Doping stellt – normalerweise – auch keinen strafbaren Tatbestand dar. Untersagt ist es bloß, weil die Sportverbände dies in ihren Regelwerken so festgelegt haben. Ein Grippemedikament, dessen Einnahme bei einem Skilangläufer – so entdeckt – zur sofortigen Disqualifikation führt, darf von jeder Volksschullehrerin ohne Bedenken gekauft und angewendet werden.

Auch die Befürchtung, dass durch die Freigabe von Doping die Gesundheit der Sportler gefährdet würde, geht ins Leere. Jeder Mensch ist für seine Gesundheit selbst verantwortlich, und jeder Sportler sollte selbst entscheiden können, was er seinem Körper – gegen hohe Bezahlung – zumutet. Im Übrigen sind die meisten Dopingmethoden weit weniger gesundheitsschädlich als Rauchen oder fettes Essen. Und stünde tatsächlich die Gesundheit der Athleten im Vordergrund, dann müsste jede Sportart, bei er es regelmäßig zu schweren Verletzungen kommt, verboten werden.

Die Freigabe von Doping wäre schlichtweg ehrlicher: Sponsoren und Fans wüssten, woran sie sind.

(Profil 11/2002)

Sichern

Tabellen und Diagramme

Tabellen sind listenförmige Zusammenstellungen von Zahlen und Fakten. **Diagramme** stellen Zahlen und Fakten in anschaulicher, leicht überschaubarer Form grafisch dar.

Diagrammtypen

Die **gängigsten Diagrammtypen** sind Stab- oder Säulendiagramm, Balkendiagramm, Kreisdiagramm, Tortendiagramm sowie Liniendiagramm.

das Verbalisieren einer Grafik

Beim Verbalisieren einer Grafik muss Folgendes angeführt werden: Titel, Quelle, Darstellungsform, Thema im Überblick, Sachverhalt in Kurzform.

von der Verbalisierung zum Kommentar

Häufig werden Grafiken in Zeitungen nicht nur verbalisiert, sondern auch kommentiert. Dabei erläutert der Journalist/die Journalistin Fragen, die sich aus dem Inhalt der Grafik ergeben. Er/Sie gibt darauf mögliche, begründete Antworten.

5-Satz-Technik und Stellungnahme

5-Satz-Technik: Vorstellen des Themas, These (Pro-Argumente), Antithese (Kontra-Argumente), Synthese (Schlussfolgerung), Appell (Aufforderung)

Anwendungsbereiche: mündliche/schriftliche Stellungnahme zu einem Thema, Diskussionen

die Erörterung/ Problemarbeit

Darunter versteht man eine Textsorte, bei der eine Fragestellung aus **gegensätzlichen Positionen** (pro/kontra) betrachtet wird. Die Erörterung wird gegliedert in **Einleitung** (weckt Interesse am Thema), **Hauptteil** (Argumente in aufsteigender Reihenfolge) und **Schluss** (Zusammenfassung, persönliche, begründete Stellungnahme).

die Stoffsammlung und Recherche

Die Recherche ist eine notwendige Voraussetzung zur Informationsbeschaffung und -bewertung. Die gefundenen Informationen sind **Grundlage für Argumentation und Meinungsbildung** (persönliche Stellungnahme).

das Argument

Ein Argument bezieht sich auf Gesetze, Beweise, unumstrittene Tatsachen, beobachtbare und überprüfbare Tatsachen, Aussagen von Expertinnen und Experten, allgemein Anerkanntes oder Vereinbartes.

die Argumentation

BBB-Formel: Behauptung (Rauchen ist ungesund …) – **Begründung** (… weil es gesundheitliche Risiken birgt.) – **Beispiel** zur Untermauerung des Arguments (Jährlich erkranken allein in Österreich tausende Menschen an Krankheiten, die durch Rauchen ausgelöst werden: Allergien, Herz-Kreislauf-Beschwerden bis hin zum Lungenkrebs.)

die textbezogene Erörterung

Eine **textbezogene Erörterung** gibt die Kernaussagen eines Textes wieder, auf den sich die Themenstellung bezieht. Sie beschreibt die Argumentationsstruktur des Textes, analysiert die Sprache und nimmt zu den Thesen Stellung.

Vorgangsweise:

1. Text kursorisch lesen
2. Text in Abschnitte gliedern, Argumentationsstruktur herausarbeiten, Qualität der Argumente überprüfen
3. Sprache charakterisieren und auf ihre Wirkung hin untersuchen
4. Intention des Autors/der Autorin herausarbeiten
5. Konzept zur Bearbeitung der Aufgabenstellung festlegen, sich eine eigene Meinung zum Thema bilden und (Gegen-)Argumente sammeln
6. Texterörterung schreiben und redigieren

Wissen

SbX ID: 1234

Wissensfragen und -aufgaben

W 1: Tabellen und Diagramme
Welche Aufgaben haben Tabellen und Diagramme? Welche Diagrammtypen kennen Sie? Woran kann man sie erkennen?

W 2: Verbalisierung
Was muss die Verbalisierung einer Grafik enthalten?

W 3: Begriffsklärung
Erklären Sie folgende Begriffe: verbalisieren, adaptieren, argumentieren, kommentieren

W 4: Grafikkommentar
Was unterscheidet den Grafikkommentar von der reinen Verbalisierung einer Grafik?

W 5: Verbalisierung und Kommentar
Markieren Sie mit einem Farbstift im Artikel „Pizza, Pasta und Ethno statt Schnitzel …" jene Textteile, die der Verbalisierung der Grafik entsprechen. Markieren Sie in anderer Farbe ergänzende Informationen und Kommentare.

ÖSTERREICH

Pizza, Pasta und Ethno statt Schnitzel Jede fünfte junge Frau isst kein Fleisch

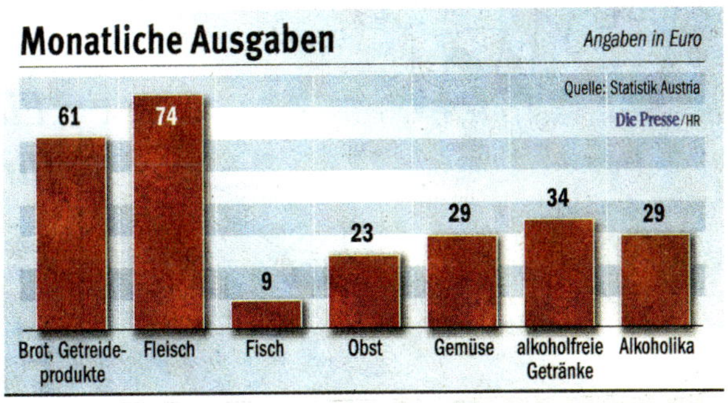

Die Österreicher ernähren sich, so scheint es, immer gesünder. Der Fleischkonsum geht jährlich um ein bis drei Prozent zurück, steht im neuen österreichischen Lebensmittelbericht. 20 Prozent der jungen Frauen essen überhaupt kein Fleisch mehr. Pizza, Pasta und Ethno-Küche ersetzen die traditionelle österreichische Küche.

Zugleich hat der Verbrauch von Gemüse seit 1990 um 33 Prozent zugenommen. Jetzt beträgt der Pro-Kopf-Verbrauch 106 Kilo jährlich, was fast so viel ausmacht wie der Obstverzehr (93,6 Kilo). Zum Vergleich: Der Fleischkonsum beläuft sich auf 99,4 Kilo.

Tatsächlich geben die Österreicher noch immer am meisten für Fleisch aus, nämlich 74 Euro im Monat. Fisch ist mit nur neun Euro keine relevante Größe. Und wenn man die Ausgaben für Gemüse mit jenen für alkoholische Getränke vergleicht, so zeigt sich: Beides ist den Österreichern gleich viel wert – jeweils 29 Euro im Monat. Für Obst werden monatlich 23 Euro ausgegeben. Seite 24

W 6: 5-Satz-Technik
Nehmen Sie unter Anwendung der 5-Satz-Technik zu folgenden Fragen Stellung:
a) „Helmpflicht für Schifahrer/innen?"
b) „Ist man mit 16 reif genug, um zu wählen?"

W 7: Recherche
Welche Bedeutung kommen der Stoffsammlung und der Recherche (Informationssammlung und Informationsbewertung) im Rahmen der Erörterung zu?

W 8: Argumentieren

Bauen Sie eine Argumentation (zuerst pro, dann kontra) zu folgenden Fragen auf:
a) Moderne Technik – immer ein Fortschritt?
b) Wozu kochen können?
c) Pensionsvorsorge schon ab 20?

W 9: Schritte zur Erörterung

a) Lesen Sie einen der drei Leserbriefe zum Thema „Was tun gegen die Landflucht der Jugend?" Greifen Sie ein Argument auf, das für und eines das gegen das Leben junger Menschen auf dem Land spricht. Geben Sie eine mündliche Begründung, die der BBB-Formel folgt.

SbX
Den Text finden Sie auch unter der ID: 1234.

Was tun gegen die Landflucht der Jugend?

L(i)ebenswertes Mühlviertel

Gründe, das Leben im Mühlviertel, auf dem Land sozusagen, gegen jenes in der Großstadt einzutauschen, fallen mir spontan nur drei ein: das Fehlen von Bildungsmöglichkeiten, Wohnräumen und Arbeitsplätzen. Beugt die Politik ein Fehlen ebenjener vor, überwiegen für mich die Vorteile, auf dem Land zu leben, ganz klar. Warum? Kriminalität? Fehlanzeige. Staus? Fehlanzeige. Natur? Pur. Lebenskosten? Niedriger. Miteinander? Man kennt, grüßt und hilft sich noch. Klingt wie Werbung? Ist aber so. Langeweile? Angeblich vorhanden, aber wenn man in den örtlichen Vereinen integriert ist, bleibt neben der Arbeit nicht mehr viel Zeit, um sich zu langweilen. Falls es doch einmal langweilig wird, kann man die Vorteile der Großstadt, wie das größere Freizeit- und Kulturangebot, durch den Besuch einer solchen ja umgehend in Anspruch nehmen.

Fazit: Würde ich einen Wochenendtrip planen, ginge die Großstadt als Sieger hervor, da ich aber keinen Urlaub, sondern mein Leben plane, gewinnt das Mühlviertel ganz klar.
Philipp Grill, 22 Jahre, Rohrbach

„Big city life" versus Landleben

Warum viele junge Menschen vom Land in die Stadt flüchten? Ich kann aus eigener Erfahrung sprechen, denn auch ich plane, früher oder später in die Stadt zu ziehen. Nun, die Gründe liegen auf der Hand: Junge Leute träumen von Jobs, die ihnen das Landleben nicht bieten kann.
In einer Zeit, in der das Curriculum Vitae über die Karriere entscheidet, bleibt oft kein anderer Weg, als dem Landleben den Rücken zu kehren und Stadtluft zu schnuppern.
Ein weiterer Grund ist, dass die Studienplätze nun mal in den Städten zu finden sind. Hier schafft man sich sein soziales Netzwerk und bleibt oftmals „picken" - jobbedingt oder aus privaten Gründen.

Was eine Gemeinde tun kann, um die Jugend zu behalten? Das ist sicher keine einfache Aufgabe, dennoch gibt es wohl Möglichkeiten, wie etwa Lehrlingen unter die Arme zu greifen, bei der Wohnungssuche zu unterstützen, beim Hausbau kooperativ zu agieren oder Ausbildungsplätze zu schaffen und attraktive Betriebe anzusiedeln.
Anna Schiester, 20 Jahre, Kuchl

Was ist schlimm auf dem Land?

Immer mehr junge Leute haben den Drang, in die Stadt zu ziehen. Doch was bewegt sie dazu?
Sicher ist es praktisch, mitten im Geschehen zu leben, rein ins Auto oder in öffentliche Verkehrsmittel und innerhalb weniger Minuten ist man im Einkaufszentrum oder im Büro. Auch Leute, die das Nachtleben suchen, sind in der Stadt bestens aufgehoben.

Doch man muss auch die Vorzüge eines Dorfs betrachten. Im Normalfall keine Staus, keine Parkplatzsuche und viel mehr Platz zum Ausspannen. Was müsste man tun, um jungen Leuten das Leben auf dem Land schmackhaft zu machen? Veranstaltungen, Klubs, Bars und Restaurants einrichten, um das Nachleben attraktiv zu machen. Freizeiteinrichtungen wie Sportzentren, für die in der Stadt garantiert kein Platz wäre. Weiterbildende Schulen, Fachhochschulen, damit Studenten nicht zwingend in der Stadt wohnen müssen.
Ich für meinen Teil würde nie in die Stadt ziehen. Denn bei der heutigen Infrastruktur ist man innerhalb von 15 Minuten in der nächsten Stadt, also besteht meiner Meinung nach kein Grund, in die Stadt zu ziehen.
Markus Eibl, 15 Jahre, Puch

Du bist jünger als 25 und willst für die SN-Jugendkolumne schreiben? Dann registriere Dich unter **http://mein.salzburg.com**. Dort kannst Du die neuen Themen nachlesen und Deinen Text online stellen. Die besten Beiträge werden jeden Montag in den SN abgedruckt. Weitere Beiträge findest Du auf **http://mein.salzburg.com/blog/meinjung**.

(Salzburger Nachrichten, 28. September 2009)

b) Geben Sie selbst unter Anwendung der 5-Satz-Technik eine schriftliche Stellungnahme zur Frage „Wo ist Jungsein cooler?" ab. Das Wo bezieht sich auf das Leben in der Stadt bzw. auf dem Land.

c) Erörtern Sie die Frage: „Welcher Lebensraum für welche Lebensform?" Unterscheiden Sie dabei zwischen den Lebensräumen Land, Kleinstadt, Großstadt und den Lebensformen Jugendliche, Familien, ältere Generation, Sportbegeisterte, Kulturinteressierte usw. Schließen Sie die Erörterung mit Ihrer momentanen Präferenz ab und begründen Sie diese.

die Präferenz, präferieren: etwas bevorzugen

Wissens-Check

Ein kurzer Wissens-Check, bevor's weitergeht!

	☺	😐	☹
Ich kenne die unterschiedlichen Arten von Schaubildern und deren Stärken.			
Ich weiß, worauf es beim Verbalisieren von Grafiken ankommt.			
Ich kann einen Grafikkommentar verfassen.			
Ich kann die 5-Satz-Technik für eine überzeugende Argumentation anwenden.			
Ich weiß, wie man eine Mindmap und einen Cluster erstellt.			
Ich kann die Begriffe freie und textbezogene Erörterung unterscheiden.			
Ich weiß, wie ich mich am besten auf eine Erörterung vorbereite.			
Ich kann eine gelungene Erörterung verfassen.			

Lerneinheit 4
Journalistische Textsorten

In dieser Lerneinheit werden informierende (Kurznachricht, Bericht) und meinungsbezogene journalistische Textsorten (Kommentar, Glosse, Leserbrief ...) behandelt. Sie erfahren, wie Sie selbst Beiträge für Print- oder Online-Medien erstellen, zum Beispiel einen Leserbrief zu einem Artikel in einer Tageszeitung.

Sie lernen hier:

- **Leitartikel, Glosse und Kolumne als Sonderformen des Kommentars kennen**
- **die Strukturen und sprachlichen Mittel des Kommentars kennen und anwenden**
- **wie man die eigene Meinung als Leserbrief oder Stellungnahme zum Ausdruck bringt**

Lernen

1 Kurzachricht, Bericht und Kommentar
Seriös berichten und pointiert kommentieren

Haben Sie heute schon die Zeitung gelesen?

pointiert: auf den Punkt gebracht, treffend

Öffentliche Medien – ob Zeitung, Hörfunk, Fernsehen – haben den sogenannten „Informationsauftrag" für die Bevölkerung zu erfüllen. Damit Journalistinnen und Journalisten diese Aufgabe erfüllen können, müssen sie selbst gut über politische und gesellschaftliche Ereignisse informiert sein. Sie besuchen daher Veranstaltungen, lesen Neuerscheinungen von Büchern, interviewen Persönlichkeiten des öffentlichen Lebens usw.

Inge Baldinger, Redakteurin der „Salzburger Nachrichten", hielt die Veröffentlichung der letzten „Österreichischen Jugend-Wertestudie" (2008) für wichtig und interessant genug, um über die Ergebnisse unter dem Titel „Jugend will sichere Jobs" einen Bericht zu schreiben. Angekündigt wurde der Bericht den Leserinnen und Lesern auf Seite 1 mit folgender **Kurznachricht:**

> **Jugend wünscht sich sichere Jobs**
> 09.07.2008 I SN
> Wien (SN). Die neueste Studie über die Lebenseinstellungen und Wünsche der Jugend ist da. Sie zeigt, dass Politik unten durch und Religion im Aufwind ist, dass sich junge Frauen „starke Männer" wünschen und Multikulti passé ist. Vor allem aber zeigt sie eines: Den drängenden Wunsch der Jugend nach sicheren Arbeitsplätzen. Seite 6

Journalistinnen und Journalisten sind ständig auf der Suche nach neuen Informationen.

Die Aufgabe einer **Kurznachricht** ist es, die Leserinnen und Leser in aller Kürze über ein Ereignis zu informieren. Häufig will die Kurznachricht auf einen ausführlichen Beitrag im Blattinneren aufmerksam machen. Die Kurznachricht fasst die wesentlichsten Ergebnisse des Berichtes kurz zusammen und macht neugierig auf mehr Details. Und so lautet der ausführliche **Bericht** zur Kurznachricht „Jugend wünscht sich sichere Jobs" auf Seite 6:

passé (franz.): etwas ist vorbei

Multikulti: gesellschaftlich-künstlerische Bewegung und Geisteshaltung, die Multikulturalität als positiven Wert betrachtet.

> **Jugend will sichere Jobs**
> 09.07.2008 I SN
> Die neue Studie über die Werte der Jugend ist fertig: Politik ist unten durch, Religion im Aufwind, der „starke Mann" im Kommen und Multikulti passé.
>
> Inge Baldinger Wien (SN). Wenn Ende September* gewählt wird, dürfen erstmals auch Jugendliche mitentscheiden. Ihre Stimmen zu bekommen, wird für die Parteien allerdings kein Kinderspiel. Noch nie – das ist ein Ergebnis der neuesten Jugendstudie – war Politik so unten durch wie heute: Nur noch für vier Prozent der 14- bis 24-Jährigen ist sie ein spannendes Thema, was einer

Ein sicherer Arbeitplatz ist der Jugend von heute am wichtigsten.

Begriffserklärungen:
hiesig: ortsüblich, wie hier
die Typologie: Lehre von der Einteilung von Dingen und Personen nach Typen
pompös: übertrieben aufwändig, prunkvoll
der Optimist: Person, die überwiegend positiv denkt; Gegenteil: der Pessimist
prosoziales Verhalten: ein Mensch ist in der Lage, Kontakte zu anderen herzustellen und aufrechtzuerhalten, er kann Probleme lösen, mit Enttäuschungen fertig werden und er ist ein kritischer Konsument
der Pragmatiker: Person, die sich rein am Nützlichen und Sachbezogenen orientiert
der Hedonist: Person, die sich ausschließlich an dem orientiert, was Spaß macht
egozentrisch: egoistisch, auf sich selbst bezogen
resignieren: verzagen, aufgeben
der Skeptiker: Mensch, der zweifelt, misstrauisch ist, alles genau prüft

Halbierung gegenüber 2000 gleichkommt. Genau gegenläufig die Religion: War sie vor acht Jahren nur für sechs Prozent wichtig, ist sie es jetzt für fast doppelt so viele.

„Lieben Leisten Hoffen" ist der Titel der aktuellen Studie über die Lebenseinstellungen der Jugend in Österreich. 1990 wurde die erste derartige Untersuchung durchgeführt, die nächste folgte im Jahr 2000. Der nun vorliegende dritte Band versammelt das, was 1230 Jugendliche und junge Erwachsene zwischen 2006 und 2007 zu Protokoll gaben. […]

Die Einstellung der Jugend hat sich seit der ersten Studie vor fast 20 Jahren zum Teil eklatant verändert. Vor allem die Arbeit ist für die jungen Menschen zu einem wesentlich zentraleren Lebensthema geworden. Was sich die jungen Leute unterdessen am meisten für ihr Berufsleben wünschen: Sicherheit. In den Jahren 1990 und 2000 hatte eine „gute Bezahlung" noch Priorität. Weniger wichtig ist der Jugend nun auch, ob der Job ihren Fähigkeiten entspricht oder Aufstiegschancen bietet – Hauptsache sicher und, wenn möglich, nicht allzu stressig.

Eine Wende zum Konservativen lässt sich aus den Antworten auf die Fragen zu den Rollenbildern ablesen. Stimmten vor acht Jahren 31 Prozent der Behauptung zu, dass Frauen einen „starken Mann an ihrer Seite brauchen", sind es nun 42 Prozent (wobei besonders die Zustimmung der Mädchen stieg, Anm.). Und: Dass für einen Mann beruflicher Erfolg wichtiger sei als für eine Frau, glaubten im Jahr 2000 40 Prozent der Befragten – nun sind es satte 53 Prozent.

Auch mit Multikulti ist es nicht mehr weit her: Schon im Jahr 2000 erklärten 63 Prozent der befragten 14- bis 24-Jährigen, Ausländer sollten ihren Lebensstil besser an den hiesigen anpassen. Nun sagen das 67 Prozent. Deutlich mehr als jeder Zweite (54 %) ist nun auch dafür, Ausländer zurück in deren Heimat zu schicken, wenn in Österreich Arbeitsplätze knapp werden – vor acht Jahren waren 39 Prozent dieser Meinung. Und: Erklärte im Jahr 2000 nicht einmal jeder fünfte Jugendliche (18 %), dass sich Ausländer ihre Ehepartner unter den eigenen Landsleuten suchen sollten, sagt das jetzt jeder Dritte (32 %).

Und wieder eine Typologie der Jugend. Freilich liegen zwischen den Antworten der Jugendlichen Welten – je nach Alter, Bildungsgrad, Herkunft und Geschlecht. Die Studienautoren haben es trotzdem mit einer Typologie versucht, die reichlich pompös ausgefallen ist. Sie unterscheiden fünf „Wertetypen": „unentschiedene OptimistInnen" (mit 28 Prozent die größte Gruppe), „prosoziale PragmatikerInnen" (21 %), „leistungsorientierte IdealistInnen" (16 %), „freizeitorientierte HedonistInnen" (13 %), „egozentrische HedonistInnen" (12 %) und „resignierte SkeptikerInnen" (10 %). Politisch uninteressiert sind alle, ganz besonders die HedonistInnen und SkeptikerInnen (unter ihnen befinden sich besonders viele Muslime).

Die Optimisten sind überzeugt, ihre Ziele – allen voran persönliches Glück – verwirklichen zu können, fremdenfeindlichen Positionen stimmen sie vermehrt zu. Den unter Pragmatikern und Idealisten Eingereihten geht es dagegen um einen stimmigen Mix aus beruflichem Erfolg, sozialer Verantwortung und Freude im Leben. „Lieben Leisten Hoffen – Die Wertewelt junger Menschen in Österreich" von Christian Friesl, Ingrid Kromer und Regina Polak ist im Czernin Verlag erschienen.

* Bei den Nationalratswahlen im September 2008 durften erstmals 16- und 17-Jährige wählen.

Partnerarbeit

Ü 1: Den Inhalt des Berichtes rekonstruieren ★★

Lesen Sie den Bericht aufmerksam durch, machen Sie Notizen und fassen Sie zu zweit (mündlich) die wichtigsten Ergebnisse der Jugend-Wertestudie zusammen.

Einzelarbeit

Ü 2: W-Fragen des Berichtes ★

Markieren Sie im Text die Antworten auf die „journalistischen W-Fragen".

Die journalistischen W: Wer? Was? Wann? Wo? Wie? Warum? Mit welchen Folgen?

die Polemik: unsachlicher Angriff; Adjektiv: polemisch

Der Bericht ist eine informierende Textsorte, während der **Kommentar** ein Meinungsbeitrag zu einem Thema ist. Im Gegensatz zum Bericht wird beim Kommentar immer auch der Name des Autors/der Autorin angeführt. Sonderformen des Kommentars sind der Leitartikel, die Glosse und die Kolumne. Der **Leitartikel** ist jener Kommentar, der auf der Titelseite der Zeitungen zu lesen ist. Erscheint ein Kommentar auf Seite eins, bedeutet das, dass ihm die Redaktion eine besondere Bedeutung beimisst.

Die **Glosse** ist ein kurzer Kommentar in Tageszeitungen, der auf polemische Weise zu einem aktuellen Thema Stellung bezieht. Während der Kommentar auch Sachinformationen enthält, ist die Glosse ausschließlich meinungsbezogen und setzt gut informierte und humorvolle Leser und Leserinnen voraus. Denn oft sind die Themen zwar hintergründig, aber auch nicht zu ernst zu nehmen.

Als **Kolumne** wird ein Meinungsbeitrag bezeichnet, der von stets demselben Journalisten oder derselben Journalistin regelmäßig an einer bestimmten Stelle einer Zeitung veröffentlicht wird.

Die Ergebnisse der Jugend-Wertestudie nahm die Journalistin Inge Baldinger zum Anlass, einen Kommentar zu schreiben. Dieser erschien am 12.7.2008 in den „Salzburger Nachrichten" unter dem Titel „Die Jugend und der starke Mann" als Leitartikel.

Begriffserklärungen:

auf die Barrikaden gehen: protestieren

Autoritäten von Podesten stürzen: nicht mehr an Autoritäten glauben

kollektiv: gemeinschaftlich, alle umfassend

autoritär: Gehorsam fordernd, diktatorisch

diffus: unbestimmt, zerstreut, verschwommen

Die Jugend und der starke Mann

12.07.2008 I SN
INGE BALDINGER

Für die Jugend der späten 60er-Jahre muss es ein Schock sein. Sie ging für Freiheit auf die Barrikaden, sie stürzte Autoritäten von den Podesten. Und dann das. Ihre Kinder, nein, eher schon Enkelkinder halten Sicherheit und Wohlstand für wichtiger als Freiheit, ihr Ruf nach einer starken Hand im Staate wird immer lauter. Radikaler könnte eine gesellschaftspolitische Schubumkehr innerhalb von 40 Jahren Friede, Freude, Freizeit kaum ausfallen. [...]

Natürlich probte die Jugend der 60er-Jahre nicht kollektiv den Aufstand, natürlich umarmte die Jugend der 80er-Jahre nicht geschlossen Bruder Baum – und natürlich liefern Studien über junge Menschen im ersten Jahrzehnt der 2000er-Jahre, so breit und tief sie auch angelegt sein mögen, nur Schlaglichter. Sie fangen aber ein, wie der Geist der Zeit gerade weht.

Da zeigt sich: Die Grundstimmung der jungen Menschen, ihr Blick auf die Zukunft, ist nicht mehr bloß nüchtern, sie ist ernüchternd. Keine Rede von Unbeschwertheit oder auch nur Unbekümmertheit. Und weit und breit nichts, woran man sich reiben könnte – nicht einmal mehr an autoritären Eltern. Stattdessen eine Welt, die mit der Wucht völliger Unüberschaubarkeit schon ins Kinderzimmer drängt, eine Welt, in der alles, was Halt und Orientierung verspricht, alles, was gut und wichtig sein könnte, ständig bedroht scheint. Vom Freundeskreis bis zur Beziehung der Eltern, von den Menschenrechten bis zum Weltklima – diffuse Ängste und ein Gefühl der Ohnmacht.

Katastrophal wird es dort, wo sich Diffuses zu Konkretem verdichtet. Wenn es stimmt, dass sich drei von vier 14- bis 24-Jährigen größte Sorgen machen, keine Arbeit zu finden oder ihren Arbeitsplatz zu verlieren, müssten alle Alarmglocken schrillen, müsste mit Zuwendung und ernst zu nehmenden Erklärungen reagiert, Mut gemacht und ganz klar vermittelt werden: Wir glauben an Euch.

Nur: Wo bleibt diese breite Zuwendung, die durchaus nicht bloße Familienangelegenheit ist, sondern eine gesamtgesellschaftliche Aufgabe, ja Verpflichtung? Wo bleiben die notwendigen Erklärungen, die kritischen Debatten, die der Jugend das Gefühl geben könnten, wichtiger Teil der Gesellschaft zu sein? Sie erschöpfen sich sehr schnell in Klagen über den Werteverlust, im Wunsch, der moralische Mensch möge vom Himmel fallen, und darin, Jugendliche mit 16 wählen zu lassen. Na toll.

Was bleibt derart vernachlässigten Jugendlichen in so einer Situation? Rückzug. Verweigerung. Oder dem ihre Stimme geben, der die einfachsten Lösungen verspricht und sie mit starker Hand durchsetzen will.

Gruppenarbeit

Ü 3: Über einen Kommentar diskutieren ★★

Diskutieren Sie über Inge Baldingers Kommentar zur Situation der Jugendlichen heute. Worin stimmen Sie überein? Was sehen Sie anders? Erörtern Sie folgende Aussagen:

- „Das Ergebnis muss für Eltern und Großeltern ein Schock sein." – *Warum?*
- „Die Jugend von heute hat keine Möglichkeit, Halt und Orientierung zu finden." – *Stimmen Sie zu?*
- „Angst und Ohnmacht sind das Grundgefühl." – *Wie erleben Sie das?*
- „75 % der Jugendlichen machen sich Sorgen, keine Arbeit zu finden." – *Empfinden Sie das auch so? Wie ist das zu erklären?*
- „Gesellschaft und Politik müssen mehr tun, als Jugendliche schon mit 16 wählen lassen." – *Was erwarten Sie von Politik und Gesellschaft?*

Der **Kommentar** nimmt zu einem aktuellen Thema Stellung und setzt bei den Leserinnen und Lesern gewisse Kenntnisse voraus. Teilweise liefert er auch Informationen, aber hauptsächlich spricht er über die Wichtigkeit eines Themas, erklärt seine Bedeutung, macht Zusammenhänge klar, führt Argumente und Gegenargumente an und wirft Fragen auf. In einem gelungenen

2 Mit Texten arbeiten

Kommentar wird die **persönliche Meinung des Autors oder der Autorin** deutlich. Die Lesenden reagieren darauf auf unterschiedliche Weise:

a) Sie schließen sich der Meinung an und fühlen sich bestätigt.
b) Sie sind ganz anderer Meinung und fühlen sich vielleicht sogar provoziert.

Auf diese Weise regt der Kommentar die Meinungsbildung bei Leserinnen und Lesern an.

Checkliste für das Verfassen eines Kommentars:

- aktuelles Thema und packenden Titel wählen
- Sachverhalt und Hintergründe beschreiben
- Meinung äußern und Tatsachen bewerten
- Schlussfolgerung

Einzelarbeit

Ü 4: Information und Bewertung unterscheiden ★

Markieren Sie im Kommentar „Die Jugend und der starke Mann" in einer bestimmten Farbe Sachinformationen und in einer anderen Farbe Meinungsäußerungen und Bewertungen.

Man nehme: 3 Esslöffel Aufzählung, 2 dl Sprichwörter, eine Prise Zitate und dann vermenge man das Ganze zur rhetorischen Frage.

der Jargon: „Sondersprache" einer Berufsgruppe wie Mediziner/innen oder einer Gesellschaftsschicht wie Chatter, Skater usw.

Die Sprache des Kommentars

Die Qualität eines Kommentars hängt nicht nur von der Überzeugungskraft seiner Argumente, sondern auch von der Sprache ab. Man setzt daher gezielt rhetorische Mittel ein.

Beliebte rhetorische Mittel des Kommentars:

- Aufzählung und Wiederholung einzelner Wörter, Wortgruppen oder Satzteile
- Zitate, Redewendungen, Sprichwörter
- abgeänderte Zitate (statt: „Sein oder nicht sein – das ist hier die Frage" z. B.: „Schein oder nicht Schein …")
- Fragen, die in Wahrheit keine Fragen, sondern Feststellungen sind
- neu erfundene Wörter oder Wörter, die in anderem Zusammenhang als sonst gebraucht werden (Beispiel: „gesellschaftspolitische Schubumkehr")
- Dialekte, Jugendjargon usw.

Partnerarbeit

Ü 5: Rhetorische Mittel erkennen ★★

Markieren Sie die rhetorischen Mittel im Kommentar „Die Jugend und der starke Mann" und tragen Sie sie in die Tabelle ein.

Aufzählung und Wiederholung	
Zitate, Redewendungen, Sprichwörter	
Abgeänderte Zitate	
Fragen, die Feststellungen sind	
Neue Wörter, Wörter in ungewöhnlichem Zusammenhang	
Dialekte, Jugendjargon	
Anderes	

2 Leserbrief
Meinungsäußerung in Briefform

Der Leserbrief wird von Privatpersonen oder auch Interessensgruppen an Zeitungen und Zeitschriften geschickt. Man möchte, dass die eigene Meinung veröffentlicht wird und somit zur Meinungsbildung bei anderen Leserinnen und Lesern beiträgt. Manche wollen sich aber einfach nur „Luft machen" und drücken ihren Ärger oder ihre Betroffenheit aus.

der Appell: Der Begriff stammt aus dem Militärwesen und bedeutet Befehl. Im Leserbrief: Aufforderung zu Verhaltens- oder Meinungsänderung

Appelle sind im privaten und beruflichen Alltag allgegenwärtig: schnell notiert, kurz und bündig.

Meistens bezieht sich der Leserbrief auf einen Beitrag einer Zeitung oder Zeitschrift. Der Schreibgrund kann der Ausdruck von Zustimmung, Ergänzung, Richtigstellung oder Widerspruch sein.

In den Leserbriefredaktionen landen viele Leserbriefe. Deshalb muss ausgewählt werden: Je aktueller das Thema und je prominenter die Person, die schreibt, desto größer ist die Chance, dass der Leserbrief erscheint. Die Redaktion korrigiert Rechtschreib- und Grammatikfehler, nimmt Kürzungen vor, greift aber inhaltlich nicht ein.

Mit welchem Anliegen möchten Sie sich an die Öffentlichkeit wenden? Beachten Sie beim Verfassen des Leserbriefes folgende Kriterien.

Checkliste für das Verfassen eines Leserbriefes:

- Thema mit hoher **Aktualität** wählen
- ansprechenden **Titel** finden
- **Bezugnahme** zum Thema bzw. Zeitungsartikel (Der Autor/Die Autorin des Beitrages, auf den ich mich beziehe, kann auch direkt angesprochen werden: „Sehr geehrte Frau …")
- **Ist-Stand-Analyse** (Wie ist die Situation? Was läuft nicht gut?)
- **Soll-Stand-Analyse** (Was sollte besser gemacht werden? Welche Maßnahmen sollten ergriffen werden?)
- **Appell**

Besonders wichtig ist auch die **Sprache**. Kurz und präzise sollte der Leserbrief sein, damit er ungekürzt abgedruckt und von möglichst vielen gelesen wird. Gleichzeitig muss gewährleistet sein, dass die Leserinnen und Leser die beschriebene Situation nachvollziehen und die Argumente verstehen können. Herrn Walter Kopp reichten etwa hundert Wörter, um sein Anliegen darzulegen. Oder fehlt etwas?

Einzelarbeit

Ü 6: Einen Leserbrief auf Vollständigkeit hin überprüfen ★★

Lesen Sie den Leserbrief „Alkohol und Jugendliche" (SN, 27.4.2007) und füllen Sie die Tabelle aus. Bewerten Sie Inhalt, Argumentation und Stil.

Alkohol und Jugendliche: Die Wirkung wird unterschätzt.

Alkohol und Jugendliche

Es ist traurig, wenn Jugendliche, wie berichtet, für sich und andere Alkohol einkaufen, obwohl sie wissen, dass sie dazu nicht berechtigt sind. Es ist Aufgabe der Eltern, ihre Kinder zur Eigenverantwortung zu erziehen, denn es können nicht immer die anderen schuld sein. Scheinbar werden Gesetze nur dann eingehalten, wenn eine Strafe angedroht wird. In diesem Fall sollte das aber bitte für beide Seiten gelten.

Es ist höchste Zeit, dass der Gesetzgeber handelt und sowohl den Erwerb als auch den Besitz von Alkohol bei Jugendlichen unter Strafe stellt. Dabei würde nicht einseitig der Verkäufer kriminalisiert und der Jugendliche wird sich gut überlegen, ob er einen solchen Kauf tätigt.

Walter Kopp
5020 Salzburg

Kriterien	Leserbrief von Walter Kopp	Bewertung des Leserbriefes
Thema		Aktualität: damals und heute?
Titel		
Bezugnahme zu einem konkreten Zeitungsartikel in den SN/in einem anderen Medium?		Titel pointiert genug? Vorschläge?
Wie ist die Situation?		
Was läuft nicht gut?		Was ergibt die Recherche im Archiv der SN? (www.salzburg.com)

Kriterien	Leserbrief von Walter Kopp	Bewertung des Leserbriefes
Was sollte besser gemacht werden?		Nachvollziehbar? Verständlich?
Welche Maßnahmen sind zu ergreifen?		Nachvollziehbar?
Appell		Verständlich?

Seit die **Printmedien** Mitte der 1990er-Jahre **online** gegangen sind, gibt es auch die Möglichkeit, die eigene Meinung zu einem Thema direkt auf der entsprechenden Webseite zu „posten". Vor allem bei jüngeren Menschen ist diese Form der Meinungsäußerung sehr beliebt. Vor der Nationalratswahl 2008 boten die führenden österreichischen Zeitungen die Möglichkeit, die eigene Meinung zur Frage „Nicht wählen – Zeichen politischer Unreife?" online zu veröffentlichen. Bei den Salzburger Nachrichten sah das konkret so aus:

Nicht wählen – Zeichen politischer Unreife?

Von Gerhard Öhlinger/SN am 17. Sept. 2008 um 13:54 in Aktuelles, Politik | Permalink | Antworten (12)

Der Anteil der Nicht- und Ungültigwähler dürfte bei der bevorstehenden Wahl so hoch wie noch nie sein. Zeugt es von politischer Unreife, sein Wahlrecht nicht wahrzunehmen? Oder ist es legitim, niemandem seine Stimme zu geben, wenn einem einfach keine der Parteien wirklich zusagt? Diskutieren Sie mit!

12 Antworten | Antworten | Auf Merkliste kopieren

Von **Ingo Baumgartner** am 17. Sept. 2008 um 14:17 | Auf diesen Kommentar antworten

Nicht wählen heißt: Mir liegt nichts an der Demokratie! Meiner Ansicht nach nicht nur ein Zeichen von politischer Unreife, sondern auch Demokratie gefährdend.

Wenn man schon mit keiner Partei halbwegs übereinstimmt, so bliebe als sichtbarer und durchaus heftiger Protest die Abgabe eines ungültigen Stimmzettels als Möglichkeit über.

Die Online-Meinungsbeiträge entsprechen meistens mehr einer Stellungnahme als einem Leserbrief. Die Verfasserinnen und Verfasser bleiben oft anonym oder verwenden einen „Nickname".

Gruppenarbeit

Ü 7: Nicht wählen – Zeichen politischer Unreife? ★★

Diskutieren Sie über die Meinung von Herrn Baumgartner: Ist die Demokratie gefährdet, wenn manche nicht zur Wahl gehen?

Einzelarbeit

Alkoholkonsum und Rauchen sind bei Wiener Jugendlichen stark verbreitet.

Ü 8: Einen Leserbrief verfassen ★★★

Lesen Sie den „Presse"-Bericht „Junges Wien: Viel Alkohol, wenig Sport" und verfassen Sie als Reaktion darauf einen Leserbrief. Bevor Sie mit der Arbeit beginnen, müssen Sie sich über Ihre eigene Meinung im Klaren sein. Überlegen Sie dann, ob Sie sich mit Ihrem Anliegen an eine bestimmte Person oder Personengruppe wenden wollen: Die Jugendlichen selbst? Die Gesundheitspolitik? Die Eltern? …

Junges Wien: Viel Alkohol, wenig Sport

26.08.2008 | 18:20 | MAGDALENA KLEMUN (Die Presse)

Am meisten Alkohol, am frühesten Nikotin, beim Übergewicht im Mittelfeld: Die EU-weite Gesundheitsstudie „Helena" zeichnet ein beunruhigendes Bild der Wiener Jugend.

Wien. Fett, Zucker, Alkohol und eklatanter Bewegungsmangel – das sind die Laster der Wiener Teenager. Und sie sind gefährlich groß: Die körperliche Fitness der 13- bis 16-Jährigen liegt deutlich unter dem EU-Durchschnitt, im Vergleich zu neun anderen europäischen Städten trinken die Wiener Jugendlichen am meisten Alkohol. Das sind nur einige Ergebnisse der EU-Mega-Studie „Helena", bei der zwischen 2005 und 2008 Schüler in Wien, Stockholm, Zaragoza, Pecs, Rom, Lille, Gent, Dortmund, Heraklion und Athen interviewt und medizinisch untersucht wurden.

Bewegung macht Spaß!

Begleitend dazu beantworteten sie Fragen am Computer, ein Programm evaluierte ihr Ess- und Bewegungsverhalten.

4000 Teilnehmer, zehn Städte, drei Jahre – in der Vielfalt der Daten und untersuchten Faktoren ist „Helena" damit die erste Studie ihrer Art. Knapp sieben Millionen Euro kostete ihre Durchführung, dreizehn Wiener Schulen nahmen teil. Zwei Achtel Wein oder eine Dose Bier gaben die befragten Teenager im Durchschnitt als ihr Tagespensum Alkohol an.

Das klingt, im Lichte des zuletzt aufgebauschten Themenkomplexes „Komatrinken", nicht nach einem Horror-Wert – beunruhigend scheint aber, dass laut einer ebenfalls jüngst präsentierten Studie der Wiener Drogenkoordination nur 28 Prozent der Jugendlichen Alkohol überhaupt als risikobehaftete Substanz einschätzen. Dazu kommt: In keiner anderen der untersuchten Städte haben so viele 13- bis 16-Jährige bereits Zigaretten probiert wie in Wien: 55,3 Prozent haben bereits geraucht, im britischen Birmingham sind es nur 16,8 Prozent.

Kurt Widhalm, Professor an der Medizinischen Universität Wien und Österreich-Koordinator der Studie, hält die angegebene Alkoholmenge vor allem aus psychologischer Sicht für bedenklich: „Das führt die Jugendlichen auf die Schiene zum vermehrten Konsum. Wenn sie heute Wein trinken, ist es morgen vielleicht Wodka, das ist bei Jugendlichen kein unbekanntes Phänomen."

Von der Vielfältigkeit der Daten erwartet sich Widhalm speziell in punkto Ernährungsberatung Fortschritte: „Jetzt liegen endlich Fakten am Tisch und man kann Konsequenzen ziehen. Bis jetzt gab es ja nur Empfehlungen von selbst ernannten Ernährungsexperten, die das Essverhalten der Jugendlichen gar nicht genau kannten."

Obst und Gemüse stehen bei der Wiener Jugend nicht sehr hoch im Kurs.

Ziel der **Helena-Studie** ist die Verbesserung der Gesundheit von Jugendlichen in Europa, um späteren Krankheiten vorzubeugen. Dazu werden kulturelle, soziale, genetische und geschlechtsbedingte Unterschiede und Gemeinsamkeiten in Zusammenhang mit der Ernährung bei 13- bis 16-jährigen Jugendlichen untersucht. Durchgeführt wird das Projekt in 10 Städten der Europäischen Union, darunter in Wien.

Stockholm schlank, Kreta dick

Aufholbedarf hat die Wiener Jugend vor allem bei Gemüse und fettarmen Molkereiprodukten: Davon wird auffällig wenig gegessen, im Gegenzug dazu zu viel Fleisch und zuckerhaltige Softdrinks – rund ein Drittel trinkt diese täglich. Die Hälfte einer kleinen Tafel Schokolade verbuchen Wiener Jugendliche zudem am täglichen Fett- und Zuckerkonto. Das sind 50 Gramm – und damit doppelt soviel wie der EU-Durchschnitt von 25 Gramm.

Auch die Folgeerscheinungen werden durch „Helena" beleuchtet: Zwar liegt die Zahl der Übergewichtigen etwas unter dem EU-Schnitt – mit 22,3 Prozent adipösen Jugendlichen hat die Fettleibigkeit in Wien aber bereits ein „epidemisches Ausmaß" erreicht, so Kurt Widhalm. Für die Bundesländer geht der Mediziner von ähnlichen Daten aus.

Was Widhalm überrascht: EU-weit sind im für seine mediterran-gesunde Kost bekannten Griechenland die meisten Jugendlichen übergewichtig (Kreta ist Spitzenreiter, danach folgt Athen), an dritter Stelle steht eine weitere südeuropäische Stadt: Rom. Am wenigsten adipös ist hingegen die schwedische Stadtjugend. Nur zwei Prozent der Stockholmer Teenager sind krankhaft fettleibig.

Ein einleuchtender, aber in seiner Eindeutigkeit dennoch verblüffender Zusammenhang: Die Statistik der übergewichtigen Jugendlichen deckt sich fast genau mit jener über das Fernsehverhalten. Während im schlanken Stockholm nur sechs Prozent mehr als drei Stunden täglich fernsehen, sind es auf der Insel Kreta schon 20 Prozent.

Was Ernährungsexperte Widhalm selbst als „entscheidenden Punkt" der „Helena"-Studie identifiziert: Den positiven Einfluss, den das begleitende Computerprogramm auf das Ernährungs- und Bewegungsverhalten der Jugendlichen nahm. „Es konnte erstmals gezeigt werden, dass eine computergesteuerte Intervention tatsächlich Wirkung zeigt", so Widhalm, „die Jugendlichen (sie erhielten per Computer Empfehlungen, Anm.) haben ihr Verhalten wirklich geändert."

(Die Presse, 27.8.2008)

Üben

Einzelarbeit

Ü 9: Kurznachricht verfassen ★★

Verfassen Sie zum Bericht „Junges Wien: Viel Alkohol, wenig Sport" eine Kurznachricht (max. 70 Wörter).

Einzelarbeit

Ü 10: Bericht verfassen ★

Berichten Sie über ein beliebiges Ereignis (Betriebsausflug, Wettbewerbsteilnahme, Projekt u.ä.m.). Orientieren Sie sich dabei an den „journalistischen W-Fragen".

Partnerarbeit

Ü 11: Kommentar analysieren und bewerten ★★

Analysieren Sie den Kommentar „Die Jugend und der starke Mann" (Seite 67):

- Ist das Thema auch heute aktuell?
- Worauf spielt der Titel an?
- Rekonstruieren Sie Anlass, Sachverhalt und Hintergrund.
- Welche Meinung vertritt die Kommentatorin? Wie begründet sie ihre Meinung? Was fordert sie?
- Bildet der Schluss einen „Rahmen" mit dem Titel bzw. dem Beginn des Beitrages?
- Erfüllt der Kommentar die Kriterien (siehe Checkliste)?

Einzelarbeit

Daniel Glattauer, geb. 1960 in Wien, ist Schriftsteller und Journalist. Er arbeitet v. a. für die Tageszeitung „Der Standard". Seine Kolumne erscheint dort unter dem Kürzel „dag". 2006 erschien sein Roman „Gut gegen Nordwind", der mit dem Deutschen Buchpreis ausgezeichnet wurde.

Ü 12: Meinungsbezogene Textsorten unterscheiden ★

Lesen Sie die folgenden Texte bzw. Textausschnitte und ordnen Sie sie den journalistischen Textsorten Kommentar, Glosse und Leserbrief zu.

Beispiel 1: Kundenkartenterror („Der Standard", dag, 25.8.08)

„Darf ich Sie darauf aufmerksam machen, dass Sie mit einer Kundenkarte ..." (Nein!!)

Beim Verkäufer im Geschäft fallen oft noch letzte Fragen. Hier ein kleiner Abriss, was wann zu hören war (und vielleicht bald zu hören sein wird).

1960: „Wollen Sie's anschreiben lassen?"

1970: „Sollen wir's nach Hause liefern?"

1980: „Brauchen'S ein Plastiksackerl?"

1990: „Haben Sie einen Geschenkgutschein?"

(Anfang) 2002: „Zahlen Sie in Euro oder in Schilling?"

(Ab) 2003: „Zahlen Sie bar oder mit Kreditkarte?"

2005: „Wollen Sie vielleicht eine Kundenkarte?"

2006: „Haben Sie schon eine Kundenkarte?"

2007: „Haben Sie eine Kundenkarte?" (Nein.) „Wollen Sie eine Kundenkarte?" (Nein.)

2008: „Haben Sie eine Kundenkarte?" (Nein.) „Wollen Sie eine Kundenkarte?" (Nein.) „Darf ich Sie auf die Vorteile einer Kundenkarte ..." (Nein!!)

2009: „Haben Sie keine Kundenkarte?" (Nein!) „Darf ich Sie darauf aufmerksam machen, dass Sie mit einer Kundenkarte ..." (Nein.)

2010: „Darf ich Sie darauf aufmerksam machen, dass Sie ohne Kundenkarte ..." (Nein!!!) „Dass Sie ohne Kundenkarte ..." (Nein!!!) „Dass Sie ohne Kundenkarte nicht mehr unser Kunde sind. Auf Wiedersehen!"

Jung sein und bunt sein

Beispiel 2: Irgendwas stimmt nicht mit der Jugend (SN, Christian Resch)

„Wir haben es satt, dass ihr uns hinstellt wie die Tiere." Diesen Satz schrie ein 16-Jähriger diese Woche bei einer Anrainerversammlung in Salzburg-Taxham aus sich heraus. Die etablierten Bürger waren zusammengekommen, weil sie Angst vor den Jugendlichen in ihrem Stadtteil haben. Sie fühlen sich bedroht, angepöbelt, Senioren wurden sogar körperlich von betrunkenen Halbstarken angegriffen. Die Konfrontation der Generationen bei dem Gesprächsabend wurde emotional – bis beide Seiten am Ende doch feststellten, dass sie durchaus miteinander reden konnten und wollten.

In diesem Sinne ist Taxham Österreich. Irgendetwas stimmt nicht mit der Jugend – diesen Verdacht hegen Erwachsene in allen Bundesländern. Früher, in der alten Zeit, hätte es das alles nicht gegeben, heißt es dann. Stimmt. Früher war vieles anders. Anders waren aber nicht nur die Jugendlichen, sondern auch das Umfeld, in dem sie lebten. Vielleicht hatte die heutige Eltern- und Großelterngeneration im Pubertätsalter weniger Geld als die Kids im 21. Jahrhundert. Aber eines hatte sie reichlich: Platz.

Platz, zunächst ganz banal betrachtet, in Quadratmetern, auf vielen Wiesen in jeder Stadt, wo stundenlang bis in den späten Abend gekickt werden konnte. Dort, wo heute das Shopping Center steht, das die Jugendgangs von Wachleuten hinauswerfen lässt. Platz auch in den Höfen hinter den Häusern, zum Herumhängen und Schmähführen. Genau dort, wo heute dicht gedrängt Wohnblocks stehen, ohne einen Grashalm zwischen dem Beton. Latente Wohnungsnot hat unsere Städte immer dichter werden lassen, den Heranwachsenden wird dazwischen die Luft abgeschnürt.

Zu wenig Platz hat die Jugend aber auch in den Köpfen der Älteren. Kinderfeindlich sei unsere Gesellschaft geworden, sagen Wissenschafter. Das ist zwar ein Pauschalurteil, aber es kommt der Wahrheit ziemlich nahe. Der eine wünscht ein Großaufgebot an Polizei herbei, nur weil vor dem Haus Fußball gespielt wird. Der andere bezeichnet Burschen als Asoziale, nur weil sie ihre Coladosen nicht ordnungsgemäß entsorgen. Wer würde sich trauen, Erwachsene so zu behandeln?

Was zu tun sei, darüber sind sich Sozialarbeiter, Lehrer und Jugendforscher weitgehend einig. Es braucht mehr Nachmittagsbetreuung für die „Braven", damit diese nicht aus Langeweile auf dumme Gedanken kommen. Es braucht Sozialarbeit für die vielen orientierungslosen jungen Menschen, damit sie nicht ins kriminelle Milieu abgleiten. Es braucht eine Jugendpolizei, die sich um jene kümmert, mit denen nicht mehr zu reden ist. Das alles kostet Hirnschmalz, Zeitaufwand und vor allem viel Geld. Geld, das jene, die über „die heutige Jugend" schimpfen, bisher nicht investieren wollen. Irgendetwas stimmt nicht mit den Erwachsenen.

Beispiel 3: Öffentliche Verkehrsmittel ... im Ausbau??? (SN, 7.9.2008)

Ich komme aus einem kleinen Ort im südlichen Innviertel, nahe der Grenze zum Bundesland Salzburg. Seit nunmehr zwei Jahren besuche ich ein Oberstufengymnasium in Salzburg und bin daher darauf angewiesen, zweimal täglich eine 90-minütige An- bzw. Rückfahrt anzutreten.

Weniger als eine Woche vor Schulbeginn erhielten alle Gemeindebürger dieser besagten kleinen Gemeinde ein Rundschreiben, dass der Linienverkehr, der zwischen meinem Heimatort und der Salzburger Lokalbahn bestand, nahezu eingestellt bzw. noch stärker beschränkt werden soll. In einer Zeit, die vom Klimawandel geprägt ist, einem kleinen Ort die ohnehin dürftigen Verbindungen zum öffentlichen Verkehr noch weiter einzuschränken, grenzt nahezu an Zynismus. Abgesehen von den Schülern sind nun auch Pendler zur Anfahrt zur Lokalbahn mit dem Auto gezwungen, denn der bestehende Bustransport ist ausschließlich für Schüler zulässig.

Einwohner kleiner Orte, die kein Auto besitzen, sind immer noch, beziehungsweise noch stärker, auf Verwandte und Freunde angewiesen, die sie zu Einkaufsmöglichkeiten, Arztterminen etc. kutschieren.

Traurig aber wahr: Der Ausbau öffentlicher Verkehrsmittel hat in ländlichen Gegenden offensichtlich keinerlei Priorität.

Natalie, Moosdorf

Einzelarbeit

Der Plural von Nomen, die auf -ismus enden, lautet -ismen, z. B. surreal: Surrealismus.

surreal: unwirklich

Ü 13: -ismen definieren ★★

Finden Sie Definitionen für die im Kommentar „Die Jugend und der starke Mann" behandelten -ismen: Optimismus/Pessimismus, Idealismus, Hedonismus, Pragmatismus. Fügen Sie mindestens drei weitere -ismen hinzu und bilden Sie zu jedem Begriff a) einen sinnvollen oder b) einen kreativ-surrealen Satz.

Einzelarbeit

Ü 14: Rhetorische Mittel eines Kommentars ★★★

Lesen Sie den Leitartikel „Irgendetwas stimmt nicht mit der Jugend" (Ü 12) und markieren Sie die darin verwendeten rhetorischen Mittel.

Partnerarbeit

Ü 15: Kommentar analysieren ★★

Lesen Sie den Leitartikel „Irgendetwas stimmt nicht mit der Jugend" aus Ü 12 und diskutieren Sie, ob folgende Kriterien darin erfüllt sind:

- aktuelles Thema
- packender Titel, pointierter Schluss
- Informationen und v. a. Meinungsäußerung, Bewertung

Partnerarbeit

Ü 16: Aktuelle Themen für einen Kommentar finden ★

Machen Sie ein Brainstorming oder erstellen Sie eine Mindmap zur Frage, welche Themen in Ihrem Kurs, in Ihrer Wohngegend, in Österreich oder weltweit gerade aktuell sind und heftig diskutiert werden. Sammeln Sie die Ergebnisse und erstellen Sie eine Themenliste.

Einzelarbeit

Ü 17: Einen Kommentar schreiben ★★

Suchen Sie sich ein Thema aus der Themenliste von Ü 16 aus und schreiben Sie dazu einen ausführlichen Kommentar.

Einzelarbeit

Ü 18: Einen „Gegen"-Kommentar verfassen ★★★

Suchen Sie in einer österreichischen Tageszeitung nach einem Kommentar, der Ihren Widerspruch hervorruft. Verfassen Sie dazu einen „Gegen"-Kommentar.

Partnerarbeit

Ü 19: Kommentare vergleichen ★★

Rufen Sie die Webseiten von zwei österreichischen Tageszeitungen auf (z. B. **http://derstandard.at/meinung** und **http://diepresse.com/home/meinung/kommentare** oder einer Tageszeitung Ihrer Wahl) und suchen Sie nach Kommentaren, die in beiden Medien dasselbe Thema behandeln. Suchen Sie nach Übereinstimmungen und Unterschieden in Argumentation und Bewertung.

Partnerarbeit

Vorsicht: Nicht überall, wo „unabhängig" draufsteht, ist „unabhängig" drin.

Ü 20: Die „Blattlinie" erkennen ★★

Nachdem Sie Ü 19 gemacht haben: Diskutieren Sie, ob die unterschiedlichen Bewertungen einen Hinweis auf die „Blattlinie" (liberal, fortschrittlich, konservativ …) zulassen.

Die **Blattlinie** bestimmt die moralische und weltanschauliche Position in den Kommentarspalten und ist meist im Impressum angeführt. Es ist daher klar, dass sich z. B. ein religiös ausgerichtetes Medium gegen Abtreibung aussprechen wird, ein liberal-linkes nie für Todesstrafe usw.

liberal: dem Einzelnen wenige Einschränkungen auferlegend

- **derstandard.at** ist ein liberales Online-Medium, unabhängig von politischen Parteien, Institutionen und Interessensgruppen.
- Der **KURIER** ist eine unabhängige österreichische Tageszeitung, die sich von allen direkten und indirekten Einflüssen politischer Parteien und Interessensgruppen freihält.
- **Die Presse** vertritt unabhängig von politischen Parteien bürgerlich-liberale Auffassungen.

Partnerarbeit

Ü 21: Einen Leserbrief analysieren ★★

Analysieren Sie den Leserbrief von Natalie aus Ü 12: Welche Kriterien erfüllt der Leserbrief, welche nicht? Wie argumentiert Natalie? An wen ist der Leserbrief gerichtet?

Einzelarbeit

Ü 22: Einen Leserbrief verfassen ★★★

Verfassen Sie einen Leserbrief zu einem persönlichen Anliegen.

Einzelarbeit

Ü 23: Leserbriefe und Stellungnahmen online stellen ★★

Gehen Sie auf die online-Ausgabeseite österreichischer Tageszeitungen (z. B. **http://kurier.at/interaktiv/meinungen** oder **http://mein.salzburg.com/forum/leserbriefe**) und lesen Sie sich die aktuellen Postings und Leserbriefe durch. Antworten Sie auf einen der Beiträge oder stellen Sie selbst einen Beitrag ins Netz.

Partnerarbeit

Ü 24: Eine Glosse analysieren ★★

Lesen Sie sich die Glosse von „dag" (Daniel Glattauer) aus Ü 12 noch einmal durch. Wie bringt uns der Autor zum Schmunzeln? Wie entsteht Polemik?

Sichern

journalistische Textsorten

Man unterscheidet informierende (Nachricht, Bericht u. a.) und **meinungsbezogene Textsorten**. Zu den meinungsbezogenen gehören u. a. Kommentar und Glosse, die als Leitartikel (Kommentar auf der Titelseite) bzw. Kolumne (regelmäßig erscheinende, meist einspaltige Glosse bekannter Redakteure und Redakteurinnen) erscheinen können. Auch der Leserbrief ist eine meinungsbezogene Textsorte.

der Bericht

Ein Bericht informiert sachlich über Ereignisse, die von öffentlichem Interesse sind. Zu beachten sind die **7 journalistischen W-Fragen**: Wer? Was? Wann? Wo? Wie? Warum? Mit welchen Folgen?

die Kurznachricht

Sie berichtet in äußerst knapper Form

a) über weniger wichtige Nachrichten oder
b) fasst die wesentlichsten Aussagen eines ausführlicheren Berichtes im Blattinneren kurz zusammen.

der Kommentar

Darunter versteht man einen **meinungsbezogenen journalistischen Text;** er nimmt Stellung zu einem aktuellem Thema, enthält Informationen, konzentriert sich aber auf die Bewertung des Sachverhaltes. Der Kommentar wirkt meinungsbildend. Leserinnen und Leser sehen sich in der Haltung des Verfassers/der Verfasserin bestätigt oder provoziert.

rhetorische Mittel des Kommentars

Rhetorische Mittel des Kommentars sind u. a. Aufzählung, Wiederholung, Zitate, Redewendungen, Sprichwörter einschließlich deren „Verfremdung", rhetorische Frage und Alliteration.

der Leserbrief

Ein Leserbrief ist eine **Meinungsäußerung** von Privatpersonen oder Personengruppen **in Briefform** zu einem heftig diskutierten Thema. Die Verfasser/innen von Leserbriefen nehmen Stellung und begründen diese. Die Redaktionen behalten sich Korrekturen und Kürzungen vor.

die Elemente des Leserbriefs

Ein Leserbrief enthält: Titel, Bezugnahme (auf ein Thema oder einen konkreten Zeitungsartikel), eventuell Anrede, Analyse der Situation (Ist-Stand), Vorschläge zur Verbesserung (Soll-Stand), Appell. Der Leserbrief sollte **kurz und prägnant** formuliert sein.

die Blattlinie

Sie gibt die **moralische und weltanschauliche Position** in den Kommentarspalten eines Printmediums vor und ist meist im Impressum angeführt. Nicht alle Medien, die sich als „unabhängig" von politischen Parteien und Interessensgruppen bezeichnen, sind dies auch wirklich.

die Meinungsfreiheit

Die Meinungsfreiheit zählt zu den Grundrechten. Jede/Jeder darf ihre/seine Meinung im privaten wie im öffentlichen Bereich äußern (Ausnahmen: Verleumdungen und Ehrverletzung gegen Menschen oder Gruppen, Äußerungen, die unter das Verbotsgesetz fallen wie Nazi-Parolen usw.). Leserbrief und Online-Stellungnahme sind die häufigsten schriftlichen Formen der Meinungsäußerung von Privatpersonen oder Interessensgruppen.

Wissen

Wissensfragen und -aufgaben

W 1: Bericht
Welche sind die Elemente eines Berichtes?

W 2: Kurznachricht
Worin liegt die wesentliche Aufgabe einer Kurznachricht?

W 3: Kommentar
Wie lauten die wichtigsten Merkmale des Kommentars? Was unterscheidet den Kommentar von der Glosse?

W 4: Rhetorische Mittel
Nennen Sie mindestens drei rhetorische Mittel, die typisch für den Kommentar sind.

W 5: Leitartikel und Kolumne
Erklären Sie die Begriffe Leitartikel und Kolumne.

W 6: Verfasser von Leserbriefen
Wer verfasst mit welcher Absicht einen Leserbrief? Hat der Verfasser bzw. die Verfasserin ein Recht darauf, dass der Leserbrief unverändert abgedruckt wird?

W 7: Leserbrief
Nennen Sie die Kriterien, die ein Leserbrief erfüllen soll.

W 8: Blattlinie
Wie kann man anhand eines Kommentars die „Blattlinie" erkennen?

W 9: Meinungsäußerung
Welche Möglichkeit der spontanen schriftlichen Meinungsäußerung kennen Sie?

Ein kurzer Wissens-Check, bevor's weitergeht!

Wissens-Check

	☺	😐	☹
Ich kann informierende und meinungsbezogene journalistische Texte unterscheiden.			
Ich kenne die journalistischen W-Fragen.			
Ich kann einen Kommentar verfassen.			
Ich kenne die wichtigsten rhetorischen Mittel.			
Ich weiß, wie ein guter Leserbrief aufgebaut ist.			
Ich kann selbst einen kritischen Leserbrief verfassen.			

Lerneinheit 5
Berufsbezogene Textsorten

In der Ausbildung, am Arbeitsplatz, an der Universität oder als Staatsbürger und Staatsbürgerin muss man immer wieder Formulare ausfüllen, Protokolle schreiben, wichtige Informationen, die mündlich verlautbart werden, mitnotieren und bei Vorträgen Mitschriften anfertigen. Diese Mitschriften sind eine Gedächtnisstütze und eine gute Lerngrundlage.

Sie lernen hier:
- **wie man Mitschriften anfertigt**
- **welche Rolle das aktive Zuhören bei Mitschriften und Protokollen spielt**
- **wie man ein Protokoll führt**
- **was man unter Fachwortschatz versteht**

Lernen

1 Mitschrift und Notizen
Das Wesentliche ist das Entscheidende.

Schreiben Sie nicht jedes einzelne Wort mit.

Sie kennen das? Ein Lehrer betritt die Klasse, grüßt und wiederholt den Stoff der vorangegangenen Stunde. Danach beginnt er sofort mit dem Vortragen des neuen Lehrstoffes. Nach zehn Minuten haben Sie einen roten Kopf und wissen vor lauter Konzentration auf das Mitschreiben eigentlich gar nicht, worum es geht. – Das muss nicht sein, denn die Mitschrift soll das Gesagte nicht wortwörtlich wiedergeben.

Die **Sprechgeschwindigkeit** von Vortragenden liegt bei etwa 130 Wörtern pro Minute. Ein durchschnittlich schneller Schreiber zeichnet 25 bis 30 Wörter pro Minute auf, – egal ob mit der Hand geschrieben oder ins Notebook getippt. Das ist nicht ganz ein Viertel vom Vorgetragenen. Es kommt also darauf an, die entscheidenden **25 % des Gesagten** mitzuschreiben. Wie ist das zu erreichen?

Aktives Zuhören
Mitschreiben heißt in erster Linie einmal zuhören, dem Vortrag gedanklich folgen und so die Kernaussagen erkennen. Das heißt: Man muss das Wichtige vom weniger Wichtigen unterscheiden. Nur wer aufmerksam zuhört, bringt auch eine sinnvolle Mitschrift zustande.

Der Lehrervortrag: Was ist die Kernaussage?

Kernaussagen erkennen
Die Kernaussagen zu erkennen, ist nicht schwer: Die Satzglieder Subjekt und Prädikat nannte man früher **Satzgegenstand** und **Satzaussage**. Das Subjekt (Gegenstand) gibt das Thema an, das Prädikat (Aussage) präzisiert, worum es geht. Wenn ein Satz zu Ende gesprochen ist, notieren Sie daher Subjekt und Prädikat. Oft genügt das.

Beispiel

Ein Lehrer oder eine Lehrerin erklärt den Umgang mit Mitschriften. Unter anderem sagt er/sie: „Wenn eine Stunde versäumt wurde, soll auf keinen Fall einfach nur die Mitschrift von anderen kopiert werden, weil die Mitschrift immer eine persönliche Form der Gedächtnisstütze ist."

Die Lernenden notieren: *Mitschrift* (Subjekt) *anderer nicht kopieren* (Prädikat)

Sinneinheiten erkennen
Für gewöhnlich bildet ein Satz eine Sinneinheit. Manchmal wird der Sinn aber erst nach mehreren Sätzen klar. Aktives Zuhören erfordert also auch Geduld, denn im deutschen Gliedsatz steht die Aussage (Prädikat) immer erst am Ende des Satzes.

Optische Gestaltung

Die Lesbarkeit der eigenen Mitschrift hängt sehr stark von der **optischen Gestaltung und Gliederung** ab. Es ist wichtig, im Text ausreichend Zwischenräume für spätere Ergänzungen zu lassen. Der **Korrekturrand** ist der Platz für Fragen oder eigene Anmerkungen zum Thema. Unbedingt sollten Sie **Abkürzungen und Symbole** verwenden, denn das spart viel Zeit. Ein gezielter Einsatz von **Farben und Unterstreichungen**, denen jeweils eine bestimmte Bedeutung zugemessen wird, ist sehr empfehlenswert. Auch Absatzmarken und Einrückungen helfen, eine Mitschrift übersichtlich zu machen.

Die Mitschrift – von ihr hängt der Lernerfolg ab.

Halten Sie sich bei Ihren ersten Versuchen an die Checkliste für das Verfassen von Mitschriften. Wenn Sie genügend Übung beim Mitschreiben haben, werden Sie die Kriterien ohnehin von selbst beachten.

Checkliste für das Verfassen von Mitschriften:

- **aktiv zuhören**, den Vortrag gedanklich mitverfolgen
- **Kernaussagen** (Schlüsselwörter) erkennen
- erst dann schreiben, wenn die **Sinneinheit zu Ende** gesprochen wurde
- **nicht alles wörtlich** mitschreiben
- **Abkürzungen** (z.B., d.h., u.a., ...) und **Symbole** (→, ≈, ...) verwenden
- durch **Farben und Unterstreichungen** Wichtiges (neue Zwischenüberschrift, Aufzählung usw.) hervorheben
- **eigene Ergänzungen** und **Fragen** im Korrekturrand anbringen
- auf lose **DIN A4**-Blätter schreiben, **Datum** anführen, **Seiten** nummerieren
- **Zwischenräume** lassen, Skizzen machen
- **Namen, Daten, Definitionen genau** und vollständig notieren

Mitschriften vergleichen: Das hilft bei der Klärung von Fragen und macht sicher.

2 Von der Mitschrift zum Protokoll

Im Protokoll steht's schwarz auf weiß.

Wenn jemand darauf verweist, dass etwas „schwarz auf weiß geschrieben" ist, möchte er damit auf die Gültigkeit der Aussage hinweisen.

Protokolle zählen zum beruflichen Alltag in Behörden (Polizei, Arbeitsamt ...) sowie öffentlichen und privaten Einrichtungen (Krankenhäusern, Versicherungen ...). Auch Computer führen Protokolle. Man unterscheidet Unfallprotokolle, Sitzungsprotokolle, Arztprotokolle, Druckprotokolle usw.

Die meisten Protokolle sind entweder **Verlaufsprotokolle oder Ergebnisprotokolle**. Das Verlaufsprotokoll ist viel detaillierter als das Ergebnisprotokoll. Während das Ergebnisprotokoll nur das Ergebnis einer Diskussion oder den von den Anwesenden getroffenen Beschluss festhält, führt das Verlaufsprotokoll auch die einzelnen Redebeiträge, Vorschläge usw. an. Für die Niederschrift eines Verlaufsprotokolls gelten ganz ähnliche Kriterien wie für das Verfassen einer Mitschrift.

Checkliste für das Verfassen eines Verlaufsprotokolls:

Vorbereitung:

- Angaben für den **Protokollkopf** vorbereiten

Durchführung:

- **aktiv zuhören**
- **Kernaussagen** erkennen
- erst dann schreiben, wenn die **Sinneinheit zu Ende** gesprochen wurde
- **nicht alles wörtlich** mitschreiben
- **Abkürzungen** und **Symbole** verwenden
- mit **Farben und Unterstreichungen** strukturieren
- eigene **Fragen** kennzeichnen
- **Namen, Daten, Definitionen** genau und vollständig notieren
- **Niederschrift** – wörtliche oder zusammengefasste Redebeiträge und Beschlüsse
- besonders wichtige Aussagen in **direkter Rede** (unter Anführungsstrichen) festhalten, andere Redebeiträge in **indirekter Rede** wiedergeben
- das Protokoll am Ende der Sitzung allen Teilnehmern und Teilnehmerinnen **vorlesen**, damit **Ergänzungen und Richtigstellungen** vorgenommen werden können

Querverweis

Die direkte und indirekte Rede werden in Kapitel 3, Lerneinheit 3 behandelt.

Nachbearbeitung und Abschluss:
- handschriftliche Protokolle **tippen**
- ein übersichtliches **Layout** gestalten
- ausdrucken und vervielfältigen
- **Ort, Datum, mindestens 2 Unterschriften** (Protokollführer/in, Vorsitzende/r; es gilt das „4-Augen-Prinzip“)
- an alle Personen im Verteiler (Anwesende und Abwesende) **versenden**

3 Fachwortschatz und Fachsprache
„Fraktur des Th6 …“

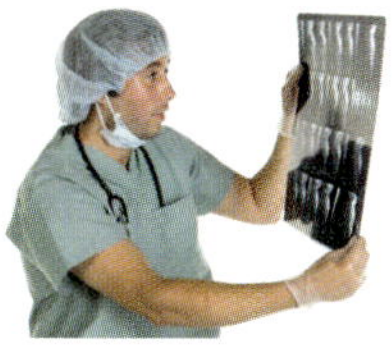
In der Medizin gibt es einen umfangreichen Fachwortschatz, der für Laien kaum verständlich ist.

Stellen Sie sich Folgendes vor: Bei einer gemeinsamen Radtour ist ein Freund von Ihnen gestürzt. Sie begleiten ihn ins Krankenhaus. Nach der Untersuchung sagt Ihnen die Ärztin: „Fraktur des Th6.“ Was heißt das? Steht es schlimm um Ihren Freund? Alle, die keine medizinische Ausbildung haben, verstehen das ebenso wenig wie Sie. Der Grund? Es handelt sich um ein typisches Beispiel für Fachsprache, in diesem Fall: medizinische Fachsprache.

Jede Berufsgruppe verfügt über **Fachausdrücke**, die man als Außenstehender kaum oder gar nicht versteht. Die Mitglieder der jeweiligen Branche kennen die Ausdrücke aber sehr wohl. Dadurch können sie sich untereinander auch eindeutig und rasch verständigen. Die Fachwörter sind sehr genau und bringen komplizierte Sachverhalte auf den Punkt. Akademische Fachsprachen – wie z. B. die Sprache der Medizin – enthalten viele lateinische Ausdrücke. In der Wirtschaft, im internationalen Tourismus, in der Technik und vor allem in der IT-Branche kommen die meisten Fachwörter aus dem Englischen. In der Gastronomie und Hotellerie finden wir viele französische Ausdrücke und im Bankwesen italienische Wörter.

Übrigens: Um Ihren gestürzten Freund müssen Sie sich keine allzu großen Sorgen machen: Er hat sich den 6. Brustwirbel gebrochen. Er wird für vier Wochen eine Schale bzw. ein Mieder bekommen, damit der Wirbel ruhiggestellt ist. Aber dann wird er wieder mit Ihnen eine Radtour machen können.

Partnerarbeit

die Branche (französisch): der Wirtschafts- oder Geschäftszweig

Ü 1: Fachwörter den Branchen zuordnen ★

Ordnen Sie die unten stehenden Fachwörter folgenden Branchen zu:
- Bankwesen und Wirtschaft
- Gastronomie und Hotellerie
- Medizin und Gesundheitswesen
- Erziehung und Bildung
- Baubranche
- Landwirtschaft
- IT (Informationstechnologie)

die Aktie, die Bandage, das CAD-Programm, das Catering, das Erstlesealter, die Fruchtwechselwirtschaft, die Gaupe, das Girokonto, die Inflation, die Luxation, der Piccolo, der Prozessor, der Server, die Weinlese, die Krabbelstube

Fachwörter erklären

Es gelingt Ihnen sicher, das aus dem Englischen kommende Wort „Server“ richtig zuzuordnen. Aber können Sie den Begriff auch erklären?

Fachwörter erklärt man durch:

a) Übersetzung
b) Zuordnung zum Bereich, aus dem das Wort stammt
c) Beschreibung, wofür der Gegenstand gebraucht wird usw.

Beispiel

die Aktie
a) das Wertpapier
b) Bereich: Wirtschaft
c) Wer eine Aktie kauft, erhält Anteile an einem Unternehmen. Aktien werden mit der Hoffnung auf Gewinn gekauft.

Partnerarbeit

Ü 2: Fachwörter erklären ★★

Erklären Sie die folgenden Fachwörter. Folgen Sie dabei dem Beispiel „Aktie". Sie können auch in einem Lexikon nachschlagen oder das Internet zu Hilfe nehmen.

die Bandage, das Girokonto, die Luxation, der Prozessor, die Gaupe, das Catering, die Ökologie, die Deflation, das Rückflussventil, das Joint-venture

Üben

Einzelarbeit

Ü 3: Abkürzungen verstehen ★

Klären Sie die Bedeutung folgender Abkürzungen und fügen Sie weitere hinzu: d. h., z. B., u., o., u. a., u. ä. m., etc., usw., m. E., i. A., i. V.

Einzelarbeit

Ü 4: Eine Mitschrift anfertigen ★★

Während Ihr Lehrer bzw. Ihre Lehrerin einen kurzen Unterrichtsvortrag hält, schreiben Sie mit. Beachten Sie dabei die Kriterien der Checkliste. Vereinbaren Sie eine bestimmte Dauer und unterbrechen Sie während dieser Zeit den Vortrag nicht.

Einzelarbeit

Ü 5: Einen Vortrag mitschreiben ★★

Ein Kursteilnehmer/Eine Kursteilnehmerin trägt ein ca. zehnminütiges Referat vor. Schreiben Sie mit, ohne zu unterbrechen. Beachten Sie die Kriterien zum Verfassen einer Mitschrift. Klären Sie nach dem Referat die offenen Fragen und tauschen Sie dann die Rollen.

Einzelarbeit

Ü 6: Ein Verlaufsprotokoll verfassen ★★

Verfassen Sie ein Verlaufsprotokoll ...

a) zu einer Arbeit, die Sie durchgeführt haben.
b) zur Entstehung eines Werkstückes, das Sie hergestellt haben.
c) zu einer Veranstaltung (z. B. Gastro-Event, Betreuung eines Messestandes ...), an der Sie teilgenommen haben.

Einzelarbeit

Ü 7: Fachwörtern Erklärungen zuordnen ★★

Ordnen Sie den Fachwörtern die zutreffende Übersetzung bzw. Beschreibung zu. Schreiben Sie die richtige Zahl in das Feld.

1	das Parfait (französ.)	☐	Gerät, um elektrische Geräte miteinander zu verbinden
2	die Ahle (dt.)	☐	Büro zu Hause
3	die Sprechstunde (dt.)	☐	chirurgisches Messer
4	das Benchmarking (engl.)	☐	regelmäßige, fixe Stunde(n), in denen Lehrer/innen, Ärztinnen und Ärzte usw. zum Gespräch bzw. zur Behandlung zur Verfügung stehen
5	das Pianoforte (italien.)	☐	Werkzeug, mit dem Löcher in Materialien gemacht werden
6	das Home-Office (engl.)	☐	Werkzeug zum Herausziehen von Nägeln und Abzwicken von Draht
7	die Polizze (italien.)	☐	Speiseeis
8	der Adapter (lat.)	☐	Klavier
9	das Skalpell (lat.)	☐	systematischer und ständiger Vergleich von Produkten und Dienstleistungen
10	die Beißzange (dt.)	☐	Versicherungsurkunde

Einzelarbeit

Ü 8: Eine Beschreibung lesen und Fachwörter markieren ★★★

Lesen Sie die Beschreibung der **Bohr-Fräsmaschine Opti BF 20 Vario.** Unterstreichen Sie alle Fachwörter, die Ihnen unbekannt sind. Markieren Sie jene fünf Fachwörter, die Sie unbedingt kennen müssten, um den Text gut zu verstehen. Klären Sie diese fünf Fachwörter mithilfe eines Lexikons oder suchen Sie nach den Begriffen im Internet.

Bohr-Fräsmaschine Opti BF 20 Vario

- stabile und präzise Schwalbenschwanzführung mit spielfrei nachstellbaren Keilleisten
- elektronisch stufenlos regelbarer Antrieb
- dynamisch drehzahlgeregelt von 180–3200 min^{-1}
- einfache und übersichtliche Bedienung durch individuell verstellbares Bedienpanel
- Bedienungsfreundlicher Sicherheitsschalter nach IP 54 mit Unterspannungsauslöser
- Rechts- / Linkslauf-Nockenschalter
- stufenlose Drehzahleinstellung
- Formschlüssige Klemmung der Pinole im Bohrkopf
- integrierte Arbeitstischbeleuchtung
- hohe Rundlaufgenauigkeit 0,01 mm in der Pinole gemessen
- der Bohrkopf ist um ± 900 schwenkbar und ermöglicht dadurch Fräs- und Bohrarbeiten in jeder Winkellage
- eingearbeitete Längsmessskala
- zweistufige Getriebeübersetzung, dadurch keine unnötige Motorleistung notwendig
- Gleichstrom-Motor mit permanenter Drehzahlüberwachung

(http: / / www.metallmaschinen.plt.at / fraesmaschinen /)

Sichern

sprechen/ mitschreiben

Gesprochen werden ca. 130 Wörter/Minute, mitgeschrieben ca. 25–30 Wörter/Minute.

aktiv zuhören

- den Vortrag gedanklich mitverfolgen
- Kernaussagen (Satzgegenstand, Satzaussage) erfassen
- warten, bis der/die Vortragende die Sinneinheit zu Ende gesprochen hat

eine Mitschrift bzw. ein Protokoll verfassen

- Schlüsselwörter statt ganzer Sätze notieren
- Abkürzungen und Symbole verwenden
- nur Namen, Daten und Definitionen genau und vollständig notieren
- gut strukturieren (Farben, Unterstreichungen, Absätze, Zwischenräume)
- eigene Fragen und Anmerkungen farblich markieren
- Skizzen und Bilder erstellen

Verlaufsprotokoll/ Ergebnisprotokoll

Ein **Ergebnisprotokoll** enthält nur das Ergebnis bzw. die Beschlussfassung, ein **Verlaufsprotokoll** hingegen alle einzelnen Diskussionsbeiträge.

der Fachwortschatz

Unter Fachwortschatz versteht man die Gesamtheit aller Wörter, die von einer bestimmten **Berufs- oder Interessensgruppe** zur **raschen und eindeutigen Verständigung** verwendet werden. Wenn es sich bei dem Fachwort um ein Fremdwort handelt, kann man es durch Übersetzung klären. Ansonsten werden Fachwörter durch Zuordnung zum Bereich und durch Beschreibung der Funktion des Gegenstandes bzw. der Tätigkeit erklärt.

Wissen

Wissensfragen und -aufgaben

W 1: Mitschreiben muss gelernt sein ...
Nennen Sie die Voraussetzungen einer guten Mitschrift.

W 2: Mitschrift und Protokoll
Was ist bei Mitschrift und Protokoll genau und vollständig zu notieren?

W 3: Fachvokabular
Wozu dienen Fachwörter? Nennen Sie drei Fachwörter aus der Branche, in der Sie tätig sind. Erklären Sie die Fachwörter einem Laien.

Ein kurzer Wissens-Check, bevor's weitergeht!

Wissens-Check

	☺	😐	☹
Ich kann den Zusammenhang zwischen aktivem Zuhören und einer guten Mitschrift erkennen.			
Ich kann eine brauchbare Mitschrift verfassen.			
Ich kann ein vollständiges Protokoll verfassen.			
Ich kann wichtige Fachwörter der Branche, in der ich tätig bin, verständlich erklären.			

Lerneinheit 6
Literarische Texte interpretieren

Im Alltag interpretieren wir ständig, meist unbewusst. Neutrale Aussagen der Deutschlehrerin/des Deutschlehrers werden als Andeutung auf die Matura verstanden. Im Sport versuchen wir, die gegnerische Mannschaft zu „lesen" und den nächsten Spielzug vorherzusehen. Aus den Reaktionen der Mitmenschen schließen wir darauf, wie wir wahrgenommen werden. Das Risiko in all diesen Situationen ist, dass Interpretationen immer mehrere Möglichkeiten eröffnen. Selten gibt es die eine richtige Interpretation. Das alltägliche Interpretieren mündet daher häufig in Missverständnissen, Fehleinschätzungen, Unterstellungen und falschen Reaktionen.

Sie lernen auf den nächsten Seiten:

- **warum wir literarische Texte interpretieren**
- **aus Texten heraus zu interpretieren und in Texte hinein zu interpretieren**
- **wie eine Interpretationsarbeit aufgebaut sein kann**
- **lyrische, epische und dramatische Texte zu interpretieren**

Lernen

1 Interpretation literarischer Texte
Betreten der Texte erwünscht!

Ernst Jandl (1925–2000), österreichischer Lyriker, als Vertreter der Konkreten Poesie verfasste er u. a. Lautgedichte.

Wenn wir literarischen Texten auf den Grund gehen wollen, dann gilt es, den alltäglichen Vorgang des Deutens bewusster zu vollziehen und unsere ganze Aufmerksamkeit auf den Text zu richten. Gezielt werden Fragen an den Text gestellt. Was will die Autorin/der Autor vermitteln, welche Absicht steckt hinter dem Text? Was will der Text erreichen, wie ist er zu verstehen? Welche Wirkung erzielt der Text bei mir? Aber es gilt: Meist bestehen mehrere Möglichkeiten, einen literarischen Text zu interpretieren.

Ernst Jandl: lichtung
manche meinen
lechts und rinks
kann man nicht velwechsern
werch ein illtum

(Ernst Jandl: laut und luise, 1966.)

Einzelarbeit

Ü 1: Licht ins Dunkel? ★★

Lesen Sie den Text „lichtung" von Ernst Jandl mehrfach.

- Welche Assoziationen, welche Bilder, welche Gedanken löst der Text in Ihnen aus?
- Beschreiben Sie die sprachliche Gestaltung des Textes.
- Haben Sie erste Ideen, welche Aussagen, welche Botschaften in diesem Text stecken?

„lichtung" – Licht ins Dunkel der Dichtung?

Wie haben Sie das Gedicht von Ernst Jandl verstanden? Der Titel „lichtung" kann auf eine erhellende Erkenntnis hinweisen, die sich der Leserin/dem Leser mit diesem Text erschließen wird. Der auffällige Austausch der Konsonanten „l" und „r" könnte als Fehler verstanden werden. Dann bestünde die Pointe des Textes darin, dass dem lyrischen Ich, während es auf eine Verwechslung (einen Irrtum) aufmerksam macht, selbst laufend eine Verwechslung passiert.

die Lichtung: von Bäumen freie Stelle im Wald

Die Austausch der beiden Konsonanten kann auch die Botschaft unterstützen, wonach rechts und links sehr wohl verwechselt werden können. Würden die beiden verdrehten Konsonanten im Text konsequent ausgetauscht und damit „richtig" gestellt, so würde der neue Titel des Textes „richtung" lauten. Daraus ergeben sich eine Reihe von Fragen: Handelt der Text nun von geografischer Orientierungslosigkeit, bei der man links nicht von rechts unterscheiden kann? Wird hier Orientierungslosigkeit und Ziellosigkeit im Leben angesprochen? Oder sind die Begriffe „rechts" und „links" als politische Richtungen zu verstehen? Letzteres führt zu der Frage, welche Phänomene der politischen Linken und der politischen Rechten zum Verwechseln ähnlich sein könnten.

Es kann immer wieder erstaunen, wie viele Deutungsmöglichkeiten ein kurzer Text, in diesem Fall vier Zeilen beinhalten kann. Schon dieser eine Beispieltext zeigt, wie lohnend es ist, sich näher mit Texten auseinanderzusetzen. **Das Interpretieren von literarischen Texten macht mehrfach Sinn:**

- Durch das Interpretieren erschließen sich neue Ideen, Einblicke und Erkenntnisse (die „Lichtung").
- Interpretieren heißt, nach möglichen Bedeutungen forschen, dadurch werden auch Mehrdeutigkeiten erkennbar (die „Richtungen" – Wohin führt mich der Text?).
- Wer es sich zur Angewohnheit macht, Texte genauer zu analysieren, erkennt Manipulation leichter („lechts und rinks" – Welche Interessen werden verfolgt?).
- Andere Deutungen „der Welt" treten eigenen Wahrnehmungen gegenüber und regen an, eigene Erklärungsmuster zu überprüfen und zu überdenken („werch ein illtum").

In Texte hinein und aus Texten heraus

Literarischen Texten kann man sich in zweifacher Weise nähern. Vertraut ist der Zugang, sich zu überlegen, was der Text für einen selbst bedeutet **(in den Text hineininterpretieren)**. Sie hören einen Liedtext oder lesen ein Gedicht und deuten diese aus Ihrer ganz persönlichen Sichtweise, vor dem Hintergrund Ihres Vorwissens, Ihren Erfahrungen, Ihrer Gefühlswelt und Ihres Geschmacks. Sie bewerten den Text mit einem Geschmacksurteil: „spricht mich an" oder „gefällt mir nicht" usw.

In den Text hinein oder aus dem Text heraus?

Ein spezielles Handwerkszeug braucht die zweite Form der Annäherung, wenn **aus dem Text herausinterpretiert** wird. Dabei werden im Text und beim Autor/bei der Autorin Hinweise gesucht, wie der Text „richtig" zu verstehen sein könnte, und Belege für bestimmte Deutungen gesammelt.

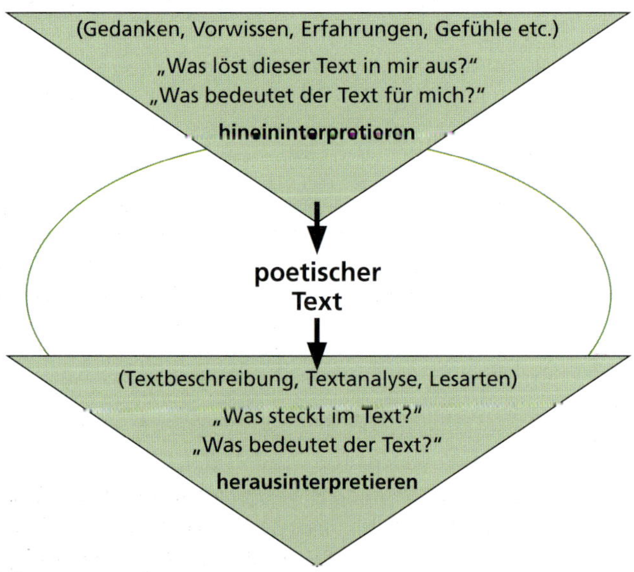

Modell der zweifachen Interpretation von Texten

Bevor Sie sich tatsächlich an das Interpretieren literarischer Texte machen, sollten Sie die Grundlagen der **Dichtungsgattungen** kennen. Nach ihren grundsätzlichen Merkmalen unterscheiden wir drei verschiedene Arten von literarischen Texten: **lyrische Texte** (Gedichte), **epische Texte** (Romane, Erzählungen, Novellen …) und **dramatische Texte** (Theaterstücke).

Kennzeichen der literarischen Gattungen			
	Lyrik	**Epik**	**Dramatik**
Bezeichnung	griech. lyrikós = Vortrag zur Lyra	griech. epein = erzählen	griech. drama = Handlung
Bedeutung	verschiedene Arten von Gedichten, die sich nicht reimen müssen	erzählende Dichtung, meist in Prosa geschrieben	Dichtung, die zur Aufführung auf einer Theaterbühne geschrieben wurde
Merkmale	**Vers:** gegliederte Zeile in einem Gedicht **Versmaß:** Abfolge von betonten und unbetonten Silben in einem Vers **Reim:** Binnenreim (innerhalb der Zeile), Endreim, Stabreim, Paarreim (aabb), Kreuzreim (abab), umarmender Reim (abba) etc. **Strophe:** wie ein Absatz im Gedicht (meist eigener Gedanke) **lyrisches Ich:** Person, aus deren Sicht das Gedicht geschrieben ist (muss nicht Autor/in sein)	**Prosa:** ungebundene Sprache, kann in seltenen Fällen auch in Versen verfasst sein (z.B. Versepos) **Kapitel:** Epische Werke sind häufig in Kapitel gegliedert.	**Monolog:** Selbstgespräch **Dialog:** Zwiegespräch, Personen sprechen miteinander **Szene:** in sich geschlossene Einheit in einem Theaterstück **Akt:** besteht aus mehreren Szenen **Theaterstück:** kann aus mehreren Akten bestehen **Regieanweisung:** erklärt Vorgänge auf der Bühne und Gefühle der Akteure

der Stabreim: die am stärksten betonten Wörter eines Verses werden durch gleiche Anfangslaute hervorgehoben, z. B. „Abends aß Arthur Ananas."

2 Lyrische Texte interpretieren

Überlassen Sie das Interpretieren nicht den Interpreten.

die **Leier (Lyra)**, ein Saiteninstrument, das ursprünglich nur vier Saiten hatte.

Hören Sie gerne Musik? Sind Ihnen dabei die Texte wichtig? Ein Grund mehr, die Interpretation von Liedern nicht nur den Interpreten (den Sängerinnen und Sängern) zu überlassen.

Die Gattungsbezeichnung **Lyrik** leitet sich davon ab, dass der Vortrag von Gedichten von der Antike bis ins Mittelalter hinein häufig auf der Leier (Lyra) begleitet wurde. Die Nähe zwischen Musik und lyrischen Texten wird Ihnen auch beim Lesen und Hören von Gedichten immer wieder auffallen. Der besondere Rhythmus der Sprache, der Aufbau in Versen und Strophen, macht die Ähnlichkeit von Gedichten und Liedern aus. Häufig wurden Gedichte von Komponisten auch als Lieder vertont.

Beispielsweise wurde **Goethes Gedicht „Heidenröslein"** von Franz Schubert 1815 zu einem berühmten Lied vertont.

Wichtig bei der Interpretation lyrischer Texte, aber auch bei epischen und dramatischen Werken, ist das Erkennen besonderer sprachlicher Mittel, sogenannter **Stilfiguren** oder **rhetorischer Figuren**. Die folgende Tabelle gibt Ihnen einen Überblick über die häufigsten sprachlichen Stilmittel.

Lyrische Texte haben oft einen besonderen Rhythmus.

Rhetorische Figuren		
Alliteration	Zwei oder mehrere unmittelbar aufeinander folgende Wörter besitzen den gleichen Anfangslaut.	*„Milch macht müde Männer munter"*
Ellipse	Auslassung von Satzteilen	*„Na und?"; „Wer? Ich!"*
Euphemismus	Beschönigende Umschreibung	*„das Zeitliche segnen" (sterben) „Seniorenresidenz" (Altersheim)*
Hyperbel	Übertreibung	*„todmüde" „Schneckentempo"*
Metapher	Ersatz eines Wortes durch einen bildlichen Ausdruck, wobei zwischen beiden eine besondere Eigenschaft verbindend wirkt	*„Löwe" für „tapferer Kämpfer"*
Oxymoron	Innerer Widerspruch	*„heißkalt" „Flüssiggas" „Hassliebe" „alter Knabe"*
Parallelismus	Paralleler Aufbau von (Teil-)Sätzen	*„Vogel fliegt, Fisch schwimmt, Mensch läuft."*
Paraphrase	Erklärende Umschreibung (als Zusatz)	*„Fische, die stummen Meeresbewohner"*
Personifikation	Zuweisung menschlicher Eigenschaften an Tiere, Gegenstände oder Ähnliches	*„Die Sonne lacht" „Mutter Erde"*
Pleonasmus	Häufung sinngleicher, der Wortart nach verschiedener Wörter	*„bunte Farben" „runde Kugel" „alter Greis"*
Rhetorische Frage	Frage, auf die keine Antwort erwartet wird	*„Was ist schon normal?" „Schläfst du schon?"*
Pars pro toto	Ersetzung durch numerisch verwandten Begriff: Teil/Ganzes, Gattung/Art, Singular/Plural, Früheres/Späteres	*„Dach" für Haus „Kopf" für Mensch*

Weil der Übergang zwischen Lyrik und Liedtexten ein fließender ist und weil Liedtexte heute verbreiteter und bekannter sind als Gedichte, steigen wir in dieser Lerneinheit über Liedtexte in das Interpretieren ein. Dabei ist anzumerken, dass Liedtexte sowohl Merkmale lyrischer als auch epischer (erzählender) Texte aufweisen können.

Blumfeld: deutsche Indie-Band (1990–2007); die Nummer „Armer Irrer" stammt von der CD „Jenseits von jedem" (2003).

Blumfeld: Armer Irrer (2003)

Armer Irrer steht vorm Supermarkt
traurig wie Gott, und schenkt sich selbst reinen Wein ein
„Hab'n jetzt die andern oder ich versagt?"
Es gibt Tage, da will er ein Stein sein
Und er geht durch den Park, sieht den Schachspielern zu
und den Himmel voller Wolken aus Tränen
und eine Oma, die flucht. Sie hat vergeblich versucht
ein paar Ratten der Lüfte zu zähmen

Einsam geht er seiner Wege, armer Irrer, schlechter Held
unter Brücken, auf der Trebe, wertlos in der Warenwelt

Armer Irrer streitet mit dem Wind
versucht auf seine Art, das Nichts zu vernichten
denkt sich, wie durchgeknallt die andern sind
„Auf deren Almosen kann ich verzichten"

Und er fühlt sich wie Zeus, wenn der Regen beginnt
die Straßen in Tiefschwarz zu tünchen
Und er trifft eine Fee vor dem Einkaufsquarree
und die sagt ihm, er könnt sich was wünschen

Armer Irrer, null und nichtig, wertlos in der Warenwelt
geht umher und tickt nicht richtig, armer Irrer, schlechter Held
Wegen ihm wird niemand weinen, keiner hat ihn je vermisst
mit der Welt und sich in Reinen, armer Irrer, der er ist

Armer Irrer steht vorm Supermarkt
wie Don Quixote und schenkt sich selbst reinen Wein ein
Unterm Strich war es ein guter Tag
Es gibt welche, da will er ein Stein sein
Und er geht durch die Stadt bis die Sonne versinkt
und der Mond geht auf hinter den Hügeln
und er trinkt, weil er trinkt, und das Wetter, es spinnt
Es wird kälter und gießt wie aus Kübeln

Einsam geht er seiner Wege, armer Irrer, schlechter Held
unter Brücken, auf der Trebe, wertlos in der Warenwelt
Wegen ihm wird niemand weinen, armer Irrer, der er ist
zieht er weiter im Geheimen, wenn er nicht gestorben ist

Partnerarbeit

Ü 2: Sprachliche Bilder erkennen ★★

1. Markieren Sie im Liedtext von Blumfeld auffällige **sprachliche Bilder,** wie die schon grün gedruckten Passagen.
2. Versuchen Sie zu klären, was die sprachlichen Bilder bedeuten können (Was bedeutet es z.B., sich selbst „reinen Wein einzuschenken"?).
3. Welche Wirkungen erzielen die verwendeten sprachlichen Bilder bei Ihnen?

Georg Trakl: österreichischer Lyriker (1887–1914); litt unter Angst und Depressionen, erlebte 1914 die Schlacht bei Grodek im Ersten Weltkrieg mit.

Georg Trakl: Grodek (1914)

Am Abend tönen die herbstlichen Wälder
Von tödlichen Waffen, die goldnen Ebenen
Und blauen Seen, darüber die Sonne
Düstrer hinrollt; umfängt die Nacht
Sterbende Krieger, die wilde Klage
Ihrer zerbrochenen Münder.
Doch stille sammelt im Weidengrund
Rotes Gewölk, darin ein zürnender Gott wohnt,
Das vergossne Blut sich, mondne Kühle;
Alle Straßen münden in schwarze Verwesung.
Unter goldnem Gezweig der Nacht und Sternen
Es schwankt der Schwester Schatten durch den schweigenden Hain,
Zu grüßen die Geister der Helden, die blutenden Häupter;
Und leise tönen im Rohr die dunkeln Flöten des Herbstes.
O stolzere Trauer! ihr ehernen Altäre,
Die heiße Flamme des Geistes nährt heute ein gewaltiger Schmerz,
Die ungebornen Enkel.

Partnerarbeit

Ü 3: Annäherung an „Grodek" ★★

Leitfragen zur Interpretation:

- Wie lässt sich der Aufbau des Gedichts beschreiben?
- Wie passen der Aufbau und der Inhalt des Gedichts zusammen? (Informieren Sie sich auch über den historischen Hintergrund der Schlacht bei Grodek.)
- Welche Wirkung will der Dichter damit erzeugen?

„Grodek" – Versuch einer Interpretation

Das Gedicht „Grodek" wurde von Georg Trakl 1914, am Beginn des Ersten Weltkrieges, verfasst. Er schrieb dieses Gedicht unmittelbar unter dem Eindruck der Schlacht von Grodek 1914 (ein Ort in der heutigen Ukraine). Trakl selbst musste diese Schlacht als Sanitäter miterleben, er verarbeitet in diesem Text seine traumatischen Kriegserlebnisse. Nach einem Selbstmordversuch verstarb Trakl wenige Tage nach dem Verfassen dieses Textes an einer Überdosis Kokain.

Das einstrophige Gedicht besteht aus 17 Versen und ist nicht gereimt. Es lässt sich inhaltlich in drei Abschnitte gliedern. Während in Vers 1 bis 9 die Schrecken einer zu Ende gehenden Schlacht geschildert werden, kann der 10. Vers („alle Straßen münden in schwarze Verwesung") als düstere Prophezeiung verstanden werden, damit richtet sich der Blick in die Zukunft. Die folgenden Zeilen 11 bis 17 beschreiben die Folgen des Krieges. Das lyrische Ich ist ein nicht näher beschreibbarer Beobachter des Geschehens. Wie die Welt um ihn herum zerfällt, so scheint auch die äußere Form des Gedichtes zu zerfallen. Eine größere Zahl von Zeilensprüngen reißt die Sinneinheiten auseinander, dies verstärkt die Wirkung des Zerfalls, der Zerstörung.

Die Grausamkeit der Schlacht spiegelt sich in der Natur, der Wald tönt von den tödlichen Waffen. Eine düstere Sonne überrollt die idyllische Landschaft, vom Krieg bleibt demnach nichts unberührt. Der Lebensspender Sonne wird zur zerstörerischen Kraft. Der Abend, der Herbst, die Sonne, die dunkeln Farben, in die die Szenerie getaucht wird, all dies symbolisiert den Krieg, den Untergang, das bevorstehende Ende, den Tod.

Auffällige sprachliche Bilder durchziehen den Text: Im sechsten Vers stehen die „zerbrochenen Münder" für die sterbenden Soldaten. „Rotes Gewölk" (Zeile 8) wird in Verbindung gebracht mit vergossenem Blut. Die nach der Schlacht eintretende Stille wird von einer hereinbrechenden Kälte begleitet („mondne Kühle"). Wenn alle Straßen in „schwarze Verwesung" (Vers 9) münden, gibt es kein Entkommen. Nach dem Krieg trauern Menschen, die wie Schatten geisterhaft herumwanken, um die Gefallenen („die blutenden Häupter", Vers 13). Zum Abschluss des Gedichts bringt Trakl zum Ausdruck, dass der „gewaltige Schmerz" auch in den nachfolgenden Generationen spürbar sein wird. Selbst die noch ungeborenen Kinder werden darunter leiden.

Georg Trakl beschreibt in diesem Gedicht, welche vielfältige Zerstörung Kriege verursachen. Die äußere Form des Gedichts, die sprachlichen Bilder sowie die Farbsymbolik verstärken die Wirkung der Botschaft.

Die Schilderung der Landschaft und die Farben lassen vor meinem geistigen Auge ein Landschaftsbild entstehen, ein düsteres, ein unheilvolles Bild. Der Krieg selbst und das Töten sind nicht zu sehen, das Grollen tönt aus dem Hintergrund. Trotzdem wirkt dieser Text ungemein, ich kann und will mich dem Schrecken, den dieser Text beschreibt, nicht entziehen.

Schema für den Aufbau einer Interpretation lyrischer Texte

Dieser Vorschlag für den Aufbau einer Interpretation dient der Orientierung, das Schema kann je nach Gedicht abgeändert oder erweitert werden.

1. Einleitung: *Mit welchem Text setzt sich die Interpretation auseinander?*

- Titel, Autor/in, Erscheinungsjahr nennen
- Thema des Textes/Gedichtes zusammenfassen

2. Aus dem Text herausinterpretieren

a. Textbeschreibung: *Welche Absichten können mit der sprachlichen Gestaltung verbunden sein?*

- Lyrisches Ich (Aus wessen Perspektive ist das Gedicht verfasst?)
- Kurzfassung des Inhalts (Motiv(e) und Thema)
- Textlänge
- Gliederung (Strophen, Refrain, Verse)
- Reime, Reimschema
- Sprachliche Bilder
- Sprachliche Besonderheiten (Satzbau, Zeilensprung, Wortschatz etc.)

b. **Umfeld des Textes:** *Welche Informationen aus dem Umfeld des Textes helfen bei der Interpretation?*
- Leben und Werk der Autorin/des Autors
- Entstehungszeit (Einordnung in Epoche, geschichtliche Hintergründe)
- Hintergründe für Thema/Motiv des Gedichts

3. **In den Text hineininterpretieren:** *Welche Wirkung hat der Text auf mich und was bedeutet er für mich?*
- Gedanken und Gefühle: Was löst der Text in mir aus?
- Eigene Deutungen: Was bedeutet der Text für mich?
- Begründete Bewertung des Textes

3 Epische Texte interpretieren
Zwischen den Zeilen lesen

die Erzählperspektive: Verhältnis des Erzählers zur Hauptfigur und zur erzählten Welt (z. B. Ich-Erzähler, allwissender Erzähler, personaler Erzähler, der aus Sicht einer Figur erzählt)

Wie bei lyrischen Texten kann das genaue Hinsehen bei epischen Texten, lohnende Ergebnisse bringen. Anders als bei der Lyrik treten verschiedene Erzählperspektiven an die Stelle des lyrischen Ichs. Die Texte sind in ungebundener Sprache und nicht in Versen verfasst. Die Vorgangsweise beim Interpretieren gleicht aber dem bei lyrischen Texten.

Marie Luise Kaschnitz: deutsche Lyrikerin und Schriftstellerin (1901–1974)

Marie Luise Kaschnitz: Zu Hause

Die ersten, die zurückkamen, erregten durch ihre frischen Stimmen, ihr gutes Aussehen und ihr normales Verhalten Erstaunen. Sie schlugen uns auf die Schultern, fragten, nun wie geht's auf der alten Erde, und freuten sich offensichtlich, uns wiederzusehen. Ihre Frage war rhetorisch, sie sind dort über alles, was uns betrifft, genau im Bilde, so wie auch wir über das Leben auf der Weltraumstation genau im Bilde sind. Wir kennen nicht nur ihre Arbeitsstätten und ihre etwas öden, aber bequemen Wohnungen, sondern auch ihre künstlichen Gärten, Maiglöckchen aus Plastik mit Maiglöckchenparfum, Rasen aus Plastik mit Geruch von frischem Gras. Auch das runde mit Humus gefüllte und von vier Weltraumpolizisten Tag und Nacht bewachte Becken, das im Mittelpunkt ihrer öffentlichen Anlage steht, ist uns bekannt. Wir bedauern diese armen Menschen mit ihren Plastikblumen und ihrem Humusbecken, und natürlich hatten wir uns schon lange überlegt, wie wir ihnen eine Freude machen könnten. Schließlich waren wir darauf verfallen, sie gleich nach ihrer Ankunft in einen Wald zu fahren. Der Wald war recht abgelegen, es gab in ihm noch einsame Tümpel, schroffe Felsen und dickes Moos. Wir erwarteten, dass die Heimkehrer darüber in Entzücken geraten, ja dass sie sich womöglich auf den Boden werfen und das Moos und die feuchten Herbstblätter aufwühlen würden. Sie taten aber nichts dergleichen, sondern standen höflich gelangweilt herum. Dann verlangten sie zurück in die Stadt. Sie wollten das Fernsehprogramm nicht versäumen, die Nachrichten von dort. (Von zu Hause, sagten sie.)

(Aus: Marie Luise Kaschnitz: Steht noch dahin. Frankfurt 1970.)

Partnerarbeit

Ü 4: Annäherung an „Zu Hause" ★★
- Aus welcher Erzählperspektive heraus wird die Kurzgeschichte erzählt (personale/r Erzähler/in, auktoriale/r Erzähler/in, allwissende/r Erzähler/in)?
- Entspricht der Text den Merkmalen der Science-Fiction-Literatur (technischer Hintergrund, Wortschatz, Handlung und Ort etc.)?
- Welche unterschiedliche Bedeutung hat der Begriff „zu Hause" für die Heimkehrer und die Dagebliebenen?
- Welches Bild vom Leben in der Zukunft entwirft Kaschnitz und welche Wirkung erreicht sie damit?

Schema für den Aufbau einer Interpretation epischer Texte

Dieses Schema soll eine Orientierungshilfe bei der Interpretation von epischen Texten sein, das Schema kann je nach Text abgeändert oder erweitert werden.

1. Einleitung: *Mit welchem Text setzt sich diese Interpretation auseinander?*

- Titel, Autor/in, Erscheinungsjahr
- Textsorte (Roman, Novelle, Kurzgeschichte etc.)
- Thema des Textes zusammenfassen

2. Aus dem Text herausinterpretieren

a. **Textbeschreibung:** *Welche Absichten können mit der sprachlichen Gestaltung verbunden sein?*

- Erzählperspektive
- Kurzfassung des Inhalts
- Charakterisierung der Hauptpersonen (direkt oder indirekt)
- Gliederung des Textes
- Sprachliche Bilder
- Sprachliche Besonderheiten (Satzbau, Wortschatz etc.)

b. **Umfeld des Textes untersuchen:** *Welche Informationen aus dem Umfeld des Textes helfen bei der Interpretation?*

- Leben und Werk der Autorin/des Autors
- Entstehungszeit (Einordnung in Epoche, geschichtliche Hintergründe)
- Wichtige biografische Hintergründe für Thema/Motiv des Gedichts

das Motiv: Situation bzw. Thema eines Textes (z. B. unglückliche Liebe, Natur, Tod …)

c. **Zusammenfassende begründete und belegte Deutungen des Textes:** *Für welche Deutungen lassen sich Belege anführen?* (Hinweise in der sprachlichen Gestaltung des Textes, Zitate oder Informationen aus dem Umfeld des Textes)

3. In den Text hineininterpretieren: *Welche Wirkung hat der Text auf mich und was bedeutet er für mich?*

- Gedanken und Gefühle: Was löst der Text in mir aus?
- Eigene Deutungen: Was bedeutet der Text für mich?
- Begründete Bewertung des Textes

4 Dramatische Texte interpretieren

Texte mit verteilten Rollen

Das Hauptkennzeichen des Dramas ist die Darstellung der Handlung in **Dialogen**. Dadurch unterscheidet es sich von epischen Texten, z.B. vom Roman. Die Handlung eines Dramas ist häufig in **Akte** und diese wiederum sind in **Szenen** oder **Auftritte** gegliedert. Lange Zeit wurden Dramen vorwiegend in **Versen** gedichtet, in neuerer Zeit überwiegt in den Sprechstücken jedoch die Prosa.

die Prosa: ungebundene, vers- und reimlose Sprache, Alltagssprache

Die klassischen Formen des Dramas sind die Tragödie und die Komödie. Die **Komödie** hat eine erheiternde Handlung und endet meist glücklich. Die unterhaltsame Grundstimmung entsteht durch eine übertriebene Darstellung menschlicher Schwächen, die neben der Belustigung des Publikums auch kritische Zwecke haben kann.

Kennzeichnend für die **Tragödie** ist der schicksalhafte Konflikt der Hauptfigur. Das Scheitern des Helden ist dabei unausweichlich. **Die klassische Tragödie ist in fünf Akte gegliedert und folgt folgendem Grundschema:**

- **Exposition:** Einleitung, Vorgeschichte (Ort, Zeit, Personen, Gegenstand der Handlung werden vorgestellt). Am Ende des 1. Aktes folgt das **erregende Moment:** innere und äußere Bedingungen lösen den Konflikt aus.
- **Steigerung der Handlung:** Der Konflikt spitzt sich unaufhaltsam zu.
- **Höhepunkt:** Der Konflikt kommt zur vollen Entfaltung, der Umschlagpunkt ist erreicht. Es besteht Klärungszwang.
- **Retardierendes Moment:** Eine Verzögerung im Handlungsablauf tritt ein, die Spannung steigert sich.
- **Lösung:** Der Konflikt muss gelöst werden.

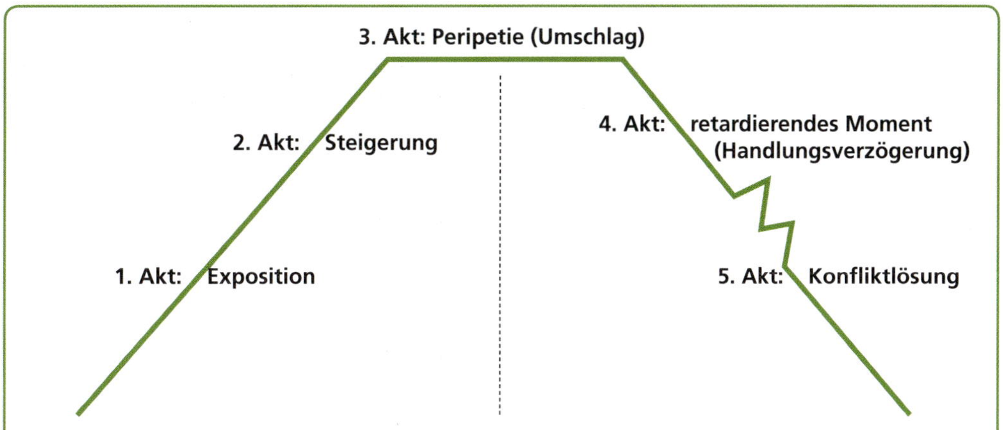

Klassischer Dramenaufbau

William Shakespeare (um 1564–1616): englischer Dichter; gehört zu den bedeutendsten Dramatikern der Weltliteratur

Eines der berühmtesten Dramen der Weltliteratur ist „Romeo und Julia". Diese 1597 veröffentlichte Tragödie von William Shakespeare schildert die Geschichte zweier junger Liebender in Verona – Julia Capulet und Romeo Montague –, die verfeindeten Familien angehören. Die wahrscheinlich bekannteste Liebesgeschichte der Weltliteratur endet mit dem Doppelselbstmord von Romeo und Julia. Im folgenden Textausschnitt sieht Romeo, der in den Garten der Capulets eingedrungen ist, Julia an einem Fenster, nachdem sie sich kurz zuvor ineinander verliebt haben.

Balkon der Julia in Verona – wurde nachträglich (für Touristen) an das angebliche Elternhaus von Julia angebaut

William Shakespeare: Romeo und Julia

Zweiter Akt, zweite Szene
Capulets Garten

Romeo kommt.

ROMEO
Der Narben lacht, wer Wunden nie gefühlt.
Julia erscheint oben an einem Fenster.
Doch still, was schimmert durch das Fenster dort?
Es ist der Ost, und Julia die Sonne! - [...]
Sie ist es, meine Göttin, meine Liebe!
O wüßte sie, daß sie es ist! -
Sie spricht, doch sagt sie nichts: was schadet das?
Ihr Auge redt, ich will ihm Antwort geben. -
Ich bin zu kühn, es redet nicht zu mir.
Ein Paar der schönsten Stern am ganzen Himmel
Wird ausgesandt und bittet Juliens Augen,
In ihren Kreisen unterdes zu funkeln.
Doch wären ihre Augen dort, die Sterne
In ihrem Antlitz? Würde nicht der Glanz
Von ihren Wangen jene so beschämen
Wie Sonnenlicht die Lampe? Würd ihr Aug
Aus luftgen Höhn sich nicht so hell ergießen,
Daß Vögel sängen, froh den Tag zu grüßen?
O wie sie auf die Hand die Wange lehnt!
Wär ich der Handschuh doch auf dieser Hand
Und küßte diese Wange!

JULIA
Weh mir!

ROMEO
Horch!
Sie spricht. O sprich noch einmal, holder Engel!
Denn über meinem Haupt erscheinest du

„Romeo und Julia" wurde schon über 30-mal verfilmt, z.B. 1996 mit Leonardo DiCaprio und Claire Danes in den Hauptrollen.

Der Nacht so glorreich, wie ein Flügelbote
Des Himmels dem erstaunten, über sich
Gekehrten Aug der Menschensöhne, die
Sich rücklings werfen, um ihm nachzuschaun,
Wenn er dahin fährt auf den trägen Wolken
Und auf der Luft gewölbtem Busen schwebt.

JULIA
O Romeo! Warum denn Romeo?
Verleugne deinen Vater, deinen Namen!
Willst du das nicht, schwör dich zu meinem Liebsten,
Und ich bin länger keine Capulet!

ROMEO
für sich.
Hör ich noch länger, oder soll ich reden?

JULIA
Dein Nam ist nur mein Feind. Du bliebst du selbst,
Und wärst du auch kein Montague. Was ist
Denn Montague? Es ist nicht Hand, nicht Fuß,
Nicht Arm noch Antlitz, noch ein andrer Teil
Von einem Menschen. Sei ein andrer Name!
Was ist ein Name? Was uns Rose heißt,
Wie es auch hieße, würde lieblich duften;
So Romeo, wenn er auch anders hieße,
Er würde doch den köstlichen Gehalt
Bewahren, welcher sein ist ohne Titel.
O Romeo, leg deinen Namen ab,
Und für den Namen, der dein Selbst nicht ist,
Nimm meines ganz!

ROMEO
[indem er näher hinzutritt]
Ich nehme dich beim Wort.
Nenn Liebster mich, so bin ich neu getauft
Und will hinfort nicht Romeo mehr sein. [...]

JULIA
Wer zeigte dir den Weg zu diesem Ort?

ROMEO
Die Liebe, die zuerst mich forschen hieß;
Sie lieh mir Rat, ich lieh ihr meine Augen.
Ich bin kein Steuermann, doch wärst du fern
Wie Ufer, von dem fernsten Meer bespült,
Ich wagte mich nach solchem Kleinod hin.

JULIA
Du weißt, die Nacht verschleiert mein Gesicht,
Sonst färbte Mädchenröte meine Wangen
Um das, was du vorhin mich sagen hörtest.
Gern hielt ich streng auf Sitte, möchte gern
Verleugnen, was ich sprach; doch weg mit Form!
Sag, liebst du mich? Ich weiß, du wirsts bejahn,
Und will dem Worte traun; doch wenn du schwörst,
So kannst du treulos werden; wie sie sagen,
Lacht Jupiter des Meineids der Verliebten.
O holder Romeo, wenn du mich liebst:
Sags ohne Falsch! [...]

ROMEO
Ich schwöre, Fräulein, bei dem heilgen Mond,
Der silbern dieser Bäume Wipfel säumt -

JULIA
O schwöre nicht beim Mond, dem wandelbaren,
Der immerfort in seiner Scheibe wechselt,
Damit nicht wandelbar dein Lieben sei!

ROMEO
Wobei denn soll ich schwören?

JULIA
Laß es ganz!
Doch willst du, schwör bei deinem edlen Selbst,
Dem Götterbilde meiner Anbetung;
So will ich glauben.

ROMEO
Wenn die Herzensliebe -

JULIA
Gut, schwöre nicht! Obwohl ich dein mich freue,
Freu ich mich nicht des Bundes dieser Nacht.
Er ist zu rasch, zu unbedacht, zu plötzlich,
Gleicht allzusehr dem Blitz, der nicht mehr ist,
Noch eh man sagen kann: es blitzt. - Schlaf süß!
Des Sommers warmer Hauch kann diese Knospe
Der Liebe wohl zur schönen Blum entfalten,
Bis wir das nächste Mal uns wiedersehn.
Nun gute Nacht! So süße Ruh und Frieden,
Als mir im Busen wohnt, sei dir beschieden.

ROMEO
Ach, willst du lassen mich so ungetröstet?

JULIA
Welch Tröstung kannst du diese Nacht begehren?

ROMEO
Gib deinen treuen Liebesschwur für meinen!

JULIA
Ich gab ihn dir, eh du darum gefleht; [...]

Partnerarbeit

Ü 5: Annäherung an „Romeo und Julia" ★★

- Zu welcher Gattung gehört der Text (z. B. Tragödie, Komödie)?
- Welche sprachlichen Besonderheiten (gehobene Sprache, Verse, Reime, Prosa, Bilder, Umgangssprache) sind zu verzeichnen und welche Bedeutung könnten sie haben?
- Welche Personen treffen aufeinander und wie stehen sie zueinander?
- Wie lässt sich der Handlungs- und Gesprächsverlauf zusammenfassen?
- Versuchen Sie, mithilfe der folgenden Checkliste den Ausschnitt aus „Romeo und Julia" zu interpretieren.

Romeo und Julia

Schema für den Aufbau einer Interpretation dramatischer Texte

Dieses Schema soll eine Orientierungshilfe bei der Interpretation von dramatischen Texten darstellen. Es kann je nach der Art des Dramas abgeändert oder erweitert werden.

1. Einleitung: *Mit welchem Text setzt sich diese Interpretation auseinander?*

- Titel, Autor/in, Erscheinungsjahr
- Textsorte (Tragödie, Komödie etc.)
- Thema des Textes zusammenfassen

Bei den Punkten zur Textbeschreibung muss in Abhängigkeit vom jeweiligen Text(ausschnitt) eine Auswahl getroffen werden, sonst wird die Interpretation zu umfangreich!

2. Aus dem Text herausinterpretieren

a. **Textbeschreibung:** *Welche Absichten können mit der sprachlichen Gestaltung verbunden sein?*

- Kurzfassung des Inhalts
- Aufbau und Einteilung des Dramas (z.B. Akte, Szenen)
- Höhepunkt oder Wendepunkt der Handlung (Peripetie)
- Charakterisierung der Hauptpersonen
- Figurenkonstellation (Beziehungen zwischen den Figuren)
- Zuordnung der Figuren zueinander (Haupt-, Nebenfiguren; Mit-, Gegenspieler)
- Verteilung der Gesprächsanteile der Figuren
- Funktion und Anzahl der Regieanweisungen
- Handlungsorte (Haben diese eine symbolische Funktion?)
- Wechseln Figuren, Ort und Handlung häufig?
- Gibt es viele Zeitsprünge?
- Sprachliche Besonderheiten (rhetorische Figuren, Satzbau, Satzlänge, Pausen, Satzzeichen, Wortwahl, Bildsprache, Sprachebene etc.)
- Form des Dialogs (Dialog, Monolog, innerer Monolog)

b. **Umfeld des Textes untersuchen:** *Welche Informationen aus dem Umfeld des Textes helfen bei der Interpretation?*

- Leben und Werk der Autorin/des Autors
- Entstehungszeit (Einordnung in Epoche, geschichtliche Hintergründe)
- Wichtige Hintergründe für das Thema/Motiv des Dramas

c. **Zusammenfassende begründete und belegte Deutungen des Textes:** *Für welche Deutungen lassen sich Belege anführen?* (Hinweise in der sprachlichen Gestaltung des Textes, Zitate oder Informationen aus dem Umfeld des Textes)

3. In den Text hineininterpretieren: *Welche Wirkung hat der Text auf mich und was bedeutet er für mich?*

- Gedanken und Gefühle: Was löst der Text in mir aus?
- Eigene Deutungen: Was bedeutet der Text für mich?
- Begründete Bewertung des Textes

Üben

Einzelarbeit

Ü 6: Gedichtvergleich ★★

Vergleichen Sie die lyrischen Texte von Goethe und Bünker, die sich beide mit dem Naturerlebnis auseinandersetzen.

- Welche Motive werden in den beiden Texten dargestellt?
- Vergleichen Sie die sprachliche Ausgestaltung der Gedichte.
- Welche Intentionen können hinter diesen beiden Gedichten stecken?

Naturerlebnis: positiv oder negativ?

Bernhard C. Bünker, ein österreichischer Lyriker (geb. 1948), schreibt Mundarttexte auf Kärntnerisch.

Bernhard C. Bünker: De Beag hobns aufgrissn (1975)

De Beag hobns aufgrissn
in de Wundn
an haßn Asphalt
einigegossn
und a Schtroßn gmocht
A Schlongen
aus Blech und Eisn
kriacht auf de hextn Hehn
De Olmsean
hobnt Augn wia a Suppn
von dem Öl
Da Beag
is a zaschnittenes Gsicht
von ana jungen Frau (...)

Johann Wolfgang Goethe: Wanderers Nachtlied (1780)

Über allen Gipfeln
Ist Ruh,
In allen Wipfeln
Spürest du
Kaum einen Hauch;
Die Vögelein schweigen im Walde.
Warte nur, balde
Ruhest du auch.

Einzelarbeit

Ü 7: Lyrik-Interpretationstraining ★★★

Wählen Sie aus den folgenden Gedichten einen Text aus, der Sie anspricht.

- Lesen Sie den Text mehrfach aufmerksam durch.
- Formulieren Sie eine schriftliche Interpretationsarbeit über den ausgewählten lyrischen Text.

Hermann Hesse, deutsch-schweizerischer Schriftsteller (1877–1962); erhielt den Nobelpreis für Literatur.

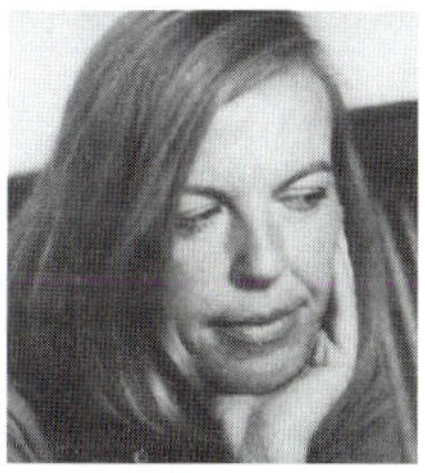

Ingeborg Bachmann: österreichische Schriftstellerin (1926–1973); sie gilt als eine der bedeutendsten deutschsprachigen Lyrikerinnen und Prosaschriftstellerinnen des 20. Jahrhunderts

Erich Fried: österreichischer Lyriker (1921–1988)

Hermann Hesse: Im Nebel (1911)

Seltsam, im Nebel zu wandern!
Einsam ist jeder Busch und Stein,
Kein Baum sieht den andern,
Jeder ist allein.

Voll von Freunden war mir die Welt,
Als noch mein Leben licht war;
Nun, da der Nebel fällt,
Ist keiner mehr sichtbar.

Wahrlich, keiner ist weise,
Der nicht das Dunkel kennt,
Das unenntrinnbar und leise
Von allen ihn trennt.

Seltsam, im Nebel zu wandern!
Leben ist Einsamsein.
Kein Mensch kennt den andern,
Jeder ist allein.

Erich Fried: Fester Vorsatz

Denn wir wollen uns
nicht nur herzen
sondern auch munden
und hauten und haaren
und armen und brüsten und bauchen
und geschlechten
und wieder handen und fußen

Ingeborg Bachmann: Entfremdung

In den Bäumen kann ich keine Bäume mehr sehen.
Die Äste haben nicht die Blätter, die sie in den Wind halten.
Die Früchte sind süß, aber ohne Liebe.
Sie sättigen nicht einmal.
Was soll nur werden?
Vor meinen Augen flieht der Wald,
vor meinem Ohr schließen die Vögel den Mund,
für mich wird keine Wiese zum Bett.
Ich bin satt vor der Zeit
und hungre nach ihr.
Was soll nur werden?

Auf den Bergen werden nachts die Feuer brennen.
Soll ich mich aufmachen, mich allem wieder nähern?

Ich kann in keinem Weg mehr einen Weg sehen.

Einzelarbeit

Ü 8: Epik-Interpretationstraining ★★★

- Lesen Sie den Textausschnitt aus dem Roman „Gut gegen Nordwind" mehrfach durch und formulieren Sie eine schriftliche Interpretationsarbeit.
- Gehen Sie dabei auch auf die formalen Besonderheiten des Textes ein.

In Daniel Glattauers E-Mail-Roman lernen sich Leo und die verheiratete Emmi zufällig durch ein verirrtes E-Mail kennen. Der gesamte Roman besteht aus ihrer Mailkommunikation.

Daniel Glattauer: (geb. 1960) österreichischer Schriftsteller; veröffentlichte mit „Gut gegen Nordwind" nach dem Vorbild der Briefromane den ersten E-Mail-Roman.

Querverweis

Zum Roman „Gut gegen Nordwind" siehe auch Kapitel 6, Lerneinheit 3 (Ü 11).

Daniel Glattauer: Gut gegen Nordwind (2006)

Am nächsten Vormittag
Betreff: **Hallo**
Hallo Leo, wieder unter den Irdischen? Alles Liebe von Ihrer Emmi.

Zweieinhalb Stunden später
RE:
Sind Sie noch beim Nachdenken, wie Sie sich und vor allem wie Sie MIR Ihre nächtlichen E-Mails erklären? – Müssen Sie nicht, Leo. Ich habe das schön gefunden, was Sie mir da unabsichtlich geschrieben haben, sehr schön sogar. Sie sollten öfter volltrunken sein, da werden Sie ja zu einem richtigen Gefühlsmenschen, sehr offen und unverblümt, sehr zärtlich, ansatzweise sogar stürmisch und leidenschaftlich. Steht Ihnen gut, das Unkontrollierte! Und ich fühle mich geehrt, dass Sie mich so oft küssen wollten! Also schreiben Sie mir schon!! Ich bin echt neugierig, wie Sie dazu stehen. Nüchtern bemühen Sie sich ja immer krampfhaft, nur nicht jener Leo zu sein, der sich im betrunkenen Zustand wie von selbst ergibt. Hoffentlich hat er sich nicht übergeben.

Drei Stunden später
RE:
Leo???? Nicht melden ist unfair! Und es ist abtörnend. Das riecht nach einem Mann, der in der Früh schon nicht mehr zu dem steht, was er einer Frau in der Nacht davor liebestrunken ins Ohr geflüstert hat. Es riecht also nach einem ziemlich typischen, ziemlich durchschnittlichen, ziemlich öden Mann. Es riecht jedenfalls nicht nach Leo. Also schreiben Sie endlich!!!

Fünf Stunden später
AW:
Liebe Emmi, es ist jetzt 22 Uhr. Wollen Sie zu mir kommen? Ich zahle Ihnen das Taxi. (Ich wohne am Stadtrand.) Leo.

Knapp zwei Stunden später
RE:
Na hoppala! Lieber Leo, es ist jetzt 23 Uhr 43. Träumen Sie noch oder schlafen Sie schon? Wenn nicht, dann frage ich Sie:
1.) Wollten Sie wirklich, dass ich zu Ihnen komme?
2.) Wollen Sie noch immer, dass ich zu Ihnen komme?
3.) Sind Sie vielleicht wieder »ein bisschen betrunken«?
4.) Wenn ich zu Ihnen komme, was hätten Sie sich da so vorgestellt, dass wir beide machen?

Fünf Minuten später
AW:
Liebe Emmi,
1.) Ja. 2.) Ja. 3.) Nein. 4.) Was sich ergibt.

Drei Minuten später
RE:
Lieber Leo,
1.) Aha. 2.) Aha. 3.) Gut. 4.) Was sich ergibt? Es ergibt sich immer das, was man will, dass sich ergibt. Also was wollen Sie, dass sich ergibt?

50 Sekunden später
AW:
Ich weiß es wirklich nicht, Emmi. Aber ich glaube, wir wissen es sofort, wenn wir uns sehen.

Zwei Minuten später
RE:
Und wenn sich gar nichts ergibt? Dann stehen wir beide blöd herum, zucken mit den Schultern und einer sagt zum anderen: »Tut mir Leid, irgendwie ergibt sich nichts.« Und was machen wir dann?

Einzelarbeit

Thomas Bernhard (1931–1989) war ein österreichischer Schriftsteller. Er zählt zu den bedeutendsten deutschsprachigen Autoren der zweiten Hälfte des 20. Jahrhunderts.

Ü 9: Dramen-Interpretationstraining ★★★

Lesen Sie den folgenden Ausschnitt aus Thomas Bernhards Drama „Heldenplatz" (1988) und beantworten Sie anschließend die folgenden Fragen:

- Was sind die (sprachlichen) Besonderheiten an diesem Drama?
- Inwiefern unterscheidet sich Bernhards Stil vom klassischen Drama?
- Wie verteilen sich die Gesprächsanteile der Figuren?
- Welche Motive werden in diesem Ausschnitt angesprochen?
- Welche Form hat der Dialog?
- Dieses Stück hat eine sehr heftige öffentliche Diskussion ausgelöst. Können Sie nachvollziehen, warum?

Der Wiener Heldenplatz

In „Heldenplatz" trifft sich Familie Schuster in einer Wiener Wohnung in der Nähe des Heldenplatzes zum Begräbnis von Professor Josef Schuster. Dieser war Universitätsprofessor für Mathematik und ging während des Zweiten Weltkriegs ins Exil nach Oxford. Von dort kehrte er auf Bitten des Wiener Bürgermeisters wieder nach Wien zurück. Doch die Situation in Österreich, die er in den 1980ern als noch viel schlimmer als vor fünfzig Jahren empfand, trieb ihn schließlich in den Selbstmord. In den Szenen des Theaterstücks beschäftigen sich die Hauptfiguren einerseits mit dem Charakter Josef Schusters und andererseits mit ihrer eigenen Lebenssituation.

Das Stück **„Heldenplatz"** schrieb Bernhard für das 100-jährige Eröffnungsjubiläum des Wiener Burgtheaters 1988. Es löste einen der größten Theaterskandale in der Geschichte Österreichs aus.

Thomas Bernhard: Heldenplatz (1988)

PROFESSOR LIEBIG
Es herrschen überall chaotische Zustände
Die Lüge beherrscht alles
und das Unvermögen
HERR LANDAUER
Wahrscheinlich wird die Regierung im Herbst umgebildet
PROFESSOR LIEBIG
Darum geht es ja nicht
das ist ja vollkommen gleichgültig was das für eine Regierung ist
es ist ja eine wie die andere
es sind ja immer dieselben Leute
es sind ja immer dieselben Geschäfte
die diese Leute machen
es sind immer dieselben Interessen
das sind ja immer diese ganz und gar verkommenen Leute
die mit jedem Tag den Staat mehr zugrunde richten
PROFESSOR ROBERT
Allein die Sprache dieser Leute
ist so widerwärtig
hören Sie sich doch den Bundeskanzler an
der kann ja nicht einmal einen Satz korrekt zu Ende führen
und die andern auch nicht
aus allen diesen Leuten kommt immer nur Unrat heraus
was sie denken ist Unrat
und wie sie es aussprechen ist auch Unrat
PROFESSOR LIEBIG
Und die Zeitungen schreiben Unrat
in den Zeitungen wird auch eine Sprache geschrieben
die einem den Magen umdreht
auf jeder Zeitungsseite garantiere ich Ihnen
abgesehen von den Lügen die da abgedruckt sind
hundert Fehler
die Zeitungsredaktionen in Österreich
sind ja nichts als skrupellose parteiorientierte Schweineställe
PROFESSOR ROBERT
Alles unqualifizierte Leute
die nicht denken und daher nicht schreiben können
PROFESSOR LIEBIG
Bei dieser stumpfsinnigen Leserschaft
die die anspruchsloseste in Europa ist kein Wunder
PROFESSOR ROBERT
Aber diesen Dreck lesen wir doch tagtäglich
in uns hinein
weil er uns interessiert
und weil wir von ihm fasziniert sind
Sie müssen doch zugeben Herr Kollege
daß Sie im Grunde diese idiotischen Blätter
mit ihrem geradezu infernalischen Stumpfsinn
mehr interessieren als beispielsweise die Neue Zürcher Zeitung
Das sogenannte Hohe Niveau ist immer langweilig gewesen

Sichern

das Motiv
Unter einem Motiv versteht man die **typische Situation**, das allgemeine Thema eines poetischen Textes (z. B. die unglückliche Liebe, der Tod, ein Naturerlebnis etc.).

sprachliche Bilder
Sprache kann in poetischen Texten **mehrdeutig** sein und auf **andere Bedeutungen** verweisen (Metapher). So kann beispielsweise die Krähe auf den Herbst verweisen, aber auch ein Symbol für den Tod, für Kälte oder Angst sein.

lyrisches Ich
Das „lyrische Ich" nennt man die Perspektive, aus der heraus ein Gedicht verfasst ist. Sie muss nicht mit der Sicht der Verfasserin/des Verfassers übereinstimmen.

die Erzählperspektive
In epischen Texten unterscheidet man die **personale** (Geschichte wird aus der Sicht einer Person erzählt, die in die Handlung involviert ist) und die **auktoriale** Erzählperspektive (allwissende/r Erzähler/in, kennt die Gedanken und Gefühle der handelnden Personen, steht über der Geschichte).

die Charakterisierung
Die Beschreibung der Personen in einem Text kann direkt oder indirekt erfolgen:
- **direkte Charakterisierung:** Aussehen und Charaktereigenschaften werden genannt und beschrieben.
- **indirekte Charakterisierung:** Auf Aussehen und Persönlichkeit kann indirekt durch Reaktionen und Aussagen der Umwelt oder durch das Handeln der Person geschlossen werden.

die Interpretation
Mit einer Interpretation versucht man eine Deutung eines literarischen Textes, um der versteckten Bedeutung auf die Spur zu kommen. Dabei kann **aus dem Text herausinterpretiert** werden (Belege für die Intention und erwünschte Wirkung des Autors/der Autorin sammeln) und **in den Text hineininterpretiert** werden (Was bedeutet der Text für mich als Leser/in?).

Wissen

Wissensfragen und -aufgaben

der **Status quo** (lat.): der Zustand, bezeichnet den gegenwärtigen Zustand einer Sache

W 1: Gedicht interpretieren

Wählen Sie eines der beiden Gedichte aus und verfassen Sie eine schriftliche Interpretationsarbeit.

Rainer Maria Rilke: Der Panther (1902)

Im Jardin des Plantes, Paris

Sein Blick ist vom Vorübergehn der Stäbe
so müd geworden, dass er nichts mehr hält.
Ihm ist, als ob es tausend Stäbe gäbe
und hinter tausend Stäben keine Welt.

Der weiche Gang geschmeidig starker Schritte,
der sich im allerkleinsten Kreise dreht,
ist wie ein Tanz von Kraft um eine Mitte,
in der betäubt ein großer Wille steht.

Nur manchmal schiebt der Vorhang der Pupille
sich lautlos auf -. Dann geht ein Bild hinein,
geht durch der Glieder angespannte Stille -
und hört im Herzen auf zu sein.

Erich Fried: Status quo

Wer will
dass die Welt
so bleibt
wie sie ist
der will nicht
dass sie bleibt

W 2: Interpretationsarbeit zu einem epischen Text

Verfassen Sie eine Interpretationsarbeit zum folgenden epischen Text.

Elisabeth Langgässer (1899–1950): deutsche Schriftstellerin mit jüdischen Wurzeln

I.N.R.I: Abkürzung für Jesus von Nazareth, König der Juden

Elisabeth Langgässer: Saisonbeginn (1947)

Die Arbeiter kamen mit ihrem Schild und einem hölzernen Pfosten, auf den es genagelt werden sollte, zu dem Eingang der Ortschaft, die hoch in den Bergen an der letzten Passkehre lag. Es war ein heißer Spätfrühlingstag, die Schneegrenze hatte sich schon hinauf zu den Gletscherwänden gezogen. Überall standen die Wiesen wieder in Saft und Kraft; die Wucherblume verschwendete sich, der Löwenzahn strotzte und blähte sein Haupt über den milchigen Stengeln; Trollblumen, welche wie eingefettet mit gelber Sahne waren, platzten vor Glück, und in strahlenden Tümpeln kleinblütiger Enziane spiegelte sich ein Himmel von unwahrscheinlichem Blau. Auch die Häuser und Gasthöfe waren wie neu: ihre Fensterläden frisch angestrichen, die Schindeldächer gut ausgebessert, die Scherenzäune ergänzt. Ein Atemzug noch: dann würden die Fremden, die Sommergäste kommen, die Lehrerinnen, die mutigen Sachsen, die Kinderreichen, die Alpinisten, aber vor allem die Autobesitzer in ihren großen Wagen ... Ford und Mercedes, Fiat und Opel, blitzend von Chrom und Glas. Das Geld würde anrollen. Alles war darauf vorbereitet. Ein Schild kam zum anderen, die Haarnadelkurve zu dem Totenkopf, Kilometerschilder und Schilder für Fußgänger: Zwei Minuten zum Café Alpenrose.

An der Stelle, wo die Männer den Pfosten in die Erde einrammen wollten, stand ein Holzkreuz, über dem Kopf des Christus war auch ein Schild angebracht. Seine Inschrift war bis heute die gleiche, wie sie Pilatus entworfen hatte: I. N. R. I. , die Enttäuschung darüber, dass es im Grunde hätte heißen sollen: er behauptet nur, dieser König zu sein, hatte im Lauf der Jahrhunderte an Heftigkeit eingebüßt. Die beiden Männer, welche den Pfosten, das Schild und die große Schaufel, um den Pfosten in die Erde zu graben, auf ihren Schultern trugen, setzten alles unter dem Wegkreuz ab; der dritte stellte den Werkzeugkasten, Hammer, Zange und Nägel daneben und spuckte ermunternd aus.

Nun beratschlagten die drei Männer, an welcher Stelle die Inschrift des Schildes am besten zur Geltung käme; sie sollte für alle, welche das Dorf auf dem breiten Passweg betraten, besser: befuhren, als Blickfang dienen und nicht zu verfehlen sein. Man kam also überein, das Schild kurz vor dem Wegekreuz anzubringen, gewissermaßen als Gruß, den die Ortschaft jedem Fremden entgegenschickte. Leider stellt sich aber heraus, dass der Pfosten dann in den Pflasterbelag einer Tankstelle hätte gesetzt werden müssen, eine Sache, die sich selbst verbot, da die Wagen, besonders die größeren, dann am Wenden behindert waren. Die Männer schleppten also den Pfosten noch ein Stück weiter hinaus bis zu der

die Mantelmadonna: Darstellung der Gottesmutter mit weitem Mantel, ein Symbol für den Schutz von Bedürftigen

Gemeindewiese und wollten schon mit der Arbeit beginnen, als ihnen auffiel, dass diese Stelle bereits zu weit von dem Ortsschild entfernt war, das den Namen angab und die Gemeinde, zu welcher der Flecken gehörte. Wenn also das Dorf den Vorzug dieses Schildes und seiner Inschrift für sich beanspruchen wollte, musste das Schild wieder näherrücken am besten gerade dem Kreuz gegenüber, so dass Wagen und Fußgänger zwischen beiden hätten passieren müssen.

Dieser Vorschlag, von dem Mann mit den Nägeln und dem Hammer gemacht, fand Beifall. Die beiden anderen luden von neuem den Pfosten auf ihre Schultern und schleppten ihn vor das Kreuz. Nun sollte also das Schild mit der Inschrift zu dem Wegekreuz senkrecht stehen; doch zeigte es sich, dass die uralte Buche, welche gerade hier ihre Äste mit riesiger Spanne nach beiden Seiten wie eine Mantelmadonna ihren Umhang entfaltete, die Inschrift im Sommer verdeckt und ihr Schattenspiel deren Bedeutung verwischt, aber mindestens abgeschwächt hätte.

Es blieb daher nur noch die andere Seite neben dem Herrenkreuz, und da die erste, die in das Pflaster der Tankstelle überging, gewissermaßen den Platz des Schächers zur Linken bezeichnet hätte, wurde jetzt der Platz zur Rechten gewählt und endgültig beibehalten. Zwei Männer hoben die Erde aus, der dritte nagelte rasch das Schild mit wuchtigen Schlägen auf; dann stellten sie den Pfosten gemeinsam in die Grube und rammten ihn rings von allen Seiten mit größeren Feldsteinen an.

Ihre Tätigkeit blieb nicht unbeobachtet. Schulkinder machten sich gegenseitig die Ehre streitig, dabei zu helfen, den Hammer, die Nägel hinzureichen und passende Steine zu suchen; auch einige Frauen blieben stehen, um die Inschrift genau zu studieren. Zwei Nonnen, welche die Blumenvase zu Fuße des Kreuzes aufs neue füllten, blickten einander unsicher an, bevor sie weitergingen. Bei den Männern, die von der Holzarbeit oder vom Acker kamen, war die Wirkung verschieden: einige lachten, andere schüttelten nur den Kopf, ohne etwas zu sagen; die Mehrzahl blieb davon unberührt und gab weder Beifall noch Ablehnung kund, sondern war gleichgültig, wie sich die Sache auch immer entwickeln würde. Im Ganzen genommen konnten die Männer mit der Wirkung zufrieden sein. Der Pfosten, kerzengerade, trug das Schild mit der weithin sichtbaren Inschrift, die Nachmittagssonne glitt wie ein Finger über die zollgroßen Buchstaben hin und fuhr jeden einzelnen langsam nach wie den Richtspruch an einer Tafel ...

Auch der sterbende Christus, dessen blasses, blutüberronnenes Haupt im Tod nach der rechten Seite geneigt war, schien sich mit letzter Kraft zu bemühen, die Inschrift aufzunehmen: man merkte, sie ging ihn gleichfalls an, welcher bisher von den Leuten als einer der ihren betrachtet und wohl gelitten war. Unerbittlich und dauerhaft wie sein Leiden, würde sie ihm nun für lange Zeit schwarz auf weiß gegenüberstehen. Als die Männer den Kreuzigungsort verließen und ihr Handwerkszeug wieder zusammenpackten, blickten alle drei noch einmal befriedigt zu dem Schild mit der Inschrift auf. Sie lautete: „In diesem Kurort sind Juden unerwünscht.“

(aus: Elisabeth Langgässer: Der Torso. Hamburg 1947, S. 15-18.)

Ein kurzer Wissens-Check, bevor's weitergeht!

Wissens-Check

	☺	😐	☹
Ich kenne mehrere Beispiele für lyrische Texte.			
Ich kenne mehrere Lyrikerinnen und Lyriker.			
Ich kann verschiedene Dramengattungen unterscheiden.			
Ich kann unterschiedliche Erzählperspektiven beurteilen.			
Ich weiß, wie man poetische Texte auf zwei Arten interpretieren kann.			

2 Mit Texten arbeiten

3 Sprachnormen

Schon wieder Rechtschreib- und Grammatikübungen? Gewiss, sie begleiten Sie seit der Volksschule, leider aber wohl auch Fehler bzw. Unsicherheiten. Daher werden in diesem Kapitel die Grundlagen noch einmal zusammengefasst.

Normative Sprachrichtigkeit ist für die berufliche Kommunikation und für ein weiterführendes Studium von großer Bedeutung. Sie ist daher ein wesentliches Kriterium für die Bewertung der schriftlichen Klausurarbeit und auch für die mündliche Prüfung im Rahmen der Berufsreifeprüfung.

Dieses Kapitel soll

- **Sie befähigen, Fehler zu erkennen bzw. zu vermeiden und**
- **Ihre Ausdrucksmöglichkeiten bereichern.**

Lerneinheit 1

Rechtschreibkenntnisse verbessern: wozu und wie?

SbX
Alle SbX-Inhalte zu dieser Lerneinheit finden Sie unter der ID: 1310.

Voll peinlich?

Vor einigen Jahren befragte das Linzer Marktforschungsinstitut „market“ 500 Personen, wofür sie sich schämen würden. Folgendes kam dabei heraus: 46 % ist nichts peinlicher, als bei einer Lüge ertappt zu werden. Fast genauso viele Menschen (43 %) kommen in Verlegenheit, wenn jemand bemerkt, dass sie nicht gut lesen und schreiben können. Weit abgeschlagen: schlechte Ausbildung, unattraktives Aussehen (je 17 %). Immerhin 14 % der Befragten scheint nichts peinlich zu sein.

Sie werden auf den nächsten Seiten:

- **einen eigenen Standpunkt über die Bedeutung der Rechtschreibung „im richtigen Leben“ gewinnen und diesen vertreten können**
- **Strategien zur Fehlervermeidung kennenlernen und üben**

Lernen

SbX ID: 1311

1 Wie wichtig ist Rechtschreibung?

Gewinnen Sie einen eigenen Standpunkt!

die Norm: Regel, Gesetz

Sprachnormen: Dem Lehrer Konrad Duden gelang es 1901, eine einheitliche Rechtschreibregelung für den deutschen Sprachraum durchzusetzen.

Die Sprachzeitung „Deutsche Sprachwelt“ veröffentlichte 2006 eine Befragung über die Einstellung der Bevölkerung zur deutschen Sprache. Die Antworten auf die Frage „Stören Rechtschreibfehler?“ sehen Sie in der abgebildeten Grafik in Prozent.

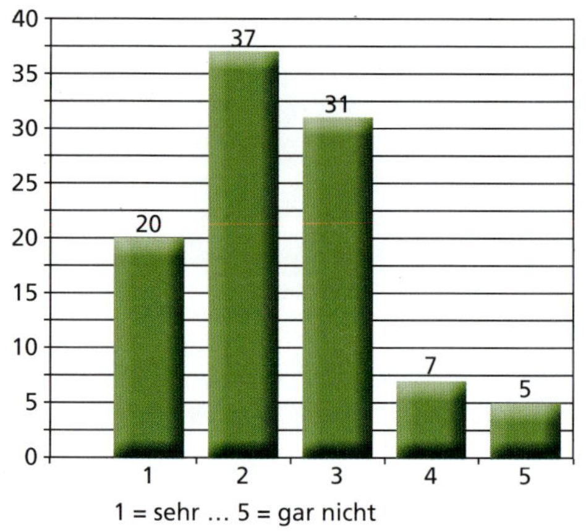

(Deutsche Sprachwelt, 2006. S. 3.)

Gruppenarbeit

Ü 1: Diskussion – Wie peinlich sind mir Rechtschreibfehler? ★★

Welche Rolle spielen Rechtschreibfehler in Ihrer persönlichen Peinlichkeitsstatistik?

- Markieren Sie die Fehler in den nachstehenden Texten.
- **Diskutieren Sie:** Was würden Sie empfinden, wenn Ihnen solche Fehler unterlaufen? Welche wären Ihnen total peinlich, für welche würden Sie sich zumindest ein bisschen genieren, mit welchen hätten Sie überhaupt keine Probleme?

Ein Sprecher/Eine Sprecherin berichtet anschließend über die Gruppendiskussion. Sie müssen sich nicht auf ein Ergebnis einigen.

HANDWERKSKAMMERN IN GROSSER SORGE:

Jetzt auch Klagen aus dem Konditorenhandwerk!

Ist bei der Partnersuche im Internet die Rechtschreibung egal?

Text 1: Profil eines Partnersuchenden im Netz

halli hallo! ich bin der Tori und suche eine inteligente Freundin – villeicht genau dich! bin immer noch solo will das aber ändern. bin humorvoll und habe spass am leben und gehe gerne party und discos. also wenn du auch noch solo bist und nich mehr lenger alein sein willst dann melde dich bei mir mit einer kleiner SMS.

Text 2: Aushang am Schwarzen Brett der Schule

Dringend gesucht!

Wir, die Theatergruppe KARUSSELL, suchen für unser neues Stück „Viktoria – Im Schatten des Schicksals" folgende Personen, die verläslich zu den Proben erscheinen: 4 Bühnenarbeiter, 2 Requisiteure, 2 Maskenbildner, mehrere Bühnenbildgestallter

Text 3: Aus einem Bewerbungsschreiben

Auf Grund meiner künstlerischen Begabung interessiere ich mich schon lange für die Ausbildung zur Grafik Designerin. Ich habe schon viele Informationsveranstaltungen besucht und mich in meiner Schule genau informiert, welche Vorraussetzungen für diesen Beruf notwendig sind.

Rechtschreibung verändert sich im Laufe der Zeit.

So schrieb man früher:

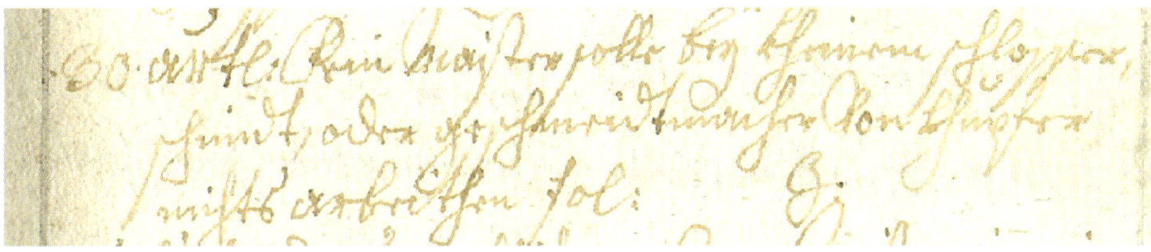

Dieser Ausschnitt aus einer bayrischen Handwerksordnung des 17. Jahrhunderts ist in Kurrentschrift verfasst. Die Rechtschreibung war noch nicht so stark festgelegt wie heute. „Übersetzt" lautet der Text: „30. artl. [Artikel]: Kein Majster solle bey kheinem schlosser, schmidt, oder geschmeidtmacher Von khupfer nichts arbeithen."

die Kurrentschrift: eine früher übliche deutsche Schreibschrift

2 Grundlagen zum Verständnis der Rechtschreibung

Mit Rechtschreibregeln zum Erfolg

Einteilung der Buchstaben in Gruppen

Einige Ausdrücke muss man zum Verständnis der Regeln „im Schlaf" wissen – man darf sie auf keinen Fall verwechseln:

- **Vokale** (Selbstlaute): a, e/ä, i, o/ö, u/ü, [y]
- **Konsonanten** (Mitlaute): b, c, d, f, g, h, j, k, l, m, n, p, q, r, s, ß, t, v, w, x, z
- **Diphthonge** (Zwielaute): au, ei/ai, eu/äu

Das Deutsche ist eine relativ vokalreiche Sprache. Ganz anders zum Beispiel das Tschechische: „Der Wolf erfror" heißt „Vlk zmrzl"!

Stammprinzip

Viele Wörter kann man in mehrere sinntragende Bestandteile zerlegen. Ein Verständnis dafür ist nötig, da die Regeln im Allgemeinen dem Stammprinzip folgen. Das bedeutet, dass Wörter, die miteinander „verwandt" sind, gleich geschrieben werden. Verwandtschaft bedeutet hier, dass sie einen gemeinsamen „Stamm" haben, einen Kern, an den Endungen, Vorsilben oder Nachsilben angehängt werden.

SbX **Eine Übung zum Wortstamm finden Sie unter der ID: 1311.**

Beispiel

Vorsilbe (Präfix)	Stamm	Nachsilbe (Suffix)	Endung
	sicher		
	sicher	–	t
ge	sicher	–	t
	sicher	lich	
	Sicher	heit	en
un-ver	sicher	–	t
Ver-un	sicher	ung	

Einzelarbeit

Ü 2: Verwandte Wörter ★

Erstellen Sie eine ähnliche Tabelle mit dem Wortstamm „Urteil"

Vorsilbe (Präfix)	Stamm	Nachsilbe	Endung
	Urteil		

3 Gewusst wie
Wie Sie Ihre Rechtschreibkenntnisse verbessern können

Das amtliche Regelwerk zur deutschen Rechtschreibung umfasst 112 Regeln – zu viele, um sich alle zu merken!

Es gibt nur ein Zauberwort dafür, und das heißt üben. Üben Sie jene Wörter, mit denen Sie immer wieder Schwierigkeiten haben. Dabei ist es sehr hilfreich, sich einzelne Regeln und Regelmäßigkeiten gut einzuprägen.

Um die eigenen Fehler gezielt zu bearbeiten, empfiehlt es sich, eine Wörterliste anzulegen. Dafür gibt es zwei Möglichkeiten: ein **Rechtschreibheft,** das man wie ein Vokabelheft führen kann, oder eine **Rechtschreibkartei.**

Das Rechtschreibheft

1. Teilen Sie das Blatt in **zwei Spalten.**
2. Schreiben Sie in **die linke Spalte** das **Wort,** das Sie falsch geschrieben haben (jetzt schreiben Sie es aber richtig). Manchmal ist es nötig, mehrere Wörter oder einen ganzen Satz herauszuschreiben, um die Ursache des Fehlers sichtbar zu machen.
3. **Markieren** Sie im Wort die Stelle, wo der Fehler aufgetreten ist.
4. Machen Sie **in der rechten Spalte** eine **Fehleranalyse.** Das heißt zum Beispiel: die entsprechende Rechtschreibregel anführen; das Wort hinschreiben, mit dem man es verwechselt hat; eine Ableitung des Wortes oder verwandte Wörter notieren.

Blättern Sie das Heft regelmäßig durch.

Beispiel

Aus einer Schülerarbeit:

Das rosa Monster redete mich an. Es stehlte so viele fragen, das ich nicht mal mit den Antworten mitkamm. Übrigens, ich heisse Tom und komme von der Erde.

Verbesserung:

stellte	stellen - stellte! Kurzes e, daher Verdopplung. ABER: stehlen - stahl - gestohlen (langer Vokal)
Fragen	Nomen: die Fragen, Fragen stellen
Er stellte so viele Fragen, dass ich...	so ..., dass; sodass
kam	kommen - kam (Wechsel kurzer - langer Vokal)
heiße	Nach Zwielaut niemals Verdopplung

Das Führen einer **Rechtschreibkartei** hat sich bewährt. Sie können natürlich auch digitale Karteikarten verwenden.

Das Wörterbuch hilft Ihnen bei der Rechtschreibung.

Die Rechtschreibkartei

1. Unterteilen Sie einen Karteikasten in drei Abschnitte.
2. Schreiben Sie jedes Wort, das Sie falsch geschrieben haben (natürlich in der richtigen Schreibweise), jeweils auf ein Kärtchen.
3. Markieren Sie im Wort die Stelle, wo der Fehler aufgetreten ist.
4. Machen Sie dazu eine Fehleranalyse (siehe „Rechtschreibheft", Punkt 4).
5. Lassen Sie sich die Wörter in bestimmten Abständen diktieren (z. B. einmal pro Woche). Wörter, die Sie beherrschen, wandern ins zweite Fach und werden seltener wiederholt, später kommen sie in das dritte Fach. Wörter, die Sie erneut fehlerhaft schreiben, wandern wieder ins erste Fach.

4 Erste Hilfe

So finden Sie mithilfe des Wörterbuchs bzw. der Korrekturhilfe am PC die richtige Schreibweise

Wörterbuch

Wer das Alphabet nicht beherrscht, hat schon verloren. Denn wenn man lange suchen muss, bis man ein Wort findet, verzichtet man lieber gleich darauf.

Gruppenarbeit

Ü 3: Nachschlagen im Wörterbuch ★

Wie gut sind Sie mit dem Wörterbuch vertraut? Machen Sie im Kurs die Probe. Jeweils ein Kursteilnehmer/eine Kursteilnehmerin schlägt ein Wort vor, die anderen suchen. Wer das Wort am schnellsten gefunden hat, erklärt, wie er/sie bei der Suche vorgegangen ist.

Alternative: Suchen Sie sich einen Partner, mit dem Sie ein Wort um die Wette suchen. Der/Die Schnellere steigt in die nächste Runde auf („A-Pool"). Die anderen bilden einen „B-Pool".

Das Finale bestreiten die Sieger/innen von A- und B-Pool. Wenn Sie bei dieser Übung sehr langsam waren, sollten Sie unbedingt das Alphabet gut lernen; Sie werden es oft brauchen – auch für Fremdsprachen.

Hier noch einige nützliche Tipps, wenn Sie nicht wissen, wo Sie suchen sollen:

der Infinitiv: Nennform eines Verbs

- Sie müssen immer das **Grundwort** suchen, zum Beispiel die Einzahl statt der Mehrzahl oder den Infinitiv (Beispiele: „Stämme" unter „Stamm", „fiel" unter „fallen" …)
- Was man nicht unter f findet, schreibt man wahrscheinlich mit v oder ph, Gleiches gilt für e/ä, d/t, b/p, g/k.
- Schwierig ist das **Nachschlagen von Fremdwörtern.** Aber auch da kann man die Suche einschränken:

- Was mit „tsch" beginnt, finden Sie vielleicht unter ch oder j: chatten, Joker
- Was mit „sch" beginnt, finden Sie vielleicht unter j, sh, ch oder g: Jongleur, Show, Charlotte, Genie
- Was mit „k" beginnt, finden Sie vielleicht unter c oder ch: Computer, Chaos
- Was mit „w" beginnt, finden Sie vielleicht unter v: Ventilator

Am **oberen Seitenrand einer Wörterbuchseite** sind das erste und das letzte Wort auf der Seite verzeichnet. So findet man rascher ein gesuchtes Wort, „Ratte" zum Beispiel passt zwischen Rationalist und Raufe.

Rationalist — **Raufe**

tung, die nur das vernünftige Denken als Erkenntnisquelle zulässt; → Empirismus; → G.: Irrationalismus ‖ **Ra|ti|o|na|list** der, -en/-en ‖ **Ra|ti|o|na|lis|tin** die, -/-innen ‖ **ra|ti|o|na|lis|tisch** ‖ **Ra|ti|o|na|li|tät** die, -

de[1], -n/-n, ein Rat Suchender ‖ **Rat Su|chen|de**[2] die, - -n/- -n = **Rat|su|chen|de**[2], -n/-n **Rat|tan** das, -s/-e: *Peddigrohr als Material für Korbwaren, Rohrmöbel uÄ* **Rat|te** die, -/-n: *ein Nagetier* | (ugs., abw.) *ein Schimpfwort*

Raub|mör|de|rin ‖ **Raub|rit|ter** (früher) ‖ **Raub|tier:** *Beutegreifer* ‖ **Raub|tier|kä|fig** ‖ **Raub|vo|gel:** *Greifvogel* ‖ **Raub|zug** **Rauch** der, -[e]s ‖ **Rauch|ab|zug** ‖ **Rauch|bom|be:** *Bombe, die ein Rauchsignal entwickelt* ‖ **rau|chen:** ich rauche nicht mehr ‖

Rechtschreibprüfung am PC

Die „Rechtschreibprüfung" ist ein Computerprogramm, das innerhalb eines Dokumentes nach Rechtschreibfehlern sucht. Es vergleicht das zu überprüfende Wort mit einem elektronischen Wörterbuch. Ist ein Wort nicht enthalten, erscheint eine Fehlermeldung (bei MS Word: das Wort wird rot unterwellt). Bei vielen falsch geschriebenen Wörtern macht das Online-Wörterbuch Vorschläge zur richtigen Schreibweise. In diesem Fall sollten Sie genau darauf achten, welche die richtige Variante ist – notfalls zusätzlich in einem herkömmlichen Wörterbuch nachschlagen. Es ist auch möglich, dem elektronischen Wörterbuch ihm unbekannte Wörter „beizubringen", aber achten Sie in diesem Fall besonders darauf, dass sie dann nicht falsch eingespeichert sind.

Einzelarbeit

Ü 4: Wie genau ist die elektronische Korrekturhilfe? ★★

Auch wenn die Rechtschreibhilfe nicht immer Recht hat: Vergessen Sie nicht auf sie, damit Sie sich Peinlichkeiten wie die folgenden ersparen:

Aus dem „Göttinger Tageblatt"

Anzeige aus der „Heilbronner Stimme"

Lesen Sie den folgenden Text zu HDTV und korrigieren Sie ihn. Wie viele Fehler haben Sie gefunden?

Schreiben Sie den Text mit MS Word ab. Wie viele Fehler hat die elektronische Korrekturhilfe markiert?

Führen Sie mit der elektronischen Korrekturhilfe die Rechtschreib- und Grammatikprüfung durch und notieren Sie Ihre Erfahrungen. Welche Gründe kann es dafür geben, dass die elektronische Rechtschreibhilfe in manchen Fällen versagt? Wenn Sie MS Word verwenden: Die Korrekturhilfe finden Sie unter „Extras" (Word 2003) bzw. in der Registerkarte „Überprüfen" (Word 2007).

HDTV: Hochauflösendes Fernsehen; ein Sammelbegriff für Fernsehnormen, die sich durch eine größere (sichtbare) Zeilenzahl, erhöhte Auflösung und ein Bild-Seitenverhältnis von 16:9 auszeichnen.

Aus einer Informationsbroschüre zum Thema HDTV (im Original fehlerlos):

Genereler Tipp beim Kauf von HDTV Geräten (HDTV ist der weltweite Standart für „High Qualitity Fernsehen"):

Auf Grund des anhaltenden und raschen Technologischen Fortschritts auf diesen Gebiet ist man gut Beraten, immer die aktuellsten Modele für einen kauf in Betracht zuziehen, da diese in der Regel so wohl billiger als auch Leistungsfähiger als derren Vorgänger sind.

Üben

SbX ID: 1312

Einzelarbeit

Ü 5: Grundformen ★

Führen Sie die folgenden Wörter auf ihre Grundform zurück.

gehängt	aufgepasst	am schwersten	Bräuche	am bedeutendsten

Partnerarbeit

Ü 6: Schwierige Wörter suchen ★

Suchen Sie aus Ihrem Wörterbuch fünf möglichst schwierige Wörter heraus, die Ihr Sitznachbar/Ihre Sitznachbarin richtig schreiben muss. Er/Sie darf/soll das Wörterbuch verwenden. Stoppen Sie die Zeit, die er/sie braucht. Tauschen Sie danach die Rollen. Wer war schneller? **Bedingung:** Es müssen alle Wörter richtig geschrieben sein.

Einzelarbeit

Ü 7: Welcher Buchstabe ist der nächste? ★★

Setzen Sie in die leeren Kästchen die richtigen Buchstaben ein. Solche Aufgaben finden Sie häufig in Intelligenztests.

C	F	I	L	O		K	G	D	B		X	C	A	F	E	J	

Einzelarbeit

Ü 8: Thread ★★

Fügen Sie einen weiteren Beitrag zum folgenden Thread einer Partnerbörse (Ausschnitt) hinzu:

Ein **Thread** (englisch) ist wörtlich ein Faden, Garn oder Strang. Im übertragenen Sinn bedeutet „Thread" Gedankengang, Diskussionsstrang bzw. eine Folge von Diskussionsbeiträgen in einem Forum.

die Orthographie: Rechtschreibung

Schlechte Rechtschreibung – dennoch intelligent?

*** schrieb am ***: Ich war gerade auf einem Profil, bei dem stand: Ich möchte eine „inteligente" Freundin. Ich war ja nun schon auf einigen Profilen und ich bin immer wieder erstaunt, dass Intelligenz vorausgesetzt wird, es aber an der eigenen Orthographie hapert. Was ich mich immer frage:

„Können Menschen, die eine sehr schlechte Rechtschreibung besitzen, zugleich intelligent sein?"

Wenn ich mein Verhalten beobachte, dann merke ich, dass ich sofort auf Ignoranz schalte, wenn mir jemand mit schlechter Orthographie begegnet.

Wie sieht es bei euch aus?

*** schrieb am ***: also ich haue hier auch sicher so einige rechtschreibfehler rein (besonders in dem leicht angetrunkenen zustand in dem ich mich grade befinde) und von groß-und kleinschreibung halte ich hier auch nicht viel. aber das hat sicher nix mit dummheit zu tun, sondern eher damit das ich einfach zu faul bin um mir hier so richtig mühe zu geben. aber wenn jemand schon in nem „hallo wie geht's?" 5 tippfehler drin hat schreckt mich das auch eher ab

*** schrieb am ***: ich kann da immer wieder nur sagen, wenn man jemand in der außenwelt kennen lernt, lässt man sich auch nicht erst eine schriftprobe geben, bevor man ihn sympathisch findet.

SbX Weitere Texte zur Diskussion über Rechtschreibung im Chat finden Sie unter der ID: 1312.

Weitere Übung im SbX

Ü 9: Buchstabenreihen ★★

Setzen Sie die Buchstabenreihen logisch fort.

SbX Sie finden Ü 9 mit automatischer Korrektur und Bewertung unter der ID: 1312.

erledigt: ☑

Ü 9: ☐

3 Sprachnormen

Sichern

die Buchstaben

Die Buchstaben des Alphabets werden in **Vokale, Konsonanten** und **Diphthonge** eingeteilt.

das Stammprinzip

Wörter kann man in sinnvolle Bestandteile zerlegen. Zum „Stamm" können Vorsilben, Nachsilben und Endungen dazukommen. Wörter mit dem gleichen Stamm gehören zu einer **Wortfamilie.**

das Rechtschreibheft/ die Karteikarten

Arbeiten Sie mit Karteikarten oder legen Sie sich ein Rechtschreibheft an, das eine Liste der Wörter enthält, die Sie zuvor falsch (jetzt aber richtig) geschrieben haben. Analysieren Sie den Fehler, indem Sie zum Beispiel die entsprechende Regel, verwandte Wörter oder Ableitungen dazuschreiben.

Hilfsmittel verwenden

Verwenden Sie bei Unsicherheiten während des Schreibens das **Österreichische Wörterbuch** oder eine **elektronische Rechtschreibhilfe.**

die Suchhilfen für das Wörterbuch

Suchtipp 1: Führen Sie das Wort auf die Grundform zurück, zum Beispiel „kam" auf „kommen", „Räder" auf „Rad".

Suchtipp 2: Über die Grenzwörter in der Kopfleiste einer jeden Wörterbuchseite finden Sie rasch das gesuchte Wort.

Suchtipp 3: Wenn Sie nur die Aussprache eines Wortes kennen, bedenken Sie alternative Schreibweisen: **b/p, d/t, g/k, k/c/g, sch > j/g/ch, tsch > c/j, w > v**

Wissen

Wissensfragen und -aufgaben

W 1: Wörter ordnen
Ordnen Sie die folgenden 10 Wörter nach dem Alphabet (Sie haben dafür eine Minute Zeit):

Xylophon, Beamte, Barkeeper, Grundwehrdiener, Technikerin, fabelhaft, blind, bereifen, Theorie, Mut

W 2: Rechtschreibung – wozu?
Bereiten Sie zu den beiden folgenden Aussagen ein kurzes Statement vor (10 Minuten Überlegungszeit; notieren Sie Stichwörter):

a) „Was kümmert mich die Rechtschreibung; Hauptsache, man versteht, was ich schreibe!"
b) „Wer nämlich mit ‚h' schreibt, ist dämlich!"

W 3: Rechtschreiben lernen
Was würden Sie Schülerinnen und Schülern empfehlen, die meinen: „Rechtschreiben erlerne ich nie."?

Ein kurzer Wissens-Check, bevor's weitergeht!

Wissens-Check

	☺	😐	☹
Ich kenne die Bedeutung der Begriffe Vokal, Konsonant, Diphthong.			
Ich erkenne den Stamm eines Wortes.			
Ich finde schnell die richtige Schreibung im Wörterbuch.			
Ich kenne die Möglichkeiten und Grenzen der Korrekturhilfe am PC.			
Ich wende eine für mich sinnvolle Methode an, meine Rechtschreibkenntnisse zu verbessern.			

SbX
Alle SbX-Inhalte zu dieser Lerneinheit finden Sie unter der ID: 1320.

Lerneinheit 2
Rechtschreibregeln kurzgefasst

Sie wiederholen in diesem Kapitel die Rechtschreibregeln zur Verdopplung von Konsonanten, zur s-Schreibung, zu gleich bzw. ähnlich klingenden Lauten. Grundsätzlich ist zu beachten, dass Fremdwörter ganz anderen Regeln folgen können. Die letzten Einheiten behandeln die schwierigsten Bereiche der Orthografie: die Groß- und Kleinschreibung sowie die Zusammen- und Getrenntschreibung. Sie werden nur in Grundzügen dargestellt, für Details sollten Sie ein Wörterbuch verwenden.

Lernen

SbX ID: 1321

1 Wann wird ein Konsonant verdoppelt?
Kante – kannte

Auch Wörter haben einen Stamm.

Wenn Sie nicht sicher sind, ob ein Konsonant verdoppelt werden muss oder nicht, stellen Sie sich folgende Fragen:

1. Steht ein **kurz** gesprochener **betonter Vokal** davor?
2. Folgt im **Stamm** des Wortes ein Vokal?

Wenn Sie beide Fragen mit ja beantworten, können Sie ziemlich sicher sein, dass der Konsonant verdoppelt werden muss. (Ausnahmen gibt es bei kurzen Wörtern wie bis, hat, es, man usw.).

Beispiel: k **ä** mm **e** n: beide Bedingungen erfüllt
ABER: sie k a m e n: Bedingung 1 nicht erfüllt (Es steht ein langer Vokal vor dem m.)

Beispiel: P **a** ck **e** r l: beide Bedingungen erfüllt
ABER: P a k e t: Bedingung 1 nicht erfüllt (Das a vor dem k ist nicht betont.)

Beispiel: er/sie p **a** ck t etwas ein: beide Bedingungen erfüllt (Der Stamm heißt packen.)
ABER: P a k t: Bedingung 2 nicht erfüllt (Auf das kurze a folgen zwei Konsonanten.)

Folgeregel: Nach l, n, r, das merke ja, steht nie tz und nie ck!
Beispiele: Arzt, Glanz, Malz, Kranz, krank, welken

Wie Sie wissen, wird die **Verdopplung von k** als **ck** dargestellt, jene von **z** als **tz**. In Fremdwörtern kann aber eine „echte" Verdopplung stehen, z. B. akklimatisieren, Akkord, Akku, Mokka, Okkultismus, Skizze, Mezzanin, Lipizzaner, Polizze, Pizza.

Einzelarbeit

Ü 1: Fremdwörter mit kk und zz ★★
Erklären Sie die genannten Fremdwörter.

Merken Sie sich jene häufigen Fremdwörter, wo trotz Doppelkonsonanten der **Vokal** davor **nicht betont** wird: Apparat, Appetit, Attrappe, Artillerie, Ballon, Terrasse, aggressiv, Kassette, Karussell, Porzellan.

Selten kommen **zwei Verdopplungen hintereinander** vor: Allee, Kaffee, Porree, Karree.

Einzelarbeit

Ü 2: Verdopplungen ★★
Erklären Sie die genannten Wörter.

3 Sprachnormen

Einzelarbeit

Ü 3: Verdopplung erklären ★

Achten Sie darauf, ob in den folgenden Wörtern der Konsonant verdoppelt wird und geben Sie dafür eine Erklärung: spucken – spuken – spuckt – spukt

Einzelarbeit

Ü 4: Verdopplung bei den Stammformen ★

Achten Sie bei den folgenden Stammformen darauf, dass sich durch den Wechsel von langem und kurzem Vokal auch der nachfolgende Konsonant ändert! Ergänzen Sie die folgende Tabelle:

Infinitiv	1. Stammform (Präteritum)	2. Stammform (Partizip Perfekt)
bitten	bat	gebeten
fallen		
gleiten		
greifen		
kommen		
leiden		
pfeifen		
reiten		
schaffen		
schleifen		
schneiden		
schreiten		
streiten		
treffen		

SbX **Eine Übung zur s-Schreibung finden Sie unter der ID: 1321.**

Gehen Sie wieder auf Reisen?

SbX **Eine Übung zu Wörtern auf -ss finden Sie unter der ID: 1321.**

2 s-Schreibung
reißen – reisen

s oder ß?

Versuchen Sie, das Wort möglichst deutlich zu sprechen. Wenn es nach einem langen Vokal oder Zwielaut stimmlos gesprochen wird und danach ein weiterer Vokal folgt, schreibt man ein ß. Sprechen Sie sich zur Verdeutlichung vor: reisen – reißen, ausweisen – ausweißen, hausen – außen, Fliesen – fließen, weise – ich weiß.

Prägen Sie sich folgende **Wörter mit ß** ein: ließ (von lassen), saß, bloß, genießen, stoßen – stieß, grüßen/Gruß, Soße, rußig, groß/der Größte, schließlich, außerdem, weiß, heiß, gemäß.

Prägen Sie sich folgende **Wörter mit s** ein: Wörter mit der Endsilbe -nis (Erlebnis, Zeugnis), lesen/las/liest, riesig, böse/Bosheit, aus, bis.

ss oder ß?

Die Antwort kann nicht schwerfallen, wenn man die Verdopplungsregel kennt. Bei manchen Stammformen tritt Verwirrung auf, weil der Vokal im Stamm einmal kurz, einmal lang gesprochen wird (bzw. ein Zwielaut ist) und sich daher auch das s ändern muss.

Beispiel: gießen – goss – gegossen.

Einzelarbeit

Ü 5: Kurz oder lang? ★

Ergänzen Sie die folgende Tabelle.

Infinitiv	1. Stammform (Präteritum)	2. Stammform (Partizip Perfekt)
beißen		
essen		
fließen		
fressen		
genießen		
lassen		
reißen		
schießen		
schließen		
schmeißen		
vergessen		

SbX

Eine Übung zu „das oder dass" finden Sie unter der ID: 1321.

das oder dass?

Diese Frage gehört eigentlich zur Grammatik, denn die beiden Wörter haben ganz unterschiedliche Funktionen im Satz. Wenn Sie einen Gliedsatz einleiten (häufig ist das ein Objektsatz), verwenden Sie „dass". Beispiel: Hast du gehört, **dass** morgen gestreikt wird? Selbstverständlich können Gliedsätze auch an erster Stelle stehen. Beispiel: **Dass** du so gemein bist, habe ich nicht gewusst.

In den anderen Fällen schreibt man „das"; dabei kann es sich um einen Artikel handeln (**das** Geschenk), ein Relativpronomen (..., **das** gestern mit der Post gekommen ist) oder ein Demonstrativpronomen (Ist **das** von dir?).

Einzelarbeit

Ü 6: das oder dass?

Im folgenden Satz kommen alle Arten von das/dass vor – ordnen Sie zu:

Ich glaube **das** einfach nicht, **dass** du **das** Kleid, **das** ich dir erst letzte Woche gekauft habe, schon wieder verschenkt hast.

3 Gleich bzw. ähnlich klingende Laute

Ende – Ente

„Am Ende wird die Ente fett." – Sprichwort, das soviel bedeutet wie: Am Ende bekommt man die Genugtuung.

Gleich und ähnlich klingende Konsonanten

d/t/dt

- Hören Sie auf die Aussprache. Probleme bereitet das Wortende, weil wir üblicherweise den **Auslaut** hart sprechen. Versuchen Sie in diesem Fall, das Wort zu verlängern, oder suchen Sie ein verwandtes Wort. Beispiel: Splint – Splinte, Spind – Spinde.
- Die Vorsilbe **end-** verweist immer auf ein Ende: endgültig, Endsilbe, Endspurt.
  Am Wortende ist zu beachten: -end ist von einem Infinitiv abgeleitet: bedeutend, aufragend, lachend, errötend.
- **„dt"** ist oft aus einer Zusammenziehung der Endung „det" entstanden. So ist verwandt von verwendet abgeleitet, gesandt von gesendet.
- Achten Sie auf das **Grundwort:** Abend – abendlich, Jugend – jugendlich
- Vor **-lich** steht oft ein **Binde-t:** eigen-t-lich, namen-t-lich, hoffen-t-lich.
- **Tod/tot:** Die **Schreibung mit -d** geht auf den Tod zurück: Todesangst, todgeweiht (dem Tode geweiht), tödlich. Die **Schreibung mit -t** geht auf das Adjektiv tot zurück: die Toten, Totschlag/totschlagen, er ist tot, Totenkult, totenstill.

3 Sprachnormen

x-Laute

Der x-Laut kann mit gs, ks, cks, chs oder x geschrieben werden. Leider gibt es dafür keine Regel. Die **Stammwortsuche** kann fast immer helfen. Beispiel: Knicks, Klecks, anfangs, unterwegs, Koks, Keks, links, Wachstum, Wechsel, Achse, Buchse, Hexe.

f-Laute

Meist wird der f-Laut mit f geschrieben. Wichtige Ausnahmen sind die Vorsilben ver- und vor-. In Fremdwörtern kann dafür auch ph stehen.

Einzelarbeit

Ü 7: vor... ★

Leiten Sie von den folgenden Verben Nomen mit der Vorsilbe vor- ab:

legen, stellen, setzen, sehen, gehen, geben, teilen, werfen, bestrafen, ausscheiden

Einzelarbeit

Ü 8: ver... ★

Leiten Sie von den folgenden Wörtern Verben mit der Vorsilbe ver- ab:

anders, allgemein, Anlage, außen, Bruder, Buße, Ebbe, düster, Futter, Folge, Hilfe, lang

Gleich und ähnlich klingende Vokale

Die meisten Wörter mit **ä bzw. äu** lassen sich von einem Wort mit a bzw. au ableiten. Hilfreich ist es also oft, ein verwandtes Wort zu suchen.

Beispiele: gänzlich → ganz, Hände → Hand, Mäuschen → Maus, Gebäude → bauen.

Einzelarbeit

Ü 9: ä und äu ★

Leiten Sie aus den folgenden Wörtern Wörter mit ä bzw. äu ab:

Nahrung, Saal, Gefahr, Haus, malen, Schaum, taub, Raub, Taufe, blau

Ob man **ei** oder (seltener) **ai** schreibt, hängt von der Wortgeschichte ab, hier lassen sich also keine Regeln formulieren.

4 Groß- und Kleinschreibung

Warum man groß klein schreibt, eine Kleinigkeit aber groß

„Gänseblümchen" ist ein Nomen.

abstrakt: nicht gegenständlich

Großgeschrieben werden alle Nomen, das ist so weit allen klar. Aber wie erkennt man sie? Leicht ist es bei allen **konkreten Dingen,** die man benennen kann: Gänseblümchen, Tisch, Luft, Pferd. Größere Schwierigkeiten verursachen **abstrakte Begriffe** wie Schmerz, Liebe, Leitung, Heiterkeit. Viele von ihnen sind allerdings durch ihre Nachsilbe eindeutig als Nomen erkennbar, nämlich Wörter auf **-ung, -heit, -keit, -tum, -schaft, -nis, -ling** und **-sal.**

Vor allem die ersten sechs muss man sich unbedingt einprägen, denn bei Wörtern mit diesen Endungen wird oft auf die Großschreibung „vergessen". Merken sollte man sich auch, dass alle **Maßangaben** großgeschrieben werden: Meter, Minute, Liter.

Natürlich kann man auch darauf vertrauen, dass alle Nomen einen **Artikel** zugeordnet haben, doch der steht erstens nicht immer dabei und ist zweitens oft vom Nomen, zu dem er gehört, entfernt. Achten Sie daher besonders auf die Groß- und Kleinschreibung, wenn sich Attribute zwischen den Artikel und das Nomen schieben: die blaue Blume, in der letzten Minute, eine großartige Leistung, ein nicht gerade sensationelles Ergebnis.

Bei **Zusammensetzungen** ist das **Grundwort** entscheidend: Wenn es sich um ein Adjektiv handelt, schreibt man es klein, auch wenn es mit einem Nomen verbunden ist.

Beispiele: bedeutungsvoll, liebestoll, herzkrank, gertenschlank

Einzelarbeit

Ü 10: Zusammensetzungen ★

Verbinden Sie die Nomen der linken Spalte mit den Adjektiven der rechten Spalte zu sinnvollen Wörtern:

Butter	reich	
Arten	fein	
Pulver	weich	
Blüten	rund	
Staub	weit	
Kilometer	rein	
Kugel	frei	

In manchen Fällen treten jedoch Unsicherheiten auf, ob man das Nomen tatsächlich groß schreibt. Die erste Schwierigkeit entsteht bei bestimmten **Verbindungen von Nomen und Verb.** Manche werden als **ein Wort** angesehen, daher schreibt man sie zusammen und klein – das Verb „schluckt" sozusagen das Nomen. In diesem Fall müssen wir das „Nomen" bei einer Trennung **kleinschreiben.**

Wenn Sie unsicher sind, schlagen Sie im Wörterbuch nach, ob es ein solches zusammengesetztes Verb gibt.

Beispiele: Stand + halten → standhalten: Sie hielt dem Druck stand.
Preis + geben → preisgeben: Er gab sein Geheimnis nicht preis.
Kopf + stehen → kopfstehen: Alles steht kopf in der Firma.
Hingegen: Rad fahren – wir fahren Rad.

Die gleiche Schwierigkeit entsteht bei bestimmten **Verbindungen von Präposition und Nomen.** Bei getrennter Schreibung wird das Nomen groß geschrieben: zur Not, in Kürze, zu Fuß, im Grunde, nach Hause, an Stelle. Bei **Zusammenschreibung** gelten sie als Präpositionen bzw. Adverbien und werden daher kleingeschrieben: anstelle, nachhause.

Es gibt weitere Fälle, wo das Nomen seine Rolle verloren hat und daher **kleingeschrieben** wird. Ein Beispiel dafür sind **Ableitungen von Nomen auf -s:** abends, seitens, mangels, montags.

Nominalisierung

Nominalisierungen sind Wörter anderer Wortarten, die wie ein Nomen verwendet werden. Man schreibt sie **groß.** Jedes Wort kann im Satz wie ein Nomen gebraucht werden. Man erkennt das meistens daran, dass ihm ein Artikel, ein Demonstrativpronomen (dieses …), ein Adjektiv oder ein unbestimmtes Zahlwort (etwas, nichts, viel, wenig, manches, einiges, kein, allerlei, genug) vorangestellt ist.

Beispiele: Ich habe **ein klares** Nein ausgesprochen. Der Ort bietet **nichts** Sehenswertes. **Das** Schlittschuhlaufen macht mir Spaß. **Häufiges** Schnarchen gefährdet die Gesundheit. Ich sage es **jedem** Einzelnen von euch. Ich bezahle **im** Voraus.

Tappen Sie in keine Falle!

Merksatz: Nach VOM, ZUM, BEIM schreib das Zeitwort niemals klein!

Achtung! Falle

- Oft **verschmilzt** der Artikel mit einer Präposition: Beim (= bei dem) Abschreiben mache ich oft Fehler. Wir verwenden zum (= zu dem) Kochen nur biologisches Öl.
- Besondere Beachtung erfordern die **Infinitive.** Man schreibt sie normalerweise klein. Beispiele: Höre auf, ich kann nicht mehr **lachen.** Was gibt es denn da zu lachen.

  Groß schreibt man sie allerdings, wenn

  a) davor ein Artikel steht oder stehen könnte (z. B. **das** Lesen).
  b) davor eine Präposition steht oder stehen könnte (z. B. **durch** Lesen).
  c) davor ein gebeugtes beifügendes Adjektiv steht oder stehen könnte (z. B. **lautes** Lesen).
  d) davor ein gebeugtes beifügendes Pronomen steht oder stehen könnte (z. B. **ihr** Lesen).
- Adjektive können sich auf ein Nomen beziehen, **das im Satz bereits vorgekommen ist.** Daher werden sie in diesem Fall klein geschrieben.

  Beispiel: Die jungen Hunde sind verspielter als die alten.
- **Superlative** werden mit „am" gebildet: am schnellsten, am höchsten, am weitesten. Hier handelt es sich **nicht** um eine Zusammenziehung von an + dem, man schreibt sie daher klein.

Einzelarbeit

Ü 11: Nominalisierte Infinitive ★★

Ordnen Sie die folgenden Sätze mit Infinitiven den Erklärungen a) bis d) zu:

Lautes Lachen kann mitunter nerven.	
Zum Lachen benötigt man bestimmte Muskeln – kann man die trainieren?	
Stress kann auch durch Lachen abgebaut werden.	
Dein Lachen macht dich unverwechselbar.	

Einzelarbeit

Ü 12: Groß oder klein? ★★

Markieren Sie die groß zu schreibenden Wörter:

Sie haben menschliche züge; vieles geschieht aus lustlosigkeit; die fundamentale frage der menschheit; der text erfordert ein mehrmaliges durchlesen; mein lösungsvorschlag ist folgender; das schlimmste am alkohol ist die suchtgefahr; ist es lebenswert, so zu leben? Von der spielsucht wegzukommen ist nur mit professioneller hilfe möglich; sich stundenlang berieseln lassen; die meisten unfälle entstehen durch rasen; das wäre mir am liebsten gewesen; wir sollten uns mit wichtigerem auseinandersetzen; die uhr ist wasserdicht und stoßsicher; sein gesicht verfärbte sich zu einem leichten rot.

Eigennamen und bestimmte feste Verbindungen

Ein Eigenname identifiziert bestimmte einmalige Personen oder Sachen, z. B. das Technische Museum Wien (aber: Das größte technische Museum Europas steht in München.). In Eigennamen schreibt man Adjektive, Partizipien, Pronomen und Zahlwörter groß.

Zu den Eigennamen zählen:

- **Personennamen** (Joseph der Zweite, Karl der Große)
- **Geografisch-politische Bezeichnungen:** die Vereinigten Staaten, die Europäische Union, Naher Osten, Atlantischer Ozean
- **Sternbilder und andere Himmelskörper:** der Große Wagen, der Rote Planet, das Schwarze Loch, der Rote Riese, der Weiße Zwerg
- **Bauwerke und Örtlichkeiten:** die Blaue Moschee, der Schiefe Turm, an der Alten Donau
- **Orden und Auszeichnungen:** das Goldene Ehrenzeichen für Verdienste um die Republik Österreich, der Große Staatspreis für Literatur
- **Institutionen, Organisationen, Einrichtungen:** Europäische Union, Österreichischer Gewerkschaftsbund, Gasthaus Goldener Adler
- **Historische Ereignisse und Epochen:** der Zweite Weltkrieg, die Erste Republik, der Westfälische Friede

Wo befindet sich die Blaue Moschee?

Ableitungen von Eigennamen

Groß schreibt man:

- **Geografische Namen auf -er:** Tiroler Wappen, Schweizer Käse, Wachauer Marillen
- **Ableitungen von Personennamen,** die **mit Apostroph** hervorgehoben werden: das Ohm`sche Gesetz, ein Freud`scher Versprecher, Grimm`sche Märchen

Klein schreibt man:

- **Geografische Namen auf -isch:** österreichische Fahne, spanischer Wein
- **Ableitungen von Personennamen:** das ohmsche Gesetz, ein freudscher Versprecher, grimmsche Märchen

Das **Fleißige Lieschen** ist durch die Rechtschreibregeln bekannt geworden. Man findet es im Österreichischen Wörterbuch, im Duden und einigen Deutsch-Lehrbüchern als Beispiel.

Bestimmte feste Verbindungen werden wie Eigennamen behandelt. Dazu gehören **Titel und Funktionsbezeichnungen** (der Heilige Vater, Technischer Direktor) sowie **besondere Kalendertage** (der Heilige Abend, der Erste Mai).

In **Fachsprachen** gibt es oft begriffliche Einheiten, wo auch das Adjektiv groß geschrieben wird, besonders in der Botanik und Zoologie (das Fleißige Lieschen, der Rote Milan). Wenn es sich um **keine Eigennamen** handelt, schreibt man in solchen Wortgruppen das **Adjektiv klein:** das autogene Training, das neue Jahr, ein bunter Hund, die steirischen Wälder.

Einzelarbeit

Ü 13: Eigennamen ★★

Entscheiden Sie anhand der Regeln über Groß- oder Kleinschreibung. Überprüfen Sie anschließend Ihre Schreibung mithilfe eines Wörterbuchs.

Eine g/Goldene Uhr brachte früher viel Prestige. Sie wählten den g/Goldenen Mittelweg. Prag nennt man auch die g/Goldene Stadt. Der g/Goldene Schnitt gilt als ideale Proportion. Einige Sportler haben gleich mehrere g/Goldene gewonnen. Während des g/Goldenen Zeitalters lebten die Menschen in völligem Frieden. Sie überreichte die g/Goldene Schallplatte. Du bist ein g/Goldiger Junge.

Spezialfälle der Groß- und Kleinschreibung

Anredepronomen

Die **vertraulichen Anredepronomen** du und ihr sowie ihre Beugungsformen (dir, dich, euch) schreibt man klein. In Briefen können sie auch großgeschrieben werden.

Die Pronomen kennzeichnen, welche **Rolle** eine Person **in der sprachlichen Kommunikation** einnimmt. Die erste Person bezeichnet immer den Sprecher (ich), die zweite den Adressaten, an den die Kommunikation gerichtet ist (du, ihr), die dritte die Person, über die gesprochen wird (er, sie, es; sie).

Wenn man eine bestimmte Person (oder bestimmte Personen) direkt anspricht, werden das Sie und die dazugehörigen Pronomen groß geschrieben. **Beispiele:** Ich danke **Ihnen**. Ich freue mich für **Sie**. Wie geht es **Ihrem** Sohn?

Einzelarbeit

Ü 14: Anrede ★★

Markieren Sie im folgenden Text die groß zu schreibenden Anredepronomen:

Jürgen Sprenzinger
Friedenstraße 7a
86179 AUGSBURG
DEUTSCHLAND

Fa.
Vatter GmbH
Belinda-Strumpffabrik
Postfach 97
48432 RHEINE
DEUTSCHLAND

25. 8. 1995

Sehr geehrte Damen und Herren,

demnächst plane ich einen Banküberfall. Ich weiß zwar noch nicht den genauen Zeitpunkt, aber ich weiß bereits, welche Bank. Das möchte ich ihnen aber nicht verraten, sonst verpfeifen sie mich vielleicht, und das wäre mir recht unangenehm. Ich will nämlich nichts mit der Polizei zu tun haben. Aber eigentlich wollte ich ihnen das gar nicht sagen. Außerdem ist mein Plan noch nicht ganz fertig, aber er wird ziemlich raffiniert.

(Sprenzinger, Jürgen: Sehr geehrter Herr Maggi. München 1996. Schreibung geändert)

Zahlwörter

Die **Grundzahlen** schreibt man **klein:** Die zwei waren nett. Sie wollte um acht anrufen …

Klein schreibt man auch die **vier Zahladjektive viel/wenig, eine, andere:** Das haben schon viele gesagt. Die einen meinen das, die anderen das.

Auch **beide** schreibt man **klein:** Die beiden gingen in die Wohnung.

Nominalisierte Zahlwörter schreibt man hingegen **groß:** am Ersten des Monats, jeder Vierte, sie ist die Einzige …

„Heute back' ich, morgen brau ' ich…" – aus welchem Märchen stammt dieser Spruch?

Tageszeiten, Zeitangaben

Tageszeiten sind Adverbien; man schreibt sie im Normalfall **klein:** … heute back' ich, morgen brau' ich, übermorgen hol' ich mir der Königin ihr Kind; abends gehe ich weg, nachts schlafe ich.

Steht nach einer Tageszeit eine **weitere Zeitangabe,** schreibt man diese **groß:** gestern Mittag, morgen Abend, heute Morgen.

Wochentage schreibt man groß. Kommt danach eine Zeitangabe, wird sie an den Wochentag angehängt: Montagabend, Dienstagnachmittag.

heute	heute Abend	morgens	Montagnachmittag
gestern	gestern Mittag	abends	Dienstagabend
morgen	morgen Früh	mittags	Donnerstagmorgen

Sprach- und Farbbezeichnungen

Bei Sprachbezeichnungen verhält es sich so: Auf die Frage „Was?" erwartet man ein Nomen, auf die Frage „Wie?" ein Adjektiv. Richtig ist daher: **Wir sprechen Deutsch** (Was sprechen wir? Die deutsche Sprache). Richtig ist aber auch: **Wir sprechen deutsch** (Wie sprechen wir? deutsch).

Richtig ist: Sein Französisch war kaum verständlich (Was war kaum verständlich?). Sie hat in Nordfrankreich Bretonisch gelernt. (Was? Die bretonische Sprache). Mit Englisch kommt man überall durch. Sag es auf Deutsch.

Bei **Farbbezeichnungen** gilt dasselbe: Ich trage niemals Grau (Was trägst du niemals? Welche Farbe?). Aber: Der Himmel war grau (Wie war der Himmel?). Wir liefern das Sofa in Schwarz. Die Ampel schaltet auf Rot.

Schreibung nach Satzzeichen

Nach einem Punkt, einem Fragezeichen und Rufzeichen schreibt man das erste Wort des nachfolgenden Satzes groß. Schwieriger ist es bei einem **Doppelpunkt.** Wenn danach ein vollständiger Satz kommt, beginnt man ihn mit einem Großbuchstaben; handelt es sich hingegen nur um eine Aufzählung, eine Erläuterung oder Wortgruppe, schreibt man nach dem Doppelpunkt klein weiter. Nach einem Beistrich oder Strichpunkt schreibt man ebenfalls klein weiter.

groß nach | . | ? | ! | [:] | klein nach | , | ; | [:] |

Spaghetti mit Muscheln

Beispiele:

Zur Zubereitung einer Pasta mit Muscheln für vier Personen benötigt man: **e**inen Esslöffel Öl, 1 kg frische Muscheln in der Schale …

Der erste Arbeitsschritt ist folgender: **M**an entfernt die Byssusfäden von den Muscheln und schrubbt sie unter kaltem Wasser gut mit einer harten Bürste, bis der Sand entfernt ist; **s**ind die Schalen geöffnet oder schließen sie sich nicht, wenn sie einen kräftigen Schlag erhalten, wirft man sie weg.

5 Getrennt- und Zusammenschreibung
Welche Wörter darf man trennen, welche nicht?

Verb + Verb schreibt man meistens **getrennt.**
Beispiele: laufen lernen, spazieren gehen, einkaufen fahren

Verbindungen mit **bleiben oder lassen** kann man bei übertragener Bedeutung auch **zusammenschreiben**: Ich hoffe, es wird niemand sitzenbleiben (nicht aufsteigen). Sie hat ihn einfach stehenlassen (sich abgewandt).

Nomen + Nomen schreibt man **zusammen.**
Beispiele: Holzofen, Ofengabel, Gabelbissen

Im Deutschen kann man beliebig lange Zusammensetzungen bilden. Sinnvoll ist dies nicht, da die Übersichtlichkeit verlorengeht, wie im folgenden Beispiel: Traubenkernaromaölsprudelbad.

Einzelarbeit

Ü 15: Wort trennen ★

Umschreiben Sie das Wort Traubenkernaromaölsprudelbad, indem Sie es in mehrere Bestandteile auflösen.

Zur Verbesserung der Lesbarkeit kann man zwischen den Bestandteilen eines zusammengesetzten Wortes einen Bindestrich einfügen. Beispiele: Tee-Ernte, Lotto-Annahmestelle.

Nomen + Verb schreibt man grundsätzlich **getrennt.**

Beispiele: Rad fahren, Schlange stehen, Recht sprechen, Folge leisten

Werden diese **Wörter als Nomen gebraucht,** schreibt man sie **zusammen,** z. B.: beim Radfahren.

Kennen Sie jemanden, der punktschweißt? – Das Österreichische Wörterbuch nicht!

Zusammen schreibt man Nomen + Verb,

- **wenn das Nomen nicht mehr als solches empfunden wird, sondern als bloßer Verbzusatz:** eislaufen, kopfstehen, leidtun, standhalten, stattfinden, teilnehmen, heimreisen, preisgeben, irreführen
- **wenn die Zusammensetzung beim Abwandeln nicht getrennt wird:** schlafwandeln – sie schlafwandelt, maßregeln – er maßregelt ihn, schlussfolgern – sie schlussfolgern, wetteifern – sie wetteifern, punktschweißen – punktgeschweißt.

In manchen Fällen ist es schwer zu entscheiden, ob eine untrennbare Verbindung vorliegt. In diesen Fällen ist **beides erlaubt.** Beispiel: gewährleisten/Gewähr leisten (sie gewährleistet oder sie leistet Gewähr), staubsaugen/Staub saugen, brustschwimmen/Brust schwimmen, haushalten/Haus halten.

Wird eine **ganze Fügung als Nomen gebraucht,** werden die Wörter durch **Bindestriche** verbunden, z. B. es ist zum Aus-der-Haut-Fahren. Beachten Sie hier auch die Groß- und Kleinschreibung: Das erste Wort muss auf jeden Fall groß geschrieben werden.

Präpositionen/Adverbien + Verb schreibt man generell **zusammen.** Liegt die Betonung bei der Kombination Adverb + Verb auf dem Verb, schreibt man getrennt.

Beispiele: aufgeben, nachlassen, anziehen, vorangehen, vorbeiziehen, zurückkehren, zusammenräumen, überfliegen, entgegenkommen, übereinanderlegen – **aber:** übereinander reden, zusammen lernen, wieder sehen können etc.

Einzelarbeit

Ü 16: Zusammensetzungen ★★

Bilden Sie möglichst viele Zusammensetzungen mit Präposition/Adverb + kommen.

Partizip + Verb schreibt man getrennt, z. B. verloren gehen, geschenkt bekommen, getrennt schreiben.

Adjektiv + Verb schreibt man meistens getrennt, z. B. bewusstlos schlagen, falsch spielen, frei reden. Solche Adjektive lassen sich steigern oder durch „sehr" bzw. „ganz" erweitern.

Fern sehen ist nicht gleich fernsehen!

Zusammen schreibt man **Adjektiv + Verb,** wenn sich eine neue Gesamtbedeutung ergibt, die in der wörtlichen Bedeutung der Einzelteile nicht erkennbar ist. **Beispiele:** fernsehen, hochrechnen, schwarzarbeiten, bloßstellen, richtigstellen, krankschreiben, schwerfallen.

In Zweifelsfällen kann man getrennt und zusammenschreiben: fertigstellen = fertig stellen, geringschätzen = gering schätzen. Bei **„resultativen Verben"** (die ausdrücken, dass ein bestimmtes Resultat erzielt wurde), ist manchmal Zusammenschreibung üblich (volltanken, totfahren). Manches lässt das Wörterbuch offen (kaputtmachen = kaputt machen, blaufärben = blau färben).

Zusammensetzungen von Adjektiven, Adverbien, Partizipien und Zahlwörtern, z. B. winzig klein, kochend heiß, leuchtend rot, gestochen scharf, schreibt man **getrennt.**

Ausnahmen:

- Der erste Bestandteil steht für eine **verkürzte Wortgruppe** (steinhart = hart wie Stein, angsterfüllt = von Angst erfüllt, freudestrahlend = vor Freude strahlend, meterhoch = mehrere Meter hoch). Dazu gehören auch Zusammensetzungen mit **-fähig** (konsensfähig), **-freundlich** (benutzerfreundlich), **-mäßig** (verhältnismäßig), **-artig** (blitzartig) und **-nah** (bürgernah).
- Die beiden Teile sind mit einem **Fugenelement** (-s-, -n-) verbunden: altersschwach, sonnenarm.
- Einer der beiden Bestandteile kommt in dieser Bedeutung **nicht als selbständiges Wort** vor, z. B. blauäugig, großspurig, letztmalig, redselig.
- Es handelt sich um **gleichrangige (nebengeordnete) Adjektive,** wie blaugrau, feuchtwarm, nasskalt.
- Der zugrunde liegende Infinitiv wird zusammengeschrieben; z. B. irreführend, ferngesehen.
- Der erste Bestandteil **verstärkt den Bedeutungsinhalt** des zweiten, z. B. bitterböse, brandaktuell, dunkelblau, erzkonservativ, todschick, ultramodern.

Alle Formen von **irgend-** schreibt man **zusammen:** irgendein, irgendjemand, irgendetwas
Auch Verbindungen mit **-mal** schreibt man **zusammen:** einmal, viermal;
Achtung! Getrennt: vor allem, gar nicht, bei weitem, auf einmal, nie mehr, so etwas, auf jeden Fall

Zwei Schreibweisen – zwei Bedeutungen

Zufrieren oder zu frieren?

Betontes „zu“: 1 Wort	Unbetontes „zu“: 2 Wörter
Wir wollen nur zusehen.	Hier gibt es nichts zu sehen.
Der Teich wird bald zufrieren.	Wir wollen hier sitzen ohne zu frieren.

Konjunktion (Einleitewort): 1 Wort	Präposition mit Artikel: 2 Wörter
Nachdem sie die Hausübung geschrieben hatte, durfte sie Computer spielen.	Nach dem Essen komme ich zu dir.
Seitdem ich in der Schule bin, habe ich Kopfschmerzen.	Seit dem letzten Spiel habe ich Kopfschmerzen.
Wir lösten das Problem, indem wir zu Hause blieben.	In dem roten Kreis befindet sich eine Kugel.

Nomen – die Bindungsangst nimmt zu

Nomen/Adjektiv/Verb/Pronomen/Adverb + Nomen schreibt man meist zusammen.
Beispiele: Hochspannung, Hochalpenstraße, Finanzministerium, Erstbezug.

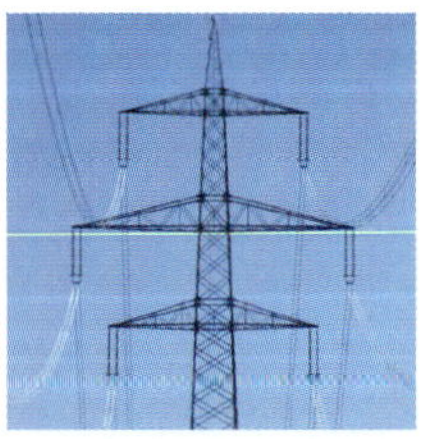

Hochspannung-s-leitung – nicht immer wird ein Fugen-konsonant gesetzt.

Manche Zusammensetzungen sind durch einen **Konsonanten** besonders fest aneinander gebunden: Verlegenheit-s-lösung, Zeitung-s-bericht, Eignung-s-test, Liebe-s-beweis, Sonne-n-strahlen, Behinderte-n-toilette. Wann so ein Fugen-Konsonant zu setzen ist, sagt einem am ehesten das Sprachgefühl (wenn nicht: das Wörterbuch): Das Fleisch vom Rind heißt halt Rindfleisch, während das Leder, das man aus der Rinderhaut herstellt, Rindsleder genannt wird. Schwierigkeiten bereitet die Steuer auch in der Rechtschreibung: Einkommensteuer oder Einkommen-s-steuer? Das OWB lässt beides gelten.

Durch den Einfluss der englischen Sprache begegnet man heute viel zu häufig einer Getrenntschreibung, wie das nebenstehende Bild zeigt. „Apfel Essig Kur“ ist eine Wortliste und sonst nichts.

Getrennt schreibt man Begriffe, die aus mehreren Nomen bestehen, nur in Ausnahmefällen. Und zwar:

- Abgeleitete **geografische Namen auf -er:** Wiener Straße, Brandenburger Tor
- Manche Verbindungen aus dem **Englischen,** wenn nämlich **beide Teile betont** sind. Eindeutig ist das der Fall bei Wörtern wie Open Air, Full Service, Electronic Banking. Wo diese Eindeutigkeit nicht gegeben ist, sind beide Varianten erlaubt. Beispiele: Happy End/Happyend, Long Drink/Longdrink, Fair Play/Fairplay.

Eine Besonderheit stellen **Zahlwörter (Numerale) vor Maßeinheiten** dar. Meist sind zwei Schreibvarianten erlaubt: drei viertel Liter – drei Viertelliter, siebziger Jahre – Siebzigerjahre.

Schreibung mit Bindestrich

Bei **Zusammensetzungen mit Nachsilben** steht kein Bindestrich: 68er, ein 32stel

Bindestriche sind in folgenden Fällen zu setzen:

- **Wörter + Einzelbuchstaben:** A-Dur, i-Punkt, y-Achse, x-mal
- **Wörter + Abkürzungen:** Fußball-WM, UV-bestrahlt, Kfz-Mechaniker, EU-weit
- **Wörter + Ziffern/Zahlen:** 5-mal, 17-Jährige, 2:1-Sieg

Koppelungen
Nominal gebrauchte längere Wortgruppen werden durch Bindestriche verbunden: das Entweder-oder, das Kopf-an-Kopf-Rennen (nicht aber z. B. das Autofahren). Beachten Sie, dass Infinitive am Ende hier großzuschreiben sind: Es ist zum Aus-der-Haut-Fahren.

Als **Lesehilfe,** zur Verdeutlichung und Hervorhebung, kann man ebenfalls Bindestriche setzen. Das ist zum Beispiel dann sinnvoll, wenn **drei Vokale** zusammenkommen (Kaffee-Ersatz, See-Elefant), wenn ein Teil ein noch **weniger gebräuchliches Fremdwort** ist (Consulting-Unternehmen) oder wenn das **Wort sehr lange** ist (Autobahnraststätten-Betreiber). Allerdings sollte man sparsam mit Bindestrichen umgehen, sonst erreicht man das Gegenteil: eine Verlangsamung des Lesens.

Üben

SbX ID: 1322

3 Sprachnormen

Einzelarbeit

SbX
Sie finden Ü 17 mit automatischer Korrektur und Bewertung unter der ID: 1322.
erledigt: ☑
Ü 17: ☐

Ü 17: Verdopplung ★

Setzen Sie die entsprechenden Buchstaben ein und klären Sie die Bedeutung aller Wörter, die Sie nicht kennen.

b/bb:
kna__ern, sa__ern, we__en, ro__en, Schru__er, tra__en, E__ene, E__e

d/dd:
sich verhe__ern, bu__eln, Qua__er, Pu__er, Pa__elboot, a__ieren, Wi__erhall

g/gg:
Ba__er, jo__en, Wa__on, Ro__enmehl, Tie__el, schmu__eln, pflü__en, Pe__el

k/ck:
Ste__enpferd, Wol__e, kompa__t, La__e, Ha__en, La__en (Singular), Pa__t, Inse__t,
Kni__s, ele__trisch, Ha__sto__, Do__, bo__ig, hei__el, E__schran__

l/ll:
einfä__tig, Zahnschme__z, a__mählich, Ga___erie, Gese__schaft, Gesta__t, Mi__imeter,
A__macht, Sto__en, Mi__iarde, Pa__ast, Pi__ger, a__gemein, Fa__te

m/mm:
So__erfrische, fro__, Gra_, gri__ig, gesa__t, sä__tliche, ko__plett, Ka___erad, kra__en,
Ko__itee, A__e, bu__eln, Ka__in, Ka__era, zusa__en, schwe__en, nu__erieren, Ste__eisen

n/nn:

Sta__iolpapier, Blutgeri__sel, bi__en, Ka__te, Dü__en, Ka__ibale, Spa__ferkel, Sava__e, gespre__kelt, Ze__sur, Spi__webe, es bega__, Beka__tschaft, Friseuri__en

p/pp:

schni__isch, fo__en, sich wa__nen, tri__eln, A__arat, do__en, Klu__e, Tro__en, do__elt, hu__en, Sto__uhr, kni__sen, Ti__

r/rr:

hu__tig, Ziga__ette, Gita__e, Ka___ikatur, knu__en, he__lich, He__schaft, Schnu__bart, he__ein, He__ing, vo__aus, verwi__t

s/ss:

Ba__e, famo__, kolo__al, Schlama__el, Gä__chen, Gewi__heit, Bewu__tsein, Bi__tum, zuverlä__ig, ein bi__chen

t/tt:

Anmu__, Demu__, Be__ler, Mansche__e, wa__en, tre__en, Tri__bre__, bru__al, Ku__eln, Ladenhü__er, Wildbre__, Werkstä__e, Spli__er, Bo__e

z/tz:

plö__lich, Schmaro__er, du__en, sie__en, Mal__, Bre__el, Antli__, ran__ig, Schür__enjäger, Spi__bube, ä__en, pel__ig, beher__t, Spa__ierweg, zugespi__t, verhe__en, jauch__en, stol__ieren, Noti__, gebli__t

Einzelarbeit

Ü 18: s oder ß? ★

Setzen Sie s bzw. ß ein:

rie__ig, Bu__e, flö__en, Blö__e, Mu__e, sprie__en, schlie__lich, sto__en, Mü__iggang, Stra__e, sich entäu__ern (einer Sache), die Wand wei__en, die drei Wei__en, ei__ig, sich kräu__eln, Krei__el, au__en, Krei__saal, nie__en, Rei__brett, Eiwei__, Wei__heit, Grü__e, (jemandem etwas) wei__machen

Einzelarbeit

Ü 19: dass ★

Formen Sie die folgenden Sätze zu einem Satzgefüge mit einem dass-Satz um.

Beispiel: Reichere müssen mehr Steuern zahlen. Das ist gerecht. → Es ist gerecht, dass Reichere mehr Steuern zahlen müssen.

1) Morgen wird es regnen. Das ist sicher.
2) Bist du wirklich krank gewesen? Ich glaube das nicht.
3) Es wird bald zu einer Klimakatastrophe kommen. Viele behaupten das.
4) Immer mehr Österreicher/innen müssen Privatkonkurs anmelden. Das ist leider wahr.
5) Ich werde in zwei Monaten Vater. Ich weiß das.

Zusatzfrage: Zu welcher Wortart gehört „das" in den obigen Sätzen?

Einzelarbeit

Attributsatz: Nebensatz, der die Funktion eines Attributs (einer Beifügung) hat (siehe Lerneinheit 4).

Ü 20: „das" als Relativpronomen ★★

Formen Sie in den folgenden Sätzen die kursiv gesetzten Attribute zu Attributsätzen um.

Beispiel: Ich muss dieses *völlig uninteressante* und *langweilige* Buch bis zur nächsten Woche gelesen haben. → Ich muss dieses Buch, das völlig uninteressant und langweilig ist, bis zur nächsten Woche gelesen haben.

1) Das *in einer Vielzahl von Varianten gespielte* Tarock gehört zu den beliebtesten Kartenspielen.
2) Wie heißt das Land *mit der größten Bevölkerungsdichte in Europa?*
3) Das *in vielen Unterarten vorkommende und wunderschön blühende* Veilchen gehört zu den ersten Frühlingsblumen.

4) Wie lang ist das ***ins Guiness-Buch der Rekorde aufgenommene*** längste Beinhaar der Welt?
5) Wer baute das erste ***mit Benzin betriebene*** Fahrzeug?

Einzelarbeit

Ü 21: dass oder das? ★★

Setzen Sie in den folgenden Sätzen die fehlenden Beistriche sowie **dass** bzw. **das** ein:

Ich bin überzeugt davon ________ ________ nicht mehr lange dauert. Ich habe weder gewusst ________ du umziehst noch ________ du ________ Haus verkaufen willst. Ist ________ dein Ernst ________ der Kurs der Aktie um 10 % gefallen ist? Ich habe vor kurzem ein Mädchen in einer Boutique gesehen ________ mich sofort bezaubert hat. ________ große Unglück ________ die ganze Stadt betroffen hat war vor einem Jahr. Vor einem Monat hätte ich nicht damit gerechnet ________ ________ noch schiefgehen kann. ________ ist aber schade ________ Sie keinen früheren Termin mehr frei haben.

Einzelarbeit

Ü 22: a und ä ★

Finden Sie jeweils zwei Ableitungen mit ä zu folgenden Wörtern: Land, backen, Maß, klar, Kraft, Fall, Bauer, Wasser, Verstand.

Einzelarbeit

Ü 23: Wörter mit ai ★

Setzen Sie folgende Wörter in die Leerstellen ein: Laib, Mais, Maische, Rain(er), Saite, Waise.

Brot _ _ _ _, Halb _ _ _ _ _, Gitarren _ _ _ _ _, Gen _ _ _ _, An _ _ _ _ _ _,
Trauben _ _ _ _ _ _ _

Partnerarbeit

Ü 24: Endung von Nomen ★★

Bilden Sie aus den Buchstaben des folgenden Wortes 10 Wörter, die eine der typischen Nomen-Endungen (-ung, -heit usw.) aufweisen. Für ä und ü nehmen Sie ae und ue:

HOCHLEISTUNGSZENTRUM

Anleitung: Beispielsweise ließe sich aus dem Wort LEGEN bilden, nicht aber GEGEN, weil das Ausgangswort nur ein G enthält.

Einzelarbeit

Ü 25: Endung von Nomen ★

Bilden Sie von den folgenden Wörtern Ableitungen mit den Endungen -ung, -heit, -keit, -tum, -schaft, -nis oder -sal. Bei manchen Wörtern gibt es mehrere Möglichkeiten.

spülen, wagen, tapfer, krank, berühmt, retten, wandern, erringen, roh, Held, trüb, kennen, erhalten, Freund, eitel, heilig, heiter

Einzelarbeit

Ü 26: Zusammensetzungen ★

Bilden Sie aus den Fügungen Adjektive, z. B. weich wie Butter – butterweich

hart wie Stahl		nass vom Regen	
blau wie der Himmel		frei von Rauch	
voller Sorge		zur Gewalt bereit	
süchtig nach Drogen		Behinderten gegenüber feindlich eingestellt	

Einzelarbeit

Ü 27: Unbestimmte Zahlwörter ★★

Markieren Sie die groß zu schreibenden Wörter:

Ich wünsche dir alles gute; wenn ich etwas neues erfahre, teile ich es dir mit; wir haben ja nichts verbrochen; sie ist viel herumgekommen und hat dabei so manches hässliche gesehen; du hast in deinem leben schon viel großartiges geleistet; wer hat das alles zerstört? Wenn ich etwas gut kann, bin ich stolz darauf; es ist nichts gravierendes vorgefallen; bis jetzt hast du noch wenig sinnvolles gemacht; er antwortete, ohne viel nachzudenken.

3 Sprachnormen

Einzelarbeit

Ü 28: Großschreibung ★★

Markieren Sie alle Wörter, die groß zu schreiben sind.

- Österreichs mobilfunk-betreiber haben sich freiwillig verpflichtet, das verbreiten verbotener und gefährlicher inhalte über ihre netze zu bekämpfen.
- Ist das noch ein leben – so wie wir leben?
- Am teuersten ist das fleisch vom japanischen kobe-rind.
- Der große panda schaut so richtig zum kuscheln aus.
- Von allen maßnahmen, die mir geholfen haben, war diese die wichtigste.
- Leider neigen oberflächliche menschen dazu, all das zu belächeln oder zu verspotten, was anders ist als das, was sie in ihrer eingeengten welt verstehen.
- Er hat das gewisse etwas, das ihn interessant macht.
- Ein lächeln sagt mehr als tausend worte.
- Ich fürchte, dass dich das zu sehr vom lernen ablenkt.
- Das wichtigste sind lehrer, die ihre schüler mögen und ernst nehmen.
- Es ist verboten, falsche nachrichten zu verbreiten.
- „bitte lächeln", sagte der fotograf. Manche jugendliche brauchen sehr viel geld fürs ausgehen.
- Das buch kenn' ich schon; hast du kein interessanteres für mich?
- Die meisten von uns haben früher etwas anderes gemacht.
- Das schlachten, zerteilen und die veredelung zu schinken sind das teuerste an der produktion.
- Kennst du die beiden dort?
- Hier kann man sich stundenlang oder sogar tagelang vergnügen.
- Gibt es etwas interessanteres als mathematik?
- Bevor das fleisch in die regale kommt, wird das schwein geschlachtet und zerteilt.

Einzelarbeit

Ü 29: Vermischte Übung ★★★

Streichen Sie alle Wörter an, die groß zu schreiben sind. Zusatzaufgabe: Finden Sie die zwei zusätzlichen Rechtschreibfehler im Text.

Fortsetzung von Ü 14:

[...] Ich habe gehört, dass man sich bei einem banküberfall einen damenstrumpf über den kopf zieht, damit einen nicht gleich jeder erkennt. [...] Also bin ich gestern zum supermarkt und habe mir ein paar damenstrumpfhosen marke belinda fascination schwarz, größe 36–40, gekauft. Die waren ja nicht gerade billig, aber egal, zahlt ja am ende eh die bank, ich lass mir das geld vom kassierer extra geben. Leider habe ich aber ein problem damit. Wenn ich die strumpfhose nämlich über den kopf ziehe, dann sehe ich nichts mehr. Aber laut meinem plan fahre ich mit dem auto zum tatort. Ich glaub, dass das erstens komisch aussieht und zweitens laufe ich gefahr, dass ich einen unfall baue, wenn ich nichts sehe. Wenn dann die bullen kommen, bin ich eh schon verratzt.

Außerdem habe ich festgestellt, dass mir größe 36–40 fast bis zum bauch reicht, meine atmung ist da sehr behindert und es kann ja sein, dass ich schnell wegrennen muss; wenn ich dann keine luft bekomme, dann mache ich vorzeitig schlapp und die cops haben mich dann ja sofort am wickel.

Zudem ist meine armfreiheit sehr beschränkt und ich muss ja irgendwie den revolver halten.

Vielleicht können sie mir einen typ geben, was für strümpfe oder strumpfhosen für diesen zweck am besten geeignet sind. Möglicherweise haben sie da erfahrung. Verstehen sie mich richtig. Ich will sie da nicht langweilen, aber ein plan ist nur so gut wie das kleinste deteil.

Für ihre mühe vielen dank im voraus – sie hören von mir aus der zeitung.

mit freundlichen grüßen

jürgen sprenzinger

verratzt sein: in einer schwierigen, ausweglosen Lage sein (umgangssprachlich, in Österreich nicht gebräuchlich)

Partnerarbeit

Ü 30: Nomen + Nomen ★

Bilden Sie zu zweit (schriftlich) möglichst lange Wortketten und tragen Sie diese anschließend im Kurs vor.

Einzelarbeit/ Partnerarbeit

Ü 31: Nomen + Nomen ★★

Schreiben Sie zuerst in Einzelarbeit eine Wortliste mit zehn möglichst anschaulichen Nomen. Verbinden Sie anschließend diese Wörter jeweils zu einem zusammengesetzten Nomen (das erste auf jeder Liste, dann das zweite usw.). Erklären Sie zusammen mit Ihrem Sitznachbarn/Ihrer Sitznachbarin auf humorvolle Weise die Bedeutung dieser zehn neuen Wörter.

Beispiele: Huhn + Leiter ergibt Hühnerleiter. Humorvolle Erklärung: Vorsteher weiblichen Geflügels.

Besengrippe: Erkältung eines Reinigungsgerätes usw.

Einzelarbeit

Ü 32: Zusammensetzung ★

Für Werbezwecke lässt sich der „Eierschalensollbruchstellenverursacher" sehr gut einsetzen, weil die Länge des Wortes Aufmerksamkeit erregt. Aber wozu dient er? Versuchen Sie, das Wort in einem Satz zu erklären.

Ein Eierschalensollbruchstellenverursacher – so sieht das Wortungetüm aus!

Einzelarbeit

Ü 33: zusammen oder getrennt? ★

Streichen Sie in den folgenden Sätzen jeweils das falsch geschriebene Wort durch und begründen Sie Ihre Entscheidung.

Wir sollten die Erholungsphasen ausbauen, in dem/indem wir die Wintersportwoche verlängern. Er erhielt ein Telegramm, in dem/indem ihm ein guter Arbeitsplatz angeboten wurde. Sie wies darauf hin/daraufhin, dass die Firma im letzten Jahr hohe Gewinne erzielte. Darauf hin/Daraufhin klatschten die Anwesenden Beifall.

Einzelarbeit

Ü 34: zusammen und getrennt ★

Bilden Sie je einen Satz mit: zusammenziehen – zusammen ziehen, zugeben – zu geben, zusagen – zu sagen, solange – so lange.

Einzelarbeit

Ü 35: Zusammensetzungen mit einem Verb als Grundwort ★★★

Schreiben Sie die folgenden Wörter richtig in die entsprechende Spalte der Tabelle:

zusammen fassen, los treten, miteinander spielen, jemanden an starren, zurück kehren, voraus fahren, Tatsachen schön färben, die Aufgabe wird dir leicht fallen, ein berufen, entgegen kommen, vor sprechen, gefangen nehmen, schwarz arbeiten, geschenkt bekommen

Getrenntschreibung	Zusammenschreibung

Einzelarbeit

Ü 36: Nomen + Nomen ★★

Welche der folgenden Wörter sind falsch geschrieben?

Champions League, Fußball Training, Play back, Bar Code, Outlet Center, Hard Disc, open end.

Kontrollieren Sie Ihre Entscheidung mithilfe eines Wörterbuchs.

Einzelarbeit

Die Vorlage zu dieser Geschichte stammt von einer Erzählung des österreichischen Dichters Heimito von Doderer (1896–1966) mit dem Titel „Das Frühstück".

Ü 37: Wortschlangen ★★★

Bilden Sie aus den folgenden Wortschlangen richtige Sätze:

Irgendjemandhateinmalimbadseinfrühstückeingenommen. Daer,vorallemnachdemaufstehen, einbisschenzerstreutwar,gossereinestagesdenteeindaszumzähneputzenbestimmtegefäßundwar fzweimaleinstückzuckerindiebadewanne.Dasgenügteaberbeiweitemnicht,einesogroßemengew asserzuversüßen.Seitherhaterniemehrsoetwasunsinnigesgemacht.

Ü 38: Bindestrich ★★

Markieren Sie die Stellen, an denen ein Bindestrich gesetzt werden muss und an denen Sie einen setzen wollen. Verändern Sie entsprechend die Groß- und Kleinschreibung.

Mit einem 100prozentigen Einsatz aller Ressourcen kann die neue Kaffeeernte auf das große Flussschiff bis zum Abend verladen sein. Dazu muss nur der 26tonner flottgemacht werden. Allerdings fehlt zu seiner Reparatur ein 15erschlüssel, aber so ein 15er wird irgendwo aufzutreiben sein.

Dann beginnt eine wirkliche Stresssituation. Wenn nämlich der Lastwagen an der Pier angelangt ist, müssen die Träger in zwei Reihen die Säcke im Reißverschlusssystem aufs Schiff schleppen, und der Verlademeister muss mit den Kontrolllisten aufpassen, denn die Istzahl der Säcke muss schließlich mit der Sollzahl übereinstimmen. Wenn er 100%ig richtig zählt, erhält er eine Prämie.

SbX

Sie finden Ü 39 – Ü 41 mit automatischer Korrektur und Bewertung unter der ID: 1322.

erledigt: ✓

Ü 39: ☐

Ü 40: ☐

Ü 41: ☐

Weitere Übungen im SbX

Ü 39: „e" oder „ä"? ★

Setzen Sie „e" bzw. „ä" richtig ein.

Ü 40: Ähnlich klingende Konsonanten ★★

Lösen Sie das Kreuzworträtsel zu v/f/ph und v/w.

Ü 41: Groß- und Kleinschreibung ★★

Stellen Sie sich einem Test zur Groß- und Kleinschreibung.

Ü 42: Probleme der Groß- und Kleinschreibung ★★

Wählen Sie die korrekte Schreibweise in den Beispielsätzen zu Problemen der Groß- und Kleinschreibung.

Ü 43: Welche Wörter schreibt man groß? ★★

Finden Sie im Text alle Nomen und nominal gebrauchten Wörter.

Ü 44: Was gehört zusammen? ★★

Führen Sie alle Wörter zusammen, die zusammengeschrieben gehören.

Sichern

Verdopplungsregel

Konsonanten werden **nur nach kurzem Vokal** verdoppelt.

das Stammprinzip

Wird ein Wort mit **Doppelkonsonant** geschrieben, schreibt man auch alle verwandten Wörter so (wenn der Vokal kurz gesprochen bleibt), z. B. o**ff**en – ö**ff**nen.

die Zusatzregel

Folgen **mehrere Konsonanten** unmittelbar **auf einen Vokal,** wird der erste Konsonant nicht verdoppelt (außer es handelt sich um eine Ableitung wie „du sitzt" von sitzen). **Beispiele:** halten, Gestalt, Haft, öfters

die ß-Regel

ß steht nur nach einem **langen Vokal oder Diphthong** und wird stimmlos gesprochen.

dass-/das-Regel

„**Das**" ist entweder ein Artikel oder es weist auf etwas hin („Ist das nicht toll?") oder es bezieht sich auf ein (Pro-)Nomen im Vordersatz (ein Bild, **das** du dir gewünscht hast).

„**Dass**" ist eine Konjunktion (ein Bindewort) und leitet einen Nebensatz ein: Ich hoffe, **dass** du einverstanden bist.

DAS

Demonstrativpronomen

Es <u>weist</u> auf etwas <u>hin</u>.

Ist DAS ein Eber oder eine Sau?

Artikel

Das Schwein

Relativpronomen

Es <u>bezieht sich</u> auf ein Nomen im Vordersatz

Dieses Bild, DAS hier abgedruckt ist, finden Sie im Internet.

DASS

DASS leitet einen Gliedsatz ein.

Haben Sie gewusst, DASS Mensch und Schwein sich in vielen Bereichen verblüffend ähnlich sind?

gleich und ähnlich klingende Laute

Komparativ: zweite Vergleichsform, z. B. stärker

Probleme mit gleich und ähnlich klingenden Lauten:

Problem	Lösung	Beispiele
ä/e	Ableitung vom Stammwort bzw. von der Stammsilbe	Bälle – Ball, ändern – anders
Konsonant hart oder weich?	Wort verlängern: Infinitiv, Komparativ oder Plural bilden	Hand – Hände, spannend – spannender
f/v	Silben merken: ver-, vor-, fort-	verhandeln, ausverkauft, Fortsetzung
ent/end	„end" hat mit Ende zu tun oder mit dem Partizip I	Endziel, lesend
seit/seid	seit: Zeitangabe, seid: Verb	ihr seid, seit gestern
tot/tod	Bestimmungswort Adjektiv: tot, Bestimmungswort Nomen: der Tod	totschlagen, totenstill, Todesnachricht, tödlich

die Großschreibung

Groß schreibt man:

- alle Nomen; dazu gehören alle Wörter mit den Endungen -ung, -heit, -keit, -tum, -schaft, -nis, -ling und -sal.
- Maßangaben wie Liter, Kilo, Meter
- Nominalisierte (als Nomen gebrauchte) Adjektive: alles Gute, nichts Sehenswertes, etwas Neues
- Nominalisierte Infinitive: zum Kochen; beim Reden
- Anredepronomen: Sie/Ihnen/Ihr
- Tageszeiten: heute Morgen (hinter einer anderen Zeitangabe); am Abend, in der Früh, am Dienstagabend
- nach einem Punkt
- nach einem Doppelpunkt, wenn danach ein vollständiger Satz folgt

die Kleinschreibung

Klein schreibt man:

- Grundzahlen: die zwei, um acht
- die Zahladjektive viel/wenig (daher auch viele, wenige), der eine/der andere, beide (daher auch: die beiden)

die Getrennt- und Zusammenschreibung

VERB + VERB schreibt man getrennt, z. B. arbeiten gehen.

NOMEN + VERB schreibt man getrennt, z. B. Auto fahren.

PARTIZIP + VERB schreibt man getrennt, z. B. verloren gehen.

ADJEKTIV + VERB schreibt man getrennt, z. B. falsch spielen.

ALLE WORTARTEN + ADJEKTIV schreibt man getrennt, z. B. winzig klein.

PRÄPOSITION/ADVERB + VERB schreibt man zusammen, z. B. zurückblicken.

NOMEN + NOMEN schreibt man zusammen, z. B. Sommergrippe.

Extra zu merken sind:

- irgendein, einmal, zweimal …
- vor allem, gar nicht, bei weitem, auf einmal, nie mehr, so etwas, auf jeden Fall

Wissen

Wissensfragen und -aufgaben

W 1: Fehlersuche

Im folgenden Text hat sich eine Reihe von Fehlern eingeschlichen (die sich natürlich im Original nicht finden). Versuchen Sie, alle zu entdecken und geben Sie nach Möglichkeit jeweils die zugrunde liegende Regel an.

Sehr gehrte Damen und Herren,

hiermit möchte ich Ihnen miteilen, das meine Küche total zerstört ist. Und dass desshalb, weil ich Ihr Produckt „Knack & Back" benuzt habe. Dass, was Sie da herstelen, sind nämlich gar keine Brötchen, sondern Pomben. Ich gebe aber zu, das ich da auch was falsch gemacht habe. Ich hab nämlich die Gebrauchsanweisung nicht gelesen, was ich aber auch gar nicht konnte, weil die so klein gedrukt ist, dass mann sie nur mit Brille lesen kann und ich hate meine zu diesem Zeitpunkt gerade ferlegt.

Desswegen mache ich Sie auch nicht hafftbar, möchte es aber nicht versäumt haben, Sie eindringlich zu warnen, Ihre Pakungen zu entscherfen, da sonst vieleicht noch mal Menschenleben gefehrdet sind. Zudem kommt, das Sie sehr aufbassen müßen, dass kein Terorist dahinter kommt, wie gross die Sprengkraft Ihrer Brötchen-Bomben ist.

Aber ich kann Ihnen sagen, dass war vielleicht ein Ding! Zuerst habe ich diese Packung mit diesen Bauern-Brötchen in das Packrohr gelegt und dann den Herd angeschalltet. Nach ungefehr 18 Minuten tut das plözlich einen Scheperer, dass ich meine, es ist Fliegeralarm. Ich bin sofort in die Küche und hab meinen Augen nicht gedraut: Bei meinem schönen neuen Elecktroherd hat es forne das Fenster totall herausgesprengt.

Überall waren Scherben und Reste von Ihren Brötchen. Durch den Luftdruck hat es die Küchenfenster nach aussen gedrückt. Mein Papagei, der sich zu diesem Zeitpunkt scheinbahr in der Küche aufgehallten hat, ist seitdem schwerhöhrig. Der Tierarzt muste im ein Hörgeret verpassen. Alles in alem war es ein Schaden von zirka 24000.- DM. Gotseidank war ich nicht in der Küche. Normalerweiße halte ich mich nämlich schon in der Küche auf und guck sogar ab und zu durch das Fenster ins Backrohr, weil dass schon interresant ist, was da so vor sich geht. Stellen Sie sich vor, ich häte da reingeschaut! Warscheinlich häte man mir dannach das Gesicht amputieren müßen.

Jedenfals laß ich danach die Anleitung, was gar nicht einfach war, weil die auch totall zerfezt war. Ich muste sie erst wieder mühseelig zusamensetzten. Es war wie ein Putzle-Spiel.

Ich bitte Sie nun, zukünfftig die Gebrauchsanweißung etwas grösser zu drucken. Besonders uns alten Menschen were da sehr damit gedient.

Ich hoffe, Ihnen hiermit gedient zu haben und verbleibe

Mit freundliche Grüsen

Jürgen Sprenzinger

(Sprenzinger, Jürgen: Sehr geehrter Herr Maggi, 1996.)

W 2: Großschreibung

Streichen Sie im folgenden Text alle Wörter an, die großzuschreiben sind.

Kann man beim schlafen lernen?

schlafforscher sind sich darüber einig, dass vor dem schlafengehen erlerntes während des schlummerns in das langzeitgedächtnis übergeht. Belgische forscher vermuten, dass dies während der traumreichen rem-phase (rapid eye movement) passiert: denn in der rem-phase des acht-stunden-schlafes sind dieselben regionen des gehirns aktiv wie bei der beschäftigung mit neuen aufgaben. Wer nach dem büffeln von vokabeln an der matratze horcht, wird beim nächsten test ziemlich sicher gut abschneiden. Obwohl schlaf und lernen also zusammenpassen, gilt: beim schlafen während des unterrichts lernt man nicht.

(topic 194/2008)

W 3: Partnerdiktat zur Großschreibung

Diktieren Sie den folgenden Text Ihrem Sitznachbarn/Ihrer Sitznachbarin.

Warum ist das Eierschälen oft schwierig?

Ist dir schon aufgefallen, dass sich unter jeder Eierschale eine hauchdünne Schicht befindet? Das ist die sogenannte Schalenmembran, erst darunter ist das durchs Kochen fest gewordene Eiweiß. Bei sehr frischen Eiern liegen die Schichten eng aneinander, zwischen Schale und Membran ist nur wenig Luft. Das erschwert das Schälen der Eier.

Leichter wird es, wenn man zum Hartkochen die ältesten Eier im Kühlschrank verwendet, weil sich in diesen mehr Luft zwischen Membran und Schale befindet. Dr. Rabe empfiehlt aber dringend: das Ablaufdatum immer beachten!

(topic 189/2007, S. 19.)

W 4: Vermischtes

Streichen Sie alle Wörter an, die großzuschreiben sind:

Ich war bis fünf uhr am nachmittag in der arbeit. Macht ihnen, herr lehrer, das unterrichten spaß? Wer kommt als nächster an die reihe? Dort standen sie und besprachen das gestern vorgefallene. Ich probiere, ob das telefon funktioniert. Die beiden haben mich gottseidank gerettet. Wenn kevin etwas sagt, muss jeder lachen. Am ende der strecke tat mir beim laufen jeder meter weh.

W 5: Tageszeiten
Streichen Sie alle Wörter an, die großzuschreiben sind:

Ich freue mich auf morgen sehr,
da hab ich keine sorgen mehr.
Man soll nicht schon am sonntagmorgen,
bekümmert für den montag sorgen.

Zusatzaufgabe: Die obigen Verse sind **Schüttelreime.** Erklären Sie diesen Begriff.

W 6: getrennt oder zusammen?
Verbinden Sie die folgenden Fügungen dort, wo es den Rechtschreibregeln entspricht.

Kamel Haar, Katzen Gold, herum laufen, Rad fahren, spazieren gehen, gar nicht, Schach spielen, Kabel Anschluss, voraus gehen, heraus kommen, Haus Schlüssel, zusammen leben, Gedanken Freiheit, vor allem, heim kommen

W 7: Erklären Sie

a) Warum schreibt man „getrennt schreiben", aber „zusammenschreiben"?

b) Erklären Sie den Unterschied zwischen blaugrau und blau-grau.

c) Warum ist „allgemein bildende Schulen" richtig, „berufs bildende Schulen" aber falsch geschrieben?

d) Wenn wer allein steht, heißt das noch lange nicht, dass er alleinsteht – erklären Sie die Bedeutung dieses Satzes. Welche Probe kann man anwenden, um die richtige Schreibung zu finden?

W 8: getrennt oder zusammen?
Markieren Sie die richtige Schreibung. Wenn Sie unsicher sind, blättern Sie bei den Regeln nach.

- Ihr könnt ruhig sitzenbleiben/sitzen bleiben, ihr müsst nicht aufstehen/auf stehen, wenn ich hereinkomme/herein komme.
- Das Computerspielen/Computer spielen kann leicht süchtig machen.
- Die einen gehen lieber eislaufen/Eis laufen, die anderen schifahren/Schi fahren.
- Es ist ihm schwergefallen/schwer gefallen, zuzugeben/zu zugeben, dass in seiner Firma viele schwarzarbeiten/schwarz arbeiten.
- Auf der gegenüberliegenden/gegenüber liegenden Seite der Straße sitzt ein zusammengekauerter/zusammen gekauerter Mann.

W 9: Bindestrich?
Streichen Sie die falschen Schreibweisen durch:

die 90er Jahre, die 90er-Jahre, die neunziger Jahre, die Neunziger Jahre, die 90-er Jahre, die Neunzigerjahre

Ein kurzer Wissens-Check, bevor's weitergeht!

Wissens-Check

	☺	😐	☹
Ich kann die grundlegenden Regeln zur Verdopplung sicher anwenden.			
Ich kann die grundlegenden Regeln zur s-Schreibung sicher anwenden.			
Ich kann „das" und „dass" immer richtig einsetzen.			
Ich kenne Hilfestellungen zur richtigen Schreibung gleich und ähnlich klingender Laute und kann sie anwenden.			
Ich erkenne in einem Text ohne Probleme die Nomen.			
Ich erkenne, wann ein Wort im Satz wie ein Nomen gebraucht wird und daher groß zu schreiben ist.			
Ich habe keine Schwierigkeiten mit den Anredepronomen.			
Ich kann die Regeln zur Zusammen- und Getrenntschreibung anwenden.			
Bei Unsicherheit schlage ich im Wörterbuch nach.			

SbX
Alle SbX-Inhalte zu dieser Lerneinheit finden Sie unter der ID: 1330.

Lerneinheit 3

Die Wortarten

Im Zentrum dieser Lerneinheit stehen die veränderlichen Wortarten und damit die Fälle – das Kasus-System. Würden wir Finnisch lernen, wäre das ein langes Kapitel. Wir müssten 15 Fälle beherrschen; alleine für die Ortsergänzung, die bei uns mit Präpositionen gebildet wird, kennt das Finnische sechs Fälle: talossa – im Haus, talosta – aus dem Haus, taloon – ins Haus, talolla – auf dem Haus, talolta – vom Haus weg, talolle – zum Haus hin.

In dieser Lerneinheit:

- **erhalten Sie eine Übersicht über die Wortarten**
- **üben Sie den Einsatz des Konjunktivs in der indirekten Rede**
- **beschäftigen Sie sich ausführlich mit dem dritten und vierten Fall**
- **lernen Sie etwas über die Steigerungsformen des Adjektivs**

Lernen

SbX ID: 1331

1 Übersicht …
… bringt Ordnung in die Vielfalt der Wörter

Marcus Tullius Cicero (106–43 v. Chr.) war ein römischer Politiker, Anwalt und Philosoph. Er gilt als berühmtester Redner Roms.

Viele Wörter haben die Eigenschaft, dass sie sich verändern lassen, damit sie eine bestimmte Funktion im Satz übernehmen können. Wenn man sie in vier Fälle (Kasus) abwandeln kann, nennt man das eine **Deklination**. Diese Fähigkeit zur Deklination besitzen alle

- **Nomen** (Hauptwörter: Haus, Liebe, Zeit, Wunder, Schönheit …),
- **Artikel** (der, die, das, eine, ein)
- **Pronomen** (Fürwörter: du, sie dieser, wer, was, jeder, alle …)
- **Adjektive** (Eigenschaftswörter: häuslich, lieblich, zeitig, wunderbar, schön …)

Auch das **Verb** zählt zu den flektierbaren Wortarten. Es kann in drei Personen abgewandelt (konjugiert) werden.

Im Unterschied zu den flektierten (gebeugten) Wortarten kann die große Gruppe der **nicht flektierbaren Wortarten nicht verändert** werden. Dazu gehören:

- **Präpositionen** (Vorwörter: auf, durch, bei, trotz, unter …)
- **Konjunktionen** (Bindewörter: aber, und, weil, wenn, obwohl …)
- **Adverbien** (Umstandswörter: vorwärts, deshalb, besonders, hier, nämlich, abends, erfreulicherweise, bisher …)
- **Interjektionen** (Ausrufe: oh, igitt, brr, pst, ach, hurra, aha …)

Einzelarbeit

Ü 1: Wortarten ★★

a) Ordnen Sie im folgenden Text alle Wörter mit ihren Grundformen (also so, wie Sie sie im Wörterbuch finden) in die anschließende Tabelle ein.
b) Schlagen Sie die Bedeutung Ihnen unbekannter Fremdwörter in einem Wörterbuch nach.

die berufsreifeprüfung für lehrlinge: praktische ausbildung mit mehrwert

die vorteile auf einen blick:

lehrlinge und unternehmen profitieren
lehrlinge erwerben zusätzlich zu ihrer praktischen lehrausbildung die reifeprüfung – unternehmen verfügen über mehr höherqualifizierte mitarbeiterinnen und mitarbeiter.

der abschluss ist für lehrlinge kostenlos
für die vorbereitungskurse und prüfungen zur berufsmatura fallen für die lehrlinge keine kosten an.

die berufsreifeprüfung ist während der berufsschulzeit möglich
drei der vier teilprüfungen (deutsch, lebende fremdsprache, mathematik und ein fachbereich aus dem jeweiligen lehrberuf) für die berufsmatura können bereits vor der lehrabschlussprüfung abgelegt werden.

bildungsanbieter erhalten förderung vom bund
für jeden jugendlichen erhalten bildungsanbieter maximal 6.000 euro förderung für die vorbereitungskurse.

die berufsmatura startet österreichweit ab **herbst 2008.**
(aus einer online-information des bmukk: www.bmukk.gv.at/schulen/bw/bm/berufsmatura.xml, 10.6.2009)

BMUKK: Bundesministerium für Unterricht, Kunst und Kultur

Verben	
Nomen	
Artikel	
Pronomen	
Adjektive	
Präpositionen	
Konjunktionen	
Adverbien	
Partikeln	

2 Verben …
… drücken eine Tätigkeit, ein Geschehen oder einen Zustand aus

SbX
Übungen und Informationen zum Gebrauch der Modalverben finden Sie unter der ID: 1331.

Drei Gebrauchsweisen

Das Verb kommt im Deutschen in drei verschiedenen Gebrauchsweisen vor. Man unterscheidet:

- **Vollverben:** Sie können als einziges Verb im Satz stehen. **Beispiele:** Wir lernen. Wir haben nichts mehr.
- **Hilfsverben:** Man braucht sie zur Bildung der meisten Zeitformen und des Passivs. **Dazu gehören:**
  - haben (ich habe, du hast … wir haben …; hatte …): Ich **habe** gehört …
  - sein (ich bin, er ist … wir sind …; ich war …; gewesen): Was **ist** geschehen?
  - werden (ich werde, er wird …; ich wurde …; geworden): Sie **wurden** verraten.
- **Modalverben und modifizierende Verben:** Sie verändern den Sinn einer Aussage in Richtung Wunsch, Fähigkeit, Absicht, Erlaubnis, Verpflichtung etc., wenn von ihnen ein Infinitiv abhängt. Zu den Modalverben gehören: dürfen, können, mögen, müssen, sollen und wollen.

modifizieren: (ab)ändern

Auch einige andere Verben können **modifizierend** gebraucht werden. Sie verlangen dann einen Infinitiv mit „zu", z. B. scheinen, versuchen oder pflegen. **Beispiele:** Sie **scheint** alles zu wissen. Sie **pflegen** um halb fünf zu kommen. Er **versucht,** sich nicht bemerkbar zu machen.

pflegen: etwas gewohnheitsmäßig tun

Einzelarbeit

Ü 2: Gebrauchsweisen ★

Bestimmen Sie die jeweilige Gebrauchsweise aller Verben in den folgenden Sätzen:

Warum bist du so spät gekommen? – Ich war noch bei einer Freundin. – Kannst du nicht vorher anrufen, wenn du dich verspätest?

der Infinitiv: Nennform
das Präteritum: Mitvergangenheit
das Partizip II: Mittelwort der Vergangenheit

die Konjugation: Abwandlung eines Verbs in seinen grammatischen Formen

Drei Stammformen

Wir unterscheiden **drei Formen des Verbstamms:** die erste Stammform (Infinitiv), die zweite Stammform (1./3. Person Einzahl Präteritum) und die dritte Stammform (Partizip II).

Grundsätzlich gibt es drei Bildungsarten der Stammformen:

a) Schwache (regelmäßige) Konjugation: Bei den meisten Verben ändert sich der Stamm bei der Konjugation nicht, sondern nur die Endung. Das Präteritum wird mit -t- zwischen dem Stamm und den Endungen gebildet, das Partizip II mit der Vorsilbe ge- und der Endung -t.

1. Stammform	2. Stammform	3. Stammform
sagen	sagte	gesagt

b) Starke (unregelmäßige) Konjugation: Bei manchen Verben ändert sich bei der Konjugation der Vokal im Stamm. Sie weisen außerdem andere Endungen als die schwachen Verben auf. Das Partizip II wird mit der Vorsilbe ge- und mit der Endung -en gebildet (z. B. gegangen). Bei einigen Verben ändert sich auch der auf den Stamm folgende Konsonant.

1. Stammform	2. Stammform	3. Stammform
gehen ziehen	ging zog	gegangen gezogen

a+b) Gemischte Konjugation: Manche unregelmäßigen Verben haben im Präteritum und Partizip II Vokal- (und Konsonanten-)Wechsel, werden aber in den Endungen regelmäßig, d. h. wie die schwachen Verben, konjugiert.

1. Stammform	2. Stammform	3. Stammform
wissen brennen denken	wusste brannte dachte	gewusst gebrannt gedacht

Dazu kommen noch einige unregelmäßige Verben wie **sein** und **haben.**

Eine Übersicht über die starken und gemischten Verben finden Sie in Ihrem Wörterbuch.

Einzelarbeit

Ü 3: Stammformen ★

Ordnen Sie die folgenden Verben dem richtigen Konjugationstyp zu:

	stark	schwach	gemischt
bringen			
verstehen			
schauen			

Finite und infinite Form des Verbs

Wenn ein Verb durch Person und Zahl gekennzeichnet ist, nennt man diese Form **finit** („gebeugt") oder **„Personalform".** Person und Zahl werden durch Endungen angezeigt, die an den Verbstamm angefügt werden.

Wer und wie viele tun was wann?

Die Personalform des Verbs gibt Auskunft über:

- Person → Wer tut etwas?
- Zahl (Einzahl oder Mehrzahl) → Wie viele tun etwas?

1.	2.	3.	1.	2.	3.
Singular			Plural		

ich singe, du singst, er/sie/es singt; wir singen, ihr singt, sie singen

- Zeit → Wann geschieht etwas?

- **Handlungsrichtung** → Tut die Person etwas oder wird etwas getan?
- **Aussageweise** (Modus) → Geschieht etwas wirklich? Ist es möglich, dass etwas geschieht? Soll etwas getan werden?

Im Unterschied dazu sind die **infiniten Formen** völlig unabhängig von einer Person oder Zeit. Dazu gehören der **Infinitiv** (Nennform; Beispiel: schwitzen), das **Partizip I** (Beispiel: schwitzend) und das **Partizip II** (Beispiel: geschwitzt).

infinite Form	finite Form	
Schwitzend	erreich**te** ich	den Gipfel.
Schwitzend	erreich**ten** sie	den Gipfel.
Geschwitzt	ha**ben** wir	fast gar nicht.
Geschwitzt	ha**bt** ihr	fast gar nicht.

Bei der **Konjugation der Personalformen** unterscheiden wir je drei Personen im Singular (Einzahl) und Plural (Mehrzahl):

	Singular	Plural
1. Person	ich geh**e**	wir geh**en**
2. Person	du geh**st**	ihr geh**t**
3. Person	er, sie, es geh**t**	sie geh**en**

Wenn Sie sich Zeit nehmen, bilden Sie die Zeitform sicher richtig.

Bildung der Zeitformen

Zur Bildung der sechs Zeitformen im Deutschen benötigen Sie die **Stammformen.**

1. Stammform (Infinitiv)	**2. Stammform** (Präteritum)	**3. Stammform** (Partizip II)
gehen	ging	gegangen
sagen	sagte	gesagt
↓	↓	↓
Präsens (ich gehe, wir gehen; ich sage, wir sagen)	**Präteritum** (ich ging, wir gingen; ich sagte, wir sagten)	**+ bin/habe: Perfekt** (ich bin gegangen; wir haben gesagt)
+ werden: Futur I (ich werde gehen, wir werden gehen; ich werde sagen, wir werden sagen)		**+ war/hatte: Plusquamperfekt** (ich war gegangen; wir hatten gesagt)
		+ werde + Partizip II + sein/haben: Futur II (ich werde gegangen sein; wir werden gesagt haben)

SbX

Übungen und Informationen zu den Zeitformen finden Sie unter der ID: 1331.

Gebrauch der Zeitformen

Die Zeitformen des Verbs dienen in erster Linie dazu, die Zeitstufe auszudrücken, in der eine Handlung geschieht:

FRÜHER			JETZT	SPÄTER
				Futur I
			Präsens	
	Präteritum	Perfekt		
Plusquamperfekt				

Die Beziehung zwischen der Zeitform und der Zeit, in der etwas geschieht, ist jedoch ein bisschen komplizierter, als es zunächst den Anschein hat. Denn:

- **Erstens** kann man die Zeit auch durch **Adverbien** ausdrücken (morgen, gestern …). **Beispiel:** Morgen komme ich nicht in die Schule. (Es wird etwas über die Zukunft gesagt, aber im Präsens ausgedrückt.)

- **Zweitens** kann man mit der Zeitform auch etwas anderes aussagen: Das **Präsens** drückt nicht immer aus, dass etwas gerade jetzt geschieht, sondern auch einen allgemeinen Zustand oder Verlauf. **Beispiele:** 2 ist die Quadratwurzel von 4. Die Sonne geht im Osten auf.
  Das **Futur** drückt nicht immer aus, dass etwas in der Zukunft geschieht, sondern kann auch eine Vermutung ausdrücken. **Beispiel:** Er wird wohl krank sein.

Der Modus

Der Modus gibt in der Grammatik vor allem an, ob eine Aussage für wahr bzw. möglich oder für unwahrscheinlich/unmöglich gehalten wird.

Wir unterscheiden drei Aussageweisen: Den **Indikativ** („Wirklichkeitsform" – der Normalfall), den **Konjunktiv I** und **II** sowie den **Imperativ** (Aufforderung).

Bildung der Konjunktivformen

1. Stammform (Infinitiv)	**2. Stammform** (Präteritum)	**3. Stammform** (Partizip II)
gehen	ging	gegangen
sagen	sagte	gesagt
↓	↓	↓
Konjunktiv I **(Gegenwartsstufe)** (du gehest, er gehe, ihr gehet)* → abgeleitet vom Infinitiv, daher: du gebest, er gebe; du helfest usw.	**Konjunktiv II** **(Gegenwartsstufe)** (ich ginge, du gingest, er ginge, ihr ginget)* – Stammvokal a/o/u wird umgelautet (ich käme, ich flöge, ich würde) – bei schwachen Verben KEIN Unterschied zum Indikativ (ich sagte …)	**+ sein (Infinitiv): Konjunktiv I** **(Vergangenheitsstufe)** (ich sei gegangen, du seist gegangen usw.; du habest/er habe/ihr habet gesagt*)
+ werden: Konjunktiv I **(Zukunftsstufe)** (du werdest gehen, er werde gehen)*		+ wäre/hätte: **Konjunktiv II** **(Vergangenheitsstufe)** (ich wäre gegangen, du wärest gegangen usw.; ich hätte gesagt, du hättest gesagt usw.)

* Die restlichen Formen gleichen dem Indikativ.

Ausnahmen bestätigen die Regel: Neben „brauchte" gilt auch „bräuchte" als richtig.

Der **Konjunktiv II** klingt bei den starken Verben oft recht seltsam. Was halten Sie z. B. von folgender Werbung? *„Haben Sie sich nicht schon öfter gedacht: Statt hier im Büro zu sitzen, schwömme ich lieber in smaragdgrünen Seen, erklömme schneebedeckte Gipfel und führe auf den herrlichen Radwegen? Spannen Sie aus, kommen Sie zu uns!"*

Statt „schwömme" geht auch „schwämme". Warum das ö? – Das ist eine komplizierte (Sprach-)Geschichte!

Gottseidank haben wir eine Alternative zu diesen seltsamen Konjunktivformen: die Umschreibung mit **würde + Infinitiv.** Das ist aber auch nicht immer eine gute Lösung. Um ein zu häufiges „Würde" zu vermeiden, sollte man auf den Konjunktiv II nicht gänzlich verzichten, z. B. fände, gäbe, käme, läge, ginge, bliebe, hielte, hieße, ließe, brächte, wüsste, müsste, könnte.

Einzelarbeit

Ü 4: Konjunktiv II ★
Bilden Sie mit den Konjunktiven II von lassen, können und kommen jeweils einen Satz.

Gebrauch des Konjunktivs

Konjunktiv I: Er kann einen Wunsch oder eine Aufforderung ausdrücken („Er **lebe** hoch!"), kommt aber nicht so häufig vor wie der Konjunktiv II. Sein wichtigstes Anwendungsgebiet ist die indirekte Rede. Über sie erfahren Sie im Input 3 (ab Seite 135) Genaueres. Weiters begegnen wir ihm hin und wieder in Rezepten: „Man nehme: 1 kg Mehl …"

SbX
Übungen und Informationen zum Konjunktiv II finden Sie unter der ID: 1331.

Den Konjunktiv II verwenden wir, wenn wir

- die **Unwahrscheinlichkeit** oder Unmöglichkeit einer Handlung ausdrücken wollen.
  Beispiele: Wenn er doch nur einmal etwas gesagt hätte! Wenn sie vor 10 Uhr käme, könnte sie noch mitspielen.
- etwas besonders **höflich oder zurückhaltend** formulieren wollen.
  Beispiele: Würden Sie mir das Buch bis morgen borgen? Ginge das? Ich könnte dafür Folgendes machen … Würdest du mir bitte die Tasche tragen?
- als **Ersatzform für den Konjunktiv I,** wenn sich dieser nicht vom Indikativ unterscheidet.

SbX
Übungen und Informationen zum Imperativ finden Sie unter der ID: 1331.

Der Imperativ

Mit dem Imperativ spricht man eine oder mehrere Personen direkt an, die man um etwas bittet oder zu etwas auffordert. Gegenüber Personen, die man duzt, wird der Imperativ von der zweiten Person Präsens abgeleitet. Gegenüber Personen, die man siezt, verwendet man die dritte Person (Höflichkeitsform). **Beispiele:** Red(e) – redet – reden Sie; iss – esst – essen Sie; sieh – seht – sehen Sie; geh(e) – geht – gehen Sie; nimm – nehmt – nehmen Sie.

Besonderheiten treten bei der Bildung der Imperative der Hilfszeitwörter auf:

Infinitiv	2. Pers. Sg. Präs. Ind.	2. Pers. Sg. Imperativ	2. Pers. Pl. Präs. Ind.	2. Pers. Pl. Imperativ	3. Pers. Pl. Präs. Ind.	3. Pers. Pl. Imperativ
haben	du hast	Hab!	ihr habt	Habt!	sie haben	Haben Sie!
sein	du bist	Sei!	ihr seid	Seid!	sie sind	Seien Sie!
werden	du wirst	Werde!	ihr werdet	Werdet!	sie werden	Werden Sie!

Starke Verben, die in der 2. und 3. Person Singular einen **Umlaut** haben (z. B. fahren, halten, schlafen ...), haben im Imperativ keinen Umlaut, z. B. du läufst → Lauf! ihr lauft → Lauft! sie laufen → Laufen Sie!

Einige starke Verben, die im Präsens zwischen **e und i (ie)** wechseln, bilden den Imperativ endungslos und mit dem Stammvokal i (ie), z. B. Sprich lauter! Hilf mir! Lies das!

Einzelarbeit

SbX
Sie finden Ü 5 mit automatischer Korrektur und Bewertung unter der ID: 1331.
erledigt: ☑
Ü 5: ☐

Ü 5: Imperativ ★

Setzen Sie die richtigen Imperativformen (2. Pers. Sg.) zu den folgenden Verben im Singular ein!

atmen – gehen – entschuldigen – finden – haben – halten – kommen – helfen – rechnen – sein – sagen – sprechen – warten

1. ____________ dich gefälligst bei deinem Vater!
2. ____________ keine Angst!
3. ____________ tapfer!
4. ____________ ruhiger!
5. ____________ heraus, ob er auch auf die Party kommt!
6. ____________ nach, ob das stimmt!
7. ____________ ihre Entscheidung ab!
8. ____________ dich an die Regeln!
9. ____________ bitte deutlicher!
10. ____________ mir bitte schnell, die Wäsche aufzuhängen!
11. ____________ morgen pünktlich zum Test!
12. ____________ jetzt besser nicht!
13. ____________ ihm lieber aus dem Weg!

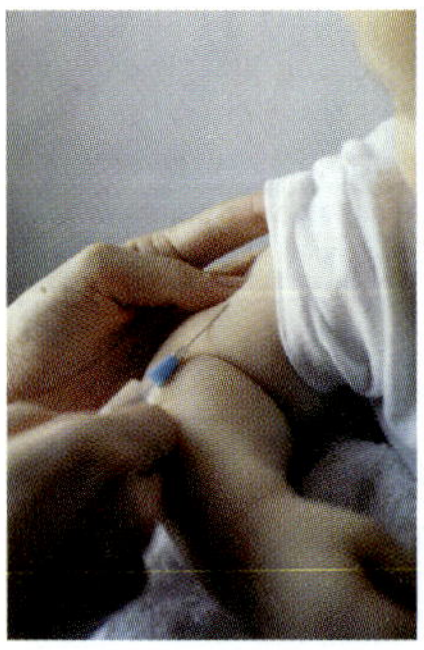

… tapfer!

SbX
Übungen und Informationen zu den Passivformen finden Sie unter der ID: 1331.

Zwei Handlungsrichtungen

Im Aktiv wird das Geschehen aus der Perspektive des Trägers, des „Täters", der gleichzeitig Subjekt ist, dargestellt. Wenn man jedoch das Passiv verwendet, braucht man kein Subjekt zu nennen, der Vorgang selbst wird betont. Man kann das ursprüngliche Subjekt allerdings in einer „Nebenrolle" erwähnen. **Beispiel 1) Aktiv:** Gewissenlose Brandstifter legten den Wald in Schutt und Asche. **Beispiel 2) Passiv:** Der Wald wurde in Schutt und Asche gelegt. Oder: Der Wald wurde von gewissenlosen Brandstiftern in Schutt und Asche gelegt. Vergleichen Sie die drei Sätze – wie verändert sich der Inhalt?

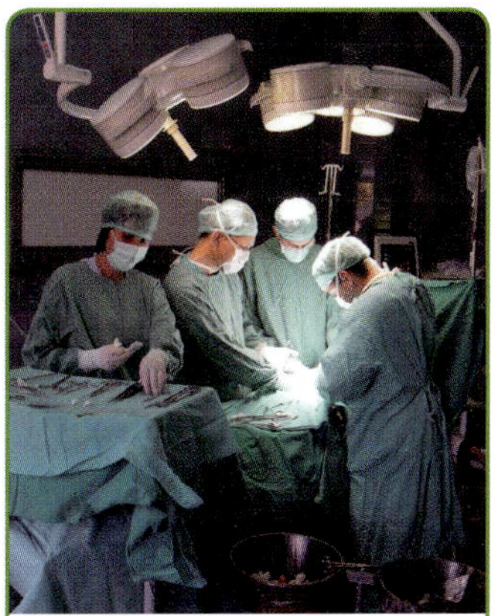
Die Ärzte operieren den Patienten. Der Patient wird operiert.

Wir unterscheiden ein Vorgangs- und ein Zustandspassiv:

- Das **Vorgangspassiv** bildet man mit der entsprechenden Personalform von „werden" und dem Partizip II. **Beispiel:** Das Spiel wird (vom Schiedsrichter) angepfiffen.
- Das **Zustandspassiv** drückt, wie der Name schon sagt, einen Zustand aus – das Resultat eines Prozesses. Es wird mit der entsprechenden Form von „sein" und dem Partizip II gebildet. **Beispiele:** Das Rätsel ist gelöst. Das Spiel ist seit einer Stunde beendet. Das Spiel ist bereits angepfiffen.

Gehen Sie mit dem Passiv sparsam um, da es oft umständlicher als das Aktiv wirkt!

3 Indirekte Rede
Im Zweifel für den Konjunktiv

Wenn wir Worte anderer wiedergeben, also über etwas berichten, was wir gehört oder gelesen haben, dann stellt uns die Sprache verschiedene Möglichkeiten zur Verfügung. Mit **Anführungszeichen** drücken wir aus, dass wir **wörtlich zitieren**, also etwas ganz genau so wiedergeben, wie wir es gehört oder gelesen haben. Wenn wir etwas am Wortlaut verändern, etwas **indirekt wiedergeben**, dann fließt unsere Meinung in das Zitierte ein. Dabei kann unsere Position neutral sein, aber auch deutlich Distanz oder Zustimmung zum Berichteten ausdrücken.

Schon die **Redekennzeichnung** gibt dazu Informationen. Es ist ein Unterschied, ob wir jemanden etwas „sagen" (neutral) oder „behaupten" (Distanz) lassen. Distanz bzw. Zweifel am Wahrheitsgehalt der Aussage drücken auch Ergänzungen wie „seiner Meinung nach" oder „angeblich" aus. Die Modalverben „sollen" oder „wollen" kann man ebenfalls dafür verwenden.

Einzelarbeit

Wie ist das gemeint?

Ü 6: Redekennzeichnung ★

Markieren Sie mit den Symbolen +/0/–, ob mit den folgenden Aussagen Zustimmung, Neutralität oder Distanz des Sprechers zur Nachricht ausgedrückt wird:

Nach einem Bericht des Nachrichtensenders CNN International ist die al-Qaida Urheber des Terroranschlags auf den Zug gewesen.	
Der Urheber des Terroranschlags auf den Zug ist al-Qaida gewesen.	
Der Sender behauptet, dass al-Qaida hinter dem Anschlag auf den Zug steckt.	
Hinter dem Anschlag soll ein Terrorkommando von al-Qaida stecken.	
Reporter von CNN International haben herausgefunden, dass ein Terrorkommando von al-Qaida hinter dem Anschlag steckt.	
Hinter dem Anschlag steckt nach Auffassung von CNN International al-Qaida.	
Hinter dem Anschlag steckt angeblich eine Terrorgruppe von al-Qaida.	

3 Sprachnormen

Einzelarbeit

Ü 7: Distanz ★

Geben Sie nach dem Beispiel in Ü 6 folgenden Satz wieder: „Der Zug hat wieder einmal Verspätung gehabt." (Begründung eines Kollegen, warum er zu spät in die Arbeit gekommen ist).

Stellen Sie eine Distanz zur Aussage her mithilfe

a) eines Rede-Verbs,
b) einer Ergänzung,
c) eines Modalverbs und
d) mündlich durch Tonfall und Mimik.

Auch die **Aussageweise des Verbs** (Indikativ, Konjunktiv I, Konjunktiv II) kann Aufschlüsse über den vermuteten Wahrheitsgehalt einer Aussage geben. Der **Konjunktiv I** ermöglicht dem Sprecher/der Sprecherin bzw. dem Schreiber/der Schreiberin, eine Nachricht so weiterzugeben, dass man für die Richtigkeit des Wiedergegebenen keine Verantwortung übernimmt, schafft also Distanz zur Aussage. Es ist eine Wiedergabe **„ohne Gewähr"**.

Der **Konjunktiv II** drückt dagegen aus, dass man **Zweifel** an der Aussage hegt. Vergleichen Sie dazu die beiden folgenden Sätze:

- **Neutral:** Matthias rechtfertigte sein Zuspätkommen damit, dass der Zug wieder einmal Verspätung gehabt **habe**.
- **Zweifelnd:** Matthias rechtfertigte sein Zuspätkommen damit, dass der Zug wieder einmal Verspätung gehabt **hätte**.

Bildungsweise des Konjunktivs

Der Konjunktiv I wird, wie der Name schon sagt, von der ersten Stammform abgeleitet, der Konjunktiv II von der zweiten Stammform (Stammvokale a/o/u werden zu ä/ö/ü).

glauben – glaubte – geglaubt		
Indikativ	**Konjunktiv I**	**Konjunktiv II**
ich glaube	glaube	glaubte
du glaubst	**glaubest**	glaubtest
er glaubt	**glaube**	glaubte
wir glauben	glauben	glaubten
ihr glaubt	**glaubet**	glaubtet
sie glauben	glauben	glaubten

gehen – ging – gegangen		
Indikativ	**Konjunktiv I**	**Konjunktiv II**
ich gehe	gehe	**ginge**
du gehst	**gehest**	**gingest**
sie geht	**gehe**	**ginge**
wir gehen	gehen	gingen
ihr geht	**gehet**	**ginget**
sie gehen	gehen	gingen

Bei den **Vergangenheitsformen** setzt man das Hilfszeitwort sein bzw. haben in den Konjunktiv: Er habe geglaubt, sie sei gegangen.

haben – hatte – gehabt		
Indikativ	**Konjunktiv I**	**Konjunktiv II**
ich habe	habe	**hätte**
du hast	**habest**	**hättest**
er hat	**habe**	**hätte**
wir haben	haben	**hätten**
ihr habt	**habet**	**hättet**
sie haben	haben	**hätten**

sein – war – gewesen		
Indikativ	**Konjunktiv I**	**Konjunktiv II**
ich bin	**sei**	**wäre**
du bist	**seist**	**wärest**
sie ist	**sei**	**wäre**
wir sind	**seien**	**wären**
ihr seid	**seiet**	**wäret**
sie sind	**seien**	**wären**

Wie wir in der Tabelle sehen, sind Indikativ und Konjunktiv **in vielen Formen gleich**. In allen diesen Fällen weicht man auch bei neutraler Wiedergabe auf den **Konjunktiv II** aus.

Beispiele:

- **Der Beschuldigte:** „Ich kenne den Kläger gar nicht."
  Neutrale Wiedergabe im Konjunktiv I: Der Beschuldigte erklärte, er kenne den Kläger gar nicht.

- **Die Beschuldigten:** „Wir kennen den Kläger gar nicht."
  Neutrale Wiedergabe im Konjunktiv II (weil sich der Konjunktiv I nicht vom Indikativ unterscheidet): Die Beschuldigten erklärten, sie kennten den Kläger gar nicht (oder: sie würden den Kläger gar nicht kennen).

Einzelarbeit

Ü 8: In die indirekte Rede setzen ★★

Setzen Sie die indirekte Rede in den beiden obigen Sätzen in die Vergangenheit:

- Der Beschuldigte erklärte, er …
- Die Beschuldigten erklärten, sie …

4 Nomen …
… bezeichnen ein Lebewesen, einen Gegenstand oder eine Sache

Nomen, auch **Substantive** oder **Hauptwörter** genannt, bezeichnen Lebewesen, Pflanzen, Dinge, Begriffe. Jedem Nomen ist ein **Genus** (grammatisches Geschlecht) zugeordnet, das durch den Artikel ausgedrückt wird. Es gibt drei grammatische Geschlechter: **maskulin** (männlich), **feminin** (weiblich), **neutrum** (sächlich).

Man unterscheidet den **bestimmten Artikel** (der, die, das) vom **unbestimmten** (ein, eine). Wenn Sie das Genus eines Wortes nicht kennen, schlagen Sie im Wörterbuch nach. Dort wird nach dem Wort der bestimmte Artikel und somit das Genus angeführt. Danach stehen der Genitiv und nach dem Schrägstrich die Mehrzahl.

Kum|pel der, -s/-[s] [-n]: *Bergmann | Kamerad* ‖ **kum|pel|haft**
Kumpf der, -[e]s/-e: *Behälter für den Wetzstein des Mähers*
Kum|quat die, -/-s ⟨chin.⟩: *Zwergorange*

Wie Sie sehen, lautet der Genitiv von Kumpel „des Kumpels"; die Mehrzahl „die Kumpel" (ohne Endung); die eckigen Klammern zeigen an, dass auch „die Kumpels" oder „die Kumpeln" erlaubt sind.

Einzelarbeit

Ü 9: Genus ★★

Wie sicher können Sie die folgenden Nomen einem Genus zuordnen? Kreuzen Sie die richtigen Artikel an.

	der	die	das		der	die	das
Kommentar				Butter			
E-Mail				Bund			
Joghurt				Gehalt			
Poster				See			
Radio				Teller			

Der, die oder das Teller?

Schlagen Sie im Wörterbuch nach, ob Sie alles richtig angekreuzt haben. Welche Besonderheiten im Gebrauch des Genus fallen Ihnen auf?

SbX
Übungen und Informationen zur Deklination der Nomen finden Sie unter der ID: 1331.

Damit die Nomen ihre Rolle im Satz erfüllen können, kann man sie in vier Fälle, jeweils im Singular und im Plural, abwandeln **(deklinieren).**

	Singular			Plural		
	maskulin	feminin	neutrum	maskulin	feminin	neutrum
1. Fall Nominativ	der (ein) Mann	die (eine) Frau	das (ein) Kind	die Männer, Frauen, Kinder		
2. Fall Genitiv	des (eines) Mannes	der (einer) Frau	des (eines) Kindes	der Männer, Frauen, Kinder		
3. Fall Dativ	dem (einem) Mann	der (einer) Frau	dem (einem) Kind	den Männern, Frauen, Kindern		
4. Fall Akkusativ	den (einen) Mann	die (eine) Frau	das (ein) Kind	die Männer, Frauen, Kinder		

3 Sprachnormen

Im Deutschen gibt es **viele Möglichkeiten, den Plural zu bilden.** Wie viele fallen Ihnen ein?

Tipp: Denken Sie immer an das -n im Dativ Plural, sofern der Plural nicht auf -s endet (wie z. B. bei Autos)!

Auch die Pronomen wandelt man in diese Fälle ab.

5 Adjektiv …
… bestimmen Normen oder Verben näher

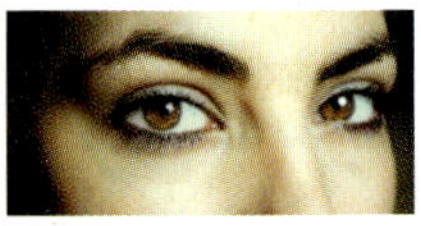
Sie hat **braune** Augen.

Mit Adjektiven werden Nomen oder Verben näher bestimmt. Adjektive können gebraucht werden

- als **Beifügung** zu einem Nomen (**blaue** Augen, ein **dunkler** Wald, das **schnelle** Auto)
- in **Verbindung mit sein, werden und bleiben** (Sie ist **neugierig.** Er bleibt **ruhig.** Wir wurden **unfreundlich.**)
- in **Verbindung mit anderen Verben** (Er wartete **sehnsüchtig** auf sie. Die Schülerin las **laut** vor. Das Auto fährt **schnell.**)

Steht das Adjektiv vor einem Nomen, wird es dekliniert. Die meisten Adjektive können **gesteigert** werden (schön – schöner – am schönsten; gut – besser – am besten). Typische Endungen von Adjektiven sind **-ig, -isch, -lich, -bar** und **-haft.**

Einzelarbeit

Ü 10: Kennzeichen von Adjektiven ★★

Warum sind vorsicht**ig,** link**isch,** heiz**bar** und grauen**haft** Adjektive, nicht aber Ess**ig,** Est**isch,** Salat**bar,** Beuge**haft?**

Man erfragt die Adjektive mit:

- **wie** (Wie ist sie?)
- **welcher** (welche, welches) oder was für ein/e (Welche Unfälle? Was für ein Wetter?)

6 Die Fälle
Werden Sie zum Sprachexperten/zur Sprachexpertin!

SbX **Übungen und Informationen zu den Präpositionen finden Sie unter der ID: 1331.**

Beim **Nominativ** hat kaum jemand mit der Endung Probleme. Der **Genitiv** steht am häufigsten als Attribut (Beifügung) bei einem Nomen (das Gewand des Richters, die Tasche der Chefin). Weiters gibt es einige Präpositionen, die einen Genitiv „verlangen"; merken Sie sich vor allem „während" und „wegen" (wegen des schlechten Wetters, während unseres Aufenthalts). Auch ein paar Verben sind mit einem Genitiv verbunden, zum Beispiel „sich annehmen" (Sie nimmt sich dieser Aufgabe an.) oder „sich erfreuen" (Er erfreut sich bester Gesundheit.).

Trotz des schlechten Wetters … – auch hier steht der Genitiv.

Auch **Dativ und Akkusativ** werden von einem **Verb** oder einer **Präposition** „verlangt". Eine vor einigen Jahren durchgeführte Studie ergab, dass bei 90 % der Fallfehler der Akkusativ statt des Dativs verwendet wird. Besonders häufig tritt dieser Fehler nach der Präposition „mit" auf. Der Grund liegt wohl darin, dass die Endungen im Maskulinum und Neutrum einander sehr ähneln (m/n) und diese Unterscheidung in der Umgangssprache oft vernachlässigt wird.

„Mi/ma"-Regel: Hilfsregel für Dialektsprecher – bei Einsatz des Wortes „mi" (= mich) verwendet man den 4. Fall, bei „ma" (= mir) den 3. Fall.

Das Problem verschwindet, wenn Sie sich auf Ihr Sprachgefühl verlassen können: Probieren Sie als Ersatzform **„mir"/„dir"** (steht für den Dativ) bzw. **„mich"/„dich"** (steht für den Akkusativ). **Beispiele:** Der Ohrring gefällt ihrem/ihren Begleiter? → Er gefällt mir → ihrem! Wir spenden für dem/den Tierschutzverein? → Wir spenden für dich → den!

Einzelarbeit

Ü 11: Pluralendungen ★

Setzen Sie die beiden Beispielsätze in den Plural.

Einzelarbeit

Ü 12: Dativ oder Akkusativ? ★★

Ergänzen Sie die richtige Endung in der männlichen und der weiblichen Form und schreiben Sie den Satz mit dem korrekten Ersatzwort auf.

Ergänzen Sie die Endung	Fügung mit Ersatzwort
Mit ih**m** werden wir keine Schwierigkeiten haben. Mit dies**er** Maschine werden wir keine Schwierigkeiten haben.	Mit **DIR** werden wir keine Schwierigkeiten haben.
Wir hoffen auf ein__ hohen Sieg/ auf ein__ hohe Belohnung.	
Das Mädchen ging schweigend an ih__/ ih__ vorbei.	
Wir konnten de__ Beamten/ d__ Beamtin leider nicht erreichen.	
Nach sein__ Tod/sein__ Flucht kümmerte sich keiner um das Haus.	
Wir fahren mit de__ Sammeltaxi/mit d__ Bahn in die Disco.	
Sie hob von ihre___ Konto/mit ihr___ Kreditkarte 100 Euro ab.	

Denken Sie an die 3×3-Regel:
- Dir ist 3. Fall.
- DIR hat 3 Buchstaben.
- M hat drei senkrechte Striche.

MIT DATIV:
- AUS
- BEI
- MIT
- NACH
- VON
- ZU

Wenn Sie das Sprachgefühl in solchen Fällen manchmal verlässt, dann bleibt Ihnen wohl nichts anderes übrig, als sich die wichtigsten **Präpositionen,** die den **Dativ** verlangen, einzuprägen. Sechs sollten Sie sich besonders gut merken: **aus, bei, mit, nach, von, zu.** Sie verlangen ausnahmslos den 3. Fall.

Einzelarbeit

Ü 13: Wer hat die meisten „dems"? ★★

Bilden Sie einen Satz, in dem möglichst viele dieser Präpositionen mit dem 3. Fall, mit anschließendem „dem", vorkommen. **Beispiel:** Nach dem Essen gehe ich mit dem Nachbarn zu dem großen Ahornbaum bei dem Teich.

die Standardsprache: allgemein verbindliche Sprachform (im Unterschied zur Umgangssprache)

Präpositionen, die den **Akkusativ** verlangen, sind unter anderem: **durch, für, gegen, um.** Beachten Sie besonders, dass man auch „ohne" in der Standardsprache mit dem 4. Fall bildet: Ich fahre nicht **ohne ihn/ohne sie** in den Urlaub.

Wechselpräpositionen

Einige Präpositionen, die eine Richtungsangabe ausdrücken, verlangen je nach Situation den **3. oder 4. Fall:** Es sind dies: **in, an, auf, vor, hinter, über, unter, neben, zwischen.**

Der Tiger liegt auf dem Baum. Aber: Der Tiger klettert auf den Baum.

Hier gilt folgende Regel:

- Sie verlangen den **3. Fall,** wenn damit ein Zustand ausgedrückt wird (auf die Frage: Wo …?). **Beispiel:** Sie steht unter ein**em** Baum. (Das heißt, sie ist bereits dort. Frage: **Wo** steht sie? → 3. Fall). Einige Wechselpräpositionen können sich auch auf die Zeit beziehen. Das Fragewort dazu lautet „Wann?". Auch in diesem Fall folgt immer der Dativ. **Beispiele:** vor dem Essen, unter der Woche.
- Sie verlangen den **4. Fall,** wenn damit Bewegung ausgedrückt wird (auf die Frage: Wohin …?). **Beispiel:** Er stellt sich unter ein**en** Baum. (Das heißt, er geht gerade dorthin. Frage: **Wohin** stellt er sich? → 4. Fall)

Einzelarbeit

Ü 14: Sätze mit Dativ und Akkusativ ★★

Bilden Sie Sätze mit den vorgegebenen Wörtern.

	Satz	Frage
ich – rücken – Schreibtisch – an Kasten	Ich rücke den Schreibtisch an den Kasten.	WOHIN rücke ich den Schreibtisch?
sie – stehen – stundenlang – vor Tür		
er – sich stellen – schützend – vor Knaben		
ich – sich setzen – auf Traktor		
ich – sitzen – auf Traktor		
Stück Kuchen – fallen – unter Tisch		
kleine Figur – sich befinden – unter Torbogen		

Auf dem oder auf den Traktor?

Schwache Deklination

Wenn ein Artikel nach der Präposition steht, muss er den Fall anzeigen, den die Präposition verlangt. Hat das dazugehörige Nomen Attribute bei sich, werden sie schwach gebeugt, das heißt, sie erhalten mit wenigen Ausnahmen die Endung -en. Für ein Pronomen gilt das Gleiche wie für den Artikel.

das Attribut: die Beifügung, z. B. das **schöne** Lied

Beispiele: Er starb nach ein**em** lang**en**, schwer**en** Leiden. Dank sein**em** enorm**en** Einsatz (oder auch: dank sein**es** enorm**en** Einsatzes) gewannen sie das Spiel.

SbX **Hinweise zur Adjektivdeklination finden Sie unter der ID: 1331.**

	maskulin	feminin	neutrum	Plural
Nom.	der schöne Ball/ ein schön**er** Ball	die/eine schöne Puppe	das schöne Auto/ ein schön**es** Auto	die schön**en** Bälle, Puppen, Autos
Gen.	des/eines schön**en** Balls	der/einer schön**en** Puppe	des/eines schön**en** Autos	der schön**en** Bälle, Puppen, Autos
Dat.	dem/einem schön**en** Ball	der/einer schön**en** Puppe	dem/einem schön**en** Auto	den schön**en** Bällen, Puppen, Autos
Akk.	den/einen schön**en** Ball	die/eine schöne Puppe	das schöne Auto/ ein schön**es** Auto	die schön**en** Bälle, Puppen, Autos

Anstelle des bestimmten Artikels können auch stehen: dieser, jener, jeder (Pl. alle), mancher, solcher, welcher, derjenige, derselbe, beide (Pl.), sämtliche (Pl.), irgendwelche (Pl.). **Anstelle des unbestimmten Artikels** können auch stehen: mein, kein, irgendein …

Achtung: Bei diesen Wörtern haben die Adjektive im Pl. immer die Endung -en: Meine neuen Freunde usw.

Starke Deklination

Ein Glas frischer Milch

Wenn ein Artikel oder Pronomen beim Nomen fehlt, übernehmen die dazugehörigen Attribute (und zwar alle) diese Aufgabe, werden also stark abgewandelt. Sie erhalten die Endungen des bestimmten Artikels. **Beispiel:** Er starb nach lang**em**, schwer**em** Leiden. Mit enorm**em** Einsatz erreichten sie das Ziel. **Ausnahme: Genitiv Singular** maskulin und neutrum: Nach einer Woche schwer**en** Leidens erholte sie sich wieder.

	maskulin	feminin	neutrum	Plural
Nom.	roter Wein	frische Milch	kaltes Wasser	warme Getränke
Gen.	roten Weines	frischer Milch	kalten Wassers	warmer Getränke
Dat.	rotem Wein	frischer Milch	kaltem Wasser	warmen Getränken
Akk.	roten Wein	frische Milch	kaltes Wasser	warme Getränke

Einzelarbeit

Wenn Sie diese Regeln nicht gleich verstanden haben, sehen Sie sich die Skizze im Schritt „Sichern" an.

Ü 15: Stark oder schwach? ★★

Setzen Sie die richtige Endung ein und erklären Sie Ihre Lösung:

Im Sommer letzt__ Jahres; Ende dies__ Jahres; zu Beginn d__ erst__ Quartals; zu Beginn jed__ Tages; beim Eingang dies__ Gebäudes; im Juli nächst__ Jahres.

Üben

SbX ID: 1332

Einzelarbeit

Ü 16: Verben in einem Text erkennen ★

Unterstreichen Sie in einer Erzählung, die Sie geschrieben haben, alle Verben. Tauschen Sie das erste Verb gegen das letzte, das zweite gegen das vorletzte usw. Wenn sich ein lustiger Text ergibt, lesen Sie ihn im Kurs vor.

Einzelarbeit

Ü 17: Stammformen ★

Setzen Sie in der nachstehenden Tabelle die entsprechenden Formen ein.

1. Stammform	2. Stammform	3. Stammform
befehlen		
	bog	
	band	
		erschrocken
essen		
finden		
fliehen		
fragen		
		gegeben
		gegangen
	geschah	
halten		

Auch Journalisten können sich blamieren:

Rekord: Merk pfeifte 241 Bundesliga-Partien

Bildunterschrift aus dem „Münchner Merkur"

Polizist wurde mitgeschliffen

Aus der „Westdeutschen Allgemeinen Zeitung"

1. Stammform	2. Stammform	3. Stammform
lassen		
laufen		
lesen		
		gelegen
legen		
lügen		
reiten		
rufen		
schreien		
sitzen		
		gesetzt
ziehen		

Einzelarbeit/
Partnerarbeit/
Gruppenarbeit

Der nächste Sommer kommt bestimmt.

Ü 18: Tempusgebrauch ★★

a) Verfassen Sie einen Text zum Thema „Der nächste Sommer kommt bestimmt!" in der Ich-Form. Was haben Sie vor, was möchten Sie erleben, wie wird es sein?

b) Tauschen Sie den Aufsatz mit Ihrem Sitznachbarn/Ihrer Sitznachbarin und markieren Sie alle sprachlichen Mittel, mit denen Zukünftiges ausgedrückt wird (Futur I und II, Präsens, Modalverben wie „ich will", Verben wie „ich beabsichtige", temporale Adverbien und Fügungen wie „im Juli", „dann").

c) Gestalten Sie in einer Vierergruppe ein Plakat, das diese sprachlichen Mittel übersichtlich aufzeigt.

Einzelarbeit

Ü 19: Futur II ★★

Erzählen Sie über Ihre Berufspläne im Futur II (mindestens fünf Sätze).

Gruppenarbeit

Ü 20: Konjunktiv II (Vergangenheitsstufe) ★

Bilden Sie in einer Gruppe mit 4 Personen innerhalb von 5 Minuten eine möglichst lange Kette von Konjunktiv-II-Sätzen (schriftlich).

Beispiel: Wenn du mich nicht angerufen hättest, hätte ich verschlafen. Wenn ich verschlafen hätte, wäre ich nicht rechtzeitig in die Schule gekommen. Wenn ich nicht rechtzeitig in die Schule gekommen wäre, …

Wer die längste Kette gebildet hat, trägt sie im Kurs vor.

Gruppenarbeit

Ü 21: Konjunktiv II (Gegenwartsstufe) ★★

Alle Teilnehmer/innen stellen sich in zwei Reihen so auf, dass sie einander gegenüberstehen. Person A fragt ihr Gegenüber: „Was wäre, wenn …" Person B gibt darauf eine Antwort nach dem Schema: dann + Verb im Konjunktiv II bzw. Umschreibung mit „würde". Diese Sätze sollen leise gesprochen werden. Anschließend geht die erste Person der B-Reihe ans Ende der Reihe, die zweite B-Person rückt an den ersten Platz, hat also einen neuen A-Partner. Die anderen rücken nach. Nun stellt Person A die Frage von vorhin, B gibt ebenfalls die alte Antwort. So können sich lustige neue Kombinationen ergeben, vor allem, wenn man mehrere Runden spielt.

Einzelarbeit

Ü 22: Veraltete Höflichkeitsformeln ★

Ersetzen Sie in den folgenden Sätzen den Konjunktiv durch den Indikativ:

Die von Ihnen ausgeschriebene Stelle würde mich sehr interessieren.	
Ich könnte die Stelle mit 1. August antreten.	
Ich würde mich freuen, wenn Sie mich zu einem Vorstellungsgespräch einladen würden.	

Einzelarbeit

Ü 23: Passiv + Imperativ ★

Schreiben Sie den folgenden Text so um, dass Sie anstatt der fettgedruckten Wörter abwechselnd Passiv und Imperativ (2. Person Singular) verwenden.

Ess-Stäbchen

Fleisch, Gemüse und Reis mit zwei Stäbchen gekonnt in den Mund jonglieren

Das erste Stäbchen so in die Hand **nehmen,** dass es hinten zwischen Daumen und Zeigefinger liegt und vorne gegen die Spitze des Mittel- oder Ringfingers gedrückt wird. Darauf **achten,** dass das Stäbchen stabil in der Hand liegt.

Das zweite Stäbchen beweglich zwischen Daumen und Zeigefinger **halten,** sodass man Essen damit einklemmen kann. Immer wieder **üben.**

(Nach: topic 193/2008, S. 55.)

Einzelarbeit

Ü 24: Fallendungen korrigieren ★★

Korrigieren Sie die fehlerhaften Endungen im folgenden Text.

Laurie Saunders saß im Redaktionsbüro der Schülerzeitung der Gordon High School und kaute an ihren Kugelschreiber. Sie war ein hübsches Mädchen mit hellbraunen Haar und einen fast immerwährendem Lächeln, das nur schwand, wenn sie aufgeregt war oder an Kugelschreiber kaute. Das hatte sie in letzte Zeit ziemlich häufig getan. In ihren Vorrat gab es kein einzigen Schreiber mehr, der nicht am oberem Ende völlig zerbissen war. [...] Laurie sah sich in den kleinen Büro um, das mit Schreibtische, Schreibmaschinen und Zeichenplatten vollgestopft war. Eigentlich sollte in diesen Augenblick an jeder Schreibmaschine jemand sitzen.

(Beginn der Erzählung „Die Welle" von Morton Rhue.)

Einzelarbeit

Ü 25: Fallendungen einsetzen ★

Setzen Sie die richtigen Endungen ein:

1) Vor lang___ Zeit wohnte in ein___ düster___ Wald ein Einsiedler mit sein___ Sohn. Was ih___ in dies___ Einsamkeit getrieben hatte, war der Überdruss an d__ gottlosen Treiben der Welt.
2) Sie wohnt in ein__ Internat.
3) Mit selbstsicher__ Auftreten kann man großen Eindruck machen.
4) Man nennt ihn eine__ Sohn aus gut__ Hause.
5) Er befand sich gerade in ein__ schwierig__ Stadium sein__ Arbeit.
6) Binnen einig__ Stunden kehrten wir zurück.
7) Ich konnte kein Vertrauen in ih__ setzen.
8) Wir stehen unter d___ Herrschaft und d___ Schutz der Gesetze.
9) Er handelt, wie es ih___ gerade passt.
10) Die Wolke fliegt über mi___ hinweg.

3 Sprachnormen

Einzelarbeit

lexikalisch: den Wortschatz betreffend

Ü 26: Indirekte Rede ★★

Schreiben Sie alle lexikalischen und grammatikalischen Mittel heraus, mit denen die Autoren der Zeitungsberichte jeweils a) Distanz und b) Zustimmung zu den Forschungsergebnissen signalisieren.

Welcher Text distanziert sich stärker?

Schweizer Forscherteam stellte Todesursache endgültig fest

„Ötzi“ starb an zerfetzter Arterie

Wien. Knapp 16 Jahre nach dem Fund der Gletschermumie „Ötzi“ ist die Todesursache jetzt endgültig geklärt: Der Steinzeitmann vom Hauslabjoch ist binnen weniger Minuten verblutet. Ein Forscherteam des Anatomischen Instituts der Universität Zürich konnte mittels Computertomografie eine zerfetzte Hauptschlagader im Bereich der Schulter nachweisen.

Tödlicher Pfeil. Verursacht wurde die tödliche Verwundung durch einen Feuersteinpfeil, der das linke Schulterblatt durchschlagen hatte und die Arterie traf. Experten nehmen an, dass Ötzi in einen Überfall verwickelt war, der letale Schuss könnte von einem Verfolger auf der Flucht gekommen sein. Die konservierte Mumie wurde im September 1991 von einem Wanderer gefunden – nach 5.300 Jahren im Gletschereis. *(jüm)*

(Österreich, 7.6.2007)

Neue Studie Schweizer Ärzte

Ötzis Todesursache: Pfeil durch Arterie!

Schon wieder eine neue Studie über die mögliche Todesursache von Ötzi, der 5000 Jahre alten Gletschermumie: Nach Untersuchungen mit dem Computertomografen behaupten Schweizer Ärzte, dass Ötzi durch einen Pfeilschuss in die Schlüsselbeinarterie getötet worden ist. Die Experten glauben, dass ihre Beweisführung mit allen modernen Techniken absolut schlüssig sei. Die Untersuchung war 2005 in Südtirol durchgeführt worden – dabei sei die Todesursache ohne zerstörende Autopsie geklärt worden.

(Kronen-Zeitung, 7.6.2007)

Partnerarbeit

Ü 27: Zeitungsvergleich ★★

Vergleichen Sie einen Bericht aus dem Chronikteil verschiedener Tageszeitungen zum selben Thema und untersuchen Sie, ob und mit welchen Mitteln Distanz zum Berichteten hergestellt wird. Halten Sie Ihr Ergebnis schriftlich fest. Welche Gründe könnte es haben, dass der Konjunktiv in manchen Massenmedien eher selten verwendet wird – anders gefragt: Welche Vorteile bietet der Indikativ?

Einzelarbeit

Ü 28: Indikative in Konjunktive umwandeln ★★

Ersetzen Sie in den folgenden Sätzen alle Indikative durch Konjunktiv I bzw. (bei Gleichheit) Konjunktiv II.

Morgen wird es sehr heiß.	
Gestern war es sehr heiß.	
Sie spielt ausgezeichnet.	
Sie spielte ausgezeichnet.	
Er trifft eine Klassenkollegin.	
Er traf eine Klassenkollegin.	
Sie verstehen sich sehr gut.	
Sie verstanden sich sehr gut.	
Sie gehen nicht mit.	
Er musste schon früher gehen.	
Sie fahren in die Stadt.	
Sie fuhren zu spät weg.	

Vorlage für Ü 29 ist ein Gesellschaftsspiel, das etwa um 1930 entwickelt wurde und das „Der erlesene Leichnam“ heißt – nach dem ersten auf diese Weise entstandenen Satz: „Der erlesene Leichnam wird trinken den jungen Wein.“

Ü 29: Wortarten ★

Bilden Sie Gruppen mit jeweils fünf Personen. Jede/Jeder bekommt einen Zettel, auf den sie/er in der ersten Runde ein Adjektiv schreibt. Dann wird der Zettel gefaltet, damit der Text nicht vom nächsten Spieler gelesen werden kann, und an die benachbarte Person weitergegeben. In der zweiten Runde schreibt jede/jeder ein Nomen auf den Zettel, in der dritten Runde ein Verb, in der vierten wieder ein Adjektiv und abschließend noch einmal ein Nomen. Nun liest jede/jeder die Wörter auf dem Blatt, das sie/er am Schluss hat, vor und bildet damit einen Satz. Eine grammatikalische Korrektur wird meist nötig sein. So können sich fantasievolle Sätze ergeben.

Einzelarbeit

Ü 30: Gebrauch des Konjunktivs ★★

a) Markieren Sie im folgenden Text alle Konjunktive und ersetzen Sie alle direkten Reden durch indirekte. Verwenden Sie dafür den Konjunktiv.

b) Recherchieren Sie, ob die angekündigten Maßnahmen mittlerweile umgesetzt wurden.

Nach KURIER-Bericht: Alle gegen Koma-Trinken

Politdebatte – SPÖ für Maßnahmenpakete, FP für harte Strafen, Stenzel für Verbote

Trinken bis zur Bewusstlosigkeit bei Jugendlichen soll nicht mehr sein. Geht es nach Ansicht der SPÖ, sollte wie beim Rauchen auch ein Maßnahmenpaket gegen das „Koma-Saufen“ geschnürt werden. Ein entsprechender Antrag wurde bereits im Parlament eingebracht.

Gegen das Rauchen seien bereits Maßnahmen gesetzt worden: „Zum Thema Alkohol ist die Politik noch ziemlich schweigsam“, meinte SPÖ-Abgeordnete Melitta Trunk. Alkohol werde in Österreich noch immer als Gesellschaftsdroge gesehen, sagte SPÖ-Kultursprecherin Christine Muttonen. „Und er ist in Österreich leicht zu bekommen und vor allem billig.“ Muttonen hob hier besonders so genannte Flatrate- oder All-You-Can-Drink-Parties hervor, die die Jugendlichen geradezu zum Trinken animieren. „So etwas gehört verboten“, meint auch Ronald Gutharc vom Innenstadtlokal „Zum Kuchldragoner“. Leider gebe es aber auch in seinem Viertel schwarze Schafe, so der Gastronom.

Die Bezirksvorsteherin der Inneren Stadt, Ursula Stenzel, VP, will weiter ein Alkoholverbot im öffentlichen Raum ihres Bezirks. Konsumationen in Lokalen, Gastgärten, bei Würstelständen und bei Events im öffentlichen Raum seien davon ausgenommen. Die Wiener SPÖ lehnt eine entsprechende Änderung des Landessicherheitsgesetzes allerdings ab.

Kontrollzonen Vor kurzem wollte Stenzel noch „Alkoholkontrollzonen“ an einzelnen Orten. Nun fordert sie ein Verbot für die gesamte City. Anlass sei der Fall einer Frau im Rudolfsplatz-Viertel, die von betrunkenen Jugendlichen krankenhausreif geprügelt worden sei. Zudem würden immer Jüngere zum „Komasaufen“ neigen, Schutzmaßnahmen seien erforderlich.

Die FPÖ fordert strengere Kontrollen der Gastronomie. Sollten Geldstrafen nichts nutzen, würde eine Herabsetzung der Sperrstunden oder ein Entzug der Konzession Erfolge zeigen. Auch das BZÖ fordert Maßnahmen: „Ein bundeseinheitliches Jugendschutzgesetz ist ein Gebot der Stunde.“ Eine Vereinheitlichung dieses Gesetzes strebt auch Gesundheitsministerin Andrea Kdolsky, VP, an.

(Kurier, 4.5.2007)

Einzelarbeit

Ü 31: Adjektive ★

Leiten Sie von den folgenden Wörtern jeweils mindestens ein Adjektiv ab, das mit -bar, -ig, -haft, -lich oder -isch endet.

Atlantik		Narr	
brauchen		Ohnmacht	
Chaos		Pracht	
dehnen		Quadrat	
entschuldigen		Riese	
Frucht		Sperre	
gewöhnen		teilen	
Hass		Unordnung	
jagen		Vorzug	
Kern		Wunder	
lachen		X-Beine	
machen		Schaden	

Einzelarbeit

Ü 32: Genitiv- und Pluralformen ★★

Schlagen Sie im Wörterbuch den Genitiv und den Plural folgender Wörter nach und schreiben Sie die Pluralformen auf. Klären Sie auch die Bedeutung der Ihnen unbekannten Wörter.

Album, Atlas, Chaos, Datum, Genus, Index, Kasus, Klima, Lexikon, Modus, Pizza, Praktikum, Schema, Universum, Visum

3 Sprachnormen

Einzelarbeit

Ü 33: Fall-Endungen ★★

Suchen Sie aus der folgenden Liste alle Präpositionen heraus, ergänzen Sie diese mit **ihm** bzw. **ihn** und bilden Sie jeweils einen Satz.

her, aus, aber, weil, mit, von, hinauf, dann, damit, außer, gegenüber, gemäß, mitsamt, nachdem, ohne, nach, in

Einzelarbeit

Ü 34: Adjektivdeklination ★★

Setzen Sie die Beispiele jeweils mit den folgenden drei Präpositionen in den richtigen Fall: wegen (+ Gen.), mit (+ Dat.), für (+ Akk.).

die/eine gute Idee; der/ein alte/r Kollege; die/eine große Hilfe; die/eine neue Freundin; das/ein schnelle/s Auto; die/eine interessante Arbeit; das/ein kluge/s Mädchen

Einzelarbeit

Ü 35: Fall-Endungen ★

Setzen Sie die richtigen Fall-Endungen ein und begründen Sie jeweils Ihre Entscheidung:

SbX

Sie finden Ü 35 mit automatischer Korrektur und Bewertung unter der ID: 1332.

erledigt: ☑

Ü 35: ☐

Er setzte sich neben mi___ hin.	
Das Segelflugzeug wird von ein__ Motor angetrieben.	
Er brachte ein Geschenk, das offenbar von ein__ großen, dauernd__ Wert war.	
Mit ihr__ raketengetriebenen Auto waren sie bald in Catchtown.	
Herr Zuber saß mit offen__ Hemdkragen und gelockert__ Krawatte im Auto.	
Er kam, normal bekleidet, mit struppig__ Haar und ein__ Glas Bier in der Hand herein.	
Sein Mantel war aus derb___, braun__ Stoff.	
Der Pharao ertrank mit sein__ ganz__ Heer.	
Wir stimmen d___ ausgereift___ Plan zu.	
Beim Einlippen-Bohrverfahren wird mit ein___ Hartmetallbohrkopf ins Volle gebohrt.	
Der Bohrkopf sitzt auf ein___ Rohrschaft.	
Auf Ihr__ Konto ist der Betrag noch immer offen.	
Bitte zahlen Sie ih___ mit beiliegend___ Erlagschein ein.	

Einzelarbeit

Ü 36: Die Beugung der Adjektive sicher beherrschen ★

Ergänzen Sie die Endungen, wenn nötig, und setzen Sie die Beispiele in den Plural.

gegen ein___ schwach___ Gegner; für ein___ neu___ Haus; mit groß___ Leidenschaft; entlang des klein___ Baches; durch das tief___ Tal; während der groß___ Pause; infolge des schwer___ Schicksalsschlages; trotz des schlecht___ Planes; außer ein___ alt___ Schachtel; bei dein___ letzt___ Besuch; dank sein___ großartig___ Einsatzes; zugunsten des arm___ Kindes; ab der nächst___ Woche; samt dem alt___ Sofa; mangels ein___ gültig___ Ausweises

Einzelarbeit

SbX

Sie finden Ü 37 mit automatischer Korrektur und Bewertung unter der ID: 1332.

erledigt: ☑

Ü 37: ☐

Ü 37: Die Beugung der Adjektive anwenden ★

Ergänzen Sie die Endungen.

Attraktiv___, humorvoll___ Frau Anfang 50 sucht liebevoll___, gut situiert___ Herrn für gemeinsam___ Theater- und Opernbesuche.

Wir suchen eine nett___, zuverlässig___ Mitbewohnerin für unsere WG. Wir bieten ein schön___, groß___ Zimmer in ruhig___ Lage, Uni-Nähe. Miete 300 €.

Sportlich, dunkelhaarig, gutaussehend?

Suche sportlich___, dunkelhaarig___, gutaussehend___ Mann mit sicher___ Auftreten und groß___ Leidenschaft für Kultur.

Wir suchen einen gewissenhaft___ Mitarbeiter mit lang___ Berufserfahrung, hoh___ sozial___ Kompetenz und groß___ Interesse an neu___ Herausforderungen.

Wir bieten eine groß___, ruhig___, wunderschön renoviert___ Dreizimmerwohnung, 5. Liftstock, in hervorragend___ Lage, mit best___ Verkehrsanbindung und sonnig___ Terrasse.

Einzelarbeit

Ü 38: Fall-Endungen ★★★

Erklären Sie grammatikalisch folgendes Missverständnis: „Am Aschermittwoch darf man kein Fleisch essen außer einen Schwerkranken."

Partnerarbeit

Ü 39: Fall-Endungen ★★

Im folgenden Text sind genauso viele Fallfehler enthalten, wie der Name des Mörders (oder der Mörderin) Buchstaben hat. Kennzeichnen Sie alle Fehler, nennen Sie den Täter bzw. die Täterin und das Motiv.

Ein Kürzestkrimi

Der Mörder kam am Nachmittag

Michael Heller lag auf der Ledercouch. Eine Kugel hatte ihm in die Brust getroffen. Frau Renate Hansen führte den Kommissar in das gemütlich eingerichtete Wohnzimmer.

„Ich war mit meinen Verlobten Michael um vier Uhr verabredet. Wir hatten uns erst eine Stunde davor nach einen Einkaufsbummel getrennt. Als ich herkam, fand ich ihm.

„Wieso ist die linke Wange Ihres Verlobten geschwollen, hatte er mit jemanden Streit?"

„Die Schwellung stammt von Olaf Mannsfeldt", erklärte sie. „Er war bei der Spedition, in der Michael als Buchhalter arbeitete. Michael hatte ihn wegen verschiedener Diebstähle zur Rede gestellt, und als er entlassen wurde, gab er Michael die Schuld. Vorgestern hat er ihm aufgelauert und ihm niedergeschlagen."

Da fiel Frau Hansen der leere Bilderrahmen auf: „Monika muss hier gewesen sein, seine frühere Freundin, denn da drin waren zuvor Erinnerungsbilder von ihnen und sie wollte sie abholen, als sich Michael von ihr trennte."

Nach einem kurzen Anruf erklärte sich Monika Petersen sofort bereit, in die Wohnung zu kommen. Sie behauptete: „Ich war beim Friseur. Außerdem hatte ich keinen Grund, ihm umzubringen, wir haben uns in aller Freundschaft getrennt. Aber fragen Sie mal Renate. Ihr gefiel das gar nicht. Sie hat ihn ganz für sich allein beansprucht. Sie war sogar auf die Fotos eifersüchtig. Wie ich sehe, hat sie sie ja schon verschwinden lassen."

„Lüge", sagte Renate scharf. „Die Bilder waren schon weg, als ich ihn fand. Der Mörder muss sie mitgenommen haben. Haben Sie sich schon überlegt, wer das Ganze erbt? Michaels Neffe Dirk Heller ist der einzige lebende Verwandte – ein Glück für ihn, denn damit braucht er auch nicht den 50.000-Euro-Kredit zurückzahlen, den er sich von Michael für den Aufbau seiner Firma ausgeborgt hatte."

Der Kommissar fuhr zur Wohnung Dirk Hellers. Dieser zeigte sich ganz erstaunt, als der Kommissar ihn erklärte, weswegen er gekommen war. „Ich war seit Wochen nicht mehr bei ihm. Aber fragen Sie Frau Monika Petersen, was sie heute Nachmittag gemacht hat. Fragen Sie sie, wann sie die Fotos aus dem Rahmen genommen hat."

Blieb nur mehr der gewalttätige Mannsfeldt zu befragen. Nach längeren Suchen fand er ihm schließlich betrunken in einer Kneipe. „Es stimmt, wir haben ein bisschen gestritten und vielleicht hat Michael Heller was abgekriegt, aber deshalb bringt man doch niemand um. Inzwischen bin ich außerdem draufgekommen, dass er an meiner Entlassung nicht schuld war."

Tja, wen sollte der Kommissar als Mörder verhaften?

(Handlung nach H.P. Karr: Mord! Kriminalstorys zum Selberlösen. Reinbek bei Hamburg 1991, S. 100–103.)

SbX
ID: 1332

Weitere Übungen im SbX

Ü 40: Zeitformen ★★
Bearbeiten Sie die Übungsaufgabe zu den Zeitformen.

Ü 41: Verbformen ★★
Bilden Sie die richtigen Verbformen.

Ü 42: Wortarten ★★
Ordnen Sie alle Wörter im Text den entsprechenden Wortarten zu.

Ü 43: Fallendungen ★★
Ergänzen Sie die fehlenden Fallendungen. Leiten Sie von den Nomen die entsprechenden Adjektive ab.

Ü 44: Artikel ★★
Ergänzen Sie die fehlenden Artikel.

SbX
Sie finden Ü 41 und Ü 44 mit automatischer Korrektur und Bewertung unter der ID: 1332.

erledigt: ☑
Ü 41: ☐
Ü 44: ☐

Sichern

die Arten von Verben

Folgende Arten von Verben werden unterschieden:

- **Vollverb** (gehen, reiten, behandeln)
- **Hilfsverb** (sein, haben, werden)
- **Modalverb** (dürfen, können, mögen, sollen, wollen, müssen)

die finite und die infinite Form

Bei mehrteiligen Prädikaten unterscheiden wir die Personalform von der infiniten Form.

Die **Personalform** (finite Form) ist nach Person und Zahl gebeugt (konjugiert). Die **infinite Form** ist ungebeugt. Dazu gehören der Infinitiv (gehen), das Partizip I (gehend) und das Partizip II (gegangen).

die Konjugation

Bei der Beugung werden drei Arten von Verben unterschieden:

- **Starke Verben:** Der Stammvokal ändert sich, z. B. singen – sang – gesungen.
- **Schwache Verben:** Der Stammvokal ändert sich nicht, z. B. tanzen – tanzte – getanzt.
- **Gemischte Verben:** Der Stammvokal ändert sich, aber die Endungen gleichen jenen der schwachen Verben; z. B. brennen – brannte – gebrannt.

die Personalformen

Die Personalformen der Verben geben uns Auskunft über:

- Person (1., 2., 3. Person)
- Zahl (Singular, Plural)
- Zeit (6 Zeitformen)
- Aussageweise (Indikativ, Konjunktiv, Imperativ)
- Handlungsrichtung (Aktiv, Passiv)

der Konjunktiv

Der **Konjunktiv I** wird verwendet, um Distanz zu einem wiedergegebenen Sachverhalt auszudrücken (indirekte Rede). Der **Konjunktiv II** wird verwendet,

- um die Unwahrscheinlichkeit/Unmöglichkeit einer Handlung auszudrücken.
- wenn man besonders höflich sein möchte.
- wenn der Konjunktiv I dem Indikativ gleicht.

die Handlungsrichtung

Man unterscheidet das **Aktiv** (Das Volk wählt den Nationalrat.) und das **Passiv.** Letzteres wird weiter in **Vorgangspassiv** (Der Nationalrat wird [vom Volk] gewählt.) und **Zustandspassiv** (Der Nationalrat ist gewählt.) unterteilt. Das Passiv ermöglicht es, das Subjekt wegzulassen.

die Bildung des Konjunktivs

Konjunktiv I	Gegenwartsstufe	sie laufe, er tanze
	Zukunftsstufe	sie werde laufen, er werde tanzen
	Vergangenheitsstufe	sie sei gelaufen, er habe getanzt
Konjunktiv II	Gegenwartsstufe	sie liefe, er tanzte
	Vergangenheitsstufe	sie wäre gelaufen, er hätte getanzt

der Konjunktiv in der indirekten Rede

Der **Konjunktiv I** wird verwendet, um Distanz zu einem wiedergegebenen Sachverhalt auszudrücken.

Der **Konjunktiv II** wird verwendet,

- um Zweifel an einer Sache auszudrücken.
- als Ersatzform für den Konjunktiv I, wenn dieser dem Indikativ gleicht.

die Wortarten

Grundsätzlich unterscheidet man **flektierbare** und nicht **flektierbare Wortarten.** Zu den flektierbaren Wortarten zählen Nomen, Artikel, Pronomen, Adjektiv und Verb; zu den nicht flektierbaren Präposition, Konjunktion, Adverb, Interjektion und Partikel.

flektierbar

Nomen	Artikel	Pronomen	Adjektiv	Verb
Haus, Liebe, Beratung	der, die, das, ein, eine	ihr, diese, mein	häuslich, schön, acht	rufen, lieben arbeiten
Können in vier Fälle abgewandelt (dekliniert) werden: 1. Nominativ, 2. Genitiv, 3. Dativ, 4. Akkusativ				Kann in drei Personen abgewandelt (konjugiert) werden.
Wir unterscheiden jeweils Singular und Plural.				

nicht flektierbar

Präposition	Konjunktion	Adverb	Interjektion	Partikel
aus, hinter, durch, trotz	aber, denn, und, dass	hier, nämlich, vorgestern	Aha, hm, oho	eigentlich, nicht

die Fälle

Das Verb oder eine Präposition bestimmt, welchen Fall man verwenden muss. Wenn man unsicher ist, ob der dritte oder der vierte Fall richtig ist, ersetzt man das betreffende Wort durch ein Personalpronomen: „mir" → Dativ – „mich" → Akkusativ.

die Präpositionen

- Die häufigsten **Präpositionen,** die den **Genitiv** verlangen, sind: **aufgrund – statt – während** und **wegen.**
- Die häufigsten **Präpositionen,** die den **Dativ** verlangen, sind: **aus – bei – mit – nach – von** und **zu.**
- Die häufigsten **Präpositionen,** die den **Akkusativ** verlangen, sind: **durch – für – gegen** und **ohne.**

die Wechselpräpositionen

Wechselpräpositionen sind **in – an – auf – vor – hinter – über – unter – neben** und **zwischen.** Sie verlangen den **Dativ,** wenn damit ein **Zustand** ausgedrückt wird (Frage: Wo?) oder wenn man mit „Wann?" fragen kann. Sie verlangen den **Akkusativ,** wenn eine **Bewegung** ausgedrückt wird (Frage: Wohin?).

die starke und schwache Deklination

Die Beifügungen (Attribute) zu einem Nomen werden **stark dekliniert,** wenn vor dem Nomen kein Artikel oder Pronomen steht. In diesem Fall erhalten die Attribute die Endungen des bestimmten Artikels. Wenn hingegen ein Artikel beim Nomen steht, werden die Attribute **schwach gebeugt.**

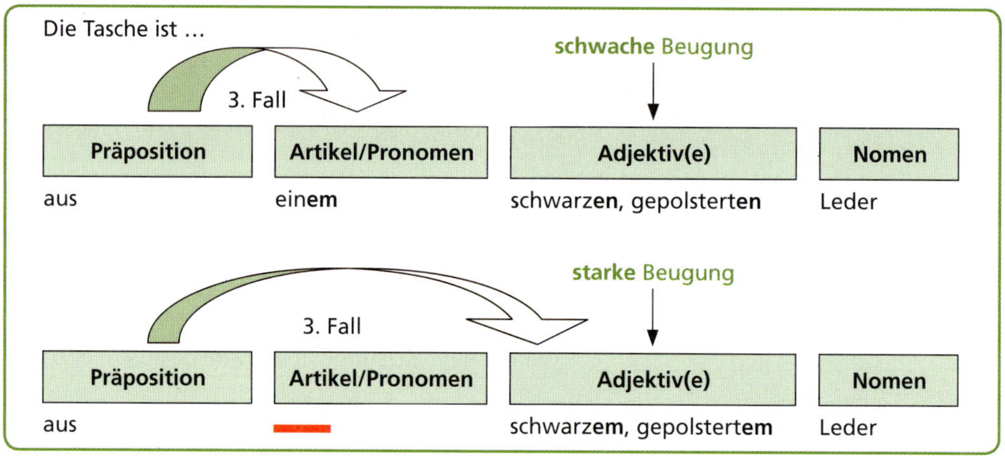

Wissen

Wissensfragen und -aufgaben

W 1: Präteritum

Überprüfen Sie die Präteritum-Formen und ersetzen Sie die falschen durch richtige:

Er schreite hemmungslos herum. Sie stoßte mich zu Boden. Wir ruften die Polizei. Wir speisten ganz vornehm im Hotel Sacher. Wir ziehten uns für die Probe um. Der Hund bellte laut, er gehorchte mir leider nicht. Ich bindete ihn daher an einen Laternenpfahl. Sie erschreckte. Er ruhte sich in der Pause aus. Wir schimpften auf sie. Wir winkten ihm zum Abschied. Er fliehte über die Grenze. Ich legte mich ins Bett. Der Mann befindete sich schon in seiner Wohnung. Er tragte eine blau-weiß gestreifte Krawatte. Sie blieben in der Nacht auf und schiebten Wache. Ich genießte die letzten Strahlen der Abendsonne. Wir erschreckten unsere Nachbarn.

W 2: Konjunktiv II

Verbessern Sie die folgenden Sätze stilistisch, indem Sie mindestens eine Umschreibung mit „würde" durch einen Konjunktiv II des Vollverbs ersetzen:

- Wenn du nicht so viel essen würdest, würdest du keine Herzprobleme haben.
- Wenn du mehr trinken würdest, würdest du nicht ständig müde sein.
- Wenn du mehr schlafen würdest, würdest du nicht so viel wirres Zeug reden.
- Wenn du dich nicht so beeinflussen lassen würdest, würde das deine Nerven beruhigen.

W 3: Konjunktive erkennen

a) Kennzeichnen Sie auf unterschiedliche Weise die Konjunktive I und II in den folgenden Sätzen.

b) Setzen Sie alle Konjunktive I in den Konjunktiv II, um diese Begründungen für fehlende Fahrscheine stark in Zweifel zu ziehen:

Die Plakatserie „101 Ausreden, die nichts nützen" war eine Werbekampagne der Wiener Linien gegen das Schwarzfahren in den öffentlichen Verkehrsmitteln Wiens.

Wenn Kontrollore von Ausreden berichten ...

Er habe geglaubt, der Sonntag sei gratis.
Der da vorn lasse ihn nicht zum Entwerter.
Ihr Bruder habe den Fahrschein – aber er sei im anderen Waggon.
Sie hätten gedacht, nach zehn Fahrten bekomme man eine gratis.
Der Hund habe ihren Fahrschein gefressen.
Er habe den Entwerter nicht gefunden.
Im Entwerter ticke es so ..., da hätten sie sich gefürchtet.
Die Zugluft habe ihr den Fahrschein aus der Hand gerissen.

Gestern sei er auch schwarzgefahren. Und da habe kein Mensch was gesagt.
Sie hätten nicht gezwickt, um den Entwerter zu schonen.
Er habe nur den Wagen besichtigen wollen.
Der Entwerter habe ihren Fahrschein geschluckt.
Seine Mutter habe vergessen, ihm den Fahrschein einzupacken.
Eigentlich lebten sie in New York und seien nur zufällig da.
Sie sei gerade knapp bei Kasse, aber nächste Woche zahle sie dafür doppelt.
Sein Vater habe gesagt, die Kontrollore tun eh nix.
Sie hätten heute schon einmal gezahlt.

(www.strassenbahnjournal.at/sjneu/content.php?section=41; abgefragt 12.5.2009, geändert)

Im Jahr 2006 haben die Fahrkartenkontrolleure der Wiener Linien unter den über 770 Millionen Fahrgästen 159 000 Schwarzfahrer erwischt.

W 4: Direkte in indirekte Rede umformen

Der folgende Text ist ein Beispiel für eine „urban legend", eine moderne Sage, die immer wieder als wahr weitererzählt wird. Setzen Sie die Geschichte in die indirekte Rede, um zu zeigen, dass Sie von ihrem Wahrheitsgehalt nicht überzeugt sind.

Die chinesische Tätowierung

Ein Wiener Student flog auf Studienreise nach China. Überwältigt von der Kultur der Chinesen wollte er sich unbedingt einen Drachen auf seine Schulter tätowieren lassen. In einem Tatooladen fand er einen wahren Künstler, der ihm den Drachen tätowierte.

Ein wahres Kunstwerk, doch der Student hatte noch nicht genug und quälte den Meister, er solle ihm noch eine chinesische Weisheit dazuschreiben.

Wieder zuhause angekommen wollte er natürlich seinen Freunden die neue Errungenschaft auf seiner Schulter vorführen und lud sie, wie nicht anders zu erwarten, in ein China-Restaurant ein.

Doch diesmal ging alles schief: schlechtes Essen, unfreundliche Bedienung, mieser Sitzplatz, und die Kellner schauten immer auf seine Tätowierung.

Nun platzte ihm der Kragen und er fragte, was die Schriftzeichen denn heißen würden. – „Dieser Schweinehund gibt kein Trinkgeld!", meinte der Kellner nur gelassen.

(www.sagen.at/texte/gegenwart/oesterreich/niederoesterreich/chinesischetaetowierung.html; abgefragt 16.5.2009)

3 Sprachnormen

W 5: Genitiv- und Pluralformen

Schreiben Sie alle richtigen Formen für den Genitiv und den Plural von „Match" auf. Verwenden Sie dafür ein Wörterbuch.

W 6: Endungen

Verbinden Sie die folgenden Wörter jeweils zu kurzen Sätzen und wandeln Sie dabei die Endungen, so weit nötig, ab:

Beispiel:

Es – geschehen (Präteritum) – während – die Ferien, letzte
Es geschah während der letzten Ferien.

a) Der Veranstalter – versprechen (Präteritum) – der Sieger – eine Reise – in – die Karibik
b) Die Leistung – nicht genügen (Präsens) – der Prüfer
c) infolge – das Hochwasser, heurige – auftreten (Perfekt) – Schäden, groß
d) Der Direktor – drohen (Plusquamperfekt) – der Schüler – mit – der Ausschluss
e) Die Kosten – sich belaufen (Präteritum) – einschließlich – die Zinsen – auf 25.999 Euro
f) Das Auto – liegen (Präsens) – unterhalb – die Brücke
g) Die Katze – springen (Perfekt) – vor Schreck – hinter – der Vorhang
h) Das Kleid – sein (Präteritum) – aus – Stoff, fein
i) Wir – fahren (Futur) – heuer – ohne – er – in – der Urlaub

W 7: Endungen

Was hat der Journalist/die Journalistin der „Eßlinger Zeitung" in nebenstehender Schlagzeile übersehen?

Sprachdefiziten von Kinder auf der Spur

Aus der „Eßlinger Zeitung"

Warum wird in Kontaktanzeigen wie diesen der Artikel häufig weggelassen?

W 8: Starke und schwache Beugung

Setzen Sie bei der Markierung einen Artikel ein und verändern Sie, wenn nötig, die nachfolgenden Endungen.

Fröhliche, unkomplizierte Juristin, 30/164, finanziell fundiert, strebt Freundschaft (Partnerschaft) mit ✪ unternehmungslustigem, ebenfalls fundiertem Herrn an.

Wiener, 65 Jahre, schlank, sportlich, mit ✪ neu erbautem Haus und Hund, ersehnt sich niveauvolle Dame für alles Schöne im Leben.

Mit ✪ größtem Bedauern nehmen wir zur Kenntnis, dass Sie unsere Firma verlassen.

W 9: Fallfehler

Bessern Sie die Fallfehler aus, die sich in viele der folgenden Sätze eingeschlichen haben. Begründen Sie Ihre Korrektur grammatikalisch. Die Beispiele stammen aus Schularbeiten.

1. Er macht sich ein Kaffee, und wenn er ihn getrunken hat, weckt er die Kinder.
2. Ich kann unsere Schule mit bestem Wissen und Gewissen weiterempfehlen.
3. Untersuchungen haben gezeigt, dass Burschen zwei- bis dreimal mehr an körperliche Gewalt beteiligt sind als Mädchen.
4. An einen ganz gewöhnlichen Montagmorgen machte sich Markus auf den Weg in seine Arbeit.
5. Als Markus aus den Aufzug trat, erschrak er.
6. Als er wieder zu Bewusstsein kam, lag er mit ganz durchnässten Kleidern in einen Bett.
7. Er sprang auf mit einem Blick, als hätte er einen Geist gesehen.
8. Sein Fuß war in einen Felsspalt eingeklemmt.
9. Hauptfigur ist ein armer Fischer, der in seinen Boot liegt und sich entspannt.
10. Der Fischer döst vor sich hin, als ihm plötzlich ein Tourist stört.
11. Er wollte ihn unbedingt eine Frage stellen.
12. Schon bald vergisst man die Probleme, die einen zum Trinken angeregt haben.
13. Gruppenzwang ist ein weiterer Auslöser von erhöhten Alkoholgenuss.
14. Über sein Bierbauch hatte er ein T-Shirt an, vermutlich in der Größe XXL.
15. Auf seinen riesigen Kopf, der knallrot vom Anfeuern war, hatte er eine Fan-Kappe.
16. Am schlimmsten war es für ihn, als seine Mannschaft ein Elfer verschoss.
17. Der Koch freut sich, wenn es einem schmeckt.
18. Ich würde es toll finden, wenn an Jugendlichen kein Alkohol mehr verkauft wird.
19. Um gut drauf zu sein, brauche ich kein Alkohol.
20. Sie sind oft nur um Haaresbreite einen Unfall entkommen.

Ein kurzer Wissens-Check, bevor's weitergeht!

Wissens-Check

	☺	😐	☹
Ich kann starke, schwache und gemischte Verben unterscheiden und die Stammformen richtig bilden.			
Ich kann Person, Zahl, Zeit, Modus und Handlungsrichtung eines Verbs bestimmen.			
Ich kenne die Möglichkeiten, eine Aussage neutral bzw. distanziert wiederzugeben und kann sie anwenden.			
Ich beherrsche die Konjunktivformen.			
Ich kenne die Wortarten und ihre Formen.			
Ich kann Wörter den Wortarten Verb, Nomen, Pronomen, Adjektiv, Präposition, Konjunktion und Adverb zuordnen.			
Ich weiß von den wichtigsten Präpositionen, welchen Fall sie verlangen.			
Ich kann starke und schwache Beugung anwenden.			

Lerneinheit 4
Der Satz

Viele denken, es hätte keinen Sinn, Sätze grammatikalisch zu zerlegen und ihren Aufbau zu untersuchen. Doch das ist nicht richtig: Wenn man den Aufbau von Sätzen nicht durchschaut, kann man längere, komplizierte Sätze nur schwer verstehen und der Stil, in dem man schreibt, ist nicht besonders gut. Natürlich hilft die Beschäftigung mit dem Aufbau von Sätzen auch, Grammatikfehler zu vermeiden und insbesondere Beistrichfehler zu verringern.

Sie lernen in dieser Lerneinheit:

- **was die Bausteine eines Satzes, die Satzglieder, sind**
- **woraus Satzglieder bestehen**
- **was einen Hauptsatz von einem Nebensatz unterscheidet**
- **die Arten von Nebensätzen kennen**

SbX
Alle SbX-Inhalte zu dieser Lerneinheit finden Sie unter der ID: 1340.

Lernen

1 Satzglieder
Sie sind die Bausteine der Sätze.

Ein berühmter Satz des Dichters **Thomas Mann** bringt es auf 347 Wörter, also ungefähr eine Aufsatzlänge. Er stammt aus dem Roman „Joseph und seine Brüder".

Anhand des folgenden Telefongesprächs können Sie sehr leicht erkennen, was genau Satzglieder sind.

Michael: Was machst du gerade?
Julia: Ich esse.
Michael: Geht es ein bisschen genauer? Was isst du?
Julia: Eine Margherita.
Michael: Und wo?
Julia: Na, wo ich immer esse: In der Pizzeria ums Eck.
Michael: Mit wem bist du dort?
Julia: Mit einer Freundin von mir.

Für ein Grammatik-Lehrbuch könnten wir als Ergebnis des Gesprächs festhalten:

[Julia] [isst] [jetzt gerade] [in der Pizzeria ums Eck] [mit ihrer Freundin] [eine Margherita] .

Der Satz „Julia isst." enthält bereits alles, was ein Satz braucht: Ein Subjekt (Julia) und ein Prädikat – also ein Verb, das etwas über das Subjekt aussagt (isst). Diese Aussage kann beliebig erweitert werden, indem wir sie mit Objekten oder Adverbien (näheren Umständen) ergänzen. Im Beispielsatz sind das Objekte (**Was** isst sie? **Mit wem** isst sie?), eine Ortsangabe (**Wo** isst sie?) und eine Zeitangabe (**Wann** isst sie?).

Dieser Satz besteht aus 14 Wörtern, die alle einer bestimmten Wortart zugeordnet werden können (siehe Lerneinheit 2). Anhand der Kästchen sehen wir, dass die einzelnen Wörter nur sechs Satzglieder bilden. Die Wörter, die zu einem Satzglied gehören, kann man nur gemeinsam innerhalb des Satzes verschieben. Das Prädikat („isst") muss dabei immer an derselben Position bleiben. Die **Verschiebeprobe** zeigt uns, welche Wörter zu einem Satzglied gehören. Solche Verschiebungen können sinnvoll sein, wenn man ein bestimmtes Satzglied besonders hervorheben will.

3 Sprachnormen

Partnerarbeit

Ü 1: Verschiebeprobe ★

Probieren Sie im Beispielsatz aus, ob sich durch das Verschieben der Satzglieder die Aussage ändert.

Beispiel für eine Verschiebung:

[Jetzt gerade] [isst] [Julia] [in der Pizzeria ums Eck] [mit ihrer Freundin] [eine Margherita] .

Einzelarbeit

Ü 2: Vertauschte Satzglieder ★★

a) Erklären Sie grammatikalisch, warum der folgende Satz falsch ist:
In der Pizzeria ums Eck jetzt gerade isst Julia mit ihrer Freundin eine Margherita.

b) Stellen Sie die Satzglieder der folgenden Schlagzeilen so um, dass eine eindeutige(re) Aussage entsteht:
- „Betrunkener Schlüssel geklaut."
- „Polizei geht Fahrraddiebin ins Netz."
- „Zwei Tage vor der Parlamentswahl in Spanien ist am Freitag im Baskenland ein Mitglied der Sozialistischen Partei von Ministerpräsident Zapatero getötet worden."

Die **Grammatiken** der deutschen Sprache benennen die einzelnen Satzglieder nicht einheitlich. Eine **mögliche Einteilung** ist folgende:

Subjekt	Satzgegenstand; worüber etwas ausgesagt wird
Prädikat	Satzaussage
Objekt	vom Verb geforderte Ergänzung im Satz
Gleichsetzungsglied	auf Subjekt oder Objekt bezogenes Satzglied, das eng mit dem Prädikat verbunden ist
Adverbial	Umstandsbestimmung

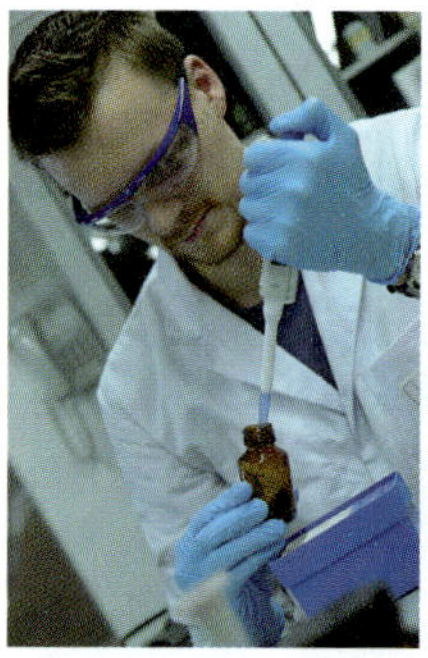

Gleichsetzungsnominativ: Er ist **Laborant.**

Bei den **Objekten** unterscheiden wir:

Objekt im zweiten Fall **(Genitivobjekt)**	Der Vorfall bedarf **der Klärung.**
Objekt im dritten Fall **(Dativobjekt)**	Wir schenken **ihm** einen Kinogutschein.
Objekt im vierten Fall **(Akkusativobjekt)**	Wir schenken ihm **einen Kinogutschein.**
Präpositionalobjekt	Gehst du **mit mir** ins Kino?

Bei den **Gleichsetzungsgliedern** unterscheiden wir:

Gleichsetzungsnominativ	Er ist **Kindergärtner.** Sie will **Ärztin** werden.
Gleichsetzungsakkusativ	Ich bezeichne ihn als **guten Freund.**

Bei den **Adverbialen** unterscheiden wir:

locus (lat.): Ort (denken Sie an „Lokal")
tempus (lat.): Zeit (denken Sie an „Tempo")
modus (lat.): Art und Weise
causa (lat.): Grund

lokales Adverbiale (Ortergänzung)	Wo? Wohin?	Sie isst **in der Pizzeria.**
temporales Adverbiale (Zeitergänzung)	Wann? Wie lange? Seit wann?	Sie isst **heute** Spaghetti.
modales Adverbiale (Artergänzung)	Wie?	Spaghetti isst man **mit Löffel und Gabel.**
kausales Adverbiale (Begründungsergänzung)	Warum?	**Wegen Urlaubs** ist die Pizzeria geschlossen.

In die Gruppe der kausalen Adverbialen ordnet man üblicherweise auch Satzglieder ein, die einen Zweck oder eine einschränkende Bedingung ausdrücken: Der See ist **zum Baden** nicht geeignet. Sie gingen **trotz des Verbots** schwimmen.

Einzelarbeit

Ü 3: Satzglieder ★★

Schreiben Sie einen Satz auf, in dem möglichst viele verschiedene Satzglieder vorkommen.

Kunst der Aborigines

Im Innern eines Satzglieds – Attribute

Manche Satzglieder bestehen nur aus einem Wort, bei anderen lagern sich um einen „Kern" mehrere Wörter an. Diese Teile nennt man **Attribute.** Wir können sie mit „Was für ein?" erfragen. Am häufigsten tritt die Kombination Artikel + Adjektiv + Nomen auf.

Beispiele für Attribute: die **moderne** Kunst; die Kunst im **Mittelalter;** die Kunst **der Aborigines;** die Kunst zu malen.

Die Position des Prädikats

Im Aussagesatz steht das Prädikat als **zweites** Satzglied. Im Aufforderungssatz und bei Entscheidungsfragen steht es an erster Stelle. **Beispiele:** Hänsel und Gretel **gehen** in den Wald. **Geht** bitte in den Wald! **Kommen** sie da wieder heil heraus?

Da ein Verb aus mehreren Teilen bestehen kann, müssen wir die Regel genauer formulieren: Die **Personalform** des Verbs steht als zweites Satzglied, die anderen Teile am Ende des Satzes.

2 Hauptsätze

Hauptsatzarten und die Position des Prädikats

Satzglieder lassen sich frei verschieben – bis auf eine wichtige Ausnahme: **das Prädikat.** Je nach der Art des Hauptsatzes steht die Personalform des Prädikats entweder an erster oder an zweiter Stelle, wie die folgende Übersicht zeigt:

Art des Hauptsatzes	Kennzeichen	Beispiel
Aussagesatz Stellt fest oder behauptet etwas.	Personalform des Prädikats als **zweites** Satzglied	Ich komme bald wieder.
Fragesatz: Ergänzungsfrage bzw. **W-Frage**		Wann kommst du?
Fragesatz: Entscheidungsfrage Kann mit ja, nein, vielleicht … beantwortet werden.	Personalform des Prädikats als **erstes** Satzglied	Kommst du bald?
Aufforderungssatz		Komm bald wieder!

Wenn ein Prädikat aus mehreren Teilen besteht, stehen die weiteren Teile am Ende des Satzes. Dadurch entsteht die **verbale Klammer.**

Beispiele:

Hänsel und Gretel **sind** in den Wald **gegangen.** Wann **kommen** sie wieder **zurück?**

verbale Klammer — verbale Klammer

Achten Sie darauf, dass Sie die verbale Klammer nicht „überdehnen". Von einer **Überdehnung** sprechen wir, wenn der zweite Teil des Prädikats am Ende des Satzes von der Personalform sehr weit weg ist. In diesem Fall ist es erlaubt, ja sogar besser, diesen zweiten Teil vorzuziehen.

Beispiel: Sie **rief** ihren Freund, den sie schon lange nicht gesehen hatte, **an.**
Besser: Sie **rief** ihren Freund **an,** den sie schon lange nicht gesehen hatte.

Einzelarbeit

Ü 4: Verbale Klammern ★

Verbessern Sie die folgenden Sätze:

1. Wir malten unsere Wohnung, die von den Vormietern sehr verschmutzt zurückgelassen worden war, aus.
2. Ich habe gestern stundenlang ohne Rücksicht auf die zu erwartende hohe Handyrechnung telefoniert.

3 Sprachnormen

3 Nebensätze
Gliedsätze, Attributsätze und Sonderformen

Auch Nebensätze sind Sätze, das heißt, sie haben zumindest ein Subjekt und ein Prädikat, meistens auch ein Einleitewort. Sie können nicht ohne den Hauptsatz, an den sie gebunden sind, gebraucht werden. Ein Nebensatz kann dem Hauptsatz nachgestellt, vorangestellt oder in ihn eingeschoben sein.

Die **Gliedsätze** können **anstelle eines Satzglieds** verwendet werden, weil sie genau die gleiche Funktion haben. Je nachdem, welchen Teil des Hauptsatzes ein Gliedsatz ersetzt, unterscheidet man **Ergänzungssätze** (Subjekt- oder Objektsätze), **Adverbialsätze** und **Attributsätze.** Im Unterschied zu den Hauptsätzen steht im Gliedsatz die **Personalform des Prädikats an letzter Stelle.**

vor der Prüfung

während der Prüfung

nach der Prüfung

Art des Gliedsatzes	Konjunktion	Beispiel
Subjekt- und Objektsätze		
Subjektsatz	–	Wer zu spät kommt, wird nicht mehr eingelassen.
Objektsatz	dass	Sie behauptet, dass sie viel gelernt hat.
Adverbialsätze		
Temporalsatz	als, seit, bevor, nachdem	Als die Prüfung begann, setzte ein Gewitter ein.
Lokalsatz	wo, woher, wohin	Die Prüfung findet dort statt, wo sie auch im letzten Jahr abgehalten wurde.
Modalsatz	indem, als ob, ohne dass, wobei	Sie antwortete, ohne dass sie lange nachdenken musste.
Kausalsatz	weil, da	Sie hatte nur wenig Angst vor der Prüfung, weil sie sich gut vorbereitet hatte.
Finalsatz	damit, dass	Sie will die Prüfung bestehen, damit sie wieder mehr Freizeit hat.
Konditionalsatz	wenn, falls	Wenn sie die Prüfung nicht besteht, muss sie eine Wiederholungsprüfung machen.
Konzessivsatz	obwohl, wenn auch	Sie ging mit einem guten Gefühl zur Prüfung, obwohl sie nicht gut geschlafen hatte.
Adversativsatz	anstatt dass, während	Anstatt dass sie sich wie die anderen im Schwimmbad vergnügte, saß sie über ihren Heften.

Auch **Attribute** können zu Sätzen ausgebaut werden. Sie werden mit einem Relativpronomen eingeleitet und stehen nicht für ein ganzes Satzglied, sondern nur für einen Teil, ein Attribut. Die wichtigste Form des Attributsatzes ist der Relativsatz, der durch ein Relativpronomen eingeleitet wird. **Beispiel für einen Attributsatz:** Die Prüfung, **die ich morgen machen muss,** wird hoffentlich nicht allzu schwierig.

Einzelarbeit

Ü 5: Gliedsätze ★

Setzen Sie mit Gliedsätzen fort:

Ich chatte (nicht) gerne,

seit ______________________________

wo ______________________________

wobei/ohne dass ______________________________

damit ______________________________

wenn ______________________________

obwohl ______________________________

während ______________________________

Sonderformen von Nebensätzen

1. Satzwertige Infinitivgruppen

Sie hofft, **die Prüfung zu bestehen.** Er nahm sich zwei Wochen Urlaub, **um für die Prüfung zu lernen. Anstatt für die Prüfung zu lernen,** setzte er sich vor den Computer.

Einzelarbeit

Ü 6: Infinitivgruppen ★

Wandeln Sie die folgenden Nebensätze in eine Infinitivgruppe um:

1. Sie hofft, dass sie morgen gut in Form ist.
2. Ich fahre morgen in ein Wellness-Hotel, damit ich mich erholen kann.
3. Er gab das Geld lieber aus, anstatt dass er es zur Bank brachte.

2. Satzwertige Partizipgruppen

Vom vielen Lernen ermüdet, ging sie zeitig schlafen. (Partizip II)
Langsam die Stiege hochsteigend, näherte sie sich dem Prüfungsraum. (Partizip I)

Einzelarbeit

Ü 7: Partizipgruppen ★★

Wandeln Sie die folgenden Nebensätze in Partizipgruppen um.

1. Nachdem wir in Klagenfurt angekommen waren, spazierten wir sofort zum See.
2. Indem er laut schrie, machte er auf sich aufmerksam.

Üben

SbX ID: 1342

Einzelarbeit

Nicht nur Termine kann man verschieben.

Ü 8: Verschiebeprobe ★

Wenn Sie eine Bewerbung verfassen, kann es passieren, dass sie zu stark ich-bezogen wirkt. Sie wollen aber den Eindruck erwecken, dass Sie den Wünschen des Arbeitgebers entsprechen. Beginnen Sie daher nicht jeden Satz mit „ich", sondern nutzen Sie die Möglichkeit, Satzglieder zu verschieben.

Formulieren Sie das folgende Schreiben so um, dass **in maximal zwei Sätzen** „ich" an erster Stelle steht:

> Ich interessiere mich für Ihr Stellenangebot als Mechanikerlehrling. Ich möchte gerne in diesem Beruf arbeiten. Ich habe das eine Jahr in der Fachschule bemerkt, dass mir das Arbeiten in der Werkstätte Spaß macht. Ich kann bereits gut mit Dreh- und Fräsmaschinen umgehen. Ich glaube daher, dass ich für Ihre Firma ein wertvoller Mitarbeiter sein werde. Ich ersuche Sie um einen Termin für ein Vorstellungsgespräch.

Einzelarbeit

Ü 9: Satzglieder bestimmen ★

Bestimmen Sie in den folgenden Texten alle Satzglieder.

Welche Filme werden hier beschrieben?

> Harry Potter könnte sich schönere Sommerferien vorstellen: Einerseits erträgt er nur schwer den herrischen Ton im Haus von Tante Petunia und Onkel Vernon Dursley, andererseits haben ihn seine besten Freunde Ron Weasley und Hermine Granger offenbar vergessen, denn sie beantworten keinen seiner Briefe. Plötzlich taucht der geheimnis-

volle Haus-Elf Dobby in Harrys Schlafzimmer auf und warnt ihn: Falls Harry nach Hogwarts zurückkehrt, schwebt er in großer Gefahr.

(nach dem Dirk Jasper Filmstar-Lexikon: www.djfl.de/entertainment/stars/index.html)

Tödliche Angst liegt über Woodsboro. Ein maskierter Mörder terrorisiert die kalifornische Kleinstadt Santa Rosa. Brutal und gnadenlos tötet er die hübsche Casey. Die grausamen Morde lähmen das Leben in der Stadt. Jeder fragt sich, wer der Täter sein könnte. Das ist ein gefundenes Fressen für sensationslüsterne TV-Journalisten wie Gale Weathers. Caseys Klassenkameradin Sidney Prescott wird durch diese schrecklichen Ereignisse von ihrer Vergangenheit eingeholt. Vor einem Jahr wurde ihre Mutter brutal ermordet. Dabei hat Sidney genug mit den Problemen der Gegenwart zu kämpfen. Ihr Freund Billy bedrängt sie, und ihre Clique veranstaltet anlässlich der Morde Videopartys mit Schauerfilmen.

(nach dem Dirk Jasper Filmstar-Lexikon: www.djfl.de/entertainment/stars/index.html)

Einzelarbeit

Ü 10: Gliedsätze ★

a) Blättern Sie zum Text „Der Mörder kam am Nachmittag" (Seite 147f.).
b) Unterstreichen Sie in diesem Text alle Gliedsätze blau.
c) Unterstreichen Sie alle Prädikate rot; kreisen Sie die Personalformen der Prädikate ein.

Einzelarbeit

Ü 11: Umwandlung Gliedsatz – Satzglied ★★

Verwandeln Sie die fett gedruckten Satzteile in Gliedsätze mit „während", „solange" oder „bevor" bzw. „ehe".

Beispiel:

Vor der Prüfung trinke ich ein Glas Wasser und versuche mich zu konzentrieren.
Bevor die Prüfung beginnt, trinke ich ein Glas Wasser und versuche, mich zu konzentrieren.

1. **Während des Gesprächs** zuckte sie mehrmals nervös zusammen.
2. **Vor Antritt ihrer Arbeitsstelle** ging sie ein Jahr ins Ausland.
3. **Während des Urlaubs** gingen sie oft im Meer baden.
4. **Vor einem Arztbesuch** erstellt sie eine Liste mit Fragen.
5. **Während des Fluges** blieb er angeschnallt.
6. **Vor der Wahl** versprach der Politiker eine Steuersenkung.

Einzelarbeit

Ü 12: Infinitivgruppen ★★

Wandeln Sie die folgenden Nebensätze in Nennformgruppen um:

1. Der Einbrecher kam in das Haus, ohne dass er jemandem auffiel.
2. Wir beschlossen, dass wir nicht mehr länger auf sie warten.
3. Unser Champion ist davon überzeugt, dass er den nächsten Kampf gewinnen wird.
4. Theresa hat uns sehr geholfen, ohne dass sie es weiß.
5. Lern lieber etwas, anstatt dass du stundenlang in den Bildschirm glotzt.

Einzelarbeit

Ü 13: Infinitivgruppen ★

Ergänzen Sie den folgenden Satz mit drei Infinitivgruppen.

Ich hätte jetzt Lust,

1. ______________________________

2. ______________________________

3. ______________________________

Einzelarbeit

Ü 14: Partizipgruppen ★★

Formen Sie den jeweils ersten Teilsatz zu einer Partizipgruppe um und verbinden Sie diese mit dem zweiten Teilsatz.

1. Während er den Kopf schüttelte und laut schimpfte, ging er davon.
2. Er wurde durch ein lautes Geräusch im Schlaf erschreckt; er griff nach seiner Taschenlampe.
3. Sie strahlte vor Freude; sie feierte ihren Sieg.
4. Da er von der üppigen Mahlzeit ganz erschöpft war, legte er sich sofort ins Bett.
5. Da sie durch Schaden klug geworden war, las sie den Vertrag genau.

SbX

Sie finden Ü 16 und Ü 17 mit automatischer Korrektur und Bewertung unter der ID: 1342.

erledigt: ☑

Ü 16: ☐

Ü 17: ☐

Weitere Übungen im SbX

Ü 15: Satzglieder ★★
Ordnen Sie die Wortgruppen den Satzgliedern zu.

Ü 16: Quiz ★★
Stellen Sie sich einem Quiz zu den Satzgliedern.

Ü 17: Konjunktionen ★★
Ordnen Sie die Konjunktionen den Lücken im Text zu.

Sichern

die Satzglieder

Satzglieder sind die Bausteine eines Satzes, sie bestimmen die Funktion von Wörtern bzw. Wortgruppen im Satz. Sie sind an der **Verschiebeprobe** (Erststellenfähigkeit) erkennbar und können mehrere **Attribute** um einen Kern herum haben. Mit Ausnahme des Prädikats sind die Satzglieder innerhalb eines Satzes im Deutschen **frei verschiebbar**.

die Arten von Satzgliedern

Folgende Arten von Satzgliedern werden unterschieden:

- Subjekt
- Prädikat
- Objekt (2./3./4. Fall; Präpositionalobjekt)
- Gleichsetzungsglied (im 1. und 4. Fall)
- Adverbial: lokal (Ort), temporal (Zeit), modal (Art und Weise), kausal (Grund)

die Hauptsätze

Es gibt folgende Arten von Hauptsätzen:

Arten	
Aussagesatz Fragesatz (Ergänzungsfrage)	Prädikat als 2. Satzglied
Fragesatz (Entscheidungsfrage) Aufforderungssatz	Prädikat als 1. Satzglied

die Nebensätze

Nebensätze bestehen mindestens aus einem Subjekt und einem Prädikat und werden zumeist durch eine **Konjunktion** eingeleitet. Im Gliedsatz steht die Personalform des Prädikats **an letzter Stelle.** Die Arten von Gliedsätzen entsprechen den einzelnen Satzgliedern. Sonderformen von Nebensätzen sind satzwertige **Infinitivgruppen** und satzwertige **Partizipialgruppen.**

3 Sprachnormen

Wissen

Wissensfragen und -aufgaben

W 1: Satzglieder bestimmen
Bestimmen Sie im folgenden Text alle Satzglieder:

> **Einziehungsermächtigung**
>
> Hiermit ermächtige ich Sie widerruflich, die von mir zu entrichtenden Zahlungen für die Inanspruchnahme von Leistungen aus diesen sowie allfälligen weiteren Verträgen mit XYZ GmbH zu Lasten meines Kontos mittels Lastschrift einzuziehen.

W 2: Infinitivgruppen
Wandeln Sie die folgenden Gliedsätze in Infinitivgruppen um:

1. Jeder kann bei der Lotterie mitmachen, ohne dass er auch nur einen Cent dafür bezahlt.
2. Der Fahrer behauptete, dass er die vorgeschriebenen Pausen eingehalten habe.
3. Sie sollten schon zwei Stunden vorher beim Check-in sein, damit Sie den Abflug nicht versäumen.

W 3: Umformung Satzglied – Gliedsatz
Wandeln Sie die fett gedruckten Satzteile in Gliedsätze um. Verwenden Sie dabei die in Klammern angeführten Einleitewörter.

1. Sie ging erst **nach der Arbeit** in die Bibliothek. (nachdem)
2. Wir gehen **nach dem Abendessen** ins Kino. (wenn)
3. **Zu Beginn der Prüfung** setzte ein Gewitter ein. (als)
4. **Vor Abfahrt des Zuges** kaufte ich mir noch Reiseproviant. (bevor)
5. **Während unseres Aufenthalts in Salzburg** besuchten wir jeden Tag zwei Ausstellungen. (während)

W 4: Begriffe
Erklären Sie folgende Begriffe: Subjekt, Prädikat, Verschiebeprobe, Hauptsatz, Gliedsatz.

Ein kurzer Wissens-Check, bevor's weitergeht!

Wissens-Check

	☺	😐	☹
Ich kann den Begriff Satzglied definieren.			
Ich kann eine Verschiebeprobe im Satz durchführen.			
Ich kann den Begriff Attribut definieren.			
Ich kenne die verschiedenen Arten von Satzgliedern.			
Ich kann Haupt- und Nebensatz erkennen.			

SbX
Alle SbX-Inhalte zu dieser Lerneinheit finden Sie unter der ID: 1350.

Lerneinheit 5

Beistrichsetzung

Viele setzen die Kommas nicht nach Regeln, sondern nach dem Gefühl. Sie orientieren sich dabei an den kurzen Pausen, die beim Sprechen einen Satz gliedern. Oft klappt das auch, aber leider können Gefühle täuschen. Um die Beistriche richtig setzen zu können, sollten Sie daher auch die jeweiligen Regeln kennen.

In dieser Lerneinheit lernen Sie:

- **Beistriche richtig zu setzen**
- **die Setzung der Beistriche zu erklären**

Lernen

1 Beistrichregeln

Die glorreichen Sieben

Teilsätze sind Haupt- oder Nebensätze.

1 a) Ein Beistrich steht **zwischen Aufzählungen** (= gleichrangigen Wörtern, Wortgruppen und Teilsätzen).

Beispiele: Er kauft Äpfel, Birnen, Orangen. Er trug einen schwarzen, breitkrempigen Hut. Sie lächelte halb verlegen, halb belustigt. Der Vorhang hebt sich, das Spiel beginnt.

b) Wenn Adjektiv + Nomen einen **Gesamtbegriff** bilden, steht zwischen dem Gesamtbegriff und dem Adjektiv davor kein Beistrich.
Beispiel: schmackhafte steirische Äpfel – aber: schmackhafte, gut riechende Äpfel

c) **Unterschiedliche Satzglieder** oder Satzglied-Teile werden **nicht** durch Beistriche getrennt. Am häufigsten passiert ein Fehler, wenn ein Satzglied relativ umfangreich ist und am Beginn eines Satzes steht. In diesem Fall wird es gerne mit einem Gliedsatz verwechselt. Der deutsche Journalist Bastian Sick hat eine gute Frage-Methode entwickelt, um hier sicherzugehen:

„Nach Verlassen des Klassenzimmers ... *Kam bislang ein Prädikat? Nein! Und deshalb kommt hier auch kein Komma ...* brachen die Schüler in Gelächter aus."
„Nachdem sie das Klassenzimmer verlassen hatten ... *Da! Das war ein Prädikat! Jetzt muss ein Komma her! ...,* brachen die Schüler in Gelächter aus."

(Sick, Bastian: Der Dativ ist dem Genitiv sein Tod. Folge 2. Hamburg 2005, S. 52.)

Konjunktionen: Bindewörter

2 a) Ein Beistrich steht **vor den Konjunktionen:** aber, sondern, doch.
b) Kein Beistrich steht, wenn Aufzählungen verbunden sind mit: und, oder, (so)wie, entweder – oder, sowohl – als auch, weder – noch.

Beispiele: Der Mantel ist alt, aber gut. Sie fährt nicht mit dem Auto, sondern mit dem Zug. Der Vorhang hebt sich und das Spiel beginnt. Der April war kalt und unfreundlich. Sie fährt sowohl bei gutem als auch bei schlechtem Wetter.

Wenn es sich um **vollständige Hauptsätze** handelt, die mit **und** bzw. **oder** verbunden sind, kann man einen Beistrich setzen. **Beispiele:** Es begann zu regnen(,) und ich spannte den Regenschirm auf. Aber: Sie ging in die Küche und wärmte sich das Mittagessen auf (gemeinsames Subjekt). Es begann zu regnen und ich so schnell wie möglich zu laufen (gemeinsames Prädikat).

3 Der Beistrich **grenzt Gliedsätze ab;** sind sie eingeschoben, so schließt man sie zwischen zwei Beistrichen ein.

Beispiele: Als wir nach Hause kamen, war es schon spät. Er ging in die Küche, da er schon Hunger hatte, und wärmte sich das Mittagessen auf. Aber: Da er schon Hunger hatte, ging er in die Küche und wärmte sich das Mittagessen auf.

3 Sprachnormen

4 **Infinitiv-, Partizip- oder Adjektivgruppen** muss man in bestimmten Fällen durch Beistriche abtrennen, und zwar

a) wenn sie durch ein **hinweisendes Wort** (Verweiswort) angekündigt werden.
b) wenn die **Infinitivgruppe eingeleitet** wird mit: um, ohne, (an)statt, außer, als.

Beispiele zu 4a): Sie hatte **es** nie bereut, in dieser Firma gearbeitet zu haben. Wir haben nicht **damit** gerechnet, den Aufstieg in die nächste Runde zu schaffen.

Beispiele zu 4b): Er geht lieber Rad fahren, **statt** den ganzen Tag vor dem Computer zu sitzen. Müssen wir sterben, **um** zu leben?

c) In allen anderen Fällen **kann** man Beistriche setzen, um die Lesbarkeit zu erleichtern. **Beispiele:** Er ist bereit(,) sich mit ihr zu treffen. Aufs Höchste verärgert(,) brach er das Gespräch ab. Sie lag(,) sich ganz der Musik hingebend(,) in ihrem Bett.

Bei der **Gefahr von Missverständnissen** sollte man auf jeden Fall einen Beistrich setzen. **Beispiel:** Ich hoffe, jeden Tag in die Stadt gehen zu können. Ich hoffe jeden Tag, in die Stadt gehen zu können.

5 a) Der Beistrich **grenzt Zusätze oder Nachträge ab;** sind sie eingeschoben, so schließt man sie zwischen zwei Beistrichen ein.

Beispiele: Eines Tages, es war mitten im Sommer, hagelte es. Sie isst gerne Obst, besonders Orangen und Bananen. Die Klasse, auf die Prüfung gut vorbereitet, schnitt hervorragend ab. Wir beide, du und ich, wissen es genau. Auf der Ausstellung waren viele Hersteller vertreten, **zum Beispiel** Siemens/**besonders** österreichische/**und zwar** aus mehreren Staaten.

b) Oft kann man **selbst entscheiden,** ob man etwas durch einen Beistrich als Zusatz/Nachtrag kennzeichnen will oder nicht. **Beispiele:** Das Ticket kostet 49 Euro(,) einschließlich Flughafentaxe. Der Erfinder der Buchdruckerkunst(,) Johannes Gutenberg(,) wurde in Mainz geboren.

die Taxe: Gebühr

c) Bei **Datums- und Adressangaben** ist ein zweites Komma möglich.
Beispiele: Die Ausstellung wird Mittwoch, (den) 12. Mai(,) eröffnet. Die Ausstellung wird am Mittwoch, dem 12. Mai(,) eröffnet.

6 Der Beistrich grenzt **hervorgehobene Anreden, Ausrufe, Bitten** ab; sind sie eingeschoben, so schließt man sie zwischen zwei Beistrichen ein.

Beispiele: Kommst du mit ins Kino, Klaus? Ich sende dir, liebe Astrid, die herzlichsten Grüße. Au, das tut weh! Was, du bist umgezogen? Bitte(,) borge mir deinen Rechner.

7 Ein Beistrich steht **nach der direkten Rede** (auch wenn sie mit Ruf- oder Fragezeichen endet), wenn danach der Satz fortgesetzt wird.

Beispiel: „Was für ein herrlicher Ausblick!", rief er. „Ohne euch", schrie sie uns an, „wäre alles besser gelungen."

Üben

SbX ID: 1352

Einzelarbeit

Ü 1: Missverständnisse ★★

Setzen Sie die Beistriche in zwei Varianten und erklären Sie grammatikalisch den Unterschied.

- Der Meister sagt der Lehrling ist ein Idiot.
- Er versprach jeden Tag zu schreiben.

Einzelarbeit

Ü 2: Ein Witz, geordnet nach den Beistrichregeln ★

a) Setzen Sie im folgenden Text die Beistriche. Falls Sie unsicher sind, schlagen Sie bei den entsprechenden Regeln nach, deren Nummer in der ersten Spalte steht.
b) Setzen Sie den Text in der richtigen Reihenfolge zusammen; jemand liest ihn dann laut vor.

1a, 1c	Nach einer abenteuerreichen und gefährlichen Reise durch halb Afrika stehen eine Physikerin ein Chemiker und ein Informatiker mit einer Autopanne mitten in der Wüste.

1a	„Schließen wir alle Fenster steigen wir aus und wieder ein dann wird der Wagen schon wieder fahren."
2a, 2b, 2c	Die Physikerin: „Ich höre die ganze Zeit schon Fehlzündungen und deshalb handelt es sich meiner Meinung nach weder um ein chemisches noch um ein elektronisches sondern um ein mechanisches Problem.
3	Sie können mir vertrauen weil ich ja eine Physikerin bin die sich immer schon für das Innenleben von Autos interessiert hat."
4b	Das sage ich ohne Sie beleidigen zu wollen.
4c	Der Chemiker meint ein chemisches Problem vor sich zu haben.
5	„Der Sprit in der letzten Tankstelle war sicherlich verunreinigt und zwar ziemlich stark."
6	Darauf der Informatiker: „Ach Gott seid ihr kompliziert.
7	Ich habe zwar keine Ahnung von der Ursache der Panne" verkündet er „aber machen wir Folgendes:

Einzelarbeit

Ü 3: Beistriche setzen und Regeln zuordnen ★★

Setzen Sie im folgenden Text alle erforderlichen Beistriche und ordnen Sie den Beispielsätzen folgende Regeln zu: 1a, 1b, 1c, 2a, 2b, 2c, 3, 4b, 4c, 5a, 5b, 6, 7 (Mehrfach-Zuordnung möglich).

Wie bewirbt man sich richtig?

<table>
<tr><th></th><th>Regel(n)</th></tr>
<tr><td>
Bewerben Sie sich richtig!
Schreibfehler beim Anschreiben Kaffeeflecken auf dem Papier Eselsohren in der Bewerbungsmappe oder kaum erkennbare Automatenbilder – die Liste von möglichen Bewerbungspannen ist lang und der Job ist damit meistens futsch. Allerdings reicht ein perfektes Bewerbungsschreiben nicht aus um den angestrebten Job zu ergattern: Die Vorstellungsgespräche sind für den Bewerber eine weitere Herausforderung. Unglaublich wie ungeschickt sich mancher Jobsuchende da präsentiert! Das Jobportal CareerBuilder.de hat jetzt eine Liste der peinlichsten Fehler in Bewerbungsgesprächen veröffentlicht.
● Der Bewerber brachte seine Mutter zum Gespräch mit allerdings war er bereits 43 Jahre alt.
● Der Bewerber flüchtete mitten im Gespräch auf die Toilette und kam nie zurück.
● Der Bewerber bat den Gesprächsführer sich doch etwas mehr zu beeilen da er keine Zeit für ein längeres Bewerbungsgespräch habe.
● Der Bewerber startete einen Annäherungsversuch an den Gesprächsführer um seine Kontaktfreudigkeit zu zeigen.
● Der Bewerber ging während des Gesprächs an sein Handy es klingelte mitten in der Gehaltsverhandlung und hob ab.
● Der Bewerber bohrte während des Gesprächs pfui in der Nase!
● Der Gesprächsführer betonte dass man für den Job angemessen gekleidet sein müsse. „Ich fühle mich in Freizeitkleidung wohler besonders im Jogginganzug" erwiderte darauf der Bewerber.
● Der Bewerber erschien selbstbewusst aber sturzbetrunken zum Gespräch.
● Der immer nervöser und immer unkonzentrierter werdende Bewerber zündete sich mitten im Gespräch eine Zigarette an.
(Bild.de am Sonntag, 1.4.2008.)
</td><td></td></tr>
</table>

Einzelarbeit

fakultativ: möglich, aber nicht verpflichtend

Ü 4: Beistriche setzen und erklären ★★

Setzen Sie im folgenden Text Absatz für Absatz alle nötigen und fakultativen Beistriche. Schreiben Sie an den Rand die Nummer der ausschlaggebenden Regel. Besprechen Sie anschließend im Kurs das Ergebnis und schreiben Sie zur Übung jene Sätze ins Heft, bei denen Sie einen Fehler gemacht haben.

	Regel(n)
Der Baumkönig. Ein Märchen Es war vor langer langer Zeit da lebte hierzulande ein König der von allen Menschen wegen seiner sonderbaren Gesetze gefürchtet war. Eines Tages erließ er aus einer Laune heraus ein Gesetz dass alle Bäume des Landes gefällt werden müssen – alle. Die Nadelbäume in den Wäldern genauso wie die Obstbäume die im Frühling das ganze Land in ein Blütenmeer verwandelten. „Die Bäume stehen mir nur im Weg wenn ich ausreite und außerdem werden sie so groß das mag ich nicht" sagte der König „weg damit." Die Menschen hierzulande waren empört über das Gesetz des Königs schimpften und jammerten aber es half ihnen alles nichts. Was der König gesagt hatte das galt und wehe dem der sich dem Gesetz des Königs widersetzte. So kam also der Tag an dem der König mit seinem Gefolge durch sein Land ritt um zu kontrollieren ob alle sein Gesetz befolgt hatten und kein Baum mehr stand. Überall lagen die gefällten Bäume und die Pferde des Königs mussten oft hoch über die Stämme springen. Der König war recht zufrieden mit seinen Untertanen denn sie hatten sein Gesetz befolgt und alle Bäume umgeschnitten. Es begann schon zu dämmern als der König und sein Gefolge auf dem Kontrollritt in ein kleines Dorf kamen das ganz am Rande des Reiches lag. Der König war schon müde und hatte beschlossen die Nacht in diesem Dorf zu verbringen. Als er ganz nahe an das Dorf herangekommen war sah er zu seinem Entsetzen vor einem der Häuser einen Apfelbaum stehen groß und übersät mit einem Meer von Blüten denn es war gerade Frühling. (Die Rampe für junge LeserInnen. Hefte für Literatur 5/06, S. 35.)	

Blühender Apfelbaum

SbX
ID: 1352

Weitere Übung im SbX

Ü 5: Beistrichsetzung ★★

Bearbeiten Sie die Übungsaufgabe zur Beistrichsetzung.

Sichern

die Beistrichregeln

Die folgenden sieben Beistrichregeln sollten Sie sich merken.

1. Beistriche stehen zwischen Aufzählungen.
2. Vor den Konjunktionen **aber, sondern** und **doch** wird ein Beistrich gesetzt, kein Beistrich steht vor den Konjunktionen **und, oder, (so)wie, entweder – oder, sowohl – als auch, weder – noch.**
3. Beistriche dienen der Abgrenzung von Gliedsätzen.
4. Beistriche werden zur Abgrenzung einer Infinitivgruppe gesetzt,
   - wenn sie durch ein hinweisendes Fürwort angekündigt wird (gilt auch für Partizip- und Adjektivgruppen).
   - wenn sie eingeleitet wird mit: um, ohne, (an)statt, außer, als.
5. Beistriche dienen der Abgrenzung von Zusätzen und Nachträgen.
6. Beistriche dienen der Abgrenzung hervorgehobener Anreden, Ausrufe und Bitten.
7. Ein Beistrich steht nach der direkten Rede, wenn der Satz fortgesetzt wird.

Wissen

Wissensfragen und -aufgaben

W 1: Beistriche setzen

Setzen Sie im folgenden Text alle **möglichen** Beistriche.

Wolfgang Hutter: Der Kommapool oder Wie ich den Beistrich beherrsche

Als Redakteur unseres Hobby-Köche-Couriers bin ich wieder mit einem Problem konfrontiert das ich schon seit meinem Schulabgang mit anderen Worten schon längst überwunden glaubte. Von allen meinen Kochkollegen werde ich mit Beiträgen überschüttet aber alle diese Konserven menschlichen Geistes inklusive meiner eigenen Artikel scheinen in jeder Zeile mit einem hämischen Grinsen zu fragen: Kommt hier ein Beistrich oder nicht? Natürlich bin ich mir lieber Leser über den Unterschied klar den ein vergessener Beistrich macht: Der Satz „Ich will sie nicht" unterscheidet sich doch deutlich von „Ich will sie nicht" aber warum muss alles so kompliziert sein? Ich bin fast sicher dass sich die Bezeichnung Komma nach irgendeiner germanischen Lautverschiebung von Kummer herleitet da das Komma den meisten Kummer in der gesamten Zeichensetzung der deutschen Rechtschreibung macht.

Ob die Kommas im „Pool" reichen?

Zur Klärung aller strittigen Beistrichfragen jetzt und in Zukunft möchte ich eine Erfindung aufgreifen die meine Frau vor einigen Jahren gemacht hat: den Kommapool (siehe Abbildung). Darin finden sich zur freien Entnahme eine Anzahl von Beistrichen und ich ersuche den werten Leser des Hobby-Köche-Couriers sich im Falle einer Unterversorgung mit Beistrichen der Poolkommata zu bedienen.

, , , , , , , , , , , ,

, , , , , , , , , , , ,

Ich hoffe dass damit alle zufrieden sein können und ich endlich wieder ruhig schlafen kann.

Ein kurzer Wissens-Check, bevor's weitergeht!

Wissens-Check

	☺	😐	☹
Ich kann das Setzen der Beistriche erklären.			
Ich kenne die wichtigsten Beistrichregeln und kann sie anwenden.			

Lerneinheit 6

Sprachwandel und Mehrsprachigkeit

In dieser Lerneinheit werden Sie eine Reise durch die Zeit und die unterschiedlichen Sprachlandschaften des Deutschen unternehmen. Dabei werden Sie einiges über die Verwandtschaft des Deutschen mit anderen Sprachen erfahren und bemerken, dass Sprache ein sich wandelndes und wandelbares System ist.

Sie beschäftigen sich mit:

- **den Unterschieden zwischen Dialekt, Umgangssprache und Hochsprache**
- **den Besonderheiten von Fach- und gruppenspezifischen Sprachen**
- **der Notwendigkeit einer Standardsprache**
- **der Tatsache, dass der Sprachgebrauch immer auch mit (sozialen) Wertungen verbunden sein kann**

Lernen

1 Sprachwandel

„Wandelbarkeit ist für die Sprache wesentlich. Sie ist ihr Leben."

Das Zitat im Untertitel stammt von dem Sprachwissenschaftler **Thorsten Roelcke** (Sprache. München 2009, S. 78.)

Wenn wir das Deutsch, das vor tausend Jahren geschrieben wurde, mit dem heutigen Deutsch vergleichen, könnten wir daran zweifeln, dass es sich um dieselbe Sprache handelt. Nichts macht den radikalen Wandel, den Sprachen durchmachen, deutlicher.

Sprachwissenschaftler können diesen Prozess anhand schriftlicher Zeugnisse über weite Strecken nachzeichnen. Sie können aus dem Vergleich der Entwicklung mehrerer Sprachen sogar Vorgängersprachen rekonstruieren. So beruhen die romanischen Sprachen, wie Französisch, Italienisch oder Spanisch, auf dem Latein, während Deutsch, Englisch und 11 weitere Sprachen auf eine **germanische Sprache** zurückgehen.

Eine **Verwandtschaft der Sprachen** bedeutet keine biologische Verwandtschaft ihrer Sprecher/innen.

Beispiel für Sprachverwandtschaft:

Deutsch	Niederländisch	Afrikaans	Schwedisch	Dänisch	Norwegisch
Vater	vader	vader	fader	far	far

Daraus hat man ***fater** als germanisches Wort für Vater abgeleitet. (Der Stern steht für rekonstruierte Wörter, also solche, für die sich keine schriftlichen Belege finden lassen.)

Ende des 18. Jahrhunderts entdeckten Sprachforscher einen Zusammenhang zwischen europäischen und asiatischen Sprachen (unter anderem indisch, iranisch, armenisch) und rekonstruierten eine **indoeuropäische Sprache** als deren Vorgänger.

Beispiel für die Verwandtschaft indoeuropäischer Sprachen:

Deutsch	Italienisch	Latein	Griechisch	Persisch	Hindi
Vater	padre	pater	pateras	pedar	pita

Aus dieser Zusammenstellung wird deutlich, dass in den germanischen Sprachen das p im Anlaut zu einem f verschoben wurde.

Sprachforscher kamen durch Vergleich auf ein indoeuropäisches Wort *p?tér. Bis jetzt ist es allerdings nicht gelungen, ein Volk zu identifizieren, welches das Ur-Indoeuropäisch vor etwa 6000 Jahren gesprochen hat. Man ist sich nicht einmal einig, wo die Verbreitung dieser Sprache ihren Ausgang nahm. Häufig genannte Kandidaten sind die Gegend um das Schwarze Meer und Anatolien. Heute geht man davon aus, dass das Indoeuropäische wohl mehrere Sprachen umfasste, die sich wechselseitig beeinflussten. Sie drangen mit der Verbreitung der Landwirtschaft als neuer Kulturtechnik Richtung Osten vor und prägten die heutigen europäischen Sprachen.

Der Wandel der Sprachen ist derart vielfältig, dass wir hier nur einen kurzen Einblick geben können, um zu zeigen, welch lebendiges System Sprache darstellt. Die Frage, **wer oder was diesen Wandel antreibt,** lässt sich nicht schlüssig beantworten. Jedenfalls wirken sowohl Kräfte der Zerstörung darauf ein (die immer auch eine Klage über „Sprachverfall" nach sich ziehen), als auch Kräfte des Aufbaus. Einer der wichtigsten Faktoren ist unser **Bedürfnis, sich Mühen zu sparen.** Das hat ganze Wortteile zum Verschwinden gebracht oder stimmhafte in stimmlose Konsonanten verwandelt, bei denen die Stimmbänder nicht zum Vibrieren gebracht werden müssen. (So erklärt man zum Beispiel den Übergang vom p zum f [pater zu fater].) Dafür gibt es zahlreiche Beispiele in vielen Sprachen. So wäre der römische Kaiser Augustus wohl erstaunt, hätte er erlebt, dass der nach ihm benannte Monat bei uns seine Endung verlor und im Französischen im Laufe der Zeit sogar auf einen einzigen Laut zusammenschrumpfte: auf [u], geschrieben âout. Ein Beispiel aus unserer Alltagssprache ist die Verkürzung von haben zu „ham".

Nicht nur in der lautlichen Entwicklung, auch im Bereich der **Wort- und Satzgrammatik** macht eine Sprache zahlreiche Veränderungen durch. Ein auffallender Trend vom Indoeuropäischen über das Germanische zum Deutschen ist etwa der **Abbau der Fälle** von ursprünglich acht auf vier. Anstelle der Kasusformen sind zur Kennzeichnung der Funktion von Wörtern im Satz die Artikel und Präpositionen getreten. Es gibt aber auch den gegenteiligen Effekt, dass Wörter durch häufigen Gebrauch zu grammatikalischen Endungen werden, wie „hamma" für „haben wir". So stellt man sich in der Sprachwissenschaft die Entstehung des Kasussystems vor.

Wallfahrer gehen zu Fuß.

Manchmal **verschieben sich Bedeutungen** so stark, dass das ursprünglich Gemeinte kaum oder gar nicht mehr erkennbar ist. „Sehr" hieß ursprünglich „schmerzhaft, verwundet" (das steckt noch im Wort „versehrt") und ist heute nur noch eine Verstärker-Partikel, ähnlich wie „furchtbar [nervös]" oder „wahnsinnig [nett]". In diesen Fällen ging allerdings die ursprüngliche Bedeutung nicht verloren.

Es kann auch zu einer **Bedeutungsverengung** kommen. So verstand man unter „fahren" ursprünglich jede menschliche Fortbewegung (daher kann man eine Wall„fahrt" auch zu Fuß unternehmen). Begriffe können sich zum Positiven verändern (der „Marschall", ein hoher militärischer Dienstgrad, war ursprünglich ein „Pferdeknecht"), viel häufiger aber werden sie abgewertet. „Billig" bedeutete vor 200 Jahren noch „angemessen, fair" (vgl. das Verb „billigen"), heute steht es oft für „minderwertig" oder „geistlos" (eine billige Ausrede).

Partnerarbeit

Ü 1: Veränderte Bedeutung ★★★

a) Ergänzen Sie die folgende Tabelle.

b) In welchen Fällen handelt es sich um eine Bedeutungsverschiebung, in welchen um eine Bedeutungsverschlechterung?

	mittelhochdeutsche Bedeutung	neuhochdeutsche Bedeutung
vrowe	sozial hochstehende verheiratete Frau	
juncfrowe	sozial hochstehende unverheiratete Frau	
wip (= Weib)	verheiratete Frau allgemein	
maged (= Magd)	unverheiratete Frau allgemein; junge Frau	
dierne	Dienerin, Magd	
huore	Prostituierte	

2 Standards

Innere Mehrsprachigkeit

Was für die geschichtliche Betrachtung der Sprache gilt, trifft auch auf das Deutsch der Gegenwart zu: Wir haben es mit zahlreichen Varianten zu tun. Die meisten Sprecher/innen verfügen über ein Register von **mehreren „Deutschs"**, die sie je nach Situation einsetzen. Das kann jemand sein, der bei einem Vortrag Hochsprache, mit Fremden gehobene Umgangssprache, mit Freunden Dialekt spricht – ähnlich wie viele Bilinguale zu Hause eine andere Sprache sprechen als in der Arbeit.

Als **Standardsprache** (auch „Hochsprache") bezeichnet man eine Sprache, die in Wörterbüchern und Grammatiken normiert ist und schriftlich verwendet wird. Ihr stehen die **Dialekte** (Mundarten) gegenüber, die in der Regel nur regional und nur mündlich verwendet werden. Dazwischen befindet sich eine breite Zone der **Umgangssprache** mit zahlreichen Zwischenstufen.

Dazu können verschiedene **Gruppensprachen** (Soziolekte) kommen; Randgruppen der Gesellschaft bedienten sich früher einer Art „Geheimsprache", des Rotwelsch, von dem manche Wörter später in den Wiener Dialekt aufgenommen wurden, wie „Bulle" für Polizist oder „Schmalz" für eine Gefängnisstrafe. Auch **Jugendliche** bilden ihre eigene Sprache aus; das kann von einzelnen Ausdrücken bis hin zu **„Szenesprachen"** gehen. Immer wieder kommen Lexika auf den Markt, die Übersetzungshilfen für Außenstehende anbieten.

Querverweis
Die Jugendsprache wird in Kapitel 6, Lerneinheit 2 genauer behandelt.

Im Kontakt mit Menschen, die nicht diese Gruppensprache oder einen bestimmten Dialekt sprechen, kann es zu Schwierigkeiten kommen, z. B. wenn ein Bregenzer auch in Eisenstadt verstanden werden will. Zu diesem Zweck hat man seit dem 14. Jahrhundert eine **überregionale Standardsprache** geschaffen, aufbauend in erster Linie auf einer Sprache, die in Mitteldeutschland in der Verwaltung verwendet wurde. Diese Sprache sollte von allen verstanden und von allen gesprochen werden, nach möglichst einheitlichen Normen. Daher bemühte man sich um eine klare Unterscheidung von „richtigem" und „falschem" Deutsch – die Schule war und ist daran wesentlich beteiligt. Abgeschlossen wurde dieser Prozess der Normierung erst Anfang des 20. Jahrhunderts mit dem Wörterbuch von Duden.

Querverweis
Zu den Fachsprachen siehe auch Kapitel 2, Lerneinheit 5.

Die Fortschritte der Wissenschaft haben dem Deutschen weitere Varianten hinzugefügt, die **Fachsprachen**. Im Unterschied zur Alltagssprache brauchen jene präzise, exakt zu definierende Begriffe. Man merkt den Unterschied, wenn solche Begriffe in die Alltagssprache hinüberwandern.

Partnerarbeit

Ü 2: Fachsprache ★★

Versuchen Sie, für das folgende Wort die ursprüngliche fachliche und die allgemeine Bedeutung zu erklären.

	Fachsprache	**Alltagssprache**
Quantensprung		

der Laie: jemand, der auf einem bestimmten Gebiet keine Fachkenntnisse hat

Fachsprachen müssen von „Laien" nicht verstanden werden, trotzdem müssen sich auch Spezialisten mit dem Problem herumschlagen, für breitere Kreise verständlich zu sein, wenn sie etwa Forschungsergebnisse der Öffentlichkeit vorstellen, wenn Bedienungsanleitungen zu verfassen sind oder wenn ein Richter einen Urteilsspruch verkündet usw. Daher existiert auch hier keine scharfe Abgrenzung, sondern eine Zone des Übergangs, die sowohl von Fachmännern und -frauen verlangt, sich um Verständlichkeit zu bemühen, als auch von Konsumenten, die sich für diesen Bereich interessieren, sich ein gewisses Fachvokabular anzueignen. Das wird man zum Beispiel bei der Lektüre des Wirtschaftsteils in einer Zeitung benötigen.

3 Österreichisches Deutsch

Weil Quark ein Topfen ist.

Erkennen Sie die Doppeldeutigkeit im Untertitel?

Österreich hat mit Deutschland und dem größten Teil der Schweiz eine gemeinsame Sprache, und doch gelten innerhalb der jeweiligen Staatsgrenzen unterschiedliche Standards. Etwa 2–3 % des Wortschatzes weisen die Wörterbücher als **„Austriazismen"** aus, als österreichische Besonderheiten, die jedoch nach Ansicht mancher Beobachter durch den Einfluss der Medien bedroht sind: die Spüle ersetzt die Ab _ _ _ _ _, der Kehrbesen den Ba _ _ _ _ _ _ _, das Küsschen das Bu _ _ _ _ _, das Eigelb den Do _ _ _ _, der Hausflur den G_ _ _, der Schrank den K_ _ _ _ _, der Pilz das Sch_ _ _ _ _ _ _ usw. Zu den Besonderheiten im Wortschatz kommen einige Eigenheiten in Bezug auf Wortbetonung und Grammatik.

der Plurizentrismus: von lat. plus (mehr) und Zentrum

Diese Anerkennung mehrerer Standards innerhalb einer Sprache **(Plurizentrismus)** ist nicht selbstverständlich. Bei der Vereinheitlichung der deutschen Sprache im 18./19. Jahrhundert orientierte man sich an den nördlichen Formen der Schriftsprache. Erst die Erfahrungen mit dem Nationalsozialismus haben dazu geführt, dass sich der Staat den österreichischen Besonderheiten zuwandte – so entstand 1951 das erste „Österreichische Wörterbuch". Das Bemühen um Abgrenzung von Deutschland ging so weit, dass das Fach Deutsch in „Unterrichtssprache" umgetauft wurde.

Der Begriff **„österreichisches Deutsch"** soll nicht darüber hinwegtäuschen, dass auch dieses geografische Varianten aufweist. Sie werden im Österreichischen Wörterbuch jeweils gekennzeichnet.

Partnerarbeit

Ü 3: Varianten des Österreichischen ★★

a) Schlagen Sie die folgenden Wörter im ÖWB nach. Welche geografischen Zuordnungen trifft das ÖWB?
Buschenschank, Kaminkehrer, Kilbi, Fleischkäse

b) Klären Sie die Bedeutung dieser Wörter.

„Nichts trennt Österreicher und Deutsche mehr als die gemeinsame Sprache." (Karl Kraus)

Oft macht die Verbreitung bestimmter regionaler Varianten nicht an den Staatsgrenzen Halt. So hat Österreich Besonderheiten, die es mit Süddeutschland und der Schweiz teilt (gegenüber Mittel- und Norddeutschland). Beispiele dafür sind Samstag – Sonnabend, Rechen – Harke, Orange – Apfelsine. Es gibt aber auch **regionale Varianten,** die beispielsweise Vorarlberg mit der Schweiz gegenüber dem Rest von Österreich verbinden. Während zum Beispiel Vorarlberger wie die Schweizer „schaffen", „arbeiten" Tiroler und Burgenländer.

Da Sprachen zum **Wir-Gefühl** einer Nation beitragen, sind manche Österreicher/innen besonders sensibel, wenn es um das Eindringen von „fremden" deutschen Wörtern geht.

Das zeigte sich bei den EU-Beitrittsverhandlungen 1994. Im europäischen Wirtschaftsraum sollten nur die in Deutschland gebräuchlichen Bezeichnungen gelten. Das Thema wurde auch in den Medien heftig diskutiert. Der damalige Wiener Bürgermeister versuchte die Leute zu beruhigen und ließ in einem Zeitungsinserat verkünden: „Erdäpfelsalat darf weiter Erdäpfelsalat heißen und muss nicht auf Kartoffelsalat umgetauft werden." Schließlich kam es zum sogenannten **Protokoll Nr. 10** – einer Liste mit 23 spezifisch österreichischen Ausdrücken aus dem Bereich des Lebensmittelrechts, die innerhalb der EU den gleichen Status wie die in Deutschland verwendeten Bezeichnungen haben, zum Beispiel die Erdäpfel wie die Kartoffeln.

Sehen Sie sich nun die **Bezeichnungen für „Kartoffel"** im deutschen Sprachgebiet an.

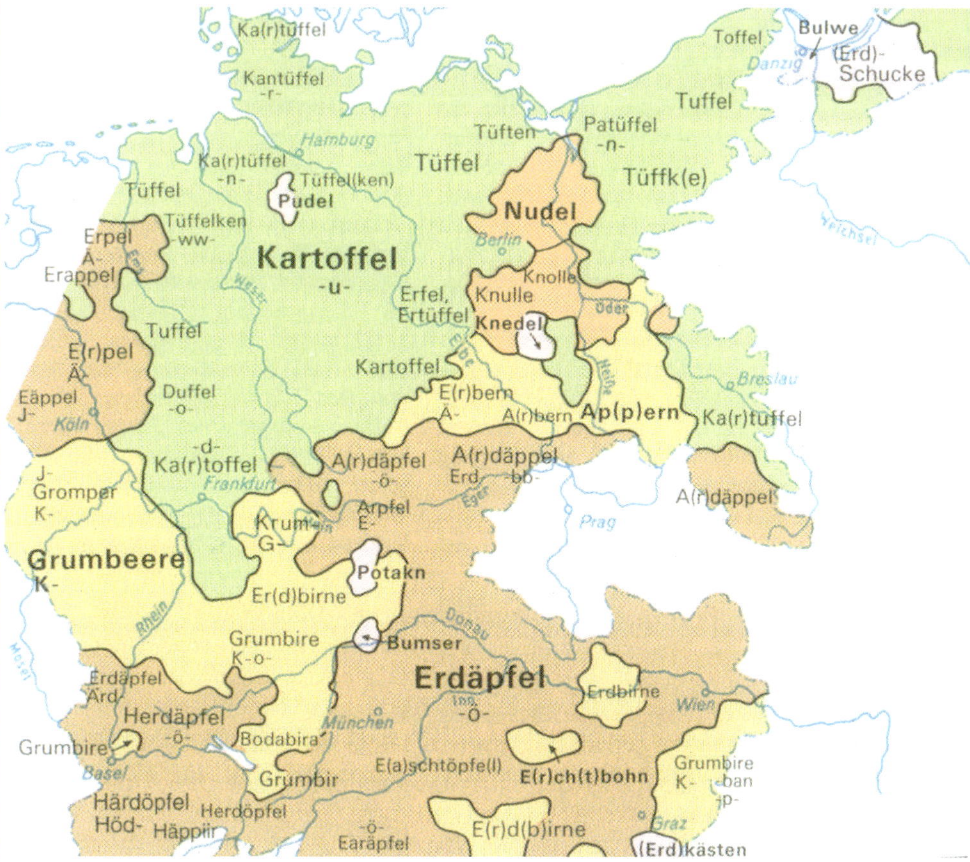

Die Bezeichnungen für „Kartoffel" in den Mundarten des deutschen Sprachgebiets.
(Quelle: König, Werner: dtv-Atlas Deutsche Sprache. 13. durchges. Aufl. 2001, S. 206.)

4 Dialekte

Die deutsche Sprache verfügt über zahlreiche Dialekte.

Was versteht man unter Dialekt?

Der Dialekt (die Mundart) hat eine **ortsbezogene regionale Färbung.** Personen, die Dialekt sprechen, werden in manchen Gegenden bereits im Nachbardorf als ortsfremd erkannt.

Ursprünglich gab es nur Dialekte und keine Spracheinheit. Die **Standardisierung der Sprache** in ihrer schriftlichen Form hat dazu geführt, dass sie oft auch zur gesprochenen Norm wurde (Hochsprache) und viele Sprecherinnen und Sprecher den Dialekt aufgaben. Durch Radio und Fernsehen hat sich dieser Prozess enorm verstärkt. Auch die zunehmende räumliche Beweglichkeit der Bevölkerung spielt dabei eine Rolle. Weiters sind soziale Zuschreibungen von Bedeutung: Zuerst verbreitete sich im Bürgertum das Reden „nach der Schrift", das einen gewissen Bildungsstand anzeigen sollte. Allerdings gibt es gerade in der Dichtung wiederholt Bemühungen, den Gebrauch einzelner Mundarten zu stärken.

Die Unterschiede in den großen Dialektgebieten sind auf Prozesse während der Völkerwanderungszeit (4.–6. Jahrhundert) zurückzuführen. So gehört der Großteil Österreichs dem bairischen Dialektraum an, Vorarlberg dem alemannischen – entsprechend der Besiedlung durch Baiern und Alemannen. Die Dialektgrenzen im Einzelnen entsprechen im Großen und Ganzen den Grenzen der im Mittelalter entstandenen Herrschaftsgebiete.

Sehen Sie sich die **Dialekte des deutschen Sprachraums** auf der Karte an.

Gliederung der mitteleuropäischen Dialekte germanischer Abkunft (Stand: 1900)
(Quelle: König, Werner: dtv-Atlas Deutsche Sprache. 13. durchges. Aufl. 2001, S. 230f.)

Hochsprache – Umgangssprache – Dialekt

die Variante: eine Entscheidung zwischen zwei oder mehr Möglichkeiten

Diese drei Begriffe lassen sich nicht so einfach voneinander abgrenzen. Es ist angemessener, von vielen „Zwischenstufen" zu sprechen. Welche der vielen Varianten gewählt wird, hängt von mehreren Faktoren ab: von den Kommunikationspartnern, von der Sprechsituation, vom Thema bzw. davon, welche Varianten der/die Sprechende überhaupt kennt.

Im deutschen Sprachraum werden **drei große Dialektgebiete** unterschieden: Das Plattdeutsche im Norden ist weiter von der Standardsprache entfernt als die Dialekte der Mitte und des Südens. Das scheint ein wichtiger Grund zu sein, dass dort nur wenig Dialekt gesprochen wird, hauptsächlich auf dem Land und in der Familie. Im Gegensatz dazu steht das Schweizerdeutsche, das sich aus vielen regionalen Untermundarten zusammensetzt. Diese werden in Stadt und

Land, bis in die höchsten sozialen Schichten gesprochen. Auch im Fernsehen und im Radio wird in der Schweiz mit Ausnahme weniger Sendungen Dialekt gesprochen. Das bedeutet eigentlich eine „Zweisprachigkeit": gesprochen wird Schweizerdeutsch, geschrieben wird Hochdeutsch. Im übrigen deutschen Sprachraum sind Mundart und Hochsprache nicht so weit voneinander entfernt. Die gesprochene Hochsprache ist besonders in Österreich sehr viel stärker mundartlich gefärbt, beide Sprechweisen gehen fast gleitend ineinander über. Die meisten Angehörigen der Oberschicht beherrschen in Österreich die Mundart, doch auch hier befindet sich der Dialekt auf dem Rückzug, besonders in den städtischen Regionen.

Partnerarbeit

Ü 4: „Und es ist so schön da" ★★

a) Lesen Sie sich den Liedtext „Und es ist so schön da" von STS durch. Worum geht es in dem Lied?

b) Übertragen Sie den Liedtext ins Hochdeutsche. Welcher Ort wird beschrieben? Welche Stellen im Lied beschreiben einen friedlichen und welche einen schrecklichen Ort?

Liedtranskription: dialektal

Die klane Schtot, di döst im Mittogsschlof, nua zwa, drei Leit und a boa Hund!
Dea oide Baunhof schteet falosn do. Es foat ka Zug zu dera Schtund.
Und weita hintn, wo des Obschtögleis si iagendwo im hohen Gros faliad,
do is a oida Zaun, dahinta Woid und Wiesengrün, doat gee i hin.

Und es is so schen do, so friedlich und so leise.
D`Fogerln zwitschan, di Blumen blün. Di Sun scheint auf die Gleise.

Do haumsas heabrocht damois, Zug um Zug, zsaumenpfercht in di Fichwaggon!
Di wos di Foat net übaschtaundn haum, ling auf da Raumpn umanaund.
Die aundan schrein noch Wossa, es is has. Di Wochn lochn, song „ia kriagts as glei".
Jetzt no des Gwaund obgem und Hoa obschneidn, und daun is glei foabei.

Und es is so schen do, so friedlich und so leise.
Da Woid riacht direkt noch Indianaschpün. Di Sun scheint auf di Gleise.

Es san so fülle, do is fü zum tuan, da Himmel brennt die gaunze Nocht.
Bis moang muas olles wida sauba sein, do wiad di nekste Lodung brocht.
Es kaun passian, das wos net funktioniat, und daun hasts woatn bis es grichtet wiad.
Im Winta frian die Fias oft aun im Schnee, do tuan die Peitschn net mea wee.

Und es is so schen do, so friedlich und so leise.
D`Biinen summen, da Kukuk ruft. Di Sun scheint auf di Gleise.
Disöbe Sun, disöben Gleise.

Laungsaum wiads Obend, di Kreen schrein, si hom a Grund genug.
I gee zum Baunhof zruk, am Obschtögleis schteet a leara Gütazug.

c) Für welche Buchstaben im Hochdeutschen steht der Laut „a" im Dialekt? Übertragen Sie die Wörter in die Standardsprache und markieren Sie die entsprechenden Buchstaben.

- klane ______________________
- nua ______________________
- falosn ______________________
- san ______________________

Finden Sie weitere Entsprechungen?

Gruppenarbeit

Ü 5: Stellenwert des Dialekts ★★

Während in Deutschland der Dialekt eher als negativ empfunden und daher nur in der Familie oder unter Bekannten verwendet wird, sind die Schweizerinnen und Schweizer – quer durch alle Bildungsschichten – stolz auf ihren Dialekt und sprechen ihn auch in offiziellen Situationen. Wie würden Sie die Lage in Österreich einschätzen? Wie stehen Sie persönlich zum Dialekt? Wo halten Sie ihn für angebracht? Diskutieren Sie Ihre Meinung im Kurs.

5 Sprachstrategien entwickeln
Wie kann Verständigung erreicht werden?

Dialekte werden jeweils in einer bestimmten Region gesprochen und daher nur von einer kleineren Gruppe verstanden als die Hochsprache. Das Deutsche weist besonders viele Mundarten auf, die stark voneinander abweichen. Wenn Sie an den gesamten deutschen Sprachraum denken, können Sie sich bestimmt vorstellen, dass es zwischen einer Person, die Plattdeutsch und einer, die Schweizerdeutsch spricht, zu Verständnisschwierigkeiten kommen kann. Bei den Dialekten im Deutschen handelt es sich um Sprachformen, die teilweise weiter auseinanderliegen als eigenständige Sprachen anderswo (zum Beispiel Bosnisch, Kroatisch und Serbisch).

Plattdeutsch wird in Norddeutschland gesprochen.

Für viele Menschen gehört der Dialekt zu ihrer Identität. Er vermittelt ihnen ein Heimatgefühl und so sind beispielsweise viele Heimatgedichte im Dialekt verfasst.

Was ist „Heimat" eigentlich?

Lesen Sie das folgende Zitat von Karl Jaspers und sprechen Sie mit einer Partnerin/einem Partner darüber, ob Sie mit dieser Aussage einverstanden sind.

„Heimat ist da, wo ich verstehe und wo ich verstanden werde." (Karl Jaspers, 1883, deutscher Philosoph)

Gruppenarbeit

Ü 6: Was bedeutet Heimat für Sie ganz persönlich? ★

Schreiben Sie einige wichtige Dinge auf, die Sie mit dem Begriff „Heimat" verbinden. Sprechen Sie zunächst zu zweit, dann im Kurs darüber, was „Heimat" ist.

Einzelarbeit

Ü 7: Ein Gedicht im Dialekt verfassen ★★★

der „Grant": schlechte Laune, Missmut

Bei emotionaler Betroffenheit fallen viele Personen in den Dialekt (falls sie mit dem Dialekt aufgewachsen sind). Im folgenden Gedicht kommt der Wiener „Grant" über die eigene Person zum Ausdruck.

a) Übersetzen Sie das Gedicht ins Hochdeutsche.
b) Wählen Sie eine Emotion und verfassen Sie ein Gedicht in dem Dialekt (in der Herkunftssprache), in dem/der Sie sprechen.

> soll ee sogn, wos e wüü
> oda soll e sogn, wos e waas
> wos e waas is net füü
> und wos e wüü mochd ma kann schbaas
>
> Ernst Jandl (1991)

Gruppenarbeit

Ü 8: Verursacht der Dialekt Schwierigkeiten? ★★

Diskutieren Sie über die folgenden Fragen zunächst in der Kleingruppe, dann im Kurs.

a) Wenn Deutsch nicht Ihre Erstsprache ist: Haben Sie Situationen erlebt, in denen Sie den Dialekt nicht verstanden haben?
b) Wenn Sie Dialektsprecher/in sind: Haben Sie manchmal Schwierigkeiten mit der Hochsprache? Nennen Sie Beispiele.
c) Was würde die Schwierigkeiten reduzieren?

Üben

Partnerarbeit

Ü 9: Sprachwandel ★★

Machen Sie eine Umfrage in Ihrer Wohnumgebung über die Sprachkenntnisse verschiedener Altersgruppen: Haben Sie den Begriff schon einmal gehört? Kennen Sie seine Bedeutung? Testen Sie sich zuvor selbst!

	jemand, der älter als 60 Jahre ist	30–60-Jährige	Unter 30-Jährige
abtanzen			
Zoff			
checken			
mega-out			
uncool			
Backfisch			
Kolonialwaren			
Tondichter			
bisweilen			
Beinkleid			

Partnerarbeit

Ü 10: Fachsprache ★★★

Klären Sie im folgenden Text alle Ihnen unbekannten Wörter und versuchen Sie, diesen Text in ein Deutsch zu übertragen, das es einem breiteren Leserkreis ermöglicht, ihn zu verstehen.

Global player im Dorf der Regionen

Das Institut für interkulturelles Management meldet einen rasch wachsenden Bedarf an „interkulturellen Managern". Gesucht wird nach dem „Global player", einem versierten Typ, der strategische Allianzen selbst mit Wirtschaftsexoten schmieden, globale Synergieeffekte freisetzen und politische Entwicklungen in fremden Kontinenten vorhersehen kann. Die noch raren Winner von übermorgen denken und agieren souverän zwischen verschiedensten Wirtschafts- und Kulturmustern. Diese Spezies wird noch nicht geboren, sollte jedoch an unbedingt notwendigen Dispositionen bereits mitbringen: Ambiguitätstoleranz, die über die übliche Flexibilität hinausgeht, Talent zu Komplexitätsreduktion vernetzter Systeme, sowie Empathie- und Konfliktfähigkeit.

Partnerarbeit

Ü 11: Märchen in Fachsprachen ★★★

a) Das Märchen „Rotkäppchen" ist im folgenden Text in drei Fachsprachen umgeformt worden. Finden Sie die Übergänge zwischen diesen Textvarianten und ordnen Sie sie bestimmten Fachsprachen zu.

b) Verfassen Sie eine eigene Märchenparodie in der Fachsprache Ihrer Ausbildung. Sie können auch ein anderes Märchen wählen.

Im Kinderanfall unserer Stadtgemeinde ist eine hierorts wohnhafte, noch unbeschulte Minderjährige aktenkundig, welche durch ihre unübliche Kopfbekleidung gewohnheitsmäßig Rotkäppchen genannt zu werden pflegt. Der Mutter besagter R. wurde seitens ihrer Mutter ein Schreiben zustellig gemacht, in welchem dieselbe Mitteilung ihrer Krankheit und Pflegebedürftigkeit machte, worauf die Mutter der R. dieser die Auflage machte, der Großmutter eine Sendung von Nahrungs- und Genußmitteln zu Genesungszwecken zuzustellen. Vor ihrer Inmarschsetzung wurde die R. seitens ihrer Mutter über das Verbot betreffs Verlassens der Waldwege auf Kreisebene belehrt. Dieselbe machte sich infolge Nichtbeachtung dieser Vorschrift straffällig und begegnete beim Übertreten des amtlichen Blumenpflückverbotes einem polizeilich nicht gemeldeten Wolf ohne festen Wohnsitz. Er tat sehr benutzerfreundlich, hatte im Background jedoch schon einen Abbruch programmiert. Während Rotkäppchen einen Goto ins Blumenfeld machte, ging

3 Sprachnormen

der Wolf im Direktzugriff zur Großmutter und vereinnahmte sie durch einen Delete. Ohne zu zögern gab er sich den Anschein kompatibel zu sein und nahm die Gestalt der Großmutter an. Dann legte er sich in ihren Speicherplatz. Kurz darauf lokalisierte auch Rotkäppchen die Adresse der Großmutter und trat in den Speicherraum. Vor der Installation des Pflegeprogramms machte Rotkäppchen sicherheitshalber einen Verify und fragte: „Ei Großmutter, warum hast du so große Augen?" – „Weil ich zufriedene Endbenutzer habe." – „Ei Großmutter, warum hast du so große Ohren?" – „Damit ich die Wünsche der User besser verstehen kann." – „Ei Großmutter, warum hast du so ein entsetzlich großes Maul? – Damit ich dich besser canceln kann!" Darauf machte der Wolf sich zur konvexen Hülle von Rotkäppchen. Ein Jäger kam, sah eine leere Menge von Großmüttern im Haus und problematisierte die Frage, bis sie ihm transparent wurde. Dann nahm er sein Messer und machte aus dem Wolf eine Schnittmenge. Die im Wolf integrierten Personen wurden schleunigst von ihm subtrahiert. Zum Wolf wurde eine mächtige Menge von Steinen addiert. Er fiel in einen zylinderförmigen cartesischen Brunnen, bis seine Restmenge nicht mehr lebte.

Einzelarbeit

Ü 12: Türkendeutsch ★★

Wendungen wie „Voll krass, Alder" entstammten zunächst dem Milieu türkisch-deutscher Jugendlicher, haben sich aber in der Jugendszene weit über die Ursprungsgruppen hinaus verbreitet. Zu verdanken ist das unter anderem Comedy-Stars, die über das Fernsehen diesen Slang bekannt machten (z. B. Erkan und Stefan), und Rapmusikern (z. B. Bushido). Typisch für diese Sprachvariante sind unter anderem das Weglassen von Präpositionen und Artikeln („Ich geh Schule").

a) Nehmen Sie zu den folgenden Texten in Form eines weiteren Beitrags in diesem Forum Stellung. Gehen Sie dabei auf die Frage ein, warum Kinder bzw. Jugendliche diese Sprache verwenden und wie Erwachsene damit umgehen sollten.

b) Wird diese Sprachform auch in Ihrer (sprachlichen) Umgebung verwendet?

Guten Abend zusammen,

ich bin reichlich über meinen Sohnemann und die Aussprache genervt und wollte mal wissen, ob es Mitleidende gibt und vor allem, wie man das wieder wegbekommt!

Mein Sohnemann ist 7 Jahre alt und geht in die 1. Klasse. Dass irgendwann dieses Möchtegern-Ausländisch kommt, hab ich schon befürchtet, aber jetzt schon?? Meist gebrauchte Wörter: Tschüsch (schreibt man das so?) Tschüsch lan* und Tschüsch lan Alder! Mich nervt das jeden Tag aufs Neue vor allem nach seinem Satz (O-Ton): Ey Tschüsch Mama, wir ham voll das krasse Hausi* auf! Frage meinerseits, was „Tschüsch" heißt. Antwort: Keine Ahnung. Frage: Was ist „krass"? Antwort: Keine Ahnung. Frage: Warum sagst das dann? Antwort: Weil's fast alle sagen! Weitere Frage: Du weißt aber schon, dass es DIE Hausi und nicht DAS Hausi heißt. Antwort: Kann sein!

Ja spinn ich denn?? Ich habs ne Zeitlang ignoriert, dachte die Phase legt sich wieder. Dann hab ich ihm irgendwann erklärt, dass bei uns im Haus deutsch gesprochen wird, vor allem wenn man gar nicht weiß, was man sagt, doch das hockt so drin, dass ich mir echt schon überlegt hab, für jedes „Tschüsch" gibts 10 Cent Taschengeld weniger, für jedes „Lan" hinterher nochmal 10 und für „Alder" am besten gleich 20! Und da wundert man sich, warum unsere Kinder kein vernünftiges Diktat mehr hinbekommen, wenn man ihnen daheim erstmal erklären darf, dass es nicht DAS HAUSI heißt!

Kennt das sonst noch wer, und vor allem: lass nur ich mich davon so nerven??

Liebe Grüße Nicky aus'm Schwobaland (18.5.2005)

*) Worterklärungen: Çüs lan (türk) kann in etwa mit „Oha, Alter" wiedergegeben werden, Hausi: Hausaufgabe

Hallo Nicky,

habe zwei Söhne (11 und 14), deren Sprache ich auch nicht immer verstehe, vor allem nicht, wie „unfreundlich" die Herren mit ihren Freunden sprechen. Aber es ist für die Kinder wichtig, da mit allen anderen mitzumachen, sonst ist man Streber oder, noch schlimmer, uncool!

Bei uns gilt schlicht die Regel, dass sie mit ihren Freunden reden können, wie sie wollen, die verstehen sich merkwürdigerweise auch untereinander. Aber nicht mit uns! Zu Hause wird normales Deutsch gesprochen, wir Eltern lassen uns nicht mit „ey Alter" ansprechen und legen auch Wert auf ganze Sätze.

Das klappt ganz gut, wir hatten auch nie Probleme mit dem Schriftdeutsch in der Schule, die Kinder können schon ganz gut auseinanderhalten, wie man so spricht und wie man schreibt. Das funktioniert übrigens seit sehr langer Zeit schon. Ich erinnere mich, dass meine Eltern unsere Jugendsprache auch schon furchtbar fanden!

Gruß, Doris, die sich manchmal kurz vor scheintot fühlt, wenn sie Jugendliche reden hört.

(Quelle für beide Texte: http://www.chefkoch.de/forum/2,45,152464/Moechtegern-Auslaendersprache-an-der-Schule.html; leicht verändert)

Einzelarbeit

Der 96-Seiten-Band erschien 2008 in 19. Auflage.

Ü 13: Österreichisches Deutsch ★★

Ordnen Sie die österreichischen Begriffe den deutschen zu.

	Österreich		Deutschland
1	Faschiertes		Blumenkohl
2	Paradeiser		Meerrettich
3	Ribisel		Pflaumenmus
4	Marillen		Feldsalat
5	Topfen		Hackfleisch
6	Powidl		Pfifferlinge
7	Karfiol		Johannisbeeren
8	Kren		Tomaten
9	Eierschwammerl		Aprikosen
10	Vogerlsalat		Quark

Partnerarbeit

Alois Brandstetter war bis 2007 Professor für Ältere Deutsche Sprache und Literatur an der Universität Klagenfurt. Als Schriftsteller begann er erst relativ spät zu wirken, wurde aber nach ersten Auszeichnungen rasch bekannt.

Ü 14: Wien für Linzer Begriffe ★★

Lesen Sie den folgenden Text von Alois Brandstetter und erklären Sie die unterstrichenen Wörter. Es handelt sich um typisch „österreichische" Begriffe.

Wien für Linzer Begriffe

Wien ist ein bisserl groß für Österreich. Das heutige Österreich ist ein bisserl zu klein für seine Hauptstadt. Wien liegt leider ein bisserl am Rande. Es wäre wirtschaftlich gesehen ein bisserl günstiger, wenn Österreich im Osten noch ein bisserl weiterginge. Österreich bricht aber hinter Wien ein bisserl jäh ab.

Immer sind die übrigen Österreicher ein bisserl schlecht auf die Wiener zu sprechen. Die Wiener wieder verachten die übrigen Österreicher ein bisserl. Sie sagen, sie sind ein bisserl geschert. Dabei würde Wien ohne Zuzug aus den Bundesländern ein bisserl aussterben. Die Bevölkerung ist auch schon ein bisserl zurückgegangen. Wer aus der Provinz das erste Mal nach Wien kommt, ist schon ein bisserl erstaunt. Die Häuser sind ein bisserl gar hoch für Linzer Begriffe. In Linz ist alles ein bisserl kleiner, auch der Verkehr ist ein bisserl schwächer in Linz. Die Donau ist bei Wien ein bisserl breiter. Dafür ist sie aber in Linz noch ein bisserl sauberer. Blau ist die Donau bei Wien kein bisserl.

Die Wiener sind ein bisserl faul. Oft sitzen sie in Heurigenlokalen ein bisserl herum und singen und tanzen ein bisserl. Im Parlament wird ein bisserl über den Fortschritt debattiert. Die Vorarlberger Abgeordneten hätten gern ein bisserl mehr Föderalismus. Da raunzen die Wiener Abgeordneten ein bisserl.

Sichern

die Herkunft des Deutschen

Deutsch entstand aus einer germanischen Sprache und gehört zur Gruppe der **indoeuropäischen Sprachen.**

der Sprachwandel

Sprache wandelt sich in **lautlicher, orthografischer** (die Rechtschreibung betreffender), **grammatikalischer und semantischer** (die Bedeutung betreffender) **Hinsicht.** Ein auffälliger Wandel vom Indoeuropäischen zum Deutschen ist der Abbau der Fälle. Neue Wörter werden überwiegend durch Entlehnung aus anderen Sprachen oder Bedeutungsübertragung gewonnen. Bedeutungen können sich erweitern und verengen, verschlechtern und verbessern.

die Standardisierung

Im Zuge der Prozesse der Staatsbildung wurden die Sprachen standardisiert, das heißt, mit allgemein verbindlichen Normen ausgestattet. **Das Deutsche hat mehrere Standards:** Das österreichische, deutsche und Schweizer Deutsch sind größtenteils ident, es gibt aber Unterschiede im Wortschatz und in der Grammatik. Nach dem Zweiten Weltkrieg wurde den österreichischen Besonderheiten große Beachtung geschenkt. Innerhalb Österreichs gibt es zahlreiche **regionale Varianten.**

Varianten

Unterhalb dieses Standards gibt es zahlreiche **Gruppen- bzw. Fachsprachen.** Sie erfüllen gruppenspezifische Bedürfnisse und können auch die Identität einer Gruppe festigen.

der Dialekt

Der Dialekt (oder auch die **Mundart** genannt) hat eine **ortsbezogene regionale Färbung.** Es gibt einen fließenden Übergang vom Dialekt zur Umgangssprache und von dieser zur Hochsprache (Standardsprache).

Dialekte im Deutschen

Der deutsche Sprachraum lässt sich in **drei große Dialektregionen** einteilen (im Norden, in der Mitte und im Süden). Die dialektalen Sprachformen weichen stark voneinander ab. Der **Stellenwert des Dialekts** ist unterschiedlich: In Norddeutschland wird er als eher negativ und bildungsfern angesehen, in der Schweiz wird er überall gesprochen.

Wissen

Wissensfragen und -aufgaben

W 1: „Schön sprechen"
Wenn eine Wienerin zu ihrem Kind „Sprich schön" sagt, dann meint sie, es soll keinen Dialekt verwenden. Worauf ist diese Haltung vermutlich zurückzuführen? Wie beurteilen Sie diese?

W 2: Dialekt
Von welchen Faktoren hängt die Verwendung des Dialekts ab? Welche Sprachen und Dialekte werden in Ihrem Kurs gesprochen?

W 3: Österreichisch – Deutsch
Nennen Sie einige österreichische Begriffe sowie die entsprechende Bezeichnung in Deutschland.

Ein kurzer Wissens-Check, bevor's weitergeht!

Wissens-Check

	☺	😐	☹
Ich weiß, dass Sprachen einem Wandel unterworfen sind.			
Ich kenne in Grundzügen die historische Entwicklung des Deutschen.			
Ich kenne die Unterschiede zwischen Standardsprache, Umgangssprache und Dialekt.			
Ich kenne Funktionen von Fach- und Sondersprachen.			

4 Mündlich kommunizieren

Sie haben sicher schon oft beobachtet: Vorteile haben all jene, die in jeder Situation den richtigen Ton treffen, die sich gut ausdrücken können, die ihre Ideen und Gedanken anschaulich präsentieren können. Besonders wichtig ist es, „Werkzeuge" zur Hand zu haben, um einerseits in schwierigen Gesprächssituationen – egal ob im Beruf oder im privaten Bereich – und andererseits bei mündlichen Prüfungen und Präsentationen erfolgreich zu sein. Kurz: Es ist wichtig, über Werkzeuge für eine gute Kommunikatorin/einen guten Kommunikator zu verfügen.

In diesem Kapitel erwerben Sie die Fertigkeiten:

- zu erkennen, wie Kommunikation funktionieren kann und warum sie so oft nicht funktioniert
- Ihre eigene Meinung zu formulieren und zu verteidigen
- die richtigen Fragen zu stellen
- sich im Bewerbungsgespräch zu bewähren
- Präsentationen optimal vorzubereiten und medial zu unterstützen

Lerneinheit 1

Wie kann Kommunikation funktionieren?

SbX
Alle SbX-Inhalte zu dieser Lerneinheit finden Sie unter der ID: 1410.

„Reden kann ich ohnehin, und wenn es sein muss, ohne Punkt und Komma! Also, wozu soll ich mich mit Kommunikation beschäftigen?" Doch fühlen Sie sich von Ihrem Gegenüber immer verstanden? Lösen Sie mit Ihren Aussagen immer die von Ihnen gewünschte Reaktion aus? Gibt es Menschen, mit denen Sie im Gespräch nie „auf einen grünen Zweig" kommen? Es lohnt sich also, über Kommunikation nachzudenken und darüber Bescheid zu wissen.

„Auf einen grünen Zweig kommen": sich einig werden (Früher war ein grüner Zweig Zeichen für den Kauf eines Grundstückes.)

Sie lernen auf den nächsten Seiten:

- **mit welchen Mitteln wir ständig kommunizieren**
- **die Bedeutung der Kommunikationsebenen kennen**
- **warum es wichtig ist, die vier Seiten einer Nachricht zu kennen und zu hören**
- **wie der Empfänger eine Nachricht beeinflusst**

Lernen

SbX ID: 1411

1 Missverständnis ist die Regel, Verständnis die Ausnahme.

„Gustav 1 an Gustav 2, bitte kommen!"

„Gustav 1 ...": Funkersprache, Ansprache unter Funkern

Was will diese Person mir mitteilen?

das Kick-off: (engl.) Auftaktveranstaltung, Beginn eines Projektes, Anstoß

das Meeting: (engl.) Treffen, Besprechung

Beispiel 1: Telefonat in der U-Bahn

A: Hallo? Hallo? Wer ist da bitte?
(**B:** Ja, hallo! Ich bin´s!)
A: Hallo? Wer? Ich verstehe nichts, die Verbindung ist so schlecht!
(**B:** Verstehst du mich jetzt besser?)
A: Ja, jetzt ist es besser! Hallo!
(**B:** Du kommst du eh morgen zum Kick-off?)
A: Wohin bitte?
(**B:** Na weißt eh, wo das letzte Meeting war!)
A: Ich meine, ich weiß nicht was …
(**B:** Du ich muss auflegen, ich rechne fix mit dir, wir sehen uns morgen!)
A: Ja, bis bald! – Wer war das jetzt eigentlich?

Partnerarbeit

Ü 1: Sendepause – was alles Kommunikation stören kann ★★

a) Analysieren Sie den Text „Telefonat in der U-Bahn". Welche Störungen treten in dieser Gesprächssituation auf? Beschreiben Sie, an welchen Stellen im Text und warum die Verständigung nicht funktioniert.

b) Schreiben Sie eine Szene, in der möglichst viele Kommunikationsstörungen auftreten.

c) Betrachten Sie das nachfolgende Kommunikationsmodell. Listen Sie alle Punkte auf, die zu berücksichtigen sind, damit in diesem Modell die Verständigung zwischen einem Sender und einem Empfänger funktionieren kann.

die Kodierung: Verschlüsselung einer Botschaft mithilfe von Zeichensystemen (Sprache, Morsezeichen etc.)

die Dekodierung: Entschlüsselung einer Nachricht, Versuch der Klärung der Bedeutung

Das Kommunikationsmodell

In einem Gespräch übernehmen wir abwechselnd die Rollen eines **Senders** und eines **Empfängers**. Um eine Nachricht senden zu können (z. B. „Ich verstehe das nicht!"), übersetzen (verschlüsseln) wir sie in ein bestimmtes Zeichensystem (eine „Sprache"). Solche Zeichensysteme können gesprochene Sprachen sein, aber auch Handzeichen, Morsezeichen oder die Gebärdensprache (siehe Abbildung) etc.

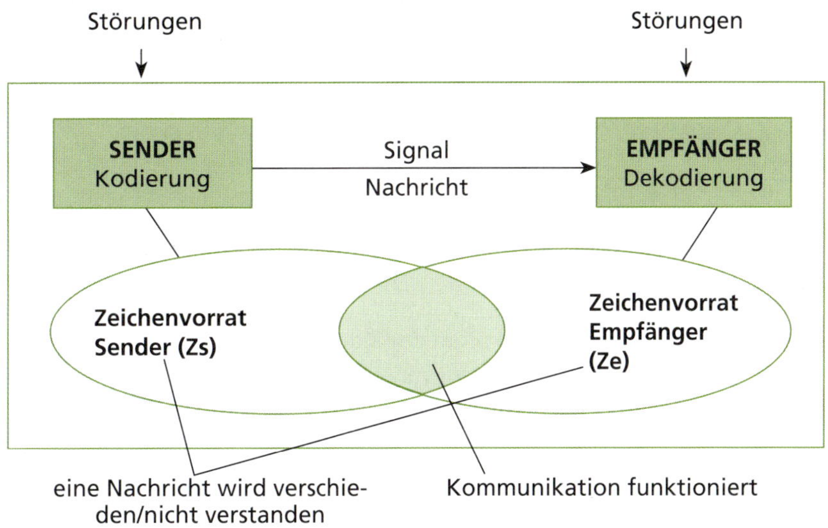

Einfaches Kommunikationsmodell

die Gebärdensprache: Zeichensprache der Gehörlosen und Hörbehinderten; Kombination aus Handzeichen, Gesichtsausdruck, Mundstellung und Fingeralphabet

Handzeichen: Vorsicht: Handzeichen (Gestik) und die Mimik können in verschiedenen Kulturen unterschiedliche Bedeutung haben!

Sender und Empfänger müssen sich auf **ein Zeichensystem** einigen. Denn wenn Zeichen oder Übertragungskanäle verwendet werden, die vom Empfänger nicht verstanden werden, ist eine Verständigung kaum möglich. So können etwa Gehörlose Gesprochenes nur verstehen, wenn langsam und deutlich gesprochen wird und sie von den Lippen ablesen können. Als Empfänger entschlüsseln wir das Signal und versuchen, die Nachricht zu deuten und zu verstehen. Störungen von außen können ein Gespräch behindern und Verständigung unmöglich machen.

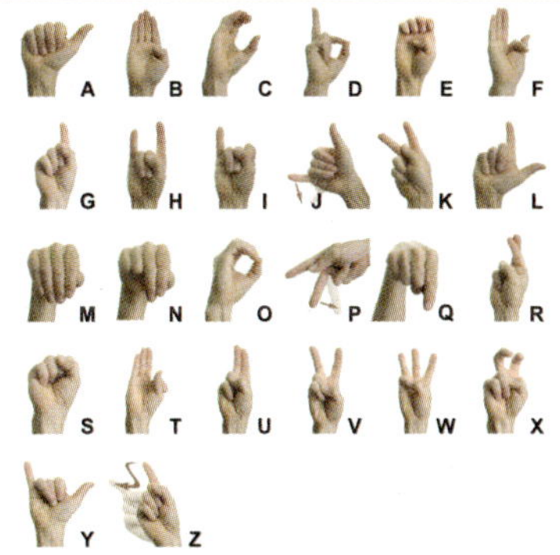

Zeichensystem Fingeralphabet

Piktogramme

SbX

Weitere Beispiele für Zeichensysteme (Brailleschrift, Morsealphabet, Flaggenalphabet etc.) finden Sie unter der ID: 1411.

Um sich über Sprachgrenzen hinweg verständigen zu können, werden häufig **bildhafte Darstellungen** (Piktogramme) verwendet. Piktogramme kommen fast ohne Worte aus. Verstehen Sie die Botschaften?

Das oben dargestellte Modell der menschlichen Kommunikation ist sehr vereinfacht. Menschen kommunizieren nicht wie Maschinen miteinander. Beim Verschlüsseln und Entschlüsseln spielen eigene Erfahrungen, Einstellungen, Vorlieben, Stimmungen und Gefühle eine wichtige Rolle. Und hier lauern auch weitere Fallen für die Kommunikation. Wer besser verstanden werden möchte, sollte auch die folgenden Abschnitte bearbeiten.

„Man kann nicht nicht kommunizieren." (Paul Watzlawick, Kommunikationswissenschaftler und Psychologe, 1921–2007)

2 Wir kommunizieren immer.
„Man kann nicht nicht kommunizieren."

Es gelingt uns praktisch nie, nicht zu kommunizieren. Wir verhalten uns immer auf eine bestimmte Weise. Auch wenn wir schweigen, kommunizieren wir. Was allerdings das Schweigen im speziellen Fall bedeutet, das bedarf einer genauen Betrachtung der gesamten Situation.

Gruppenarbeit

„Reden ist Silber, Schweigen ist Gold." (Sprichwort: Auf einen verschwiegenen Menschen kann man sich verlassen.)

Ü 2: Ist Schweigen Gold? ★★

a) Wählen Sie eine der folgenden Botschaften für Ihr Schweigen:
Verärgerung, Angst, Verachtung, Schüchternheit, Verliebtheit, Zurückhaltung, Enttäuschung etc.

b) Drücken Sie nun diese Botschaft durch Ihre Körpersprache und Ihre Sitzposition vor einer Kleingruppe aus. Die Gruppe versucht, die Botschaft des Schweigens zu entschlüsseln.

c) Wann ist es besser, nicht zu schweigen? Nennen Sie Beispiele für solche Situationen.

Gruppenarbeit

Beredtes Schweigen: Was kann dieses Schweigen alles bedeuten?

die Komik: das Komische löst Lachen aus

die Tragik: das Tragische löst Mitleid und Furcht aus

die Regieanweisung: Information in einem Theaterstück oder Filmdrehbuch, was die Personen gerade tun, wie sie sprechen, was sie denken und fühlen, wie die Umgebung aussieht etc. Stehen meist in Klammern, z. B. Anna (lacht) …

Ü 3: Möglichkeiten der Kommunikation ★★

Betrachten Sie die folgende Bildgeschichte. Obwohl kaum gesprochen wird, wird darin sehr viel kommuniziert.

a) Besprechen Sie, worin die Komik oder Tragik in dieser Geschichte liegt. Haben Sie schon eine ähnliche Situation erlebt? Wie ist sie ausgegangen?

b) Wie und womit kommunizieren die Figuren in dieser Bildgeschichte?

c) Bereiten Sie sich jeweils zu viert darauf vor, die Szene nachzuspielen. Machen Sie dabei die Gedanken und Gefühle der beteiligten Personen hörbar, indem Sie sie aussprechen (wie ausgesprochene Regieanweisungen).

(Quelle: Mallet, Pat: Der große Pat Mallet. Die nicht immer himmlischen Vergnügungen der Erdenbürger. Frankfurt/Main 1981.)

3 Womit wir kommunizieren
Mit Händen und Füßen reden

Einzelarbeit

Ü 4: Stimmige Botschaften? ★
Welche dieser Botschaften glauben Sie? Vergleichen Sie die Fotos mit den Äußerungen und beurteilen Sie die Stimmigkeit der Botschaften. Welche Signale passen zusammen, welche Signale sind widersprüchlich?

„Ich freue mich, vor Ihnen heute sprechen zu dürfen."

„Sehr erfreut, Ihre Bekanntschaft zu machen!"

die Mimik: Gesichtsausdruck, Sprache des Gesichtes

die Gestik: Sprache der Arme und Hände

nonverbal: eine Verständigung ohne Worte

Ständig teilen wir anderen etwas mit und geben damit auch etwas von uns selbst preis. Wir senden gleichzeitig vielfältigste Signale aus. Wie wichtig die Wortwahl, der Tonfall und die Lautstärke sind, ist vielen bewusst („Der Ton macht die Musik."). Auch unsere gesamte **Körpersprache,** die Haltung, die Augen, die **Mimik** und auch die **Gestik** teilen laufend mit, was wir denken und fühlen. Kartenspieler versuchen etwa, mit ihrem bewusst aufgesetzten „Pokerface" diese verräterischen Signale zu verstecken. Nur wenn die verbale Botschaft und die **nonverbale Kommunikation** zusammenpassen, wirkt eine Person ehrlich und stimmig.

Kommunikation

verbal	**nonverbal**
Wortwahl	Körpersprache (Haltung)
Formulierung	Mimik
Tonfall	Gestik
Lautstärke	Blickkontakt

Elemente der verbalen und nonverbalen Kommunikation

4 Sach- und Beziehungsebene
Da schwingt etwas mit!

SbX
Eine genauere Erklärung des Beispiels 2 finden Sie unter der ID: 1411.

Beispiel 2: Missverständnis

Vater: Bitte räum dein Zimmer wieder einmal auf!
Tochter: Was hab ich denn schon wieder angestellt?

Was verbirgt sich unter der Oberfläche?

Dieses Beispiel aus dem Alltag zeigt: Kommunikation ist mehr als ein bloßes Übermitteln von Sachinformation. Jede sprachliche Äußerung (auch jedes nonverbale Signal) verrät eine Menge über die Beziehung zur Gesprächspartnerin/zum Gesprächspartner und was wir von dieser Person halten. Und das birgt jede Menge Konfliktstoff. In der Kommunikationswissenschaft spricht man dabei vom **Inhaltsaspekt** und vom **Beziehungsaspekt der Kommunikation**. Für das Gelingen des Gespräches ist die Beziehung zwischen den Beteiligten mindestens so wichtig wie die klare Formulierung der Sachinformation.

„Warum nervt er mich immer so?"

4 Mündlich kommunizieren

Vorsicht, Eisberge!

Schiffbruch nach der Kollision mit einem Eisberg

mit etwas **Schiffbruch erleiden** = scheitern

<table>
<tr><td rowspan="2">Sprachliche Äußerung (Sprachhandlung):

„Bitte räum dein Zimmer auf!"</td><td>Inhaltsaspekt (Sachebene):
„Dein Zimmer ist nicht aufgeräumt!"
„Bitte Zimmer aufräumen!"</td></tr>
<tr><td>Beziehungsaspekt (Beziehungsebene):
Je nach Tonfall, Körpersprache etc. (verbale und nonverbale Signale):
„Ich bin mit dir unzufrieden!"
„Ich brauche deine Hilfe!"
„Ich habe hier das Sagen!"
„Ich bin schlecht aufgelegt!" etc.</td></tr>
</table>

An der Oberfläche des Gespräches sichtbar ist die **Sachebene** (das Thema). Die **Beziehungsebene** liegt unter der Oberfläche des Themas verborgen. Sie stellt den größeren und unter Umständen „gefährlicheren", konfliktträchtigeren Bestandteil eines Gespräches dar. Denn die Beziehungsebene drückt Gefühle aus: Zuneigung, Abneigung, Liebe, Hass, Angst, Hoffnung, Vertrauen, Misstrauen etc. Eine Gesprächssituation kann man sich daher wie eine Begegnung mit einem **Eisberg** vorstellen. Um ein Gespräch erfolgreich führen zu können, sollte auch der Teil unter der Oberfläche beachtet werden. So können Kollisionen mit dem Eisberg vermieden werden, um nicht mit einem Gespräch Schiffbruch zu erleiden.

Versuchen Sie so zu formulieren, dass in Ihren Gesprächsbeiträgen **nichts Negatives auf der Beziehungsebene mitschwingt.** Die Formulierung, die Wortwahl, der Tonfall sowie die gesamte nonverbale Kommunikation sind hier wichtig. Lassen Sie Positives auf der Beziehungsebene durchklingen, drücken Sie Wertschätzung aus, wenn Ihnen ein positives Ergebnis des Gespräches wichtig ist. Damit alleine ist zwar noch kein gegenseitiges gutes Verständnis garantiert, doch Sie sollten sich keinesfalls verstellen und echte Gefühle und wichtige Anliegen verbergen!

Einzelarbeit

Ü 5: Was schwingt da mit? ★★

Formulieren Sie die folgenden Sätze zu reinen Sachinformationen um, damit möglichst nichts Negatives auf der Beziehungsebene mitschwingt:

a) „Geht es noch langsamer? So erwischen wir den Zug um 12 Uhr nie!"
b) „Liebe Kolleginnen und Kollegen, es wird höchste Zeit, dass wir einander wieder treffen. Ich hoffe, Sie können diesmal ausnahmslos alle am 5. Oktober."
c) „Wie lange muss ich denn noch auf eine Antwort warten?"

5 Die vier Seiten einer Nachricht

Vier Schnäbel und vier Ohren

Beispiel 3: „So hab ich das doch gar nicht gemeint …"

Lehrerin: Michael, du bist der Nächste!

Michael: Was haben Sie eigentlich gegen mich?

Lehrerin: Würdest du so freundlich sein, die nächste Übung für uns zu lösen?

Michael: Sind Sie jetzt böse?

Lehrerin: Nein, ich möchte euch aktiv in den Unterricht einbinden.

Michael: Sie meinen, ich arbeite zu wenig mit?

Lehrerin: Michael, wie oft muss ich dich noch bitten?

Michael: Noch drei Mal, bitte.

Zum besseren Verständnis: vier Ohren spitzen (= gut zuhören)

„Für ein Gespräch ist das Ohr wichtiger als die Zunge" (Thornton Wilder, amerikanischer Schriftsteller 1897–1975)

„So habe ich das doch gar nicht gemeint!" – Wie oft passiert es im Alltag, dass wir uns von anderen missverstanden fühlen. Viele Missverständnisse entstehen dadurch, dass es fast unmöglich ist, eindeutig zu kommunizieren. Oft ist den Empfängern nicht klar, wie eine Aussage wirklich gemeint war. Ebenso häufig wird eine Nachricht anders gehört und verstanden, als sie beabsichtigt war.

Das folgende Modell zeigt, warum das eindeutige Kommunizieren so schwierig ist. Aussagen sind oft **mehrdeutig.** Jeder Satz kann grundsätzlich auf **vier verschiedene Arten** gemeint sein und auch verstanden werden.

Das Modell der vier Ohren stammt vom Psychologen Friedemann Schulz von Thun.

Tochter will am Abend noch eine Freundin besuchen.
Mutter: „Um Mitternacht bist du spätestens da, morgen ist Schule!"

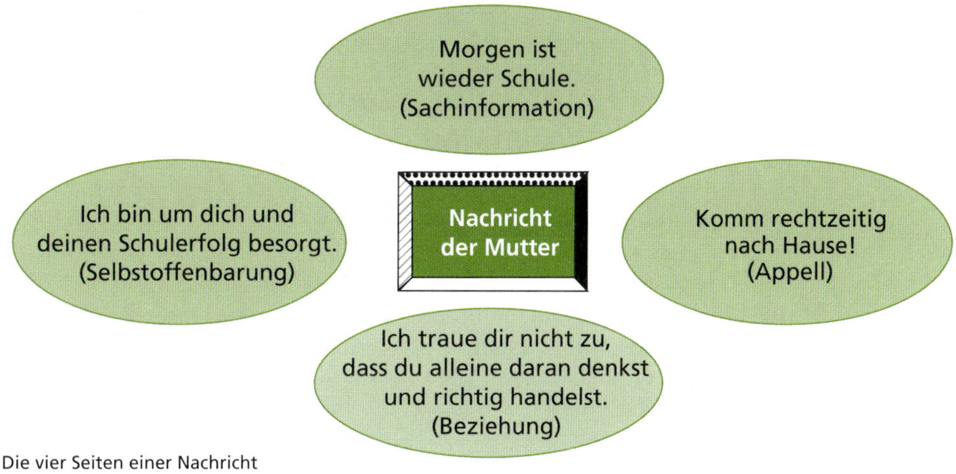

Die vier Seiten einer Nachricht

Einzelarbeit

Ü 6: Was wird gesendet, was wird empfangen? ★★

Formulieren Sie die möglichen vier Seiten der empfangenen Nachricht in der Abbildung oben. Auf welche Arten kann die Tochter die Aussage der Mutter verstehen und wie könnte sie dann jeweils antworten?

Eine Nachricht – viele Botschaften

Jede Nachricht beinhaltet vier Seiten. Die **Sachinformation** ist nur eine dieser vier Seiten. Der Sender drückt mit einer Nachricht weiters aus, was er über das Gegenüber denkt und wie er zu dieser Person steht **(Beziehung)**. Er teilt auch etwas über sich selbst mit, wie er sich gerade fühlt **(Selbstoffenbarung)**. Schließlich wird versucht, Einfluss auf das Denken, Fühlen und Handeln des anderen zu nehmen **(Appell)**. Je nachdem, mit welchem Ohr nun der Empfänger die Nachricht hört, kann das Gespräch einen sehr unterschiedlichen Verlauf nehmen. Vom Verstehen des Anliegens über ein Missverständnis bis zu einem entstehenden Konflikt ist alles möglich.

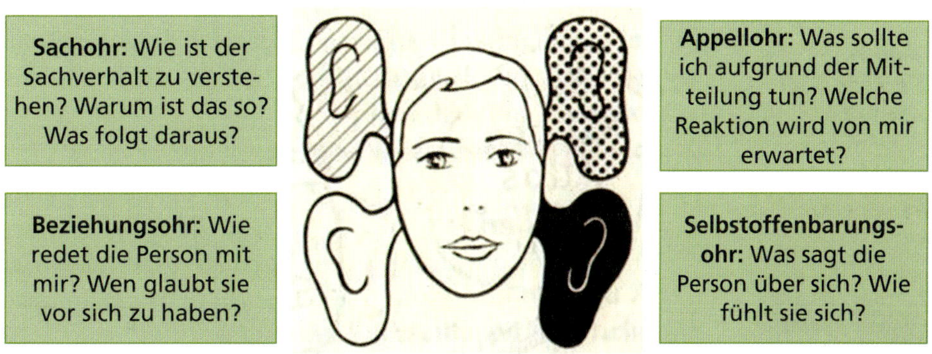

Die vier Ohren des Empfängers

Einzelarbeit

Ü 7: Fehlhörigkeit: Welches Ohr hat hier gehört? ★★

Analysieren Sie die Antworten von Michael in der Gesprächssituation im Beispiel 3. Mit welchem Ohr hat er jeweils gehört? Wie reagiert die Lehrerin auf die Antworten Michaels?

Einzelarbeit

Ü 8: So viele Botschaften! ★

Überlegen Sie sich eine Aussage aus Ihrem Unterrichts- oder Arbeitsalltag. Stellen Sie gegenüber, was diese Aussage alles bedeuten kann (vier Seiten der gesendeten Nachricht) und wie sie verstanden werden kann (vier Seiten der empfangenen Nachricht).

Wie gut eine Botschaft verstanden wird, ist im hohen Maße davon abhängig, mit welchen Ohren eine Nachricht gehört wird. Wenn ein Empfänger/eine Empfängerin nur auf einem Ohr hört und auf den anderen Ohren „schwerhörig" ist, sind Missverständnisse vorprogrammiert!

6 Der Empfänger beeinflusst die Nachricht.

Anleitung zum Unglücklichsein

Die Geschichte mit dem Hammer

Ein Mann will ein Bild aufhängen. Den Nagel hat er, nicht aber den Hammer. Der Nachbar hat einen. Also beschließt unser Mann, hinüberzugehen und ihn auszuborgen. Doch da kommt ihm ein Zweifel: Was, wenn der Nachbar mir den Hammer nicht leihen will? Gestern schon grüßte er mich nur so flüchtig. Vielleicht war er in Eile. Aber vielleicht war die Eile nur vorgeschützt, und er hat etwas gegen mich. Und was? Ich habe ihm nichts getan; der bildet sich da was ein. Wenn jemand von mir ein Werkzeug borgen wollte, ich gäbe es ihm sofort. Und warum er nicht? Wie kann man einem Mitmenschen einen so einfachen Gefallen abschlagen? Leute wie dieser Kerl vergiften einem das Leben. Und dann bildet er sich noch ein, ich sei auf ihn angewiesen. Bloß weil er einen Hammer hat. Jetzt reicht´s mir wirklich. – Und so stürmt er hinüber, läutet, der Nachbar öffnet, doch noch bevor er „Guten Tag" sagen kann, schreit ihn unser Mann an: „Behalten Sie sich Ihren Hammer, Sie Rüpel!"

(Watzlawick, Paul: Anleitung zum Unglücklichsein. München 1983.)

Einzelarbeit

Ü 9: Der Heimwerker: Bastelanteilung für eine eigene Wirklichkeit ★★

a) Was bringt den Mann in der Geschichte mit dem Hammer dazu, so unfreundlich zu handeln? Welche Schlüsse zieht er aus welchen Gründen?
b) Markieren Sie jene Stellen im Text, wo unzulässige Schlüsse gezogen werden.
c) Kennen Sie ähnliche Situationen? Beschreiben Sie den Hergang.

Wir konstruieren uns unsere Wirklichkeit.

subjektiv: aus der eigenen Sicht, abhängig von der eigenen Wahrnehmung

objektiv: hält einer Überprüfung stand, unabhängig von der eigenen Sicht

Wir ziehen ständig unsere eigenen Schlüsse und machen uns ein Bild vom Gesagten, vom Geschehen und vom Gegenüber. Der Empfänger beeinflusst also die Nachricht mit. Dies hat weitreichende Folgen. Wir Menschen machen (konstruieren) uns ein Bild der Wirklichkeit auf der Grundlage unserer eigenen Erfahrungen und halten dieses für „wahr". Diese **„subjektive Wirklichkeit"**, die wir zugleich für objektiv halten, bestimmt dann unser weiteres Handeln.

„Du hast angefangen!"

Beispiel 4: Pattsituation in der Klasse

Schlechte Atmosphäre in einer Schulklasse, der Lehrer schimpft viel, die Schülerinnen und Schüler sind lustlos.

Sicht des Lehrers: Weil ihr so passiv und lustlos seid, muss ich viel schimpfen.

Sicht der Schülerinnen und Schüler: Weil er dauernd meckert, haben wir keine Lust mehr mitzumachen.

(nach: Schultz von Thun, Friedemann: Miteinander reden 1. Störungen und Klärungen. Allgemeine Psychologie der Kommunikation. Reinbek bei Hamburg 2000, S. 86f.)

Beispiel 5: Konflikte in der Endlosschleife

In einer Partnerschaft gibt es dauernd Streit. A nörgelt immer wieder an B herum, B zieht sich zurück und A nörgelt deswegen. Beide verstehen ihr Verhalten als Reaktion auf das Verhalten des anderen. A geht davon aus, dass sie/er nörgelt, weil B sich zurückzieht.

B geht davon aus, dass sie/er sich zurückzieht, weil A nörgelt. Die Suche nach der/dem Schuldigen („Du bist schuld!") führt die Partner in eine ausweglose Situation, in der z. B. beide mangelnde Einsicht oder gar Böswilligkeit unterstellen.

(nach Watzlawick, Paul u. a.: Menschliche Kommunikation . Bern, Stuttgart 1969.)

Gruppenarbeit

Ü 10: Gefangen in der Endlosschleife? ★★

a) Diskutieren Sie, welche Möglichkeiten es gibt, aus den scheinbar ausweglosen Konfliktsituationen in den Beispielen 4 und 5 herauszukommen.
b) Entwerfen Sie eine Szene, in der die Konfliktlösung gespielt werden kann.

In vergleichbaren Konfliktsituationen ist die Frage nach dem Anfang genauso wenig zu beantworten wie die Frage, ob das Huhn oder das Ei zuerst da gewesen ist. Nach Schulz von Thun ist Kommunikation kreisförmig und ohne Anfang. Daher hilft die Untersuchung der **Schuldfrage** in diesem Fall überhaupt nicht weiter. Die einzige sinnvolle Lösung solcher Konflikte ist „auszusteigen": „Ich höre auf und du hörst gleichzeitig auch auf."

Üben

SbX ID: 1412

Einzelarbeit

Ü 11: So kann Kommunikation funktionieren! ★★

a) Listen Sie auf, was nach dem Kommunikationsmodell in Input 1 zu beachten ist, um eine Verständigung zu ermöglichen.
b) Welche Störungen einer Kommunikation können dabei auftreten?

Einzelarbeit

Ü 12: Stimmige Botschaften senden ★★

Ergänzen Sie in der Tabelle, wie Sie jeweils Interesse, Desinteresse, Zustimmung und Ablehnung ausdrücken können. Verbale und nonverbale Signale sollen dabei zusammenpassen.

	Interesse	Desinteresse	Zustimmung	Ablehnung
Wortwahl				
Tonfall		*gelangweilt*		
Lautstärke				
Körperhaltung			*offene Haltung*	
Mimik	*interessiert*			
Gestik				
Blickkontakt				*Blick abgewandt*

Partnerarbeit

Ü 13: Return to sender! ★★

a) Überlegen Sie sich eine Nachricht (z. B.: „Deine Präsentation hat mir gut gefallen, ich fand sie interessant und habe dir gerne zugehört.") und probieren Sie bei Ihrer Sitznachbarin/Ihrem Sitznachbarn aus, welche verbalen und nonverbalen Signale diese Nachricht möglichst gut unterstützen.
b) Holen Sie sich Rückmeldungen vom Empfänger. Wie ist die Botschaft angekommen? Was hat die Botschaft unterstützt? Welche Signale haben gestört?

Gruppenarbeit

Ü 14: Stille Post – Informationsweitergabe ★

a) Erinnern Sie sich an eine Begebenheit und verfassen Sie einen kurzen Bericht darüber.

b) Erzählen Sie nun diese Begebenheit einer Gesprächspartnerin/einem Gesprächspartner (je nach Schwierigkeitsgrad sind Rückfragen und Wiederholungen erlaubt oder nicht).

c) Nun wird die erhaltene Information an eine dritte Person mündlich weitergegeben. Nach fünf bis zehn Stationen wird die Endversion mit dem niedergeschriebenen Bericht verglichen. Welche Schlüsse können Sie aus dem Ergebnis ziehen?

Partnerarbeit

Ü 15: Kein Empfang ★★

Schreiben Sie zu zweit eine Szene, in der jede Äußerung anders gehört wird als sie wahrscheinlich beabsichtigt ist (nach Beispiel 3 in dieser Lerneinheit). Notieren Sie am Blattrand, welches Ohr hier jeweils falsch hört!

SbX
ID: 1412

Weitere Übungen im SbX

Ü 16: Mit nur einem Ohr empfangen ★★
Was passiert, wenn man bewusst nur mit einem Ohr hört?

Ü 17: Piktogramme (er)finden ★★
Machen Sie die Übung zu den Piktogrammen!

Ü 18: Zeichen geben ★★
Sammeln Sie möglichst viele Zeichensysteme, mit denen Kommunikation möglich ist.

Sichern

das Kommunikationsmodell

Eine Senderin/Ein Sender schickt eine Nachricht zu einer Empfängerin/einem Empfänger. Diese/r versucht, die Nachricht zu verstehen. Verständigung ist möglich, wenn beide das Zeichensystem kennen und keine Störungen auftreten.

Kommunikationsstörungen

- Das verwendete **Zeichensystem** (z. B. Gebärdensprache) ist nicht bekannt oder kann nicht wahrgenommen werden (z. B. wegen Sehbehinderung oder Hörbehinderung).
- Der Empfänger **deutet Inhalt oder Absicht** anders als der Sender diese gemeint hat (versteht z. B. Handzeichen falsch).
- **Störungen** von außen (Ablenkungen etc.) treten auf.

verbale Kommunikation

Aspekte der verbalen Kommunikation sind:

- Wortwahl
- Formulierung
- Tonfall
- Lautstärke

nonverbale Kommunikation

Nonverbale Kommunikation erfolgt über

- Körpersprache (Haltung),
- Mimik (Gesichtsausdruck),
- Gestik (Sprache der Hände) und
- Blickkontakt

die Sachebene

Jede sprachliche Äußerung hat eine **Inhaltsebene** und eine **Beziehungsebene**. Die Sachebene transportiert die Fakten und Informationen.

die Beziehungsebene

Stimmt die Beziehungsebene nicht, kann die Sachinformation nicht „ankommen". **Verbale und nonverbale Signale** zeigen das Verhältnis zwischen den am Gespräch beteiligten Personen, die Wertschätzung und Gefühle.

die vier Seiten einer Nachricht

Eine Nachricht beinhaltet Informationen über:
- Sachinhalt (Worum geht es mir in der Sache?)
- Beziehung (Was denke ich von meinem Gegenüber?)
- Selbstdarstellung (Wie geht es mir gerade?)
- Appell (Was will ich erreichen?)

vier Ohren

- **Sachohr** (Wie ist der Sachverhalt zu verstehen? Warum ist das so? Was folgt daraus?)
- **Beziehungsohr** (Wie redet die Person mit mir? Wie verhält sie sich mir gegenüber?)
- **Selbstdarstellungsohr** (Was sagt die Person damit über sich?)
- **Appellohr** (Welche Reaktion erwartet die Person?)

die subjektive Wirklichkeit

Menschen basteln sich auf der Basis ihrer Erfahrungen ein subjektives Bild der Wirklichkeit. Dieses wird für objektiv und wahr gehalten. Das weitere Denken und Handeln wird davon beeinflusst.

Wissen

Wissensfragen und -aufgaben

W 1: Kommunikationsstörungen
Listen Sie auf, welche Störungen in einer Gesprächssituation ein gegenseitiges Verständnis erschweren oder behindern können.

W 2: Begriffsklärung
Erklären Sie folgende Begriffe möglichst exakt und anschaulich: Mimik, Gestik, Körpersprache.

W 3: Stimmige Signale gesendet?
Erklären Sie, wie folgende Signale auf ein Gegenüber wirken können. Wie sollten sich die Personen verhalten, damit ihre Signale stimmig sind?

A: **(rastloser Blick, dazwischen Blicke auf die Uhr)** „Erzählen Sie mir mehr darüber."

B: **(Beine überkreuzt, Arme verschränkt)** „Ich bin für jeden Vorschlag offen."

C: **(kein Augenkontakt, leise Stimme, weicht zurück):** „Ich bin ein sehr kontaktfreudiger Mensch!"

W 4: Vorprogrammierte Konflikte
Welche Reaktionen kann folgende schriftliche Mitteilung einer Klassensprecherin/eines Klassensprechers (Aushang in der Klasse) auslösen? Begründen Sie, warum es sinnvoll erscheint, hier Verbesserungen vorzunehmen. Formulieren Sie den Text so um, dass er möglichst seine erwünschte Wirkung erzielt.

> „Welcher Vollidiot haut immer noch Plastikflaschen und Dosen in den Restmüll? Lernt lesen, ihr Dilos! Ist ja echt schwer, Dosen und Plastikflaschen auseinanderzuhalten! Habe schon wieder einen Anschiss vom Direx bekommen. Aber ihr seid wohl zu blöd dazu!"

W 5: Die vier Seiten einer Nachricht
a) Benennen Sie die vier Seiten einer Nachricht.

b) Formulieren Sie alle vier Seiten der folgenden Nachricht aus. Wie kann dieser Satz gemeint sein, was kann er alles bedeuten?

c) Wie würden Sie jeweils auf diese Nachricht reagieren?

Mutter: „Bist du sicher, dass du schon genug gelernt hast?"

W 6: Pattsituation
A beschwert sich dauernd bei B: „Nie spielst du den Ball zu mir!" B spielt daher lieber mit anderen Freunden Basketball und meidet A.

Sicht von A: „Ich will mit B spielen, muss mich aber beschweren, weil der nie zu mir passt."

Sicht von B: „Ständig jammert A herum, darum mag ich nicht mehr mit ihm spielen."

Sie werden um Rat gebeten. Erklären Sie, welches Problem A und B haben und machen Sie einen Vorschlag, der zur Verbesserung der Situation beitragen kann.

Ein kurzer Wissens-Check, bevor's weitergeht!

Wissens-Check

	☺	😐	☹
Ich kann ein einfaches Kommunikationsmodell beschreiben und erkenne die Störungen, die das Verständnis erschweren.			
Ich kenne die Merkmale der verbalen und nonverbalen Kommunikation.			
Ich kann verbale und nonverbale Merkmale der Kommunikation so einsetzen, dass sie meine Gesprächsabsicht unterstützen.			
Ich kenne den Unterschied zwischen Sach- und Beziehungsebene in der Kommunikation.			
Ich weiß, worauf ich in Gesprächen bei der Beziehungsebene achten kann.			
Ich kenne die vier Seiten einer Nachricht.			
Ich weiß, wie eine Nachricht auf vier Arten gehört werden kann.			
Ich weiß, welche Folgen es in Gesprächen haben kann, dass wir uns eine „subjektive Wirklichkeit" schaffen.			
Ich kenne eine Möglichkeit, aus Konfliktsituationen mit gegenseitigen Schuldzuweisungen auszusteigen.			

Lerneinheit 2

Sich mit anderen auseinandersetzen

Für viele ist es selbstverständlich, dass durch Training oder Übung Fertigkeiten und Fähigkeiten verbessert werden können: die körperliche Ausdauer beim Laufen, die Schnelligkeit beim Schwimmen, die Technik bei Ballsportarten. Einen Bereich jedoch vernachlässigen viele Menschen in ihrem Drang zur Perfektionierung: die Fähigkeit, sich verständlich auszudrücken und andere besser zu verstehen. Dabei ist die Sprache unser wichtigstes Werkzeug und jede Begegnung zwischen Menschen ist Kommunikation.

Sie lernen auf den nächsten Seiten:

- **wie das aktive Zuhören das Verständnis verbessert**
- **wie Sie anderen ein annehmbares Feedback geben**
- **mit welchen Spielregeln Gespräche gelingen können**

Lernen

1 Aktives Zuhören

Vom Missverständnis zum Verständnis

„Der kleine Prinz“: Der Roman des französischen Schriftstellers **Antoine de Saint-Exupéry** (erschienen 1945) ist ein modernes Märchen über die Freundschaft und die Menschlichkeit.

Antoine de Saint-Exupéry: Der kleine Prinz, Kapitel 21

In diesem Augenblick erschien der Fuchs: […]
„Wer bist du?“, sagte der kleine Prinz. „Du bist sehr hübsch …“
„Ich bin ein Fuchs“, sagte der Fuchs.
„Komm und spiel mit mir“, schlug ihm der kleine Prinz vor. „Ich bin so traurig …“
„Ich kann nicht mit dir spielen“, sagte der Fuchs. „Ich bin noch nicht gezähmt!“
„Ah, Verzeihung!“, sagte der kleine Prinz. Aber nach einiger Überlegung fügte er hinzu: „Was bedeutet das: ‚zähmen‘?“
„Du bist nicht von hier“, sagte der Fuchs, „was suchst du?“
„Ich suche die Menschen“, sagte der kleine Prinz. „Was bedeutet ‚zähmen‘?“
„Die Menschen“, sagte der Fuchs, „die haben Gewehre und schießen. Das ist sehr lästig. Sie ziehen auch Hühner auf. Das ist ihr einziges Interesse. Du suchst Hühner?“
„Nein“, sagte der kleine Prinz, „ich suche Freunde. Was heißt ‚zähmen‘?“
„Das ist eine in Vergessenheit geratene Sache“, sagte der Fuchs. „Es bedeutet: sich ‚vertraut machen‘.“
„Vertraut machen?“
„Gewiss“, sagte der Fuchs. „Du bist für mich noch nichts als ein kleiner Knabe, der hunderttausend kleinen Knaben völlig gleicht. Ich brauche dich nicht, und du brauchst mich ebenso wenig. […] Aber wenn du mich zähmst, werden wir einander brauchen. Du wirst für mich einzig sein in der Welt. Ich werde für dich einzig sein in der Welt …“
„Ich beginne zu verstehen“, sagte der kleine Prinz. „Es gibt eine Blume … ich glaube, sie hat mich gezähmt …“
„Das ist möglich“, sagte der Fuchs. […]

(Antoine de Saint-Exupéry: Der kleine Prinz. Zürich 1992, S. 64 ff.)

4 Mündlich kommunizieren

Partnerarbeit

Ü 1: Wie funktioniert Verständnis? ★★

Lesen Sie den Textausschnitt aus „Der kleine Prinz" und beantworten Sie folgende Fragen:

1. Welche Hürden für das Verständnis treten im Gespräch zwischen dem kleinen Prinzen und dem Fuchs auf?
2. Durch welche Formulierungen und Techniken tragen die beiden zum gegenseitigen Verständnis bei?

Gesprächstechniken, die das Verständnis fördern

Durch bestimmte Formulierungen und Gesprächstechniken kann das Verständnis in einem Gespräch bewusst verbessert werden:

- **„Türöffner" verwenden:** Wenn man das Gegenüber spüren lässt, dass man sich für das Erzählte interessiert, öffnet man bildhaft gesprochen die Tür für das weitere Gespräch. → „Erzählen Sie mir mehr davon …", „Ich habe Zeit, ich höre Ihnen gerne zu …"
- **„Spiegeln" der Inhalte:** Geben Sie das Gehörte in eigenen Worten wieder. Dies zeigt dem Sprecher wie in einem Spiegel, ob das Gesagte richtig verstanden wurde. Erforderlichenfalls können Ergänzungen oder Korrekturen angebracht werden. → „Sie meinen also, …"
- **Gefühle ansprechen:** Sprechen Sie die Gefühlsebene an. → „Was löst dieser Vorschlag in Ihnen aus?" „Ist dieser Vorschlag für Sie akzeptabel?"
- **„Spiegeln" der Gefühle:** Indem Sie die Gefühle Ihres Gegenübers ansprechen, zeigen Sie, dass Sie die Situation verstehen. → „Ich höre, dass Sie wütend sind …"
- **Rückfragen** helfen, Situationen besser zu verstehen: Verständnisfragen → „Was meinen Sie mit dieser Formulierung?", Genauigkeitsfragen → „Wie viele …?", „Wie sehr …?", „In welcher Situation genau …?"
- **Auf den Punkt bringen:** Zusammenfassung der wichtigsten Aussagen. Dabei besteht die Gefahr der Zuspitzung und unzulässigen Vereinfachung. → „Wenn ich Sie richtig verstehe, sind Sie für …"

Zuhören ist mehr als nur hören!

Zuhören ist ein aktiver Vorgang, mehr als nur schweigen, wenn jemand spricht. Untersuchungen zeigen, dass wir uns für das Zuhören oft zu wenig Zeit und Aufmerksamkeit nehmen. Bereits nach wenigen Sekunden basteln wir an einer Antwort oder Reaktion. Das fällt einem vor allem dann auf, wenn man dringend eine gute Zuhörerin oder einen guten Zuhörer braucht, wenn man das Gefühl haben möchte, verstanden zu werden. Hört das Gegenüber überhaupt richtig zu, wohin richtet sich der Blick? Welche Signale sendet der Körper? Werde ich dauernd unterbrochen oder fragt das Gegenüber nie nach? Woraus kann ich entnehmen, dass ich verstanden werde?

Werde ich von meinem Gegenüber verstanden?

Partnerarbeit

Ü 2: Rückmeldungen sind wichtig! ★★

1. Besprechen Sie zu zweit, wie es auf Sie wirkt, wenn in einer Gesprächssituation von Ihrem Gegenüber keine sichtbare und hörbare Reaktion erfolgt. Notieren Sie Ihre Ergebnisse.
2. Welche verbalen (sprachlichen) und nonverbalen Verhaltensweisen fördern das Verständnis in einer Kommunikation? Welche Rückmeldungen stören eine Verständigung? Schreiben Sie Beispiele dafür in die folgende Tabelle:

förderliche Rückmeldungen		störende Rückmeldungen	
verbal	nonverbal	verbal	nonverbal
„Ich verstehe …"	Kopfnicken	keine Reaktion	wegdrehen

die Mimik: Gesichtsausdruck, Sprache des Gesichtes

die Gestik: Körperbewegung, besonders Sprache der Arme und Hände

Aktives Zuhören bedeutet:

- sich in die Situation der anderen Person hineinversetzen
- Interesse bekunden (Blickkontakt, Mimik, Gestik)
- nicht unterbrechen, ausreden lassen
- signalisieren, dass man die Gefühle versteht (Beziehungsebene)
- signalisieren, dass man die Gedanken versteht (Sachebene), um Missverständnisse zu vermeiden
- rückfragen, wenn für das Verständnis nötig
- eigene Ideen, Meinungen, Ratschläge und Widerspruch zurückstellen

Auch Ratschläge können Schläge sein!

Aktives Zuhören ist wie ein Spiegel.

Das aktive Zuhören ist eine Grundvoraussetzung für das Gelingen der Kommunikation. Ziel des aktiven Zuhörens ist es, das Gegenüber möglichst gut zu verstehen. Eine Sprecherin, ein Sprecher kann sich dabei ungestört mitteilen. Dadurch, dass die Gedanken und Gefühle von der Zuhörerin oder dem Zuhörer gespiegelt werden, kann man erkennen, ob das Gesagte auch „richtig" verstanden wurde. Durch ein Bestätigen oder Richtigstellen kann man die Ausformulierung der Gedanken nachbessern, bis beide die Bestätigung haben, dass sie einander verstehen.

2 Feedback geben und annehmen

Wie man Wünsche und Gefühle mit Ich-Botschaften ausdrücken kann.

Sprache der Giraffe (= Tier mit dem größten Herzen): Herzensangelegenheiten (Gefühle und Wünsche) ausdrücken

Ziel einer Ich-Botschaft ist, nicht nur in Konfliktsituationen möglichst ruhig und konstruktiv zu bleiben. Eine Ich-Botschaft ist ein Weg, seine Interessen und Bedürfnisse auszudrücken und mitzuteilen, sodass diese von anderen auch akzeptiert und angenommen werden können. Dadurch haben Sie die Chance, positiv auf die geäußerten Interessen und Bedürfnisse zu reagieren. Da darin echte „Herzensangelegenheiten" ausgedrückt werden, wirken Ich-Botschaften echt und authentisch.

!

1. Ich-Botschaften fördern die Bereitschaft bei anderen, sich zu ändern.
2. Wenn die Botschaften frei von negativen Bewertungen der angesprochenen Person sind, sollten sie diese Person nicht verletzen.

(Gordon, Thomas: Lehrer-Schüler-Konferenz. Wie man Konflikte in der Schule löst. München 1990, S. 123.)

Konflikte sollten konstruktiv ausgetragen werden.

Beispiel 1

A hat sich von B Kursunterlagen ausgeborgt und diese schon über eine Woche nicht zurückgebracht.

Reaktionen von B, Variante 1: Du-Botschaft

B: Du Idiot, kannst du dein Hirn nicht einschalten? Dir werde ich nie wieder etwas borgen! Du bist einfach zu blöd!"

Reaktionen von B, Variante 2: Ich-Botschaft

„Ich bin enttäuscht darüber, wenn du meine Unterlagen, die ich dir borge, zu Hause vergisst. Das bringt mich auch in Schwierigkeiten! Wenn ich den Stoff heute nicht wiederholen kann, bekomme ich eine schlechte Note."

Bestandteile einer Ich-Botschaft:

- eigenes Gefühl ausdrücken
- Bezug zum Anlassfall (Auslöser, Situation, Verhalten)
- Begründung des Problems (Auswirkungen)
- Ausdruck des Wunsches, der Erwartung

Einzelarbeit

Ü 3: Konflikt – Verschärfung oder Lösung? ★★

Finden Sie eine mögliche Konfliktsituation zwischen einer Person A und einer Person B. Formulieren Sie diese Konfliktsituation schriftlich aus.

1. Lassen Sie Person B mit einer Du-Botschaft auf Person A reagieren. Wie antwortet A darauf, welche Möglichkeiten hat wiederum B, das Gespräch weiterzuführen?
2. Formulieren Sie die Szene nach der gleichen Grundannahme, wobei B zuerst mit einer Ich-Botschaft reagiert.

Du-Botschaften sind verunglückte Wünsche

Es gibt viele Gründe, warum Menschen nicht ihre echten Wünsche und Bedürfnisse ausdrücken. Aus Unsicherheit, weil sie Angst haben, die Macht und Kontrolle zu verlieren, vielleicht aber auch, weil sie sich ihrer Gefühle und Bedürfnisse gar nicht so richtig bewusst sind. Da fällt es leichter, sich auf das Gegenüber zu konzentrieren. Mit der Gewalt der Worte wollen wir eine Verhaltensänderung der anderen erreichen (Sprache des Schakals).

(Nach: Mitschka, Ruth: Sich auseinandersetzen – miteinander reden. Ein Lern- und Übungsbuch zur professionellen Gesprächsführung. Linz 2000, S. 25.)

Sprache des Schakals: sich im anderen verbeißen

„Der Schakal [...] ist unsere einprogrammierte Art, wie wir jemand anderem etwas mitteilen, was ihn sofort dazu veranlasst, zurückzuschrecken, etwas scharf zu erwidern, einen leise anzustarren oder noch viele Monde über die Bemerkung nachzugrübeln. Typische Schakalbemerkungen, die man im Klassenzimmer hören kann, sind: „Du bist doof!" – „Ich fasse es nicht, das hast du noch nicht gewusst?" – „Die meisten können das schon in der Vorschule!" – „Du bist so fies!" – „Wir alle müssen mal Dinge tun, die wir nicht wollen." – „Ich habe hier das Sagen!".

(Nach: Rosenberg, Marshall: Das Giraffen-Klassenzimmer. Berlin 1997, S. 60.)

Straßensperren im Gespräch

Vorsicht! Falle: Straßensperren in bestimmten Gesprächssituationen

- Befehlen, anordnen, kommandieren: „Mach das anders!", „Lass das!"
- Warnen, ermahnen, drohen: „Wenn du nicht sofort aufhörst, ...!"
- Zureden, moralisieren, predigen: „Du kannst das später im Berufsleben auch nicht machen!"
- Ungebeten Ratschläge erteilen: „Ich schlage vor, du reißt dich zusammen!"
- Belehren: „Jeder hat hier seine Pflicht zu erfüllen, auch du!"
- Urteilen, kritisieren, beschuldigen: „Das ist eine kindische Haltung!"
- Von oben herab loben, zustimmen: „Du kannst das doch sonst besser!"
- Beschimpfen, lächerlich machen: „Du benimmst dich wie der letzte Mensch!"
- Interpretieren, analysieren: „Das ist wieder typisch für dich, dass du dich nicht anstrengst!"

(Nach Mitschka, Ruth: Sich auseinandersetzen – miteinander reden. Ein Lern- und Übungsbuch zur professionellen Gesprächsführung. Linz 2000, S. 26 und: Gordon, Thomas: Lehrer-Schüler-Konferenz. Wie man Konflikte in der Schule löst. München 1990, S. 120 f.)

Du-Botschaften verbergen die wahren Gefühle und Bedürfnisse des Senders/der Senderin. Sie können leicht als Angriff verstanden und gewertet werden und lösen dann entsprechende Abwehrreaktionen aus. Damit erreicht man die erwünschte Änderung des Verhaltens des Gegenübers kaum. Zusätzlich kann sich die angesprochene Person verletzt fühlen.

Partnerarbeit

Ü 4: Die Wirkungen und Nebenwirkungen von Du-Botschaften ★★

Wie wirken die folgenden „Straßensperren" auf Sie? Welche Gefühle und Reaktionen lösen sie in Ihnen aus?

- „Wenn du das nicht sofort machst, dann passiert was!"
- „Wenn du das so machst, kann das nie was werden. Du solltest das ganz anders angehen!"
- „Das ist wieder typisch, das kann auch nur dir passieren!"

Einzelarbeit

Ü 5: Verunglückte Wünsche sichtbar machen ★★★

Welche verunglückten Ich-Botschaften könnten hinter den „Straßensperren" aus Ü 6 stecken? Formulieren Sie die möglichen Ich-Botschaften hinter den Straßensperren der Kommunikation.
→ z. B. statt: „Dein Verhalten ist einfach unmöglich!" besser: „Ich ärgere mich, wenn ich nicht gegrüßt werde!"

pseudo: zum Schein, vorgespielt

Achtung: Nur weil ein Satz mit „Ich" anfängt, ist er noch lange keine Ich-Botschaft (z. B. „Ich denke, dass du das tun solltest."). Pseudo-Ich-Botschaften sind schlecht versteckte Du-Botschaften und wirken auch entsprechend negativ! Die wahren Gefühle und Wünsche der Sprecherin/des Sprechers bleiben dabei verborgen.

Wie sag' ich's nur? Die Kunst des Feedback-Gebens!

Beispiel 2

A: Wie fandest du mein Referat?

B: War eh gut!

das Feedback: (engl.) Rückmeldung, Rückkoppelung

Ein Feedback-Gespräch hilft, sich zu verbessern.

Ein **Feedback** gibt eine Rückmeldung auf eine Aussage oder Handlung einer Person. In dieser Rückmeldung wird deutlich, wie ich die Person wahrnehme, welche Gefühle sie in mir auslöst und wie sie auf mich wirkt. Die Kunst dabei ist, dies so zu sagen, dass ich mein Gegenüber nicht verletze.

Im Alltag sind wir immer wieder auf Rückmeldungen von anderen angewiesen, um eigene Stärken und Schwächen besser erkennen zu können. Feedback ist auch ein **Mittel zum besseren Verständnis** und fördert die Beziehung zu anderen Menschen.

Im weitesten Sinne ist jede verbale oder nonverbale Rückmeldung (Kopfnicken, Applaus, interessierter Blickkontakt) ein Feedback. Im engeren Sinn ist ein Feedback eine **erwünschte ausformulierte Rückmeldung** nach bestimmten Spielregeln. Regeln gibt es dabei für diejenigen, die ein Feedback geben, sowie für jene, die ein Feedback bekommen.

Ziele beim Feedback-Geben:

- Es soll für andere annehmbar sein.
- Es soll keine Verteidigung auslösen.
- Es soll eine Verbesserung der Situation bringen.

Regeln für das Feedback-Geben (K-K-K)

Konstruktiv

- Feedback nur dann geben, wenn es auch erwünscht ist.
- Immer auch Positives sagen.
- Keine Beleidigungen oder Beschimpfungen, keine Abwertungen einfügen.
- Sachlich und freundlich formulieren.
- Ein Feedback muss beschreibend und soll nicht wertend sein.
- Keine Straßensperren einbauen.

Konkret und klar

- Das Feedback auf eine bestimmte Situation beziehen (möglichst konkrete Beispiele, keine Verallgemeinerungen).
- Klarheit über mich: Ich-Botschaften senden.
- Von persönlichen Eindrücken sprechen.

Kurzfristig und kurz

- Das Feedback sollte rechtzeitig (möglichst bald) gegeben werden.
- Es sollte möglichst präzise sein.
- Unmittelbar Erlebtes soll knapp wiedergegeben werden („So und so hat das auf mich gewirkt.").

Ärgern Sie sich nicht über konstruktives Feedback.

Regeln für das Feedback-Bekommen

- **Zuhören und nicht unterbrechen:** Feedbackgeber/in ausreden lassen, hören, wie andere mich erleben.
- **Nicht abwehren und verteidigen:** Weil ein echtes Feedback kein persönlicher Angriff ist, braucht sich auch niemand zu verteidigen.
- **Nachfragen:** Bei Unklarheiten oder zu unkonkreten Rückmeldungen um genauere Angaben bitten.
- **Feedback annehmen:** Auf Feedback nur positiv eingehen und sich dafür bedanken.

Einzelarbeit

Ü 6: Was macht ein Feedback zum Feedback? ★★

War die Rückmeldung in Beispiel 2 ein Feedback? Begründen Sie Ihre Antwort und formulieren Sie ein anderes Feedback.

Partnerarbeit

Ü 7: Die Kunst des Feedback-Gebens und -Nehmens ★★

Formulieren Sie zu den folgenden Punkten ein annehmbares Feedback und auch die mögliche Reaktion darauf.

- Die Schriftgröße auf der Overheadfolie zu einem Referat war zu klein, der Referent/die Referentin hat zu leise gesprochen.
- Die Erklärung der Vorgesetzten war zu schnell, sie mussten sich gleichzeitig Notizen machen, der Sachverhalt ist unklar.
- Ein Kollege borgt sich immer wieder Arbeitsutensilien und Geld aus, ist aber bei der Rückgabe unzuverlässig.

3 Ins Gespräch kommen

Miteinander und nicht aneinander vorbei reden

Herr der Fliegen: Der Roman des englischen Schriftstellers **William Golding** erschien erstmals 1953 („Lord of the Flies"). Auf der Flucht vor einem Atomkrieg stürzt ein Flugzeug ab. Eine Gruppe Kinder rettet sich auf eine unbewohnte Insel. Ohne Erwachsene müssen sie nun überleben und gemeinsam auskommen.

William Golding: Herr der Fliegen

Als Ralph das Muschelhorn sinken ließ, war die Plattform schon dicht besetzt. […]
Ralph räusperte sich.
„Wir sind auf einer Insel. Wir sind auf dem Berg oben gewesen und haben ringsum Wasser gesehen. Häuser haben wir nicht gesehen, auch keinen Rauch, keine Fußspuren, keine Boote, keine Menschen. Wir sind auf einer unbewohnten Insel, und außer uns ist niemand da."
Jack fiel ihm in die Rede.
„Trotzdem, wir müssen eine Truppe haben – zum Jagen, für die Schweinejagd. Ja, es gibt Schweine auf der Insel."
Alle drei versuchten sie, den anderen einen Eindruck von dem zappelnden Stückchen rosafarbenen Lebens in den Schlingpflanzen zu vermitteln.
„Wir haben gesehen, wie –"
„Und es hat gequiekt –"
„ – und dann ist es fortgerannt und –"
„Ich habe nicht mehr zustoßen können – aber – nächstes Mal –"
Jack jagte sein Messer in seinen Stamm und blickte sich herausfordernd um.
Die Versammlung beruhigte sich wieder.
„Ihr seht also", fuhr Ralph fort, „wir brauchen Jäger, damit wir Fleisch haben. Und noch was –"
Er hob die Muschel auf die Knie und ließ den Blick über die sonnenverbrannten Gesichter schweifen.
„Erwachsene sind keine da. Wir müssen uns also selbst um uns kümmern."
Ein Summen ging durch die Versammlung und erstarb wieder.
„Und noch was: Es geht nicht, dass alle gleichzeitig reden. Wer was sagen will, hebt die Hand, wie in der Schule."
Er hielt das Muschelhorn vors Gesicht und sah über das Mundstück hinweg.
„Dann kriegt er von mir das Muschelhorn."
„Muschelhorn?"

„So heißt das Ding hier. Der Nächste kriegt jetzt die Muschel. Er kann sie halten, solange er spricht."
„Aber –"
„Aber guck mal –"
„Und keiner darf ihn unterbrechen. Nur ich."
(Golding, William: Herr der Fliegen. Fischer 2001, S. 37 f.)

Gruppenarbeit

Ü 8: Braucht es Regeln? ★

1. Aus welchem Grund werden in dem Textausschnitt aus „Herr der Fliegen" Gesprächsregeln eingeführt?
2. Halten Sie Gesprächsregeln in größeren Gruppen für notwendig? Unter welchen Voraussetzungen sind solche Regeln wichtig, wann braucht man keine Regeln?
3. Wer setzt sich wie in Gesprächen durch, wenn sich niemand an Regeln hält? Wer kann sich in solchen Situationen nicht durchsetzen?

Gespräche professionell führen

Wenn **Gespräche** sich nicht nur zufällig entwickeln sollen, bedarf es einer guten Vorbereitung. Auch der Ablauf und das Ende des Gespräches können bewusst gestaltet werden:

1. **Gesprächsvorbereitung:** Formulieren Sie das Ziel, das Sie mit dem Gespräch verfolgen. Sammeln Sie dafür die nötigen Informationen, Fragen und Begründungen. Halten Sie eventuell erforderliche Unterlagen bereit. Achten Sie auf eine angenehme Gesprächsumgebung und eine positive Gesprächsatmosphäre, beides kann sich auf den Erfolg auswirken. Auch der Zeitpunkt kann wichtig sein: Wann soll man ein Gespräch (nicht) führen? Gehen Sie gut vorbereitet und positiv gestimmt ins Gespräch.
2. **Gesprächsverlauf:** Wenden Sie die oben formulierten Gesprächsregeln sowie die Techniken zum besseren Verständnis an.
3. **Abschluss und Nachbereitung:** Fassen Sie abschließend die wichtigsten Ergebnisse in eigenen Sätzen zusammen. Auch die nächsten Schritte sollen angesprochen werden. (Was passiert nun konkret? Was müssen wir bis wann tun, um das zu erreichen?). Ein Gesprächsprotokoll kann den Teilnehmerinnen und Teilnehmern helfen, sich später an die Ergebnisse des Gespräches zu erinnern. Bedanken Sie sich zum Schluss für das Gespräch!

Erstellen Sie nach einem Gespräch ein Gesprächsprotokoll.

Üben

Partnerarbeit

Ü 9: Aktives Zuhören schafft Klarheit und Verständnis ★★

Führen Sie mit einer Partnerin/einem Partner ein Gespräch. Wenden Sie dabei möglichst viele Techniken des aktiven Zuhörens bewusst an. Legen Sie besonderen Wert auf das Rückkoppeln der Gefühle und Gedanken des Gegenübers.

Partnerarbeit

Ü 10: Ich-Botschaften senden ★★

Überlegen Sie sich zu den folgenden Situationen Ich-Botschaften.

- Ihre Freundin kommt eine Stunde zu spät zur Verabredung.
- Ein Freund gibt eine ausgeborgte DVD zurück, die Hülle ist zerbrochen und die DVD zerkratzt.
- Bei einer Gruppenarbeit leistet ein Gruppenmitglied keinen Beitrag.

Einzelarbeit

Ü 11: Feedbackübung ★

Begründen Sie, ob die folgenden Sätze ein angemessenes Feedback sind. Formulieren Sie jene zu einem guten Feedback um, die nicht den Regeln des Feedbacks entsprechen.

- „Ich kann nicht arbeiten, wenn es laut ist. Da kann ich mich nicht konzentrieren und bekomme nichts mehr mit."
- „Ich hasse dich!"
- „Mein Gott, du bist ja so empfindlich wie eine Mimose!"
- „Wenn du mich unterbrichst, während ich rede, dann ärgert mich das. Ich habe dann das Gefühl, du interessierst dich nicht für mich."

Sichern

die Gesprächstechniken

Folgende Gesprächstechniken tragen zum Gelingen der Kommunikation bei:

- Türöffner verwenden
- Spiegeln der Inhalte und Gefühle, Wiedergabe des Gehörten in eigenen Worten
- Gefühle ansprechen
- Rückfragen: Verständnisfragen, Genauigkeitsfragen

das aktive Zuhören

Gutes Zuhören bedeutet, mit allen Sinnen auf Empfang zu gehen und dies dem Gegenüber auch zu signalisieren. Wir sollten den Sprecher/die Sprecherin nicht unterbrechen und ihn/sie ausreden lassen.

die Technik des aktiven Zuhörens

Wenden Sie beim Zuhören folgende Techniken an:

- Stellen Sie sich auf Situation und Gesprächspartnerin oder Gesprächspartner ein.
- Zeigen Sie Interesse, unterbrechen Sie nicht.
- Gehen Sie auf die Gefühle des Gegenübers ein.
- Fassen Sie erhaltene Informationen zusammen und stellen Sie Rückfragen.

Ich-Botschaften

Ich-Botschaften sollen eigene Wünsche und Bedürfnisse so ausdrücken, dass sie von anderen auch akzeptiert werden können. Wichtig dabei ist:

- das eigene Gefühl ausdrücken
- Bezug zum Anlassfall herstellen
- das Problem begründen
- Wunsch bzw. Erwartung ausdrücken

Du-Botschaften

Du-Botschaften ziehen folgende Probleme nach sich:

- Sie behindern die Verständigung.
- Sie verraten nichts über Wünsche und Bedürfnisse.
- Sie verletzen, verunsichern und verärgern das Gegenüber.

das Feedback

Ein Feedback ist eine Rückmeldung, die annehmbar und nicht verletzend formuliert ist. Es soll eine Verbesserung der Situation (Beziehung, Kommunikation etc.) bringen.

Feedback geben

Beim Feedback-Geben sollten folgende Regeln beachtet werden:

- konstruktiv formulieren: keine Beleidigungen, sachlich, freundlich, beschreiben, nicht werten
- konkret: auf bestimmte Situation beziehen, Beispiele bringen, Ich-Botschaften
- kurzfristig, rechtzeitig und präzise

Feedback annehmen

Wichtig ist es, ein Feedback dankend anzunehmen, nicht zu unterbrechen, sich nicht zu verteidigen und eventuell nachzufragen.

die Gesprächsführung

Folgende Punkte sind bei einer professionellen Gesprächsführung wichtig:

- Vorbereitung: Ziel formulieren, Informationen sammeln, Umgebung und Zeitpunkt wählen
- Gesprächsverlauf: Techniken des besseren Verständnisses anwenden
- Abschluss: zusammenfassen, Protokoll machen, danken

Wissen

Wissensfragen und -aufgaben

W 1: Begriffsklärung
Erklären Sie die folgenden Begriffe und formulieren Sie jeweils ein Beispiel:
a) Ich-Botschaft
b) Feedback
c) Du-Botschaft

W 2: Feedback geben und annehmen
Geben Sie nach Präsentationen und Referaten ein mündliches oder ein schriftliches Feedback, das den Feedback-Regeln entspricht.

Ein kurzer Wissens-Check, bevor's weitergeht!

Wissens-Check

	☺	😐	☹
Ich kann gesprächsfördernde Techniken einsetzen.			
Ich kann verbale und nonverbale Rückmeldungen geben, die den Gesprächsverlauf unterstützen.			
Ich kann in Gesprächen die Techniken des aktiven Zuhörens anwenden.			
Ich kann annehmbare Ich-Botschaften formulieren.			
Ich kann ein konstruktives Feedback geben und ein Feedback annehmen.			

SbX
Alle SbX-Inhalte zu dieser Lerneinheit finden Sie unter der ID: 1430.

Lerneinheit 3
Spezielle Kommunikations-situationen

Ärgern Sie sich oft, wenn Menschen, die Sie um Ihre Meinung fragen, eine ausweichende oder „andere" Antwort geben? Haben Sie manchmal Schwierigkeiten, Ihren Standpunkt zu formulieren? Lesen, hören oder sehen Sie gerne Interviews mit Prominenten, mit Stars, mit Expertinnen oder Experten und erfahren Sie gerne Neues über diese Personen? Wissen Sie, wie Sie sich selbst am besten präsentieren können, z. B. in einem Vorstellungsgespräch?

Sie lernen auf den nächsten Seiten:

- **mündliche Statements vorzubereiten und zu geben**
- **Ihre Diskussionsfähigkeit zu schulen**
- **unterschiedliche Fragen gezielt einzusetzen**
- **gute Interviewfragen zu formulieren**
- **wie Sie sich auf ein Bewerbungsgespräch vorbereiten können**
- **ein Bewerbungsgespräch zu führen**

Lernen

SbX ID: 1431

1 Statements formulieren
Überzeugendes Argumentieren kann man lernen.

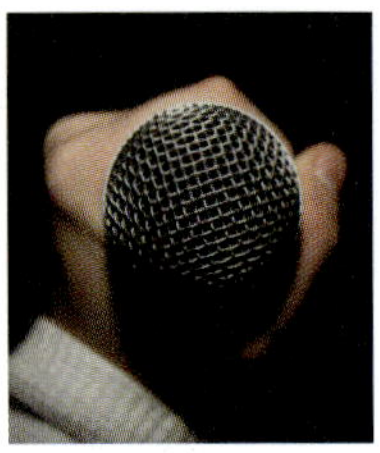
Eine kleine Wortspende, bitte!

Vor das Mikrofon gebeten

Reporter: Was halten Sie als echter Römer vom Motto: „Carpe diem"?
Francesco Totti: Was soll der Scheiß, ich kann kein Englisch."

Reporter: Welchen Verein wünschen Sie sich in der nächsten Runde?
Andi Möller: Egal ob Mailand oder Madrid, Hauptsache Italien.

Reporter: Wie glauben Sie, Herr Polster, konnte diese Stimmung entstehen?
Toni Polster: Man hetzt die Leute auf mit Tatsachen, die nicht der Wahrheit entsprechen.

Reporter: Was ist die Devise für das heutige Länderspiel?
Hans Krankl: Hauptsache wir gewinnen, alles andere ist primär.

(Nach: Der Standard 19.6.2002, S. 23.)

„carpe diem": lateinisches Sprichwort, bedeutet: „Nutze den Tag!"

primär: erstrangig, an erster Stelle

die Devise: Motto, Wahlspruch, gibt Ziele an

spontan: unmittelbar, ohne Vorbereitung

Selbst bekannten Persönlichkeiten passieren die unglaublichsten Versprecher und Fehler, wenn sie spontan gebeten werden, sich zu einem Thema zu äußern. Schuld daran ist wohl auch die Nervosität, vor anderen Menschen (oder gar vor der Kamera in ein Mikrofon) seine Meinung sagen zu müssen. Tatsächlich kann man sich auf solche Situationen vorbereiten.

Eine Meinung haben und dazu stehen

das Statement: (engl.) kurze, spontane Stellungnahme

Eine kurze Meinungsäußerung zu einem Thema nennt man **Statement**. Spontan seine Meinung formulieren muss man in vielen alltäglichen und beruflichen Zusammenhängen. Etwa in Diskussionen wird man häufig gebeten, eine kurze Stellungnahme zu einem Problem abzugeben. („Wie denken Sie über...?", „Sind Sie für oder gegen...?"). Ein gutes Statement bringt die eigene Meinung verständlich auf den Punkt. Wichtig ist dabei vor allem der **Zeitfaktor:** Je kürzer das Statement ausfällt, desto besser. Im Radio oder Fernsehen dauern die Einspielungen von Statements meist nur zwischen 30 und 60 Sekunden.

3-Schritte zum Statement (ISA):

1. **Ist-Zustand:** Was ist derzeit das Problem? Wie stehe ich dazu?
2. **Soll-Zustand:** Wie lautet mein Standpunkt? Welche Lösungsvorschläge habe ich? Wie soll sich der Zustand ändern? Welche Ziele sollen erreicht werden? Was muss dafür getan werden? Mit welchen Maßnahmen sollen die Ziele erreicht werden?
3. **Appell:** Wiederholung und Zusammenfassung sowie Appell, was andere beitragen können.

Der dritte Schritt kann bei Diskussionen und bei großem Zeitdruck entfallen.

Querverweis

Wie Sie ein schriftliches Statement formulieren, erfahren Sie in Kapitel 2, Lerneinheit 3.

Statements: Welche Meinung haben Sie zum Thema „Politik"?

Carina, 17: „Politik taugt mir prinzipiell schon, auch wählen mit 16 passt. Lächerlich wird´s nur, wenn sich Politiker am Tag nach der Wahl an ihre Versprechen nicht mehr erinnern wollen. Solche Lügen machen Politik für uns Junge echt uninteressant."

Leander, 15: „Ich möchte mit 16 wählen gehen, weil ich mitbestimmen will, wer das Land regiert. Wen ich wählen würde, wüsste ich schon. Ich informiere mich vor allem im Internet. Da komme ich schneller zu den Infos, die mich interessieren."

Astrid, 21: „Die Aufgabe der Politik ist es, alles zu verwalten und wichtige Entscheidungen zu treffen. Wenn Wählen mit 16 Gesetz ist, dann sollte man die jungen Leute darauf vorbereiten. Ich schaue Nachrichten im Fernsehen, um mich zu informieren."

(nach: Der Standard 21.4.2007 (S. 8), 26.4.2007 (S. 8), 27.4.2007 (S. 6))

Einzelarbeit

Ü 1: Kommt die Botschaft an? ★★

a) Lesen Sie die Statements der Befragten zum Thema Politik. Welche Positionen werden vertreten?

b) Welche Anliegen haben Sie, was wollen Sie verändern? Schreiben Sie selbst ein Statement zum gleichen Thema.

Notizen in Stichworten können beim Statement helfen.

Notizen als Gedankenstütze

Selten hat man viel Zeit, in aller Ruhe an der Formulierung eines Statements zu feilen. Machen Sie sich wenn möglich stichwortartig Notizen. Auf gar keinen Fall soll ein Statement auswendig „heruntergeratscht" oder vom Blatt abgelesen werden.

Partnerarbeit

Ü 2: Also, ich bin der Meinung ... ★

a) Wie wirkt es auf Sie, wenn jemand um seine Meinung zu einem Thema gefragt wird und daraufhin ein vorbereitetes Statement vom Blatt liest?

b) Formulieren Sie Tipps, wie diese Person beim nächsten Statement vorgehen sollte.

2 Diskutieren und Moderieren

Wie man Diskussionen organisiert, leitet und führt

Diskussionen entwickeln sich unter Freunden, in Familien, in der Schule und am Arbeitsplatz meist spontan. Sie können aber auch bewusst inszeniert werden. So werden beispielsweise zu Diskussionen im Radio oder im Fernsehen Betroffene, Expertinnen oder Vertreter verschiedener Interessengruppen gezielt eingeladen, um ihre Standpunkte öffentlich zu vertreten.

Dann eben mit Gewalt: Der Roman des niederländischen Lehrers und Schriftstellers Jan de Zanger behandelt die Themen Ausländerfeindlichkeit, Gewalt und Gegengewalt.

Diskussionsregeln und faire Sprache

Ausländer raus aus dem Ausland!

(Eine Gruppe namens „White Power“ malt Hakenkreuze an die Wände der Schule. Ausländische Schüler und Schülerinnen bekommen Drohbriefe. Als seine dunkelhäutige Freundin Sandra zusammengeschlagen wird, will Lex unbedingt herausfinden, wer dahinter steckt.)

„Aber es dreht sich doch nur um eine Minderheit“, versuchte Fischer zu beschwichtigen. „Ich meine, es kann doch nur eine sehr kleine Gruppe sein, die das Hakenkreuz an die Wand geschmiert hat, und sie traut sich nicht, offen aufzutreten, sie scheut das Tageslicht…“

„Aber sie trauen sich, auf der Straße Leute zusammenzuschlagen“, sagte Lex. Jetzt wurde es ihm doch zu bunt. Er spürte, wie Sandra seinen Unterarm umklammerte. Nein, er hatte nicht vor zu erzählen, dass auch sie überfallen worden war. […]

„Vielleicht bin ich überempfindlich geworden“, sagte Sandra, „aber Sie müssten mal mitmachen, wie viele Leute reagieren, wenn jemand mit dunkler Hautfarbe in den Bus steigt. Wenn sie allein auf einer Bank sitzen, kann man ihnen die Angst im Gesicht ablesen, die Angst, man könnte sich neben sie setzen. Und Sie müssten mal hören, was für gemeine Witze über Türken erzählt werden.“

„Das haben die Türken mit ihrem Benehmen doch selbst provoziert“, sagte Jakob ruhig. „Die wollen sich doch nicht anpassen. Sie halten an ihrem Glauben fest, mit dem Schlachten von Schafen und so. Die Frauen laufen hier genauso rum wie in der Türkei, mit Kopftuch, den verrückten Hosen unter dem Rock, und sie träumen nur davon, zurück in die Türkei zu gehen. Na bitte, sollen sie's doch tun!“

„Und so ist es mit den Molukkern doch auch“, rief Wim. […] Plötzlich redeten alle durcheinander. Fischer stand vor der Klasse und versuchte, die Ordnung wieder herzustellen.

die Molukker: 40000 ehemalige Bewohner/innen der Inselgruppe der Molukken im Pazifik. Sie wurden im Zuge von Kriegswirren mit Indonesien in die Niederlande in Sicherheit gebracht.

„Ruhe!“ sagte Fischer mit lauter Stimme. „Wenn ihr nicht anständig diskutiert, fahren wir fort mit dem Unterricht!“

„Na, ich glaube doch, dass wir hierbei mehr lernen als bei einem trockene Unterrichtsstoff“, meinte Anne. Fischer reckte beschwörend die Arme in die Luft. […]

„Darf ich was sagen?“ fragte Lex. Fischer nickte.

„Habt ihr am Sonntagabend Fernsehen gesehen? Da war ein Programm über Amerikaner niederländischer Abstammung. Meine Mutter wollte das gern sehen, weil wir da Verwandte haben. Die Leute, die Amerikaner, die träumen alle von Holland. Die heiraten am liebsten jemand, der auch aus den Niederlanden stammt, sie nennen ihre Kinder Dirk oder Marie, sie feiern miteinander Sankt Nikolaus, sie treffen sich ein paar Mal im Jahr in einem großen Saal und essen richtig holländisch, und sie singen niederländische Lieder, die ich überhaupt nicht mehr kenne. Das sind Holländer! Sollen die dann auch Leine ziehen, weil sie an ihren niederländischen Gewohnheiten festhalten? Und so sieht das auch in Australien aus. Und in Südafrika und in allen möglichen Ländern in der ganzen Welt. Wenn die alle überall rausgejagt würden, was würden wir dann sagen?“

„Das ist etwas ganz anderes“, sagte Wim. „Das sind Weiße in einem weißen Land und …“

„In Südafrika bestimmt!“ rief Anne.

„Und Amerika und Australien sind weiß gemacht worden“, sagte Lex. „In Südafrika haben sie die Schwarzen nur nicht ausrotten können, wie sie das in Amerika mit den Indianern gemacht haben.“

Fischer schaute wieder auf seine Armbanduhr. „Die Stunde ist gleich um“, sagte er. Es hörte sich ziemlich erleichtert an.

(Gekürzter Textausschnitt aus: De Zanger, Jan: Dann eben mit Gewalt. Weinheim und Basel 1995. S. 49–52.)

Gruppenarbeit

Ü 3: Da bricht ein Thema auf ★★

Beschreiben Sie, wie sich die Teilnehmer/innen an der Diskussion verhalten. Gibt es eine Diskussionsleitung? Wie würden Sie die Rolle des Lehrers Fischer beschreiben? Diskutieren Sie, welche Aufgabe(n) der Lehrer in dieser Situation Ihrer Meinung nach hätte.

Es mag ungewöhnlich klingen, im Unterricht zum Streiten aufgefordert zu werden. Bei vielen Themen herrscht jedoch nicht automatisch Einigkeit, weil verschiedene Interessen aufeinandertreffen. Diskussionen helfen, ein Thema von verschiedenen Seiten zu betrachten und dabei einen eigenen Standpunkt zu dieser Sachfrage zu gewinnen. Damit das Austauschen von gegensätzlichen Meinungen in einer Diskussion gewaltfrei ablaufen kann, ist freilich die Einhaltung bestimmter Spielregeln wichtig.

Diskussionsregeln

Folgende Hinweise sind zu beachten, wenn eine Diskussion gelingen soll.

Regeln für die Diskussionsleitung:

- unparteiisch sein
- auf Einhaltung der Regeln achten
- eingreifen und Streit schlichten
- Redezeit gerecht verteilen
- auf roten Faden achten (beim Thema bleiben)
- zusammenfassen und nachfragen

Regeln für die Beteiligung an Diskussionen:

- fair miteinander umgehen
- ausreden lassen
- kurze und präzise Statements
- sachlich argumentieren

Partnerarbeit

Ü 4: Moderieren ★★★

Wie können Sie als Moderatorin oder Moderator in einer Diskussion auf folgende Aussagen reagieren?

A: Wenn ich ein wenig ausholen darf, schon Alexander der Große ...
B: Ich bin absolut nicht Ihrer Meinung, ich bin dagegen.
C: Du mit deiner Halbbildung, das ist doch lächerlich, was du sagst.
D: Das intendiert eine sukzessive Evaluierung der Benchmarks.

Vorsicht! Killerphrasen

Killerphrasen sind Sätze der Ablehnung und der Abwehr von Ideen anderer. Nach einem „Das geht sowieso nicht!" ist ein ruhiges und sachliches Weiterdiskutieren schwierig bis unmöglich. Meist tauchen Killerphrasen dann auf, wenn Sachargumente und gute Begründungen fehlen. Killerphrasen sind eine verbale Waffe, um eine Diskussion an einem bestimmten Punkt abzubrechen, um andere zu verunsichern, zu provozieren, zu verletzen und mundtot zu machen. Fairness in Diskussionen heißt, Killerphrasen zu vermeiden.

Killerphrasen können eine sachliche Diskussion unmöglich machen.

Top 10 der Diskussions-Killer:

- „Das war schon immer so."
- „Es funktioniert doch gut, wie es ist."
- „Das schaffen wir nie. Dazu sind wir nicht in der Lage."
- „Das haben wir schon alles versucht."
- „Dafür sind wir nicht zuständig."
- „Das führt jetzt zu weit. Darauf kommen wir später zurück."
- „Das ist zwar grundsätzlich richtig, geht aber bei uns nicht."
- „Das kann ja jeder behaupten."
- „Das ist falsch! Nein."
- „Sie sind zu jung. Sie können das noch nicht beurteilen."

(Quelle: http://arbeitsblaetter.stangl-taller.at/KOMMUNIKATION/KillerphrasenSammlung.shtml)

4 Mündlich kommunizieren

Wie kann man mit Killerphrasen umgehen?

Um auf Killerphrasen reagieren zu können, muss man sie erst einmal erkennen und darf sich nicht von ihnen verunsichern lassen. **Dann hat man vier Möglichkeiten mit ihnen umzugehen:**

- **Ignorieren** und sachlich fortfahren
- **Sachlich bleiben,** auf die Killerphrase eingehen, sich aber nicht aus dem Konzept bringen lassen („Sie meinen, das war schon immer so. Wenn ich recht informiert bin, dann …")
- **Rückfragen** mit der Bitte um genauere Erklärung („Was meinen Sie damit genau?", „Können Sie mir das bitte genauer erklären?")
- Killerphrase als solche **ansprechen** und um faires Gespräch bitten („Mit einer solchen Aussage machst du jede weitere Diskussion darüber unmöglich.")

Der Vorteil von sachlichen Reaktionen und Rückfragen liegt darin, dass niemand sein Gesicht verliert. Eine Diskussion kann damit möglicherweise fortgesetzt werden.

Beispiel

Eine gute Entgegnung auf die Killerphrase **„Das funktioniert nie!"** ist eine der folgenden Gegenfragen:

- „Wo sehen Sie konkret die Schwierigkeiten?"
- „Was genau spricht Ihrer Meinung nach dagegen?"
- „Was würde Ihrer Meinung nach noch funktionieren?"

Pro trifft auf Kontra am runden Tisch.

Abhängig vom Ziel einer Diskussion kann am Ende eine Mehrheitsentscheidung (Abstimmung) oder eine Lösung stehen, die für alle akzeptabel ist – ein sogenannter **Kompromiss.** Es gibt jedoch auch Diskussionen, die zu keiner (momentanen) Lösung führen.

Folgende Arten von Diskussionen werden unterschieden:

- **Pro- und Kontra-Debatte (Streitgespräch):** In dieser Form der Diskussion stellt eine **Entscheidungsfrage** den Ausgangspunkt dar. Gleich viele Vertreter/innen des Pro-Standpunktes und des Kontra-Standpunktes diskutieren miteinander. Beide versuchen, ihr Gegenüber und das Publikum zu überzeugen. Im Anschluss an die Pro- und Kontra-Debatte kann das Publikum gefragt werden, welche Seite ihren Standpunkt besonders überzeugend vertreten hat.
- **Fishbowl:** Die Besonderheit einer Fishbowl besteht darin, dass das Publikum sich aktiv in die Diskussion einschalten kann. Zumindest ein zusätzlicher Stuhl bleibt zu Beginn in der Diskussionsrunde frei. Wenn nun während der Diskussion jemand aus dem Publikum dringend etwas sagen möchte, kann diese Person für ihren Beitrag den Platz einnehmen und sich in die Diskussion einschalten. Anschließend wird der Platz wieder für andere frei gemacht.
- **Rollen-Diskussion:** Schlüpfen Sie in einer Diskussion einmal in eine andere Rolle und vertreten Sie aus dieser Rolle heraus bewusst fremde Standpunkte (Rollentausch, Perspektivenwechsel). Dies erweitert Ihren Horizont und hilft Ihnen, sich besser in andere hineinversetzen zu können. Dabei ist eine entsprechende Vorbereitung auf die Diskussion (Sammlung von Argumenten etc.) sicherlich hilfreich.

die Fishbowl (engl.: Fisch-Kugelglas); der Begriff kommt daher, dass einzelne aus dem Publikum in die Diskussionsrunde „hineinschwimmen" können

Vorbereitung einer Diskussion:

- Thema festlegen
- Diskussionszeit festlegen
- Vorbereitung, Sammlung von Ideen, Argumenten, guten Fallbeispielen etc.
- Auswahl der an der Diskussionsrunde teilnehmenden Personen und der Diskussionsleitung
- geeignete Sitzordnung herstellen (Sesselkreis, Halbkreis vor Publikum etc.)

Ablauf einer Diskussion:

- Begrüßung der Teilnehmer/innen und des Publikums durch Diskussionsleitung
- Diskussionsleitung nennt Thema der Diskussion und bittet um einleitende Statements der Diskutierenden
- Rede und Gegenrede: Austausch der Argumente und Gegenargumente
- Diskussionsleitung achtet darauf, dass Beiträge nicht zu lang werden und alle Seiten zu Wort kommen
- Am Ende werden Ausgang und Ergebnis der Diskussion zusammengefasst.
- ev. abschließende Abstimmung im Publikum

Fragen zur Nachbesprechung einer Diskussion:
- Welchen Eindruck hat der Diskussionsleiter/die Diskussionsleiterin von der Diskussion gewonnen?
- Welchen Eindruck haben die Diskutierenden gewonnen?
- Welche Argumente waren überzeugend, welche nicht?
- Hat sich durch diese Diskussion Ihre Meinung verändert? Warum und wie?
- Wurden die Diskussionsregeln eingehalten?

Gruppenarbeit

Ü 5: Pro- und Kontra-Debatte und/oder Fishbowl ★★
1. Wählen Sie im Kurs eine geeignete Entscheidungsfrage aus und bereiten Sie sich in interessengleichen Gruppen auf die Diskussion vor.
2. Bestimmen Sie eine Gruppensprecherin/einen Gruppensprecher.
3. Führen Sie nun eine fünfminütige Diskussion zum vereinbarten Thema.
4. Das Verhalten jedes Diskutanten/jeder Diskutantin wird von einer Person genau beobachtet.
5. Im Anschluss an die Diskussion wird diese nachbesprochen.

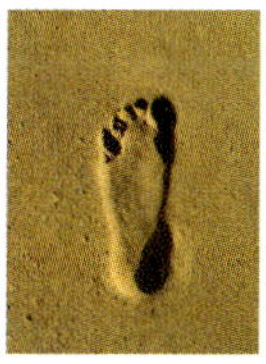
Setzen Sie konkrete Schritte und hinterlassen Sie einen guten Eindruck!

3 Jetzt rede ich!
Von der Idee zur Rede

Alleine die Vorstellung, hinter ein Rednerpult und vor ein Publikum treten zu müssen, löst bei vielen Menschen Angst aus. Jene, die einmal eine Rede gehalten und anschließend einen Applaus dafür bekommen haben, erzählen jedoch begeistert von diesem Erlebnis. Dieser Input versucht, Lust auf dieses Erlebnis zu machen und unterstützt Sie, Reden für verschiedene Anlässe vorzubereiten und zu halten.

Gruppenarbeit

Ü 6: Redeerfahrungen ★
Berichten Sie über Ihre bisherigen Erfahrungen mit Reden.
- Haben Sie selbst bereits Reden gehalten? Mit welchem Erfolg?
- Welche Schritte bei der Vorbereitung der Rede haben Sie unternommen und wie hat sich das auf Ihre Rede ausgewirkt?
- Welche Schritte könnten für Sie Stolpersteine beinhalten? Welche Ideen haben Sie zur Überwindung dieser Schwierigkeiten?

SbX
Beispiele für berühmte und gelungene Reden finden Sie unter der ID: 1431.

Von den ersten Überlegungen bis zum erfolgreichen Vortragen einer Rede sind es **7 Schritte.**

Schritt 1: Themenfindung
Oft wird das Thema für eine Rede von Ihrer Kursleiterin/Ihrem Kursleiter, der Prüfungskommission, Ihrer/Ihrem Vorgesetzten etc. vorgegeben. Manchmal muss aber auch ein Thema eigener Wahl gefunden werden. In diesem Fall heißt es, kreativ zu sein. Schlagen Sie Tageszeitungen auf, wenn Sie unentschlossen sind, und notieren Sie, welche Nachrichten Sie bewegen, aufregen, berühren. Welches Anliegen haben Sie, welche Wirkung möchten Sie erzielen? Wählen Sie ein Thema, das Sie bewegt, dann kann der Funke während der Rede auch auf das Publikum überspringen!

Partnerarbeit

Ü 7: Themensammlung ★★
Sammeln Sie Themenstellungen für klassische Reden, die Sie interessieren. Sie können sich an den folgenden Themen orientieren:
- Vorbilder – gibt es sie noch?
- Populismus – eine Gefahr!?
- Gewalt macht Schule – Schule macht Gewalt?
- Netlog, MySpace, Facebook ...?
- Religion ohne Frauen

Buchtipp: Gerhard Jelinek: Reden, die die Welt veränderten. Salzburg 2009.

Schritt 2: Gedankensammlung

Mindmaps und Cluster (vgl. Seite 51/52) können Ihnen helfen, Ihr Vorwissen, Ihre Gedanken und Ideen zu sammeln und zu strukturieren. In diesem Arbeitsschritt kann durch Recherchen der Wissensstand zum Thema der Rede erweitert werden. Bedenken Sie auch, in welchem Rahmen und vor welchem Publikum Sie sprechen – dementsprechend gut sollten Sie informiert sein.

Schritt 3: Aufbau, Gliederung

Nun ist es an der Zeit, sich eine Dramaturgie für die Rede zu überlegen. **Leitfragen für den Redeaufbau sind:**

- **Einleitung:** Womit kann ich die Aufmerksamkeit des Publikums gleich zu Beginn fesseln, das Thema der Rede einführen und begründen?
- **Hauptteil:** In welcher Abfolge erzeugen meine Argumente und Aussagen die größte Wirkung?
- **Schluss:** Wie schließe ich meine Rede wirkungsvoll ab?

Erstellen Sie dazu skizzenhaft eine Art **Drehbuch** Ihrer Rede.

Querverweis
Tipps zum Aufbau von Argumentationen finden Sie in Kapitel 2, Lerneinheit 3.

Schritt 4: Ausformulierung, sprachliche Ausgestaltung

Nachdem Sie den Aufbau grob skizziert haben, geht es an das exakte Ausformulieren der Gedanken. Es macht Sinn, eine verschriftlichte Version der Rede – ein **Redemanuskript** – zu erstellen. Dabei ist aber immer zu bedenken, dass die Rede **kein Lesetext** sein soll, sondern frei gesprochen werden muss. Daran sind der Satzbau sowie der verwendete Wortschatz anzupassen. (Keep it simple!)

Spielen Sie bewusst mit den Möglichkeiten der **rhetorischen Stilmittel**, sofern diese die Intention Ihrer Rede unterstützen.

Querverweis
Eine Übersicht über die rhetorischen Stilmittel finden Sie auf Seite 86.

Schritt 5: Trainingsphase mit Feedback

Die Rede ist scheinbar fertig, doch es fehlen noch Probeläufe vor einem ausgewählten Publikum und Feedbacks dazu. Trainieren Sie nur mehr mit Stichwortzetteln, dies fördert das freie Sprechen und minimiert die Gefahr des Ablesens. Richten Sie die Aufmerksamkeit nicht nur auf die Formulierungen und Argumente, Ihre **Sprechtechnik** (Lautstärke, Sprechtempo, Pausen setzen etc.) und die **Körpersprache** (Mimik, Gestik etc.) sollen das Anliegen der Rede unterstreichen.

Sie sollen eine Rede halten? – Keine Angst!

Schritt 6: Redigieren

Verpassen Sie der Rede den letzten Feinschliff. Beim Redigieren werden die Rückmeldungen, die Sie in der Trainingsphase erhalten haben, berücksichtigt. Trainingseinheiten mit der Letztversion Ihrer Rede können Ihnen ein Gefühl der Sicherheit vermitteln.

Schritt 7: Vortrag vor Publikum

Der Augenblick der Wahrheit ist gekommen. Das Lampenfieber vor dem Auftritt macht Sie hellwach. Die letzten Meter bis zum Rednerpult gehen Sie allein. Genießen Sie die Aufmerksamkeit des Publikums und den verdienten Applaus nach der Rede.

4 Befragen und Interviewen

Fragetypen und Fragetechniken

provokant: (lat. provocare = hervorrufen) herausfordernd

„Das ist ja die dämlichste Frage, die ich je gehört habe!" Immer wieder kommt es auch bei Fernsehinterviews vor, dass Interviewte das Gespräch erbost abbrechen. Etwa weil der Interviewer schlecht vorbereitet ist oder zu provokante Fragen stellt. Interviewen ist mehr als einfach nur Fragen stellen. Bevor man selbst loslegt, hilft ein Einblick in das Handwerkszeug von Journalistinnen/Journalisten, Meinungsforschern/-forscherinnen und Sozialforschern/-forscherinnen. Folgende Punkte sind zu beachten, wenn man das Ergebnis des Interviews nicht selbst verfälschen möchte.

Vorüberlegungen zu einer Befragung oder einem Interview

repräsentativ: stellvertretend, charakteristisch; bei Meinungsumfragen: gilt für die gesamte Gruppe oder Gesellschaft

Bereits die Auswahl der Befragten beeinflusst das Ergebnis der Befragung. Abhängig von der Fragestellung können hier Merkmale wie Geschlecht, Alter, Beruf, Bildung oder Einkommen eine bedeutende Rolle spielen. Einen **repräsentativen Einblick** in das Meinungsbild einer Gruppe (oder der Gesellschaft) kann man nur gewinnen, wenn viele möglichst unterschiedliche Menschen befragt werden. Einkaufsstraßen oder Verkehrsknotenpunkte wie Bahnhöfe können gute Befragungsorte sein, weil hier unterschiedlichste Bevölkerungsgruppen zusammentreffen. Die Eile, der Menschen an diesen Orten oft ausgesetzt sind, macht andererseits eine Befragung schwierig.

Klaus Kinski (1926–1991) deutscher Filmschauspieler und gefürchteter Interviewpartner

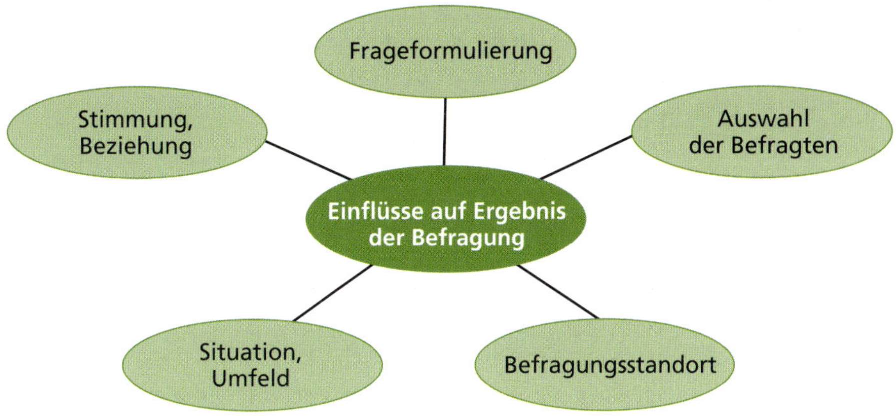

Einflussfaktoren auf das Ergebnis von Interviews und Befragungen

Wie fragt man richtig?

die Suggestion: (lat.) Hinzufügung, Manipulation, Beantwortung der eigenen Frage

Um gute Interviewfragen zusammenzustellen, braucht es viel Fingerspitzengefühl. Die Fragen sollen die Befragten persönlich ansprechen, aber nicht zu persönlich sein. Es sollte auch gelingen, kritisch zu fragen, ohne dabei das Gegenüber völlig zu verärgern.

Gute Interviewfragen sind:

- **einfach** formuliert (Abkürzungen, Fremdwörter, Fachausdrücke vermeiden)
- **kurz** formuliert (keine Fragenketten)
- **konkret** („Wie zufrieden sind Sie mit Ihrem Arbeitsplatz?" ist besser als „ Wie zufrieden sind Sie mit Ihrem Leben?")
- **neutral** formuliert (Bewertungen und mehrdeutige Begriffe vermeiden)
- **keine Suggestivfragen** (Fragen, die in Richtung einer bestimmten Antwort lenken, die Antwort in den Mund legen, z. B. „Sicher werden Sie auch spenden, oder?")
- **keine rhetorischen Fragen** (Fragen, die keine echten Fragen sind und daher auch keiner Antwort bedürfen, z. B. „Wollen wir nicht alle eine saubere Umwelt?")
- **ohne doppelte Verneinung** formuliert („Sind Sie für ein Rauchverbot?" ist besser als „Sind Sie kein Gegner des Rauchverbotes?")
- **nicht überfordernd**

(nach: Atteslander, Peter: Methoden der empirischen Sozialforschung. Berlin 1992, S. 188f.)

Fragetypen in Interviews und Befragungen

Je nachdem, was Sie herausfinden möchten, können Sie die verschiedenen möglichen Fragetypen in einem Interview gezielt einsetzen:

- **Offene Fragen:** Meinungsfragen, Assoziationsfragen, Motivfragen etc. geben den Befragten Freiraum zur Selbstdarstellung (z. B. „Was hat die Übersiedlung nach Wien für Sie persönlich bedeutet?"). Achtung: Offene Fragen können bei Vielrednern ein Problem sein!
- **Geschlossene Fragen:** zielen in eine bestimmte Richtung, grenzen die Antwortmöglichkeiten ein, die möglichen Antworten können vorgegeben sein:
  - Journalistische **W-Fragen** (Was? Wer? Wo? Wann? Wie? Warum?) zielen auf eine bestimmte Information (z. B. Ort des Geschehens).
  - **Bewertungsfragen** bringen Befragte dazu, sich zu vorgegebenen Themen zu positionieren, die Bewertung erfolgt mit vorgegebenen Skalen, Punkten, Schulnoten etc. (z. B. „Sind Sie dafür, dass auf Autobahnen das Tempolimit generell auf 100 km/h beschränkt werden soll? Sehr dafür – eher dafür – eher dagegen – absolut dagegen")

- Entscheidungsfragen zwischen zwei Vorgaben oder zwischen „Ja" und „Nein" sollten eher vermieden werden, sie eignen sich eventuell als Nachfrage oder Klärung (z. B. „Sind Sie für ein verpflichtendes Kindergartenjahr für alle Kinder?").
- Multiple-Choice-Fragen geben mehrere Antwortmöglichkeiten vor, erzeugen teilweise eine Testsituation, die Befragten können sich geprüft fühlen (z. B. Um welche Aufgaben soll sich die EU in Zukunft stärker kümmern? a) Bekämpfung der Arbeitslosigkeit, b) Verbesserung der Bildungsangebote, c) Bekämpfung der Armut).

Einzelarbeit

Ü 8: Fragezeichen ★★

Wählen Sie für die folgenden Anliegen passende Fragetypen aus und formulieren Sie die Fragen aus.

a) Sie wollen von einer Sängerin Neuigkeiten sowie nächste Auftrittstermine und -orte erfahren.

b) Eine Auswahl aus mehreren Ideen (A, B, C) für die Gestaltung des Sozialraumes soll getroffen werden.

c) Sie wollen herausfinden, was eine befragte Person mit dem Begriff „Freiheit" verbindet.

5 Bewerbungsgespräche führen

Wie Sie einen guten Eindruck hinterlassen

Gratulation! Ihr Bewerbungsschreiben ist in dem angeschriebenen Unternehmen positiv aufgefallen. Sie gehören zu den Glücklichen, die zu einem Vorstellungsgespräch eingeladen werden. Doch nun müssen Sie sich auf Ihr Bewerbungsgespräch optimal vorbereiten.

Vorbereitung auf ein Bewerbungsgespräch:

- Vereinbaren Sie einen **Gesprächstermin**, sofern dieser von Seiten des Unternehmens nicht ohnehin vorgegeben wurde. Dabei sind der genaue Ort, das Datum und der Zeitpunkt des Bewerbungsgespräches festzulegen.
- Holen Sie **Informationen über das Unternehmen** ein. Dabei können Ihnen das Internet (Firmen-Homepage), Freunde oder Bekannte helfen.
- Kontrollieren Sie Ihre **Bewerbungsunterlagen** auf Vollständigkeit und ordentliche Form. Sie können die Unterlagen – Lebenslauf, Zeugniskopien, Kursbestätigungen, Empfehlungsschreiben, Portfolios etc. – auch in einer Bewerbungsmappe sammeln.
- Bitten Sie jemanden, die Bewerbungsunterlagen durchzusehen. Vier Augen sehen mehr als zwei.
- Wählen Sie Ihre **Kleidung** dem Unternehmen entsprechend aus und erscheinen Sie gepflegt. Denken Sie daran, dass die Kleidung den ersten Eindruck stark beeinflusst. Verkleiden Sie sich aber nicht, denn Sie sollen sich in Ihrer Kleidung wohl fühlen.
- Erscheinen Sie zum Gesprächstermin **pünktlich**. Informieren Sie sich rechtzeitig über Route und Dauer der Anfahrt sowie über die Verkehrsverbindungen.
- Gehen Sie ausgeruht, positiv gestimmt und mit Selbstvertrauen in das Gespräch!

Richtiges Outfit für ein Bewerbungsgespräch?

Ablauf eines Bewerbungsgesprächs:

- Bereits die **Begrüßung** ist wichtig, weil der erste Eindruck nachwirkt. Ein Lächeln, der Blickkontakt und der Händedruck (nicht zu fest und nicht zu schlaff) unterstützen einen freundlichen Gruß. Oft bricht am Beginn eines Gespräches Smalltalk das Eis.
- In einem **Eignungsinterview** wird erwartet, dass Sie sich selbst kurz vorstellen. Daraufhin werden Ihr Interesse und Ihre Qualifikationen für die Stelle angesprochen. Die Analyse Ihrer Stärken und Schwächen wird mit den Anforderungen des Unternehmens verglichen.
- Sie haben während des gesamten Gespräches die Gelegenheit, **Fragen** zu stellen, wenn etwas unklar ist. Erkundigen Sie sich nach den Arbeitsbedingungen (Arbeitszeiten, Einarbeitungsphase, Zusammenarbeit mit Kollegen/Kolleginnen etc.), dies zeigt auch Ihr Interesse.
- In der Phase des **Gesprächsabschlusses** werden die Fragen zu Vertragsbedingungen, zur Entlohnung und zum möglichen Dienstantritt erörtert. Sie bekommen einen Termin genannt, bis zu dem Sie über eine Zusage oder Absage informiert werden.
- Nutzen Sie die **Verabschiedung**, um einen guten letzten Eindruck zu hinterlassen!

Der erste Eindruck ist entscheidend!

der Smalltalk: (englisch), beiläufiges Gespräch über allgemeine Themen (Wohlbefinden, Wetter, Anreise etc.)

SbX
Weitere Informationen zur Bewerbung finden Sie unter der ID: 1431.

Wenn Sie sich wohl fühlen, können Sie auch leichter andere von sich und Ihren Qualitäten überzeugen. Die Vorbereitung auf das Bewerbungsgespräch gibt Ihnen die nötige Sicherheit, um sich gut präsentieren zu können.

Folgende Fragen werden in Bewerbungsgesprächen häufig gestellt:

- Warum bewerben Sie sich gerade bei uns?
- Was wissen Sie denn über unser Unternehmen?
- Was reizt Sie an der ausgeschriebenen Position besonders?
- Wie würde Sie ein Mensch, der Sie gut kennt, beschreiben?
- Wie sieht Ihre familiäre Situation aus?
- Welche waren die Motive bei der Wahl Ihres Ausbildungsweges/bei Ihrer Berufswahl?
- Was wollen Sie in fünf oder zehn Jahren erreicht haben?
- Warum sollten wir gerade Sie einstellen? Was unterscheidet Sie von Mitbewerberinnen und Mitbewerbern?
- Welche fachlichen Stärken und Schwächen haben Sie?
- Welche Position innerhalb eines Teams bevorzugen Sie?
- Was hat Ihnen bei Ihrer Tätigkeit in der letzten Firma (in der Schule) gefallen/missfallen?
- Wie sehen Ihre Gehaltsvorstellungen aus?
- Haben Sie abschließend noch Fragen?

(nach: http://www.bewerben.at/)

Einzelarbeit

Ü 9: Antworten vorbereiten ★

Bereiten Sie Antworten auf mindestens fünf bei Vorstellungsgesprächen häufig gestellte Fragen vor.

Üben

Einzelarbeit

Ü 10: Statement-Trainingslager ★★

Wählen Sie eines der vorgeschlagenen Themen aus oder finden Sie ein eigenes Thema. Die Vorbereitungszeit beträgt fünf Minuten. Machen Sie sich stichwortartige Notizen zu den drei Schritten. Geben Sie ein einminütiges Statement vor der Gruppe ab.

- Führerschein mit 16 wie in den USA?
- Was geht mich der Klimawandel an?
- Rauchverbot in allen Lokalen?
- Verpflichtende Väterkarenz?

Partnerarbeit

Ü 11: Was passiert, wenn das passiert? ★★

Wie können die Teilnehmer/innen an einer Diskussion folgende Situationen lösen?
a) Die Diskussion kommt nicht in Gang.
b) Die Diskussion artet in einen heftigen Streit aus.
c) Einzelne melden sich dauernd zu Wort und reden zu lange.
d) Ein Teilnehmer beschimpft andere und lacht sie aus.

Gruppenarbeit

Ü 12: Gemeinsam statt einsam ★★

Das **Sprachrohr** bietet für all jene, die beim ersten Mal nicht alleine vor ein Publikum treten wollen, die Möglichkeit, zu zweit, zu dritt oder zu viert aufzutreten.

1. Tragen Sie kreative Ideen zusammen, welche Anliegen Sie gemeinsam auf die Bühne bringen könnten, und halten Sie diese auf einem Plakat fest. Als Grundsatzfrage ist zu klären: Soll der Auftritt informieren und aufklären, werben oder abschrecken, Gefühle ansprechen oder unterhalten? Gelingt Ihnen gar eine Kombination aus diesen möglichen Wirkungen?
2. Loten Sie gemeinsam aus, welche kreative Darstellungsform Sie reizt und das Publikum beeindrucken könnte. Denken Sie über die Möglichkeiten der Sprache alleine hinaus. Beim Sprachrohr ist fast alles möglich.

3. Entwickeln Sie einen Auftritt, der zwischen 6 und 8 Minuten dauert. Üben Sie gemeinsam und treten Sie vor Ihr Publikum.

Einzelarbeit

Ü 13: Stärken-Schwächen-Profil erstellen ★★

Beantworten Sie die folgenden Fragen, um einen Überblick über Ihre Stärken und Schwächen zu gewinnen. Welche Stärken und Schwächen könnten darüber hinaus für die Arbeit im Beruf wichtig sein? Notieren Sie Ihre Ergebnisse in Form einer Tabelle.

- Was kann ich gut?
- Was mache ich gerne?
- Wann werde ich um Rat gefragt?
- Wofür werde ich gelobt?
- Wo sehe ich Wissenslücken?
- Welche Tätigkeiten liegen mir nicht?
- In welchen Bereichen habe ich mich weitergebildet?
- Mit welchen Menschen kann ich schlecht zusammenarbeiten?

Einzelarbeit

Ü 14: Selbstdarstellung vorbereiten ★★★

Die Personalchefin Ihrer Wunschfirma stellt Ihnen folgende Frage: „Wie würde Sie Ihr bester Freund/Ihre beste Freundin in zwei Minuten beschreiben?". Bereiten Sie eine Selbstdarstellung vor und präsentieren Sie diese vor einer zweiten Person oder einer Gruppe. Bitten Sie Ihr Gegenüber um Rückmeldungen.

Einzelarbeit

Ü 15: Fragen vorbereiten ★★

Sie möchten sich um ein Praktikum in einem Unternehmen bewerben. Recherchieren Sie im Internet nach einem passenden Unternehmen. Bereiten Sie fünf Fragen vor, die Sie während eines Bewerbungsgespräches stellen können.

Sichern

das Statement

Ein Statement ist eine kurze, meist spontane Meinungsäußerung zu einem Thema.

3 Schritte zum Statement

- **Ist-Zustand** beschreiben (Problem und meine Meinung dazu)
- **Soll-Zustand** beschreiben (Ziele und mögliche Lösungswege)
- **Appell** formulieren (Aufruf, konkretes Anliegen)

Pro- und Kontra-Debatte

Gleich viele Befürworter/innen und Gegner/innen diskutieren eine **Entscheidungsfrage.** Ziel ist es, möglichst viele zu überzeugen.

Fishbowl

Das Publikum kann sich durch einen **freien Platz in der Diskussionsrunde** an der Diskussion beteiligen.

Rollendiskussion

Nach entsprechender Vorbereitung schlüpft man in eine bestimmte **Rolle** und diskutiert aus dieser Perspektive heraus mit.

7 Schritte zur Rede

1. Themenfindung
2. Gedankensammlung (Mindmap, Cluster etc.)
3. Aufbau, Gliederung (Skizze für Dramaturgie der Rede)
4. sprachliche Ausgestaltung (schriftliche Version)
5. Probeauftritt und Feedback
6. Redigieren
7. Vortrag vor Publikum

Interviewfragen

Gute Interviewfragen sind einfach, kurz, konkret, neutral, nicht überfordernd (keine Suggestivfragen, rhetorische Fragen, doppelte Verneinungen etc.).

die Suggestivfrage
Darunter versteht man eine Frage, die in eine bestimmte Richtung lenkt und die **Antwort vorwegnimmt.**

Fragetypen
Man unterscheidet **offene Fragen** (geben Befragten beim Antworten Freiraum) und **geschlossene Fragen** (engen Antwortmöglichkeiten ein, z. B. Entscheidungsfragen, Bewertungsfragen, Multiple-Choice Fragen).

die Vorbereitung des Bewerbungsgespräches
- Gesprächstermin vereinbaren
- Informationen über Unternehmen einholen
- vollständige Bewerbungsunterlagen mitbringen
- gepflegtes Auftreten, passende Kleidung
- pünktliches Erscheinen
- Fragen und Selbstdarstellung vorbereiten
- Antworten auf häufig gestellte Fragen überlegen

Phasen eines Bewerbungsgespräches
- Begrüßung (erster Eindruck)
- Eignungsinterview und Selbstdarstellung
- Fragen
- Gesprächsabschluss und Verabschiedung (letzter Eindruck)

Wissen

SbX ID: 1434

Wissensfragen und -aufgaben

W 1: Statement-Trainer/in
Erklären Sie, was gute von schlechten Statements unterscheidet.

W 2: Diskussionsbeiträge bewerten
1. Wie wirken sich die folgenden Diskussionsbeiträge auf eine Diskussion aus?
2. Welcher der Beiträge ist eine Killerphrase?
3. In welchen Fällen sollte eine Diskussionsleitung eingreifen? Wie kann man in diesen Fällen am besten reagieren?
   a) „So ein Blödsinn, was du da sagst!"
   b) „Das werden wir nicht ändern können, das war schon immer so!"
   c) „Ich möchte mich der Meinung meiner Vorrednerin anschließen. Folgenden Punkt möchte ich noch ergänzen: ..."
   d) „Nein, da bin ich strikt dagegen!"
   e) „Dazu sage ich nichts."

W 3: Interview mit „Schulexpertin" oder „Schulexperten"
Bereiten Sie zu zweit ein Interview zu einem der folgenden Themen vor und verwenden Sie jeden Fragetyp mindestens einmal:
a) Wählen ist ab 16 erlaubt, was muss sich daher in der Schule ändern?
b) Mobbing, Aggression und Gewalt unter Jugendlichen
c) Schule 2025: Welche Visionen haben Sie für die Schule der Zukunft?

SbX
Ein Beispiel für ein Redemanuskript finden Sie unter der ID: 1434.

W 4: An den Start!
Bereiten Sie nach dem Modell der 7 Vorbereitungsschritte eine klassische Rede vor. Testen Sie aus, welche der folgenden Anforderungsstufen Sie erreichen können.

Stufe 1: Erstellen Sie eine schriftliche Version der Rede, holen Sie dazu ein ausführliches Feedback von zwei Kolleginnen/Kollegen und einer Lehrperson ein und redigieren Sie anschließend den Redetext.

Stufe 2: Halten Sie die Rede vor „kritischen Freunden", einem Teil Ihrer Kolleginnen/Kollegen oder im Kurs.

Stufe 3: Stellen Sie sich einem größeren Publikum im Rahmen eines Redewettbewerbes.

W 5: Bewerbungstraining

1. Phase: Legen Sie zu zweit eine Stelle fest, die zu besetzen ist, und geben Sie Ihrer Firma einen Namen. Welche speziellen Anforderungen stellen Sie an Bewerber und Bewerberinnen? Formulieren Sie pro Zweierteam mindestens eine Stellenanzeige schriftlich (in doppelter Ausfertigung).

2. Phase: Freiwillige wählen eine Stellenanzeige aus und bereiten sich auf ein Bewerbungsgespräch vor (Stärken-Schwächen-Analyse, mögliche Fragen und Antworten). Jenes Team, das die ausgewählte Anzeige verfasst hat, übernimmt die Rollen zweier Mitarbeiter/innen der Personalabteilung. Überlegen Sie, welche Fragen Sie im Bewerbungsgespräch stellen wollen und schreiben Sie diese auf (Gesprächsleitfaden).

3. Phase: Spielen Sie die Bewerbungsgespräche in einem Rollenspiel vom Betreten des Raumes bis zur Verabschiedung durch. Jeweils ein Bewerber/eine Bewerberin begegnet zwei Vertreterinnen/Vertretern des Unternehmens.

4. Phase: Nachbesprechung im Kurs

Ein kurzer Wissens-Check, bevor's weitergeht!

Wissens-Check

	☺	😐	☹
Ich kenne die 3 Schritte zum Formulieren eines Statements.			
Ich kenne die wichtigsten Diskussionsregeln und wende sie in Diskussionen an.			
Ich kenne die Aufgaben einer Diskussionsleitung und kann selbst eine Diskussion leiten.			
Ich kenne Killerphrasen und kann darauf konstruktiv reagieren.			
Ich kenne die 7 Schritte zur Vorbereitung einer Rede.			
Ich habe eine Rede gehalten und ein Feedback bekommen.			
Ich weiß, wie man ein Redemanuskript erstellt.			
Ich weiß, wie gute Interviewfragen formuliert sein sollen.			
Ich kann verschiedene Fragetypen gezielt einsetzen.			
Ich kenne die Schritte zur Vorbereitung eines Bewerbungsgespräches.			
Ich kenne den Ablauf eines Bewerbungsgespräches.			
Ich kann mich auf häufig gestellte Fragen in Bewerbungsgesprächen vorbereiten.			

Lerneinheit 4
Sich präsentieren

Nur ganz wenige Menschen sind Naturtalente, die sich auf Anhieb wohlfühlen, wenn sie vor einer Gruppe Menschen reden sollen. Im Rahmen eines Studiums, bei Fort- und Weiterbildungen sowie im Beruf wird jedoch immer wieder von Ihnen verlangt werden, dass Sie referieren und präsentieren. Auch im Rahmen der Berufsreifeprüfung aus Deutsch oder aus dem Fachbereich ist Präsentationskompetenz gefragt.

Einen Großteil der Informationen nehmen wir mit den Augen auf. Daher ist es entsprechend wichtig, bei Vorträgen und Präsentationen die Inhalte, Ideen und Gedanken zu veranschaulichen. Wenn bei der Präsentation mehrere Sinne angesprochen werden, bleibt bei den Zuhörenden mehr hängen. Das Ziel dieser Lerneinheit ist es, die Angst vor dem Präsentieren durch gezielte Vorbereitung abzubauen.

Sie lernen auf den nächsten Seiten:
- **Präsentationen vorzubereiten**
- **Inhalte zu strukturieren und zu visualisieren**
- **Präsentationstechniken wirkungsvoll einzusetzen**
- **wie Sie Ihr Lampenfieber unter Kontrolle halten können**

Lernen

1 Präsentationen vorbereiten
Was will ich vermitteln?

In einer **Präsentation** werden Informationen vor einem Publikum dargestellt und veranschaulicht.

Sie werden in den nächsten Jahren wiederholt Gelegenheit bekommen, vor einem Publikum zu präsentieren: Referate im Rahmen der mündlichen Matura, der Diplomprüfung, von Lehrveranstaltungen an der Universität, ihrer beruflichen Tätigkeiten oder im Freundeskreis.

Einzelarbeit

Ü 1: Erfahrungen mit Präsentationen ★

a) Berichten Sie von guten Präsentationen, die Sie erlebt haben. Was hat Ihnen dabei gefallen? Was macht Präsentationen gut?

b) Welche Erfahrungen haben Sie bisher mit eigenen Präsentationen gemacht?

Präsentation 1

A hat einen Kurs für Präsentationstechnik besucht und gelernt, wie man mithilfe von PowerPoint Präsentationsfolien erstellen kann. Damit seine 15-minütige Präsentation vor Kunden möglichst anschaulich wird, bereitet er auf dem PC 43 Folien vor. Während des Vortrags vor den Kunden ist er ganz auf seine Präsentation konzentriert, er spult die Folien rasch ab und blickt dabei nur auf die vom Beamer an die Wand projizierten Abbildungen.

Präsentation 2

B möchte durch ein Referat ihre Deutschnote verbessern. Dabei lässt sie sich von ihrer Schwester helfen, die an der Universität studiert. B versteht nicht alles, was sie aus Büchern der Schwester abschreibt und die Gestaltung von Folien oder eines Plakats geht sich nicht mehr aus. „Kein Problem", denkt sie, „ich werde das Referat einfach ablesen, der Lehrer wird beeindruckt sein."

(verändert nach: Gora, Stephan: Schule der Rhetorik. Klett 2005.)

Gruppenarbeit

Ü 2: So nicht! ★★

a) Geben Sie Tipps zu den beiden Präsentationsbeispielen: Welche Ratschläge und Tipps können Sie A und B geben?

b) Welche Fehler werden bei Präsentationen häufig gemacht?

Verpackung als Blendwerk: Außen hui, innen hohl? Oder guter Inhalt, gut verpackt?

Präsentationsmedien: technische Hilfsmittel, die eine Präsentation unterstützen (z. B. Overhead-Projektor, Plakat etc.)

Verpackung und/oder Inhalt?

Aus der Untersuchung der menschlichen Wahrnehmung wissen wir, dass die „Verpackung", die Wirkung auf das Auge, für das Publikum tatsächlich wichtiger sein kann als der Inhalt. In der Werbung wird diese Tatsache bewusst angewendet, um Kunden zu manipulieren. Dies ist jedoch keine Aufforderung, selbst „Mogelpackungen" zu produzieren – im Gegenteil! Hinterfragen Sie das mögliche Blenden durch Präsentationen kritisch.

Manchmal wird auch nur aus purer Begeisterung das Spiel mit den technischen Möglichkeiten (z. B. von PowerPoint) übertrieben, die Inhalte und Botschaften werden dann zweitrangig. Lernen Sie in diesem Kapitel, Präsentationen überlegt vorzubereiten und visuell zu unterstützen. Trainieren Sie den gezielten Einsatz von Präsentationsmedien und Präsentationstechniken.

Produzieren Sie bei Präsentationen keinen „Verpackungsmüll"!

Maßgeschneidert oder von der Stange?

- **Die schlechte Nachricht ist:** Es gibt kein 08/15-Schema für gute Präsentationen, das man aus dem Hut zaubern kann und das immer gleich gut passt und wirkt.
- **Die gute Nachricht:** Eine Reihe von Erfahrungswerten und Tipps können Ihnen helfen, beim Präsentieren Erfolgserlebnisse zu sammeln und Ihren eigenen Stil zu entwickeln.

Abklärung vor einer Präsentation:

1. **Zielgruppe:** Wer ist mein Zielpublikum? Wen will ich ansprechen, erreichen? Was interessiert mein Zielpublikum? Was kann ich als bekannt voraussetzen (Gefahr: Langeweile)? Was muss ich erklären (Gefahr: Überforderung)?
2. **Ziel:** Welche Ziele möchte ich erreichen? Was soll das Ergebnis meiner Präsentation sein?
3. **Zeitlicher Rahmen:** Wie viel Zeit steht mir zur Verfügung? Um welche Uhrzeit findet die Präsentation statt (erste Präsentation am Vormittag oder nach der Mittagspause etc.)?
4. **Ort:** Wie groß ist der Präsentationsraum? Wie ist er ausgestattet? Wo und wie sitzt das Publikum? Von wo kommt das Licht? Kann man den Raum teilweise abdunkeln?
5. **Medieneinsatz:** Welche Präsentationsmedien sind vorhanden oder stehen mir zur Verfügung? Welche Medien unterstützen mein Ziel im vorgegebenen Rahmen (Zeit, Ort, möglicher Medieneinsatz) am besten? Welcher mediale Aufwand erscheint in diesem Rahmen passend oder übertrieben?

Visualisieren, strukturieren, grafisch darstellen

das Visualisieren: bildhaft darstellen

die Recherche: (von französisch „rechercher") gezielt nach etwas suchen, Informationsbeschaffung

2 Inhalte strukturieren und visualisieren

Portionieren und Bilder erzeugen

Schritt 1: Sammlung von Informationen

Sammeln Sie in einem ersten Arbeitsschritt wichtige Informationen und verschaffen Sie sich über das Themenfeld einen guten Überblick! Mindmaps oder Cluster (siehe Kapitel 2, Lerneinheit 3) können Ihnen dabei helfen.

Nun geht es um das gezielte Beschaffen der erforderlichen Hintergrundinformationen. Je klarer ist, welches Sachwissen gesucht wird, umso besser kann die Recherche eingegrenzt werden. In folgenden Institutionen und Medien kann man fündig werden:

Bibliotheken: Der direkteste Zugang zu Informationen aus Büchern und Zeitschriften ist noch immer die Bibliothek (Schulbibliothek, Stadtbibliothek etc.). Als Einstieg eignen sich Lexika (z. B. „Brockhaus"), Autorenkataloge (nach den Namen der Verfasser/innen geordnet) und Stichwortkataloge (nach Stichworten geordnet).

Bücher sind Freunde für's Leben.

Internet: Einen sehr schnellen Zugang zu Informationen bietet das Internet. Fachzeitschriften und Bücher können hier direkt über einen Online-Versand bestellt werden. Um sich in der unübersichtlichen Informationsflut nicht zu verirren, bedarf es einer gut überlegten Internetrecherche.

- Zugang über bekannte Internetadressen
- Surfen zu verlinkten Internetadressen
- Arbeit mit Suchmaschinen (häufig verwendet werden etwa Google, Yahoo! Search oder MSN Search etc.)

Tipps für die Internetrecherche:

- Wählen Sie die Suchbegriffe sorgfältig aus, probieren Sie verschiedene aus, geben Sie auch mehrere Kombinationen ein.
- Das erstbeste „Fundstück" im Internet ist nicht unbedingt die beste Informationsquelle.
- Suchen und benutzen Sie immer mehrere Informationsquellen.
- Prüfen Sie, ob die Quelle verständlich formuliert und seriös ist. (Gegencheck: Kann das stimmen? Wer ist für den Inhalt der Seite verantwortlich?)
- Quellenangaben (Internetadressen) sollten Sie abspeichern und angeben.

Buchhandlungen: Wenn Sie Bücher oder Fachzeitschriften im Internet nicht gleich bestellen wollen, können Sie in Buchhandlungen vor dem Kauf Einsicht nehmen. Nicht lagernde Bücher und Zeitschriften können meist zur Ansicht bestellt werden.

Die recherchierten und gefundenen Informationen (Beiträge im Internet, in Zeitschriften, Buchkapitel etc.) sind noch kein fertiges Referat. Weitere **Bearbeitungsschritte** sind nötig (Lesen, Unterstreichen der Schlüsselbegriffe, Exzerpt oder Zusammenfassungen erstellen, eigene Gedanken etc.). Eventuell muss das Thema aufgrund der vorhandenen Informationsfülle noch einmal eingegrenzt werden.

Einzelarbeit

Ü 3: Jedes Medium hat seine Stärken ★★

Stellen Sie die Vor- und Nachteile der Medien, aus denen Sie Informationen gewinnen können, einander gegenüber.

Schritt 2: Gliederung und Strukturierung

Wenn man gut recherchiert, sammelt man in der Regel weit mehr Informationen und Materialien, als man in der Präsentation unterbringen kann. Nun folgt der wichtige Schritt der überlegten Auswahl der Information und der Gliederung. Sie können dabei der bekannten AIDA-Formel folgen.

AIDA-Formel zum Aufbau einer Präsentation:

A wie **Aufmerksamkeit** erregen, z.B. mit einem originellen, überraschenden, gerne auch witzigen Einstieg

I wie **Interesse** wecken: Thema nennen, Nutzen für Zuhörer klar machen, offene Fragen formulieren, eigene Motivation erklären, Struktur des Referats vorstellen

D wie **Durchführung:** Schildern Sie Ihre Gedanken in einem gut gegliederten Vortrag, zählen Sie dabei nicht zu viele Detailinformationen auf etc.

A wie **Abschluss:** Hier kann man an den Einstieg anknüpfen, zusammenfassen, einen Ausblick geben, zu einer Diskussion überleiten, noch einen überraschenden Schlusspunkt setzen

AIDA-Formel: von einem einfachen Modell aus Werbung und Marketing abgewandelt, nicht zu verwechseln mit der von Giuseppe Verdi 1871 komponierten Oper oder mit der Wiener Konditorei-Kette

Die AIDA-Formel ist dem Dreischritt **Einleitung – Hauptteil – Schluss** sehr ähnlich, den Sie fast jeder schriftlichen oder mündlichen Äußerung zugrunde legen können.

Wenn Sie für eine Präsentation nur sehr wenig Zeit zur Verfügung haben, empfiehlt sich das Modell der **5-Minuten-Präsentation (Kurzpräsentation).**

5-Minuten-Präsentation – in 5 Minuten das Wesentliche

Ausführung: Sie haben 5 Minuten Zeit, Ihr Publikum davon zu überzeugen, dass Sie gut vorbereitet sind und das Thema und Ihr Anliegen interessant sind. Die Kürze der Zeit verlangt einen schnellen Start, einen deutlichen Kern im Hauptteil und einen kräftigen Schluss.

Ziel: Wenn die Präsentation gelungen ist, sind nun die Rollen vertauscht: Nun will das Publikum mehr von Ihnen wissen. Jetzt ist Zeit vorhanden, ausführlicher auf Detailfragen einzugehen.

Kurzpräsentation

Eine Präsentation sollte eine logische Abfolge haben.

Möglichkeiten des gedanklichen Aufbaus von Präsentationen:
- Zuordnung, Abgrenzung
- Unterordnung, Überordnung
- zeitliche Abfolge (Chronologie)
- Ursache-Wirkungs-Beziehung (Kausalität)
- Problem → Ursache(n) → Lösung(en)
- Gegensätze (Pro und Kontra, Vorteile und Nachteile)
- Aufzählung (Reihung nach der Bedeutung)

(nach: Gora, Stephan: Schule der Rhetorik. Klett 2005, S. 60.)

Man kann über alles reden, nur nicht über 20 Minuten!
- Fassen Sie sich kurz!
- Langweilen Sie nie Ihr Publikum!
- Was nicht in 20 Minuten gesagt werden kann, ist nicht genug durchdacht!

„Meine neueste Erfindung: Ich nenne sie Apfel-iPod." (Daniel Schlaumeier)

Richtig zitieren

Gedanken und Ideen können jemandem gehören! Sich ihrer ohne Hinweis auf ihren Urheber einfach zu bedienen, ist Diebstahl geistigen Eigentums, einer Idee bzw. eines Werkes (ein **Plagiat**). Informationsquellen zu verwenden ist wichtig, notwendig und wertet ein Referat auf. Es ist jedoch unerlässlich, diese Quellen offenzulegen und zu nennen. Auch in schriftlichen Ausarbeitungen zu Referaten oder Präsentationen müssen einzelne Sätze, Textstellen sowie von einer Quelle übernommene Gedanken **zitiert** werden.

Copy and Paste: Klarerweise sind auch ganze, heruntergeladene oder kopierte Referate keine eigenständigen Leistungen und damit Plagiate.

Schritt 3: Stichwortzettel vorbereiten

Referate sollen nicht auswendig gelernt und schon gar nicht heruntergelesen werden. Zur Unterstützung der freien Rede sind Stichwortzettel bestens geeignet.

So fertigen Sie Stichwortzettel an

Markieren Sie die Schlüsselbegriffe Ihres ausformulierten Referats farbig. Zusammengehörige Schlüsselbegriffe werden auf handlichen Karteikarten (DIN A5 oder DIN A6) notiert.

Schlüsselbegriffe aus einem Text heraussuchen nennt man **exzerpieren.**

Stichwortzettel unterstützen die freie Rede.

Die Stichwortzettel werden durchnummeriert und nur einseitig beschrieben, das vermeidet ein Chaos beim Umblättern. Damit die gesuchte Information auf einen Blick gefunden werden kann, schreiben Sie nicht mehr als fünf bis sieben Stichworte in ausreichend großer Schrift auf einen Stichwortzettel. Farbige Markierungen heben die wichtigsten Punkte hervor.

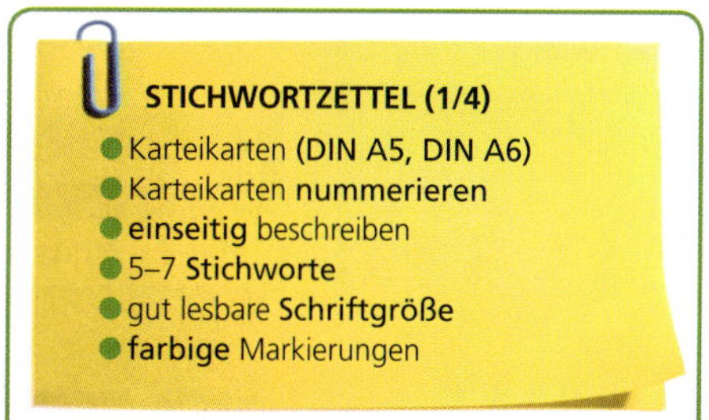

Beispiel für die Gestaltung eines Stichwortzettels

Schritt 4: Visualisieren – sich ein Bild von der Sache machen können

Die **Visualisierung** vereinfacht das Aufnehmen und Merken von Informationen.

Unsere Aufmerksamkeit kann blitzartig steigen, wenn neben dem Hören auch andere Sinne angesprochen werden (z. B. durch eine Kostprobe, ein Bild, Musik etc.). Ziehen Sie auch mit den Augen das Interesse des Publikums auf Ihr Thema. Gute bildhafte Darstellungen unterstützen Ihre möglichst frei gesprochene Präsentation. Sie helfen dem Publikum bei der Orientierung in der Präsentation und beim Verständnis der Inhalte.

Beispiele für die Gestaltung von Plakaten, Folien und PowerPoint-Präsentationen

Nicht jeder lernt am besten durch Zuhören. Medien, die das Referat akustisch oder visuell unterstützen, erhöhen die Aufmerksamkeit und die Merkfähigkeit des Publikums. Im Zentrum eines Referates soll jedoch immer die freie Rede stehen.

3 Präsentationen medial unterstützen

So setzen Sie Präsentationsmedien und -techniken wirkungsvoll ein

Einfache Präsentationstechniken sind so alt wie das Halten von Reden vor einem Publikum. Oft erzeugen einfachste Veranschaulichungen die größte Wirkung. Dafür stehen Ihnen eine Reihe von Präsentationsmedien zur Verfügung. Wofür Sie diese jeweils am besten einsetzen und was dabei zu beachten ist, erfahren Sie auf den folgenden Seiten.

Einige wichtige Grundsätze vorweg:

- Präsentationsmedien sind technische Hilfsmittel
  - für Vortragende (Stichworte, Gliederung etc.) und
  - für die Zuhörerschaft (Verständnis, Erinnerung).
- Präsentationsmedien unterstützen die Präsentation im Hintergrund.
- Im Mittelpunkt sollen immer noch Sie und Ihre Botschaften stehen.
- Präsentationsmedien sollen einfach gestaltet sein (fördert das Verständnis und lenkt nicht zu sehr ab).
- Veranstalten Sie bei multimedialen Präsentationen (Text, Bild, Film, Ton, Musik etc.) kein Spektakel, das Ihnen die Show stiehlt.

das Spektakel: (lat. Spectaculum = Schauspiel, Krach, Lärm), Aufsehen erregendes Ereignis, Volksbelustigung

Überblick über die Präsentationsmedien

Präsentationsmedien	Vorteile und Möglichkeiten	Nachteile und Gefahren	Tipps und Tricks
Tafel (+ Whiteboard) 	● vorbereitet oder spontan ● Gedanken entwickeln ● für mittelgroße Gruppen	● große Schrift (> 15 cm) ● Zeitaufwand ● kein Blickkontakt	● Tafelbild vorbereiten ● Magnete für Plakate ● zum Publikum sprechen
Flipchart (+ Plakat) 	● vorbereitete Plakate ● spontanes Notieren ● hin- und herklappen ● für kleine Gruppen	● große Schrift (ca. 10 cm) ● kleine Fläche ● überladenes Bild	● Willkommensblatt ● Inhaltsübersicht ● farbige Marker ● Klebeband mitnehmen
Pinnwand: Kärtchenpräsentationen 	● schrittweises Aufpinnen ● Publikumsbeteiligung (Ideensammlung) ● bis mittelgroße Gruppen	● Zeitaufwand ● Schriftgröße zu klein ● braucht gute Übersicht	● färbige Kärtchen ● Anordnung überlegen ● Pfeile und Symbole ● Pinnadeln mitnehmen
Overhead-Folien 	● bedruckbar, kopierbar ● mit Folienstiften beschreibbar ● Blickkontakt ● für große Gruppen	● fertige Folien unflexibel ● Schriftgröße (mind. 20 Punkt) ● zu viele Folien ● Verdunkelung	● Folie schrittweise aufdecken ● mit Stift auf Overhead zeigen ● Stichworte auf Folie
PowerPoint-Präsentationen 	wie Overhead-Folien ● Animationen ● Bild- und Tondateien ● für große Gruppen	● technischer Aufwand ● überladene Präsentation ● zu viel Text („Leseübung") ● Verdunkelung	● Aktivboxen bei Ton verwenden ● Funkmaus, Fernsteuerung ● Stichwortzettel

(vereinfacht nach: http://arbeitsblaetter.stangl-taller.at)

„Low-Tech" statt „High-Risk"!

Ein Grundprinzip bei der technischen Unterstützung von Präsentationen lautet: So wenig Technik wie möglich, so viel wie nötig! Der Einsatz und die Bedienung von technischen Geräten können unerwartete Pannen und technische Probleme mit sich bringen, die den Start oder den Verlauf der Präsentation negativ beeinflussen können. Fehlende Kabelverbindungen, Stromausfälle, durchgebrannte Beamerlampen, eingetrocknete Plakatstifte – die Liste der möglichen Pleiten und Pannen kann beliebig lange fortgesetzt werden!

Im Notfall Plan B aus der Tasche ziehen, z. B. Präsentation mit Flipchart oder Plakat.

Sicher ist sicher: Probieren Sie, wenn möglich in der Pause vorher, die technische Ausrüstung aus (besser: bevor das Publikum den Raum betritt).

Plan B: Haben Sie eine alternative Präsentationsform parat, wenn aufgrund von technischen Mängeln Plan A nicht funktioniert (z. B. auf Overheadfolien ausgedruckte PowerPoint-Folien, skizziertes Tafelbild, vorbereitetes Plakat etc.)?

Einzelarbeit

Ü 4: Medienwahl ★

Wählen Sie für die folgenden Präsentationen die geeigneten Medien aus und begründen Sie die Auswahl (auch Mehrfachantworten).

a) Referat vor einer Schulklasse von 10 bis 15 Minuten über die „Ursachen des Treibhauseffektes", die anhand von Grafiken erklärt werden sollen.

b) Präsentation von Fotos und Filmausschnitten etc. zum Betriebsausflug im großen Seminarraum vor 120 Kolleginnen und Kollegen.

c) Zu drei Entwürfen (Konzepten) sollen spontane Rückmeldungen aus einer Runde von 10 Teilnehmerinnen/Teilnehmern gesammelt werden.

Tipps zur Gestaltung von Folien oder Plakaten (Flipcharts)

Auf Folien, Plakaten, Tafelbildern und Flipcharts soll nicht alles wortwörtlich stehen, was Sie sagen, damit würden Sie sich überflüssig machen. Die eingesetzten Medien sollen das Gesagte illustrieren und verstärken, einen Überblick bringen, zentrale Begriffe sowie einfache Abbildungen (Grafiken, Bilder, Diagramme etc.) beinhalten. Vereinfachen Sie dabei allzu komplizierte Themen frei nach dem Motto: „Weniger ist mehr"!

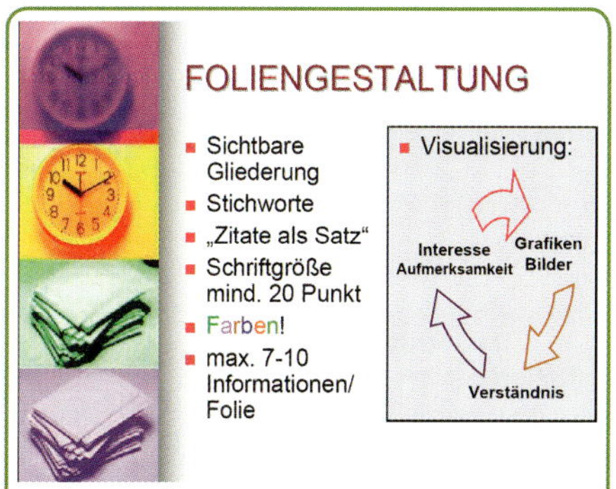

Foliengestaltung

Häufige Fallen bei Präsentationen – Anleitung zur Horror-Präsentation:

- Präsentator/in liest von Präsentationsmedien ab (kein freies Sprechen)
- kein Blickkontakt
- technische Gebrechen oder Probleme bei der Bedienung von Präsentationsgeräten
- völlig abgedunkelter Raum, Präsentator/in wird unsichtbar
- Folien-Bombardement (zu hohes Tempo, zu viele Folien)
- zittrige Finger beim Zeigen auf Overhead oder mit Laserpointer zeigen Nervosität
- unlesbare Medien (Schrift auf Plakat, Folie etc. zu klein, Abbildungen zu klein)
- lichtschwache Projektion in hellen Räumen
- Farben schlecht erkennbar, schlechte Kontraste
- überladene Präsentationen (zu viele Bildeffekte)
- Reaktionen des Publikums (Störungen etc.)
- inhaltliche Fehler oder Fehler in Rechtschreibung oder Grammatik

Professionelle Präsentationstechnik: Tipps und Tricks

Überprüfen Sie vor Beginn der Präsentation, ob alles reibungslos funktioniert.

- **Proben macht sicher:** Ablauf, Bedienung der Geräte, Inhalt, Lautstärke, Dauer etc. müssen getestet werden, das reduziert auch Lampenfieber und Nervosität.
- **Präsentationsmedien startbereit halten:** Medien, technische Geräte, Plakate etc. bereits vor Beginn der Veranstaltung fertig vorbereiten. Wenn Sie vor das Publikum treten, beginnt die Präsentation. Minutenlanges hektisches Vorbereiten auf „offener Bühne" ist unprofessionell und strapaziert die Geduld des wartenden Publikums.
- **Sichtbar bleiben:** Präsentationsräume nicht völlig abdunkeln, Gestaltung der Folien darauf abstimmen.

Bereiten Sie vor der Präsentation alles professionell vor.

- **Publikum einbeziehen:** Halten Sie keine langen Monologe, beziehen Sie das Publikum in die Präsentation mit ein (gezielte Fragen stellen, einzelne Unterbrechungen zulassen, Sammeln von Fragen oder Ideen auf Präsentationskärtchen, Diskussion im Anschluss etc.).
- **Handouts austeilen:** Zusammenfassung Ihrer Kernaussagen, wichtige Abbildungen, Quellenverweise etc. auf 1 bis 3 Seiten für alle Zuhörer/innen bereitstellen. Ein Handout erhöht die Aufmerksamkeit bei der Präsentation (kein Mitschreiben nötig) und sichert nachhaltig die Ergebnisse (Publikum bekommt etwas von Ihnen). Handzettel können in PowerPoint automatisch angefertigt werden (z. B. 4 Folien pro A4-Seite).

4 Tipps und Tricks beim Präsentieren
Es gibt nichts Gutes, außer man tut es!

Das Lampenfieber senken

Jede/r kennt die plötzliche Anspannung vor unangenehmen Situationen. Der Körper verspannt sich, der Kopf scheint wie leer zu sein, die Hände schwitzen, der Mund fühlt sich trocken an und die Worte scheinen im Hals stecken zu bleiben. Manche bekommen dann auch Panikattacken und haben nur mehr einen Gedanken: Flucht!

das Lampenfieber: ursprünglich die Angst eines Schauspielers/einer Schauspielerin vor dem Auftritt. Im Scheinwerferlicht der Bühne bleibt kein Fehler unbemerkt!

Diese körperlichen Reaktionen nennt man Lampenfieber. Sie können in Gefahrensituationen sogar überlebenswichtig sein: Das ausgeschüttete Stresshormon Adrenalin versetzt uns in Spannung und Alarmbereitschaft. Die positive Seite des Lampenfiebers ist, dass wir dadurch hellwach und konzentriert sein können. Es ist also nicht das Ziel, „Auftritten" vor Publikum gegenüber völlig gleichgültig zu werden. Wichtig ist vielmehr, das Lampenfieber in Balance zu halten: so viel Anspannung wie nötig (um gut sein zu können) und so wenig wie möglich (um nicht blockiert zu sein).

„Das menschliche Gehirn beginnt sofort nach der Geburt zu arbeiten und hört erst dann wieder auf, wenn man auf einer Bühne steht, um vor Publikum zu sprechen." (George Jessel)

Tipps zum Umgang mit Lampenfieber:
- Bereiten Sie sich gut vor.
- Üben Sie und sammeln Sie Erfahrungen → Tipps lesen alleine genügt nicht!
- Start bzw. Beginn des Auftrittes sollten besonders gut geprobt werden. Ein guter Start gibt Ihnen ein Sicherheitsgefühl!
- Fehler sind erlaubt. Entschuldigen Sie sich, verbessern Sie den Fehler und sprechen Sie weiter.
- Nehmen Sie Angst auslösende Situationen vorweg und bereiten Sie Lösungsstrategien vor.
- Haben Sie eine positive Einstellung! → „Ich bin gut vorbereitet!" Wer sich negativ programmiert, behindert sich selbst.
- Machen Sie Entspannungsübungen vor dem Auftritt!
- Planen Sie eventuell Auftritte gemeinsam mit Freunden. Gemeinsam geht's leichter.

Gruppenarbeit

Ü 5: Lampenfieber senken? ★

Wie fühlt sich bei Ihnen Lampenfieber an? Haben Sie Strategien entwickelt, damit umzugehen? Tauschen Sie Ihre Erfahrungen in der Gruppe aus.

Blackouts überspielen

Trotz guter Vorbereitung kann plötzlich mitten im Satz ein gedanklicher Aussetzer passieren. Man weiß nicht mehr weiter. Kein Grund, um in Panik zu verfallen. Es gibt einige Möglichkeiten, diese Situation zu meistern und zu überspielen.

Umgang mit Blackouts:
- Entschuldigen Sie sich mit einem Lächeln, dass Sie für einen Moment den Faden verloren haben.
- Nutzen Sie die kurze Pause für einen schnellen Blick auf den Stichwortzettel.
- Oft hilft das Wiederholen des letzten Gedankens, um wieder anknüpfen zu können.
- Gerne gibt auch das Publikum einen Hinweis, wo Sie stehen geblieben sind.

das Blackout: (englisch „to black out" = abdunkeln) Aussetzer, Filmriss infolge von Stress bei Prüfungen, Referaten oder Ähnlichem

Blickkontakt halten

Nicht nur beim Flirten gilt: Schau mir in die Augen! Auch während eines Referats will das Publikum den Eindruck haben, direkt angesprochen zu werden. Diesen Eindruck können Sie nur erzielen, wenn Sie den Blickkontakt suchen und auch halten. Der Blick in die Gesichter der Zuhörenden gibt Ihnen zudem wichtige Rückmeldungen: Werde ich verstanden? Wie groß ist die Aufmerksamkeit?

Schau mir in die Augen, Referent/in!

Tipps für den Blickkontakt:

- Wenn Sie fürchten, durch direkten Blickkontakt aus dem Konzept gebracht zu werden, lassen Sie Ihren Blick unmittelbar über die Köpfe des Publikums schweifen. Dies erzielt eine ähnliche Wirkung wie der Blick in die Augen.
- Suchen Sie Personen im Publikum, von deren freundlichem Lächeln und interessierten Blicken Sie sich motivieren lassen können.
- Fixieren Sie auf keinen Fall nur die Lehrerin/den Lehrer bzw. die Vorgesetzte/den Vorgesetzten.

Körpersprache kontrollieren

Viel direkter als Worte verrät die Körpersprache, wie sich jemand gerade fühlt. Dass beim Referieren alle aufgeregt sind, ist verständlich. Eine überdeutlich sichtbare Unruhe und Unsicherheit kann sich auf das Publikum übertragen und vom Inhalt der Präsentation ablenken. Durch Selbstbeobachtung und Rückmeldungen von anderen lernt man, die Körpersprache zu kontrollieren. So hinterlassen Sie einen selbstsicheren Eindruck.

Die Körpersprache und die Mimik sagen viel über das Befinden aus.

	Unerwünschtes Verhalten	Kontrollierte Körpersprache
Körperhaltung	verschlossen, zusammengesunken, verspannt	offen, aufrecht, entspannt
Gesichtsausdruck (Mimik)	verzweifelt, desinteressiert etc.	freundlich, motiviert, interessiert
Blickrichtung	Blick aus dem Fenster, Blick zum Boden, Blick in Unterlagen	Blickkontakt halten, Blick durch Publikum schweifen lassen
Hände (Gestik)	verschränkt, Hände in der Hosentasche, nervöse Bewegungen (Haare zwirbeln, Nägelkauen etc.)	offene Haltung, unterstützende Gestik, Stichwortzettel in einer Hand, evtl. Stift in anderer Hand – zum „Festhalten"
Füße	überkreuzt, nervöses Wippen, hin und her „tigern"	breiter Stand gibt Sicherheit, wenig hin- und hergehen

Partnerarbeit

Ü 6: Körpersprache ★

Wie wirken diese beiden Referierenden auf Sie? Diskutieren Sie Ihre Gedanken mit Ihrer Sitznachbarin oder Ihrem Sitznachbarn.

Redegeschwindigkeit und Lautstärke kontrollieren

Auch wenn man noch so gut geübt hat, können sich durch die Anspannung während des Referats sowohl die Redegeschwindigkeit als auch die Lautstärke verändern. Viele werden in der Aufregung schneller und oft auch leiser, als sie es sich vorgenommen haben.

Tipp: Vereinbaren Sie mit einer Vertrauensperson im Publikum Handzeichen für „gut so", „langsamer" oder „etwas schneller" sowie „lauter" und „leiser".

Handzeichen als Orientierungshilfe

4 Mündlich kommunizieren

Üben

Gruppenarbeit

Ü 7: In die Präsentationsfalle getappt? ★★

a) Wird in den folgenden Situationen (A–F) gut präsentiert? Begründen Sie, welche Präsentatorin/welcher Präsentator ein Training braucht.

b) Geben Sie Tipps zur Verbesserung der Präsentationstechnik.

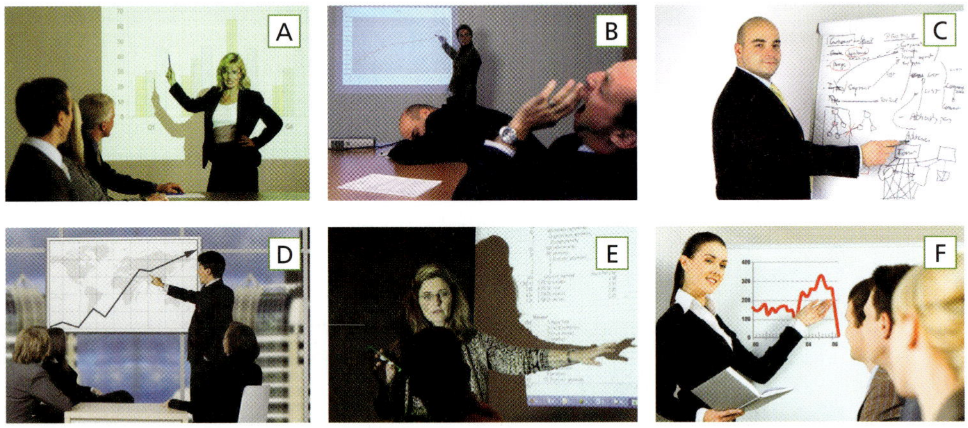

Einzelarbeit

Ü 8: Mit Technik zum Ziel der Präsentation ★

Ordnen Sie den Präsentationszielen die passenden Präsentationsmedien zu (auch Mehrfachantworten).

a) Präsentation von Text, Fotos, Grafiken und Musik mit einem Medium
b) Gemeinsam mit dem Publikum Ideen sammeln und ordnen
c) Vortrag ohne Zeitverlust mit geringem technischem Aufwand visualisieren
d) Vorbereitete Gedankenkette (Zusammenhänge) vor dem Publikum entwickeln und schrittweise visualisieren
e) Hauptaussagen und Visualisierungen möglichst leicht dem Publikum mitgeben können

Einzelarbeit

Ü 9: Präsentation erstellen ★★

Wählen Sie ein Präsentationsmedium aus (Folien, Flipchart, PowerPoint, Plakat) und erstellen Sie darauf/damit eine Präsentation zu einem der folgenden Themen.

a) Wie bereitet man eine Präsentation professionell vor?
b) Tipps zur Gliederung und Visualisierung von Informationen
c) Was ist bei der Auswahl eines Präsentationsmediums zu beachten?
d) Tipps zur guten Foliengestaltung

Partnerarbeit

Ü 10: AIDA! ★

a) Erklären Sie einer Partnerin/einem Partner die Bestandteile einer konkreten Präsentationsgliederung nach der AIDA-Formel.

b) Sammeln Sie stichwortartig Ideen zu den Gliederungsschritten einer Präsentation (AIDA-Formel).

Gruppenarbeit

Ü 11: Tipps bei Lampenfieber und Blackouts ★★

Üben Sie in Kleingruppen Strategien, um Blackouts zu überspielen. Wechseln Sie dabei die Rollen (Referent/in, Publikum) und geben Sie einander Rückmeldungen und Hilfen.

Partnerarbeit

Ü 12: Beratung für Blickkontakt und Körpersprache ★★

Führen Sie jeweils zu zweit Beratungsgespräche für das professionelle Auftreten bei Referaten und Präsentationen durch. Demonstrieren Sie dabei auch, welches Verhalten eher unerwünscht ist und wie man stattdessen auftreten sollte.

Einzelarbeit

Ü 13: Übungspräsentationen ★★★

- Erstellen Sie einen gut gegliederten Stichwortzettel zu einem Thema Ihrer Wahl.
- Gestalten Sie zur visuellen Unterstützung ein Plakat oder eine Overhead-Folie zu diesem Thema.
- Präsentieren Sie mithilfe des Stichwortzettels und des Plakats (der Overhead-Folie) ihr Thema (nicht länger als zwei Minuten).
- Geben Sie möglichst genaue Rückmeldungen (auch zur Körpersprache und zum Blickkontakt) zu den Präsentationen Ihrer Kolleginnen und Kollegen.

Sichern

die Präsentation
Bei einer Präsentation werden Informationen einem Publikum vorgestellt und veranschaulicht.

Vorbereitung einer Präsentation
Als Vorbereitung ist die **Klärung der wichtigsten Rahmenbedingungen** (Zielgruppe, Ziel, zeitlicher Rahmen, Ort, Medieneinsatz) von großer Bedeutung.

die AIDA-Formel
Die AIDA-Formel ist ein Gliederungsprinzip für eine Präsentation:
A: Aufmerksamkeit erregen
I: Interesse wecken
D: Durchführung
A: Abschluss

5-Minuten-Präsentation
- Start (30 Sekunden)
- Inhalt (4 Minuten)
- Finale (30 Sekunden)

der Stichwortzettel
Ein Stichwortzettel dient als **Hilfsmittel** bei Referaten und Präsentationen. Das Anfertigen von Karteikarten mit gut gegliederten, grafisch aufbereiteten Stichworten kann Sie beim Referieren stark unterstützen.

unterstützende Medien
Der Einsatz **akustischer und visueller Hilfsmittel,** die ein Referat oder eine Präsentation anschaulicher machen (Plakate, Overhead-Folien, PowerPoint-Präsentationen, Videoausschnitte, Musikausschnitte, Anschauungsmaterialien etc.), sollte gut überlegt und genau geplant werden.

die Visualisierung
Gedanken oder Informationen werden **in „Bilder" übersetzt,** dies fördert das Verständnis und das Lernen (z. B. Karikaturen, Fotos, Grafiken, Tabellen, Symbole etc.).

Präsentationsmedien
Darunter versteht man **gezielt eingesetzte technische Hilfsmittel,** die eine Präsentation unterstützen (z. B. Plakat, Flipchart, Overhead-Projektor, PowerPoint-Präsentation etc.).

Präsentationstechnik
Die richtige Technik zeichnet sich durch sicheres Auftreten, freies Sprechen und einen gekonnten Einsatz von Präsentationsmedien aus.

das Lampenfieber
Die meisten Menschen leiden während öffentlicher Auftritte an einem **Gefühl der Anspannung und Aufregung.**

das Blackout
Aussetzer aufgrund von Stress bei Prüfungen oder Referaten kann man durch freundliche Entschuldigung, durch Wiederholen des letzten Gedankens oder durch eine Bitte an das Publikum um einen Gedankenanstoß überspielen.

Wissen

Wissensfragen und -aufgaben

W 1: Präsentationsprofi 1
Erstellen Sie eine Kurzpräsentation (mit einfachen technischen Hilfsmitteln), in der Sie die Vorteile, Nachteile und den richtigen Einsatz der folgenden Präsentationsmedien erklären:

a) PowerPoint-Präsentation
b) Overhead-Folien
c) Plakate
d) Flipchart

W 2: Präsentationsprofi 2
Bereiten Sie eine 5-Minuten-Präsentation zu einem beliebigen Thema (in Absprache mit Ihrer Lehrerin/Ihrem Lehrer) vor und halten Sie diese im Kurs. Lassen Sie sich im Anschluss ein Feedback geben.

Ein kurzer Wissens-Check, bevor's weitergeht!

Wissens-Check

	☺	😐	☹
Ich kenne mindestens fünf Kriterien, nach denen Präsentationen bewertet werden können.			
Ich kenne die häufigsten Fehler bei Präsentationen und weiß, wie ich diese vermeiden kann.			
Ich kenne die AIDA-Formel und kann danach Präsentationen gliedern.			
Ich kann zu verschiedenen Anlässen das geeignete Präsentationsmedium auswählen.			
Ich kann gut gegliederte Stichwortzettel, Plakate und Folien erstellen.			
Ich weiß, worauf beim Visualisieren zu achten ist.			
Ich kenne Lösungswege bei Lampenfieber oder Blackouts und kann diese auch anwenden.			
Ich kenne die Bedeutung einer kontrollierten Körpersprache, der Redegeschwindigkeit und der Lautstärke bei Referaten und richte mich auch danach.			
Ich habe eine 5-Minuten-Präsentation durchgeführt und ein Feedback bekommen.			

5 Medien

Kommunikationsmittel, welche die größte Publikumswirkung erzielen, bezeichnen wir als Massenmedien. Wir nennen sie nach der Art und Weise der angewandten Technik Printmedien, audiovisuelle Medien oder elektronische Medien.

Presse, Radio, Film, Fernsehen und das Internet dienen dem Informations- und Meinungsaustausch sowie der Unterhaltung im privaten und öffentlichen Bereich.

Werbung bedient sich all dieser Kommunikationsmittel und wäre ohne sie nicht vorstellbar.

In diesem Kapitel:

- erwerben Sie ein Grundwissen über Journalismus
- lernen Sie unterschiedliche Arten, Zeitungstexte zu verfassen, kennen
- beschäftigen Sie sich mit Gestaltungsmitteln der Medien und der Werbung
- lernen Sie, sich kritisch und kreativ mit Medien auseinanderzusetzen

Lerneinheit 1: Printmedien

Lerneinheit 2: Auditive, audiovisuelle und elektronische Medien

Lerneinheit 1
Printmedien

Gleich am Morgen wollen Sie sich über das Weltgeschehen informieren, die Fußballergebnisse erfahren und wissen, was sich in Ihrer näheren Umgebung ereignet hat.

Sie suchen einen Job, Mailbekanntschaften oder Sie wollen ein gebrauchtes Auto kaufen. Sie möchten einen Blick auf das Fernsehprogramm werfen und sich vergewissern, ob das Wetter so bleibt, wie es ist. Ihr Horoskop interessiert Sie. Sie wollen Tipps für Veranstaltungen und Events der nächsten Tage …

Und Sie möchten die Reihenfolge bestimmen, in der Sie diese Informationen aufnehmen. Sie lesen Zeitung! Ob in der Papiervariante oder in digitaler Version, bestimmen ebenfalls Sie.

In dieser Lerneinheit erfahren Sie einiges:

- **über den Aufbau eines Zeitungsartikels**
- **über das Medium „Zeitung"**
- **über die Arbeit eines Journalisten**

SbX

Alle SbX-Inhalte zu dieser Lerneinheit finden Sie unter der ID: 1510.

Lernen

1 Die Zeit wird gepresst.
Eine kurze Geschichte der Presse

die Gutenberg-Bibel: in der Zeit zwischen 1452 und 1454 gedruckt

Durch die **Nachrichtentechnik** und die **modernen Medien** können Informationen schnell vermittelt und verbreitet werden. Im Internet, durch Radio und Fernsehen können Sie sich jederzeit über Geschehnisse in aller Welt informieren. Vor der Erfindung und Verbreitung der Massenmedien waren allerdings sowohl die Übermittlung von Nachrichten als auch die Übertragung auf ein Medium schwierig und zeitaufwändig. Bei der langsamen Entwicklung von Massenmedien bot sich zunächst das **Papier** als Träger der Information an. Es musste nur noch eine Technik gefunden werden, Texte schnell zu vervielfältigen, denn einzelne handgeschriebene Zeitungen sind weder aktuell noch erreichen sie viele Leser/innen.

Morgenausgabe

Bereits im 11. Jahrhundert verwendete man in China **bewegliche Buchstaben** aus Holz und Keramik und im 15. Jahrhundert in Korea Buchstaben aus Metall, um Bücher zu **drucken.**

Die ersten Druckversuche mit beweglichen **Lettern** (= Buchstaben) aus Metall wurden im europäischen Raum von Johannes Gensfleisch, genannt **Gutenberg,** unternommen. Der mechanische Buchdruck revolutionierte die herkömmlichen Methoden der Buchproduktion und löste in Europa eine Medienrevolution aus. Doch erst der Ausbau der Papierherstellung und die Erfindung der **Druckerpresse** ermöglichten den Siegeszug der Presse/der Zeitungen. Erste Nachrichtenblätter entstanden, 1605 gab der Drucker Johannes Carolus die erste Wochenzeitung in Straßburg heraus. In vielen Ländern folgten Wochenzeitungen, Zeitschriften und Tageszeitungen.

Bewegliche Buchstaben

Die älteste noch bestehende Zeitung Österreichs ist die „Wiener Zeitung", die ab 1703 zunächst zweimal wöchentlich unter dem Titel „Wiennerisches Diarium" erschien.

die Zensur: behördliche Kontrolle und gegebenenfalls Verbot von Büchern, Filmen, Zeitungen usw. wegen bedenklicher Inhalte

Die Zeitungen unterlagen der **Zensur,** d. h., vor der Veröffentlichung wurden sie von Beamten kontrolliert, ob sie staatsfeindliche und/oder religionsfeindliche Inhalte aufwiesen. Solche Aussagen wurden gestrichen, umformuliert oder die Zeitung durfte nicht erscheinen.

Erst 1789 wurde in der Erklärung der Menschenrechte die **Pressefreiheit** anerkannt, doch noch heute werden in vielen Staaten kritische Journalistinnen und Journalisten an ihrer Arbeit gehindert, verfolgt, verschleppt und im schlimmsten Fall sogar ermordet.

Partnerarbeit

Ü 1: Menschenrechte und Pressefreiheit ★★

Informieren Sie sich in Geschichtsbüchern oder im Internet über die Erklärung der Menschenrechte. Sammeln Sie Argumente, warum die Pressefreiheit und die Meinungsfreiheit in einem Staat wichtig sind.

Gruppenarbeit

Ü 2: Vielfalt der Printmedien ★

Nennen Sie deutschsprachige Zeitungen und Zeitschriften und solche, die Sie aus Ihrem Heimatland und/oder Urlaubsland kennen.

das Impressum: Vermerk über Verleger/in, Druckerei und Redaktionen in Büchern, Zeitungen und Zeitschriften

Gestalten Sie in Gruppen ein Informationsplakat zu verschiedenen Zeitungen/Zeitschriften:

- Wo erscheinen sie?
- Seit wann gibt es diese Zeitungen/Zeitschriften?
- Was bedeuten ihre Namen?
- Was steht im Impressum?

2 Am Puls der Zeit

Wie wird berichtet?

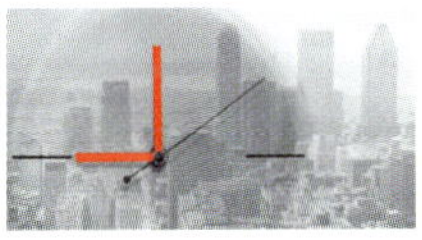

Weltgeschehen möglichst ohne Zeitverzögerung berichten

Die Presse spiegelt in ihrer Verschiedenartigkeit von Sprache und Inhalt die Weltereignisse und die unterschiedlichen Erwartungen ihrer Leser/innen wider. **Folgende Pressetypen werden unterschieden:**

- **Allgemeine Tagespresse, Wochenpresse, Monatspresse**

Zur allgemeinen Tagespresse zählt man die Tageszeitungen, die landesweit und/oder regional erscheinen. Bei manchen Zeitungen gibt es Morgen- und Abendausgaben. Nachrichtenmagazine erscheinen wöchentlich, monatlich oder in anderen regelmäßigen Abständen.

- **Fachpresse**

Zur Fachpresse zählt man Berufszeitungen, Vereinszeitungen, Zeitungen von Parteien und Institutionen, Zeitschriften zu bestimmten Hobbys (Modellbauer, Markensammler, Live-Rollenspieler …).

Die **Sensationspresse** wird auch **Yellow Press** genannt. In diesen Zeitschriften werden oft Berichte über Stars und Fotos von Prominenten aus der Star-, Adels- und Gesellschaftsszene veröffentlicht.

- **Presse mit zielgruppenorientierten Informationen**

Diese Art der Presse beschränkt die Nachrichten auf einen bestimmten, aktuellen Bereich, wie zum Beispiel Sport, Wirtschaft, Kultur, Unterhaltung. Sie wendet sich an klar begrenzte Zielgruppen wie Jugendliche, Frauen oder ältere Menschen.

- **Unterhaltungspresse**

In der Unterhaltungspresse finden sich Beiträge über Stars und Prominente, Erzählungen, Rätsel, Spiele, Beiträge über Kosmetik, Gesundheit, Tipps zur Freizeitgestaltung u. Ä.

Gruppenarbeit

Ü 3: Zeitgeschehen ★★

Bringen Sie Zeitungen und Zeitschriften in den Kurs mit. Ordnen Sie die Zeitungen den vier oben genannten Zeitungsarten zu.

Vergleichen Sie anhand mindestens dreier verschiedener Tageszeitungen folgende Punkte:

1. Wie viele Seiten hat die Zeitung?
2. In welchen Zeitungen/Zeitschriften gibt es das meiste Bildmaterial und was wird dadurch erreicht?

die Anzeige: Inserat; veröffentlichte private, geschäftliche oder amtliche Mitteilung

3. Wie viele Seiten entfallen auf folgende Bereiche:
   - Weltpolitik
   - Anzeigen
   - Kultur
   - Leserbriefe
   - Chronik
   - Sport
   - Comic
   - …
   - Werbung
   - Wirtschaft
   - Karikatur
   - …
4. Ist die Sprache leicht oder schwer zu verstehen? Werden viele Fremdwörter und Fachausdrücke verwendet?

Beim Durchblättern von Zeitungen wird Ihnen sicher auffallen, dass es verschiedene Formen von Texten gibt.

Folgende Textsorten kommen in Zeitungen häufig vor:

- tatsachenorientierte Textsorten

  Sie dienen der Information und geben, wie der Name sagt, Tatsachen und Ereignisse wieder. Dazu zählen zum Beispiel:
  - **Nachricht:** (kurze) Information über Ereignisse
  - **Bericht:** sachliche Wiedergabe eines Geschehens oder Sachverhalts. Lesen Sie den Bericht über den Helikopterabsturz in Input 3 dieser Lerneinheit.
  - **Meldung:** Kurznachricht
  - **Dokumentation:** Tatsachenbericht, der sich auf Originaltexte und zuverlässige Quellen bezieht.
  - **Interview:** von einem Journalisten geführtes Gespräch mit einer (bekannten) Persönlichkeit, in dem diese sich zu gezielten Fragen äußert. Lesen Sie das Interview mit Morton Rhue im Schritt **Üben** dieser Lerneinheit.
  - **Reportage:** Die Reportage ist eine tatsachenorientierte Textsorte. Der Journalist/Die Journalistin lässt aber im Vergleich zum sachlichen Bericht persönliche Beobachtungen einfließen, erzählt über Nachforschungen und schildert Hintergründe und Zusammenhänge. Der Leser/Die Leserin soll emotional betroffen sein oder unterhalten werden.

Interviews sind auch im Fernsehen und im Radio eine beliebte Form der Nachrichtenübermittlung.

- meinungsorientierte Textsorten

  Diese Texte spiegeln die persönliche Meinung des Autors wider und nicht immer die der Zeitungsredaktion. Zu ihnen zählen zum Beispiel:
  - **Leitartikel:** Der Leitartikel steht meist auf der ersten oder zweiten Seite einer Zeitung, stellt die Meinung eines Redakteurs/einer Redakteurin oder Chefredakteurs/Chefredakteurin zu einem aktuellen Thema dar und will auf die Meinungsbildung der Leser/innen einwirken.
  - **Kolumne:** von stets demselben Journalisten/derselben Journalistin verfasster, regelmäßig an einer bestimmten Stelle einer Zeitung/Zeitschrift veröffentlichter Beitrag
  - **Kommentar:** Er dient zur Erklärung von Zusammenhängen von Nachrichten, d. h., er informiert und interpretiert. Oft gibt es auch den Gastkommentar einer prominenten Persönlichkeit.
  - **Kunstkritik:** Meinung des Kunstkritikers/der Kunstkritikerin zu einem Theaterstück, einer Ausstellung, einem Konzert oder einem Film.
  - **Glosse:** Meist ein kurzer ironischer Text, in dem sich der Autor/die Autorin über ein aktuelles Geschehen oder eine politische Situation lustig macht.

- kreative Textsorten

  Diese Textsorten können Beiträge in **Gedichtform, Anekdoten, Kurzgeschichten, Fortsetzungsromane, Witze, Comics** etc. sein.

Gruppenarbeit

Ü 4: Textsorten in Zeitungen erkennen ★★★

Bilden Sie Gruppen. Jede Gruppe analysiert eine Tageszeitung und ordnet die Beiträge den tatsachenorientierten, meinungsorientierten und kreativen Textsorten zu.

- Welche Textsorten überwiegen?
- Wie unterscheiden sich die Textsorten voneinander (Aufbau, Sprache, Thematik etc.)?
- Welche Textsorten bevorzugen Sie beim Lesen und warum?

3 Die Nachricht

Wer? Was? Wo? Wann? Wie? Warum? Welche Folgen?

Eine Nachricht hat meist folgenden Aufbau:

Good News?

- **Dachzeile:** Sie steht über der Schlagzeile. Die Dachzeile kann auch fehlen.
- **Schlagzeile/Headline:** Die Schlagzeile reizt zum Lesen der Nachricht und gibt die wichtigste Information wieder.
- **Untertitel/Hauptüberschrift:** Der Untertitel steht nach der Schlagzeile und bietet Zusatzinformationen zu dieser. Der Untertitel kann aber auch fehlen.
- **Vorspann/Lead:** Der Vorspann fasst das Wichtigste des Ereignisses kurz zusammen.
- **Nachrichtenkörper/Hauptteil/Body:** In ihm befindet sich die ausführliche Darstellung mit Aussagen und/oder Stellungnahmen von Beteiligten sowie den Hintergründen.
- **Bildteil mit Untertitel:** Je nach Aktualität und Intention kann der Bildteil umfangreicher ausfallen oder auch entfallen.

die Intention: Absicht, Vorhaben

Wichtig für jeden Bericht/jede Nachricht ist: Er/Sie soll auf die **sieben W-Fragen** eingehen:

1. WER war/ist beteiligt?
2. WAS (ist) passiert?
3. WO ist es passiert/passiert es?
4. WANN ist es passiert/passiert es?
5. WIE ist es passiert/passiert es?
6. WARUM ist es passiert/passiert es?
7. WELCHE FOLGEN hatte/hat es?

Wie ist denn das passiert?

Einzelarbeit

Ü 5: Textteile erkennen ★★

Lesen Sie den folgenden Zeitungsartikel!

- Benennen Sie die Teile des Textes: Dachzeile, Schlagzeile …
- Beantworten Sie die sieben W-Fragen.

Partnerarbeit

Ü 6: Wie weit dürfen/sollen Journalisten/Journalistinnen gehen? ★★★

Diskutieren Sie über den Inhalt des Artikels „TV-Helis filmten den eigenen Crash".

Wo liegen Ihrer Meinung nach die Grenzen der Berichterstattung?

Filmtipps zum Thema Journalismus: **Citizen Kane** (Regie: Orson Welles), **Kronen Zeitung – Tag für Tag ein Boulevardstück** (Regie: Nathalie Borgers), **Good Night, And Good Luck** (Regie: George Clooney)

8 | INTERNATIONAL | KURIER SONNTAG, 29. JULI 2007

Vereinigte Staaten

TV-Helis filmten den eigenen Crash

Sie filmten eine Verfolgungsjagd am Boden – als zwei Hubschrauber über Phoenix kollidierten. Bilanz: Vier Tote.

Tragisches Ende: Fünf Helikopter übertrugen eine Verfolgungsjagd live im TV. Zwei stießen in der Luft zusammen. Die Mannschaften der anderen Hubschrauber filmten den Absturz weiter

Zwei TV-Hubschrauber sind am Freitag über dem Zentrum von Phoenix, Arizona, kollidiert. Bei dem spektakulären Unfall starben vier Menschen. Am Boden wurde niemand verletzt.

Bei den Toten handelt es sich um die beiden Piloten und zwei Kameramänner, teilten die Sender *KTVK* und *KNXV* mit. Aufnahmen aus einem dritten Hubschrauber von *Fox News* zeigten den Absturz am Rand eines Parks. Insgesamt waren zum Unglückszeitpunkt fünf Hubschrauber in der Luft.

Verfolgungsjagd Sie alle dokumentierten eine spektakuläre Verfolgungsjagd, die sich ein mutmaßlicher Autodieb mit der Polizei lieferte. Der Mann raste durch Phoenix und krachte mehrfach gegen andere Fahrzeuge.

Die Fernsehzuschauer bemerkten von dem Unglück in der Luft zunächst nicht viel. Der letzte Kommentar aus dem *KNXV*-Helikopter war: „Oh, Wahnsinn!", dann drehte sich plötzlich das Bild und wurde schwarz.

Kurz darauf berichteten die Hubschrauber anderer Fernsehsender, die auch gerade wegen der Verfolgungsjagd in der Gegend waren, live von dem Absturz. Nach Angaben der US-Flugsicherheitsbehörde (FAA) hatten die Piloten zum Zeitpunkt des Unfalls keinen Funkkontakt mit Kontrollstationen auf dem Boden, was in derlei Situationen allerdings normal sei.

Ein Augenzeuge, der in der Nähe der Absturzstelle auf dem Rasen vor einer Kirche in dem Park arbeitete, hatte die Kollision beobachtet. „Ich sagte dauernd nur ‚geh runter, geh runter', aber er tat es nicht", berichtete der Mann. „Und dann explodierten beide und überall flogen Trümmer umher."

(Kurier, 29. Juli 2007)

4 Arbeit einer Journalistin bzw. eines Journalisten
Wie die Nachricht zum Leser/zur Leserin kommt …

Wie gelangt der Journalist/die Journalistin an Nachrichten und wie gelangen diese in die Zeitung?

● **Nachrichtenagentur**
Ständige oder freie Mitarbeiter/innen in verschiedenen Ländern sammeln Informationen über aktuelle Ereignisse und verfassen darüber Berichte für ihre Agenturen. Die Nachrichtenagenturen versorgen die Zeitungen laufend mit Informationen. Die **Redakteure** beschließen dann, welche Nachrichten/Informationen für ihr Zielpublikum von Journalisten/Journalistinnen bearbeitet werden sollen.

der Redakteur/ die Redakteurin: Verantwortliche/r für einzelne Ressorts (Bereiche), also z. B. für Politik, Wirtschaft, Sport, Kultur

das Ressort: Aufgabengebiet, Arbeitsbereich

Bekannte Nachrichtenagenturen sind zum Beispiel APA (Austria Presse Agentur), AP (Associated Press), AFP (Agence France Press), dpa (Deutsche Presseagentur), UPI (United Press International).

● **Korrespondent/in**
Das sind Journalisten/Journalistinnen, die für einige Zeit im Ausland leben, dort Berichte sammeln und sie dann per E-Mail oder per Telefon an die Redaktion übermitteln. Oft arbeiten Korrespondenten/Korrespondentinnen gleichzeitig für Zeitungen, Fernsehen und Radio.

Antonia Rados ist eine preisgekrönte österreichische Fernsehjournalistin, die jahrelang als Auslandskorrespondentin tätig war und auch schon einige Bücher über ihre Erlebnisse verfasste.

● **Presseinformationen**
Parteien, Politiker/innen, große Wirtschaftsunternehmen, Theater, Polizei etc. haben Pressesprecher/innen bzw. Mitarbeiter/innen, die für die Öffentlichkeitsarbeit verantwortlich sind. Diese verfassen Presseinformationen, z. B. über bevorstehende Ereignisse sowie über bereits vergangene Veranstaltungen. Sie können auch bewusst Informationen zurückhalten.

● **Freie und/oder ständige Mitarbeiter/innen**
Es gibt auch zahlreiche Mitarbeiter/innen bei einer Zeitung, die Informationen von Einzelpersonen nachgehen, anonymen Hinweisen folgen, Recherchearbeit betreiben, Gerüchte nachprüfen, Zeugen befragen und so Nachrichten und/oder Zusatzinformationen liefern. Es passierte schon manchmal, dass Journalisten/Journalistinnen z. B. einen Umweltskandal, einen Wirtschaftsskandal o. Ä. aufdeckten.

die Recherche: Nachforschung, Ermittlung, Suche nach bestimmten Informationen

Je nach der Aktualität des Ereignisses und dem regionalen Bezug gestalten die Journalistinnen und Journalisten und wählen die Redakteurinnen und Redakteure einen Beitrag für das Zielpublikum ihrer Zeitung oder Zeitschrift aus.

Gruppenarbeit

Ü 7: Kerninformation ★★
Lesen Sie die folgenden Artikel zur Untersuchung von DNA-Spuren aus drei unterschiedlichen Zeitungen. Fassen Sie die Kerninformation aus jedem Artikel in jeweils drei Sätzen zusammen. Vergleichen Sie dann die von Ihnen herausgefilterten Kerninformationen in der Gruppe.

Gruppenarbeit

Was steht da geschrieben?

Zusatzinformation: Die Artikel erschienen ca. 6 Wochen vor der vorverlegten Nationalratswahl 2008 in Österreich.

Ü 8: Gestaltungsmittel und Sprache ★★★
Analysieren Sie die drei Artikel nach folgendem Schema:

1. Vergleichen Sie die Schlagzeilen und Dachzeilen: Was vermitteln sie der Leserin bzw. dem Leser? Vergleichen Sie den sachlichen Informationsgehalt und die Wirkung der Aussagen auf die Emotionen der Leserinnen und Leser. Welche Assoziationen werden hergestellt?
2. Vergleichen Sie den Bildteil: Unterstützen die Fotos und deren Untertitel den sachlichen Informationsgehalt oder leiten Sie das Zielpublikum in eine bestimmte „Denkrichtung"?
3. Was erfahren die Leserinnen und Leser im Untertitel, was im Vorspann?
4. Wie wird im Hauptteil das Ereignis dargestellt?
   - Gibt es Stellungnahmen von involvierten Personen?
   - Welche Hintergrundinformationen und Zusatzinformationen werden genannt?
   - Werden die W-Fragen beantwortet?

die Assoziation: Verknüpfung von Vorstellungen

involviert: eingeschlossen, verwickelt

5. Schreiben Sie Fremdwörter aus den Texten und schlagen Sie die Wörter im Fremdwörterlexikon nach. Welche Unterschiede gibt es in der Sprachstruktur (Länge der Sätze, Gliedsätze, Satzverbindungen) der unterschiedlichen Artikel?
   Welcher Text ist für Sie leicht, welcher schwer zu verstehen? Begründen Sie Ihre Meinung.
6. Welcher Artikel bietet rein sachliche Informationen, welcher ist meinungsbildend?

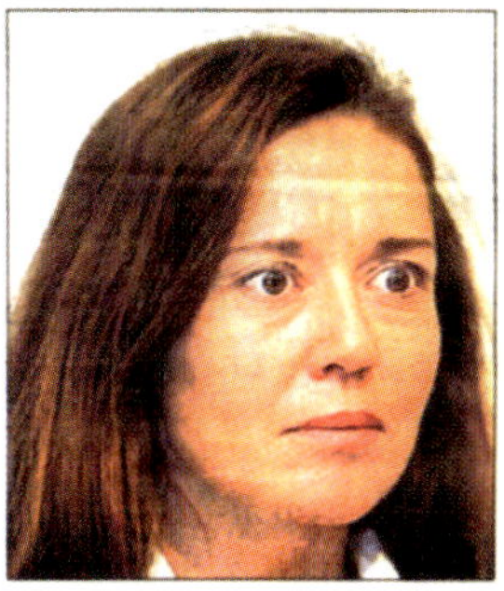

Die Chefin des Bundeskriminalamtes Dr. Andrea Raninger.

Nach Anstieg der Jugendkriminalität und der Taschendiebstähle

Jetzt gibt es plötzlich Geld für Untersuchung von DNA-Spuren

Nach dem Anstieg der Jugendkriminalität (plus 30 Prozent!) und der Taschendiebstähle gibt es jetzt plötzlich mehr Geld für die Untersuchung von DNA-Spuren. Österreich hat zwar eine der drei größten DNA-Datenbanken der Welt, aber nicht genug Geld, um alle sichergestellten Spuren mit den gespeicherten 110.000 DNA-Profilen von Tatverdächtigen zu vergleichen.

Fotos: Peter Tomschi, Christof Birbaumer

Im Institut für Gerichtsmedizin in Innsbruck werden die DNA-Proben von Experten untersucht

Das Innenministerium hat jetzt das DNA-Budget für 2008 um 734.000 Euro verdoppelt. Innenminsterin Dr. Maria Fekter: „Damit können zusätzlich 2900 Spuren ausgewertet werden." Im Innenministerium werden jährlich zwischen 11.000 und 13.000 Mundhöhlenabstriche von Tatverdächtigen überprüft.

VON ERICH SCHÖNAUER

Die Chefin des Bundeskriminalamtes, Dr. Andrea Raninger: „Die DNA-Datenbank, die seit Oktober 1997 in Österreich aufgebaut wurde, zählt zu den drei größten der Welt. Es handelt sich um eines der effizientesten Mittel zur Bekämpfung der Kriminalität. In 40 Prozent der Fälle führt ein DNA-Test zum Täter."

In einem Pilotprojekt des Innenministeriums in Zusammenarbeit mit der Gerichtsmedizin Innsbruck sollen nun ab 1. Oktober in der Tiroler Landeshauptstadt erstmals bei jedem Tatort DNA-Spuren gesichert und ausgewertet werden. Auch wenn es sich nur um eine Sachbeschädigung oder einen Taschendiebstahl handelt. Bisher war das aus Kapazitäts-Gründen oft nicht möglich.

DNA-Analysen

Mehr Spuren sichern als sparen

Das Innenministerium stellt zusätzlich 734.000 € bereit. In Innsbruck wird probeweise jeder Tatort analysiert.

VON **PETER GROLIG**

Es ist der Traum jedes Polizisten: An ausnahmslos jedem Tatort werden DNA-Spuren gesichert, ebenso ausnahmslos wird jede Spur im Labor ausgewertet. Wahr wird dieser Traum heuer im letzten Quartal, wenn auch nur in Innsbruck, im Rahmen eines Pilotprojektes.

KURIER-Leser kennen die Vorgeschichte: Wiener Kriminalisten beklagten, dass nur etwa 20 Prozent des von ihnen sichergestellten DNA-Materials analysiert würde. Wobei die untersuchten Spuren in 39 Prozent aller Fälle zu ihrem Verursacher führen. In Innsbruck soll nun überprüft werden, ob eine Steigerung der Analysen auch zu mehr Erfolgen führt. Zudem will man durch Vergleiche herausfinden, welche Delikte von welchem Täter-Typus verübt werden, ob also etwa ein Räuber auch Zigarettenautomaten knackt. Das soll wiederum die sinnvolle Gewichtung des Einsatzes von „Kommissar DNA" bewerten helfen, so die Direktorin des Bundeskriminalamts (BK), Andrea Raninger.

Bei der Präsentation der Studie anlässlich eines Blitzbesuchs im BK am Dienstag schlug Innenministerin Maria Fekter (VP) Wahlkampftöne an: Sie habe dafür gesorgt, dass das DNA-Budget ihres Ressorts heuer noch um 734.000 € aufgestockt wird. Dadurch könnten 2900 Spuren mehr als im Vorjahr ausgewertet werden. Heuer werden allerdings, so Fekter, in Summe wahrscheinlich weniger DNA-Analysen als sonst in den Gerichtsmedizinischen Instituten in Innsbruck, Salzburg und Wien durchgeführt. Dies habe SP-Justizministerin Maria Berger zu verantworten, weil diese ihre Ausgaben halbiert habe.

PETER SCHAFFER

Besuch: Fekter mit BK-Chefin Raninger

Preisfrage Konter des Berger-Ressorts: „Bei der Verbrechensaufklärung wird nicht gespart." Auf Beamtenebene sei vereinbart, dass das Innenministerium künftig die Vorfinanzierung aller Proben übernehmen soll. So könnten aus alten, im Herbst aber neu zu verhandelnden Verträgen bessere Preise erzielt werden. Die Justiz sollte ihren Beitrag „nachzahlen". Das zugesagte politische Statement des Innenministeriums stehe aus, hieß es.

Michaela Schnell von der Staatsanwaltschaft (StA) Wien sagte dem KURIER, „dass es keinen ‚Sparerlass' gibt". Vielmehr sehe das Gesetz vor, dass die Analyse prinzipiell ***„der Kriminalpolizei aus Eigenem obliegt"***. „In der Praxis lässt die Polizei die ‚Beste' von sechs an einem Tatort gefundenen Spuren auswerten und ersucht uns, die anderen fünf analysieren zu lassen, dann freilich auf unsere Kosten", so ein Justiz-Insider.

Im Vorjahr haben beide Ministerien 9063 DNA-Tatortspuren analysieren lassen. In der 1997 in Österreich eingeführten DNA-Datenbank sind derzeit 110.000 Personen und 55.000 Tatortspuren erfasst.

(Text 1: Kronen Zeitung, 13. August 2008; Text 2: Kurier, 13. August 2008)

Streit um Rückgang von DNA-Auswertungen

Die Auswertungen von DNA-Spuren in Kriminalfällen sind massiv zurückgegangen. Über den Grund streiten Innenministerin und Justizministerin. Faktum ist, dass die Polizei günstigere Laborverträge hat als die Justiz.

Sofia Khomenko
Markus Peherstorfer
Michael Simoner

Wien – Außer dem Vornamen haben Innenministerin Maria Fekter (ÖVP) und Justizministerin Maria Berger (SPÖ) derzeit wenig gemeinsam. Im jüngsten regierungsinternen Konflikt geht es um DNA-Analysen zur Verbrechensbekämpfung. Fekter wirft Berger vor, die Auswertung von genetischen Fingerabdrücken aus Kostengründen „eingefroren" zu haben, genauer gesagt: im Vergleich zum Vorjahr um 57 Prozent zurückgeschraubt zu haben. Das werde sich negativ auf die Aufklärungsrate auswirken, warnte die Innenministerin am Dienstag.

Berger wiederum bezeichnete den Vorwurf als „Wahlkampfgetöse" und versicherte über ihre Sprecherin Christine Stockhammer: „Die Strafverfolgung bleibt in vollem Maße gewährleistet, keine DNA-Probe, die in einem Kriminalfall auftaucht, bleibt aus Kostengründen liegen."

WISSEN

Gesuchte Gene und „Cold Hits"

In der österreichischen DNA-Datenbank sind rund 110.000 genetische „Fingerabdrücke" von Verdächtigen sowie 55.000 Tatortspuren gespeichert. Damit ist sie weltweit die fünftgrößte nach den USA, Großbritannien, Deutschland und Frankreich. Seit Gründung der heimischen Gensammlung 1997 wurden mehr als 8000 Straftaten geklärt und 6000 Verdächtige ausgeforscht. 40 Prozent aller Tatortspuren führen zur Klärung der Straftat. Etwa 90 Prozent der geklärten Delikte sind sogenannte „Cold Hits" – also Straftaten, die mangels Verdächtiger oder anderer Spuren nicht hätten geklärt werden können. Eine ausgewertete DNA-Spur (Speichel, Blut, Sperma, Schweiß, Haare) gilt nicht als gesichertes Beweismittel, sondern als be- oder entlastendes Indiz. Seit heuer sind zur Klärung schwerer Verbrechen Massenscreenings zulässig. (simo)

Gerichtsmedizin bestätigt

Wer es genau wissen müsste, sind die gerichtsmedizinischen Institute in Innsbruck, Salzburg und Wien, wo von der Polizei gesammelte biologische Spuren ausgewertet werden. DER STANDARD fragte nach: „Der Rückgang stimmt", sagt Franz Neuhuber. Er ist Molekularbiologe und leitet das DNA-Labor an der Salzburger Gerichtsmedizin. Ein Rückgang von 50 Prozent gegenüber dem Vorjahr bei in Auftrag gegebenen DNA-Analysen sei plausibel, auch wenn es zwischen den einzelnen Gerichten große Unterschiede gebe. Auf die Qualität der Rechtsprechung habe dieser Sparkurs schlimme Auswirkungen: „Viele Spuren, die verwertbar wären, bleiben einfach liegen", sagt Neuhuber. Einen „rigorosen Sparkurs" fahre die Justiz auch bei gerichtsmedizinischen Gutachten und Obduktionen, erklärt die Leiterin der Salzburger Gerichtsmedizin, Edith Tutsch-Bauer.

Auch im Wiener DNA-Zentrallabor des Departments für Gerichtliche Medizin wurde ein Rückgang der Aufträge bestätigt. Allerdings könne man keine prozentuellen Angaben machen, hieß es. In Innsbruck war am Dienstag niemand zu erreichen, der verlässliche Angaben machen konnte.

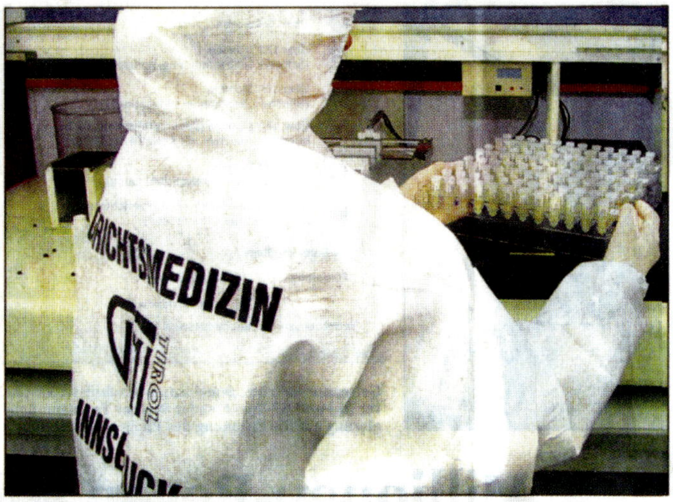

Genanalyse an der Gerichtsmedizin Innsbruck. Ab Herbst werden hier im Rahmen eines gemeinsamen Projektes mit dem Bundeskriminalamt Spuren jedes Delikts in Innsbruck untersucht. Foto: APA

In Innsbruck startet jedenfalls im Herbst ein gemeinsames Projekt von Bundeskriminalamt und Gerichtsmedizin, bei dem erstmals bei allen Straftaten DNA-Spuren gesichert und ausgewertet werden – „auch wenn nur ein Zigarettenautomat aufgebrochen wird", kündigte die geschäftsführende Direktorin des Bundeskriminalamtes, Andrea Raninger, an. Ressortchefin Fekter hat dafür 70.000 Euro zugesagt. Die Polizei hofft dadurch, neue Erkenntnisse zu unterschiedlichen Deliktszusammenhängen (Klein- und Schwerkriminalität) zu gewinnen.

Dass die wissenschaftlich begleitete Kooperation ausgerechnet in Innsbruck stattfindet, hat laut Fekter „rein gar nichts" damit zu tun, dass ihr Vorgänger Günther Platter (VP) nun Landeshauptmann von Tirol sei. Das DNA-Budget des Innenministeriums werde generell um eine Dreiviertelmillion Euro aufgestockt – als „Ausgleichsmaßnahme" zum Sparkurs des Justizministeriums, so Fekter.

Grundsätzlich tragen Innen- und Justizressort gemeinsam die Kosten für DNA-Auswertungen. Aber: Nur die Polizei hat Kontingentverträge mit den Labors, was die Kosten auf rund 255 Euro pro Probe drückt. Von Staatsanwaltschaften in Auftrag gegebene Auswertungen sind hingegen wesentlich teurer, weil es noch keine Pauschalverträge mit der Justiz gibt. Auf Beamtenebene wurde bisher erfolglos versucht, die Kosten gerechter aufzuteilen.

Gewaltschutzgesetz

Die zweite große interministerielle Baustelle, die Novelle zum Gewaltschutzgesetz, bleibt ebenfalls offen. Beim Sonderministerrat *(siehe auch Seite 7)* gab es keine Einigung, aber immerhin wurden weitere Gespräche vereinbart.

(Text 3: Standard, 13. August 2008)

Sie haben erfahren, wie und woher Journalisten und Journalistinnen ihre Informationen erhalten. Doch wer entscheidet, über welche Ereignisse in welcher Zeitung in welchem Ausmaß berichtet wird?

Die **Zeitungslinie** bestimmt, welche Nachrichten bearbeitet werden, das heißt, die Redakteure und Redakteurinnen orientieren sich an der **Erwartungshaltung ihres Zielpublikums.** Wollen die Leser und Leserinnen mehr sachliche Informationen, zum Beispiel über Politik und Wirtschaft, oder mehr Klatsch und Unterhaltung?

(Print-)Medien sind entweder unabhängig oder sie vertreten auf bestimmte Gruppen bezogene Ansichten und Denkweisen. Auch das beeinflusst die Auswahl der Nachrichten und den Umfang der Berichterstattung.

Bei topaktuellen, für die Allgemeinheit oder für eine regionale Leserschaft wichtigen Ereignissen werden manchmal andere, bereits fertige Beiträge gekürzt, von ihrem in der Zeitung vorgesehenen Platz verschoben oder ganz weggelassen, um die Aktualität oder Gewichtung der Berichterstattung zu garantieren.

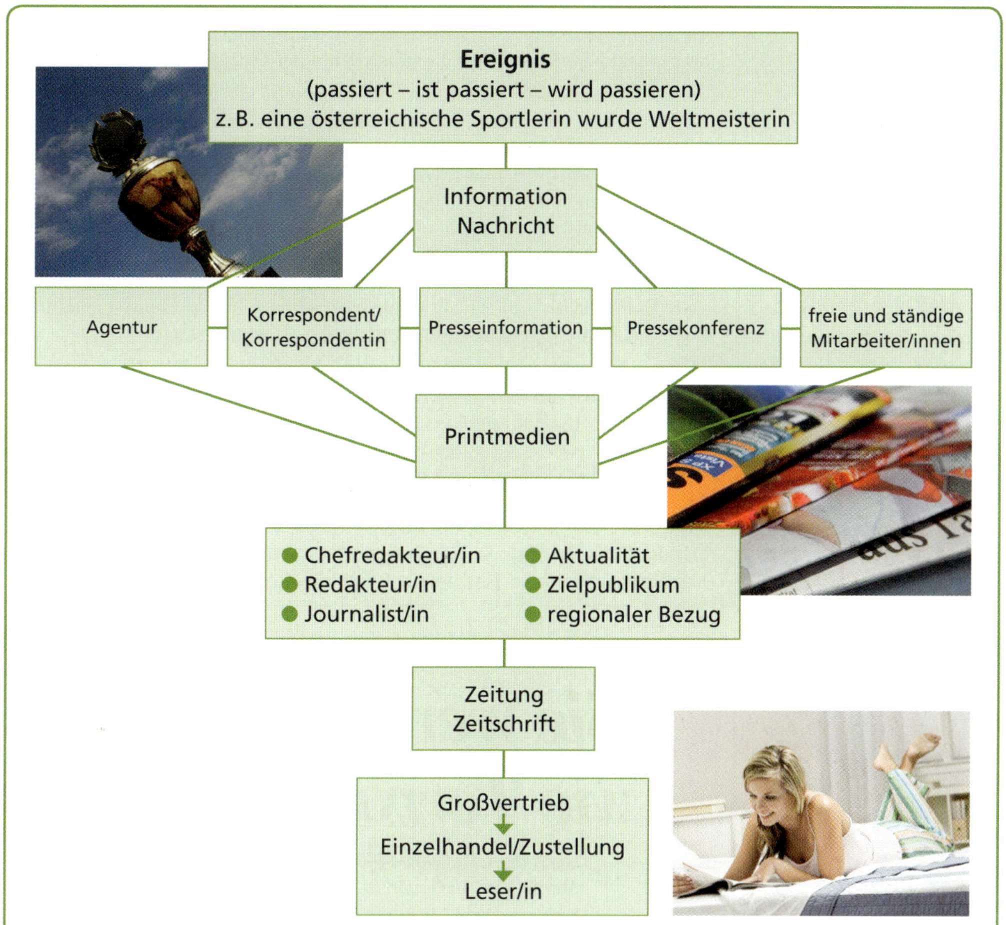

Der Weg vom Ereignis zur Nachricht

Üben

SbX ID: 1512

Einzelarbeit

Ü 9: Bericht schreiben ★★

Lesen Sie das Nachwort zum Roman „Boot Camp" und das Interview mit Morton Rhue. Fassen Sie das Interview und das Nachwort in einem Bericht zusammen. Achten Sie dabei auf die Einbeziehung der sieben W-Fragen.

Nachwort zu „Boot Camp"

In den USA gibt es sogenannte Boot Camps für Teenager. Manche Leute haben davon gehört, aber nur wenige wissen, was das wirklich ist und wie es funktioniert. Man muss nicht eines Verbrechens überführt worden sein, um in ein solches Camp gesteckt zu werden. Man muss überhaupt nichts Kriminelles getan haben. Es genügt, minderjährig zu sein. Niemand kann genau sagen, wie viele solcher Boot Camps es gibt; Schätzungen zufolge liegt die Zahl zwischen 50 und 100. Die meisten meiden die Öffentlichkeit und bieten ihre Dienste lieber privat oder durch Mundpropaganda an. Einige dieser Institutionen unterhalten ihre Camps außerhalb der USA - insbesondere in Mittelamerika und der Karibik, aber auch in Thailand und auf den Philippinen -, um die US-amerikanischen Gesetze zu umgehen, die die Misshandlung von Jugendlichen verbieten.

Dennoch ist die Misshandlung von Teenagern in Boot Camps gut dokumentiert. Tag für Tag müssen die Jugendlichen dort enorme körperliche Strapazen erdulden, bei extremer Hitze oder Kälte stundenlang marschieren oder andere Drillübungen über sich ergehen lassen. Das Essen ist oft praktisch ungenießbar und die ärztliche Betreuung ist mangelhaft. In den vergangenen zwanzig Jahren sind fast vierzig junge Menschen im Alter von dreizehn bis siebzehn in Boot Camps gestorben - nicht selten an den Folgen von körperlicher Misshandlung, schlechter Ernährung und Vernachlässigung. […]

Die Nachfrage nach den Dienstleistungen solcher Camps ist so groß, dass manche dieser Einrichtungen, die sich selbst als »Spezialschulen« oder »Institute für Verhaltensänderung« bezeichnen, bis zu 40 000 Dollar pro Jahr berechnen. Die Aufenthaltsdauer der Insassen beträgt im Durchschnitt ein bis drei Jahre.

»Schwer erziehbare« Jugendliche bilden gewiss die Hauptgruppe der Betroffenen, aber die Camps sind nicht sehr zimperlich, wenn es darum geht, zu entscheiden, wen sie aufnehmen; das können auch schwangere Mädchen oder Teenager sein, die als »depressiv«, »schlecht in der Schule«, »hyperaktiv«, »unaufmerksam«, »Schulschwänzer«, »emotional unausgeglichen« oder »unmotiviert« bezeichnet werden. In einem Fall wurde eine 17-jährige in ein bekanntes Boot Camp gesteckt, weil ihr Freund von ihren Eltern als »unpassend« erachtet wurde. Viele Teenager haben depressive Phasen, sind unmotiviert oder emotional unausgeglichen, und falls ihre Eltern beschließen sollten, sie fortzuschicken, haben sie keine rechtlichen Möglichkeiten, sich dagegen zu wehren. Tatsächlich heuern Eltern oft professionelle Entführer an – die es allerdings vorziehen, »Transporteure« genannt zu werden -, von denen sie ihre Kinder in der gewünschten Einrichtung abliefern lassen.

Einmal im Boot Camp, sind die Jugendlichen komplett von der Außenwelt abgeschnitten. Sie dürfen mit niemandem außer ihren Eltern Kontakt haben, und die hat man bereits vorgewarnt: Klagen über körperliche Misshandlungen seien bloß Versuche ihres Kindes, sie zu »manipulieren«. Damit die Insassen dieser Camps den Eindruck gewinnen, die Welt innerhalb der Institution sei das einzig Wichtige, wird ihnen der Zugang zu Informationen von außen und zu allem anderen, was gerade unter Jugendlichen Mode ist, verweigert. Sobald sie volljährig sind, dürfen Jugendliche das Camp verlassen, wenn sie wollen. Wer jünger ist, hat dagegen keine Chance. Sollten Eltern aus irgendeinem Grund zu dem Schluss kommen, dass sie von ihrem Kind genug haben, können sie es in ein Boot Camp verbannen. Das Kind hat keinerlei Rechte, sie daran zu hindern.

Sie werden in Boot Camps wie Terroristen behandelt"

Nach dem Tod des 14-jährigen Martin Lee Anderson in einem Erziehungslager für junge Straftäter in Florida wird wieder über Boot Camps diskutiert. Alexander Müller hat den US-Jugendbuchautor Morton Rhue zum Frühstück getroffen, der diese Lager zum Titel seines neuen Romans macht.

SCHÜLERSTANDARD: *Herr Rhue, wie sieht Ihr Arbeitsalltag aus?*
Morton Rhue: Ich arbeite den ganzen Tag, wie andere Menschen auch, mit dem Unterschied, dass ich jederzeit ein Nickerchen machen kann, weil ich keinen Boss habe.

SCHÜLERSTANDARD: *Ist es ein harter Job?*
Rhue: Ja und nein. Ich kann zwar machen, was mir gefällt, habe aber Abgabetermine und muss mir laufend neue, gute Storys ausdenken. Hart ist heute jeder Job.

SCHÜLERSTANDARD: *Warum schreiben Sie für Jugendliche?*
Rhue: Ein Grund ist sicher, dass ich viele Jugendliche kenne und weiß, was sie durchgemacht haben.

SCHÜLERSTANDARD: *So wie Sie selbst auch in Ihrer Jugend?*
Rhue: Na ja, ich habe schwierige Zeiten durchlebt, hatte aber ein gutes Zuhause und musste nicht vor den Nazis flüchten. Doch ich war ein Außenseiter.

SCHÜLERSTANDARD: *Was wollen Sie mit ihren Büchern, die immer andere Jugendprobleme ansprechen, erreichen?*
Rhue: Ich versuche ein Bewusstsein dafür zu schaffen, warum manche Sachen passieren. Gerade Jugendliche aus behüteten Familien sollten sich damit auseinander setzen. In „Ich knall euch ab" zeige ich, wie zwei Burschen dazu getrieben werden, andere mit Waffen zu bedrohen – sie werden gemobbt und sind die Außenseiter der Schule.

SCHÜLERSTANDARD: *Sie schildern darin den Amoklauf 1999 in der Columbine High School in Littleton (Colorado), bei dem die Burschen zwölf Mitschüler, einen Lehrer und schließlich sich selbst getötet hatten. Wie kann man solchen Taten entgegenwirken?*
Rhue: Man muss Kindern sehr früh beibringen, dass man andere nicht mobbt. Diesen Prozess darf man nicht verschlafen. Denn wenn es zu spät ist, passiert es plötzlich, dass einer zusticht oder abdruckt.

SCHÜLERSTANDARD: *In Ihrem neuen Roman „Boot Camp" beschreiben Sie, wie Connor (16) – weil er seine Lehrerin liebt – in ein Lager für schwer erziehbare Jugendliche gesteckt und brutal misshandelt wird. Wie kamen Sie auf das Thema?*
Rhue: Beim Lesen einer amerikanischen Zeitung bin ich auf einen Artikel über Guantánamo Bay gestoßen, wo die USA Terroristen ohne Anklage und Zeitlimit festhält. In einem anderen Teil der Zeitung entdeckte ich dann einen Text über solche Erziehungslager, wo jugendliche Straftäter ebenfalls ohne Schuldspruch festgehalten werden und nicht wissen, wie lange. Sie werden in Boot Camps so wie diese fremden Terroristen in Guantánamo Bay behandelt. Darüber ist es wert zu schreiben.

SCHÜLERSTANDARD: *Wie liefen die Recherchen dazu ab?*
Rhue: Es war sehr schwierig, Details zu bekommen, denn diese Lager lassen weder Besuch noch Kontakt zu und geben sich privat. Ich habe großteils im Internet recherchiert, wobei es mir wichtig war, die Authentizität zu erhalten.

SCHÜLERSTANDARD: *Hinter Straftaten steckt oft Gruppendruck. Welchen Stellenwert hat die Gruppe für die Jugend heute?*
Rhue: Einen sehr hohen. Jugendliche fühlen sich fast genötigt, einer Gruppe anzugehören. Sie sind gefährdet, alles zu tun – auch wenn sie es selbst gar nicht wollen –, um die Anerkennung zu behalten. Es ist beängstigend, nicht Teil einer Gruppe zu sein und zu wissen, dass man für sich selbst denken und entscheiden muss. Zu erkennen, dass man dazu fähig ist, ist wichtig.

SCHÜLERSTANDARD: *Haben Sie einen Appell an Jugendliche und ihre Eltern?*
Rhue: Toleriert alle, auch wenn sie anders sind. Und gibt es ein Autoritätsproblem, dann auch, weil Eltern immer weniger Zeit haben.

SCHÜLERSTANDARD: *War „Boot Camp" Ihr letztes Buch?*
Rhue: Nein, sicher nicht. Das nächste wird von Kindern in Straßengangs handeln.

ZUR PERSON

Morton Rhue (geb. 1950 in New York), studierte Literatur und verdiente seinen Lebensunterhalt als Straßenmusiker in Europa, später als Journalist. Bekannt wurde er im deutschsprachigen Raum mit „Die Welle". Seine Tochter Lea ist 21, Sohn Geoff 18. Rhue lebt auf Long Island. *F: Cremer*

(Der Standard, 21. März 2006)

Einzelarbeit

Ü 10: Bericht ★★★

Verfassen Sie einen Bericht über eine vergangene Projektpräsentation, eine Theateraufführung, eine Veranstaltung an Ihrem Arbeitsplatz etc.

Achten Sie darauf, dass in Ihrem Bericht alle wichtigen Informationen enthalten sind.

Einzelarbeit

Ü 11: Text für eine Zeitung ★★★

Verfassen Sie einen Bericht, eine Reportage über ein Projekt, ein Event, einen Workshop, ein Ereignis, das Sie neulich erlebt haben.

Schreiben Sie Ihren Text für eine Lokalzeitung. Achten Sie bei Ihrem Stil und bei der Auswahl der Fotos auf Ihr Zielpublikum.

SbX
ID: 1512

Weitere Übung im SbX

Ü 12: Reportage ★★
Unterscheiden Sie in der Reportage „Wer redet da von Ghetto?" zwischen meinungsbetonter und sachlicher Information.

Sichern

die Textsorten in Printmedien

In Zeitungen und Zeitschriften gibt es verschiedene Formen von Texten. Man unterscheidet:
- **tatsachenorientierte Textsorten** wie Nachricht, Bericht, Dokumentation, Interview oder Reportage
- **meinungsorientierte Textsorten** wie Leitartikel, Kolumne, Kommentar oder Glosse
- **kreative Textsorten** wie Anekdote, Kurzgeschichte, Sketch oder Lyrik

der Aufbau einer Nachricht

Eine Nachricht besteht aus folgenden Elementen:
- **Dachzeile:** Sie steht über der Schlagzeile.
- **Schlagzeile/Headline:** Reizt zum Lesen des Berichts und gibt die wichtigsten Informationen wieder.
- **Untertitel/die Hauptüberschrift:** Zusatzinformationen zur Schlagzeile
- **Vorspann/Lead:** Fasst das Wichtigste kurz zusammen.
- **Nachrichtenkörper/Hauptteil/Body:** Ausführliche Darstellung mit Stellungnahmen von Beteiligten und Hintergrundinformationen
- **Bildteil mit Untertitel**

die Gutenberg-Bibel

Die Gutenberg-Bibel war die erste Bibel, die in der Zeit zwischen 1452 bis 1454 mit beweglichen Lettern (Buchstaben) von Johannes Gensfleisch, genannt Gutenberg, gedruckt wurde.

die Korrespondenten

Ein Korrespondent ist ein Journalist/eine Journalistin, der/die für einige Zeit **im Ausland Berichte** sammelt und sie an Zeitungen, Fernsehen oder Radio übermittelt.

die Nachrichtenagentur

Eine Nachrichtenagentur ist eine Institution, deren Mitarbeiter/innen **Informationen über aktuelle Ereignisse** sammeln, welche die Agentur an Zeitungen weiterleitet.

die Presseinformation

Presseinformationen werden z. B. von **Parteien, Unternehmen, Veranstaltern** an die Medien weitergegeben und informieren über bevorstehende oder vergangene Ereignisse, die für die Öffentlichkeit von Interesse sind.

die Zensur

Unter Zensur versteht man die **behördliche Kontrolle** und gegebenenfalls das **Verbot** von Büchern, Filmen, Zeitungen usw. hinsichtlich ihrer gesetzlichen, sittlichen und religiösen Inhalte.

die W-Fragen

Die sieben W-Fragen, die jeder Bericht beantworten sollte, sind:
- Wer?
- Was?
- Wo?
- Wann?
- Wie?
- Warum?
- Welche Folgen?

Wissen

Wissensfragen und -aufgaben

W 1: Projektvorschlag
Verfolgen Sie ein bis drei Wochen die Berichterstattung in mehreren Tageszeitungen.

Schneiden Sie die Artikel (Nachrichten, Titelstory, Leitartikel …) zu denselben Ereignissen aus den Zeitungen aus. Gestalten Sie damit Plakate. Vergleichen Sie die unterschiedliche Art der Berichterstattung.

Gibt es Schlagwörter/Reizwörter, die immer wieder verwendet werden?

Sind die Texte tatsachenbetont oder meinungsbetont?

W 2: Vergleich von Berichten
Nehmen Sie an einem Tag unterschiedliche Tageszeitungen in den Kurs mit. Vergleichen Sie die Berichte zu ein und demselben Ereignis. Einigen Sie sich vorher über das zu besprechende Ereignis.

- Vergleichen Sie die Dachzeilen, Schlagzeilen, Bilder …
- Auf welcher Seite in der Zeitung befindet sich die Nachricht (Titelblatt, erste, zweite Seite, Internationales, Chronikteil …)?
- Vergleichen Sie die Beantwortungen der sieben W-Fragen bei der jeweiligen Nachricht.
- Gibt es inhaltliche Unterschiede?
- Gibt es Unterschiede in der Länge der Artikel?

Besprechen Sie gemeinsam die Parallelen und die Unterschiede in der Berichterstattung.

W 3: Fremdwort-Spiel für Zeitungsprofis
Bilden Sie Kleingruppen. Jede Gruppe wählt ein Ressort (z. B. Wirtschaft, Politik, Sport) aus der Zeitung und sucht darin zehn unbekannte Fremdwörter. Schreiben Sie mithilfe eines Lexikons die richtige Bedeutung heraus. Anschließend erfinden Sie drei weitere (falsche, aber echt klingende) Erklärungen, die Sie dann den anderen Gruppen vorlesen.

Wenn eine Gruppe die richtige Bedeutung NICHT errät, bekommen die Fragensteller einen Punkt. Die Gruppe mit den meisten Punkten hat gewonnen.

Ein kurzer Wissens-Check, bevor's weitergeht!

Wissens-Check

	☺	😐	☹
Ich weiß, welche Arten von Zeitungen/Zeitschriften es gibt.			
Ich kenne mindestens drei tatsachenorientierte Textsorten.			
Ich kenne mindestens drei meinungsorientierte Textsorten.			
Ich kenne mindestens drei kreative Textsorten.			
Ich weiß über den Aufbau eines Zeitungsberichts Bescheid.			
Ich kenne die sieben W-Fragen.			
Ich weiß, wie Journalisten/Journalistinnen zu den Nachrichten gelangen.			
Ich weiß, was Zensur bedeutet.			
Ich kann eine kurze Presseinformation schreiben.			

SbX
Alle SbX-Inhalte zu dieser Lerneinheit finden Sie unter der ID: 1520.

auditiv: das Hören betreffend

Lerneinheit 2

Auditive, audiovisuelle und elektronische Medien

Werden Sie am Morgen durch einen schrillen Klingelton oder durch Musik geweckt? Lesen Sie die Tageszeitung am Frühstückstisch oder im Bus auf dem Weg in die Arbeit? Informieren Sie sich morgens im Internet oder kommen Sie manchmal zu spät in die Arbeit, weil Sie sich nicht von Ihrer Lieblingsserie im Fernsehen losreißen können?

In dieser Lerneinheit erfahren Sie:

- **wie vielfältig Medien genutzt werden können**
- **welche Gefahren mit dem Medienkonsum verbunden sind**
- **wie Werbung Wünsche weckt**
- **was Waren wert werden, wenn Werbung wirklich wirkt**

Lernen

SbX ID: 1521

auditive Medien: Hörmedien

audiovisuelle Medien: Seh- und Hörmedien

1 Medien gestern und heute

Geschichte vom Hören und Sehen

In den 1920er-Jahren wurden die ersten Radioprogramme in den USA und in Europa ausgestrahlt, ab 1935 gab es einen regelmäßigen Fernseh-Versuchsbetrieb. In den alten Hörfunk- und Fernsehstudios mussten die Bild- und Tontechniker und Aufnahmeleiter Schallplatten, Tonbänder und Filme aus dem Archiv holen und rechtzeitig abspielen. Heute sind die Beiträge, die Musiksammlungen und die Filme als Bild- und Tondateien gespeichert und die Programmgestaltung wird über den PC abgewickelt. Nachrichten, Verkehrs- und Wetterbericht sowie die Moderation werden kurzfristig erstellt oder live eingespielt.

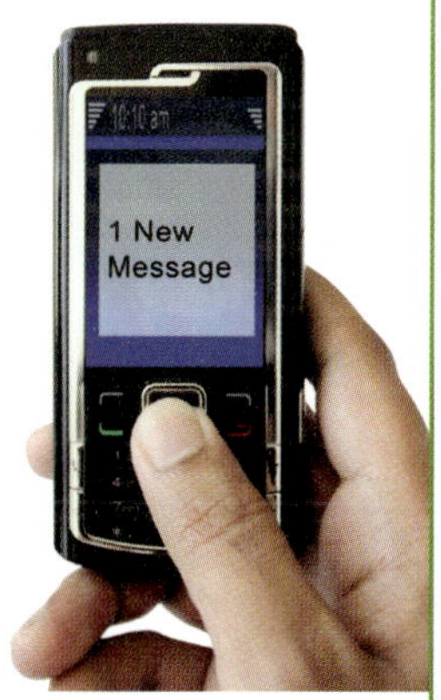

Auch über Handys können Nachrichten übertragen werden.

Die **auditiven und audiovisuellen Medien** sowie die dazugehörigen audiovisuellen Geräte entwickelten sich in den letzten Jahrzehnten sehr rasch weiter: Schallplattenspieler, Tonbandgerät, Kassettenrekorder, CD-Player, MP3-Player, Filmprojektor, Fernsehgerät, Videorekorder, DVD-Player …

Die **elektronischen Medien** sind Medien, die auf elektronischem Weg übermittelt werden, z. B. Rundfunk und Telefon, PC und Handy können zum Schreiben, Rechnen und Telefonieren verwendet werden, sind aber auch zum elektronischen Abrufen von Printmedien und audiovisuellen Medien geeignet. Sie ermöglichen außerdem eine Interaktion zwischen Benutzer/in und Medium.

Einzelarbeit

Ü 1: Rätsel ★★

Geben Sie den Inhalt einer Folge Ihrer Lieblingsfernsehserie in Form einer Nacherzählung oder Inhaltsangabe wieder. Nennen Sie weder den Titel der Serie noch die Namen der Personen der Handlung. Nennen Sie die Personen A, B oder C.

Lesen Sie dann Ihren Text im Kurs laut vor. Ihre Kolleginnen und Kollegen sollen raten, um welche Serie es sich handelt.

2 Medienkonsum
Glauben und Wissen

Sie haben in Lerneinheit 1 erfahren, wie über ein Ereignis in verschiedenen Tageszeitungen unterschiedlich berichtet wurde. Die Informationen, die Sie durch Massenmedien erhalten, sollten Sie nicht kritiklos glauben. Sie sollten sich vielmehr die Zeit nehmen, die Informationen in unterschiedlichen Medien zu vergleichen, und die Art der Darstellung bzw. der Berichterstattung hinterfragen. Durch diese „kleine Form von Misstrauen" gegenüber den Massenmedien können Sie dem Einfluss der Meinungsmacher ein wenig entgehen und sich eine eigene Meinung bilden.

Gruppenarbeit

Ü 2: Experiment ★★
Bilden Sie eine Gruppe von 4 bis 6 Personen und stellen Sie sich folgende Situation vor: Sie sind für eine Woche in einer geschlossenen Wohnung ohne Fernsehgerät, Radio, Handy. Pro Tag kann der einzige gemeinsame PC nur zwei Stunden in Betrieb genommen werden.

1. Erstellen Sie einen Tagesplan bzw. Wochenplan: Wer darf wie lang den PC benützen? Wie nutzen Sie persönlich diese Tageszeit/Wochenzeit am PC?
2. Gibt es Zeiten, die Sie als Gruppe gemeinsam vor dem PC verbringen? Wenn ja, wofür nutzen Sie ihn?
3. Besprechen Sie Ihre Tages- bzw. Wochenpläne im Kurs. Vergleichen Sie, für wie viel Zeit der PC für Unterhaltung, Kommunikation oder Informationssuche genutzt würde.

Einzelarbeit

Ü 3: Medien-Chartliste ★★★
Schreiben Sie eine Liste Ihrer drei Lieblingszeitungen, Ihrer drei TV-Lieblingsprogramme, Ihrer drei Lieblingssendungen im Radio, auf die Sie nicht verzichten wollen. Begründen Sie in einigen Stichwörtern, warum jene so wichtig für Sie sind.
Worauf könnten Sie verzichten: Radio, PC, Handy, Fernsehgerät, MP3-Player? Begründen Sie Ihre Wahl.

In vielen wissenschaftlichen Artikeln wird ein Zusammenhang zwischen Gewalt und brutalen Computerspielen bzw. der Darstellung von Gewalt in Film und Fernsehen hergestellt. Einige Verhaltensforscher sind der Meinung, dass das Ansehen bzw. Spielen von gewalttätigen Szenen Aggressionen abbaut. Andere Wissenschaftler sehen gerade darin die Gefahr, dass vor allem Kinder und Jugendliche sich mit der gewalttätigen Heldin bzw. dem gewalttätigen Helden identifizieren und Gewaltszenen im Film oder PC-Spiel als Anreiz sehen, diese in der Realität nachzuahmen und so zu Tätern zu werden.

Einzelarbeit

Ü 4: Gewalt und Medien ★★★
Verfassen Sie zu jedem der folgenden Punkte ein schriftliches Statement.

1. Wie können Kleinkinder vor Gewalt in Film, Fernsehen, Internet … geschützt werden?
2. Fördert die Darstellung von Gewalt in den Medien die Gewaltbereitschaft von Kindern und Jugendlichen?
3. Sehen Sie die Weiterentwicklung der Massenmedien als Fluch oder Segen für die Gesellschaft?

Sammeln Sie die Statements im Kurs, vergleichen Sie sie und diskutieren Sie anschließend die drei Punkte.

Kindersichere Medien?

Laut einer Umfrage sehen Kinder im Alter von 3–5 Jahren ca. 70 Minuten pro Tag fern, im Alter von 6–9 ca. 80 Minuten pro Tag. 10- bis 13-Jährige sitzen bereits über 100 Minuten täglich vor dem Fernsehgerät. Viele Jugendliche ab 14 sehen durchschnittlich 3 Stunden pro Tag fern.

Kinder im Vorschulalter erfassen nur langsam, dass die Bilder im Fernsehen unabhängig von der Wirklichkeit sind. Auch einfache „Filmtricks", wie z. B. verschwommene Bilder, die für einen Traum stehen, oder Spezialeffekte, können Kleinkinder nicht verstehen bzw. nicht verarbeiten. Ab 5 Jahren erkennen sie den Unterschied zwischen Werbung und anderen Beiträgen. Erst im

chronologisch: in zeitlicher Abfolge

Vorschulalter beginnen Kinder, auch Filmhandlungen zu verstehen, die nicht chronologisch erzählt werden, oder Handlungen, die parallel laufen.

Scary Movie?

Schon das Aussehen einer Figur im Film kann kleine Kinder ängstigen. Beunruhigung und Furcht lösen Filme aus, in denen z. B. die Eltern oder Schutzpersonen einer Figur bedroht werden oder sich in einer ausweglosen Situation befinden. Daher ist es wichtig, kleine Kinder nicht unbeaufsichtigt vor dem Fernsehgerät oder PC sitzen zu lassen. Erziehungsberechtigte sollten Sendungen gemeinsam mit ihren Kindern ansehen und ihnen helfen, die Eindrücke zu verarbeiten. Auch bei den ersten Ausflügen ins Internet sollten die Erziehungsberechtigten ihre Kinder begleiten. Es ist nicht sinnvoll, Kindern den Zugang zum Internet ganz zu verwehren, denn sonst lernen sie nicht, sich in der komplexen Medienwelt zurechtzufinden und die Gefahren der Massenmedien zu erkennen.

Gruppenarbeit

Ü 5: Nutzen und Gefahr ★★★

Sprechen Sie in der Gruppe darüber, welche Gefahren Internet, Fernsehen und Computerspiele für Kinder darstellen können. Besprechen Sie auch, welchen Wert Massenmedien für die Erziehung und Wissensbildung haben können. Gestalten Sie ein Plakat, auf welchem Sie die positiven und negativen Seiten der Massenmedien darstellen, und präsentieren Sie Ihre Ergebnisse im Kurs.

Gruppenarbeit

Ü 6: Möglichkeiten von Medien ★★

Wählen Sie ein aktuelles Ereignis aus, über das in Printmedien, im Hörfunk und im Fernsehen berichtet wird. Vergleichen Sie die Möglichkeiten der verschiedenen Medien und diskutieren Sie die Ergebnisse im Kurs.

	Printmedien	Hörfunk	Fernsehen
Form	z. B. Bericht	z. B. Live-Reportage	z. B. Filmbericht
Mittel, Aufbau	z. B. Text, Foto		
Was wird berichtet?			

	Printmedien	Hörfunk	Fernsehen
Wie wird berichtet?			
An welches Zielpublikum richtet sich der Beitrag?			
Welche Wirkung erzielt der Beitrag?			

3 Podcast, Hörspiel, Radiosendung
Aspekte der Gestaltung von auditiven Medien

der Podcast: über das Internet produzierte oder angebotene Video- oder Audiodatei

Radiosendungen aus aller Welt können Sie heutzutage über das Internet per Computer oder Handy empfangen. Manche Sender, wie zum Beispiel Ö1, haben ein detailliertes Programm mit vielen Kultur- und Nachrichtensendungen, mit Dokumentationen, Reportagen, Diskussionen, literarischen Beiträgen (Fortsetzungsgeschichten, Hörspielen) und ausgewählten Musikbeiträgen. Viele Sender punkten bei einem bestimmten Zielpublikum mit zahlreichen Musikbeiträgen und mehrstündigen Sendeblöcken, wie zum Beispiel Radio Energy, FM4 oder Ö3. Regionalsender, wie Radio Burgenland, oder Spezialsender, wie Radio 1476, präsentieren ihre Beiträge ebenfalls zuhörerorientiert. Radio 1476 bietet auch Radioprogramme in Kroatisch, Ungarisch, Slowenisch, Spanisch … an und widmet sich den Interessen unterschiedlicher Kulturgruppen.

Achtung, Aufnahme!

Gruppenarbeit

Ü 7: Radiosender und Zielgruppe ★★
Recherchieren Sie im Internet die Programme unterschiedlicher Radiosender und vergleichen Sie die Programmgestaltung. Besprechen Sie in der Gruppe, welcher Sender für welches Zielpublikum produziert.

Fast jeder Radiosender bietet Podcasts an. Ein **Podcast** (iPod = mobiler MP3-Player, Broadcasting = Rundfunk) ist ein Medienbeitrag, den Sie über das Internet herunterladen können. Heute produzieren Medienunternehmen Audio- und Video-Podcasts, welche man häufig kostenlos herunterladen kann.

Einzelarbeit

Ü 8: Podcasts ★★
Laden Sie von drei unterschiedlichen Radiosendungen Podcasts herunter und vergleichen Sie den Aufbau der Podcasts. Worin unterscheiden sie sich und worin ähneln sie einander? Worin liegt die Qualität der einzelnen Beiträge?

Heute sind Hörbücher populärer als Hörspiele.

Der Höhepunkt des klassischen **Hörspiels** lag in der Zeit der 1950er- und 1960er-Jahre. Die Produktion eines Hörspiels erfordert wie die Produktion eines Films eine Regisseurin oder einen Regisseur, Schauspielerinnen und Schauspieler bzw. Sprecherinnen und Sprecher sowie eine gute Tontechnik. Die Tontechnikerin bzw. der Tontechniker untermalt die Dialoge mit Atmosphäre, Geräuschen, Toneffekten und hilft so, Bilder entstehen zu lassen. Das Fehlen von Maske, Bühnenbild und von Spezialeffekten hält die Produktionskosten von Hörspielen eher gering. Den Zuhörerinnen und Zuhörern wird hingegen mehr Konzentration und Fantasie abverlangt als dem Kinopublikum.

Das **erste Hörspiel in der Geschichte des Rundfunks** war „Gefahr" von dem englischen Autor Richard Hughes. Es wurde im Jahr 1924 auf Radio London gesendet. Das Hörspiel spielt in einem Kohlebergwerk, in dem durch einen Unfall das Licht ausgeht und Wasser in den Stollen eindringt. Die Gefühle der Eingeschlossenen werden den Zuhörerinnen und Zuhörern unmittelbar vermittelt. Dieses Hörspiel ist wie ein Einakter für das Theater aufgebaut.

Gruppenarbeit

SbX
Den Ausschnitt des Hörspiels „Gefahr" finden Sie unter der ID: 1521.

SbX
Ein Beispiel zu einem modernen Hörspiel zum Thema Integration finden Sie unter der ID: 1521.

Ü 9: Hörspielanalyse ★★
Lesen Sie den Ausschnitt aus dem Hörspiel „Gefahr". Beantworten Sie anschließend die folgenden Fragen:
1. Wie wird Mary charakterisiert? Wie wird Jack dargestellt?
2. Welche Anforderungen werden an die Sprecherin und den Sprecher gestellt?
3. Wie würden die Personen Mary, Jack und Bax in einer Verfilmung oder in einem Bühnenstück aussehen und agieren?
4. Welche Emotionen vermitteln die Charaktere?

Richard Hughes: Gefahr

MARY *scharf akzentuiert*: Hallo! Was ist denn passiert?
JACK: Das Licht ist ausgegangen.
MARY: Wo bis du?
JACK: Hier.

Pause

Man hört stolpernde Schritte.

MARY Wo denn? Ich kann dich nicht finden.
JACK: Hier. Ich strecke meine Hand aus.
MARY: Ich find' sie nicht –
JACK beruhigend: Ach, was denn – hier –

Pause

MARY *zusammenfahrend:* Oh! Was ist das?
JACK: Schon gut. Ich bin's.
MARY: Bin ich erschrocken. Mich so plötzlich anzufassen!
Ich hatte keine Ahnung, dass du so nah bist – stockdunkel, wie's hier ist –

In einem finsteren Stollen kann es ganz schön unheimlich sein.

JACK: Halte meine Hand fest, Mary. Was auch passiert, wir dürfen uns nicht verlieren.

MARY: Oh Gott! – Jetzt ist's mir wieder wohler. Aber das Licht? Warum ist das Licht denn ausgegangen?

JACK: Ich weiß auch nicht. Wahrscheinlich irgendein Kurzschluss. Es wird sicher gleich wieder angehen.

MARY: Oh, Jack! Die Dunkelheit ist furchtbar!

JACK: Keine Angst, Mary. In ein paar Minuten ist alles wieder in Ordnung.

MARY: Schrecklich dunkel ist es hier unten –

JACK *bagatellisierend*: Kein Wunder! Schließlich sind wir 300 Meter unter Tag. Wär ja komisch, wenn's da nicht'n bisschen duster wäre.

MARY: Ich hab gar nicht gewusst, dass es eine so völlige Finsternis geben kann. O Jack, das ist ja, als ob man blind wäre!

JACK: Man wird das Licht gleich wieder anmachen.

MARY: Wären wir nur nie in diesen grässlichen Schacht hinuntergefahren! Ich wusste, irgendwas würde schiefgehen!

JACK: Aber Kind! Gleich ist alles wieder in Ordnung! Es handelt sich ja nur um das Licht.

MARY: Wo sind denn die anderen?

JACK: Gerade vor uns. Gar nicht weit.

MARY: Und wenn wir uns verirren?

JACK: Mary, Liebling, wir können uns nicht verirren.

MARY: Ach, warum wolltest du auch, dass wir hinter den anderen zurück bleiben? Ich habe solche Angst.

JACK *sarkastisch*: Meine Schuld – ja, ich weiß. *Begütigend* Na, Kopf hoch, Mary!

MARY: Wenn wir doch nur diese Steigerlampen, oder wie das Zeug heißt, das sie uns gegeben haben, nicht zurückgelassen hätten.

Pause

MARY: Hör mal! – *Man hört Schritte.*

MARY: Da kommt jemand.

BAX *aus der Entfernung näher kommend*: Diese unfähigen Idioten! Das Licht gerade dann auszumachen, wenn sie hier unten Fremdenführung haben. So was nennt sich Bergwerk. Ein verdammter finsterer Maulwurfsbau ist das hier; ein widerliches Rattenloch; ein feuchtes, stinkendes Ausgussrohr! – Verdammte Narren!

MARY: Das ist Bax! Hallo!

BAX: Hallo! Wer ist da?

MARY: Mr. Bax, wissen Sie, was los ist? Es ist doch – alles in Ordnung?

BAX: In Ordnung? Wahrhaftig! Lassen uns da auf einmal mitten in einer derartigen Finsternis stehen.

MARY: Aber es ist doch nicht etwa – ein Unglück passiert?

(Richard Hughes: Gefahr. In: Allein. Verlassen. Verloren. 3 Kurzhörspiele zum Thema Angst von Richard Hughes, Marie Luise Kaschnitz und Gerhard Rühm)

4 Werbung
Wie werden Wünsche geweckt?

Die Werbung hat alle Medien erobert. Ob Sie eine Zeitung/Zeitschrift aufschlagen, Ihr Radio aufdrehen, fernsehen, einen Film ansehen, im Internet blättern, Ihr Haus verlassen und durch Ihre Stadt gehen – die Werbung ist allgegenwärtig. Ob Sie wollen oder nicht – Sie nehmen Werbung wahr.

Partnerarbeit

die Marke: unter einem bestimmten Namen hergestellte Warensorte

Ü 10: Werbung im Laufe der Zeit ★★

Betrachten Sie die Werbung für eine internationale Kosmetikmarke und ihre Veränderungen im Laufe der Zeit. Ordnen Sie die Jahreszahlen in der Marginalspalte den Bildern zu. Kennen Sie noch andere Produkte dieser Marke? Wirbt diese Marke auch in Radio, Film und Fernsehen? Kennen Sie ein Produkt dieser Marke, das in einem Werbespot beworben wird? Für welches Zielpublikum (Frauen, Männer, Kinder, Senioren, Jugendliche etc.) ist die Werbebotschaft bestimmt?

Jahreszahlen:
1912
1924
1938
1950
1954
1964
1970
1988
1995
2007

SbX

Die Lösung zu Ü 1 finden Sie unter der ID: 1521.

Gruppenarbeit

das Logo: Markenzeichen, Firmenzeichen, Symbol für ein Unternehmen

der Slogan: beschreibt kurz und treffend die „Kerneigenschaften" einer Marke

der Claim: mit der Marke fix verbundener Slogan, z. B. Radioclaim: „Wir spielen die Hits."

das Klischee: althergebrachte Vorstellung

die Dienstleistung: Arbeit, die nicht unmittelbar der Produktion von Gütern dient

Ü 11: Werbeanalyse ★★

Nennen Sie Ihre Lieblingswerbung. Besprechen Sie in Gruppen, warum Sie welche Werbung gerne sehen und/oder hören. In welchem Medium/welchen Medien gibt es Ihre Lieblingswerbung? Für welches Produkt/welche Dienstleistung steht sie? An welche Zielgruppe wendet sich diese Werbung? Warum gefällt sie Ihnen?

Sammeln Sie in der Gruppe:

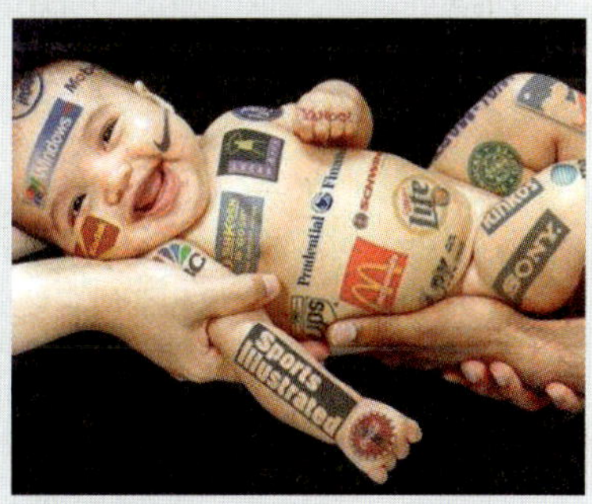

Alles Logo

- beworbenes Produkt/beworbene Dienstleistung
- Name des Produkts/der Dienstleistung/der Marke
- Logo des Produkts/der Dienstleistung/der Marke
- Slogan/Claim des Produkts/der Dienstleistung
- Musik zum Spot
- Personen/Werbeträger
- Plot/Story/Geschichte
- Bild/Plakat
- sachliche Informationen über das Produkt/die Dienstleistung, welche die Konsumenten erhalten
- Wie wird den Konsumenten das Produkt/die Dienstleistung vorgestellt?
- Was wird den Konsumenten versprochen? (Coolness, Schönheit, Erfolg, Gesundheit, Freiheit, Sicherheit …)
- Welcher Rollenklischees bedient sich diese Werbung?
- Wen soll diese Werbung ansprechen?

Gruppenarbeit

Ü 12: Werbung international ★★★

- Welche Werbungen, die Sie in Österreich sehen oder hören, gibt es auch in anderen Ländern?
- Gibt es regionale Werbungen?
- Gibt es Werbespots, die nicht so einfach auf ein anderes Land übertragbar sind? Wenn ja, besprechen Sie die Gründe dafür.

Haben Sie sich schon einmal Gedanken darüber gemacht, dass es Werbung schon seit dem Bestehen der Menschheit, nein, fast seit dem Bestehen von Lebewesen gibt? Das glauben Sie nicht? Stellen Sie sich Lebewesen vor – männliche und weibliche – und nun geht es darum, einen Partner/eine Partnerin zu finden, um sich fortzupflanzen. Und schon beginnt die Werbung. Wer ist der/die Größte, Stärkste, Fürsorglichste, Schnellste, Sportlichste …? Jede/r wirbt für sich.

Einzelarbeit

Ü 13: Werbung in eigener Sache ★★

Gestalten Sie eine Werbung für Ihre eigene Person. Stellen Sie Ihre Vorzüge, Ihr Können, Ihre besten Seiten ins rechte Licht. Entwerfen Sie ein Plakat, eine Anzeige, einen Radiospot mit Ihrer persönlichen Eigenwerbung.

Werbung erzählt eine **Geschichte zum Produkt/zur Dienstleistung** und hebt die Einzigartigkeit des Produkts/der Dienstleistung hervor. Die **Einzigartigkeit,** die es von anderen Konkurrenzprodukten/Konkurrenzdienstleistungen unterscheidet, nennt man **USP (Unique Selling Proposition).**

Die **besonderen Eigenschaften von Marken** werden durch Slogans und/oder neue Begriffe und Wortschöpfungen unterstrichen, wie z. B. „naturrein", „ich fühl mich sowas von kika", „Ihre Sorgen möchten wir haben", „I'm loving it", „Just do it" etc.

das Testimonial: (lat. testimonium = Zeugnis, Beweis) die glaubwürdige Aussage von prominenten Personen, die für ein Produkt/eine Dienstleistung werben

Werbeträger (Testimonials) für ein Produkt sind häufig prominente Sportler/innen, Stars aus Film und Fernsehen, Sänger/innen …, mit denen sich die Konsumentinnen und Konsumenten identifizieren können.

Frau im Bild

Die **Rolle der Frau in der Werbung** hat sich in den letzten Jahrzehnten geändert. Während in den 1960er- und 1970er-Jahren Frauen freudestrahlend am Herd oder beim Wäschewaschen präsentiert wurden und neue Putzmittel priesen, treten Frauen in der modernen Werbung meist selbstbewusst, unabhängig, karrierebewusst und sexy auf. Doch gerade die **„Erotisierung" der Werbung** führt wieder zur Diskriminierung von Frauen, die oft auf Sexualität reduziert werden. Frauen werden häufig mit dem beworbenen Produkt gleichgesetzt, indem z. B. ihr Körperumriss jenem des Produktes in Farbe und Form angeglichen wird oder durch einen Text bei Frau und Produkt die gleichen (positiven) Eigenschaften hervorgehoben werden: jung, unverbraucht, schön. Nach wie vor werben Frauen v. a. für **Haushaltsprodukte** oder es wird mit Symbolen gearbeitet, die dem häuslichen Bereich zuzuordnen sind. Auch **Rollenklischees** werden immer noch verwendet. Wenn emanzipierte Frauen in der Werbung vorkommen, wird vermittelt, dass die Gleichberechtigung durch den Erwerb von Gütern erreichbar sei. Die meisten Frauen in der Werbung entsprechen zudem dem herrschenden Schönheitsideal: Sie sind jung, schlank und hübsch – denn: sex sells.

Eine große Zielgruppe der Werbung sind **Jugendliche,** die ihr Geld für Games, Unterhaltungselektronik, Mobiltelefone, PCs, (Marken-)Kleidung, Kosmetik und Unterhaltung ausgeben und „Shoppen" als Hobby ansehen.

Gruppenarbeit

Ü 14: Rollenklischees in der Werbung ★★★

Sehen Sie sich Werbung im Fernsehen und in den Printmedien an und bringen Sie Analysematerial in den Unterricht mit. Bilden Sie Gruppen von 3 oder 4 Personen und analysieren Sie die Werbespots bzw. Werbungen in Zeitungen/Zeitschriften hinsichtlich folgender Gesichtspunkte:

- Wie werden Frauen/Männer/Kinder dargestellt?
- In welchen Werbungen kommen Männer und Frauen in welchen Rollen vor?
- Werden Klischees und Stereotype ausgenutzt? Welche?
- Stören Sie gewisse Darstellungen von Frauen und Männern in der Werbung? Welche und warum?

das Stereotyp: vereinfachendes Urteil, festes, klischeehaftes Bild

Diskutieren Sie diese Fragen in der Gruppe, gestalten Sie ein Plakat und präsentieren Sie Ihre Ergebnisse gemeinsam im Kurs.

Partnerarbeit

der Werbeträger: jemand, der sich für Werbezwecke zur Verfügung stellt

Ü 15: Stars und Werbung ★★

Nennen Sie Produkte/Marken, für die Stars/Prominente Werbung machen. Welche Zielgruppen werden Ihrer Meinung nach durch welche Werbeträger erreicht?

Begründen Sie Ihre Meinung.

Querverweis

Das AIDA-Konzept wird in veränderter Form für den Aufbau eines Referats verwendet, vgl. Kapitel 4, Lerneinheit 3.

Das Gegenteil von versteckter Werbung ist z. B. **Teleshopping.**

Werbespots dauern durchschnittlich 30 bis 40 Sekunden, die Werbebotschaft muss schnell vermittelt werden, d. h., die Dinge werden **einfach und in kurzen Sätzen** benannt. Die meisten Werbebotschaften entsprechen dem folgenden Aufbau, genannt **AIDA:**

- **Attention:** Der Werber/Die Werberin muss die **Aufmerksamkeit** der Konsumenten/Konsumentinnen wecken.
- **Interest:** Der Werber/Die Werberin muss das **Interesse,** die **Neugier** wecken.
- **Desire:** Die Konsumenten/Konsumentinnen müssen die **Sehnsucht,** den Wunsch verspüren, das Produkt zu besitzen.
- **Action:** Die Menschen sollen das Produkt tatsächlich **kaufen** und müssen auch erfahren, wo sie es bekommen.

SbX

Informationen über verschiedene Formen von Product Placement finden Sie unter der ID: 1521.

Werbung finden wir auch **versteckt,** so zum Beispiel in Filmen und Musikspots. Fährt James Bond mit einer bestimmten Automarke, trinkt der Held Drinks einer bestimmten Getränkemarke, trägt die Heldin Sportschuhe einer bestimmten Sportmarke oder eine Uhr einer bestimmten Uhrenmarke und arbeitet auf einem bestimmten Laptop-Typ, so wirkt das auf das Kino- und Fernsehpublikum. Versteckte Werbung, welche die Produktfirmen teuer bezahlen, nennt man **Product Placement,** das heißt, ein Produkt wird positiv in die Handlung des Filmes eingebaut.

Partnerarbeit

Ü 16: Werbedetektive ★★

Kennen Sie Filme oder Spots, in denen Ihnen Product Placement aufgefallen ist/auffällt?

Für welche Produkte wird versteckt geworben? Welches Zielpublikum spricht man damit an?

Medienvielfalt – Werbevielfalt

Immer besser, immer größer, immer kleiner, immer schneller, immer schöner, immer erfolgreicher, immer … Kann sich der Konsument/die Konsumentin aus der Werbung und den Medien ausklinken? Kann er/sie sich bestimmten Musts und Dont's, Trends und Schönheitsidealen verschließen? Stumpft die Werbung die Konsumenten und Konsumentinnen ab? Muss Werbung noch aggressiver, sensationeller werden, um Aufmerksamkeit zu erregen?

das Tabu: ungeschriebenes Gesetz, das innerhalb einer Gesellschaft/Gruppe verbietet, bestimmte Dinge zu tun oder über bestimmte Dinge zu sprechen

die Kampagne: Feldzug, zeitlich begrenzte Aktion

Der Fotograf **Oliviero Toscani** war einer der Ersten, der in den 1980er-Jahren mit seiner **Werbekampagne** für United Colours of Benetton **Tabus** brach. Er zeigte keine Kleider, keine Models, sondern Motive von ölverschmierten Meeresvögeln, eine blutdurchtränkte Jacke eines Soldaten, ein neugeborenes, blutverschmiertes Baby, ein nacktes Hinterteil mit einem Stempel „HIV positiv", küssende Pfarrer und Klosterschwestern – und das Benetton-Logo.

Ausschnitte aus den Benetton-Kampagnen 1980/1990

Durch den ausgelösten Skandal, über den die Medien berichteten, erwies sich die Schockkampagne als wirkungsvoll und erfolgreich.

Gruppenarbeit

Ü 17: Werbung und Emotion ★

Besprechen Sie die Motive der Benetton-Werbung. Welche Emotionen/Reaktionen können Ihrer Meinung nach die Bilder bei Betrachtern auslösen?

Die Vielfalt der Medienlandschaft bietet auch Organisationen, Parteien und Institutionen Platz, ihre Ideen an den Mann/die Frau zu bringen: Denken Sie an die Wahlwerbung der Parteien vor Wahlen. Achten Sie auf die Werbungen von Umweltorganisationen und von sozial engagierten Vereinen oder Menschenrechtsorganisationen, die durch ihre Werbung **Aufklärungsarbeit** leisten, mit ihren Werbekampagnen zu **Spenden** aufrufen oder zum **Umdenken** anregen. Ein gelungenes Beispiel für aufklärende Werbung sind z. B. die Plakate und Fernsehspots der Aidshilfe, um die Menschen über **Aidsprävention** zu informieren und auf die Ansteckungsgefahr aufmerksam zu machen. Ein weiteres gelungenes Beispiel ist die Kampagne **„Don't drink and drive"**.

die Prävention: Vorbeugung, Verhütung, Vorsorge

Kampagne der Aidshilfe, Agentur: PKP proximity

Kampagne „Don't drink and drive", Agentur Ogilvy & Mather

Gruppenarbeit

Ü 18: Botschaft und Konzept ★★
Welche Werbungen von Organisationen, Parteien, Institutionen kennen Sie? Schneiden Sie solche Werbungen aus Printmedien aus. Besprechen Sie die Werbebotschaft und die Art der Kommunikation in Gruppen zu 3 oder 4 Personen.

5 Internet und Identität
Die Freiheit der Userinnen und User

Haben Sie heute schon gepostet oder gebloggt? Sind Sie bei Facebook, Twitter oder StudiVZ? Haben Sie der Internetgemeinde verraten, welche Hobbys Sie haben, was Sie am liebsten am Wochenende machen, was Ihre Lieblingsspeise ist, welche Drinks Sie am liebsten mit wem zu sich nehmen etc.? Haben Sie auch Fotos von sich und Ihren Freundinnen und Freunden von der letzten Party, vom Wochenendausflug, von sich zu Hause ins Netz gestellt? Und dazu Ihre Geburtsdaten, Ihre Adresse, Ihre ...?

Multimedia ist heute allgegenwärtig.

Ihre Daten, Ihr Profil, Ihre Meinung sind für Millionen Userinnen und User einsehbar und verwendbar. Per Knopfdruck kann jede und jeder viel Persönliches über Sie erfahren, z.B. Ihr zukünftiger Arbeitgeber bzw. die Personalabteilung. Vielleicht sind Ihnen nach einiger Zeit Ihre jetzigen Vorlieben peinlich und Sie wollen sie löschen? Doch Sie haben es nicht in der Hand, was mit Ihren Daten passiert, wer sie weiterverbreitet, wer sie speichert, wer sie verwendet. Sie erhalten z. B. personalisierte Werbung, die auf Ihr Profil abgestimmt ist. Jemand könnte Ihr Foto oder/und Ihre Daten benützen, um einen Fake-Account einzurichten und über ihn (kriminelle) Geschäfte abwickeln. Stalker oder Menschen, die Ihnen nicht gut gesonnen sind, können Ihre Daten gegen Sie verwenden.

Partnerarbeit

Ü 19: Ich im Internet ★★

Lesen Sie das Interview mit Prof. Hendrik Speck von der Fachhochschule für den Fachbereich Informatik und interaktive Medien. Notieren Sie die wichtigsten „Gefahrenpunkte" aus dem Interview und verfassen Sie eine Liste mit Tipps, worauf Userinnen und User bei Social Networking achten sollen.

Bin ich doof, wenn ich zu viel von mir im Internet verrate?

Über Ihren IQ kann ich zuerst noch nichts sagen. Dass Sie zu unvorsichtig sind, hingegen schon. Das ist ein typisches Problem jüngerer Generationen. Sie überlegen nicht mehr: Was setze ich in welche Internet-Plattform, was mache ich da eigentlich öffentlich, und welche Folgen kann das haben.

Und die wären?

Es sind nicht nur Ihre Eingaben, die viel über Sie verraten. Bestimmte Internetdienste speichern auch Ihr Surfverhalten: Welche Seiten Sie häufig nutzen, mit wem Sie kommunizieren, mit wem Sie vernetzt sind. Wenn sich jemand an Ihre virtuellen Fersen heftet, bekommt er schnell raus, wie Sie ticken - Ihre sexuellen Vorlieben genauso wie Ihre politische Gesinnung. Wir müssen jedoch auch zwischen Überwachung und gesellschaftlich beworbenem Selbstexhibitionismus unterscheiden. Die Stasi dagegen würde sich freuen: Die musste die Daten früher mühsam selbst sammeln, heute geben die Leute sie freiwillig her.

der Exhibitionismus: Zurschaustellung

Aber ich kann doch zum Beispiel mein Profil bei einem Social Network wie Xing oder StudiVZ für andere unsichtbar machen?

Es ist einfach, an Daten aus diesen Netzwerken zu gelangen. Oft genügt es schon, Mitglied zu werden, und man kann die Informationen anderer einsehen. Selbst Seiten bei Xing, Facebook oder StudiVZ könnten wir innerhalb von wenigen Tagen großflächig abräumen. Alle großen sozialen Netzwerke sind bereits geknackt worden, und es ist davon auszugehen, dass sämtliche ihnen zur Verfügung stehenden Daten auch für kriminelle Zwecke genutzt werden.

Dann veröffentliche ich doch einfach keine Daten mehr von mir im Internet - Problem gelöst.

So simpel ist das nicht. Was andere über Sie im Internet verbreiten, kann genauso schaden. Ein Beispiel: Der letzte Gag auf StudiVZ war eine Galerie von Arschbacken. Durch Verlinkungen können die Backen einzelnen Nutzern und Namen zugeordnet werden – ohne dass diese etwas davon ahnten, wurden ihre jeweiligen Profilseiten mit den Darstellungen verbunden. Selbst eine Totalverweigerung hätte Ihnen dann nicht geholfen: Die Plattformbetreiber zwingen Sie vielmehr dazu, auch am Spiel der Eitelkeiten mitzumachen, da Sie ansonsten derartige Inhalte noch nicht einmal aufspüren und korrigieren können.

Ist doch schön: Im Gegensatz zum realen Hintern altert der virtuelle nicht.

Aber genau das ist das Problem. Das Internet vergisst nicht, das digitale Abbild bleibt bestehen, auch wenn man sich persönlich verändert. Was wir herausgeben, unterliegt also nicht mehr unserer Kontrolle. Unsere virtuelle Persönlichkeit wird manipulierbar und angreifbar.

Was bedeutet das für unser Leben?

Die bisherigen Bereinigungsmechanismen unserer Gesellschaft verfallen. Gesellschaftlich gestehen wir jedem nach einem Fehler eine zweite Chance zu; das gilt im Internet nicht mehr. Hier bleiben Fehler präsent.

Aber wer soll sich schon für mich interessieren? Ich bin doch unwichtig.

Früher geschah es allenfalls Prominenten, wie Außenminister Joschka Fischer, dass sie mit Fotos konfrontiert wurden, auf denen sie im Straßenkampf mit zur Faust geballter Hand über schon wehrlos am Boden liegenden Polizisten stehen. Heute ist jeder derartig medial exponiert, und damit gelten für ihn ähnliche Regeln wie für Prominente. Im Grunde bräuchte also auch jeder ein Personality-Management wie ein VIP.

Gibt es einen einfachen Tipp, wie ich mich schützen kann?

Wir müssen Privatleben und Öffentlichkeit streng voneinander trennen. Und dazu müssen wir erkennen, dass alles im Internet öffentlich ist. Ich veröffentliche nichts über mich im Internet, was ich nicht auch auf der Titelseite der BILD sehen will. Und einen absoluten Schutz gibt es nicht: Wenn Sie in diesem Interview etwas schreiben, um mir zu schaden, könnte ich Sie in ein paar Stunden im Internet fertigmachen und Ihren Ruf in diesem Medium zerstören. Ganz einfach.

(Stefan Bonner, Anne Weiss: Doof it yourself. Luebbe 2009.)

6 Crossmedia
Verknüpfung unterschiedlicher Mediengattungen

Die Medienwelt wird immer schneller und vernetzter, eine Orientierung in ihr immer schwieriger, ein Entkommen fast unmöglich. Bereits Kindergartenkinder orientieren sich an Medienheldinnen und Medienhelden, sie schlüpfen in die Rollen ihrer Lieblingsfiguren, ahmen sie nach und wollen die Merchandising-Produkte kaufen. Jugendliche wollen in ihrer Peer-Group mitreden, wenn es um aktuelle Fernsehserien, Stars aus Musik und Sport geht. Das crossmediale Angebot bietet z. B. zu einer Fernsehserie Informationen in Zeitschriften, auf Websites, in TV-Internetforen, im Radio, ebenso Events und eine Unmenge an Merchandising-Produkten.

Partnerarbeit

Ü 20: Österreich sucht ... ★★

Fernsehsendungen in der Art von Wettbewerben, in denen die/der Beste, Schönste, Lauteste etc. gewinnt, erfreuen sich großer Beliebtheit. Erstellen Sie eine Liste von Fernsehsendungen, die unterschiedliche Mediengattungen für ihre Medienpräsenz nutzen. Listen Sie auch Kindersendungen auf, die nicht nur über das Medium Fernsehen ihre Zielgruppe ansprechen.

Vergleichen Sie Ihre Crossmedia-Ergebnisse im Kurs und diskutieren Sie über die Verknüpfung unterschiedlicher Medien und den Einfluss auf das Medienverhalten von Kindern und Jugendlichen. Welche Merchandising-Produkte von Fernsehsendungen kennen Sie? Welche würden Sie kaufen, welche nicht? Begründen Sie Ihre Meinung.

Mogelpackungen und Mogelkennzeichnungen verschleiern die wahre Beschaffenheit eines Produktes.

Dass es Mogelpackungen auch bei teuren Produkten gibt, dass es Schummelprodukte gibt, die mit billigen Zusatzstoffen gestreckt werden, daran erinnern uns fast wöchentlich die Berichte von Konsumentenschutzorganisationen. Doch wer schützt uns in den Medien vor Schummelbildern und Mogelangeboten?

Was verbirgt sich dahinter?

Durch die Möglichkeiten der modernen Fotobearbeitungsprogramme bekommen wir nicht nur superschlanke Models mit unendlich langen Beinen und mit perfekter Haut vorgesetzt. Fotos von Personen, die im politischen oder gesellschaftlichen Rampenlicht stehen, werden von Grafikern nachbearbeitet, Bauchspeck und Hautunreinheiten verschwinden, manchmal auch andere Details auf Fotos: Gegenstände, Personen können wegretuschiert oder hinzugefügt werden. Interviews können geschnitten, Wörter aus dem Zusammenhang gerissen, Inhalte verdreht, Aussagen anders interpretiert werden.

Wie kann ich mich als Medienbenutzer/in im Dschungel der Medien bewegen? Was entspricht der Wahrheit? Was glaube ich? Durch welche Filter laufen meine Informationen? Wir wollen Sie nicht verunsichern und Ihnen nicht den Spaß am Mediengebrauch nehmen. Der Vergleich macht Sie sicher: Lesen Sie Zeitungen, nützen Sie das Internet, hören Sie Radio, schauen Sie fern. Wenn Sie ein neues Handy kaufen, vergleichen Sie ja sicher auch Preis, Grundgebühr, Anmeldegebühr, Tarife und glauben nicht der grellsten und coolsten Werbung.

Üben

Gruppenarbeit

Ü 21: Wetterbericht ★★

Lesen Sie den Wetterbericht in einer Tageszeitung. Bilden Sie Gruppen (von 2 bis 4 Personen). Gestalten Sie mit den Fakten einen Wetterbericht für einen bestimmten Radiosender (Ö1, Regionalsender, FM4, Ö3 ...) Achten Sie bei Ihrer Wortwahl und Präsentation auf das Zielpublikum. Präsentieren Sie Ihre Beiträge.

Einzelarbeit

Ü 22: Informationen aus dem Netz ★★

Besuchen Sie zu einem der folgenden Themen mindestens drei Internetseiten:

- DNA-Auswertungen
- Gewalt und Medien
- Handys und Jugendliche

Fassen Sie die Informationen der von Ihnen besuchten Seiten zusammen. Vergleichen Sie dann die von Ihnen herausgefilterten Kerninformationen. Unterscheiden sich die Informationen oder sind sie gleich?

Beachten Sie: Nicht immer ist die Seite, die beim Suchen mit Suchmaschinen an erster Stelle aufscheint, die, welche die meisten und besten Informationen bietet.

Partnerarbeit

Ü 23: Fernsehen und Gehirn ★★

Lesen Sie den Textausschnitt „Kann ich beim Fernsehen verblöden?" aus „Doof it yourself" von Stefan Bonner und Anne Weiss. Schlüpfen Sie in die Rolle einer Fernsehnanny. Erarbeiten Sie Tipps für „Weniger fernsehen" und präsentieren Sie die von Ihnen erarbeiteten Vorschläge in Form einer Werbesendung, einer Talk-Show, einer wissenschaftlichen Diskussionsrunde oder einer Rede vor Jugendlichen.

Ich schalte ein, mein Kopf schaltet ab.

Kann ich beim Fernsehen verblöden? Sendungen wie Bauer sucht Frau verzeichnen über sieben Millionen Zuschauer, obwohl sie wie Real-life-Soaps a la Gülcan und Collien ziehen aufs Land oder Jana Ina und Giovanni: Wir sind schwanger in etwa den Informationsgehalt eines vertrockneten Gummibaums besitzen: Sie sind ausschließlich Amüsement und Zeitvertreib. Das ist nicht unbedingt schlimm, aber wer zu viel davon konsumiert, kann in seinem Gehirn tatsächlich einen ernsthaften Maschinenschaden anrichten. Dies zeigt eine Studie, für die eine Forschergruppe aus Seattle Schulleistungen von Kindern, die oft fernsehen, unter die Lupe genommen hat. Im Unterricht waren sie allesamt unruhiger und unaufmerksamer als ihre Klassenkameraden, und ihre Leistungen hinkten deutlich hinterher.

Das grundsätzliche Problem ist, dass du beim Fernsehen nur Reize konsumierst und nicht aktiv denkst. Dein Gehirn befindet sich praktisch im permanenten Leerlauf. Wenn du für die passive Zeit vor dem Fernseher keinen Ausgleich hast – also Lernen, Joggen, Lesen – klinken sich deine Hirnzellen einfach aus. Ist dein Gehirn nicht auf Leistung eingestellt, kannst du dir weniger merken als andere. Dein Erinnerungsvermögen sinkt und damit auch deine Lernfähigkeit. Gehirnbenutzung für Fortgeschrittene, wie logisches und abstraktes Denken oder das Erschließen größerer Zusammenhänge, fällt dem Ungeübten unglaublich schwer. Und je länger das Gehirn durchs Fernsehen eingelullt wird, desto blöder: „Wer als Kind viel fernsieht, weist als Erwachsener ein deutlich niedrigeres Bildungsniveau auf", sagt Psychologe Aric Sigman, der in seinem Buch Remotely Controlled erklärt, wie Fernsehen unser Leben zerstört.

Je früher man mit der Dauerbestrahlung beginnt, desto stärker sind die negativen Folgen. So meint Robert Freidland, Neurologe der Case Western Reserve University, im Hinblick auf Alzheimer: „Wenn man fernsieht, dann kann man sich in einem halbbewussten Zustand befinden, bei dem man nichts lernt." In der Tat hatten die meisten seiner Alzheimer- Patienten in ihrem Leben regelmäßig ferngesehen – und das im Durchschnitt länger als Menschen, die nicht erkrankt waren.

Gibt es denn eine Lösung für diejenigen, die sich gar nicht mehr von ihrem Fernseher trennen mögen – wie zum Beispiel intelligentere Sendungen und Bildungsfernsehen? Wohl eher nicht. „Es kommt nicht darauf an, was man sieht", erklärt Aric Sigman. „Es ist nicht der Inhalt, der krank macht, sondern das Medium."

Fazit: Mit jeder Stunde, die du mit geistig anregenden Aktivitäten wie Lesen, etwas mit Freunden unternehmen, Rasenmähen oder Musik verbringst, kannst du dein Gehirn in Gang halten und vor Krankheiten schützen. Bei einer Fragerunde im Forum spin.de, in der die Meinung zu den dümmsten TV-Sendungen gefragt ist, gibt Userin Dying-Bride dann auch die klügste Antwort: „Mir das schnuppe. Ich muss den Rotz ja nicht gucken."

Einzelarbeit/ Gruppenarbeit

Ü 24: **Werbe-Top-Ten** ★★

Verfolgen Sie eine Woche lang die Werbelandschaft: Sehen Sie sich Werbespots an, hören Sie bei Radiowerbung genauer hin, beachten Sie Plakate, werfen Sie öfters einen Blick auf die Werbeseiten in Printmedien.

- Erstellen Sie dann die Top-Ten Ihrer Werbungen und beschreiben und begründen Sie, warum Sie diese Auswahl getroffen haben.
- Vergleichen Sie im Kurs Ihre persönlichen Top-Ten-Listen.
- Wählen Sie die Top-Ten der Woche. Besprechen Sie das Ergebnis.

Sichern

das Hörspiel – Ein Hörspiel ist ein **dramatischer oder experimenteller Text,** der für den Rundfunk geschrieben bzw. bearbeitet wird.

der Podcast – Darunter versteht man einen **Medienbeitrag,** der über das Internet heruntergeladen werden kann.

die Crossmedia – Mit dem Begriff „Crossmedia" wird die **Verknüpfung unterschiedlicher Mediengattungen** bezeichnet.

AIDA – **Der Aufbau einer Werbebotschaft sieht wie folgt aus:**

- **Attention:** Der Werber/Die Werberin muss die Aufmerksamkeit der Konsumenten/Konsumentinnen wecken.
- **Interest:** Der Werber/Die Werberin muss das Interesse, die Neugier wecken.
- **Desire:** Die Konsumenten/Konsumentinnen müssen die Sehnsucht verspüren, das Produkt zu besitzen.
- **Action:** Die Menschen sollen das Produkt tatsächlich kaufen und müssen auch erfahren, wo sie es bekommen.

die Kampagne – Unter einer Kampagne versteht man einen „Feldzug", eine **zeitlich begrenzte Aktion.**

die Marke – Eine Marke ist eine unter einem bestimmten Namen hergestellte Warensorte. **Eigenschaften und Werte** einer Marke sind konstant. Oft sind Marken mit **Logos** – Symbolen für ein Unternehmen – verbunden.

der Slogan – Ein Slogan beschreibt die **„Kerneigenschaften"** einer Marke.

das Testimonial – Ein Testimonial ist eine glaubwürdige **Aussage von prominenten Personen,** die für ein Produkt/eine Dienstleistung werben.

Wissen

Wissensfragen und -aufgaben

W 1: Medien und Kinder

Lesen Sie den Beitrag „Bei Fernsehen und Computer helfen Regeln für kindgemäßen Umgang" und besprechen Sie die Grafik zu W2 „Kids im Web".

Stellen Sie eine Diskussionsrunde zusammen, bestehend aus: einer Mutter und/oder einem Vater, einer Pädagogin und/oder einem Pädagogen, einer Medienexpertin und/oder einem Medienexperten, einer Produzentin und/oder einem Produzenten, einer Psychologin und/oder einem Psychologen, einer/einem Jugendlichen. Thema der Diskussion: Gewalt und Medien.

▶ Multimedia

Bei Fernsehen und Computer helfen Regeln für kindgemäßen Umgang

Ohne Fernseher und Computer geht heute fast gar nichts mehr – auch in vielen Kinderzimmern nicht. Psychologen warnen gerade dort vor einem grenzenlosen Einsatz der modernen Medien. „Grundsätzlich sind nicht Fernseher oder Computer schlecht", betont die Wiener Kinder- und Jugendpsychologin Verena Wasinger-Branntweiner. „Schlecht ist meist der Umgang damit. Im Kinderzimmer schauen die Kinder alleine, die Kontrolle fehlt." Sie plädiert für einen gezielten Einsatz, gemeinsam mit den Kindern. „Vor der Pubertät ist es wichtig, gemeinsam zu schauen. Die Kinder sollten auch mitbestimmen dürfen, was sie sehen." Sie empfiehlt, etwa den Fernseher nicht einfach aufzudrehen oder als Babysitter zu verwenden, sondern miteinander einen Wochenplan zu erstellen. Schwieriger wird die Situation dann in der Pubertät. „Einem 15-Jährigen kann ich schwer vorschreiben, was er sich anschauen darf und was nicht. Da kann ich nur darauf setzen, schon früher, in den Kinderjahren, einen verantwortungsvollen Umgang vermittelt zu haben", so Wasinger-Branntweiner.

Ähnlich sieht die Expertin den Einsatz von Computer und Internet bei Kindern. „Viele Inhalte sind auch eine Bereicherung für den kindlichen Geist. Aber sehr vieles ist natürlich ungeeignet. Kinder darf man nicht unterschätzen, dass sie solche Inhalte finden. Man sollte da als Eltern immer mit einem Auge mit dabei sein."

Zeitliche Limits sind bei Fernsehen und Computer wichtig. „Für einen Sechsjährigen ist eine Stunde schon sehr viel. Man muss immer schauen, was für das Kind individuell passt. Manche regt schon ein Zeichentrickfilm auf."

(Ingrid Teufl: Der Entwicklung Raum geben. Kurier vom 14. September 2008)

W 2: Grafikkommentar

Verfassen Sie einen Kommentar zur untenstehenden Grafik „Kids im Web".

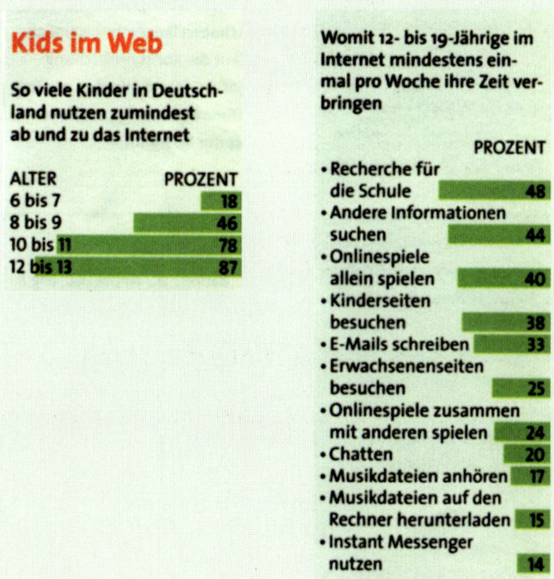

(Christiane Gelitz: Safer surfen. In: Gehirn & Geist. Das Magazin für Psychologie und Hirnforschung. Nr. 9/2008)

W 3: Der Windmacher – Spiel für Werbeprofis
Bilden Sie Gruppen von drei bis maximal sechs Personen.

Jede Gruppe agiert als „politische Partei" und steht vor der schwierigen Aufgabe, eine unerfreuliche Maßnahme zu begründen und durchzusetzen (wie zum Beispiel Abschaffung des Männerwahlrechts, ein lokales/nationales Wahrzeichen – Stephansdom, Goldenes Dachl, Klagenfurter Lindwurm etc. – soll abgetragen und der Platz zu einem Parkplatz umfunktioniert werden, eine Vignette für Fußgänger und/oder Kinderwägen soll eingeführt werden etc.).

Es gibt zwei Varianten dieses Motivationsspiels:

1. **Variante:** Jede Gruppe sucht sich selbst eine zu vertretende unerfreuliche Maßnahme.
2. **Variante:** Eine Gruppe sucht für eine jeweils andere Gruppe eine zu vertretende unerfreuliche Maßnahme aus.

Jede Gruppe „macht nun Wind", bewirbt also die zu vertretende Maßnahme, um die Wählerinnen und Wähler zu motivieren, ihre Partei zu wählen. Das kann sein:

- TV-Werbespot
- Radiospot
- öffentliche Ansprache bei einer Veranstaltung
- Talk-Show
- Runder Tisch

Erfinden Sie zur Unterstützung Ihres Auftrittes als Partei einen Slogan, ein Lied, einen Namen für Ihre Partei, gestalten Sie ein Wahlplakat.

Im Anschluss an Ihre „Auftritte" gibt es eine geheime Wahl darüber, welche Partei die Wählerinnen und Wähler am besten motivieren konnte, ihre vorgeschlagene Maßnahme durchzusetzen.

Besprechen Sie danach, welche Art von Werbung Sie am meisten beeindruckte und warum. Welche „Wähler/innenbedürfnisse" wurden angesprochen?

Ein kurzer Wissens-Check, bevor's weitergeht!

Wissens-Check

	☺	😐	☹
Ich kann die Gefahren von Internet, Fernsehen und Computerspielen einschätzen.			
Ich kann Radiosendungen und Hörspiele gestalten.			
Ich kann die negativen Seiten des Internets beschreiben.			
Ich weiß, welche audiovisuellen Medien es gibt und wie sie funktionieren.			
Ich weiß, was eine Marke ist.			
Ich weiß, was ein Slogan und ein Logo ist.			
Ich weiß, was Testimonial bedeutet.			
Ich kenne den Aufbau einer Werbebotschaft.			
Ich weiß, was Product Placement bedeutet.			

6 Durchstarten zum Ziel

Sie befinden sich nun bereits auf der Zielgeraden zur Berufsreifeprüfung aus Deutsch: In diesem Kapitel werden Wege zur Erarbeitung von Themenkreisen („Jugend und Gesellschaft“ sowie „Medien“) vorgestellt. Die Erarbeitung erfolgt einerseits im Vorbereitungslehrgang; das Kapitel bietet aber auch Hilfestellung, selbständig Themenkreise zu erarbeiten und individuell zu vervollständigen. Im Schritt Wissen lösen Sie in den Lerneinheiten 2 und 3 zu den darin aufbereiteten Themenkreisen jeweils eine komplette Reifeprüfungsaufgabe.

Auf den folgenden Seiten erwerben Sie die Kompetenz:

- ein Themenportfolio zu erstellen
- unterschiedliche Textsorten zu bearbeiten
- unterschiedliche Textsorten zu einem Problemfeld zu verfassen

Lerneinheit 1: Portfoliotechnik

Lerneinheit 2: Jugend und Gesellschaft

Lerneinheit 3: Medien

Lerneinheit 1

Portfoliotechnik

SbX
Alle SbX-Inhalte zu dieser Lerneinheit finden Sie unter der ID: 1610.

Sie wollen Ihre Lernaktivitäten möglichst selbst bestimmen? Sie wollen Freiräume bei der Erarbeitung von Themen? Sie haben den Wunsch, Ihre Lieblingstexte, jene Aspekte, die sie am meisten fesseln, Ihre persönlichen Standpunkte und Argumente zu dokumentieren und zu präsentieren?

Das themenerschließende Portfolio wird Sie auf Ihrem Weg zur Berufsreifeprüfung begleiten und Sie bei Ihrer Arbeit, unterschiedliche Themenkreise aus unterschiedlichen Perspektiven zu bearbeiten, anleiten und unterstützen.

Auf den nächsten Seiten:

- **erfahren Sie, welche Arten von Portfolios es gibt**
- **bekommen Sie Tipps zum Anlegen eines Themenportfolios**

Lernen

SbX ID: 1611

1 Was ist ein Portfolio?

Arten von Portfolios

Portfolio ist ein zusammengesetztes Wort und stammt aus dem Lateinischen; **portare** bedeutet **tragen** und **folium** bedeutet **Blatt.** Ein Portfolio ist also **etwas, womit man Blätter tragen kann** – das kann eine Mappe sein, ein Ordner, ein Schnellhefter, eine CD, eine DVD, eine Festplatte ...

In einem Portfolio kann man seine (künstlerische) Entwicklung dokumentieren.

Ursprünglich sammelten Künstler/innen in einer Mappe ihre Zeichnungen, Entwürfe, Skizzen, Texte, Empfehlungsschreiben, Auszeichnungen usw., um ihre künstlerische Entwicklung zu dokumentieren und um zum Beispiel bei Bewerbungen ihre Entwicklungsschritte und die Qualität ihrer Arbeit(en) zu präsentieren.

Heutzutage taucht das Portfolio in unterschiedlichen Bereichen auf: in der Schule als Sprachenportfolio, Kulturportfolio usw., in der Berufswelt als Bewerbungsportfolio, Vorzeigeportfolio, Kompetenzenportfolio usw., in der Wirtschaft als Portfolio an der Börse, in welchem die Entwicklungen der Geld- bzw. Wertpapier-Anlagen über einen gewissen Zeitraum dokumentiert werden.

Die wichtigsten **Arten von Portfolios** für den Schul- und Berufsbereich sind:

- **Arbeitsportfolio**

  Das Arbeitsportfolio ist ein **prozessorientiertes** Portfolio, das heißt, es beinhaltet sowohl abgeschlossene Arbeiten als auch solche, an denen Sie noch arbeiten. Das Arbeitsportfolio bildet sozusagen eine Blitzlichtaufnahme Ihrer momentanen Leistung und Ihrer Selbsteinschätzung, welche Arbeiten Ihnen besonders gut gelungen sind und welche Ihnen Schwierigkeiten bereitet haben.

prozessorientiert: nach der Entwicklung ausgerichtet

- **Kulturportfolio – eine Sonderform des Themenportfolios**

  In einem Kulturportfolio demonstrieren Sie Ihre Auseinandersetzung mit Kultur in unterschiedlichen Formen. In einem persönlichen Kulturportfolio können Sie Ihrer Kreativität freien Lauf lassen. Sie können Ihr Verständnis für Literatur, Musik, Malerei, Film, Tanz, Kleinkunst usw. vertiefen.

- **Vorzeigeportfolio**
  Das Vorzeigeportfolio beinhaltet Ihre **besten Arbeiten.** Es ist sinnvoll, ein Vorzeigeportfolio mehrere Jahre hindurch zu führen, um einen Einblick und Überblick über Ihre Arbeiten, Arbeitsmethoden und Ihre Entwicklung aufzuzeigen. Teile aus Ihrem Vorzeigeportfolio können Sie in Ihrem **Bewerbungsportfolio** verwenden.
- **Bewerbungsportfolio**
  Ihr Bewerbungsportfolio ist die **Präsentation Ihrer eigenen Person und Ihrer Kenntnisse und Fähigkeiten.** Legen Sie die **Standardbewerbungsunterlagen,** wie Lebenslauf, Bewerbungsschreiben, Zeugnisse, Zertifikate, Auszeichnungen, in Ihr Bewerbungsportfolio. Je nach Anforderungsprofil legen Sie ausgewählte Beispiele aus Ihrem Vorzeigeportfolio bei. Das können Textbeispiele sein oder Fotos, CDs, DVDs, wenn Sie zum Beispiel bei einem Theaterstück, einem Film, einer Radiosendung mitgewirkt haben.
- **Entwicklungsportfolio**
  Ein Entwicklungsportfolio beinhaltet Arbeiten **vor bestimmten Lernprozessen** und **nach Abschluss dieser Lernprozesse.** Es gibt Aufschluss, ob und wie Sie Ihre Lernziele erreicht haben, und es zeigt Ihnen, welche Arbeiten Ihnen leicht fallen, mit welchen Methoden Sie Erfolg haben und wo Sie noch „einen Zahn zulegen" müssen.
- **Sprachenportfolio**
  Das Europäische Sprachenportfolio umfasst die drei Teile **Sprachenpass** (gibt einen Überblick über den aktuellen Stand der Sprachkenntnisse), **Sprachbiografie** (dokumentiert die persönliche Geschichte des Sprachenlernens und die interkulturellen Erfahrungen) und **Dossier** (versammelt eigene Arbeiten, die exemplarisch veranschaulichen, was man in verschiedenen Sprachen zu machen im Stande ist).

SbX
Weitere Informationen zum Europäischen Sprachenportfolio finden Sie unter der ID: 1611.

Bei den Portfolioarten ist auch das Kulturportfolio angeführt. Machen wir daher einen kleinen Exkurs und stellen uns die Frage: Was ist Kultur?

2 Exkurs: Was ist Kultur?

Pflegen Sie Ihren Geist.

Kultur hat unterschiedliche Ausprägungen.

Das Wort **Kultur** hat seine Wurzeln im Lateinischen, **cultura** bedeutet **Landbau** und **Pflege** (des Körpers und des Geistes). Die Kultur einer Gemeinschaft bzw. einer Gruppe beschreibt die Gesamtheit der geistigen und künstlerischen Lebensäußerungen, also Philosophie, Religion, Literatur, Musik, Tanz, bildende Kunst etc.

Das Wort Kultur steht aber zum Beispiel auch für die Bezeichnung der feinen Lebensart, für Erziehung und Bildung oder für die Zucht von Bakterien auf Nährböden.

Einzelarbeit

Ü 1: Noch mehr Bedeutungen des Wortes Kultur ★

Recherchieren Sie im Internet oder schlagen Sie in einem Fremdwörterbuch nach, welche Erklärungen Sie zum Wort Kultur noch finden.

Kultur die, –, -en:	Kultur die, –, (ohne Plural):

Gruppenarbeit

Ü 2: Wortschatzübung ★★

Suchen Sie nach Wörtern, die in die Wortfamilie „Kultur" passen.

Adjektive	Nomen	Nomen
kulturhistorisch	Kulturdenkmal	Jugendkultur
kultivierbar	Kultfilm	Esskultur

Einzelarbeit

Ü 3: Begriffserklärungen finden ★

Schreiben Sie mindestens zehn Begriffserklärungen zu den in Ü 2 gesammelten Wörtern.

3 Was ist ein Themenportfolio?

Materialsammlung zu einem Thema

Das themenerschließende Portfolio ist ein **prozessorientiertes Portfolio**. Es ist eine Dokumentation zu einem bestimmten Lernfeld, eine Sammlung von Sachtexten, Statistiken, Informationstexten, fiktiven Texten, eigenen Arbeiten, Reflexionen, Analysen usw. zu einem Thema, wie z. B. Medien, Anderssein, Arbeits- und Berufswelt oder Rollenbilder. Das themenerschließende Portfolio ermöglicht über die Dokumentation und Sammlung hinausgehend ein Herausarbeiten und Weiterentwickeln von einzelnen Aspekten eines Themenkreises unter dem Einfluss des Feedbacks der Lerngruppe und Unterrichtenden.

Schreiben ist Kultur.

Doch wie gehen Sie vor, wenn Sie ein Themenportfolio anlegen wollen? Folgende Arbeitsschritte sind empfehlenswert:

1. Kriterien festlegen

Ihr/e Lehrer/in und Ihre Kurskolleginnen/-kollegen legen folgende Punkte fest:

- Lernziele
- Umfang des gemeinsam erarbeiteten Teils
- Umfang des selbst zu erarbeitenden Pflichtteils
- **Zeitplan:** Wie viele Unterrichtseinheiten werden am Portfolio gemeinsam im Kurs gearbeitet? Wie viele Unterrichtseinheiten werden am Portfolio individuell im Kurs gearbeitet? Wann ist der Abgabetermin?
- **Organisation:** Wann, wo, mit wem können Probleme besprochen werden? Gibt es individuelle Schwerpunkte (zur Wahl)?
- **Feedback:** Wann und wie gibt es ein Feedback der Kurskolleginnen bzw. -kollegen sowie der Unterrichtenden?

Sie können Ihr Portfolio in einer Mappe ansprechend zusammenstellen.

Trennblatt von Maja

2. Arbeit am Themenportfolio

Sie arbeiten nun selbständig an Ihrem Themenportfolio. Sie benötigen:

- **Deckblatt:** Das Deckblatt können sie kreativ gestalten (Name, Kurs, Jahr auf dem Deckblatt oder dem ersten Trennblatt).
- **Trennblätter:** Ihrer Einteilung entsprechend gestalten Sie die Trennblätter.
- **Inhaltsverzeichnis:** Das Inhaltsverzeichnis wächst mit.
- **Quellenverzeichnis:** Die Zitierregeln finden Sie im SbX unter der ID: 1611.
- **Zeitplanung:** Für Ihr Zeitmanagement ist es von Vorteil, mit einem Zeitplaner zu arbeiten.
- **Reflexionsbogen:** Sie haben hier die Möglichkeit, die Qualität Ihrer Arbeit selbst einzuschätzen und Ihre Lernfortschritte zu beschreiben. Außerdem können Sie sich mit den Schwierigkeiten, die während der Portfolioarbeit aufgetaucht sind, auseinandersetzen und sich überlegen, was Sie bei der nächsten Portfolioarbeit anders machen werden.
- **Feedbackbogen** für Kolleginnen/Kollegen und Lehrer/innen

SbX
Den Wochenplan finden Sie unter der ID: 1611.

Beispiel für einen Zeitplan

Wochenplan von .... bis ....

Datum	Daran will ich arbeiten.	Das habe ich erledigt.	Daran muss ich weiterarbeiten.	Benötigte Arbeitszeit

die Reflexion: Nachdenken, Betrachtung, vergleichendes und prüfendes Denken

Beispiele für einen Reflexionsbogen

Sie können Ihre Selbstreflexion formlos verfassen oder als Skala, Fragebogen … gestalten.

Auf jeden Fall sollten Sie auf folgende Punkte eingehen:

- Aufbau
- Pflichtteil
- Kürteil
- fachliche Inhalte
- Gestaltung
- Lernfortschritte

Am meisten interessiert hat mich:

____

____

Ich habe neu dazugelernt:

____

____

Ich hatte Schwierigkeiten mit:

____

____

Die Schwierigkeiten habe ich gelöst durch:

____

____

Bei der nächsten Portfolioarbeit werde ich Folgendes ändern:

____

____

SbX

Den Reflexionsbogen finden Sie unter der ID: 1611.

	1	2	3	4	5	6	7	8	9	10
Meine Ausdauer beim Arbeiten ist	nicht ausreichend				ausreichend					sehr gut
Meine Fähigkeit, annehmbare Kritik zu formulieren, ist	nicht ausreichend				ausreichend					sehr gut
Meine Fähigkeit, Kritik anzunehmen, ist	nicht ausreichend				ausreichend					sehr gut
Meine Selbständigkeit bei der Arbeit ist	nicht ausreichend				ausreichend					sehr gut
Mein Interesse an der Arbeit ist	nicht ausreichend				ausreichend					sehr gut
Meine Teamfähigkeit ist	nicht ausreichend				ausreichend					sehr gut
Mein fachliches Wissen über die Themen ist	nicht ausreichend				ausreichend					sehr gut
Meine Fähigkeit, Informationen zu sammeln, ist	nicht ausreichend				ausreichend					sehr gut
Meine Freude am kreativen, freien Arbeiten ist	nicht ausreichend				ausreichend					sehr gut
Meine Kommunikationsfähigkeit ist	nicht ausreichend				ausreichend					sehr gut
Meine Auseinandersetzung mit dem Thema ist	nicht ausreichend				ausreichend					sehr gut

SbX
Den Feedbackbogen finden Sie unter der ID: 1611.

Feedbackblatt von Jenny

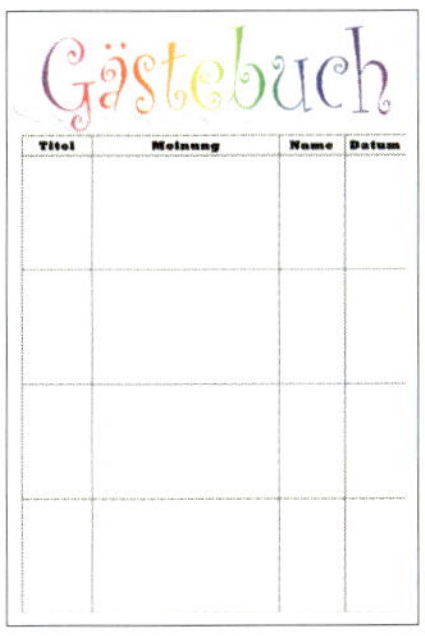

Feedbackblatt von Jenny

Beispiel für einen Feedbackbogen

Feedbackbogen für Lehrer/innen Ihres Kulturportfolios

Sie können Ihre Lehrer/innen formlos zu einem Feedback einladen oder bestimmte Fragen stellen, wie zum Beispiel:

Welche Arbeit gefällt Ihnen und warum?

___

Welche Arbeit gefällt Ihnen nicht und warum?

___

Was kann ich wie verbessern?

___

Entspricht mein Themenportfolio den festgelegten Kriterien?

___

Habe ich mich intensiv mit dem Thema befasst?

___

Ist die Gestaltung ansprechend?

___

Sind meine Lernfortschritte erkennbar?

___

Sind meine Selbstreflexion und Selbsteinschätzung nachvollziehbar?

___

Den Portfoliobrief können Sie nach einer von Ihnen bestimmten Zeitspanne überarbeiten. Sie können auch einen neuen verfassen und den aktuellen zum alten heften.

Der Portfoliobrief

Der Portfoliobrief wendet sich an den Leser/die Leserin Ihres Kulturportfolios. Nach Beendigung Ihrer Arbeit setzen Sie sich nochmals mit Ihrem Lernprozess auseinander und beschreiben ihn, zum Beispiel, welche Arbeiten Ihnen am besten gelungen erscheinen und wann, wo und warum Schwierigkeiten auftauchten, welche Kenntnisse und Fähigkeiten Sie erworben haben etc.

3. Inhalt des Themenportfolios

In Ihrem themenerschließenden Portfolio befinden sich unterschiedliche Texte und Arbeitsergebnisse:

- Brainstorming/Cluster/Disposition: Welche Aspekte gehören zu dem zu bearbeitenden Themenkreis? Der Themenkreis „Globalisierung" schließt z. B. sowohl wirtschaftliche, ökologische als auch soziale Aspekte ein.
- Welche Teilaspekte werden behandelt?
- Sachtexte: Gesammeltes Material aus Internet, Tageszeitungen, Zeitschriften, Sachbüchern ...
- literarische Texte
- Notizen
- Exzerpte von Sachtexten
- Selbst verfasste Texte (z. B. Kommentar, Thesenpapier, Leserbrief, Redemanuskript, Erörterung bzw. Analyse, Inhaltsangabe, Rezension, Buchempfehlung usw.) zu gesammeltem Material

Deckblatt von Jenny

- Lesetagebücher
- Fotos
- Zeichnungen
- DVDs
- CDs
- PowerPoint-Präsentationen
- Inhaltsverzeichnis
- Quellenverzeichnis
- Portfoliobrief
- Feedback von Kollegen/Kolleginnen, Lehrern/Lehrerinnen
- Selbstreflexion

Ihr Portfolio ist eine offene Form, d. h., Sie arbeiten während des ganzen Kursjahres an ihm und mit ihm.

Viel Spaß bei der Gestaltung!

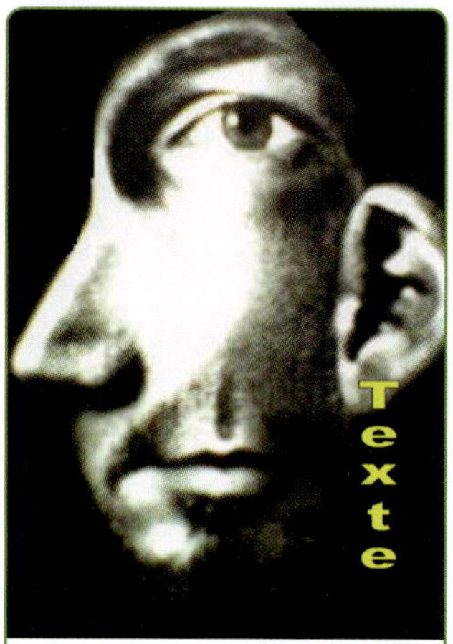

Trennblatt von Jenny

Üben

Gruppenarbeit

Ü 4: Kriterien festlegen ★★

Legen Sie in Gruppen die Kriterien fest, nach denen Sie im Kurs Ihre Portfolios gestalten und bewerten wollen. Diskutieren Sie die Gruppenresultate und einigen Sie sich mit Ihrem Lehrer/Ihrer Lehrerin auf einen Lösungsvorschlag für folgende Punkte:

- **Lernziele**
  - Welche Aspekte des Themas werden gemeinsam bearbeitet?
  - Welche Texte werden für die gemeinsame Arbeit ausgewählt?
  - Finden Veranstaltungen, Lehrausgänge, gemeinsame Theater- oder Kinobesuche passend zum Thema statt?
- **Umfang des Pflichtteils**
  - Wie viele Seiten soll der Pflichtteil umfassen?
  - Welche Themenkreise soll der Pflichtteil auf jeden Fall beinhalten?
- **Zeitplan**
  - Wie viele Unterrichtsstunden arbeiten Sie am Portfolio?
  - Wie viele Stunden arbeiten Sie zu Hause?
  - Wann beginnen Sie mit der Gestaltung?
  - Wann ist der Abgabetermin?
- **Organisation**
  - Gibt es fixe Zeiten, in denen Probleme mit den betreuenden Lehrern/Lehrerinnen besprochen werden können?
  - Werden Unterrichtsstunden festgelegt, in denen Ihre Kurskolleginnen und -kollegen Ihnen mit Rat und Tat zur Seite stehen?
- **Feedback**
  - In welcher Form soll das Feedback Ihrer Kolleginnen/Kollegen und Lehrer/innen erfolgen?
  - Gibt es einheitlich gestaltete Fragebögen?
  - Erfolgt das Feedback formlos?
  - Wie viel Zeit wird dafür anberaumt?
  - Von wie vielen Kolleginnen/Kollegen wollen Sie Feedback einholen?

Sichern

das Portfolio

In einem Portfolio können Sie Ihre Entwicklung dokumentieren. Es gibt verschiedene **Arten von Portfolios,** wie z. B. Arbeitsportfolio, Beurteilungsportfolio, Vorzeigeportfolio, Bewerbungsportfolio, Entwicklungsportfolio, Sprachenportfolio.

das Themenportfolio

Im Themenportfolio legen Sie Ergebnisse Ihrer Recherchen, fiktive und nichtfiktive Texte und Ihre persönlichen Texte ab. Das Themenportfolio ist eine Methode, die **Auseinandersetzung mit den unterschiedlichen Aspekten eines Themenkreises** bzw. Problemfeldes zu dokumentieren.

Wissen

Checkliste

Checkliste für Ihre Arbeit am Themenportfolio:

1. Ich erstelle einen persönlichen Zeitplan für meine Portfolioarbeit.
2. Ich lege die zu recherchierenden Teilaspekte fest.
3. Ich recherchiere: Definitionen, Zeitungsartikel, passende literarische Texte etc.
4. Ich gestalte meine Beiträge bzw. verfasse meine Texte.
5. Ich beginne, ein Inhaltsverzeichnis anzulegen.
6. Ich gestalte die Trennblätter.
7. Ich gestalte das Deckblatt.
8. Ich lege ein Quellenverzeichnis an. Ich beachte die Zitierregeln.
9. Ich verfasse den Brief an die Leser/innen.
10. Ich gestalte den Bereich für meine Selbstreflexion und Selbsteinschätzung. (Bereich für formlose Reflexion, Skala, Fragebogen etc.)
11. Ich gestalte den Bereich für das Feedback. (Bereich für formloses Feedback, Fragebogen, Skala, Gästebuch …)

Ein kurzer Wissens-Check, bevor's weitergeht!

Wissens-Check

	☺	😐	☹
Ich kann mir meine Arbeitszeit gut einteilen.			
Ich bin mit der Auswahl meiner Beiträge zufrieden.			
Ich kann ein Inhaltsverzeichnis anlegen.			
Ich kann ein Quellenverzeichnis anlegen und beherrsche die Zitierregeln.			
Ich kann die Rechtschreib- und Grammatikregeln anwenden.			
Ich kann die Qualität meiner Arbeit gut einschätzen.			
Ich kann mit Kritik umgehen.			
Ich kann Tipps zur Verbesserung umsetzen.			
Ich kann meine Lernfortschritte gut erkennen.			
Ich kann eine Inhaltsangabe schreiben.			
Ich kann einen kreativen Text verfassen.			
Ich kann einen kreativen Beitrag gestalten.			
Ich sehe, wo es noch Verbesserungsbedarf gibt.			

SbX
Alle SbX-Inhalte zu dieser Lerneinheit finden Sie unter der ID: 1620.

Lerneinheit 2
Jugend und Gesellschaft

„Früher war alles anders" – diese Aussage ist nicht neu. Wer sich die Geschichte ansieht, wird feststellen, dass Auffassungsunterschiede zwischen Jung und Alt schon immer da waren. Jede Erwachsenengesellschaft hat ein Idealbild, wie die Jugend sein sollte. Die heutige Jugend wird als „Spaßgesellschaft" bezeichnet. Stimmt das? Steht das „Leben genießen und Spaß haben" wirklich im Vordergrund?

Sie lernen hier:

- Texte formal und inhaltlich zu erschließen
- verschiedene Techniken zur Texterfassung und Textanalyse kennen
- in Texten wichtige von unwichtigen bzw. relevante von irrelevanten Informationen zu unterscheiden
- Texte mit unterschiedlicher Absicht zu verfassen und adressatengerecht zu produzieren
- zu Problemen aus dem Spannungsfeld von Individuum, Gesellschaft, Politik und Wirtschaft Stellung zu nehmen
- die Jugendsprache als Varietät/Abwandlung der deutschen Sprache kennen
- die Darstellungs- und Vermittlungsmöglichkeit unterschiedlicher Medien zu bewerten
- populärkulturelle Phänomene wahrzunehmen, zu kommentieren und zu bewerten

Lernen

1 Jugendsprache
„Ich mach dich kickbox!"

der Jargon: Ausdrucksweise einer bestimmten sozialen Gruppe/Berufssprache

Die einfachste Definition für Jugendsprache lautet: Die Jugendsprache ist der Jargon der Jugend, der überall auf der Welt beobachtbar ist. Gründe für die Verwendung von Jugendsprache sind **Abgrenzung und Identitätsfindung**. Heute sieht die Sprachwissenschaft die Jugendsprache viel komplexer als noch vor einigen Jahren. Es gibt nicht „die Jugendsprache", weil es die Jugend als homogene Gruppe nicht gibt. Ausdrücke wie „Ich mach dich kickbox", wenn du dich „aufpudelst wie der Hustinettenbär", obwohl du „urkeksi" bist! oder „Das ist urflaschig!" sind Beispiele aus aktuellen Wörterbüchern der Jugendsprache.

Die Jugend spricht eine eigene Sprache.

Beate Großegger ist wissenschaftliche Leiterin des Instituts für Jugendkulturforschung **(www.jugendkultur.at)**.

In ihrem Artikel „Jugendsprache – mein Reim ist fett, deiner ist Trennkost" zeigt Beate Großegger die Formen und Funktionen der Sprache in der Jugendkultur. Mit ihren unangepassten Lebensphilosophien, ihrem Spaß an expressiver Darstellung und vor allem auch mit ihrer eigenwilligen Sprache liefere die Jugendkultur ständig neuen Stoff für Irritation. Immer schon sei Sprache ein Mittel gewesen, sich von den Erwachsenen, aber auch von anderen Jugendlichen abzugrenzen.

Einzelarbeit

Ü 1: Jugendsprache ★★

Fassen Sie die Textausschnitte „Funktionen der Jugendsprache" und „Die Sprache gibt Auskunft über das Lebensgefühl und das Weltbild der Jugend" zusammen und achten Sie dabei auf eigenständige Formulierungen!

Querverweis

der Soziolekt: Besonderheiten im Sprachgebrauch einer bestimmten sozialen Schicht; siehe auch Kapitel 3, Lerneinheit 6.

das Establishment: etablierte Elite, einflussreiche Gesellschaftsgruppe

die Subversion: verborgene, auf den Umsturz der bestehenden staatlichen Ordnung zielende Tätigkeit

Funktionen der Jugendsprache

Wie funktioniert die Sprache der Jugend?

Jede Jugendszene hat ihre eigene Sprache. Der Soziolekt, der in der einen Szene gesprochen wird, wird in der anderen nicht nur nicht verwendet, sondern oft auch nicht viel besser verstanden als von jugendkulturfernen Erwachsenen. Die jugend(szene)spezifischen Soziolekte sind demnach effiziente Werkzeuge der Abgrenzung.

Zuallererst kommt dabei – heute so wie einst – die Abgrenzung gegenüber der Welt der Erwachsenen oder, wenn man so will, gegenüber dem Establishment. Im Unterschied zu früher fällt heute die politisch-ideologische Zielrichtung allerdings großteils weg. Doch auch wenn offensive Provokationen und politische Subversion in der Jugendkultur der Gegenwart kein allzu großes Thema mehr sind, ist ein Boykottieren oder zumindest Hinterfragen der Standard- bzw. Hochsprache bei den Jugendlichen noch immer üblich, denn dieses Hinterfragen der Standardsprache ist für Jugendliche gleich bedeutend mit einem Hinterfragen der aus ihrer Sicht langweilig standardisierten Erwachsenenkultur.

In zweiter Linie dienen szenebezogene Soziolekte aber auch dazu, sich gegenüber anderen Jugendlichen abzugrenzen, gegenüber Jugendlichen, die sich in anderen Szenen zu Hause fühlen, die andere Interessen haben, anders denken und daher auch eine andere Sprache sprechen. Dieses Sich-Abgrenzen ist ein wesentlicher Bestandteil der Selbstdefinition. Da die Jugendphase eine Phase der Identitätsbildung ist, in der die Suche nach Selbstdefinition wie auch das ständige Überarbeiten des bereits Definierten dazugehören, ist dieser Prozess im Grunde genommen etwas ganz Natürliches und Normales.

In dem Maße, in dem Jugendliche ihre Soziolekte zur Abgrenzung nutzen, dienen sie umgekehrt natürlich auch der Integration. Vor allem in den Jugendszenen und den jugendkulturellen Cliquen schafft die gemeinsame Sprache bzw. der szenespezifische Soziolekt eine wesentliche Grundlage dafür, dass ein unverwechselbares „Wir-Gefühl" entsteht, das durch das Sprechen der gemeinsamen Sprache ständig neu belebt wird. Kurz gesagt: Dieselbe Sprache sprechen ist für die Jugendlichen in den Szenen gleich bedeutend mit „auf einer Wellenlänge liegen".

In den Jugendszenen gilt: Wer den Szene-Code beherrscht, wer also weiß, welche Musik man hören und welche Klamotten man tragen muss, und wer zudem den szenespezifischen Soziolekt beherrscht, positioniert sich als Insider. Alle anderen sind Outsider. Besonders drastisch kommt das bei den populären Funsport-Szenen wie den Skateboardern oder den Snowboardern zum Ausdruck. Hier regiert ein Fachjargon, der außerhalb der Szene kaum verstanden wird. Ein Snowboarder zum Beispiel wird, wenn er über seine Bindungseinstellung spricht, nicht sagen: „Ich habe eine Bindungseinstellung gewählt, bei der der linke Fuß vorne ist", sondern er wird diese Fußstellung kurz „regular" nennen (im Gegensatz zu „goofy", bei der der rechte Fuß vorne ist). Er bedient sich also eines szenespezifischen Fachvokabulars, das – ganz ähnlich wie bei Ärzten, Juristen oder Sozialwissenschaftlern – die Funktion hat, die Kommunikation innerhalb der „Community" effizienter, ökonomischer und punktgenauer zu gestalten.

Die Sprache gibt Auskunft über das Lebensgefühl und das Weltbild der Jugend

Sprache ist für Jugendliche nicht nur ein Mittel, um die Wirklichkeit abzubilden. Sprache ist für sie auch ein Mittel, um Wirklichkeit zu konstruieren: sie in den Farben einzufärben, in denen sie sie sehen. Ganz deutlich wird das in den Sprachstilen, die von Szene zu Szene differieren. Szene-Sprachen vermitteln das Lebensgefühl, das für die jeweilige Szene typisch ist. Dadurch, dass in den Szenen im Szene-Jargon gesprochen wird, wird das Lebensgefühl ständig reproduziert. Die Sprachstile und die Sprachpraxis der Jugendlichen sagt also viel aus über ihren Zugang zur Welt. [...]

In der HipHop-Szene sind die Sprachartisten der zeitgenössischen Jugendkultur zu finden. HipHop boomt derzeit enorm bei der Jugend. Kein Wunder, denn mit derben Sprüchen, bunten Graffiti und coolen Klamotten trifft HipHop den Nerv der Zeit. Mit ihren weiten Hosen, ihrem entspannt-coolen Gehabe und ihren wortgewaltigen Texten sind die Rapper – so nennt man die „Vortragenden" des Sprechgesangs in der HipHop-Szene – weit über die Grenzen der Szene hinaus bekannt und populär. Kein Wunder, denn sie sind ungeschlagen in Sachen sprachstilistischer Eigenwilligkeit und Kreativität. Sprache bzw. das Rappen hat in der HipHop-Szene einen ganz eigenen, sehr zentralen Stellenwert. Die eigenwilligen, widerspenstigen, ästhetisch innovativen, oft subversiven, höchst originellen Wortbilder zeigen stärker als in anderen Szenen die Einstellung der Hip-Hopper zu Gott und der Welt.

Der HipHop-Kosmos wird von drei wichtigen Werten regiert: dem Echten/Authentischen, dem Wettbewerb/„Competition" und Respekt. Diese drei Werte prägen die gesamte Rap-Kultur – vor allem aber die so genannten „Battles". Battles sind Wettbewerbe, bei denen die Rapper gegeneinander antreten, um ihre Wortgewalt unter Beweis zu stellen. Für gewöhnlich nehmen sich die Rapper dabei kein Blatt vor den Mund. Die Wortgefechte, die sie sich gegenseitig liefern, sind legendär. Es werden die Kontrahenten mit derben Reimen aus der Reserve gelockt, verbal heruntergemacht, im Szene-Jargon: „gedisst".

der Kontrahent: Gegner in einer Auseinandersetzung oder einem Wettkampf

Und doch geht es den Battle-Rappern nicht darum, andere HipHopper zu verletzen oder zu kränken. Eiskalte Bösartigkeiten und biedere Machtgelüste haben in der HipHop-Kultur keinen Platz. Man sucht einfach nur den ehrlichen Wettbewerb und bedient sich dabei der Mittel, die der Rap dafür bereitstellt: starker Worte. Wer der Bessere, dem gebührt Respekt. Im Grunde genommen machen die Rapper nichts anderes, als ihre Gedanken rhythmisch auf einen Beat zu sprechen. Es ist faszinierend, welche Wörter sie finden, um sie zu reimen. Sie arbeiten an ihren „Skills", weil es das ist, was ihnen Spaß macht, und weil gut zu rappen für sie „Fame" (= Ruhm) bedeutet. Sie sprechen eine Sprache fern der Hochsprache und doch sind sie unglaublich wortgewaltig. Und sie sind sich dessen auch vollkommen bewusst. Ihr Motto lautet: „Wir haben die (deutsche) Sprache revolutioniert und erwarten dafür Respekt." Reimen kann und darf prinzipiell jeder. Gerappt wird meist zu Themen des Alltags, aus einer unmittelbaren persönlichen Betroffenheit. Das ist wichtig, denn das sichert die in der HipHop-Kultur so hoch gehaltene Authentizität.

die Authentizität: Glaubwürdigkeit

Der Sprechgesang der Rapper wird allerdings oft nur von Insidern verstanden. Ein Beispiel: „Mein Reim ist fett, deiner ist Trennkost". Um diese Botschaft zu verstehen, muss man wissen, dass „fett" in der HipHop-Szene ein Synonym für „besonders gut" ist und dass „Trennkost" mager, kalorienarm, leicht und das Gegenteil von „fett" ist. Der Satz bedeutet: „Mein Rap ist hervorragend, deiner aber ist unter jeder Kritik." Die meisten Rap-Artisten sehen sich in erster Linie als Entertainer. Tatsächlich sind sie aber mehr als nur Unterhaltungskünstler. Sie sind das Sprachrohr der Musik und zugleich auch das Sprachrohr derjenigen Jugendlichen, die sich in ihren Reimen wiederfinden. Wenn MC Kool Savas etwa reimt „Ich bin fast wie eine Taube, denn ich kack auf alles", so ist der Spruch originell, er tut Bilder auf, die mit dem Klischee der Friedenstaube brechen, er ist lustig und liefert 14- oder 15-Jährigen, die erstmals ihre ganz persönliche Beziehung zu den Eltern und der Gesellschaft reflektieren, ein Identifikationspotenzial.

(Beate Großegger: Jugendsprache – Mein Reim ist fett, deiner ist Trennkost. In: Tribüne. Zeitschrift für Sprache und Schreibung 1/2002, S. 1–14).

Die Hip-Hop-Szene

Der Hip-Hop hat seine Wurzeln in der Funk- und Soul-Musik und entstand in den schwarzen Ghettos in den USA in den 1970er-Jahren. Der Begriff Hip-Hop bezeichnet jedoch nicht ausschließlich eine Musikrichtung, sondern auch die Jugendkultur Hip-Hop mit den Elementen Rap, DJing, Breakdance und Graffiti-Writing. Diese kulturelle Bewegung hat sich zu einer weltweiten Subkultur der urbanen Jugend entwickelt

„Hip Hop" bezeichnet nicht nur eine Musikrichtung, sondern auch eine Jugendkultur.

Partnerarbeit

Ü 2: Hip-Hop-Text ★★

Lesen Sie den Text „Hallo Hip Hop" von Fettes Brot und analysieren Sie ihn! Folgende Fragen und die Informationen aus dem Artikel „Mein Reim ist fett, deiner ist Trennkost" sollen Ihnen dabei helfen:

- Welchen Stellenwert hat die Sprache in der Hip-Hop-Szene?
- Wie heißen die Wettbewerbe, bei denen die Rapper gegeneinander antreten, um ihre Wortgewalt unter Beweis zu stellen?
- Zu welchen Themen wird meist gereimt?
- Was ist die Hauptaussage von „Hallo Hip Hop"?

Fettes Brot: Hallo Hip Hop

Weg da, mein Rap ist animalischer als Hanibal Lecter.
Ja, dir schmeckt er. Du säufst ihn wie 'ne Biene Nektar.
Armer Amateur, hör auf einen Profi.
Du bist doof, wie der Butler von Miss Sophie.
So findst du uns an jeder Litfasssäule.
„Und findst du es nicht gut, dann gibt es Keule"
Hey, kein Geheule, sonst verläuft dein Lidschatten!
Leider stirbst du Knirps, ohne dass wir dich je featureten.
Fettes Brot mit 'nem neuen Smash-Hit.
Wir knacken dich Trash-Verschnitt wie'n Crashkid
Autos, bloß lautlos – Uuh !
Kannst machen nix, musst gucken zu.
Dein Vater der Wurm, du nur Wurmfortsatz.
Hör, mein Wortschatz hat wildere Bilder als Shortcuts.
Auf meinem Sportplatz brennt immer Flutlicht.
Du hältst mich vermutlich für den Sonnenkönig Ludwig.
Ich bin frischer als Mentos, krieg säckeweise Fanpost.
Mein Rap ist fett und deiner ist Trennkost.
Renz – R.E.N.Z.! Geh ins Bett, mon ami, jetzt Onanie.
Hallo Hip Hop – hoffentlich geht es Dir besser,
denn zu viele Mitesser machen Dir Stress.
Du sendest SOS, doch in der Not ist Fettes Brot dein
Rettungsboot ...

Ich nehme Platten und dich auf die Schippe,
drücke mich in der Musik und dich aus wie 'ne Kippe,
denn du bist auf den Mund gefallen und mir auf die Nerven.
Ich bin so def, ich reim merven auf perven.
In Schubladen oder beim Kartenspielen passe ich nie,
und jetzt lasse ich die Sau raus, Dampf ab und das Schiff vom Stapel.
Löse auf die Schnelle jeden Fall all die Fälle wie Ms Marple.
Wack Mc, komm auf mein Deck und sieh
Schiffmeister und alt aus, denn entdecke sie, checke die Connecke wie
St. Pauli und der Kiez. Ein Liebespaar sind meine Reime und die Beats.
Man sieht's.
Du bist vielleicht Chef, doch ich bin cheffer,
denn meine Reime brennen Scharf wie Pfeffer.
Ich suhl mich am Pool statt wie Littbarski im Matsch.
Alles ist cool, denn ich rul' wie Starski und Hutch;
doch heute ist nicht Fassnacht. Schiffmeister hat sein' Hass-Tach.
Was Du reimst ist doch Asbach-Uralt, und Fettes Brot hat Dich
mitgeschnackt.
Außen Top Hits – Innen Geschmack.
Hallo Hip Hop – hoffentlich geht es Dir besser,
denn zu viele Mitesser machen Dir Stress.
Du sendest SOS, doch in der Not ist Fettes Brot dein
Rettungsboot ...

So, jetzt kommt des Königs Gesangspassage.
Ich bin cool und park mein Fahrrad in der Tiefgarage.
Ich bin der Mann, der das Brot repräsentiert.
Du willst Streit? Äh, äh! Gibt's nicht! Kapiert?
Doch du hörst unsere Musik und fühlst dich trotzdem geschlagen,
Reim, Beat und Bass – sonst noch Fragen?
Alle Klagen bitte in die Meckerecke.
Denn dafür hab ich keine Zeit, weil ich die Reime checke.
Du schreist mich an und beleidigst mich, doch ist mir egal,
weil ich wieder mal den Bus bezahl,
in dem man dich nach Hause schickt, 'n bißchen traurig und geknickt.
Geh üben und dann versuch noch mal dein Glück.
Doch pack das Kinderkeyboard ein und lass die Geige im Kasten.
Du sagst deine Beats sind fett? Ich nenn´s sieben Tage fasten!
Du machst den Gangsta doch bist es nicht.
Du bist nur albern du Pissgesicht!
Wie hart du kommst ist mir egal – wie Stahl oder härter –
denn du bist das Unkraut und ich bin der Gärtner.
KB-Baby, der kleine Riese
und du kriegst 'ne Krise, Verehrter,
wie Bertha Griese – Mahlzeit!

Hallo Hip Hop – hoffentlich geht es Dir besser,
denn zu viele Mitesser machen Dir Stress.
Du sendest SOS, doch in der Not ist Fettes Brot dein
Rettungsboot

(„Hallo Hip Hop" von Fettes Brot; www.lyricsdownload.com/fettes-brot-hallo-hip-hop-lyrics.html)

Einzelarbeit

Ü 3: Nadsat ★★★

In seinem Zukunftsroman **„A Clockwork Orange"** von Anthony Burgess – der Roman wurde 1971 unter dem gleichnamigen Titel von Stanley Kubrick verfilmt – wird der fiktive Jugendjargon **Nadsat** von der Hauptfigur Alex und seinen Freunden gesprochen.
Versuchen Sie herauszufinden, welche Funktion Nadsat hat! Recherchieren Sie im Internet, was Sie zu diesem Thema finden, und exzerpieren Sie die wichtigsten Stellen. Vergessen Sie nicht, immer die Quellen anzugeben.

2 Eltern-Kind-Konflikte
G'sunde Watsch'n oder antiautoritär?

In manchen Familien funktioniert das Zusammenleben der Generationen durchwegs reibungslos, in anderen stehen Konflikte an der Tagesordnung. Konflikte sind jedoch nicht grundsätzlich negativ zu bewerten, solange sie fair und gewaltfrei ausgetragen werden. Die unterschiedlichen Rollen als Kinder und Eltern und auch die Erwartungen der Gesellschaft an die Eltern und die Kinder beinhalten jede Menge Konfliktstoff.

Das Zusammenleben der Generationen funktioniert nicht immer reibungslos.

Viele Fragen der „Kindererziehung" sind umstritten:

- Wie sollen Kinder erzogen werden?
- Was wird ihnen erlaubt, wo werden Grenzen gezogen?
- Wie liebevoll und aufmerksam wenden sich Eltern ihren Kindern zu?
- Spielt Gewalt in der Erziehung eine Rolle?

Gruppenarbeit

Ü 4: Eltern und Kinder ★

Diskutieren Sie in Kleingruppen folgende Fragen:

- Welche Konflikte haben Sie mit Ihren Eltern?
- Was löst diese Konflikte aus?
- Wie werden die Konflikte ausgetragen und gelöst?

Partnerarbeit

Ü 5: Formen von Gewalt in der Erziehung ★★

Lesen Sie den Textausschnitt und beantworten Sie anschließend die folgenden Fragen.

1. Welche Form von Gewalt wendet die Mutter im Textausschnitt „am beispiel paula" an? Wer übt auf wen Gewalt aus? Wie macht Jelinek diese Gewalt auch sprachlich sichtbar?
2. Können Sie Zusammenhänge zwischen der Rechtschreibung und dem Inhalt im Text feststellen? Stellen Sie darüber Vermutungen an.
3. Sammeln Sie Beispiele für verschiedene Formen von Gewalt in der Erziehung: körperliche (physische), seelische (psychische) und strukturelle Gewalt (gesellschaftliche Machtverhältnisse).

Elfriede Jelinek (geb. 1946) ist eine österreichische Schriftstellerin. Sie erhielt 2004 den Nobelpreis für Literatur, die höchste internationale Auszeichnung für Schriftsteller/innen.

Elfriede Jelinek: am beispiel paula

am beispiel paula. paula ist vom lande. das landleben hat sie bis jetzt in schach gehalten – ebenso wie ihre schwestern erika und renate, die verheiratet sind. die beiden kann man schon abschreiben, es ist genauso, als ob sie nicht auf der welt wären. mit paula ist das anders, sie ist die jüngste von ihnen und noch richtig auf der welt. sie ist 15 jahre alt. sie ist jetzt alt genug, um sich überlegen zu dürfen, was sie einmal werden möchte: hausfrau oder verkäuferin. verkäuferin oder hausfrau. [...]

NEIN! paula möchte nämlich schneiderin lernen. das hat es im dorf überhaupt noch nie gegeben, dass eine etwas lernen möchte. das kann nicht gut gehen. [...]

die mutter sagt: paula, du MUSST verkäuferin werden oder hausfrau. paula antwortet: mutter, es ist gerade keine lehrstelle als verkäuferin frei. die mutter sagt: dann bleib zuhause, paula, und werde hausfrau und hilf mir bei der hausarbeit und im stall und bediene deinen vatter so wie ich ihn bediene und bediene auch deinen bruder, wenn er aus dem holz kommt, warum sollst du es besser haben als ich, ich war nie etwas besseres als meine mutter, die hausfrau war, denn damals hat es noch keine verkäuferinnen gegeben bei uns, und mein vatter hätte mich erschlagen, wenn es die gegeben hätte.

und er hat gesagt, ich soll zuhause bleiben und der mutta helfen und ihn bedienen, wenn er aus der arbeit kommt und das hier holen vom wirten, das dauert 8 minuten hin und zurück, und wenn es länger dauert, dann brech ich dir das kreuz. und warum sollst du, meine tochter, es besser haben? bleib lieber zu hause und hilf mir, wenn dein vatter und dein bruder gerald nach hause kommen. und vielleicht brechen wir, ich und dein vatter und dein bruder gerald dir einmal wirklich das kreuz. [...]

(Jelinek, Elfriede: Die Liebhaberinnen. Rowohlt 1989, S.14-18.)

Gewalt in der Erziehung ist verboten.

Jede Form von Gewalt an Kindern ist in Österreich seit 1989 gesetzlich verboten. Auch die so genannte „g'sunde Watschen" ist als Erziehungsmittel nicht erlaubt.

ABGB: Das Allgemeine bürgerliche Gesetzbuch legt in Österreich u. a. die Personenrechte und die Familienrechte fest

§ 146a ABGB: Das minderjährige Kind hat die Anordnungen der Eltern zu befolgen. Die Eltern haben bei ihren Anordnungen und deren Durchsetzung auf Alter, Entwicklung und Persönlichkeit des Kindes Bedacht zu nehmen; die Anwendung von Gewalt und die Zufügung körperlichen oder seelischen Leides sind unzulässig.

Gruppenarbeit

Ü 6: Kinder sind unschlagbar ★★

Wer geschlagen wird, der schlägt: Untersuchungen zeigen, dass Eltern, die selbst als Kind geschlagen wurden, ihre eigenen Kinder häufig auch schlagen. Diskutieren Sie im Kurs ausgehend von den Textbeispielen „am beispiel paula" und „Erbstück", welche Folgen verschiedene Formen von Gewalt in der Erziehung haben können (psychische, körperliche Folgen etc.).

Das Problem unserer Kinder ist, dass sie ihre Eltern erst in einem Alter bekommen, in dem es kaum noch Hoffnung gibt, sie noch ändern zu können. (Verfasser unbekannt)

Buchtipp: Vielhaber, Christian (Hrsg.): Wunder schlägt man nicht. Gedichte über Kinder und Erwachsene. Vindobona Verlag 2004.

Dorothy L. Nolte: Erbstück

Die Watschen, die ich heut bekommen habe,
die hat schon mein Vater gekriegt
von meinem Großvater
und mein Großvater
von meinem Urgroßvater
und mein Urgroßvater
von meinem Ur-Urgroßvater
und so weiter und so weiter.
So viel Watschen.
Ich glaub,
diese Watschen
hat schon vor ein paar tausend Jahren
ein Vorfahr bekommen.
Watschen mit Stammbaum.
Wahrscheinlich sagen sie deshalb:
„Pass auf, der Watschenbaum
Fällt gleich um."
Schade, dass es kein Watschenbaum-Sterben gibt.
So alt sind diese Watschen
Und brennen wie neu.
Ich hab mir jedenfalls vorgenommen
Meinen Kindern dieses Erbteil nicht weiterzugeben.

Konfliktlösung unmöglich?

Manchmal können sich die Konflikte so aufschaukeln, dass den Betroffenen nur mehr eine radikale Lösung möglich scheint, wie im folgenden literarischen Beispiel.

Gewalt verursacht Gegengewalt.

Friedrich Schiller (1759–1805): bedeutender deutscher Dichter

Friedrich Schiller: Die Räuber

In diesem Theaterstück aus dem Jahr 1781 geht es um die Rebellion eines Sohnes gegen seinen Vater, von dem er sich ungerecht behandelt fühlt. Karl führt ein wildes Studentenleben in Leipzig. Weil sich sein Vater Sorgen um ihn macht, schreibt Karl ihm einen Brief und bittet ihn darin um Verzeihung für seine Fehler. Der Brief fällt seinem jüngeren Bruder Franz in die Hände, der noch auf dem Schloss des Vaters wohnt. Franz, der sich gegenüber seinem Bruder immer zurückgesetzt gefühlt hat, sieht nun die Chance gekommen, dem erbberechtigten Karl zu schaden, indem er dessen Brief verfälscht (er werde schon als Mörder und Bandit gesucht) und den Vater dazu bringt, Karl zu enterben. Als Karl diesen Brief in einem Gasthof liest, versteht er die Welt nicht mehr und beschließt mit seinen Freunden eine Räuberbande zu gründen.

die Megäre: Furie, eine böse, wütende Frau

Friedrich Schiller: Die Räuber

Moor *(tritt herein in wilder Bewegung und läuft heftig im Zimmer auf und nieder, mit sich selber).* Menschen – Menschen! falsche, heuchlerische Krokodilbrut! Ihre Augen sind Wasser! Ihre Herzen sind Erz! Küsse auf den Lippen! Schwerter im Busen! Löwen und Leoparden füttern ihre Jungen, Raben tischen ihren Kleinen auf dem Aas, und Er, Er – Bosheit hab ich dulden gelernt, kann dazu lächeln, wenn mein erboster Feind mir mein eigen Herzblut zutrinkt – aber wenn Blutliebe zur Verräterin, wenn Vaterliebe zur Megäre wird, o so fange Feuer, männliche Gelassenheit, verwilde zum Tiger, sanftmütiges Lamm, und jede Faser recke sich auf zu Grimm und Verderben.

Roller. Höre, Moor! Was denkst du davon? Ein Räuberleben ist doch auch besser, als bei Wasser und Brot im untersten Gewölbe der Türme?

Moor. Warum ist dieser Geist nicht in einen Tiger gefahren, der sein wütendes Gebiss in Menschenfleisch haut? Ist das Vatertreue? Ist das Liebe für Liebe? Ich möchte ein Bär sein, und die Bären des Nordlands wider dies mörderische Geschlecht anhetzen – Reue, und keine Gnade!

– Oh, ich möchte den Ozean vergiften, dass sie den Tod aus allen Quellen saufen! Vertrauen, unüberwindliche Zuversicht, und kein Erbarmen!

Roller. So höre doch, Moor, was ich dir sage!

Moor. Es ist unglaublich, es ist ein Traum, eine Täuschung – So eine rührende Bitte, so eine lebendige Schilderung des Elends und der zerfließenden Reue – die wilde Bestie wär in Mitleid zerschmolzen! Steine hätten Tränen vergossen, und doch – man würde es für ein boshaftes Pasquill aufs Menschengeschlecht halten, wenn ichs aussagen wollte – und doch, doch – oh, dass ich durch die ganze Natur das Horn des Aufruhrs blasen könnte, Luft, Erde und Meer wider das Hyänengezücht ins Treffen zu führen!

das Pasquill: Schmähschrift, die verfasst wird, um eine bestimmte Person zu verleumden

Grimm. Höre doch, höre! vor Rasen hörst du ja nicht.

Moor. Weg, weg von mir! Ist dein Name nicht Mensch? Hat dich das Weib nicht geboren? – Aus meinen Augen, du mit dem Menschengesicht! – Ich hab ihn so unaussprechlich geliebt! so liebte kein Sohn, ich hätte tausend Leben für ihn – *(Schäumend auf die Erde stampfend.)* Ha! wer mir itzt ein Schwert in die Hand gäb, dieser Otterbrut eine brennende Wunde zu versetzen! wer mir sagte, wo ich das Herz ihres Lebens erzielen, zermalmen, zernichten – er sei mein Freund, mein Engel, mein Gott – ich will ihn anbeten!

itzt: jetzt

Roller. Eben diese Freunde wollen ja wir sein, lass dich doch weisen!

Schwarz. Komm mit uns in die böhmischen Wälder! Wir wollen eine Räuberbande sammeln, und du – *(Moor stiert ihn an.)*

anstieren: anstarren

Schweizer. Du sollst unser Hauptmann sein! du musst unser Hauptmann sein!

[...] (Moor willigt ein, sie schwören einander Treue bis in den Tod.)

Moor. [...] Menschen haben Menschheit vor mir verborgen, da ich an Menschheit appellierte, weg dann von mir Sympathie und menschliche Schonung!

Ich habe keinen Vater mehr, ich habe keine Liebe mehr, und Blut und Tod soll mich vergessen lehren, dass mir jemals etwas teuer war! Kommt, kommt! – Oh ich will mir eine fürchterliche Zerstreuung machen – es bleibt dabei, ich bin euer Hauptmann! Und Glück zu dem Meister unter euch, der am wildesten sengt, am grässlichsten mordet, denn ich sage euch, er soll königlich belohnet werden.

Gruppenarbeit

Sturm und Drang: Literarische Bewegung in Deutschland ca. 1765–1785. Die – meist jungen – Dichter drücken mit Vorliebe starke Gefühlsregungen aus und wenden sich gegen einengende Regeln in der Kunst. Sie bewundern die geniale Persönlichkeit, die sich über gesellschaftliche Schranken hinwegsetzt.

Ü 7: Die Räuber ★★★

a) Teilen Sie die Rollen auf und bereiten Sie sich auf eine Lesung vor. Versuchen Sie, den Text möglichst ausdrucksstark wiederzugeben.

b) Schiller verwendet in seinen Stücken sehr häufig rhetorische Stilmittel. Ordnen Sie die folgenden dem Text oben zu, indem Sie die entsprechende Nummer darüberschreiben.

	Stilmittel	Beispiel aus der Werbung
1	Anapher (Wiederholung des Anfangs in aufeinanderfolgenden Sätzen)	Sofort knipsen, sofort betrachten.
2	Antithese (Gegenüberstellung entgegengesetzter Begriffe)	Heißes Angebot für eiskalte Rechner
3	Ellipse (Auslassung notwendiger Satzteile)	Strahlender Sieger mit grünem Gewissen.
4	Ausrufe	Juhuuuuu!! Online wechseln bringt 2 Monate Gratis-Strom!
5	Metapher (Verwendung von Wörtern im übertragenen Sinn)	Pack den Tiger in den Tank!
6	Parallelismus (dieselbe Wortreihenfolge in aufeinanderfolgenden Sätzen bzw. Satzteilen)	Mit 4 hat er eine schöne Zeit. Mit 24 ein hübsches Geldpolster.
7	bewusste Wiederholung von Wörtern	Alle entwickeln Elektroautos. Aber nur einer entwickelt Elektroautos für alle.
8	rhetorische Frage (Frage, auf die man keine Antwort erwartet)	Sie haben doch auch nichts zu verschenken, oder?

Querverweis

Die rhetorischen Figuren werden in Kapitel 2, Lerneinheit 6 behandelt.

c) Informieren Sie sich über den Fortgang der Handlung und das Ende des Stücks.

d) Schillers Theaterstück gehört zur literarischen Strömung des „Sturm und Drang". Wie könnte Empörung gegen eine ungerechte Behandlung/einen ungerechten Zustand heute geschrieben werden? Verfassen Sie dazu eine kleine Szene.

Vaterbilder

Väter erfüllen in der Erziehung vielfältige Aufgaben.

In den letzten 300 Jahren hat sich das Vaterbild in der Gesellschaft wiederholt sehr radikal verändert: Es entwickelte sich vom Familienpatriarchen im 18. Jahrhundert über den zunehmend an Autorität verlierenden Arbeitervater des 19. Jahrhunderts, den stolzen Alleinernährer im Wirtschaftswunder der 1950er-Jahre, den ums Sorgerecht kämpfenden Scheidungsvater der 1980er bis hin zum partnerschaftlichen sogenannten „neuen Vater" der Gegenwart. Trotz dieser Veränderungen ist das Bild des Vaters im westlichen Kulturverständnis noch immer stark durch das Rollenverständnis des finanziellen Versorgers der Familie geprägt, der nur in Krisensituationen interveniert. Das erschwert es Vätern, mehr Zeit im Alltag mit ihren Kindern zu verbringen und berufliche Interessen dafür zurückzustecken. Hausmänner, die sich um die täglichen Belange der Kinder kümmern, sind quantitativ gesehen noch immer die Ausnahme.

Die gesetzlichen Angaben in diesem Text beziehen sich auf die Situation in der Bundesrepublik Deutschland.

Michael Matzner: Vaterbilder und Vaterfunktionen

Ab der zweiten Hälfte des 19. Jahrhunderts verbrachten viele Väter immer mehr Zeit außerhalb ihrer Familien. Der Vater war nicht mehr Hausvater, sondern primär Berufsmensch. Die pädagogische und medizinische Ratgeberliteratur konzentrierte sich zunehmend auf die Person der Mutter. Ihr allein wurde jetzt die natürliche Fähigkeit zugeschrieben, eine emotionale Bindung zum Kind zu entwickeln. Mit dieser Zuschreibung ging parallel eine solche des männlichen Geschlechtscharakters einher. So wurde von den Männern die Unterdrückung von Gefühlen, Ängsten und anderen Schwächen erwartet. Sie sollten ihrer Gefühle „mannhaft Herr werden".

Die herrschenden Normen am Ausgang des 19. Jahrhunderts, die über dieses hinweg weit in das 20. Jahrhundert hinein wirkten, verlangten unbedingt die Wahrung der männlichen Autorität, welche in den Augen vieler Väter durch zu enge emotionale Bindungen zum Kind gefährdet werden konnte. Die Beschäftigung mit Kindern galt eher als „unmännlich". Die Zuschreibung von Vernunft, Disziplin und Härte an den Mann und Vater bewirkte dessen „Zuständigkeit" innerhalb der Erziehung als „oberster Normenvollstrecker", vor allem gegenüber seinen Söhnen.

polar: gegensätzlich

Die polare Geschlechterordnung kam auch im Familienrecht des am 1. Januar 1900 in Kraft getretenen Bürgerlichen Gesetzbuches (BGB) zum Ausdruck. Der Vater war per Gesetz für den Lebensunterhalt der Familie verantwortlich, während die Mutter verpflichtet war, für Haus und Kinder zu sorgen. Es wurde jetzt nicht mehr von der väterlichen Gewalt gesprochen, sondern von der elterlichen Gewalt. Allerdings konnte die Mutter die volle elterliche Gewalt erst mit dem Gleichberechtigungsgesetz des Jahres 1957 bekommen. Bis dahin verfügte der Vater über die elterliche „Hauptgewalt", während die Mutter nur eine auf die Personensorge beschränkte „Nebengewalt" hatte. [...]

In den letzten Jahren tauchte in der Diskussion verstärkt der Begriff des Neuen Vaters auf. Mit diesem verbindet man eine neue, positive Väterlichkeit, die sich deutlich vom altbekannten traditionellen Vater unterscheide. Doch was versteht man genau unter einem neuen Vater? Welche Eigenschaften hat er? Manchmal werden damit vor allem diejenigen Väter gemeint, die zum primär betreuenden Vater oder zum allein verantwortlichen Vater werden; also die vergleichsweise kleine Zahl von Vätern im Erziehungsurlaub, von Hausmännern oder Alleinerziehenden.

Andere verbinden mit dem Bild des neuen Vaters vor allem eine neue Form der Vater-Kind-Beziehungen. Der Soziologe Rolf Stein spricht vom Bewusstsein und von der Praxis der neuen Väterlichkeit. Die heutigen neuen Väter seien oft toleranter, solidarischer, großzügiger, zärtlicher, fürsorglicher und kooperativer gegenüber ihren Kindern. Ihre Vaterschaft erlebten sie im bewussten Gegensatz zu den eigenen Vätern und verständen sich oft eher als Partner und Spielkamerad ihrer Kinder. Sie seien deutlich engagierter innerhalb ihrer Familien und verbrächten den Großteil ihrer Freizeit zuhause bei ihren Kindern. Für Stein stellt sich die Frage, ob wir bereits auf dem Weg in eine „parentale Kultur" seien. Man könne im Zuge der Modernisierung „deutliche Traditionsbrüche hinsichtlich des Vaterbildes" feststellen. „Dieser Wandel der Väterlichkeit kann als ein Wandel von der traditionellen autoritären, repressiven und marginalen Rolle des Vaters hin zu einer freundschaftlichen, liebevollen und zentralen Rolle in der Familie umschrieben werden."

(http://www.familienhandbuch.de/cmain/f_Aktuelles/a_Elternschaft/s_378.html; 16.11.2009)

parentale Kultur: eine „Elternkultur"

die Repression: gewaltsame Unterdrückung individueller Bedürfnisse

Die Rolle des Vaters hat in den letzten Jahrhunderten häufig Konfliktstoff innerhalb von Familien geboten und wurde von zahlreichen Schriftstellern auch literarisch verarbeitet. Zentrale Fragen dabei waren und sind u.a.: Welche Stellung nehmen Väter innerhalb und außerhalb der Familie ein? Wie verhält es sich mit dem Verhältnis zwischen den gesellschaftlichen Erwartungen an Väter und ihrem tatsächlichen Handeln?

Einzelarbeit

Ü 8: Vaterbilder ★★

a) Beschreiben Sie die im Text dargestellten gegensätzlichen Vaterbilder. Stellen Sie ihnen schriftlich Ihr eigenes ideales Vaterbild gegenüber.

b) Vergleichen Sie anschließend Ihre „Vaterbilder" mit jenen Ihrer Kolleginnen und Kollegen und diskutieren Sie darüber. Gibt es in unterschiedlichen Kulturen auch unterschiedliche Vaterbilder?

Welche Rolle spielen Väter heute?

Franz Kafka: Brief an den Vater

1919 schrieb **Franz Kafka** einen Brief an seinen Vater, den dieser aber nie erhielt. Darin setzt er sich mit den Ursachen des Konflikts auseinander, den er beständig mit ihm hatte. Im folgenden Textausschnitt beklagt sich Franz über die Geringschätzung des Vaters ihm gegenüber.

Franz Kafka (1883–1924): deutschsprachiger Schriftsteller, der aus einer bürgerlichen, jüdischen Prager Familie stammte; seine Werke übten bleibenden Einfluss auf die Weltliteratur des 20. Jahrhunderts aus.

Franz Kafka: Brief an den Vater

Direkt erinnere ich mich nur an einen Vorfall aus den ersten Jahren. Du erinnerst Dich vielleicht auch daran. Ich winselte einmal in der Nacht immerfort um Wasser, gewiß nicht aus Durst, sondern wahrscheinlich teils um zu ärgern, teils um mich zu unterhalten. Nachdem einige starke Drohungen nicht geholfen hatten, nahmst Du mich aus dem Bett, trugst mich auf die Pawlatsche und ließest mich dort allein vor der geschlossenen Tür ein Weilchen im Hemd stehn. Ich will nicht sagen, daß das unrichtig war, vielleicht war damals die Nachtruhe auf andere Weise wirklich nicht zu verschaffen, ich will aber damit Deine Erziehungsmittel und ihre Wirkung auf mich charakterisieren. Ich war damals nachher wohl schon folgsam, aber ich hatte einen inneren Schaden davon. Das für mich Selbstverständliche des sinnlosen Ums-Wasser-Bittens und das außerordentlich Schreckliche des Hinausgetragenwerdens konnte ich meiner Natur nach niemals in die richtige Verbindung bringen. Noch nach Jahren litt ich unter der quälenden Vorstellung, daß der riesige Mann, mein Vater, die letzte Instanz, fast ohne Grund kommen und mich in der Nacht aus dem Bett auf die Pawlatsche tragen konnte und daß ich also ein solches Nichts für ihn war. [...]

Dem entsprach weiter Deine geistige Oberherrschaft. Du hattest Dich allein durch eigene Kraft so hoch hinaufgearbeitet, infolgedessen hattest Du unbeschränktes Vertrauen zu Deiner Meinung. Das war für mich als Kind nicht einmal so blendend wie später für den heranwachsenden jungen Menschen. In Deinem Lehnstuhl regiertest Du die Welt. Deine Meinung war richtig, jede andere war verrückt, überspannt, meschugge, nicht normal. Dabei war Dein Selbstvertrauen so groß, dass Du gar nicht konsequent sein musstest und doch nicht aufhörtest recht zu haben. Es konnte auch vorkommen, dass Du in einer Sache gar keine Meinung hattest und infolgedessen alle Meinungen, die hinsichtlich der Sache überhaupt möglich waren, ohne Ausnahme falsch sein mussten. Du konntest zum Beispiel auf die Tschechen schimpfen, dann auf die Deutschen, dann auf die Juden, und zwar nicht nur in Auswahl, sondern in jeder Hinsicht, und schließlich blieb niemand mehr übrig außer Dir. Du bekamst für mich das Rätselhafte, das alle Tyrannen haben, deren Recht auf ihrer Person, nicht auf dem Denken begründet ist. Wenigstens schien es mir so.

Nun behieltest Du ja mir gegenüber tatsächlich erstaunlich oft recht, im Gespräch war das selbstverständlich, denn zum Gespräch kam es kaum, aber auch in Wirklichkeit. Doch war auch das nichts besonders Unbegreifliches: Ich stand ja in allem meinem Denken unter Deinem schweren Druck, auch in dem Denken, das nicht mit dem Deinen übereinstimmte und besonders in diesem. Alle diese von Dir scheinbar unabhängigen Gedanken waren von Anfang an belastet mit Deinem absprechenden Urteil; bis zur vollständigen und dauernden Ausführung des Gedankens das zu ertragen, war fast unmöglich. Ich rede hier nicht von irgendwelchen hohen Gedanken, sondern von jedem kleinen Unternehmen der Kinderzeit. Man musste nur über irgendeine Sache glücklich sein, von ihr erfüllt sein, nach Hause kommen und es aussprechen und die Antwort war ein ironisches Seufzen, ein Kopfschütteln, ein Fingerklopfen auf den Tisch: »Hab auch schon etwas Schöneres gesehn« oder »Mir gesagt Deine Sorgen« oder »ich hab keinen so geruhten Kopf« oder »Kauf Dir was dafür!« oder »Auch ein Ereignis!« Natürlich konnte man nicht für jede Kinderkleinigkeit Begeisterung von Dir verlangen, wenn Du in Sorge und Plage lebtest. Darum handelte es sich auch nicht. Es handelte sich vielmehr darum, dass Du solche Enttäuschungen dem Kinde immer und grundsätzlich bereiten musstest kraft Deines gegensätzlichen Wesens, weiter dass dieser Gegensatz durch Anhäufung des Materials sich unaufhörlich verstärkte, so dass er sich schließlich auch gewohnheitsmäßig geltend machte, wenn Du einmal der gleichen Meinung warst wie ich und dass endlich diese Enttäuschungen des Kindes nicht Enttäuschungen des gewöhnlichen Lebens waren, sondern, da es ja um Deine für alles maßgebende Person ging, im Kern trafen. Der Mut, die Entschlossenheit, die Zuversicht, die Freude an dem und jenem hielten nicht bis zum Ende aus, wenn Du dagegen warst oder schon wenn Deine Gegnerschaft bloß angenommen werden konnte; und angenommen konnte sie wohl bei fast allem werden, was ich tat.

Einzelarbeit

Ü 9: Brief an den Vater ★★

a) Beschreiben Sie mit eigenen Worten, welche Erziehungsmaßnahmen der Vater setzt und wie sein Sohn diese empfindet.

b) Nehmen Sie zu dieser Erziehung Stellung: Wie hätte der Vater erreichen können, dass sein Sohn mehr Selbstvertrauen bekommt? Diskutieren Sie Ihre Gedanken in einer Kleingruppe.

3 Jugend und Alter
Konflikte um Anerkennung und Freiräume

Felix Mitterer (geboren 1948): österreichischer Dramatiker; verfasste zahlreiche Hörspiele, Theaterstücke und Drehbücher (z. B. „Die Piefke-Saga“).

Die Konfliktlinien in der Gesellschaft verlaufen teilweise zwischen den Generationen, manche Konflikte werden aber unter Gleichaltrigen ausgetragen. Spuren dieser Konflikte lassen sich auch in Ihrem räumlichen Lebensumfeld finden: Verbotsschilder (Radfahren verboten! Lärmen verboten!) zeigen etwa, wie Jugendliche aus dem öffentlichen Raum (Parkanlagen, Plätze etc.) verdrängt werden. Graffitis sind wiederum Spuren von Jugendlichen, die sich über diese Verbote hinwegsetzen und sich „ihre“ Freiräume erobern. Auch ältere und pflegebedürftige Menschen müssen um „ihren“ Platz in der Gesellschaft „kämpfen“, wie im folgenden Ausschnitt aus einem Theaterstück von Felix Mitterer.

Felix Mitterer: Sibirien

1

(Der alte Mann mit zwei Krücken. Pyjama und Morgenmantel.)

Familie!
Was ist das für eine Familie?
Was ist das für eine Familie, die ein Komplott
gegen mich schmiedet?
Was ist das für eine Familie,
die ein Komplott
gegen ein Familienmitglied schmiedet?
Natürlich!
Naturlich!
Natürlich, Frau Schwiegertochter!
Ich hab mir die Hüfte angeknackst!
Ein klein wenig die Hüfte angeknackst!
Na und?
Ist das ein Grund, mir den Gnadenschuss zu geben?
Ist das ein Grund,
mir den Gnadenschuss zu geben
wie einem alten Gaul?

Du siehst ja,
ich kann gehen,
ich kann mich bewegen,
ich bin rüstig wie eh und je!
(...)
Was verstehst du daran nicht?
Natürlich verstehst du das nicht!
Du verstehst überhaupt nichts!
Ihr versteht alle überhaupt nichts!
Sonst hättet ihr mich nicht hierhergebracht!
Sonst hättet ihr mich nicht deportiert!
Jawohl, deportiert!
Meine zweite Deportation.
Meine zweite Deportation in diesem Leben.
Die erste nach Sibirien!
Als Kriegsgefangener.
Die zweite in dieses Heim!
Auch ein Sibirien!
Was heißt, ich übertreibe?
Sag nicht, dass ich übertreibe!
Du kennst das eine Sibirien nicht,
und das andere auch nicht!
Kalt war es dort, kalt ist es hier!
Dort durfte ich lernen.
Dort durfte ich wenigstens lernen!
Schach und Russisch!
Schach und Russisch!
Schat tebe, drug moj!
Hier darf man nichts lernen.
Absolut nichts!
Hinlegen und sterben!
So lautet der Befehl!

(Felix Mitterer: Sibirien. Das Stück. Innsbruck, Wien 1989.)

Partnerarbeit

Ü 10: Die Wirkung des Dramas ★★

1) Wie wirkt der Monolog im Drama „Sibirien" auf Sie?
2) Haben Sie schon Theaterstücke gesehen? Unterschieden sich diese vom gelesenen Textausschnitt? Diskutieren Sie Ihre Gedanken mit einer Kollegin/einem Kollegen.

Gruppenarbeit

Ü 11: Ins Heim mit den Alten? ★★

Diskutieren Sie im Kurs, woran man erkennen kann, dass das Altern und der Tod in der Gesellschaft tabuisiert bzw. „abgeschoben" und an den Rand gerückt werden. Womit könnte dies zu tun haben? Warum werden pflegebedürftige, alte und kranke Menschen heute häufiger außerhalb der Familien betreut als in der Vergangenheit?

Wohin mit alten Leuten?

Der Generationenvertrag

In Konflikten zwischen Jung und Alt geht es oft auch um Materielles. Ein Beispiel dafür ist der „Generationenvertrag", der besagt, dass die Erwerbstätigen die Renten finanzieren.

der Konsens: Übereinstimmung, Zustimmung

Der **Generationenvertrag** bezeichnet einen fiktiven gesellschaftlichen Konsens, der die Finanzierung der gesetzlichen Rentenversicherung sichern soll. Die jeweils sozialversicherungspflichtigen Erwerbstätigen zahlen mit ihren Beiträgen in die Rentenversicherung die Leistungen für die aus dem Erwerbsleben ausgeschiedene Generation und erwerben dabei einen Anspruch auf ähnliche Leistungen der nachfolgenden Generationen an sich selbst.
(http://de.wikipedia.org/wiki/Generationenvertrag)

Der Generationenvertrag – Zündstoff für den Generationenkonflikt?

Strittig ist die Frage, wie hoch diese Leistungen sein sollen. Im folgenden Text finden Sie die Stellungnahme der damaligen Wiener Landtagsabgeordneten Marie Ringler (*1975) zu den geforderten Pensionserhöhungen.

Andreas Kohl: Nationalratspräsident (2002–2006); Obmann des Seniorenbunds der ÖVP

Karl Blecha: ehemaliger Innenminister (1983–1989); Präsident des SPÖ-Pensionistenverbands

der Lobbyist: jemand, der Abgeordnete für seine Interessen zu gewinnen sucht

die Chuzpe: Unverfrorenheit, Unverschämtheit

Ich hab's satt, meine Herren!

Wollen Khol und Blecha als Nächstes eine immerwährende Pensionserhöhung von fünf Prozent in Verfassungsrang? – Ein Aufschrei der Empörung über die jüngsten Forderungen der Pensionistenverbände

Seit Jahrzehnten halten großkoalitionäre Lobbyisten unser Land im Würgegriff gefangen. Und fast alle Parteien haben sich angesichts demografischer Realitäten den Wünschen der Seniorenverbände ausgeliefert. Erst in den letzten Tagen wurde dies einmal mehr deutlich:

Inmitten der schwersten wirtschaftlichen Krise seit Ende des 2. Weltkrieges feiern sich Blecha und Khol im Parlament ab und erstaunen mit immer frecheren Forderungen. Schon sehen sie sich als fünften Sozialpartner, kommt als nächstes vielleicht die immerwährende Pensionserhöhung von 5 Prozent in die Verfassung?!

PensionsempfängerInnen haben derzeit beste Chancen zwischen 1,5 und 1,9 Prozent Pensionserhöhung einzusacken. Wohlgemerkt, alle PensionistInnen, nicht nur jene mit den niedrigsten Pensionen, die knapp an der Armutsgrenze leben. Nein, wenn es nach dem Duo Infernale Khol/Blecha geht, dann sollen auch die Bezieher der Höchstpension, also zum Beispiel sie selber, mehr bekommen.

Wir, die wir diese Pensionen finanzieren, leben gleichzeitig in der Realität der neuen Arbeitswelt, die viele existenziell bedroht (Kurzarbeit, Arbeitslosigkeit oder – so wie bei vielen Junge – keine Chance auf den ersten Job).

Die aktuelle Krise erlebt die Nachkriegs-Generation als konjunkturbedingten Abschwung. Die Jungen kennen den Aufschwung erst gar nicht. Denn für viele Unter-Dreißigjährige hat die Krise schon lange vor dem Untergang von Lehman Brothers begonnen: für die in Sonder- und Hauptschulen abgeschobenen Migrantenkinder, für die armutsgefährdeten Kinder von Alleinerzieherinnen, selbst für gut ausgebildete UniversitätsabsolventInnen der Generation Praktikum. Und Egon Blum, ehemaliger Lehrlingsbeauftragter der Bundesregierung, meinte kürzlich: „Es herrscht Notstand auf dem Lehrstellenmarkt." Und so erleben Junge Andreas Khols Sager „Wir werden euch die Butter nicht vom Brot wegessen" nur als Chuzpe, denn wer kein Brot hat, der kann sich erst recht keine Butter draufschmieren.

Statt unsere Zukunft zu verkaufen, muss die Bundesregierung endlich die Zeichen der Zeit und nicht der größten Wählergruppen erkennen: Ein faires Pensionssystem ermöglicht allen ein menschenwürdiges Leben durch eine Grundsicherung und eine gedeckelte Erwerbspension. Hochsubventionierte Höchstpensionen gehören dann der Vergangenheit an, und Armut im Alter ist abgeschafft.

Umfragen zeigen, dass junge Menschen schon lange nicht mehr daran glauben, auch eine staatliche Altersvorsorge zu bekommen. Nur 12 Prozent aller unter 25 Jährigen glauben, dass sie jemals die für die (meisten) heutigen Pensionisten Selbstverständlichkeit einer existenzsichernden Pension erhalten werden. An diesem massiven Vertrauensverlust sind die SeniorInnenvertreter und die Politik der letzten Jahre schuld. Mit allen Tricks (SeniorInnen-Index und Co) und vor allem dem Argument der WählerInnen-Demografie haben sie den Bogen überspannt. Statt sich um Menschen in Armut zu kümmern, und ausgleichende Politik für alle zu machen, verspielen sie den budgetären Spielraum kommender Generationen. Und das merken die Jungen. Denn wenn wir in Österreich auch keine Lobby haben, auf den Kopf gefallen sind wir auch nicht.

(Marie Ringler: Der Standard, 15.10.2009)

Einzelarbeit

Ü 12: Textbezogene Erörterung ★★★

Verfassen Sie eine textbezogene Erörterung zum Text „Ich hab's satt, meine Herren!". Gehen Sie dabei auf die Argumentationsstruktur des Textes ein, auf den Inhalt der Argumente sowie auf die sprachlichen Strategien der Autorin, mit denen sie ihrem Anliegen Nachdruck verleiht.

Einzelarbeit

Ü 13: Die Alten als Räuber? ★★★

a) Lesen Sie den folgenden Text „Die Alten als Räuber". Verfassen Sie dazu eine textbezogene Erörterung. Gehen Sie dabei auf die Argumentationsstruktur des Textes und auf den Inhalt der Argumente ein.

b) Nehmen Sie zu den Thesen des Autors aus Ihrer Sicht in Form eines Leserbriefs Stellung.

Oliver Tanzer: Die Alten als Räuber

Die Debatte um angeblich unmäßige Forderungen der Pensionisten nach höheren Renten ignoriert wichtige Fakten, nämlich wie viel Senioren zur Volkswirtschaft beitragen und dass das Pensionssystem sehr wohl finanzierbar ist.

In Momenten seelischer Schwäche könnte Kritiker des österreichischen Pensionssystems angesichts der Homepage des Österreichischen Pensionistenverbandes schon der eine oder andere neidische Gedanke beschleichen. In Zehn-Minuten-Videos werden da luxuriöse Reiseziele präsentiert, die Schauplätze der „Frühjahrstreffen" des Verbandes auf Chalkidike oder in Tunesien: azurblaues Meer, sonnendurchflutete Städte und Strände samt pittoresken Stätten der Antike. Das alles für 735 Euro, Einzelbettzuschlag 75 Euro. Die Idylle schlägt sich etwas mit der Forderung des SPÖ-Seniorenvertreters Karl Blecha an selber Stelle: „Wertsicherung der Pensionen ist notwendig und niemals asozial."

pittoresk: malerisch

Das Wörtchen „asozial" stammt vom Präsidenten der Industriellenvereinigung Veit Sorger und spiegelt eine Position in einer moralisch schrägen Debatte wider, die seit dem Beginn der Diskussion um einen angeblichen Generationenstreit durch die Gazetten wogt – wohl auch befördert durch den schalen Nachgeschmack, den so manche Website hinterlässt.

die Gazette: Zeitung

Der Generationenkonflikt

Da fechten auf der einen Seite die Pensionistenvertreter um 2,1 Prozent Pensionsangleichung. Das bringt ihnen beim Nachrichtenmagazin profil eine Titelgeschichte und auch sonst Schimpf und Schande ein. „Alt, aber gierig ... maßlose Kaste ... bricht den Generationenvertrag am Höhepunkt der Wirtschaftskrise ... stiehlt der Jugend die Zukunft." Soweit ein kleiner Auszug der Vorwürfe. Warum die Tiraden? Wegen der Forderung von 2,1 Prozent „am Höhepunkt der Krise"? Das kann nicht sein, haben sich doch die Journalisten vor Kurzem selbst über 2,6 Prozent Gehaltserhöhung gefreut, und das ebenfalls „am Höhepunkt der Krise".

Bleibt also nur noch die Sorge ums Große und Ganze der Gesellschaft: den Generationenvertrag. Geht er zu Bruch, zahlen die Jungen sozusagen mit dem Blut ihrer Geldbeutel für die Ruheständler am teuren Swimmingpool? Das Problem dramatisiert sich oder verschwindet – je nach verwendeter Statistik. So geistert die Behauptung durch

Artikel und Kommentare, über 60-Jährige würden im Schnitt 52.722 Euro Jahreseinkommen haben. Das mutet seltsam hoch an. Die Statistik Austria beziffert das Einkommen eines durchschnittlichen Pensionistenhaushaltes (statistisch gesehen bestehend aus 1,7 Personen) mit 1386 Euro (Stand 2005). Macht in Summe 11.414 Euro pro Person und Jahr. Des Rätsels Lösung: Die oben genannten 52.722 Euro Jahreseinkommen entstammen einer Gehalts-Statistik jener 60- bis 65-Jährigen, die noch voll im Berufsleben stehen.

Auch für den Vorwurf, dass die Alten die Volkswirtschaft schädigen würden, findet sich kein Beweis. Im Gegenteil: Von den durchschnittlich jedem Pensionisten zufallenden 930 Euro (lt. WIFO) geben die Pensionisten mehr als 800 Euro sofort wieder aus. Etwa 1,7 Milliarden Euro fließen Monat für Monat in die Wirtschaft zurück. Die Pensionen kommen also mit wenigen Abstrichen dem Wirtschaftsstandort zugute und sichern Jobs in Privatwirtschaft und Industrie.

Kein Beitragskollaps

Auch die dritte These, wonach im Jahr 2060 1000 Arbeitende 506 Pensionisten erhalten müssen, der Kollaps des Systems also nahe sei, erweist sich als wenig stichhaltig. Zum einen entwickelt sich die Bevölkerung weitaus weniger dramatisch, als das gemeinhin dargestellt wird. Ging man 1999 noch von einem Schrumpfen der Bevölkerung bis 2050 um fünf Prozent aus, so hält die jüngste Prognose bei einem Zuwachs von 15 Prozent. Die Zahl der Erwerbstätigen wird also nicht um eine dreiviertel Million sinken, wie angenommen, sondern nur um 270.000. Der Pensionsexperte des Wirtschaftsforschungsinstituts Alois Guger fasst zusammen: „Ökonomisch wird der Eindruck einer Mangelwirtschaft erweckt, deren Wettbewerbsfähigkeit unter den Kosten des Sozialstaates leidet. In der Realität nimmt aber die Konkurrenzfähigkeit mit jedem Jahr zu."

Guger verweist auch auf eine Studie, die den Zusammenhang zwischen der Produktivität einer Gesellschaft mit dem Alterssicherungssystem untersucht hat. Demnach reicht ein Produktivitätszuwachs von 0,25 Prozent aus, um die Pensionskosten des Staates auch bei steigenden Rentnerzahlen zu decken – auch bis über 2060 hinaus. Bis 2008 stieg die Produktivität im Schnitt jährlich um 2,1 Prozent.

Was den allgemein konstatierten Generationenkonflikt betrifft, so lässt sich auch dieser nicht in der Realität nachweisen. Die letzte diesbezügliche Umfrage stammt aus dem Jahr 2003 und wurde im Auftrag der Allianz-Versicherung in Deutschland durchgeführt. Dabei stellte sich heraus, dass Alte und Junge statt eines Konfliktes eine „Balance der Generationen" suchen, also beide die Probleme der anderen Gruppe sehen und vielfach der Versuch unternommen wird, einander gegenseitig zu unterstützen, beziehungsweise Verzicht zu leisten. Laut einer Studie der Wirtschaftsuniversität lassen über 30 Prozent der Senioren ihren Nachkommen regelmäßig Geld zukommen, zusätzlich gehen über zehn Milliarden jährlich durch Schenkung und Vererbung an die jüngere Generation über. Ist der Generationenvertrag also in Gefahr? Vermutlich nicht für die Teilnehmer des Pensionisten-Frühjahrstreffens unter südlicher Sonne. Wohl aber für jene 239.515 Senioren, die von 747 Euro pro Monat leben müssen.

(Furche, 10.9.2009)

4 Werte und Politik

Welche Werte haben junge Menschen heute?

Die Spannungsfelder Eltern-Kind und Jugend-Alter wurden in den letzten beiden Inputs behandelt. Einen Generationenkonflikt gibt es – aus Sicht der Jugendlichen – zwar nicht, aber haben Jugendliche nicht vielfach das Gefühl, man lebe aneinander vorbei? Die Forschung spricht von „Individualisierung" und „Globalisierung" – gesellschaftliche Institutionen wie die Kirche, die Politik, aber auch die Familie, Jugendorganisationen und Verbände verlieren an Bedeutung. Das Vertrauen der Jugend in die Politik ist an einem Tiefstand angelangt.

Wie tickt die Jugend heute?

In dem Vortrag „Junge Menschen und ihre Werte" von Bernhard Heinzelmaier wird auch Charly Kolostrum genannt, er ist die Hauptfigur in dem Roman „Wie man leben soll" von dem österreichischen Autor Thomas Glavinic. Charly Kolostrum muss sich genau mit den oben genannten Problemen auseinandersetzen.

Gruppenarbeit

Ü 14: Die Werte der Jungen ★

Lesen Sie den Ausschnitt aus dem Vortrag „Junge Menschen und ihre Wertvorstellungen" von Bernhard Heinzelmaier und beantworten Sie zunächst gemeinsam folgende Fragen:

1. Wie sieht es mit Ihren politischen Interessen aus?
2. Gehen Sie zu Wahlen?
3. Wie informieren Sie sich über die einzelnen Parteien und deren Vertreterinnen und Vertreter?
4. Nennen Sie Beispiele, die zeigen, dass die Macht allein bei der Wirtschaft liegt.
5. Wie sieht es mit Ihrer Unabhängigkeit aus?
6. Wohnen Sie noch zu Hause?
7. Wenn ja, haben Sie vor bald auszuziehen?

Viele Jugendlich leiden heute unter der Perspektivenlosigkeit.

Diskutieren Sie Ihre Meinung mit Ihren Kolleginnen und Kollegen im Kurs.

Bernhard Heinzelmaier: Junge Menschen und ihre Wertvorstellungen

Wie man leben soll

Charly Kolostrum, der Held des Romans „Wie man leben soll" des österreichischen Autors Thomas Glavinic, bedauert, nicht in den 1960er-Jahren jung gewesen zu sein. In den 1960er-Jahren, da gab es noch politische Perspektiven und vor allem politische Bewegung. Im Gegensatz dazu sind die Jahre zwischen 1986 und 2003, in denen der Roman spielt, festgefahren, langweilig, vor allem aber arm an politischer Utopie und zielgerichtetem Engagement. Kraft- und saftlos hängen die 1990er-Jahre und unsere gegenwärtige Zeit durch. Die Politik hat keine Visionen, die Wirtschaft die Macht und die Menschen haben sich in ihre kleinen Lebenswelten zurückgezogen.

Die neue Angst vor dem Erwachsenwerden

Ganz ähnlich wie Charly Kolostrum sehen auch die jungen Menschen unserer Tage die Lage von Staat und Gesellschaft. Aus der Politik ist für sie nicht nur die Luft draußen, sie meinen auch, dass politische Entscheidungen keinen Einfluss auf ihr individuelles Leben haben. Der Zusammenhang zwischen politischem System und der Lebenswelt der Menschen erscheint ihnen zerrissen. Die Macht liegt alleine bei der Wirtschaft. Sie bestimmt den Gang der Dinge, auch was den Lebensalltag der Menschen betrifft. 50 Prozent der 11- bis 29-jährigen jungen Deutschen können sich der Aussage „Die Welt wird heute nicht mehr von der Politik, sondern von Wirtschaftsunternehmen und deren Interessen gelenkt" voll und ganz anschließen, in der Altersgruppe der 30- bis 39-Jährigen sind es fast 70 Prozent.

Die Gesellschaft der Erwachsenen wird von vielen Jugendlichen als unwirtlicher Ort wahrgenommen, der mehr Zumutungen als Chancen beinhaltet. Aus diesem Grund versuchen sie, die vollständige Teilnahme an der Erwachsenengesellschaft so lange wie möglich hinauszuzögern. 50 Prozent der jungen Deutschen im Alter zwischen 16 und 29 Jahren leben noch bei den Eltern, Tendenz steigend. In Österreich ist die Lage ganz ähnlich. Vor allem in den bildungsnahen Schichten ist das Erwachsen- und Unabhängigwerden nicht unbedingt erstrebenswert. Den Traum von der frühen Unabhängigkeit in eigener Beziehung und eigener Wohnung träumt hier nur eine Minderheit. Die Erwachsenenrolle mit der Möglichkeit frei und unabhängig Entscheidungen zu treffen, wird nicht angestrebt, die Jugendlichen erleben sie eher als etwas, das sich ihnen aufzwingt. In Worten von Charly Kolostrum gesprochen: „Erwachsen sein bedeutet nicht, freie Entscheidungen treffen zu dürfen. Erwachsen sein bedeutet, freie Entscheidungen treffen zu müssen."

Einzelarbeit

Ü 15: Wie man leben soll ★★

Lesen Sie den Textausschnitt aus dem Roman „Wie man leben soll" von Thomas Glavinic und erörtern Sie die Aussage der Hauptfigur Charly Kolostrum, dass im Gegensatz zu den 1960er-Jahren in den 1990er-Jahren keine politischen Utopien und zielgerichtetes Engagement mehr vorhanden sind. Wie sieht es gegenwärtig aus?

Bauen Sie die Ergebnisse der Gruppenarbeit zum Vortrag von Bernhard Heinzelmaier in Ihre Erörterung ein!

Thomas Glavinic (* 1972) ist ein österreichischer Schriftsteller. Er lebt in Wien.

Thomas Glavinic: Wie man leben soll

Man ist traurig. Wieso wurde man in so einer blöden Zeit geboren? Wieso ist man kein Achtundsechziger? Das war eine Zeit, in der man dick sein durfte und Drogen probieren konnte und in Autos schlief, in denen man von Konzert zu Konzert fuhr, eine Zeit, in der es freie Liebe gab und alle auf ihre Kosten kamen, auch die Dicken, sogar die Schüler! Zumindest in Amerika. Und es gab bessere Musik. Zumindest in Amerika.

Die große Geschichte der Rockmusik, psychologisch betrachtet behauptet, Musikgeschmack sage viel über junge Menschen aus. Kann man beispielsweise mit dem Pop der Gegenwart nichts anfangen, liebt man also die Musik der Elterngeneration, so ist davon auszugehen, daß man auch mit der Gesellschaft der Gegenwart und letztendlich mit sich selbst nichts anzufangen weiß. *Die Persönlichkeit,* ein ganz besonderes Buch, das man bei Paul gesehen und tags darauf im Buchladen gekauft hat, behauptet ferner: Es spielt keine Rolle, wann man geboren wurde. Es gibt Menschen, die zu träge sind, um sich aus ihren Verhältnissen zu befreien. Man nennt sie Sitzer.

Als „Tankels" bezeichnet Kolostrum seine Tanten und Onkel.

Seit einiger Zeit fragt man sich nun, ob man etwa auch so einer ist. Hat es eventuell etwas zu bedeuten, daß man sich lieber die Finger abbeißen würde, ehe man hier bei den Tankels den Aufstand wagt? Kann es sein, daß es gar unklug ist, wenn man sich zurückhält? In *So mache ich mir Freunde* hat man gelesen, das oberste Gebot sei Schweigen, denn es gebe zuviel zu verlieren. In *Die große Geschichte der Rockmusik, psychologisch betrachtet* steht hingegen, man müsse aufbegehren, um nicht an einem Magengeschwür zu erkranken.

Merke: Zuweilen spielen Lebenshilfebücher miteinander Stein, Schere, Papier.

(Thomas Glavinic: Wie man leben soll. München 2004. S. 35-36.)

Leben in einer multikulturellen Gesellschaft

In der Soziologie und in den Politikwissenschaften beschreibt der Begriff **„Melting Pot"** – Schmelztiegel – die Integration von Einwanderern in die Kultur eines Landes.

Ein weiterer wichtiger Themenbereich, der junge Menschen beschäftigt, ist das Leben im **„Melting Pot"**. Die multikulturelle Gesellschaft ist eines der wichtigsten Schlagworte unserer Zeit. In der Zuwanderungsfrage gibt es viele Kritikpunkte, die Jugendliche verunsichern. Die österreichische Autorin Eva Rossmann lässt in ihren Kriminalromanen die Hauptfigur Mira Valensky mithilfe ihrer bosnisch-stämmigen Putzfrau Vesna Krajner viele komplizierte Kriminalfälle lösen. In einem Nebenhandlungsstrang wird gezeigt, welche Schwierigkeiten Vesna hat, um die österreichische Staatsbürgerschaft zu bekommen.

Multikulturalität prägt unsere Gesellschaft.

Einzelarbeit

Ü 16: Zuwanderung ★★

Fassen Sie den Inhalt des Textes „Vesna" aus dem Roman „Wein und Tod" von Eva Rossmann zusammen und beantworten Sie folgende Fragen:

1. Welche Schwierigkeiten hat die Putzfrau Vesna?
2. Wird aus dem Text die rechtliche Situation in Österreich erkennbar?
3. Welche Informationen haben Sie zu den Themen Arbeitsgenehmigung, Schwarzarbeit und das Erlangen der Staatsbürgerschaft?

Auf Baustellen arbeiten sehr viele saisonale Gastarbeiter.

Eva Rossmann: Vesna

Vesna ist ernsthaft in Schwierigkeiten. Nach zehn Jahren im Land besteht an sich ein Rechtsanspruch auf die österreichische Staatsbürgerschaft. Sie hat sie beantragt – und jetzt wird sie unter die Lupe genommen. Die Blauen hetzen wieder einmal gegen den Zuzug von „Fremden" – sie sind mir viel fremder als mir Vesna jemals sein könnte – und haben die Stadtverwaltung von Wien dazu gebracht, bei allen, die sich um die Staatsbürgerschaft bewerben, nachzuforschen. Vesnas Aufenthaltsstatus ist in Ordnung, er leitet sich vom Aufenthaltsrecht ihres Mannes ab. Aber: sie sind dahinter gekommen, dass Vesna seit zehn Jahren illegal als Putzfrau arbeitet.
„Sehr witzig", sagt Vesna, als wir in einem Innenstadt-Café sitzen und die Lage besprechen, „ich wollte Arbeitsgenehmigung, habe sie nicht bekommen. Was soll ich tun? Verhungern?"
Schlimm ist, dass sie jetzt auch Vesnas bestem Arbeitgeber, einem Notar im ersten Bezirk, mit einer Anzeige wegen Schwarzbeschäftigung drohen.
„Er hat sich ja wirklich einiges an Sozialabgaben erspart", murmle ich. Auf mich sind sie zum Glück noch nicht gestoßen, in Privathaushalten wird offenbar nicht so genau nachgesehen, aber wer weiß, vielleicht kommt das noch.
„Statt Staatsbürgerschaft drohen sie mir mit Ausweisung", stellt Vesna so sachlich wie möglich fest. Ihre Zwillinge sind von Anfang an in Wien in die Schule gegangen, Vesna lebt seit mehr als zehn Jahren hier. Ich bekomme eine Riesenwut. „Ich bringe das ins ‚Magazin'!"
Vesna schüttelt den Kopf. „Wenig klug, bin ich Schwarzarbeiterin, die sich eingeschlichen hat. Für viele zumindest."
„Sie können dich nicht ausweisen. Du hast ein Aufenthaltsrecht."
„Solange Mann mich behält. Und: wir streiten."
„Ernsthaft?"
Vesna zuckt mit den Schultern: „Ist nicht so ernst, aber mit so was im Hintergrund ... kann ernst werden. Er sagt, du kannst nur da sein, weil es mich gibt. Ich sage: will ich nicht von deiner Gnade leben und tun müssen, was du willst."
„Wenn du die Staatsbürgerschaft hättest, hättest du automatisch eine Beschäftigungsbewilligung."
„Ja, aber Staatsbürgerschaft kriege ich nicht, weil ich keine Beschäftigungsbewilligung gehabt, sondern schwarz Geld verdient habe. Notar muss mich rauswerfen."
Ich habe eine Idee: „Ich werde für dich um eine Beschäftigungsbewilligung als Putzfrau für ein paar Stunden in der Woche ansuchen."
„Dann kommen sie darauf, dass ich schon lange bei dir arbeite."
„Ich mache es so, dass sie den Verdacht haben, ich recherchiere gleichzeitig für das ‚Magazin'. Und ich versuche den Notar dazu zu bringen, um eine Beschäftigungsbewilligung für dich anzusuchen."
Vesna schüttelt zweifelnd den Kopf. Es tut mir weh, zu sehen, dass sie nicht weiter weiß. Ich will sie ablenken, erzähle ihr vom Begräbnis und von den Anschuldigungen des Nachbarn. „Der war es", sagt sie, „Neid ist gutes Motiv und sieht aus, dass dein Winzer kein ganzer Engel war. Kunden wegnehmen und Weingärten ..."
„Alles legal."
„Legal ist auch, was die jetzt mit mir machen."
(...)
Es dauert ganz schön lange, bis ich die richtige Stelle herausfinde, um für Vesna eine Arbeitsgenehmigung als Putzfrau zu beantragen. „Privathaushalt?", sagt die Stimme am Telefon, „was sagen Sie, für zwanzig Stunden im Monat?"
„Ja."
„Nicht zwanzig Stunden die Woche?"
„Nein."
„Das ist ein Witz, oder? Oder ...", ihr Ton wird vorsichtig, „sind Sie vielleicht gar der Callboy, der die Leute reinlegt, und dann ist alles im Radio?"
Ich atme durch: „Noch einmal: Ich hätte gerne eine Arbeitsgenehmigung für die bosnische Staatsangehörige Vesna Krajner, sie ist legal in Wien wohnhaft, Zahl der Stunden: zwanzig im Monat. Beschäftigung: Putzfrau oder Bedienerin, wenn Ihnen das lieber ist. Eine vergleichbare inländische Arbeitskraft finde ich nicht. Wohin muss ich mich mit den Unterlagen wenden? Was brauche ich alles dafür?"

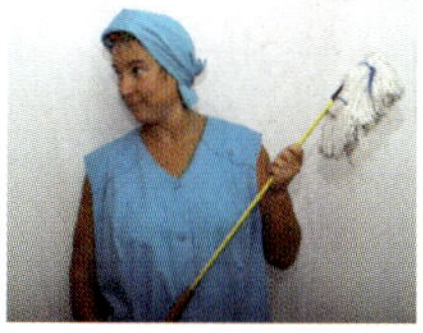

Arbeiten als Putzfrau – legal oder illegal?

Stille in der Leitung, dann, geflüstert: „Nur so ein informeller Tipp: Warum beschäftigen Sie die Frau nicht schwarz, ist doch viel einfacher für alle?"

(Eva Rossmann: Vesna. In: Nah & fremd: ein österreichisches Lesebuch. Hrsg. Von Ludwig Paulmichl und Eva-Maria Widmair. Wien 2005. S. 84-86.)

Partnerarbeit

Ü 17: Zuwanderungspolitik ★★

Wie gehen die einzelnen politischen Parteien (SPÖ, ÖVP, FPÖ, Grüne, BZÖ, Kommunisten ...) mit dem Thema Zuwanderung um? Recherchieren Sie im Internet, was Sie zu diesen Themen auf den Homepages der verschiedenen politischen Parteien finden und exzerpieren Sie die wichtigsten Stellen.

Einzelarbeit

Ü 18: Brief ★★

Versuchen Sie, sich in die Lebensumstände einer Migrantin/eines Migranten hineinzudenken. Schreiben Sie einen Brief an ein Familienmitglied oder an eine Freundin/einen Freund, in dem Sie über Ihre Erfahrungen als Zuwanderer/in in Österreich berichten.

Einzelarbeit

Ü 19: Politikverdrossenheit ★★★

a) Verbalisieren und interpretieren Sie das nachfolgend abgebildete Diagramm. Welche Aussagen über die Jugend lassen sich daraus ableiten? Wie sind die Unterschiede zwischen den einzelnen Jahren zu erklären? Wird eine Entwicklung deutlich? Beachten Sie dazu auch die weiterführenden Angaben.

b) Verfassen Sie einen Text für eine Rede (Redemanuskript). Diese sollen Sie vor einer Jugendgruppe zum Thema „Politikverdrossenheit" halten! Versuchen Sie, möglichst viele stilistische Merkmale der Rede einzubauen! Gehen Sie von den Ergebnissen der Umfragen aus, die zwischen 2000 und 2007 gemacht wurden.

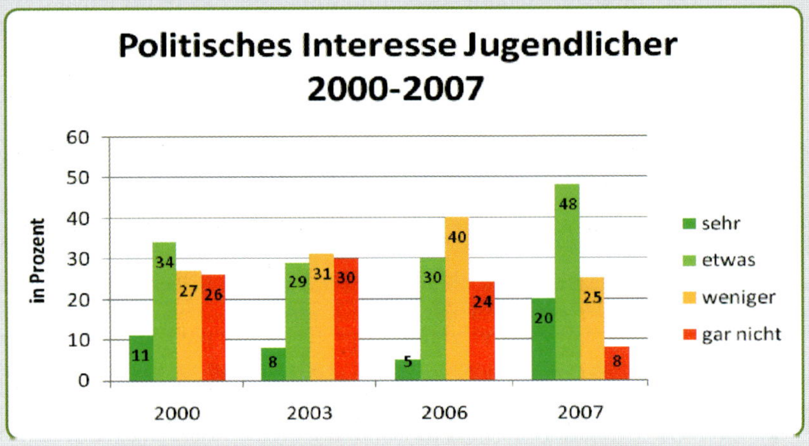

Weiterführende Informationen zum Diagramm:

2000: Jugend-Wertestudie 2000; ein gemeinsames Projekt des Österreichischen Instituts für Jugendforschung (ÖIJ), des Ludwig Boltzmann-Instituts für Werteforschung (LBI) und des Instituts für Pastoraltheologie der Universität Wien (IPT) unter Mitarbeit des Instituts für Soziologie der Universität Graz (ISG) im Auftrag von Unterrichts- und Sozialministerium; erstellt durch das Meinungsforschungsinstitut Fessel & GfK; repräsentative persönliche Befragung von 1000 österreichischen Jugendlichen im Alter von 14-24 Jahren. Fragestellung: „Politik interessiert mich sehr/etwas/kaum/gar nicht/weiß nicht."

2003: 4. Bericht zur Lage der Jugend in Österreich, Teil A: Jugendradar 2003; erstellt von SPECTRA Marktforschungsges.m.b.H. und jugendkultur.at; repräsentative persönliche Befragung von 1549 österreichischen Jugendlichen im Alter von 14-30 Jahren durch 215 geschulte Interviewer. Fragestellung: „Ganz allgemein gefragt, interessieren Sie sich für Politik?" Antwortmöglichkeiten: Interessiert mich sehr/etwas/kaum/gar nicht/kann ich nicht sagen.

2006: Shell Jugendstudie 2006, erstellt von TNS-Infratest (einem der größten Marktforschungsinstitute in Deutschland); repräsentative persönliche Befragung von 2532 deutschen Jugendlichen im Alter von 12-24 Jahren durch geschulte Interviewer.

Fragestellung: „Interessieren Sie sich ganz allgemein für Politik? Würden Sie sagen, Sie sind ... stark interesssiert/interessiert/wenig interessiert/gar nicht interessiert."

2007: Pilotstudie „Jugend und Politische Bildung", erstellt von Donau-Universität Krems (Univ.Prof. Dr. Peter Filzmaier, Leiter Department für Politische Kommunikation) und OGM (Österreichische Gesellschaft für Marketing) im Auftrag des BMUKK und des BMWF. Repräsentative Telefonumfrage unter 700 österreichischen Jugendlichen im Alter von 14-24 Jahren. Zur Methode wird angemerkt: „ Zu beachten ist, dass die Zustimmung von Befragungspersonen und Rekrutierung von TeilnehmerInnen sowohl im Rahmen der Telefonumfrage [...] sich sehr schwierig gestaltete, was – da eine positive Selbstselektion nicht auszuschließen ist – ein allgemein etwas geringeres Interesse an Politik und Politische Bildung vermuten lässt als in der Studie ausgewiesen. Allgemein gilt: Jugendliche, die zu einem Themenbereich als Interviewpersonen zur Verfügung stehen, haben in der Regel dazu ein überdurchschnittliches Basiswissen und Grundinteresse."

Fragestellung: „Wie würden Sie sich bezeichnen: politisch ... sehr interessiert/etwas interessiert/weniger interessiert/gar nicht interessiert."

(Tanzer, Gerhard: Daten analysieren und präsentieren. In: Informationen zur politischen Bildung 29/2008.)

Üben

SbX ID: 1622

Einzelarbeit

Ü 20: Jugendsprache ★★

Querverweis: Wie Sie einen Kommentar verfassen, können Sie in Kapitel 2, Lerneinheit 4 nachlesen.

Verfassen Sie einen Kommentar, in dem Sie sich kritisch mit dem Thema Jugendsprache auseinandersetzen. Gehen Sie dabei auch auf folgende Fragen ein:

1. Welche Kriterien sind beim Herausbilden eines unverwechselbaren Szeneprofils notwendig?
2. Wozu dienen szenebezogene Soziolekte?
3. Welche Jugendszenen werden im Artikel von Beate Großegger genannt und wodurch zeichnen sie sich aus?
4. Kennen Sie weitere Jugendszenen?

Einzelarbeit

Ü 21: Zuwanderung ★★★

Bearbeiten Sie in einer textbezogene Erörterung die Problematik der Beschäftigung von Zuwanderern in Österreich ausgehend von dem Textausschnitt „Vesna" (siehe Ü 16) von Eva Rossmann. Verwenden Sie als zusätzliche Informationshilfe den Standard-Artikel „Zuwanderung nach Österreich sinkt" und den AK-Beitrag „Arbeiten in Österreich".

OECD: Organisation für wirtschaftliche Zusammenarbeit und Entwicklung; internationale Organisation mit 30 Mitgliedstaaten, darunter auch Österreich

konträr: gegensätzlich

Zuwanderung nach Österreich sinkt

Abschottung des Arbeitsmarktes und verschärfte Ausländergesetze zeigen Wirkung

Entgegen dem Trend in anderen OECD-Ländern ist die Zahl der Zuwanderer in Österreich deutlich gesunken. Dazu geführt haben die Abschottung des Arbeitsmarktes und die im Jahr 2006 verschärften Ausländergesetze.

Rund vier Millionen Menschen sind im Jahr 2006 in die Mitgliedsstaaten der Organisation für wirtschaftliche Zusammenarbeit und Entwicklung (OECD) eingewandert – rund fünf Prozent mehr als noch im Jahr 2005. In Österreich allerdings ist die Situation konträr: „Dort ist die Zuwanderung gegen den Trend zurückgegangen", sagt OECD-Migrationsexperte Thomas Liebig. Besonders deutlich zeigen dies die Zahlen zwischen den Jahren 2004 und 2006 des am Mittwoch in Berlin und Paris präsentierten Berichts („Internationaler Migrationsausblick 2008"). Kamen 2004 noch 57.100 Migranten mit dem Wunsch, sich dauerhaft niederzulassen, nach Österreich, waren es 2006 nur noch 46.400. Das ist ein

Rückgang um 18,7 Prozent – während in diesen beiden Jahren im OECD-Schnitt die Zuwanderung sogar um 18 Prozent anstieg.

„Zu diesem Effekt haben die Ausländergesetze von 2006 geführt, die die Bedingungen für die Familienzusammenführung verschärften", sagt Liebig. Seither müssen jene, die bereits in Österreich wohnen, ein regelmäßiges Einkommen nachweisen. „Ein Ergebnis davon ist ein deutlicher Rückgang in der Kategorie Familienzusammenführung", heißt es in dem Bericht. Ein weiterer Grund für den Rückgang: Österreich hat im untersuchten Zeitraum seinen Arbeitsmarkt gegenüber Zuwanderern aus den neuen osteuropäischen EU-Mitgliedsstaaten abgeschottet, ähnlich wie Deutschland, für das die OECD ebenfalls einen Rückgang bei den Zuwanderern konstatiert – um elf Prozent.

Anders als in Deutschland ist die Zahl der Zuzüge nach Österreich aber generell nach wie vor hoch. Sie liegt rund ein Drittel höher als im OECD-Schnitt. Deutschland hingegen befindet sich laut OECD auf „niedrigem Niveau".

Apropos Deutsche: 2006 kam jeder fünfte Migrant, der sich in Österreich niederließ, aus Deutschland, gefolgt von Einwanderern aus Serbien und Montenegro (neun Prozent), Polen (sieben Prozent) und der Türkei (sechs Prozent). Somit hat sich die Migration nach Herkunftsland deutlich verändert: In den vergangenen Jahren wuchs der Anteil der Deutschen um mehr als ein Drittel. Es kamen außerdem mehr Polen – Migration aus Serbien und Montenegro sowie der Türkei verlor an Bedeutung.

Chance nutzen

Für OECD-Generalsekretär Angel Gurria ist Migration eine Chance, wirtschaftliche Probleme zu lösen. Er appelliert daher an die Staaten, Zuwanderung effektiv zu nutzen, statt „intuitiv oder emotional" zu reagieren oder das Thema für kurzfristigen politischen Profit zu nutzen. Würde sich in Österreich die Zuwanderung im Umfang der vergangenen Jahre fortsetzen (2001 bis 2005), dann könnte Österreich den demografisch bedingten Rückgang der Erwerbsbevölkerung ausgleichen. Bis 2020 würde die Erwerbsbevölkerung sogar um rund sechs Prozent wachsen. Ohne Zuwanderung würde sie um drei Prozent zurückgehen.

intuitiv: auf einer Eingebung beruhend

„In vielen OECD-Ländern spielt Migration mittlerweile neben der Mobilisierung inländischer Ressourcen eine wichtige Rolle bei der Deckelung des Arbeitskräftebedarfs, den Hochqualifizierten werden die Tore weit geöffnet", sagt Liebig. Allerdings bemerke man auch den Trend „den Zugang zur Staatsbürgerschaft mit Tests zu verbinden". In Österreich sank auch die Zahl der Einbürgerungen: von 35.500 (im Jahr 2005) auf 26.300 (im Jahr 2006).

(Der Standard, 11.9.2008)

Arbeiten in Österreich

Als Beschäftigung im Sinne des Ausländerbeschäftigungsgesetzes gilt neben einem Arbeitsverhältnis auch ein Ausbildungsverhältnis, also etwa eine Lehre, und auch die Verwendung in einem arbeitnehmerähnlichen Verhältnis, etwa einem freien Dienstvertrag.

Brauche ich eine Bewilligung?

Es gibt einige Aufenthaltstitel, mit denen Sie ohne weitere Bewilligung nach dem Ausländerbeschäftigungsgesetz in Österreich arbeiten dürfen: Wenn Sie über einen Titel „Daueraufenthalt – EG", eine „Niederlassungsbewilligung – unbeschränkt" oder einen „Niederlassungsnachweis" verfügen, können Sie ohne weiteres eine unselbstständige Beschäftigung aufnehmen. Besitzen Sie keinen von diesen genannten Aufenthaltstiteln, brauchen Sie für die Aufnahme einer unselbstständigen Arbeit in Österreich eine Bewilligung nach dem Ausländerbeschäftigungsgesetz.

Das gilt bei der Beschäftigungsbewilligung

Eine Beschäftigungsbewilligung ist zur Arbeitsaufnahme nötig, wenn Sie noch nicht in Österreich gearbeitet haben oder wenn Sie die Voraussetzungen für die Erteilung eines der oben angeführten Aufenthaltstitels nicht erfüllen.

Die Beschäftigungsbewilligung ist auf einen bestimmten Arbeitsplatz und eine bestimmte Tätigkeit beschränkt, und wird befristet höchstens auf ein Jahr ab dem Ausstellungsdatum erteilt. Die Beschäftigungsbewilligung ist von Ihrem zukünftigen Arbeitgeber bei der zuständigen regionalen Geschäftsstelle des Arbeitsmarktservice zu beantragen.

Die Entscheidung über den Antrag wird Ihrem Arbeitgeber mitgeteilt. Wird der Antrag abgelehnt, kann nur der Arbeitgeber eine Berufung einbringen. Wenn die Bewilligung erteilt wird, darf der Arbeitgeber Sie anstellen. Wird der Antrag auf Verlängerung der Beschäftigungsbewilligung vor deren Ablauf eingebracht, so gilt diese automatisch bis zur rechtskräftigen Entscheidung über diesen Antrag als verlängert.

Arbeitserlaubnis

Eine Arbeitserlaubnis können Sie erhalten, wenn Sie in den letzten 14 Monaten in Österreich insgesamt 52 Wochen erlaubt beschäftigt waren und über eine Niederlassungsbewilligung verfügen.

Weiters ist eine Arbeitserlaubnis dann möglich, wenn Sie Ehegatte oder unverheiratetes minderjähriges Kind einer Person sind, auf die die oben genannten Kriterien zutreffen, wenn Sie bereits mindestens zwölf Monate rechtmäßig in Österreich niedergelassen sind. Die Arbeitserlaubnis berechtigt Sie zur Aufnahme jeder Beschäftigung in dem Bundesland, für welches die Arbeitserlaubnis ausgestellt wurde. Sie wird für jenes Bundesland ausgestellt, in dem Sie zuletzt gearbeitet haben.

Sie können die Arbeitserlaubnis bei der zuständigen regionalen Geschäftsstelle des Arbeitsmarktservice (AMS) beantragen. Die Arbeitserlaubnis wird für die Dauer von zwei Jahren ausgestellt und ist auf Antrag zu verlängern. Asylwerber oder Personen mit Aufenthaltsbewilligung (z. B. Studierende) können aufgrund ihres Aufenthaltsrechtes keine Arbeitserlaubnis bekommen.

Befreiungsschein

Der Befreiungsschein berechtigt Sie, im gesamten Bundesgebiet ohne jede Einschränkung zu arbeiten. Allerdings müssen Sie rechtmäßig niedergelassen sein, also über eine Niederlassungsbewilligung verfügen. Asylwerber oder Personen mit Aufenthaltsbewilligung (z. B. Studierende) können aufgrund ihres Aufenthaltsrechtes keinen Befreiungsschein bekommen. Der Befreiungsschein ist für fünf Jahre auszustellen. Sie müssen ihn bei Ihrer zuständigen regionalen Geschäftsstelle des Arbeitsmarktservice (Wohnort!) beantragen

Einen Befreiungsschein erhalten Sie, wenn Sie während der letzten acht Jahre mindestens fünf Jahre in Österreich erlaubt beschäftigt waren, das letzte volle Schuljahr vor Beendigung der Schulpflicht in Österreich absolviert haben und ein Elternteil während der letzten fünf Jahre mindestens drei Jahre im Bundesgebiet erwerbstätig war. Auch wenn Sie bisher als Familienangehöriger eines Österreichers oder Angehöriger eines EWR-Bürgers vom Geltungsbereich dieses Gesetzes ausgenommen waren und weiterhin rechtmäßig niedergelassen sind, oder Ehegatte einer oben beschriebenen Person sind und bereits zwölf Monate rechtmäßig in Österreich niedergelassen sind, erhalten Sie den Schein.

Wenn Sie während der Gültigkeitsdauer (letzten fünf Jahre) mindestens zweieinhalb Jahre in Österreich beschäftigt waren, können Sie Ihren Befreiungsschein verlängern. Der Befreiungsschein gilt bei einem rechtzeitigen Antrag auf Verlängerung automatisch bis zur rechtskräftigen Entscheidung darüber als verlängert.

(www.arbeiterkammer.at/.../beschaeftigung-in-oesterreich-10673.html; 4.11.2009)

Einzelarbeit

Ü 22: Erziehungsmaßnahmen? ★★

In einem Internetforum wurde über die Frage diskutiert, was von einer „gesunden Ohrfeige" zu halten ist. Lesen Sie die beiden Beiträge zu diesem Thema und verfassen Sie anschließend eine freie Erörterung. Die Schilderungen in den Texten können Ihnen bei der Argumentation helfen.

Text 1

Eine Ohrfeige mal oder einen Klaps auf die Finger ist nicht immer schlecht! Es gibt solche Kinder, die ihre Eltern immer und bei jeder Gelegenheit provozieren, und es gibt andere Kinder, die sofort auf Anhieb folgen und brav sind. Als Elternteil hat man's nicht immer leicht mit Kindern!

Was will man tun, wenn das Kind vor dir steht und du schickst es zum Zähneputzen, und es lacht dich aus und macht nur Blödsinn, du bittest das Kind in aller Ruhe nochmal jetzt zu gehen, aber das Kind steht immer noch da und rührt sich nicht. Gut, du denkst dir, ja mei, ist doch noch ein Kind, probiert halt, wo die Grenze ist, und du bittest es nochmal ganz höflich und in aller Ruhe, ob es nun endlich Zähneputzen gehen würde. Das Kind lacht und streckt die Zunge raus, ist vollkommen überdreht, du versuchst mit dem Kind zu reden, aber es hört dir nicht zu. Es rührt sich einfach nicht von der Stelle. Ich glaube, man macht das vielleicht dreimal, vielleicht auch sogar fünfmal, aber dann reißt der Geduldsfaden.

Ich sage nicht, dass es gut ist, Kinder zu verprügeln – im Gegenteil, verprügeln? NEIN!!! das ist Kindesmisshandlung, solange zuschlagen, bis es blutet. Das ist absolut nicht o.k. [...]

Eine Ohrfeige mal oder einen Klaps auf den Hintern, hat noch niemand geschadet, glaub ich. (ich weiß es, ich bekam genügend Klapse) Und ich kenn in meinem Umfeld kein Kind, das nicht mindestens eine Ohrfeige bekommen hatte! Heißt das jetzt, ich bin in einer Umgebung von Kindesmisshandlern? Oder ich selbst bin auch ein furchtbarer Kindesmisshandler, weil ich auch schon mal eine Ohrfeige ausgeteilt habe?

Margit (2.9.2003)

Text 2

Nein, ich bin gegen Ohrfeigen, habe selber mal eine bekommen von meiner Mutter und ihr eine zurückgedongt! Mein Vater hat mich zweimal verhauen, nur weil ich mir die Haare von meiner Mutter nicht waschen lassen wollte und einmal, weil ich ein paar Minuten zu spät zum Essen gekommen bin. Das empfand ich als sehr grausam und ungerecht, zumal ich sehr an meinem Vater hing, das war ein Vertrauensbruch und ganz schrecklich.

Nein, ein Kind sollte man niemals hauen. Wenn es sich danebenbenimmt, hat es seine Gründe und dann ist schon viel früher etwas schiefgelaufen zwischen Eltern und Kind und Ohrfeigen und Haue sind nicht die richtigen Mittel um dagegenzusteuern. Ein Kind muss richtig erzogen werden und es darf nicht alles machen dürfen, was es will, es muss Respekt haben, aber nie mit Gewalt.

Minnie (2.9.2003)

(http://www.denkforum.at/forum/showthread.php?threadid=896; 16.11.2009)

Einzelarbeit

Ü 23: Ausziehen oder nicht? ★★

Lesen Sie den Text „muß i denn muß i denn zum häusele hinaus" über eine junge Familie (Heinz, Brigitte und Harald), die noch im Einfamilienhaus der Eltern des Mannes wohnt, nun aber allein wohnen will. Fassen Sie in ein paar Sätzen zusammen, was in diesem Kapitel erzählt wird und beantworten Sie folgende Fragen:

a) Woran erinnert Sie der Titel dieses Kapitels?
b) Welche Interessen haben Brigitte und Heinz? Welche ihre Eltern?
c) Wie verschleiern sie sprachlich diese Interessen jeweils?

Verfassen Sie anschließend einen Kommentar, in dem Sie sich mit dem Thema „Auszug aus dem Elternhaus – wann ist der richtige Zeitpunkt?" kritisch auseinandersetzen.

muß i denn muß i denn zum häusele hinaus ... (ein elternpaar wird flügge)

[...]

es war alles genauso geschehen, wie es sich brigitte gewünscht und vorgestellt hatte. sie hatten ein süßes kind und ein zweites war bereits unterwegs. was fehlte ihnen also mehr zur zufriedenheit? nichts fehlte ihnen mehr zur zufriedenheit, doch nein, halt, etwas fehlte ihnen zur zufriedenheit: daß noch etwas mehr platz wäre in ihrem blitzblanken neuen häuschen.

und etwas hätten sie sich noch so sehr gewünscht: daß alles immer mehr wird und sich ständig vergrößert. und so wächst alles weiter und vergrößert sich ständig.

und eines tages kam er auch, der heißersehnte tag: im garten wurde das laub schon bunt und herbstlich, die astern und dahlien blühten schon, die sonne vergoldete die äpfel und birnen in den zweigen, die bald reif sein würden, die vögel zogen schon gen süden, wo sie eine zeitlang bleiben würden, [...]

da standen die alten eltern von heinz auch zum auszug bereit mit ihren kisten, schachteln und koffern, da standen sie nun vor der tür ihres vergrößerten häuschens, in dem sie soviele jahre seite an seite an seite glücklich gewesen waren, [...] da standen diese sturmgezausten alten leute, um in eine kleine aber unmenschliche garconniere umzuziehen, um den jungen Leuten platz zu machen, denen jetzt die welt und in ihr natürlich auch das ausgebaute und erweiterte einfamilienhaus gehört, auf in die einzimmerwohnung, dem vorzimmer zum altersheim. war das ein abschied, ein hin und her und ein winken! rasch rasch, wir müssen fahren. noch einmal das enkerl auf den arm genommen, noch einmal den buben geherzt und gedrückt, noch einmal die schwiegertochter mit giftigen giftblicken abtaxiert und zu leicht befunden, noch einmal das ehemalige eigene reich mit abschied-nehmenden eigenen blicken umfangen, den garten und den alpengarten (das alpinium), die föhrengruppe und das rosenbeet. was würden die gartenarbeitungewohnten jungen wohl daraus machen, würden sie es verkommen lassen oder würden sie es pflegen, wie es sich gehörte und wie der fernfahrervater es trotz seiner schmerzen nie verabsäumt hatte?? hat er nicht tränen in den augen der papsch und speichel im mundwinkel, die er sich heimlich und unbeobachtet fortwischt? hat nicht auch die mamsch ein schweres herz?

nein, die jungen sollen nichts davon merken, die sollen sich ihr leben unbehindert aufbauen wie sie wollen, wir alten wollen ihnen dabei nicht im wege stehen! nur die brigitte hat unsren heinzi vollkommen verdorben. ohne die gitti wären wir heute noch hier und würden pflanzen, ackern, säen und mähen. aber mit der gitti, da reißt man uns von der seite unsres enkerls, der freude und dem stolz unsres alters. aber wir werden dich ganz oft besuchen, haraldi! freust dich, wenn die oma und der opa kommen? und harald sagt strahlend ja und bringst mir dann auch immer was mit? gerührt verspricht es die oma, die sich noch gar nicht mit dem leben in der stinkenden stadt abfinden kann, keine bäume mehr, kein gras, keine blumen, kein sparkonto mehr, nur starre kalte einsame trostlose betonwüste. kilometerweit. und kein mensch, mit dem man ein bisschen ansprache hat. kein mensch, der menschlich und freundlich ist in diesem betonsilo. dass uns das auf unsre alten tage noch passieren muß. [...]

und der ungeduldige heinz, der auf montage fort muß und bald einen gesellen einstellen wird, glaubt, daß der alte arsch jetzt endlich aus dem hause ziehen soll, weil er sonst noch nachhilft, gleich reißt ihm die geduld, der alte knacker soll seinetwegen kommen, sooft er will, aber jetzt soll er endlich abziehn. besucht uns nur, sooft ihr lust habt, besonders freuen sich der harald, meine gattin, sowie ich, euer sohn heinz. und unhörbar: schleichts euch endlich. das ist ein recht trauriger auszug.

(Jelinek, Elfriede: Die Liebhaberinnen. S. 140-142.)

SbX
ID: 1622

Weitere Übung im SbX

Ü 24: Jugendsprache-Quiz ★★

Stellen Sie sich einem Jugendsprache-Quiz!

Sichern

die Kurzfassung	Der Sachtext wird ungefähr auf ein Drittel, max. die Hälfte, möglichst gleichmäßig gekürzt. Es sollen keine Passagen abgeschrieben werden, die **eigene Meinung ist hier nicht gefragt.**
der Kommentar	Darunter versteht man eine **Meinungsäußerung oder Stellungnahme** zu einem Ereignis aus Politik, Wirtschaft oder Kultur. Der Kommentar nimmt zu einem aktuellen Thema Stellung, erklärt seine Bedeutung, macht Zusammenhänge klar, führt Argumente und Gegenargumente an und wirft Fragen auf. Die **persönliche Meinung** der Autorin/des Autors wird darin deutlich, was zur **Meinungsbildung** bei den Leserinnen und Lesern anregt.
der Leserbrief	Er bezieht sich meist auf einen Beitrag in einer Zeitung oder Zeitschrift und wird von Privatpersonen oder Interessensgruppen an die Redaktion geschickt. Man möchte, dass die **eigene Meinung veröffentlicht** wird und somit zur **Meinungsbildung** bei anderen Leserinnen und Lesern beiträgt. Der Schreibgrund kann der Ausdruck von Zustimmung, Ergänzung, Richtigstellung oder Widerspruch sein.
das Exzerpt	Die wichtigsten Informationen eines Sachtextes werden **stichwortartig** und **gut strukturiert** zusammengefasst. Exzerpte eignen sich besonders als schriftliche Grundlage für Referate und zur Prüfungsvorbereitung.
die Erörterung	In einer Erörterung soll ein eigener Standpunkt zu einer Fragestellung gefunden und argumentativ dargelegt werden. Bei Erörterungen (Problemarbeiten) lassen sich zwei Typen unterscheiden: die **textgebundene** und die **freie Erörterung.**
die Inhaltsangabe	Hier wird in knapper Form über den Inhalt eines (literarischen) Textes oder eines Films im Präsens sachlich geschrieben. In der **Einleitung** werden Titel, Textsorte/Filmgenre, Autor/Regisseur und Erzählform genannt. Im **Hauptteil** wird das Geschehen zusammengefaßt. Der **Schluss** soll mögliche Absichten und Wirkungen des Textes/Films wiedergeben.
der Brief	Ein Brief ist eine **schriftliche Mitteilung** an einen bestimmten Adressaten. Er ist ein Mittel zur öffentlichen Meinungsäußerung (z. B. Leserbrief) sowie ein Instrument zur Verbreitung amtlicher und Übermittlung persönlicher Nachrichten (z. B. Liebesbrief).
das Redemanuskript	Damit ist eine **Vorlage für eine meist anlassbezogene Rede** oder einen Vortrag gemeint. Die Anrede, ein einfacher Satzbau und rhetorische Stilmittel sind wichtige Merkmale eines Redemanuskripts.

Wissen

SbX ID: 1624

Wissensaufgabe

Für Sie ist es wichtig zu wissen, wie die Themenstellung bei der Deutsch-Klausurarbeit zum Themenkreis „Jugend und Gesellschaft" aussehen könnte und welche Gewichtung für die einzelnen Textsorten üblich ist. Hier ein Beispiel:

Situation:

Sie sind in einer städtischen Jugendberatungsstelle mit der Öffentlichkeitsarbeit beauftragt und sollen einen Kommentar zum Thema Politikverdrossenheit bei Jungwählern verfassen. Dieser soll im monatlich erscheinenden Informationsblatt abgedruckt werden.

1. Fassen Sie die wichtigsten Kernaussagen der Artikel „Politikverdrossenheit: Nur den Kirchen geht's noch schlechter" von Martina Salomon aus der Presse und „Politik lässt Teenies kalt: Schwindendes Interesse der Jugendlichen an Parlament & Co." von der Seite **www.news.at** zusammen! Achten Sie auf eine eigenständige Formulierung!
   (Richtwert: 400 Wörter)

2. Schreiben Sie in einem Kommentar Ihre persönliche Meinung zu dem Thema. Die folgenden Fragen und die beiden Artikel sollen Ihnen beim Verfassen des Kommentars helfen:
   a) Welchen demokratiegefährdenden Trend erwartet der Soziologe Bernhard Heinzelmaier auch in Österreich?
   b) Wie sieht der Meinungsforscher Peter Ulram den Zusammenhang zwischen Internet und politischem Interesse der Jugendlichen?
   c) Welche Gründe führt Ulram für die Unzufriedenheit der Jugend mit der Politik an? (Richtwert: 500 Wörter)
3. Zur Unterstützung Ihrer Ausführungen verfassen Sie ein Thesenblatt, auf dem Sie Ihre wichtigsten Aussagen übersichtlich festhalten (Richtwert: 10 Thesen)

Politikverdrossenheit: „Nur den Kirchen geht's noch schlechter"

Wie kann man das Politik-Interesse bei Jugendlichen wecken, die ab 16 wählen dürfen? Experten uneinig.

WIEN. Wie politikverdrossen sind Jugendliche? Nicht mehr als früher, sagt Politologe Peter Filzmaier, der gerade ein neues Buch über politische Bildung für den Schulunterricht herausgegeben hat. Doch es gibt auch starke Gegenmeinungen aus der Forschung: „Nur den Kirchen geht's noch schlechter", meint Jugendsoziologe Bernhard Heinzlmaier. Die Glaubwürdigkeit der Politik sei bei Jugendlichen gleich null, „Beschönigungsversuche mancher Politologen" regen ihn daher auf.

Neues Schulbuch

Das Thema ist aktuell, hat die große Koalition doch „Wählen mit 16" beschlossen. Deshalb auch das Filzmaier-Buch, das Lehrer bestellen können: Politische Bildung muss nach Meinung von Unterrichtsministerin Claudia Schmied nämlich früher als bisher in den Schulen starten. Auch hier legt sich Heinzlmaier quer zum Trend. Jugendliche seien so gut informiert wie noch nie. Aber noch mehr Erzählungen darüber, wie ideale Politik ausschauen könnte, erzeuge angesichts der realen Verhältnisse nur Politikverdrossenheit. Ein durchaus demokratiegefährdender Trend: In Deutschland gebe es in kleinen Orten bereits Probleme, Bürgermeister zu finden. Niemand wolle sich mehr engagieren – ein Phänomen, das Heinzlmaier auch für Österreich erwartet. Braucht man vielleicht scheinbar gar nichts mehr von der Politik? „Durchaus eine Denkvariante", meint Heinzlmaier: Eine große Mehrheit leide nicht unter Bedürftigkeit, man könne sich das Leben auch ohne Politik selbst „checken". Jene hingegen, die wirklich Hilfe bräuchten, seien nicht in der Lage, ihre Wünsche an die Politik zu artikulieren.

die Priorität: Vorrangigkeit, größere Bedeutung

Natürlich rangieren in der Prioritätenliste Jugendlicher Freunde, Freizeit, aber auch Schule und Familie weit vorne, Politik aber weit hinten, räumt wiederum Politologe Filzmaier ein. Aber das sei nie anders gewesen und unterscheide sich auch nicht von den Erwachsenen. Jugendliche seien sogar aufgeschlossener für Politik als die Elterngeneration, die Neugier sei da. Politik werde aber oft „unglücklich kommuniziert": Nicht ein Podium, auf dem Volksvertreter miteinander – unfreundlich – reden sei erwünscht, sondern eine Themendiskussion, wo Politiker mit Schülern kommunizieren. Filzmaier: „Das lokalpolitische Beispiel beeindruckt sie außerdem mehr als der Vortrag über den Gesetzgebungsprozess im Nationalrat."

Jugend politikmüde

Fessel-GfK ist ein österreichisches Markt- und Meinungsforschungsinstitut.

Eine im Oktober vorgestellte Fessel-GfK-Umfrage hat gezeigt, dass es jeder dritte unter 19-Jährige als sinnlos empfindet, zur Wahl zu gehen. Da ist offenbar noch einiges zu tun. [...]

(Die Presse, 11.12.2007)

Politik lässt Teenies kalt: Schwindendes Interesse der Jugendlichen an Parlament & Co.

- 85 Prozent wenig bis gar nicht an Politik interessiert
- Immerhin: 65 Prozent sind froh über Demokratie

Nur ein verschwindend geringer Teil der österreichischen Jugendlichen ist politikinteressiert. 85 Prozent gaben an, wenig bis gar nicht an Politik interessiert zu sein. Das geht aus einer österreichweiten Fessel-Umfrage im Auftrag des Zweiten Nationalratspräsidenten Michael Spindelegger hervor. 1996 hatten noch 28 Prozent angegeben, an politischen Vorgängen eher stark bis stark interessiert zu sein. Zudem stellte die Studie eine Zunahme des politischen „Entfremdungsgefühls" zwischen Jugendlichen und politischen Vertretern fest. Nur mehr 14 Prozent der Jugendlichen zwischen zwölf und 19 Jahren gaben an, eher stark bis sehr stark an Politik interessiert zu sein. Das ist ein signifikanter Rückgang gegenüber den Vergleichszahlen aus den Jahren 1980 bis 2000. Der Ersteller der Studie, Meinungsforscher Peter Ulram, wies bei einer Pressekonferenz in Wien darauf hin, dass es in den 80er- und 90er-Jahren zu einem starken Anstieg des politischen Interesses gekommen war, das nun abflaue. Die Jugendlichen würden heute nur mehr wenig konkrete Verbindungen zwischen ihrer Lebenswelt und der Politik sehen.

signifikant: bezeichnend, in deutlicher Weise erkennbar

Damals, vermutete Ulram, war es zu einem verstärkten „Ablöseprozess von den Eltern" in Österreich gekommen. Zudem machten das Fernsehen als Massenmedium, neue Jugendzeitschriften mit politischen Inhalten und das Aufbrechen des Zwei-Parteien-Systems Politik zu dieser Zeit attraktiv. Diese Phase ist laut den Daten der Studie vorbei. Hier sei ein „Gewöhnungseffekt" eingetreten, erklärte der Politikforscher. Zudem fördere das Internet nicht unbedingt das politische Interesse der Jugendlichen. Während man beim Fernsehen „zwangsläufig irgendwann auf politische Inhalte stoße", können im Internet „auf den ersten Blick uninteressante Inhalte" leicht mit einem Mausklick weggeschoben werden.

Politischer Zynismus

Der Politikforscher verband den deutlichen Interessensschwund auch mit dem Erstarken eines politischen Zynismus. 54 Prozent der Befragten gaben laut der Studie an, „eigentlich nichts von den Parteien" zu halten. Außerdem zeigten die Daten der Studie deutlich, dass den Parteien am wenigsten Vertrauen im Vergleich mit anderen Institutionen entgegen gebracht wird. Während 62 Prozent der Jugendlichen der Polizei vertrauen, ist laut Ulram ein eindeutiges Misstrauen gegenüber Regierung, Kirche und Parteien zu konstatieren. Nur 18 Prozent vertrauen den Parteien, demgegenüber stehen 50 Prozent, die den Parteien misstrauen.

erstarken: an Stärke gewinnen, zunehmen

Ulram wies anhand der Daten auf eine Unzufriedenheit mit der Politik aufgrund der „Streitereien im Parlament" hin und erklärte das als „Kritik am Populismus". Allerdings, so zeige die Studie, schlägt die Aversion gegen die Parteien nicht auf das „Gesamtsystem Demokratie" durch. 65 Prozent der Jugendlichen sind „froh", in einer Demokratie zu leben, 1996 waren das 68 Prozent.

der Populismus: volksnahe Politik, die das Ziel hat, durch Dramatisierung der politischen Lage die Gunst der Massen – und damit Wählerstimmen – zu gewinnen

die Aversion: Abneigung, Widerwille

Reaktionen

Der Zweite Nationalratspräsident findet das schwindende Vertrauen der Jugendlichen in die Politik „erschreckend". Er selbst hatte im Rahmen eines schon im Februar präsentierten „12-Punkte-Programms gegen die Politikverdrossenheit" die Studie beim GfK in Auftrag gegeben. Seine Schlüsse aus der Studie: Die Jugendlichen müssten in der eigenen Gemeinde aktiv in Entscheidungsprozesse einbezogen werden; der Bund habe sich verstärkt jugendpolitischen Themen zu widmen; und das e-Voting könne die Wahlbeteiligung bei Jugendwählern heben.

Markus Beyer, Vertreter der Industriellenvereinigung, die die Studie finanziert hatte, forderte die Förderung eines „neuen Idealismus" in der Jugend. Eine breit angelegte „Wertediskussion" müsse die Jugendlichen stärker in Politik und Wirtschaft einbinden. Mehr Aufmerksamkeit müsste Menschen aus „bildungsfernen Schichten" oder mit Migrationshintergrund entgegenkommen.

der Idealismus: durch Ideale bestimmte Lebensführung

Das GfK-Austria führte diese Umfrage zwischen dem 23. Juli und 18. August 2007 durch. Mit 750 Jugendlichen zwischen 12 und 19 Jahren in ganz Österreich wurden persönliche Interviews durchgeführt.

Die **BJV** (Bundesjugendvertretung ist eine parteipolitisch unabhängige gesetzlich verankerte Interessensvertretung von etwa 50 Kinder- und Jugendorganisationen.

die Partizipation: das Teilhaben, Beteiligtsein

Jugendvertreter mit Studie unzufrieden

Unzufrieden zeigten sich die Kinder- und Jugendsprecherin der SPÖ, Laura Rudas, und die Bundesjugendvertretung (BJV) mit den Ergebnissen der präsentierten Studie „Jugend und politische Orientierung". Sowohl die BJV-Vorsitzende Dudu Kücükgöl als auch Rudas teilten per Aussendung mit, dass die Jugend sehr wohl politikinteressiert sei und machten das Kernproblem an den mangelnden Partizipationsmöglichkeiten fest.

„Das in der Studie gezeichnete Bild von der desinteressierten Jugend missfällt uns", meinte Kücükgöl, „vor allem dann, wenn politisches Interesse ausschließlich an Parteipolitik festgemacht wird". Sie stellt eher eine „PolitikERverdrossenheit denn eine Politikverdrossenheit" fest. Handlungsbedarf bestehe für die klassischen Parteien, die Jugendliche „gerne links liegen lassen".

Die Studie sage nichts über die tatsächlichen Lebenswelten junger Menschen aus, kommentierte die Nationalratsabgeordnete Rudas. Politisches Interesse sei sehr wohl vorhanden, und könne vor allem durch einen Ausbau der Mitbestimmungsrechte gesteigert werden. Der Auftraggeber der Studie, der Zweite Nationalratspräsident Michael Spindelegger (V), solle nicht die Politikverdrossenheit der jungen Menschen beklagen, sondern auf die Anliegen der jungen Menschen tatsächlich eingehen.

Die Bundesobfrau der Jungen ÖVP, Silvia Fuhrmann, warf Rudas vor, nicht gut informiert zu sein. Sonst wüsste die SPÖ-Nationalratsabgeordnete, dass Spindelegger mit Schüler- und Jugendorganisationen im Gespräch ist und auch Schülerfragestunden mit allen Regierungsmitgliedern initiiert hat.

(www.news.at; 10.10.2007)

SbX

Weitere Klausurbeispiele zu anderen Themenkreisen finden Sie unter der ID: 1624.

Bei der mündlichen Prüfung soll Ihre Ausdrucks- und Diskursfähigkeit geprüft werden. Der Arbeitsauftrag/Die Aufgabenstellung könnte folgendermaßen lauten:

Erstellen Sie eine **Kurzpräsentation** (ca. 4–5 Minuten), in der Sie

- die wesentlichen Punkte Ihrer schriftlichen Arbeit zusammenfassen.
- Gründe für die Politikverdrossenheit bei Jugendlichen anführen.
- Ihre eigene Stellung zur Politik/zu Ihrem Wahlverhalten darlegen.

Das Thesenblatt Ihrer schriftlichen Arbeit soll Ihnen dabei als Vorlage dienen.

Ein kurzer Wissens-Check, bevor's weitergeht!

Wissens-Check

	☺	😐	☹
Ich kenne die Begriffe Jargon und Soziolekt.			
Ich weiß, was man unter Jugendsprachen versteht.			
Ich kann Informationen aus unterschiedlichen Texten prüfen, vergleichen und verbinden.			
Ich kann verschiedene Textsorten unterscheiden und verfassen: Zusammenfassung, Erörterung, Kommentar, Inhaltsangabe, Rede, Brief ...			
Ich kenne die Standpunkte verschiedener politischer Parteien zum Thema Zuwanderung und weiß, welche Konfliktbereiche es gibt.			
Ich weiß, wie die Aufgabenstellung für die Deutsch-Klausurarbeit zu einem bestimmten Themenkreis aussehen könnte.			

Lerneinheit 3
Medien

SbX
Alle SbX-Inhalte zu dieser Lerneinheit finden Sie unter der ID: 1630.

Es gibt heutzutage eine Fülle von verschiedenen Medien, wie Fernsehen, Internet, MP3-Player, Handy ..., die um die Zeit und das Interesse der Jugendlichen konkurrieren. Unabhängig davon wissen Jugendliche genau, welche Medienmenüs sie bevorzugen, und tauschen sich mit ihren Freundinnen und Freunden darüber aus, welche Erfahrungen sie mit den einzelnen Medien gemacht haben. Die Jugendforschung zeigt, dass neben populären Fernsehserien vor allem jugendkulturelle Lifestyle-Themen, wie Musik, Funsport, Mode und Styling, die Gespräche im Freundeskreis bestimmen.

Sie lernen hier:
- **die Möglichkeiten und Grenzen unterschiedlicher Medien zu analysieren**
- **wie Printmedien von den Jugendlichen genützt werden**
- **welchen Stellenwert Radio und Fernsehen haben**
- **was die 2.0-Jugend wirklich will**
- **welche Folgen der überdurchschnittliche Medienkonsum haben kann**
- **welche Möglichkeiten und Gefahren durch die neuen Medien entstehen**

Lernen

SbX ID: 1631

1 Zeitungen
Hier steht es schwarz auf weiß ...

Querverweis
Mehr zum Thema Medien erfahren Sie im Kapitel 5.

Mit dem Thema Printmedien haben Sie sich schon in Kapitel 5, Lerneinheit 1 ausführlich auseinandergesetzt. Falls nicht, können Sie dort jederzeit nachlesen, was die Printmedien ausmacht und wie Berichte in eine Zeitung kommen.

Für eine Zeitung sind vier Kriterien ausschlaggebend:
- Aktualität (zeitnahe Berichterstattung)
- Periodizität (regelmäßiges Erscheinen)
- Publizität (öffentlich für alle Leser zugänglich)
- Universalität (inhaltliche Vielfalt)

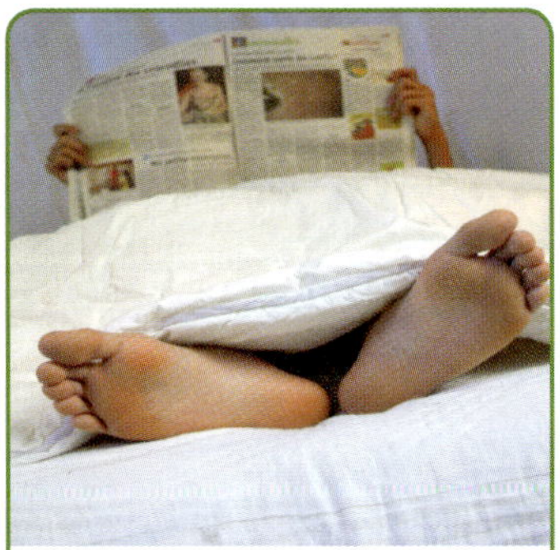
Und welche Zeitung lesen Sie?

Einzelarbeit

Ü 1: Tatsache oder Meinung? ★★

Lesen Sie die beiden folgenden Zeitungsartikel. An welchen Stellen im Text wird einfach eine Nachricht transportiert, wo die Meinung des Autors zum Thema deutlich? Markieren Sie die betreffenden Abschnitte im Text mit zwei verschiedenen Farben.

Beantworten Sie anschließend die folgenden Fragen:

a) Wo verzerrt die Zeitung bewusst Tatsachen, um bestimmte Reaktionen beim Leser auszulösen? Wo scheint sie sich um „Objektivität" zu bemühen? Markieren Sie jeweils die Stellen und erläutern Sie diese.

b) Welche Folgen könnte die Darstellung für die Mutter der Zwillinge haben?

c) Verfassen Sie einen **Leserbrief** an die Redaktion einer der beiden Zeitungen, in dem Sie sich kritisch mit dem Inhalt des Artikels auseinandersetzen.

SbX
Sie finden diese Artikel auch unter der ID: 1631.

ZWILLINGE FÜR 55-JÄHRIGE

Behandelnder Arzt: „Mutter und Kindern geht es gut!“

Grazerin (55) bekam zwei Töchterchen

Riesige Sensation am Landeskrankenhaus Graz: Eine 55-Jährige hat dort Zwillinge zur Welt gebracht. Der Frau und ihren Töchtern geht es gut.

Graz. Das gab es in Österreich noch nie: Eine 55 Jahre junge Frau hat in Graz Zwillinge zur Welt gebracht. Die Frau ist damit die älteste Österreicherin, die eine Mehrlingsgeburt hatte. Die beiden Mädchen kamen am 21. November durch einen Kaiserschnitt am Grazer Landeskrankenhaus zur Welt. Die Grazerin hatte sich im Ausland künstlich befruchten lassen, der Vater ist anonym.

„Alle sind wohlauf.“ Uwe Lang, der Leiter der klinischen Abteilung für Geburtshilfe am LKH Graz, bestätigte gestern gegenüber ÖSTERREICH: „Die 55-Jährige und ihre Kinder sind seit Samstag wieder zu Hause. Alle sind wohlauf.“

Die allein stehende Frau hatte sich zuvor immer wieder darum bemüht, ein Kind zu adoptieren. Damit hatte sie aber keinen Erfolg.

„Vorbild“ war 66-Jährige. Angeregt wurde die Steirerin durch den Aufsehen erregenden Fall jener 66-jährigen Frau, die im März des Vorjahres ebenfalls am Landeskrankenhaus Graz ein Kind zur Welt gebracht hatte. Ebenfalls mögliches Vorbild: Die Mutter von Popstar Sarah Connor. Sie bekam im März dieses Jahres 50-jährig ebenfalls Zwillinge.

Schon beim Fall der 66-jährigen Grazerin hatten die behandelnden Ärzte gemeint: „Medizinisch gesehen ist das kein Problem mehr.“

Sozialmediziner Michael Kunze untermauert das. Aus ärztlicher Sicht spreche nichts gegen eine Mutterschaft im höheren Alter. Und: Bei der gewaltigen Lebenserwartung heutzutage habe die Mutter genügend Zeit, sich um das Kind zu kümmern.

„Große Seltenheit“. Am Landeskrankenhaus in Graz ist die Freude über die sensationelle Geburt groß. Kein Wunder: Dass Frauen in diesem Alter Zwillinge zur Welt bringen, ist laut Lang äußerst selten: „Das ist bis vor zehn Jahren nahezu überhaupt nicht vorgekommen. Mittlerweile sieht man es zwar häufiger, es ist aber noch immer eine große Seltenheit.“

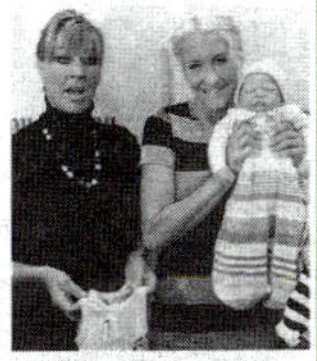

Vorbild? Sarah Connors Mutter Soraya (links) brachte im vergangenen März Zwillinge zur Welt.

Betr: Zwillingsgeburt

@ Mutige Dame, die Mut macht

Sehr verehrte – noch unbekannte – Zwillingsmama

Gratulation erst einmal zur glücklichen Geburt zweier gesunder Mädchen! Gratulation aber auch zum Mut, im doch schon reiferen Alter von 55 Jahren noch Mutter zu werden – ein Mut, der anderen Frauen Mut macht.

Sie sind mit Ihrem Entschluss in unserer nicht allzu kinderfreundlichen Epoche gewiss auch ein Risiko eingegangen. Nicht nur gesundheitlich, sondern auch gesellschaftlich.

Sie werden sehen, dass sich dieses Risiko auszahlen wird – für Sie persönlich, wenn Sie das Glück, was es bedeutet, Kinder zu haben, so richtig empfinden können, aber auch für viele Frauen, denen Sie ein Beispiel gegeben haben.

In jedem Fall haben Sie aber bewiesen, wie jung eine Frau mit 55 sein kann. Jünger als viele 20-Jährige, denen Ihr Mut fehlt.

(Österreich, 30.11.2008)

Aufreger: Single (55) jetzt Zwillingsmama

- Darf, soll DAS möglich sein: Wenn ihre Kinder jobben, ist die Grazerin 73
- Psychiater Dr. Max Friedrich: „Vorgehen zutiefst unethisch“ – *Seite 11*

Grazerin sorgt für neue Debatte ● Und sie will 50.000 € für Fotos & Story

Mit 55 Mama von Zwillingen!

Diskussionen sind garantiert: Eine 55-jährige Grazerin gebar nun zwei Mädchen. Die Mutter wird 73 sein, wenn die Zwillinge zur Matura antreten. Für „ihre Story“ will die Alleinerzieherin 50.000 €, sagte ihr Pressesprecher. Nicht allein das erinnert an den Fall vom März 2007, als eine 66-jährige Steirerin ein Kind zur Welt gebracht hat. Kritik kam damals sofort vom Kinderpsychiater Max Friedrich.

„Die Mutter und ihre zwei Babys sind wohlauf“, berichtete der ärztliche Leiter des Grazer Landeskrankenhauses am Sonntag. Alles weitere würde der Pressesprecher der „Sensations-Mutter“, die ohne Partner in Graz lebt, schildern. Doch der PR-Profi Wolfgang Haupt, der auch Bauernbund-Obmann Fritz Grillitsch coacht, will nur eins sagen: „Die Mutter möchte 50.000 Euro, dann lässt sie sich fotografieren und gibt auch ein Interview.“ Die Steirerin will offenbar gleich für die Zukunft vorsorgen – wenn ihre Kinder in die Schule kommen, ist sie ja schon 61 und steht knapp vor der Pension. Vermutlich wird ein Verlag zahlen.

Psychiater: „Kriminelle Handlung an der Frau“

Die Kritik am neuen „Trend“, älteren Frauen mit massiver medizinischer Hilfe auch noch einen Kinderwunsch zu ermöglichen, ist nicht neu. So hatte der Wiener Kinderpsychiater Dr. Max Friedrich bereits im März 2007 gewarnt, als eine 66-jährige Steirerin ein Baby bekam: „Das ist eine kriminelle Handlung an einer Frau. Die Ethik ist hier festgelegt durch die Natur.“ Und Prof. Dr. Josef Deutinger, Top-Gynäkologe im Wiener AKH, meinte: „Ein Werbe-Gag der Klinik. Und: Hier wurde das Schicksal zweifach herausgefordert. Durch hohe Risken für die Mutter und für die Kinder.“

Die älteste Mutter ist übrigens seit dem 29.12.2006 eine 67-jährige Spanierin. Carmela Bousada ist im Dezember 2007 an Krebs erkrankt. *RS*

Was meinen Sie? Schreiben Sie uns: *leser@heute.at*

(Heute, 30.11.2008)

Die Boulevardpresse

der Boulevard: eine breite Prachtstraße

Der Begriff Boulevard im Bereich der Medien leitet sich vom Straßenverkauf so genannter Boulevardzeitungen ab, die Begriffe Boulevardjournalismus und Boulevardmedien stehen für ein eigenes Genre im Bereich des Journalismus.

Glauben Sie nicht alles, was Sie lesen!

In Rundfunk und Fernsehen werden Boulevardthemen häufig in **Magazinformaten** veröffentlicht, in denen Katastrophen, Unfälle, Verbrechen, Mode und Prominenz im Vordergrund stehen.

Die Zeitschriften werden umgangssprachlich auch als **„Regenbogenpresse"** („Yellow Press") bezeichnet. Im Unterschied zu reinen Nachrichtenmedien ist die emotionalisierte Berichterstattung, in der Informationen vorenthalten und Sachverhalte verkürzt oder verzerrt dargestellt werden, in Boulevardmedien ein übliches Mittel. Oft werden ganze Artikelserien auf Mutmaßungen gestützt.

Neben **emotionaler Berichterstattung** über Prominentenschicksale, Reportagen und Hintergrundberichten aus Gesellschaftskreisen sowie allerlei Klatsch und Tratsch sollen Mode- und Kosmetiktipps, Gesundheitsthemen und Ratschläge zur Lebenshilfe für eine abwechslungsreiche Lesekost sorgen. Boulevardzeitungen pflegen oft sensationsorientierte Aufmachungen, große Überschriften und großflächige Fotos. Auffällige Farben und plakative Schlagzeilen werden verwendet. Bilder und Überschriften nehmen den überwiegenden Platz ein, die Texte sind in der Regel kurz.

Partnerarbeit

Ü 2: Regenbogenpresse ★★

Welche in Österreich erscheinenden Medien würden Sie der Boulevardpresse zuordnen? Woran kann man dies erkennen? Bringen Sie als Beleg Zeitungsausschnitte in den Kurs mit und diskutieren Sie die Berichte mit Ihren Kolleginnen und Kollegen.

Qualität oder Boulevard?

Heinrich Böll (1917–1985) war ein deutscher Schriftsteller und Übersetzer. Im Jahr 1972 erhielt er den Nobelpreis für Literatur.

Heinrich Böll: Die verlorene Ehre der Katharina Blum

Die Erzählung setzt sich kritisch mit dem Thema Sensationsjournalismus auseinander und beschreibt, wie eine bisher unbescholtene Frau wegen ihrer Freundschaft zu einem Straftäter Gegenstand der Boulevardpresse wird und schließlich den verantwortlichen Reporter tötet. Böll schreibt im Vorwort: *„Sollten sich bei der Schilderung gewisser journalistischer Praktiken Ähnlichkeiten mit den Praktiken der „Bild"-Zeitung ergeben haben, so sind diese Ähnlichkeiten weder beabsichtigt noch zufällig, sondern unvermeidlich."*

Die **„Bild"-Zeitung** ist die auflagenstärkste deutsche Boulevardzeitung.

Die Erzählung handelt von der Haushälterin Katharina Blum, die sich in den Einbrecher Ludwig Götten verliebt. Dieser wird fälschlich beschuldigt, einen Bankraub und Mord verübt zu haben. Die Sensationspresse stellt Katharina Blum – ebenfalls fälschlich – als Mitwisserin dar.

Partnerarbeit

Noch besser ist es, die nicht sehr umfangreiche Erzählung vollständig zu lesen.

Ü 3: Die Methoden der Klatschpresse ★★★

Lesen Sie den folgenden Ausschnitt aus der Erzählung von Heinrich Böll.

1. Beantworten Sie folgende Fragen:

a) Auf welche Weise wird in diesem Text die Anspielung auf die BILD-Zeitung deutlich?

b) Wie beurteilen Sie den Schreibstil der ZEITUNG?

c) Was ist aus Ihrer Sicht wichtiger: die Pressefreiheit oder der Schutz des Individuums? Wie weit darf die Presse gehen?

d) Erinnern Sie sich an Ereignisse in den letzten Jahren, in denen Menschen zum Opfer einer medialen Hetzjagd wurden?

e) Welcher Mittel bedient sich die ZEITUNG, um Katharina Blum zu diskreditieren?

diskreditieren: jemanden in Verruf bringen, sein Ansehen schädigen

Einzelarbeit

2. Verfassen Sie auf Basis Ihrer Überlegungen eine **freie Erörterung** zu diesem Thema.

Querverweis

Wie Sie eine Erörterung verfassen, können Sie in Kapitel 2, Lerneinheit 3 nachlesen.

Heinrich Böll: Die verlorene Ehre der Katharina Blum

Schon am Samstagmorgen am Bahnhof der Stadt, die immer noch saisongemäß fröhlich war, völlig zerknittert und elend, schon auf dem Bahnsteig des Bahnhofs die ZEITUNG und wieder mit Katharina auf dem Titel, diesmal, wie sie in Begleitung eines Kriminalbeamten in Zivil die Treppe des Präsidiums herunterkam. MÖRDERBRAUT IMMER NOCH VERSTOCKT! KEIN HINWEIS AUF GÖTTENS VERBLEIB! POLIZEI IN GROSSALARM. [...]

Trude kaufte das Ding, und sie fuhren schweigend im Taxi nach Hause, und als er den Fahrer bezahlte, während Trude die Haustür aufschloss, wies der Fahrer auf die ZEITUNG und sagte: „Sie sind auch drin, ich hab Sie gleich erkannt. Sie sind doch der Anwalt und Arbeitgeber von diesem Nüttchen." Er gab viel zu viel Trinkgeld, und der Fahrer, dessen Grinsen gar nicht so schadenfroh war wie seine Stimme klang, brachte ihm Koffer, Taschen und Skier noch bis in die Diele und sagte freundlich „Tschüs". [...]

die Diele: Vorraum, Vorzimmer

Trude hatte schon die Kaffeemaschine eingestöpselt und wusch sich im Bad. Die ZEITUNG lag im Salon auf dem Tisch und zwei Telegramme, eins von Lüding, das andere von Sträubleder. Von Lüding: „Sind gelinde gesagt enttäuscht, weil kein Kontakt. Lüding." Von Sträubleder: „Kann nicht begreifen, dass Du mich so im Stich lässt. Erwarte sofort Anruf. Alois."

Es war gerade acht Uhr fünfzehn und fast genau die Zeit, zu der ihnen sonst Katharina das Frühstück servierte: hübsch, wie sie immer den Tisch deckte, mit Blumen und frisch gewaschenen Tüchern und Servietten, vielerlei Brot und Honig, Eiern und Kaffee und für Trude Toast und Orangenmarmelade.

sentimental: gefühlsbetont, rührselig

Sogar Trude war fast sentimental, als sie die Kaffeemaschine, ein bisschen Knäckebrot, Honig und Butter brachte. „Es wird nie mehr so sein, nie mehr. Sie machen das Mädchen fertig. Wenn nicht die Polizei, dann die ZEITUNG, und wenn die ZEITUNG die Lust an ihr verliert, dann machens die Leute. Komm, lies das jetzt erst mal und dann erst ruf die Herrenbesucher an." Er las: *Der ZEITUNG, stets bemüht, Sie umfassend zu informieren, ist es gelungen, weitere Aussagen zu sammeln, die den Charakter der Blum und ihre undurchsichtige Vergangenheit beleuchten. Es gelang ZEITUNGS-Reportern, die schwerkranke Mutter der Blum ausfindig zu machen. Sie beklagte sich zunächst darüber, dass ihre Tochter sie seit langer Zeit nicht mehr besucht hat. Dann, mit den unumstößlichen Fakten konfrontiert, sagte sie: ‚So musste es ja kommen, so musste es ja enden.' Der ehemalige Ehemann, der biedere Textilarbeiter Wilhelm Brettlob, von dem die Blum wegen böswilligen Verlassens schuldig geschieden ist, gab der ZEITUNG noch bereitwilliger Auskunft. „Jetzt", sagte er, die Tränen mühsam zurückhaltend, „weiß ich endlich, warum sie mir tritschen gegangen ist. Warum sie mich sitzengelassen hat. DAS war's also, was da lief. Nun wird mir alles klar. Unser bescheidenes Glück genügte ihr nicht. Sie wollte hoch hinaus, und wie soll schon ein redlicher, bescheidener Arbeiter je zu einem Porsche kommen. Vielleicht (fügte er weise hinzu) können Sie den Lesern der ZEITUNG meinen Rat übermitteln: So müssen falsche Vorstellungen von Sozialismus ja enden. Ich frage Sie und Ihre Leser: Wie kommt ein Dienstmädchen an solche Reichtümer. Ehrlich erworben kann sie's ja nicht haben. Jetzt weiß ich, warum ich ihre Radikalität und Kirchenfeindlichkeit immer gefürchtet habe, und ich segne den Entschluss unseres Herrgotts, uns keine Kinder zu schenken. Und wenn ich dann noch erfahre, dass ihr die Zärtlichkeiten eines Mörders und Räubers lieber waren als meine unkomplizierte Zuneigung, dann ist auch dieses Kapitel geklärt. Und dennoch möchte ich ihr zurufen: Meine kleine Katharina, wärst du doch bei mir geblieben. Auch wir hätten es im Laufe der Jahre zu Eigentum und einem Kleinwagen gebracht, einen Porsche hätte ich dir wohl nie bieten können, nur ein bescheidenes Glück, wie es ein redlicher Arbeitsmann zu bieten hat, der der Gewerkschaft mißtraut. Ach, Katharina."*

Unter der Überschrift: „Rentnerehepaar ist entsetzt, aber nicht überrascht", fand Blorna noch auf der letzten Seite eine rot angestrichene Spalte: *Der pensionierte Studiendirektor Dr. Berthold Hiepertz und Frau Erna Hiepertz zeigten sich entsetzt über die Aktivitäten der Blum, aber nicht „sonderlich überrascht". In Lemgo, wo eine Mitarbeiterin der ZEITUNG sie bei ihrer verheirateten Tochter, die dort ein Sanatorium leitet, aufsuchte, äußerte der Altphilologe und Historiker Hiepertz, bei dem die Blum seit 3 Jahren arbeitet: „Eine in jeder Beziehung radikale Person, die uns geschickt getäuscht hat."*

der Altphilologe: Fachmann auf dem Gebiet der Sprach- und Literaturwissenschaft des klassischen Altertums

(Hiepertz, mit dem Blorna später telefonierte, schwor, folgendes gesagt zu haben: „Wenn Katharina radikal ist, dann ist sie radikal hilfsbereit, planvoll und intelligent – ich müsste mich schon sehr in ihr getäuscht haben, und ich habe eine vierzigjährige Erfahrung als Pädagoge hinter mir und habe mich selten getäuscht.")

(Böll, Heinrich: Die verlorene Ehre der Katharina Blum oder: Wie Gewalt entstehen und wohin sie führen kann. Köln o.J., S. 40-44.)

2 Auditive und audiovisuelle Medien
Fernsehen, MP3 und Co.

Der Medienkegel gibt Ihnen einen Überblick über die historischen und die neuen Medien.

Buchdruck im 16. Jahrhundert

Buchdruck
bewegliche Lettern
Handschriften

Laterna magica

Die **Laterna magica** ist ein Projektionsgerät, das im 17. Jahrhundert erfunden und für Vorführungen auf Jahrmärkten und in Gasthäusern verwendet wurde.

Laterna magica – Spieluhr

Schellackplatte

Die **Schellackplatte** ist der Vorläufer der heute noch hergestellten Vinylschallplatte.

Telegraf – Fotoapparat – Schallplatte – Schellacks – Stummfilm – Funk (Radio) – Magnetband

Telegraf

Der **Telegraf** ist eine Einrichtung zur Übermittlung von Nachrichten durch elektrische Signale.

Schwarzweiß-Film – Tonfilm – Farbfilm

Videokassette

Schwarzweiß-Fernsehen – Audiokassetten – Farbfernsehen – Video – Telefax – Teletext

Fernseher

digitales Fernsehen – World Wide Web – DVD – CD-ROM – MP3-Player – E-Mail – Podcast – Chat – SMS – Mobiltelefon – Minidisc – multimediale Computerspiele – E-Book – PC – digitale Printmedien – Teletext – digitale audiovisuelle Medien – digitale auditive Medien – digitale Fotografie

auditiv: auf dem Hörsinn beruhend

audiovisuell: zugleich hörbar und sichtbar

Partnerarbeit

Ü 4: Recherchieren mit digitalen Medien ★★

Recherchieren Sie im Internet, wann die im Medienkegel genannten Medien erfunden wurden und wann und wo sie Verwendung fanden bzw. finden.
Finden Sie auch die Begriffsdefinitionen für die im Medienkegel genannten Medien (z. B.: E-Mail: der elektronische Brief; eine Nachricht, die auf elektronischem Weg in Computernetzwerken übertragen wird).

SbX
Die Lösungen zu Ü 4 finden Sie unter der ID: 1631.

Einzelarbeit

Ü 5: Gefahren ★

Überlegen Sie, welche Möglichkeiten und Gefahren durch die neuen Medien im Vergleich zu früher entstanden sind. Diskutieren Sie Ihre Gedanken im Kurs.

digital: Daten und Signale werden in Ziffern, genauer im binären Code, dargestellt.

der binäre Code: aus einem Zeichenvorrat von 2 Zeichen (0, 1) bestehender Code

Historische und neue Medien dienen in der heutigen Gesellschaft zur **Information und Unterhaltung.** Die Aufzeichnungs- und Abruftechniken für alte bzw. klassische Medien, wie Printmedien, Rundfunk, Film und Fernsehen, haben sich geändert. Tonband- und Videoaufnahmegeräte wurden durch **digitale** Aufnahme- und Abrufgeräte ersetzt, die alten Medien bestehen zwar weiter, aber in veränderter Form.

Sie können heute nicht nur das angebotene Fernsehprogramm sehen, sondern auch Beiträge aus dem digitalen Informations- und Unterhaltungsarchiv abrufen. Sie surfen im Internet, schreiben E-Mails, sehen sich Filme an, hören Musik, spielen Games … und all das mit einem einzigen Gerät: dem PC oder dem Handy. Benötigte man gegen Ende des 20. Jahrhunderts noch Radio, Fernsehapparat, CD-Player, Kassettenrekorder, Videorekorder, DVD-Player …, so ermöglicht heute die Digitalisierung von Informationen die Speicherung großer Datenmengen mit digitalen bzw. elektronischen Medien.

Einzelarbeit

Wussten Sie, dass die Veröffentlichung von Videos, Bildern und Texten mit bedenklichem Inhalt und von Personen ohne deren Einwilligung strafbar ist?

SbX

Links zum Mediengesetz finden Sie unter der ID: 1631.

Ü 6: Umgang mit Medien ★

Wie gehen Sie mit Medien um?

Kreuzen Sie die für Sie zutreffenden Aussagen an, vervollständigen Sie die Tabelle und vergleichen Sie Ihre Gewohnheiten mit denen Ihrer Kolleginnen und Kollegen. Besprechen Sie, ob Sie die Medien eher aktiv oder passiv nutzen.

- Welchen Stellenwert haben Medien in Ihrem Leben?
- Welche Medien dienen Ihnen zur Informationsbeschaffung?
- Welche Medien dienen Ihnen zur Unterhaltung?
- Welche Medien benützen Sie, um selbst kreativ zu sein?

Ich schaue fern …

☐ täglich weniger als 1 Stunde. ☐ täglich 1 bis 2 Stunden. ☐ täglich 3 bis 4 Stunden. ☐ täglich mehr als 4 Stunden.	Nachrichten, Dokumentationen, Filme, Serien, Werbung …	Beispiele: Zeit im Bild, CNN, Universum …

Ich höre Radio/CDs/MP3 …

☐ täglich weniger als 1 Stunde. ☐ täglich 1 bis 2 Stunden. ☐ täglich 3 bis 4 Stunden. ☐ täglich mehr als 4 Stunden.	Nachrichten, Musik, Informationssendungen, Werbung, Hörspiele, Hörbücher …	Beispiele: Ö1, Radio Energy, Ö3, Lieblingslieder …

Ich benütze den PC …

☐ täglich weniger als 1 Stunde. ☐ täglich 1 bis 2 Stunden. ☐ täglich 3 bis 4 Stunden. ☐ täglich mehr als 4 Stunden.	Informationen sammeln, im Internet surfen, Spiele spielen, Chatten, E-Mails schreiben und abrufen, Filme sehen, Musik hören, telefonieren, fernsehen, Fotos bearbeiten …	Beispiele: Hausübungen, Referate, Kommunikation mit Freunden, Freizeitgestaltung …

Ich benütze mein Handy …

☐ täglich weniger als 1 Stunde. ☐ täglich 1 bis 2 Stunden. ☐ täglich 3 bis 4 Stunden. ☐ täglich mehr als 4 Stunden.	telefonieren, SMS schicken, fernsehen, Spiele spielen, Videos ansehen, Musik hören, fotografieren, Videos drehen, im Internet surfen …	Beispiele: Freizeitgestaltung, Kommunikation mit Freunden, Information …

Querverweis

Mehr über Lesegewohnheiten erfahren Sie im Kapitel 2, Lerneinheit 1.

Ich lese …

☐ täglich weniger als 1 Stunde. ☐ täglich 1 bis 2 Stunden. ☐ täglich 3 bis 4 Stunden. ☐ täglich mehr als 4 Stunden.	Bücher, Zeitschriften, Tageszeitungen, Fachzeitschriften, SMS, E-Mails, Comics …	Beispiele: Englischbuch, Roman, Overhead-Folie, Kurier …

Gruppenarbeit

Ü 7: Medienkonsum in unserem Kurs ★★

Bilden Sie Kleingruppen zu 3 bis 4 Personen. Jede Gruppe fertigt ein Diagramm mit den Angaben aller Kursteilnehmer/innen zu einem Teilbereich (Fernsehen, PC-Nutzung ...) an. Tauschen Sie danach Ihr Diagramm mit einer anderen Gruppe aus und verbalisieren Sie gegenseitig Ihre Diagramme. Welche Medien werden am häufigsten genutzt, welche am wenigsten?

Fernsehen

Nach der Entwicklung des Fernsehens in den 1930er-Jahren begann dieses Medium seinen Siegeszug und wurde in den 1960er-Jahren zum Leitmedium schlechthin. Heute gehört das Fernsehen für die meisten Menschen zum Alltag. Die breite Mehrheit sieht täglich fern; nur eine Minderheit von einigen wenigen Prozent zählt zur Gruppe der TV-Abstinenten. Trotz unterschiedlicher Interessen sind die Gründe, warum das Fernsehgerät eingeschaltet wird, ähnlich. Neben Ablenkung und Entspannung werden der Wunsch nach Information und „Spaß haben" am häufigsten genannt – sowohl bei älteren als auch bei jüngeren Seherinnen und Sehern.

Fernsehen – das beliebteste Medium?

Beate Großegger ist wissenschaftliche Leiterin des Instituts für Jugendkulturforschung **(www.jugendkultur.at).**

Beate Großegger schreibt in ihrem Artikel „Jugendfernsehen zwischen Zeitgeist und Zielgruppe" darüber, dass das Fernsehgerät für Jugendliche so alltäglich sei wie ein Kühlschrank oder eine Waschmaschine. Sie meint, die Jugendlichen seien als Zielgruppe äußerst vielfältig und komplex. Die hohe Kunst des Jugendprogramm-Machens bestünde daher darin, lebens-/altersphasenspezifische und lebensstilistische Zielgruppencharakteristika zu erkennen. Jugendliche seien aber auch noch aus einem ganz anderen Grund ein schwieriges Publikum: Sie seien von der Angebotsvielfalt der Freizeit-, Medien- und Konsumgesellschaft verwöhnt und weichen sofort auf Alternativen aus, wenn sie ein Angebot nicht ausreichend zufrieden stellt.

Einzelarbeit

Ü 8: Fersehkonsum ★★

Lesen Sie den folgenden Ausschnitt aus dem Artikel „Jugendfernsehen zwischen Zeitgeist und Zielgruppe".

a) Beantworten Sie folgende Fragen zum Text:
  - Welche Unterschiede zwischen weiblichem und männlichem Fernsehkonsum werden aufgeführt?
  - Wie könnte man diese Unterschiede Ihrer Ansicht nach erklären?
  - Welchen Erklärungsversuch bringt Beate Großegger?

b) Verbalisieren Sie die Grafik „Was sind die Hauptgründe, warum Sie fernsehen?" aus dem Artikel (maximal 100 Wörter).

c) Fassen Sie den Textausschnitt „Couchen wird als Gegenpol zum jugendlichen Erlebnishunger hoch geschätzt" zusammen.

d) Beantworten Sie folgende Fragen zu Ihrem persönlichen Fernsehkonsum:
  - Wie viel Zeit verbringen Sie täglich vor dem Fernseher?
  - Welche Fernsehsendungen bevorzugen Sie?

Diskutieren Sie Ihre Ergebnisse in der Gruppe.

Beate Großegger: „Jugendfernsehen" zwischen Zeitgeist und Zielgruppe (Ausschnitt)

„Couchen" wird als Gegenpol zum jugendlichen Erlebnishunger hoch geschätzt

Fernsehen ist für die heutige Jugend zwar fester Bestandteil ihres Alltagsrepertoires, doch stundenlanges Vor-dem-Bildschirm-Hocken scheint der breiten Mehrheit wenig attraktiv. Das ist kein allzu überraschender Befund, denn es gibt unzählige alternative Möglichkeiten der Freizeitgestaltung; vor allem die außerhäuslichen Freizeitaktivitäten sind bei Jugendlichen beliebt. Ausgehen, neue Leute kennen lernen, Freunde treffen, Partys feiern, Konzertbesuche oder Sport – das sind die Highlights im jugendlichen Freizeit-Mix. Unterwegs sein und etwas erleben ist (auch heute noch) ein wesentlicher Pfeiler des jungen Lebensgefühls. Und wer viel unterwegs ist, hat bekanntermaßen wenig Zeit zum Fernsehen. Ein Leben ganz ohne Fernsehen ist für die meisten aber dennoch nur sehr schwer vorstellbar – u. a. deshalb, weil Fernsehen sich so wunderbar mit Faulenzen verbinden lässt. Im Jugendalter wird Faulenzen, Nichts-Tun, Relaxen oder, wie es die Jugendlichen nennen, „Couchen" als Gegenpol zum jugendlichen Erlebnishunger hoch geschätzt. In der Altersgruppe der 14- bis 24-Jährigen ist „Couchen" sogar der wichtigste Grund fernzusehen. Sich in einem bequemen Polstermöbel zurücklehnen, vom Alltagsgeschehen ablenken, entspannen ist bei beiden Geschlechtern das am häufigsten genannte TV-Nutzungsmotiv (4. Bericht zur Lage der Jugend in Österreich 2003).

divergieren: sich unterscheiden

Warum sehen Jugendliche und junge Erwachsende überhaupt fern?

Trotz unterschiedlichster Interessenlagen und divergierender Publikumsbedürfnisse gibt es (psychologische) Grundkonstanten bzw. Grundmotive, warum Menschen fernsehen. Ausklinken aus dem Alltagsstress, Unterhaltung, Gewohnheit, persönliche Informationsinteressen oder auch, um auf dem Laufenden zu sein und im Kontakt mit Mitmenschen Gesprächsstoff zu haben – die Gründe, warum das Fernsehgerät angeschaltet wird, sind bei Jung und Alt ähnlich. Neben Entspannung, Zerstreuung und Ablenkung werden im jungen Publikumssegment der 14- bis 30-Jährigen über alle Alterssubgruppen hinweg und bei beiden Geschlechtern „weil ich mich informieren möchte", „weil es Spaß macht" und „weil es bei mir aus Gewohnheit schon dazugehört" als wichtige Nutzungsmotive am häufigsten genannt (s. Grafik 1).

Grafik 1: **Was sind die Hauptgründe, warum Sie fernsehen? Nennen Sie mir die wichtigsten Gründe anhand dieser Liste. (Angaben in Prozent)**

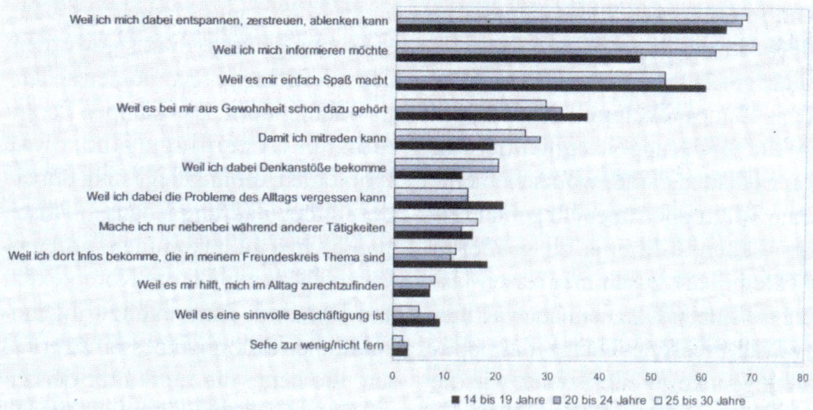

4. Bericht zur Lage der Jugend in Österreich (2003): rep. für 14- bis 30-jährige Österreicher/innen, n=1.549

Das junge Publikum nutzt Fernsehen größtenteils als ein multifunktionales Medium. Der TV-Apparat, der die jungen Seher und Seherinnen unzählige Programme empfangen lässt, wird für sie zur Allroundmaschine, mit der sich einmal informative, das andere Mal unterhaltungsorientierte Bedürfnisse befriedigen lassen. Die Funktionen, die Fernsehen erfüllt, bleiben dabei innerhalb eines klar umrissenen Nutzungsmotivspektrums, allerdings werden sie, wie die Daten des 4. Berichts zur Lage der Jugend in Österreich zeigen, von den jungen Sehern und Seherinnen lebensphasenspezifisch unterschiedlich gewichtet. Darüber hinaus zeigen sich in einigen Bereichen geschlechtsspezifische Unterschiede in der Gewichtung der Nutzungsmotive – und zwar teils über alle Altersgruppen hinweg, teils scheinen diese aber auch für eine bestimmte Alters-/Lebensphase typisch. Das heißt, das Fernsehen hat beim jungen Publikum der 14- bis 30-Jährigen kein absolut starres Funktionsprofil, sondern es wird von den jungen Sehern und Seherinnen vielmehr an die aktuelle Lebenssituation angepasst. Hier die Kernergebnisse der Studie im Überblick:

par excellence: schlechthin

habituell: gewohnheitsmäßig

1. Gewohnheitsmäßig fernsehen und fernsehen „just for fun" ist jung und unisex: 64 % der 14- bis 19-Jährigen sehen fern, weil sie dabei abschalten und entspannen können. Für 60 % ist Spaß eines der wichtigsten Nutzungsmotive. 37 % haben Fernsehen gewohnheitsmäßig in ihr Alltagsrepertoire integriert. Das heißt, für die junge Kernzielgruppe der Unter-20-Jährigen ist Fernsehen ein „Leanback-Medium" par excellence. Fernsehen, weil es ganz einfach Spaß macht, und auch habitueller TV-Konsum werden in dieser Altersgruppe signifikant häufiger als im Jungerwachsenensegment der 20- bis 30-Jährigen als Gründe fernzusehen genannt. Information wird hingegen deutlich seltener als im Jungerwachsenensegment als wichtiges TV-Nutzungsmotiv genannt. Als generelle Tendenz zeigt sich: Je jünger die Seher und Seherinnen sind, desto geringer ist das allgemeine Informationsinteresse, desto größer ist der Spaß- bzw. Unterhaltungsfaktor und desto eher wird Fernsehen als etwas empfunden, das man gewohnheitsmäßig macht. [...]

2. Ob Fernsehen als (klassisches) Informationsmedium genutzt wird, hängt vom Bildungsniveau und vom Alter der Seher und Seherinnen ab. Dass die Informationsorientierung mit der formalen Bildung steigt, ist keine Neuigkeit, und so ist es auch nicht verwunderlich, dass Studierende und Schüler, die eine Schule mit Matura (Abitur) besuchen, das Fernsehen eher als Informationsmedium nutzen als Lehrlinge (Auszubildende) oder auch Schüler, die ohne Matura abschließen. Der Grad der Informationsorientierung hängt jedoch nicht nur mit dem Faktor Bildung, sondern in einem nicht unerheblichen Ausmaß auch mit dem Alter zusammen. Fernsehen, um sich zu informieren, hat im Jungerwachsenensegment einen deutlich größeren Stellenwert als in der jungen Kernzielgruppe der Unter-20-Jährigen. Das geringste Informationsinteresse zeigen die 14- bis 19-jährigen Mädchen. Nur 41 % der Mädchen wenden sich dem Fernsehen mit einem informationsorientierten Nutzungsmotiv zu. Das sind deutlich weniger als bei den gleichaltrigen Jungen (hier nennen immerhin 54 % der Befragten Information als ein persönlich wichtiges Nutzungsmotiv) und es sind zugleich signifikant weniger als im männlichen wie auch weiblichen Jungerwachsenensegment. Ein Vergleich der unter 20-jährigen und der ab 20-jährigen jungen Frauen macht die Altersabhängigkeit der informationsorientierten Fernsehnutzung anschaulich: Während bei den 14- bis 19-jährigen Mädchen gerade einmal 41 % Information als wichtigen Nutzungsgrund nennen, sind es bei den 20- bis 24- sowie den 25- bis 30-jährigen Frauen mit 65 % bzw. 68 % deutlich mehr, die Fernsehen nicht nur zur Entspannung und Unterhaltung, sondern auch ganz bewusst als Info-Medium nutzen. Denkanstöße holen sich beim Fernsehen, wenn überhaupt, dann die Älteren – und hier vor allem die jungen Männer, die bereits an der Schwelle von der Nachjugendphase zum Erwachsenenalltag stehen oder den Schritt zum voll integrierten Erwachsenen schon hinter sich gebracht haben. In der Altersgruppe der 25- bis 30-Jährigen geben 23 % des potenziellen männlichen TV-Publikums an, deshalb fernzusehen, weil sie dabei Denkanstöße bekommen; das ist keine allzu große Gruppe, aber es sind immerhin deutlich mehr als im Segment der 14- bis 19-Jährigen, wo Denkanstöße mit 13 % Nennungen bei den Jungen und 12 % bei den Mädchen beim Fernsehen kaum eine Rolle spielen.

3. Junge Männer wollen mitreden können: „Mitreden können" liegt beim jungen TV-Publikum der 14- bis 30-Jährigen im Ranking der wichtigen Nutzungsgründe nach der habituellen TV-Nutzung an fünfter Stelle. Insgesamt gibt rund jeder Vierte an, fernzusehen, um mitreden zu können. Dabei spielt das „Mitredenkönnen" im männlichen Publikumssegment insgesamt gesehen eine größere Rolle als im weiblichen (was damit zu tun haben mag, dass junge Männer und junge Frauen in interpersonellen Situationen unterschiedlich kommunizieren: Beim männlichen Geschlecht zählen Sachthemen und der Meinungsaustausch über Fakten; in Gesprächen geht es darum, sich als inhaltlich kompetent, als „sattelfest", zu präsentieren. Junge Frauen betonen in Gesprächen hingegen meist weniger die harten Fakten, sondern arbeiten die feinen Nuancen heraus; sie nutzen Gesprächssituationen weniger zur Selbstinszenierung, sondern akzentuieren eher den interaktiven Aspekt, den Dialog- bzw. Aushandlungscharakter der Gesprächssituation). Insbesondere in der Altersgruppe der 25- bis 30-Jährigen zeigen sich im Zusammenhang mit dem Motiv „mitreden können" deutliche Unterschiede zwischen den Geschlechtern: Bei den jungen Männern sind es hier immerhin 30 %, die angeben, deshalb fernzusehen, weil sie dann im Gespräch mit Arbeitskollegen, im Freundeskreis etc. mitreden können (wobei noch zu klären wäre, inwieweit sie sich dabei in ihrer Programmauswahl am tagesaktuellen Geschehen und/oder an lifestyletrendrelevanten Programminhalten orientieren); bei den 25- bis 30-jährigen jungen Frauen sind es mit 20 % signifikant weniger, die fernsehen, um „up-to-date" zu sein und bei Gesprächen am Arbeitsplatz oder im Bekanntenkreis mitreden zu können.

interpersonell: zwei oder mehrere Personen betreffend

die Nuance: kleine Abweichung, Feinheit

4. „Ambient-TV" hat bei jungen Frauen ab 25 den größten Stellenwert: Während anderer Tätigkeiten nebenbei fernsehen ist erstaunlicherweise nicht etwa ein Phänomen der Jüngsten im jungen TV- Publikum, sondern es hat bei den ab 25-jährigen Frauen überdurchschnittlichen Stellenwert. Immerhin nennen 23 % nebenbei fernsehen als einen sehr wichtigen Grund, den Fernseher überhaupt anzuschalten; das ist rund jede vierte potenzielle Seherin dieser Altersgruppe. Nebenbeinutzung wird von 25- bis 30-jährigen Frauen damit deutlich häufiger als Nutzungsgrund genannt als von gleichaltrigen Männern (hier sind es nur 10%) und auch deutlich häufiger als von den die Nachjugendphase oftmals noch intensiv erlebenden 20- bis 24-jährigen jungen Frauen (14%).

5. Fernsehen, um die Probleme des Alltags zu vergessen, spielt am ehesten im jungen weiblichen Segment eine Rolle. Zwar ist Fernsehen, um die Probleme des Alltags zu vergessen, im jungen Publikum der 14- bis 30-Jährigen kein Breitenphänomen. Gesamt gesehen liegt der Anteil derer, die Fernsehen nutzen, um für kurze Zeit dem (oft grau erlebten) Alltag zu entfliehen, lediglich bei 17%. Im jungen Segment der unter 20-Jährigen liegt der Prozentsatz der tendenziell eskapistisch motivierten TV-Nutzer insbesondere bei den Mädchen aber höher. Immerhin jede vierte potenzielle Seherin dieser Altersgruppe (25%) sieht fern, weil sie dabei die Probleme des Alltags vergessen kann.

eskapistisch: vor der Realität und Ihren Anforderungen ausweichend

6. Sich Infos zu holen, die im Freundeskreis Thema sind, ist eine Sache der unter 20-jährigen Kernzielgruppe: In der Altersgruppe der 14- bis 19-Jährigen gibt rund jede/r Fünfte an, fernzusehen, weil man dort Infos bekommt, die im Freundeskreis diskutiert werden. Hier geht es, wie sich schon erahnen lässt, vor allem um jugendkulturrelevante Programminhalte. Es geht darum, all „das, was man einfach sehen muss", nicht zu versäumen – angefangen bei Kult-Serien, über schräge Comedys bis hin zu neuen Shows etc. Es geht um die „richtigen" jugendkulturrelevanten Formate und die „richtigen" jugendkulturrelevanten Themen (allen voran Musik – angefangen bei den derzeit populären Acts, über Newcomer bis hin zu neuen Trends, aber natürlich auch jugendkulturrelevante „People", Events, Festival-Termine u. Ä.). Es geht darüber hinaus um jugendkulturkompatible Gestaltungsmittel und Moderatoren bzw. bei informativen Programminhalten um glaubwürdige Journalisten, von denen man annimmt, dass sie in dem Themenbereich, in dem sie arbeiten, einen gewissen Insider-Status haben. Und gelegentlich geht es wohl auch um ein aus der Sicht der Zielgruppe „akzeptables" Programmumfeld.

kompatibel: zusammenpassend

Fernsehen erfüllt bei Jugendlichen also nicht nur affektive Funktionen, es dient nicht nur ad hoc der Unterhaltung und Entspannung, es wird nicht nur mit persönlichen Stimmungen und Gefühlen verbunden, sondern es liefert auch vielfältiges Material, das in den Peer-Groups weiterbearbeitet wird. Es wird also gewissermaßen in die Gesellschaft der (annähernd) Gleichaltrigen eingewoben. Bei jugendkulturorientierten Jugendlichen besonders gefragt sind trendige Informationen, die (noch) nicht an jeder Straßenecke zu haben sind und die sich als Rohmaterial für den persönlichen Lifestyle verwerten lassen. Man kann es ganz offen sagen: Jugendkulturrelevante Programminhalte sind (auch) stilbildend, und zwar, indem die Jugendlichen sie zur Stilorientierung nutzen. Oder, um es im Jargon der Programm-Macher und potenziellen Werbekunden zu formulieren: Jugendkulturrelevante Programminhalte erfüllen eine Agenda-Setting- und zugleich eine Agenda-Selling-Funktion. Das stilbildende Potenzial der Pop- und Rockmusik, das in den 1960er- und 1970er-Jahren an die Schallplatte und den Hörfunk gebunden war, geht heute dabei vor allem vom Musik-TV aus. Die Verbreitung von Pop(musik)kultur und den daran gekoppelten Lifestyletrends läuft über MTV, VIVA und Co.; sie bilden heute zweifelsohne eine der wichtigsten Schnittstellen zwischen Jugendmarkt und jungem Publikum.

affektiv: gefühlsbetont

ad hoc: zu diesem Zweck, aus dem Augenblick heraus

die Peer-Group: Gruppe von Gleichaltrigen, die als primäre soziale Bezugsgruppe dient

das Agenda-Setting: Setzen von Themenschwerpunkten

(Ausschnitt aus: Beater Großegger: „Jugendfernsehen" zwischen Zeitgeist und Zielgruppe. In: Televizion 17/2004/2. S. 4-11.)

Einzelarbeit

Ü 9: Leserbrief ★★

Verfassen Sie einen Leserbrief an die Autorin, in dem Sie sich mit den Aussagen im Textausschnitt kritisch auseinandersetzen und sie mit Ihrem eigenen Konsumverhalten vergleichen.

In der Öffentlichkeit wird immer wieder darüber diskutiert, ob es richtig sei, im Fernsehen reale Gewalt zu zeigen. Täglich werden Kriegsszenen ausgestrahlt, in denen tote oder verstümmelte Menschen über den Bildschirm flimmern. Verstoßen solche Bilder nicht gegen ethische Schranken, die sich die Medien selbst auferlegen sollten?

Dieses Thema behandelt der österreichische Autor Thomas Glavinic in seiner Erzählung **„Der Kameramörder"**. Zwei Paare verbringen gemeinsam das Osterwochenende auf dem Hof des einen Paares in der Weststeiermark. Was wie ein ruhiger, gemütlicher Kurzurlaub beginnt, wird durch die Nachricht über einen beispiellos grausamen Mord erschüttert. Die Tat wurde ganz in der Nähe verübt und hält ganz Österreich und Deutschland in Atem. Von überall her reisen

Reporter, Fotografen und Kamerateams an. Ein Unbekannter hatte drei kleine Jungen in seine Gewalt gebracht und sie über Stunden mit bestialischen Drohungen gequält, bis er schließlich zwei von ihnen zwang, sich umzubringen. Dies alles hat er mit einer Videokamera gefilmt. Die vier Freunde fiebern vor dem Fernseher. Einem deutschen Privatsender wurde eine Kopie des Mordvideos zugespielt. Ausschnitte daraus sollen ausgestrahlt werden. Nicht nur im heimischen Wohnzimmer wird darüber diskutiert, ob dies moralisch zu verantworten sei. Politiker appellieren an den Sender, auf die Ausstrahlung des Mordvideos zu verzichten, auf der Straße vor dem Fernsehstudio wird gegen die Sendung demonstriert. Trotzdem geht es pünktlich um 23 Uhr 30 los, und mit einer Mischung aus Abwehr und Sensationsgier sitzen die beiden Paare vor der Mattscheibe. Der Ich-Erzähler berichtet minutiös, was zu sehen ist und der Leser fiebert mit.

Einzelarbeit

Ü 10: Der Kameramörder ★★★

Lesen Sie den Ausschnitt aus der Erzählung von Thomas Glavinic.

a) Beschreiben Sie mit eigenen Worten den Ablauf der Geschehnisse rund um die Ausstrahlung des Videos.

b) Halten Sie diesen Ablauf für realistisch oder scheinen Ihnen einige Stellen übertrieben/unwahrscheinlich?

c) Listen Sie die Argumente auf, die die Gegner und Befürworter der Ausstrahlung ins Treffen führen und bewerten Sie sie aus Ihrer persönlichen Sicht. – Würden Sie eine Genehmigung für die Ausstrahlung erteilen? Würden Sie sich die Sendung ansehen? Diskutieren Sie darüber im Kurs.

d) Charakterisieren Sie die Sprache des Erzählers. An welche Textart erinnert sie? Welche Wirkung erreicht der Autor damit?

e) Schreiben Sie einen Brief an den Fernsehsender, in dem Sie Ihre Meinung zur Ausstrahlung des Videos kundtun.

Thomas Glavinic: Der Kameramörder

Wir sind 4 Personen, davon 2 Männer, wir würden den Kerl zerreißen. Außerdem sei da noch der Bauer nebenan, der zwar alt, aber kräftig und zäh ist. Der Mörder solle nur kommen. Der Hinweis meiner Lebensgefährtin, es handle sich vermutlich um einen Psychopathen, bei denen man nie wissen könne, woran man sei und was man ihnen zutrauen dürfe, wischte er mit der durch eine aggressive Handbewegung untermalten Bemerkung beiseite, aller Wahnsinn helfe dem Mann nicht gegen den starken Arm der Anwesenden. Meine Lebensgefährtin fragte, was in der Nacht sei. Falls es dem Täter gelingt, sich unbemerkt einzuschleichen. Wenn der starke Arm ruht. Heinrich fragte, ob sie wirklich Angst habe. Sie antwortete, Angst nicht direkt. Wohl allerdings fühle sie sich nicht. Durch die launige Versicherung, er und ich würden abwechselnd wachen, gelang es Heinrich, meine Lebensgefährtin zu erheitern. Er schaltete den Fernseher lauter. Gerade wurde über die Demonstrationen vor dem deutschen Privatsender berichtet. Die Ausstrahlung des Videos stehe für 23.30 Uhr unwiderruflich fest. Die Moderatorin erwähnte, deutsche Politiker haben zur Besonnenheit aufgerufen und den Sender um Selbstbeschränkung gebeten. Dies hat auf die Verantwortlichen nicht die gewünschte Wirkung gezeitigt. Jemand – im Moment der Namensnennung hustete Heinrich, wodurch ich den Namen überhörte – hat zu einem Verbot der Ausstrahlung aufgerufen. Doch auch dies hat aus verschiedenen Gründen ins Leere geführt. Mittlerweile sind Drohschreiben in der Redaktion eingegangen. Ein Sprecher des Senders hat ausrichten lassen, man empfindet tiefen Respekt vor der Familie des Opfers und den Getöteten selbst, doch um das Ausmaß der Tragödie der Öffentlichkeit vor Augen zu führen, ist die Ausstrahlung unabdingbar. Ein evtl. Verbot würde belgische Verhältnisse fördern. Hier gilt es, nichts zu vertuschen. Man läßt sich nicht von Drohungen einschüchtern. Heinrich rief, die erzählen Geschichten. Die Zeit-im-Bild-Moderatorin stellte fest, daß sich der ORF von solchen Methoden distanziert und nur ein Foto der Opfer zeigen will. Erstmals kamen die Kinder ins Bild. Vor ihren Augen war ein schwarzer Balken, das Foto grobkörnig und unscharf. Am unteren Bildrand stand Franz (7) † und Josef (8) †. Furchtbar sei dies, rief Heinrich aus, furchtbar. Meine Lebensgefährtin stimmte in empörtem Ton ein. Eva sagte, ohne von ihrem Teller aufzublicken, die Gabel mit den letzten aufgerollten Spaghetti in der Hand, sie habe es ja gesagt, das habe sie gemeint, und wenn dieses Video ausgestrahlt würde, werde es erst recht losgehen. Meine Lebensgefährtin fragte, was. Darauf gab Eva keine Antwort, sondern stocherte mit der Gabel in der Salatschüssel. Heinrich bat um Ruhe. [...]

Die Moderatorin sagte, der Sender hat eine Erklärung zur bevorstehenden Ausstrahlung verfaßt, die sie nun vorlesen wird. Heinrich rief, sie möge sich ihre Erklärung sonstwohin stecken, er wolle das Video sehen. Die Moderatorin las vom Blatt, der Sender ist sich seiner Verantwortung vollauf bewußt. Gerade dies ist der Grund für die Entscheidung gewesen, das Video zu zeigen. Man wird sensibel mit dem Komplex umgehen. Heinrich rief, es sei 23.43 Uhr, was das solle. Die Moderatorin las weiter, es ist Zeit, daß mit den amerikanischen Verhältnissen in Europa Schluß ist. Der Fall im benachbarten Österreich betrifft jeden. Man muß der Gesellschaft einen Spiegel vorhalten. Diese Verantwortung nimmt der Sender auf sich. Heinrich stellte fest, die Moderatorin quatsche schrecklichen Blödsinn, was ihm von meiner Lebensgefährtin bestätigt wurde. Heinrich, der als einziger sein Eis noch nicht gegessen hatte, griff nach seiner Eisschale. Die Moderatorin sagte, das Video wird gleich gezeigt. Zunächst wird man aber Telefonnummern von psychologischen Beratungsstellen zum Mitschreiben einblenden. Falls jemand nach Ansehen des Videos den Drang verspüren sollte, mit einem Fachmann darüber zu sprechen. Der Dienst ist kostenlos bis auf die Telefongebühren von max. 0,97 DM die Minute. Nach der kurzen Werbepause beginnt das Video. Die Telefonnummern wurden gezeigt. Kurz darauf sah man eine junge Frau, die von ihren 2 Söhnen beauftragt wird, eine bestimmte mit Milchcreme gefüllte Schokolade zu kaufen. Mißmutig vermerkte Heinrich, daß sich die Leute im Sender aber sehr viel Zeit ließen. Er wechselte den Kanal. Das nächste Programm berichtete gerade über die Demonstrationen vor dem Mordvideosender. Trotz der nächtlichen Stunde umlagerten Hunderte Personen das Fernsehstudio. Auf Spruchbändern standen unfeine Beschimpfungen. Auf einem wurde der Überzeugung Ausdruck verliehen, der Sender habe den Mord eigens bestellt und die Filmaufnahmen im voraus bezahlt. Auf einigen Plakaten waren Snuff-Schweine bzw. SnuffKiller u. Ihr zeigt Snuff zu lesen. Eva stellte die Frage, was Snuff bedeute. Heinrich erklärte, Snuff nenne man Videos, auf denen echte Morde festgehalten würden, wofür es einen eigenen Markt gebe. Davon habe sie gehört, sagte Eva. Daran sehe man, wie krank die Welt bereits sei, vermerkte meine Lebensgefährtin. Heinrich widersprach. Im Mittelalter seien öffentlich Köpfe abgeschnitten worden, und dem zahlreich erschienenen p. t. Publikum habe dies sehr gut gefallen. Wir seien nicht besser als die Leute damals. Meine Lebensgefährtin erwiderte, aber zwischendurch waren wir schon einmal besser. Heinrich zuckte die Schultern. Er schaltete zurück zum Mordvideosender. Noch immer Werbung. Dies wurde von Heinrich mit negativen Bemerkungen aufgenommen. Es sei 23.52 Uhr, ob sie sich die ganze Nacht Zeit lassen und evtl. noch den Superblitzschnellsauger von Finis anpreisen wollten. Er schaltete Teletext ein. Es gab keine Neuigkeiten. Er schlug vor, für die Wartezeit noch einmal zu den Spielkarten zu greifen. Meine Lebensgefährtin sprach sich mit dem Hinweis auf zu große nervliche Anspannung in Erwartung des Videos dagegen aus.

p.t.: Abkürzung, die bei der Ansprache von Personen mit unbekanntem Titel die Nennung des Titels ersetzt

Heinrich bot mir eine Wette an, daß das Video nicht vor Mitternacht gezeigt würde. Ich hielt dagegen und gewann. Um 23.58 Uhr erschien wieder die dicke Moderatorin. Sie erklärte, das Video wird nun beginnen. Insgesamt sind an die 4 Stunden Material vorhanden. Der Sender hat es geschnitten und wird die entscheidenden Szenen bzw. Szenen, die das Bild des gesamten Vorganges abrunden, ausstrahlen. Evtl. vor den Fernsehschirmen vorhandene Kinder u. Jugendliche unter 16 Jahren sind von den Erziehungsberechtigten des Raumes zu verweisen. Darauf erteilte Heinrich seiner Frau scherzhaft den Befehl hinauszugehen. Dies wurde von Eva jedoch nicht mit Humor aufgenommen. Von einer Sekunde zur anderen änderte sich die Qualität der Bilder am Fernsehschirm. Im rechten oberen Bildrand lief eine Digitaluhr. Bei der ersten Szene zeigte sie 0.08 an. Dies bedeutete, daß die ersten 7 Minuten nicht der Ausstrahlung für würdig befunden worden waren. Am unteren Bildrand teilte eine Laufzeile mit: Dies ist kein Sensationsvideo. Es ist der hilflose Versuch zur Aufarbeitung einer unfaßbaren Tragödie. Heinrich sagte, unglaublich, und griff in die Erdnußschüssel. Eva kaute an ihren Nägeln. Sie warf nur ab und zu einen Blick auf den Bildschirm. Meine Lebensgefährtin sagte, sie könne es nicht fassen, daß jemand so etwas tut, es sogar filmt, und daß das Fernsehen es dann auch noch zeigt.

(Glavinic, Thomas: Der Kameramörder. Kriminalroman. München 2003, S. 38 f., 56-59)

3 Elektronische Medien: Internet und E-Mail
Wandel der Sozialbeziehungen

E-Mails lösen Briefe immer mehr ab.

Die Entwicklung der neuen Informations- und Kommunikationstechnologien, allen voran des Internets, revolutionierte die gesellschaftliche Kommunikation sowie die Individualkommunikation grundlegend. Das Schreiben von E-Mails ist heute zur gängigen Kommunikationspraxis geworden, während handgeschriebene Briefe in der Kommunikation jedes Einzelnen immer mehr an Bedeutung verlieren. Das führt auch zu einem Wandel der Sozialbeziehungen: Via Internet und E-Mail kann man mit wildfremden Menschen in Kontakt treten und dabei selbst mit unterschiedlichen Identitäten spielen.

Einzelarbeit

Ü 11: E-Mail-Roman ★★

Der Roman „Gut gegen Nordwind" von Daniel Glattauer gibt die Korrespondenz zwischen Emmi Rothner und dem ihr unbekannten Leo Leike wieder, dem sie zunächst irrtümlich eine E-Mail schickt, woraus sich aber ein intensiver Liebesdialog entwickelt.

a) Schreiben Sie einen Dialog zwischen Emmi und Leo, der von Angesicht zu Angesicht, zum Beispiel in einem Café, stattfindet.

b) Vergleichen Sie das reale mit dem virtuellen Treffen. Wie bewerten Sie die Unterschiede? Welche Vorzüge haben die jeweiligen Kommunikationsformen, welche Probleme können mit ihnen verbunden sein?

Daniel Glattauer, geboren 1960, ist ein österreichischer Journalist und Schriftsteller.

E-Mail: ein beliebtes Kommunikationsmittel

Querverweis

Zum Roman „Gut gegen Nordwind" siehe auch Kapitel 2, Lerneinheit 6 (Ü 8).

Daniel Glattauer: Gut gegen Nordwind

Mitternacht
Kein Betreff
Liebe Emmi, hier ist der Leo, der wünscht Ihnen eine traumhafte Mitternacht, ganz zu zweit, nur für uns beide. Darf ich Sie umarmen, Emmi? – Darf ich Sie küssen? Ich küsse Sie. So, und jetzt trinken wir. Was trinken Sie? Ich trinke Sauvignon Visintini, Colli Orientali del Friuli, 2003. Und was trinken Sie? Schreiben Sie mir gleich, Emmi, ganz gleich, ja? Was trinkt die Emmi? Ich trinke Weißwein.

Eine Minute später
RE:
Das ist aber nicht Ihr erstes Glas, Leo!!!

Acht Minuten später
AW:
Ah, da schreibt wieder die Emmi. Emmi. Emmi. Ich bin ein bisschen betrunken, aber nur ein bisschen. Ich habe den ganzen Abend getrunken und gewartet, bis es Mitternacht wird, bis mich Emmi besuchen kommt. Ja, es stimmt. Das ist nicht meine erste Flasche. Ich habe Sehnsucht nach meiner Emmi. Wollen Sie zu mir kommen? Wir machen ganz einfach das Licht aus. Wir müssen uns nicht sehen. Ich will Sie nur spüren, Emmi. Ich mach die Augen zu. Mit Marlene, das hat alles keinen Sinn. Wir bluten uns aus. Wir lieben uns nicht. Sie glaubt es, aber wir lieben uns nicht, das ist nicht Liebe, das ist nur Hörigkeit, das ist nur Besitz. Marlene will mich nicht loslassen, und ich, ich kann sie nicht festhalten. Ich bin ein bisschen betrunken. Gar nicht viel. Kommen Sie zu mir,

Emmi? Küssen wir uns? Meine Schwester sagt, dass Sie wunderschön sind, Emmi, wer auch immer Sie sind. Haben Sie schon einmal einen Fremden geküsst? Ich trinke jetzt noch einen Schluck Weißwein aus der Friaul. Ich trinke auf uns. Ich bin schon ein bisschen betrunken. Aber nicht viel. Und jetzt kommen wieder Sie an die Reihe, Schreiben Sie mir, Emmi. Schreiben ist wie küssen, nur ohne Lippen. Schreiben ist küssen mit dem Kopf. Emmi, Emmi, Emmi.

Vier Minuten später
RE:
Na ja, unser erstes echtes Mitternachts-Rendezvous hab ich mir etwas anders vorgestellt. Leo, sternhagelvoll! Hat aber auch seinen gewissen Reiz. Wissen Sie was, Leo? Ich halte mich kurz, vermutlich können Sie die Buchstaben ohnehin nicht mehr auseinander halten. Aber wenn Ihnen danach ist, und wenn Sie es noch schaffen, dann erzählen Sie mir ruhig mehr von »daheim« bei Ihnen. Schreiben Sie aber nichts, was Sie heute Früh oder Vormittag nach dem Aufwachen aus dem Delirium schon bereuen könnten. Dann trinke ich also ein Glas französischen Rotwein aus dem Rhonetal, 1997. Ich trinke auf Sie! Ihnen würde ich allerdings empfehlen, auf Mineralwasser umzusteigen. Oder machen Sie sich einen starken Kaffee!

(Glattauer, Daniel: Gut gegen Nordwind. München 2008, S. 87 f.)

Digital Natives und Digital Immigrants – eingeboren oder zugewandert?

die Affinität: Ähnlichkeit, Anziehung

Diese beiden Begriffe bezeichnen den unterschiedlichen Umgang der Generationen mit neuen Technologien. „Digital Natives" sind jene jungen Menschen, für die Twittern, Bloggen und stundenlanges Online-Spielen allein, zu zweit oder in der Clique zur selbstverständlichen Freizeitgestaltung gehören. Die „Digital Immigrants" sind all jene, die vor 1980 geboren wurden und nicht mit Computer, Handy und Internet aufgewachsen sind. Ob die Medien- und Technologieaffinität der Jugendlichen zwangsläufig auf Kosten der Sozialkontakte geht, ist nicht eindeutig zu beantworten. Obwohl immer mehr Jugendliche ihre Zeit vor dem Computer verbringen, werden sie dadurch nicht asozial und gewaltbereit, sondern intelligenter, meinen einige Medienpädagogen.

Ein „Digital Native"

Einzelarbeit

Ü 12: Wir spielen Leben ★★★

Lesen Sie den Profil-Artikel **„Wir spielen Leben"** von Sebastian Hofer.

a) Fassen Sie den Text zusammen.

b) Kommentieren Sie den Text.

c) Verfassen Sie zu dieser Problematik eine ausführliche Erörterung.

Sebastian Hofer: Wir spielen Leben

Drei Viertel der Jugendlichen und die Hälfte der Gesamtbevölkerung vertreiben sich die Zeit mit Computer- und Videospielen. Neue Studien beweisen: Sie werden dadurch nicht asozial und gewaltbereit, sondern intelligenter.

fatal: folgenschwer, verhängnisvoll

exzessiv: maßlos

Am Mittwoch vergangener Woche wurden die fatalen Schäden, die exzessiver Computer- und Videospielmissbrauch in Österreich anrichtet, wieder einmal überdeutlich. Schauplatz des Lehrstücks: Wien, Ernst-Happel-Stadion. Hauptdarsteller: das österreichische Fußball-Nationalteam. Das Ergebnis: Schwamm drüber. Für Experten ist jedenfalls klar: Dass sich der österreichische Fußball in einer Dauerdepression befindet, liegt am unseligen Einfluss der Computerspiele. Der Nachwuchs, so die beliebte These, habe nichts Besseres zu tun, als seine Jugend an der Playstation zu verschwenden, weshalb es an begnadeten Jungkickern mangle und das Nationalteam zwangsläufig mit überforderten Semitalenten auskommen müsse. Zwar wird diese Theorie die Misere des österreichischen Fußballs wohl auch nicht erschöpfend erklären, doch hat zumindest der Ansatz etwas für sich: Tatsächlich verschreiben sich drei Viertel aller österreichischen Jugendlichen regelmäßig Computer- oder Videospielen. Nur ein Bruchteil davon findet zwischendurch auch einmal auf den Sportplatz.

Wie viele Menschen in Österreich ihre Freizeit mit Computerspielen verbringen, kann niemand exakt sagen. Einschlägige Studien konzentrieren sich fast ausnahmslos auf Jugendliche. Herbert Rosenstingl, der im Familienministerium die Bundesstelle für die Positivprädikatisierung von Computer- und Konsolenspielen leitet, geht jedoch davon aus, dass gut die Hälfte der Gesamtbevölkerung in irgendeiner Form digitale Spiele verwendet – sei es das gute alte Solitaire am Büro-PC, sei es das Handy-Game in der U-Bahn, seien es hochkomplexe Strategiespiele im Internet. Weltweit setzt die Spieleindustrie schon jetzt deutlich mehr um als Hollywood (nämlich über 40 Milliarden US-Dollar); allein das Online-Rollenspiel „World of Warcraft" hat mehr als zehn Millionen Teilnehmer. Dabei handelt es sich keineswegs nur um Jugendliche: Der Berliner Kommunikationswissenschafter Thorsten Quandt kam im Zuge einer groß angelegten Studie vor Kurzem zu dem Schluss, dass der durchschnittliche Computerspieler 32 Jahre alt ist. Die Konsolenkids der achtziger Jahre sind erwachsen geworden, Computerspiele in der Mitte der Gesellschaft angekommen. In Deutschland wurden Computerspiele jüngst vom Bundestag offiziell zum Kulturgut erklärt.

Prädikatisierung: das Versehen mit einer Bewertung

Horrorgeschichten. Öffentlich werden sie jedoch fast ausschließlich unter negativen Vorzeichen diskutiert. Routinemäßig werden „Killerspiele" als Hauptursache für Jugendgewalt verteufelt, Horrorgeschichten von sozialer Vereinsamung und Computersucht kolportiert. Der gesunde Hausverstand sagt dem durchschnittlichen Erziehungsberechtigten, dass Computerspiele, die Gewalt zeigen, auch Gewalt auslösen. Zum Glück gibt es wissenschaftlich fundiertere Instanzen als den gesunden Hausverstand, und sie widerlegen die These von der digitalen Verrohung eindrucksvoll.

Den Mythos von der unüberwindbaren Sogwirkung von Computerspielen, deren Einfluss Jugendliche hilflos ausgeliefert seien, hat die Forschung längst entzaubert. Computerspiele sind, darüber besteht inzwischen kein Zweifel, in dieser Hinsicht neutral, die entscheidende Variable bleibt der Spieler: Jugendliche, die in ihrem familiären Alltag mit Gewalt konfrontiert, vom Leben frustriert oder auf andere Weise psychisch vorbelastet sind, spielen zwar überdurchschnittlich oft Gewaltspiele und werden auch überdurchschnittlich oft straffällig. Dass daran die Spiele schuld sind, darf jedoch ausgeschlossen werden. Der deutsche Medienpädagoge Christian Swertz schlägt in diesem Zusammenhang ein einfaches Rechenbeispiel vor: „Weltweit gibt es, soweit ich es überblicke, vier Fälle, in denen Amokläufer auch exzessive Computerspieler waren. Wenn man das mit den zig Millionen Computerspielen, die es weltweit gibt, in ein Verhältnis setzt, wird ein direkter Zusammenhang schon rein statistisch mehr als unwahrscheinlich."

Auch das oft strapazierte Stereotyp vom weltfremden Video-Nerd, dessen Sozialkontakte sich auf digitale Märchenprinzessinnen und den lokalen Pizzaboten beschränken, bedarf einer Revision. Das Wiener Institut für Jugendkultur veröffentlichte im März eine Studie zum Alltag jugendlicher Computerspieler und kam darin zum Ergebnis, dass selbst die eifrigsten Spieler einen durchaus intakten Freundeskreis und ganz normale, reale Sozialkontakte aufweisen: „Das gängige Klischee von sozial vereinsamten Computer-Kids findet in der empirischen Realität keine Entsprechung", heißt es in dem Bericht. Zudem sind Computerspiele beileibe keine einsame Angelegenheit. Fast 40 Prozent der befragten Jugendlichen gaben an, gemeinsam mit Freunden zu spielen, 30 Prozent mit Online-Partnern.

das Stereotyp: vereinfachendes Urteil, klischeehaftes Bild

der Nerd: sehr intelligenter, aber sozial isolierter Computerfan

die Revision: Änderung der Meinung

Zu einem ähnlichen Ergebnis kamen die Wiener Medienwissenschafterinnen Gerit Götzenbrucker und Margarita Köhl, die eine Gruppe von Online-Rollenspielern über zehn Jahre hinweg begleitet haben. Dabei stellten sie unter anderem fest, dass die Kontakte, die in der virtuellen Welt geknüpft werden, reale Beziehungen keineswegs ersetzen, sondern – im Gegenteil – erweitern und bereichern. Auch die typische Spielerkarriere entspricht nicht dem Klischee: Zwar blieben erstaunlich viele Studienteilnehmer ihrem jugendlichen Hobby auch als Erwachsene treu, passten es aber durchaus harmonisch in ihren normalen Arbeits- und Familienalltag ein. Computerspiele werden konsumiert wie Fernsehen, Kino, Bücher – als ganz normales Freizeitvergnügen. Götzenbrucker und Köhl sprechen von einer „Life-Work-Game-Balance". Von einer Sucht, die alles andere verdrängt, kann nicht die Rede sein.

pessimistisch: durch negative Erwartungen bestimmt

repetitiv: sich wiederholend

pauschal: sehr allgemein beurteilt

über einen Kamm scheren: alles gleich behandeln und dabei wichtige Unterschiede nicht beachten

Diese Befunde werden niemanden überraschen, der sich jemals mit Computerspielen beschäftigt hat – also gut die Hälfte der Bevölkerung. Warum werden Spiele trotzdem so argwöhnisch beurteilt? Ganz einfach: Weil jedes neue Medium mit kulturpessimistischen Vorurteilen zu kämpfen hat. Der amerikanische Hightech-Journalist Steven Johnson schlägt in diesem Zusammenhang ein Gedankenexperiment vor: Was, wenn Videospiele schon vor vielen Jahrzehnten, Bücher aber erst kürzlich erfunden worden wären? Die üblichen Experten wären unweigerlich zur Stelle, um die Jugend vor der neuen Gefahr zu warnen: Bücher unterforderten die Sinne, weil man sich in ihnen nicht – wie im Computerspiel – auf eigene Faust durch einen komplexen Erfahrungsraum bewegen könnte; Bücher isolierten den Leser von seiner Umwelt, weil man sie nicht – wie das Computerspiel – gemeinsam auf der Couch oder im Internet genieße, sondern einsam, ohne jeglichen Sozialkontakt. Und das Schlimmste: Bücher ließen keine eigenen Entscheidungen zu, weil man dazu gezwungen sei, passiv Zeile für Zeile abzuarbeiten. Fazit: Wer seine Kinder liebe, verbiete ihnen dieses Teufelszeug.

Komplexität. Nun würde niemand im Ernst behaupten, dass Computerspiele pädagogisch wertvoller seien als Bücher. Aber wertvoll sind sie allemal. Johnson schlägt eine Kompromissformulierung vor: „Die heutige Populärkultur weist uns womöglich nicht den Weg zur Rechtschaffenheit. Aber sie macht uns klüger." Wer Spiele nur aus der Amokläufer-Nachrichtenmeldung kennt, wird auch das bezweifeln. Dabei lässt sich diese Tatsache einfach belegen. Denn Computerspiele sind weder simpel noch repetitiv, sondern im Gegenteil hochkomplex und im Regelfall auch ziemlich frustrierend. Das müssen sie auch sein, denn der Computerspieler will nicht unter-, sondern überfordert werden. Das Spiel belohnt ihn im Gegenzug für seine Anstrengungen durch den Aufstieg ins nächste Level, den nächsten, noch kniffligeren Auftrag, eine noch schlagkräftigere Waffe (wobei den meisten Spielern klar ist, dass es sich um Spielzeugwaffen handelt). Leistung wird im Computerspiel honoriert, Entscheidungsfreude genauso. Dazu kommt, dass bei den meisten modernen Computerspielen – im Gegensatz zu Schach oder Federball – das Ziel des Spieles zunächst genauso unklar bleibt wie die Art und Weise, auf die es erreicht werden soll. Der Spieler ist darauf angewiesen, Hypothesen zu entwickeln, auszuprobieren, zu verwerfen oder bestätigen, kurz: quasi wissenschaftlich zu arbeiten.

All das macht die angeblich so schädlichen Spiele auch für Pädagogen interessant. Der Wiener Medienpädagoge Konstantin Mitgutsch widmete sich eingehend der Frage, wie Computerspiele für den Schulunterricht nutzbar gemacht werden können. Gemeinsam mit Michael Wagner von der Donau-Universität Krems führte er im vergangenen Schuljahr einen vom Bildungsministerium in Auftrag gegebenen Pilotversuch durch, bei dem an sieben Schulstandorten in Österreich handelsübliche Computerspiele (also keine Lernsoftware) in den Lehrplan aufgenommen wurden. Im Biologie-Unterricht wurde etwa eine Zoo-Simulation gespielt, bei der auch ein Online-Lexikon verwendet werden musste. Anstelle eines Tests verfassten die Schüler anschließend Blogs über ihre Erfahrungen als Zoo-Manager. Das – nicht repräsentative – Ergebnis motiviert zu weiteren Studien. Unter anderem zeigte sich nämlich – auch zur Überraschung der Forscher –, dass die Spiele offenbar die soziale Kommunikation während des Lernprozesses fördern. Insgesamt gehen sie von einem signifikanten pädagogischen Potenzial aus. Trotzdem warnt Mitgutsch vor verfrühter Euphorie: „Zu 85 Prozent resümieren die beteiligten Schüler den Versuch positiv. Der Rest meinte aber, dass die Spiele zu kompliziert gewesen sind. Das sind genau die Kinder, die auch zu Hause nicht spielen. Das Problem besteht darin, dass die Lehrer diese Kinder kaum unterstützen können, weil sie großteils selbst überfordert sind." Fast ein Drittel der beteiligten Lehrer musste mangels digitaler Grundbildung schon den Vorbereitungskurs frustriert abbrechen.

Aber worin besteht nun das pädagogische Potenzial von „Spore" oder „FIFA Soccer"? Mitgutsch: „Jedes Genre kann pädagogisch interessant werden. Die Frage ist, worauf man den Fokus legt: auf motorische Geschicklichkeit, auf logisches Denken, auf die Konzentrationsfähigkeit oder auf Medienkompetenz. Sogar Managementfähigkeiten lassen sich trainieren: Wer es schafft, in „World of Warcraft" 70 Online-Spieler aus aller Welt gleichzeitig an einem Auftrag arbeiten zu lassen, wird auch im realen Leben eine gewisse Führungskompetenz entwickeln. Der Kardinalfehler ist, Computerspiele pauschal über einen Kamm zu scheren."

sensomotorisch: auf dem durch Reize bewirkten Zusammenspiel von Sinnesorganen und Muskeln beruhend

analytisch: auf einem logischen Verfahren beruhend

die Selbstreflexion: Nachdenken über die eigene Person

dezidiert: bestimmt, entschieden

Wie vielfältig sich die Förderpotenziale handelsüblicher Computerspiele gestalten, bewies auch eine Studie des Münchener Instituts für Medienpädagogik JFF: Insgesamt 30 populäre Computerspiele wurden dabei auf ihr kompetenzförderndes Potenzial getestet: moralische Urteilsfähigkeit, Wahrnehmung und Aufmerksamkeit, sensomotorische Koordination, analytisches und kreatives Denken, emotionale Selbstkontrolle und kritische Selbstreflexion. Jeder dieser Bereiche wurde von zumindest einem der getesteten Spiele abgedeckt, wobei bemerkenswert viele Spiele gleich mehrere Kompetenzen förderten (darunter übrigens auch das gemeinhin als „Killerspiel" verpönte „Counter-Strike"). Und noch etwas konnten die JFF-Forscher belegen: „Normale" Spiele haben dezidierter Lernsoftware pädagogisch etwas voraus, denn: „Ein hinreichendes Motivationspotenzial kann als generelle Voraussetzung für Kompetenzförderlichkeit gelten." Den Medienpädagogen Christian Swertz überrascht das nicht: „Natürlich lässt sich eine Liste von 15 Additionen im Rahmen eines Kampfes gegen den bösen Eiskönig amüsanter aufbereiten als im Mathematikübungsbuch. Der Spielcharakter geht dabei aber verloren. Wesentlich effektiver wäre es, Spiele mit pädagogischem Inhalt zu entwickeln, die nicht als verkleideter Test, sondern als echtes Spiel daherkommen."

„Digitaler Akzent". Schließlich geht es in diesem Kontext nicht primär um die Vermittlung klassischen Schulwissens. Wer am Computer spielt, lernt nicht für die Mathematikschularbeit, sondern buchstäblich fürs Leben. Kinder wissen das bereits, die beteiligten Erwachsenen (Erziehungsberechtigte wie Lehrer) zum Großteil noch nicht. Denn sie leiden an dem, was Medienwissenschafter einen „digitalen Akzent" nennen: Man merkt ihnen an, dass sie nicht in der digitalen Kultur aufgewachsen sind, das Digitale nicht ihre Muttersprache ist: „Wer E-Mails ausdruckt oder Chat-Zeichen falsch verwendet, hat diesen Akzent", erklärt Konstantin Mitgutsch. Und wo verschiedene Akzente aufeinandertreffen, entstehen mitunter Kommunikationsprobleme. Christian Swertz spricht gar von einem Kulturbruch. „Ein Beispiel: Die westliche Buchkultur orientiert sich typischerweise an ewigen Gültigkeiten und letzten Wahrheiten. In der Computerkultur ist so etwas unerheblich. Elektronische Daten sind flüchtig, womit letztlich nur die unmittelbare Gegenwart zählt."

Der Untergang des Abendlands breche deswegen freilich noch nicht an: „Wir haben keinen Maßstab, von dem aus wir beurteilen könnten, ob die Computerkultur besser oder schlechter wäre. Sie ist einfach anders." Vor allem aber ist sie spielerischer: Ein E-Mail wird ungezwungener verfasst als ein handschriftlicher Brief. Wer seine Steuern online überweist, leidet weniger als der, der sein Bargeld noch persönlich am Bankschalter abgibt. Wer gar am internationalen Kapitalmarkt spekuliert, kann den Bezug zur Realität schon einmal komplett verlieren. Auch in zwischenmenschlichen Beziehungen herrscht, dank SMS, Facebook und Singlebörse, zunehmend die Unverbindlichkeit – und damit auch das Spielerische. „Computer verführen zum Spielen. Und zwar auch Erwachsene", erklärt Swertz. „Die alte These vom Verschwinden der Kindheit ist so gesehen unsinnig. In Wirklichkeit verschwindet das Erwachsensein." Das Leben ist ein Spiel.

(Sebastian Hofer: Wir spielen Leben. In: Profil 48/2008. S. 86-93.)

Kriminalität und Internet

Hacken: In fremde Computersysteme eindringen (um sich Daten zu verschaffen)

Dass das **Internet** unsere Gesellschaft verändert hat, ist unumstritten. Die mutmaßlichen Folgen, wie soziale Vereinsamung, steigende Gewaltbereitschaft und Computersucht, werden von den Medienpädagogen jedoch unterschiedlich beurteilt. Viele sind der Meinung, dass intensive Computernutzung nicht unbedingt zu auffälligen sozialen Verhaltensweisen führen muss. In diesem Zusammenhang wird auch oft die zunehmende **Internetkriminalität** genannt, hier im Besonderen das Hacken.

In dem Hackerthriller **„Sleepy Simon"** von Frank Stieper geht es um den 17-jährigen Kai, dem es gelingt, das Sicherheitssystem eines Pharmakonzerns zu knacken. Als er seine Community um Hilfe bittet, muss er erkennen, dass diese nichts mit dem Hack zu tun haben will.

Gruppenarbeit

Ü 13: Computerhacker ★

Lesen Sie den Textausschnitt aus „Sleepy Simon" und diskutieren Sie folgende Fragen in der Gruppe:

- Was fällt Ihnen an der Sprache im Chatroom auf, was ist das Besondere?
- Wie sieht Ihr Sprachgebrauch im Internet aus?
- In welchen Foren chatten Sie regelmäßig?

Frank Stieper: Sleepy Simon

Mit einem unhörbaren Seufzer bestätigt Kai die Eingabe der Internetadresse mit der Enter-Taste. Nach wenigen Sekunden blinken die zwei kleinen Computer-Symbole in der rechten unteren Bildschirmecke. Ungewohnt schnell baut sich die Homepage der Community auf. Kai gibt das Systempasswort ein, vertippt sich dabei jedoch einige Male, bis es ihm beim vierten oder fünften Mal schließlich fehlerfrei gelingt. Die nächste Abfrage erwartet Nickname und persönliches Passwort. Dann erscheint das Chatfenster. Auf der rechten Seite befindet sich eine aktuelle Liste mit den Namen der anwesenden Chatter. Um diese Zeit sind noch nicht allzu viele da. Kai liest die Namen durch, dann reibt er sich die Stirn und murmelt: „Mist."

Zur Sicherheit geht er gleich noch einmal die Liste durch, doch der Name NEXUS taucht nicht auf. Kai überlegt angestrengt, was er jetzt tun soll. Ich kann doch nicht bis heute Abend hier warten, denkt er verärgert Enttäuscht lehnt er sich zurück. Sein Blick fällt auf das Ledersofa. Er konnte sich dort in die Ecke pflanzen und GIGA sehen. Doch schnell verwirft er diesen Gedanken wieder. So lange kann er auf keinen Fall warten. Er muss es auf eine andere Weise versuchen. Hastig fängt er an zu tippen, um sich am laufenden Gespräch zu beteiligen.

xStream betritt den Raum
(xStream) hi leute brauche dringend hilfe
(sp8472) hi xstream auch wieder mal im lande
(xStream) hi sp8472 weißt du wann nexus wieder im chat ist?
*(sp8472) keine ahnung musst dich wohl etwas gedulden *blinzel**
(xStream) schade werde den chat im auge behalten cu later
(sp8472) asta la vista baby
xStream verlässt den Raum

Gerade will Kai den Chatroom verlassen, da betritt bugMASTER den Raum.

bugMASTER betritt den Raum

Kai reagiert sofort.

xStream betritt den Raum
(xStream) hi buggy muss dich dringend sprechen

Ungeduldig wartet Kai auf die Antwort. Er hat Glück, bugMASTER willigt ein. Er ist bereit sich mit Kai in einem privaten Chatroom zu unterhalten. Es erscheint ein zweites kleineres Fenster mit dem Hinweis, dass sein Gegenüber gesprächsbereit ist.

(bugMASTER) hi xStream alter lamer wenn das was du mir mitzuteilen hast nicht annähernd lebenswichtig ist bin ich weg
(xStream) du wirst lachen es ist lebenswichtig. sagt dir der name retropharm was? (bugMASTER) harte nuss unmöglich zu knacken solltest deine finger von lassen
*(xStream) Schon passiert *räusper**

Einen Augenblick ist Funkstille auf der anderen Seite. Erst nach einer ziemlich langen Pause meldet sich bugMASTER wieder.

(bugMASTER) zieh leine angeber. verarschen kannste anfänger, aber nicht buggy

Böse starrt Kai auf den Monitor. Jede Reaktion hätte er im Chat erwartet, aber nicht diese.
Und schon gar nicht von buggy. Ist es etwa das, was sie unter Community verstehen?

(xStream) buggy hör mir zu .hab sogar beweise vom server runtergeladen. hab's echt geknackt das ding. glaub mir

*(bugMASTER) hör mal kleiner die passwörter sind rsa-codiert. da kommste nicht so ohne weiteres rein. es sei denn du legst die sekretärin flach *sabber* und entlockst ihr mit deinem aufdringlichen rasierwasser ein paar leckere passwörter während du hibbelig an ihrem ohrläppchen knabberst. bin also sehr gespannt auf deine beweise. poste sie ins board, damit wir alle was davon haben. dann biste der größte *knuddel*. also her mit den beweisen, sonst ists essig mit unserer beziehung *türknall**

(xStream) ich würde euch die docs gern zeigen, aber die typen haben es irgendwie geschafft an meine adresse zu kommen. jetzt sind die schweine hinter mir her. wollten mich heute tatsächlich umbringen verdammt noch mal du musst mir helfen. oder gib mir wenigstens nen tipp. sonst bin ich erledigt mann

Aber bugMASTER schweigt. Völlig aufgelöst knabbert Kai an seinem Daumennagel. Am liebsten würde er diesem arroganten Kerl eine verpassen. Erst nach einer nervtötend langen Pause hält buggy es für angebracht zu reagieren.

*(bugMASTER) sorry aber das ist dein problem. da musst du allein durch. bin nicht besonders scharf in so ne heiße sache reingezogen zu werden wenn du so ein stümper bist und nicht sauber hacken kannst ohne erwischt zu werden hast du verdammt noch mal ein echtes problem. lass also künftig deine schmierfinger von solchen aktionen. hör auf jemandem der eine dicke schicht hornhaut auf seinen fingerkuppen hat. schließlich bist du ohne unser wissen da reingehackt. warn alleingang von dir. also räum deinen scheiß auch allein wieder auf und verlang hinterher nicht von uns den dreck wegzumachen. *rip**

(Stieper, Frank: Sleepy Simon. München 2008, S. 77-81.)

Üben

SbX ID: 1632

Einzelarbeit

SbX Den vollständigen Artikel finden Sie unter der ID: 1632.

Ü 15: Excerpt ★★

Lesen Sie den vollständigen Artikel „Jugendfernsehen zwischen Zeitgeist und Zielgruppe" von Beate Großegger. Fassen Sie die wichtigsten Aussagen des Artikels in einem übersichtlichen Exzerpt zusammen.

Gruppenarbeit

Ü 16: Jugend und Fernsehen ★★

Diskutieren Sie nach der Lektüre des Artikels „Jugendfernsehen zwischen Zeitgeist und Zielgruppe" die folgenden Fragen in der Gruppe:

a) Gibt es heute noch „das Jugendfernsehen"?

b) Was wird unter dem Begriff „juveniles Erwachsenenpublikum" verstanden und wie reagieren manche Sender darauf?

c) Wie entstehen Gemeinsamkeiten bei Jugendlichen?

d) Welche Rolle spielen Informationssendungen, Serienunterhaltung und Musik-TV bei den Jugendlichen?

Einzelarbeit

Ü 17: Macht Fernsehen blind? ★★

Die nachfolgende Tabelle zeigt Ihnen das Ergebnis einer Umfrage zum Fernsehkonsum an Werktagen (in Prozent). Die Fragestellung lautete: „Tragen Sie ständig oder gelegentlich eine Brille, abgesehen von normalen Sonnenbrillen oder Schutzbrillen, oder tragen Sie Kontaktlinsen?"

Beschreiben Sie die Daten dieser Tabelle und ziehen Sie daraus Schlussfolgerungen.

Bis etwa	1 Stunde	2 Stunden	3 Stunden	4 Stunden u. mehr
Ja, trage Brille oder Kontaktlinsen	53	55	62	69
Nein	47	45	38	31

(Quelle: Troxler, Regula: Der gläserne Wähler/Konsument. 1x1 der Politik, Bd. 4 2009. S. 36 f.)

Einzelarbeit

Ü 18: Fernsehen ★★★

Verfassen Sie eine Erörterung, in der Sie die Vor- und Nachteile des Fernsehens aus unterschiedlichen Blickwinkeln beleuchten und auch Ihre eigene Meinung nachvollziehbar argumentieren.

Gruppenarbeit

Ü 19: Hacken als Beruf? ★★★

Lesen Sie den Artikel „Von Hackern gefeiert, vom Chef gefeuert" aus dem Spiegel und verfassen Sie einen Leserbrief an die Redaktion!

18-jähriger Programmierer – Von Hackern gefeiert, vom Chef gefeuert

Peter Kleissner geht zwar noch zur Schule, spricht aber schon auf Hacker-Konferenzen wie der „Black Hat" in Las Vegas, wo der 18-Jährige prompt ein Angebot von Microsoft bekam. Zuhause hat er gerade seinen Job verloren – weil er ein Tarnkappenprogramm an Behörden verhökern möchte.
Von Mathias Hamann

der Nerd: sehr intelligenter, aber sozial isolierter Computerfan

„Erstens Ruhm, zweitens Erfolg, drittens Geld!" – diese drei Motive nennt Peter Kleissner als Antrieb, in dieser Reihenfolge. Ein Nerd, wie man ihn sich üblicherweise vorstellt, ist er nicht: Mit seinen verwuschelten Haaren und den blonden Spitzen sieht der 18-Jährige aus wie der coole, aber etwas schüchterne Junge in einer Foto-Lovestory der „Bravo". Der Schüler aus einem Wiener Vorort geht in Clubs, hört HipHop, schaut MTV und programmiert nebenher – zum Beispiel Software für unauffälligen Passwort-Klau.

Sein bislang wichtigstes Werk heißt „Stoned" und agiert wie eine Tarnkappe. Darunter kann Software laufen, die unbemerkt das Passwort einer Verschlüsselung mit „TrueCrypt" belauscht. Mit der Open-Source-Software „TrueCrypt" lassen sich Festplatten chiffrieren und somit zum Beispiel auch Kinderpornos verstecken; daher könnte Kleissners Programm Ermittler interessieren – Stichwort Bundestrojaner. Passwörter klauen ist aber auch äußerst unfein, gilt als feindselige, bösartige Form des Hackens. Seinem bisherigen Arbeitgeber gefiel Kleissners Tarnkappen-Software gar nicht – deshalb verlor der 18-Jährige vor kurzem seinen Job. Kleissner scheint das nicht übermäßig zu stören – spätestens seit er zu einer der wichtigsten Hacker-Tagungen der Welt eingeladen wurde, hofft er auf eine große Zukunft in der Code-Branche.

Seit seinem vierten Lebensjahr ist Kleissner fasziniert von Computern. Sein erster lief noch mit MS-DOS und Windows 3.11. Ein Jahr muss er jetzt noch zur Schule, er mag die Fächer Wirtschaft und Recht. Und Informatik? War langweilig, als er es noch hatte: „Am Anfang fanden es die Lehrer toll, wenn jemand mehr kann, aber später war es ihnen unangenehm." Mit 17 schon wollte er sein Talent vergolden und bewarb sich bei Ikarus Security Software, einer Firma für Computersicherheit in Wien. „Für sein Alter war der Bua ein guter Coder," erinnert sich Josef Pichlmayr. Der Ikarus-Chef gibt dem Schüler einen Nebenjob als Programmierer; Zugang zu Viren hatte Kleissner laut Firmenangaben nie.

40 Stunden Schule, 30 Stunden Job, 30 Stunden Freelance-Hacken

Trotzdem erwacht in dieser Zeit das Interesse des Strubbelkopfs an Schadsoftware – Programme, die Rechner lahmlegen, Daten ausspähen, Dateien vernichten oder PC fernsteuern.

Seiner Schule half er gegen Attacken auf das hauseigene Netzwerk, trotzdem „hat man mir mal den Schüleraccount zum Netzwerk gesperrt," sagt Kleissner. Schulleiter Peter Cernov kann das gerade nicht überprüfen, in Österreich sind noch Sommerferien, die Lehrer nicht da.

Im Mai 2009 beschloss Peter, sein Projekt „Stoned" für eine berühmte Hacker-Konferenz einzureichen. Neben 40 Stunden Schule und 20 bis 30 Stunden Nebenjob pro Woche werkelte er bis zu 30 an seinem Tarnkappen-Programm – den ganzen Juni lang.

Mit Erfolg: Die Organisatoren um Hacker-Legende Jeff Moss luden ihn nach Las Vegas ins Hotel „Caesars Palace" zur Konferenz „Black Hat". Ende Juli flog Kleissner in die Casino-Stadt. Dort erreichte ihn die E-Mail seines Chefs; der hat etwas spitzgekriegt: Der jüngste Angestellte weist im Code seines Programms darauf hin, dass er es verkaufen möchte. „Das war so, wie ein krimineller Schreiber von Schadsoftware das machen würde", erinnert sich Ikarus-Boss Pichlmayr. Also forderte er von seinem Mitarbeiter: „Er sollte den Verkauf stoppen und nach seiner Rückkehr umgehend in meinem Büro erscheinen."

Aber erstmal genoss Kleissner die Aufmerksamkeit auf der „Black Hat"; obwohl sein Englisch schlecht ist, macht sein Vortrag Eindruck. „Leute von Microsoft haben mir zu einem Praktikum in der Firmenzentrale geraten," sagt Kleissner stolz. „So etwas kommt vor, zu Details sagen wir nichts," erklärt Microsoft-Sprecher Thomas Baumgärtner auf Nachfrage von SPIEGEL-ONLINE.

Auf der Rückreise knackt Kleissner nebenbei ein Flughafen-Terminal

Der Software-Gigant, Förderer der „Black Hat", lud Kleissner auch zur traditionellen Party auf der Hacker-Konferenz ein. Wovon der Schüler aber nichts hatte – er kann zwar digitale Sicherheitshürden umgehen, nicht aber die Alterskontrolle: Im Saal gab es Alkohol, der ist in den USA ab 21 und Kleissner gerade 18.

Auf der Rückreise tat er dann einmal mehr das, was ihm Erfolg aber auch noch viel Ärger einbringen könnte: Er verschaffte sich Zugang zu einem eigentlich abgesicherten Rechner. Kleissner musste am Flughafen Zürich sechs Stunden warten, aus Langeweile kaperte er flugs einen Internet-PC im Wartebereich und ließ ihn hundert Seiten ausdrucken. Auf seiner Website zeigt er ein paar verwackelte Fotos und erklärt detailliert seine Tricks. Ein Kommentator mahnt: „Fünf Ausdrucke hätten auch gereicht."

Zurück in Wien ging es ins Büro des Chefs, dort heißt es: Entweder Vermarktung stoppen oder er fliegt. Peter Kleissner möchte sein Werk an Behörden oder Ermittler verkaufen; er glaubt, die Verbreitung kontrollieren zu können. Doch will sein Boss ihm glauben? Nein. „Das ist absolut nicht mit dem Kodex der Sicherheitsindustrie und natürlich auch unseres Hauses vereinbar", stellt Pichlmayr klar. Er kündigt dem Schüler fristlos.

der Kodex: ungeschriebene Verhaltensregeln

Wie schützt sich der Hacker vor Viren? Gar nicht

Kleissner sagt, bei ihm habe sich schon ein Interessent vom Landeskriminalamt Niedersachsen gemeldet; dort heißt es lapidar: „Selbst wenn es so wäre, sagen wir nichts." Constanze Kurz, Sprecherin des Chaos Computer Club ist skeptisch, was die Erfolgsaussichten des Schülers angeht: „Ich warne vor zu viel Optimismus." Die Dozentin für Informatik der Humboldt-Universität Berlin weiß: Behörden und Polizei haben ihre Firmen, „das sind langjährige Partner, da hat man als Freelancer kaum Chancen." Außerdem findet sie es ethisch bedenklich, ein Programm zu verhökern, das anderen schadet.

lapidar: kurz und knapp, aber treffend

der Freelancer: freier Mitarbeiter

Wie schützt Peter Kleissner eigentlich seinen eigenen PC? Nutzt er Linux als Betriebssystem? „Nein," sagt er und schmunzelt, „ich hab Windows Vista und nicht mal einen Virenschutz." Seinen Ex-Arbeitgeber will er wegen der fristlosen Kündigung vielleicht verklagen; nebenher macht er jetzt erstmal die Matura, das österreichische Äquivalent zum Abitur. Schon jetzt will er sich selbständig machen – und nach dem Schulabschluss an der TU Wien Informatik studieren.

das Äquivalent: das Entsprechende, Gleichwertige

(http://www.spiegel.de/netzwelt/web/0,1518,647342,00.html; 8.9.2009)

Einzelarbeit

Ü 19: Gewalt und Computer ★★★

Verfassen Sie eine Erörterung zum Thema „Computerspiele – eine reale Gefahr?"! Verwenden Sie den Artikel „Wir spielen Leben" von Sebastian Hofer aus dem Profil (Ü 12) sowie den folgenden Text zum Thema „Computerspiele und Gewalt" als Impulstexte. Bauen Sie Ihre eigenen Erfahrungen mit Computerspielen als Kernaussage in die Arbeit ein!

Computerspiele und Gewalt

Wie wirkt sich virtuelle Gewalt auf die Persönlichkeit und das Verhalten von Kindern und Jugendlichen aus? Machen Computerspiele aggressiv und gewalttätig? Führt der übermäßige Konsum gewalthaltiger PC-Spiele zu schlechten Schulleistungen? Und welche Forschungsmethoden sind besonders geeignet, um diesbezüglich gesicherte Erkenntnisse zu erhalten?

virtuell: nicht echt; nicht in Wirklichkeit vorhanden, aber echt erscheinend

kontrovers: einander entgegengesetzt, umstritten

Antworten auf diese kontrovers diskutierten Fragen bot der international besetzte Kongress „Computerspiele und Gewalt", auf dem am 20. November 2008 die neuesten Ergebnisse der Medienwirkungsforschung vorgestellt sowie pädagogische und politische Konsequenzen beleuchtet wurden. Geladen hatte die Hochschule München (Prof. A. de Bruin) in Kooperation mit der Ludwig-Maximilians-Universität München (Prof. J. Kahlert; Dr. M. Kandler). Das Interesse am Thema war sehr groß. So nahmen 650 Teilnehmer, darunter Vertreter aus Bildungspolitik und Wissenschaft sowie Lehrkräfte, Studierende und Eltern an der Veranstaltung teil.

die Metaanalyse: Zusammenfassung von Einzelanalysen

die Kognition: Gesamtheit aller Prozesse, die mit dem Wahrnehmen und Erkennen zusammenhängen

normativ: als Richtschnur dienend, eine Regel darstellend

der Affekt: heftige geistige Erregung, Zustand außergewöhnlicher geistiger Angespanntheit

die Prosozialität: Verhalten, das von einer Gerechtigkeit gegenüber anderen bestimmt wird

präferieren: bevorzugen

physiologisch: die Lebensvorgänge im Organismus betreffend

Fazit

Zu dem Thema der Gewaltwirkungen bei Computerspielen sind die **Ergebnisse der Meta- und Längsschnittanalysen nationaler und internationaler Wirkungsforschung** relativ eindeutig: Im Einzelnen wurde auf dem Medienkongress gezeigt, dass

- der Konsum von Mediengewalt die Wahrscheinlichkeit aggressiven Verhaltens, aggressiver Kognitionen (z.B. normative Überzeugungen) und aggressiver Affekte bei Kindern und Jugendlichen sowohl kurzfristig als auch langfristig erhöht.
- Prosozialität bzw. Hilfsbereitschaft und das Einfühlungsvermögen und Mitleid hingegen deutlich abnehmen.
- die Ausstattung von Kindern mit Mediengeräten bereits deutlich die Gefahr schulischer Leistungseinbußen erhöht (je niedriger der Bildungshintergrund, desto größer die Medienausstattung und desto höher der Medienkonsum).
- erhöhte Medienzeiten der Kinder – insbesondere aber die Nutzung gewalthaltiger Angebote – mit schlechteren Schulleistungen einhergehen. Hiervon sind insbesondere Jungen betroffen, da diese bereits im Grundschulalter mit Mediengeräten ausgestattet sind, höhere Nutzungszeiten als Mädchen aufweisen und gewaltbetonte Filme und Spiele stärker präferieren.

Weiterhin wurde festgestellt, dass

- es durch Computerspiele zu einer Zunahme an physiologischer Erregung kommt, was wiederum Voraussetzung für entsprechend ungehemmtes Verhalten ist.
- das Spielen von gewalthaltigen elektronischen Spielen der stärkste Risikofaktor für Gewaltkriminalität ist.
- die Bereitschaft zur Gewalt über die Jahre mit zunehmendem Konsum von medialer Gewalt ansteigt.
- sowohl mediale wie reale Erfahrungen von aggressiven Emotionen wie Hass und Wut, verbunden mit dem Rachemotiv, die Hauptrisikofaktoren für Schülergewalt und Gewaltkriminalität darstellen.
- aggressivere Menschen sich vermehrt gewalthaltigen Medien zuwenden und dies wieder zu verstärkt aggressivem Verhalten führt, d.h. Medienselektion und Medienwirkung verstärken sich gegenseitig im Sinne einer Abwärtsspirale.

Mit den Studien zu den Auswirkungen von Medien auf die Nutzer wurde jedoch nicht behauptet, dass es nicht auch andere Bedingungen für die Entstehung von Gewaltbereitschaft und gewalttätigem Verhalten gebe. Der Konsum von gewalthaltigen Computerspielen allein mache noch niemanden zum Täter. Er sei einer – wenn auch ein wichtiger – von vielen Einflussfaktoren.

(Kongress „Computerspiele und Gewalt": Zusammenfassung der Ergebnisse. Herausgeber: Staatsinstitut für Schulqualität und Bildungsforschung München; www.medieninfo.bayern.de)

Einzelarbeit

Ü 20: Manipulation durch Medien? ★★

Betrachten Sie die beiden nachstehenden Fotos. Zeigen Sie die Unterschiede auf und legen Sie, davon ausgehend, in Form einer Erörterung die Gefahren der Manipulation durch Medien dar. Sie können sich dabei auch auf Heinrich Bölls Roman „Die verlorene Ehre der Katharina Blum" beziehen.

Vermummte Demonstrierer sprayen an der Wiener Universität Parolen gegen Wissenschaftsminister Hahn an die Wände – die Besetzung des Audimax ging auch am Wochenende weiter. Hahn wird vorgeworfen, „zu feig zu sein, sich den Besetzern persönlich zu stellen". Der Minister sei eben „nicht mehr an studentischen Anliegen interessiert, sondern geistig schon als EU-Kommissar in Brüssel angekommen", heißt es von Seiten der Studenten. (Über ihre Forderungen siehe auch „Thema des Tages"). Foto: AFP

(Kronen Zeitung, 1.11.2009)

(Foto von Thomas Jank, veröffentlicht auf http://unsereuni.at/?p=4920 am 2.11.2009)

Sichern

die Kurzfassung
Der Sachtext wird ungefähr auf ein Drittel, max. die Hälfte, möglichst gleichmäßig gekürzt. Es sollen keine Passagen abgeschrieben werden, die **eigene Meinung ist hier nicht gefragt.**

der Leserbrief
Er bezieht sich meist auf einen Beitrag in einer Zeitung oder Zeitschrift und wird von Privatpersonen oder Interessensgruppen an die Redaktion geschickt. Man möchte, dass die **eigene Meinung veröffentlicht** wird und somit zur **Meinungsbildung** bei anderen Leserinnen und Lesern beiträgt. Der Schreibgrund kann der Ausdruck von Zustimmung, Ergänzung, Richtigstellung oder Widerspruch sein.

das Exzerpt
Die wichtigsten Informationen eines Sachtextes werden **stichwortartig** und **gut strukturiert** zusammengefasst. Exzerpte eignen sich besonders als schriftliche Grundlage für Referate und zur Prüfungsvorbereitung.

die Erörterung
In einer Erörterung soll ein eigener Standpunkt zu einer Fragestellung gefunden und argumentativ dargelegt werden. Bei Erörterungen (Problemarbeiten) lassen sich zwei Typen unterscheiden: die **textgebundene** und die **freie Erörterung**. Eine Erörterung besteht aus zielführenden, klaren Argumenten und zeichnet sich durch einen zusammenhängenden, logischen Aufbau aus. Ziel ist es, den Leser des Textes durch eine begründbare und nachvollziehbare Argumentation zu überzeugen.

die Inhaltsangabe
Hier wird in knapper Form der Inhalt eines (literarischen) Textes, eines Zeitungsartikels, eines Sachtextes oder eines Films im Präsens sachlich zusammengefasst. In der **Einleitung** werden Titel, Textsorte/Filmgenre, Autor/Regisseur und Erzählform genannt. Im **Hauptteil** wird das Geschehen zusammengefasst. Der **Schluss** soll mögliche Absichten und Wirkungen des Textes/Films wiedergeben.

der Brief
Ein Brief ist eine **schriftliche Mitteilung** an einen bestimmten Adressaten. Eine moderne Form des Briefes ist die **E-Mail**, eine auf elektronischem Weg in Computernetzwerken übertragene, briefartige Nachricht.

das Redemanuskript
Damit ist eine **Vorlage für eine meist anlassbezogene Rede** oder einen Vortrag gemeint. Die Anrede, ein einfacher Satzbau und rhetorische Stilmittel sind wichtige Merkmale eines Redemanuskripts.

Wissen

Wissensaufgabe

So könnte die Aufgabenstellung für die Klausurarbeit aussehen:

Sie arbeiten in der IT-Abteilung einer großen Firma und sollen vor einer Gruppe Lehrlinge einen Vortrag zum Thema „ Das Internet – eine Gefahr für Jugendliche" halten.

1. Lesen Sie die Analyse „Eingeboren oder zugewandert" von Angelika Hager und **fassen Sie die Kernaussagen zusammen!** Achten Sie auf eine eigenständige Formulierung! (Richtwert: 300 Wörter)

Eingeboren oder zugewandert?

Die Medienpädagogik hinkt den digitalen Lebenswelten von Teenagern hoffnungslos hinterher. Ein fahrlässiges Versäumnis.

Die Online-Gesellschaft lässt sich in zwei Klassen einteilen „Digital Natives" und „Digital Immigrants". Der Unterschied ist durch die Gnade der späten Geburt zu begründen: Alle vor 1980 Geborenen fallen in die Kategorie der digitalen Zuwanderer, die nicht mit Computer, Handy und Internet aufgewachsen sind – also Eltern und Lehrer. Auf der anderen Seite stehen die „digitalen Eingeborenen", für die Faxgeräte und Schreibmaschinen allen-

der Dünkel: übertrieben hohe Selbsteinschätzung

der Argwohn: Misstrauen, schlimme Vermutung

falls musealen Wert besitzen, da sie den Umgang mit digitalen Medien von Kindheit an erlernten. Die beiden Begriffe wurden von dem US-Medienpädagogen Marc Prensky geprägt, der darauf hinwies, wie sehr die „ältere" Generation von Dünkel, Misstrauen und Argwohn gegenüber den Gewohnheiten der 2.0-Jugend dominiert wird.

Weitgehend ratlos steht das Bildungs- und Erziehungspersonal vor jungen Menschen, deren Erlebniswelten sich vor allem auf einem Bildschirm abspielen und die ihre Freunde über soziale Netzwerke wie „Facebook" finden. In seinem jüngsten Buch „Educational Leadership" stellt Prensky die klare Forderung an die Pädagogen der Gegenwart: „Hört endlich auf, eure Schüler und Studenten wie Miniaturausgaben von euch selbst zu behandeln. Sie sind nämlich völlig anders als wir. Es wäre falsch und hinterwäldlerisch zu versuchen, unser – im 20. Jahrhundert erworbenes – Wissen diesen Repräsentanten des 21. Jahrhunderts aufzuzwingen."

In den USA wurden bereits Schulversuche gestartet, die Mathematik und naturwissenschaftliche Fächer in die Form von Computerspielen transponieren. Die Möglichkeit des Bloggens als Ersatz für den Problemaufsatz oder das Gestalten von eigenen Homepages im bildnerischen Unterricht waren weitere Optionen, wie Lehrer ihre Schüler und Studenten begreifen lernen konnten, so Prensky. Bald müsse der klassische Frontalunterricht endgültig begraben werden. Denn Lehrer, die ihre Schüler nicht verstünden, könnten diesen auch nichts bringen, so seine einleuchtende Schlussfolgerung.

der Antichrist: Widersacher Christi, der Teufel

stigmatisieren: brandmarken, etwas oder jemanden negativ kennzeichnen

autistisch: realitätsfernes, scheinbar teilnahmsloses Verhalten äußernd

In Österreich findet die Integration digitaler Technologien in den Unterricht von Schulen und Universitäten vergleichsweise zögerlich statt. Der Computer wird, wie das Fernsehen in den siebziger Jahren, noch immer häufig als pädagogischer Antichrist stigmatisiert, der verblödet, verfettet und autistisch macht. Die Kluft zwischen gesellschaftlicher Realität und ihrer oft angstbesetzten Wahrnehmung seitens der „digitalen Zuwanderer" machte das Wiener Medienzentrum Mitte November zum Thema einer Fachtagung mit dem Titel „Mittendrin. Jugendliche leben Medien – und die Medienpädagogik hinkt hinten nach?".

konstatieren: feststellen

eklatant: offensichtlich, in nicht zu übersehender Weise

Deutsche und österreichische Experten referierten über die Sozialisierung durch digitale Medien und die Aneignung und Strukturierung der Welt mithilfe des Internets bei Jugendlichen. Eine deutsche Studie über das Medienverhalten von Teenies mit dem Beobachtungszeitraum 2007 konstatiert eklatante Zuwächse, was die „neuen" Kommunikationszugänge betrifft. Inzwischen besitzen 94 Prozent aller Jugendlichen ein eigenes Handy; jeder zweite Heranwachsende kann in seinem Zimmer das Internet benutzen und tut das auch durchschnittlich täglich zwei Stunden lang. Eine vergleichende Österreichische Studie existiert bis dato nicht.

Als ein zentrales Phänomen der Web-2.0-Revolution gilt das knapp vier Jahre alte Online-Freundschaftsnetzwerk Facebook, das laut Expertenschätzung weltweit inzwischen von nahezu 200 Millionen Menschen genutzt wird. Der Begriff „Web 2.0" wurde von dem US-Computerbuch-Verleger Tom Reilly 2004 geprägt und bezeichnet das Ende des rein passiven Surfens und den Beginn der User-Ära, in der das Internet zunehmend als soziales Netzwerk und Selbstdarstellungs-Plattform benutzt wird. User-Foren wie MySpace, YouTube und Wikipedia waren die ersten Meilensteine der virtuellen „Me-Decade", so der Schriftsteller Tom Wolfe. In der Altersgruppe der 13- bis 35-Jährigen zählt Facebook mittlerweile nicht nur zum fixen Lifestyle-Inventar, sondern zur kommunikativen Überlebensstrategie. Wer nicht drinnen ist, ist sozial out.

prototypisch: als Vorbild dienend

legitimieren: rechtfertigen, als berechtigt erscheinen lassen

atomisiert: zerstückelt, die Ganzheit vernachlässigend

Medienforscher sehen darin nichts Beunruhigendes. Diverse Studien kommen zu einem ähnlichen Ergebnis: Trotz täglichen Online-Chattens mit Facebook-Freunden vernachlässigen die Jugendlichen nicht ihr unmittelbares soziales Umfeld. Dass der Kontakt mit Eltern und Angehörigen oft auf ein Minimum reduziert wird, ist Teil des Abnabelungsprozesses, der prototypisch für die pubertäre Lebensphase ist. „Auf Foren wie Facebook experimentieren die Jugendlichen mit verschiedenen Facetten ihrer Identität", legitimiert der deutsche Soziologe Jan Schmidt vom Hamburger Institut für Medienforschung Facebook als sinnmachende Spielwiese der Persönlichkeitsentwicklung: „Durch Auslandspraktika und Studien in fremden Städten individualisieren sich junge Menschen zusätzlich immer mehr." Diese „atomisierten" Lebensformen würden ein erhöhtes Bedürfnis nach Zugehörigkeit und sozialen Wärmestellen wecken.

denunzieren: öffentlich verurteilen, als negativ hinstellen

drakonisch: sehr streng, hart

drastisch: deutlich spürbar

psychohygienisch: zur Erhaltung der körperlichen und geistigen Gesundheit

Doch Netzwerke wie Facebook verfügen auch über ein Gefahrenpotenzial, dessen Auswirkungen sich der jungen User-Gemeinde noch nicht erschlossen haben. Auf dem virtuellen Dorfplatz kann es leicht zu „cyber-bullying", so der Jargon für Mobbing im Internet, kommen, in dem Gruppenmitglieder verspottet und denunziert werden.

„Hier sollte die Medienpädagogik ein dringendes Handlungsfeld sehen", so die Medienexpertin Klaudia Mattern, Referentin bei der Tagung „Mittendrin": „Anonymität ist in den aktuellen Webwelten keine Option mehr." Jugendliche könnten die Konsequenzen, die diese freiwillige and hemmungslose Aufgabe der Privatsphäre mit sich bringt, nicht abschätzen. In Workshops und Vorträgen sollte Aufklärung betrieben werden, wie sich der fröhliche Exhibitionismus, der auf den sozialen Plattformen betrieben wird, etwa auf eine spätere Jobbewerbung auswirken könnte. Personensuchmaschinen wie 123.people.at oder yasni.de erhöhen die Gefahr von der unterschätzten Transparenz der eigenen Person.

Was die Rolle der Eltern im Umgang mit dem Internet-Konsum ihrer Kinder betrifft, geht es, besonders in der Pubertät, um die heikle Gratwanderung, Freiräume zuzulassen, ohne die emotionale Präsenz aufzugeben. Drakonisches Sanktionieren zielt ebenso ins Leere wie ein von Verständnis triefender Kuschelkurs.

Eine Reglementierung sollte bei exzessiver Computernutzung in jedem Fall stattfinden. Verpasst man nämlich den Zeitpunkt des Eingreifens, „stellt sich ohne Computer für das Kind eine gähnende Leere ein, aus der es sich selbst nicht mehr hinausmanövrieren kann", so Helmut Figdor, Vorsitzender der Arbeitsgemeinschaft „Psychoanalytische Pädagogik". Dann wäre professionelle Hilfe angezeigt. Figdor empfiehlt einen Mittelwert von eineinhalb Stunden täglich, eine zeitliche Beschränkung, die auch für den TV-Konsum kleiner Kinder gelten sollte. Das Kippen in die Online-Sucht verläuft in der Regel schleichend. Ein Indiz dafür, so die Suchtspezialistin und Psychiaterin Gabriele Fischer, ist der drastische Rückgang aller anderen Freizeitaktivitäten; sie empfiehlt, „den Computer zentral im Wohnbereich zu positionieren", um auch Isolation und „Binge-eating", dem wahllosen Hineinstopfen von Snacks, vorzubeugen, das die steigende Übergewichtsrate bei Jugendlichen mit erklärt.

„Der Kommunikationswahn im Netz hat verhaltensauffällige und hypernervöse Individuen hervorgebracht, die immer mehr erfahren und immer weniger wissen", beklagte der „Spiegel" unlängst. Eine ständige Online-Präsenz wird aber in der Arbeitswelt der Zukunft als Signalträger für Engagement und Fleiß gewertet werden.

Wer auch sonntags und spätnachts mailt und SMS versendet, sammelt Fleißpunkte. Und wer diese Form zeitlich nicht beschränkter Kommunikation bereits in seiner Jugend erlernt hat, wird sich auf dem Arbeitsmarkt später leichter tun. Doch eine gewisse Zeit der Nichtverfügbarkeit sollte aus psychohygienischen Gründen trotz wachsenden Konkurrenzdrucks möglich sein.

Nathan Zeldes, Angestellter eines großen amerikanischen Chip-Konzerns, wurde von seinem Arbeitgeber kürzlich damit beauftragt, den Einfluss digitaler Kommunikation auf die Produktivität seiner Kollegen zu überprüfen. Sein Ergebnis: Insgesamt drei Stunden täglich gehen im Schnitt durch das Bearbeiten von großteils überflüssiger Elektropost und der Annahme großteils überflüssiger Anrufe verloren. Mit dem Pilotprojekt „Quiet Time" – einer eineinhalbstündigen Auszeit, in der die digitale Kommunikation verboten und ein Handyverbot erlassen wird – konnte eine deutliche Leistungssteigerung erzielt werden. Ein Modell, das so vernünftig klingt, dass es für ein produktives Miteinander zwischen „digitalen Eingeborenen" und „digitalen Zuwanderern", sprich Teenies und ihren Eltern, durchaus zur Nachahmung empfohlen werden könnte.

(Angelika Heger: Eingeboren oder zugewandert? In: Profil 48/2008. S. 90-91.)

2. **Erörtern** Sie anschließend die Problematik mit besonderem Schwerpunkt auf die „Digital Immigrants" und wie sie sich im Alltagsleben verhalten! (Richtwert: 400 Wörter)

3. Verfassen Sie in einem weiteren Schritt ein **Redemanuskript** für Ihren Vortrag! (Richtwert: 200 Wörter)

4. Beenden Sie Ihre Arbeit mit einer **Mindmap**, die Ihre Ideen und Assoziationen wiedergibt! (Richtwert: 100 Wörter)

Bei der mündlichen Prüfung soll Ihre Ausdrucks- und Diskursfähigkeit geprüft werden. Der Arbeitsauftrag/die Aufgabenstellung könnte folgendermaßen lauten:

Erstellen Sie eine **Kurzpräsentation** (Richtwert 4–5 Minuten), in der Sie

- darauf eingehen, inwiefern die Medienpädagogik den digitalen Lebenswelten der Teenager nachhinkt.
- die Folgen des Verlustes der Anonymität im Internet für die spätere Jobbewerbung aufzeigen.
- ein Beispiel für den Einfluss digitaler Kommunikation auf die Produktivität nennen.

Die Mindmap Ihrer schriftlichen Arbeit soll Ihnen dabei als Vorlage dienen.

Zum Schluss noch ein kurzer Wissens-Check!

Wissens-Check

	☺	😐	☹
Ich weiß, welchen Informations-, Bildungs- und Unterhaltungswert Medien haben.			
Ich weiß, welchen Stellenwert Medien im Leben von Jugendlichen einnehmen können.			
Ich kenne den Unterschied zwischen Digital Natives und Digital Immigrants.			
Ich kenne den Begriff „hacken“.			
Ich kann Texte mit unterschiedlicher Absicht verfassen.			
Ich weiß, wie eine mögliche Aufgabenstellung für die Deutsch-Klausur zum Themenkreis „Medien“ formuliert ist.			

Stichwortverzeichnis

Bildnachweis

Seite 11 (Lesen in der Hängematte, Lesen Betriebsanleitung, Lesen Liegebett), 91 (Balkon der Julia), 96 (Heldenplatz), 109 (Bäume), 111 (Enten), 125 (Schweine), 175 (Stephansdom), 213 (Aida), 253 (Musiker): **MANZ Verlag Schulbuch**

Seite 2 (Gesicht, Bleistifte), 3 (Karabiner), 5 (Zuhören, Lesen), 6 (Sprachbewusstsein), 8 (Bibliothek), 9, 10, 11 (Lesen im Bett, Lesen auf der Wiese, Lesen im Zug, Lesen im Auto, Dackel), 12, 13, 14, 15 (Küchenuhr), 17 (Hund), 18 (4 Bilder), 22 (Elefanten), 25 (Bilder A, B, C), 28 (Magersucht), 29, 31 (Gepäcksförderband), 32 (Koffer, Kind, Kaffee), 34, 35, 36 (Blutdruckmesser), 37, 42 (Papierflieger, Ü 25 Bilder B und C), 47 (Wasser, Frau), 48, 49, 50, 51 (Armdrücken, Struktur), 60, 65, 66, 68, 69, 70 (Alkohol), 71, 72 (Jugend), 77, 78, 79, 84 (Fragezeichen), 106 (HDTV), 110 (Koffer), 112, 116 (Spaghetti), 117, 134, 135 (Nachdenken), 138 (Regen), 140, 143, 147 (Pistole), 152, 153, 155, 182 (Eisberg), 190, 191 (Konflikt), 193, 195, 198, 201, 206 (Frau), 212 (Geschenk, Schachtel), 214 (Präsentation, Stichwortzettel), 216 (Tafel, Flipchart, Overhead, Plan B), 219 (Körpersprache), 220 (Ü 7 Bild F), 224 (Lettern), 225, 227 (Zeitungen), 244 (Multimedia), 253 (Tanz), 254 (chinesische Schriftzeichen), 261, 264, 266 (Gewalt), 268, 269 (Familie), 271, 274, 275, 276 (Multikulti), 277 (Baustelle), 292 (HDTV), 294, 300, 301: **iStock International Inc.**

Seite 3 (Buchhandlung), 5 (Schreiben), 8 (Apfel auf Buch), 27, 28 (Waage), 36 (Malkasten), 51 (Herz), 52 (Galaxie), 53 (Rauchfrei, Rauchen), 54, 55, 61, 70 (Bewegung), 84 (Lichtung), 85 (Trommel), 94, 103 (Mann mit Notebook), 104, 105 (Kartei), 113, 114, 118 (Hochspannungsleitung, Teich), 131, 132, 133, 135 (OP), 137 (Teller), 138 (Augen), 139, 141, 142, 145, 147 (Mann), 154, 156, 157, 163, 164, 167, 172, 178, 179 (Gebärdensprache), 180 (Affen, Schweigen), 181 (Ü 4, Vater und Tochter), 182 (Schiffbruch, Hunde), 184, 191 (Giraffe), 192, 194 (Ärger), 199, 202, 203, 204, 206 (Mann), 212 (Mogelpackung, Visualisierung), 213 (Bücher), 214 (Apfel-iPod), 216 (Pinnwand), 217 (Präsentationsraum), 218, 219 (Augenkontakt, Handzeichen, Referentin, Referent), 220 (Ü 7 Bilder A–E), 224 (Morgenausgabe), 228 (Zeitung), 231, 235, 236, 237, 238, 239, 246, 252, 253 (Felsendom), 254 (Mappe), 260, 262, 272, 277 (Putzfrau), 288, 290 (Magazine, Zeitungen): **Fotolia LLC**

Seite 3 (Goethe), 4 (Sokrates), 85 (Lyra), 87 (Trakl), 91 (Shakespeare), 93 (Romeo und Julia), 95 (Hesse), 129 (Cicero), 226 (Interview), 266 (Schiller), 269 (Kafka), 270 (Mitterer), 292 (Buchdruck, Laterna magica, Schellackplatte, Telegraf, Videokassetten): **Wikipedia** (http://de.wikipedia.org, Dezember 2009)

Seite 15 (Borchert): **www.sub.uni-hamburg.de** (18.1.2010)

Seite 39 (Imre Kertèsz): **http://nobelprize.org** (1.12.2008)

Seite 39 (Benjamin Lebert): **www.faz.net** (1.12.2008)

Seite 43 (Druckerpatronenwechsel): **HP** (www.hp.com)

Seite 43 (Cartoon zu Ü 27): **„Die Presse"** vom 1.12.2008, S. 12.

Seite 72, 96 (Daniel Glattauer): **http://jetztimg.sueddeutsche.de** (1.12.2009)

Seite 83 (Ernst Jandl): **blogsimages.skynet.be** (18.1.2010)

Seite 86 (Blumfeld): **www.musikreportage.de** (18.1.2010)

Seite 89 (Marie Luise Kaschnitz): **ais.badische-zeitung.de** (18.1.2010)

Seite 95 (Ingeborg Bachmann): **www.klagenfurt.at** (18.1.2010)

Seite 95 (Erich Fried): **charivari.files.wordpress.com** (18.1.2010)

Seite 98 (Elisabeth Langgässer): **www.phil-fak.uni-duesseldorf.de** (18.1.2010)

Seite 102 (Duden): **www.wdr.de** (1.12.2008)

Seite 116 (Rumpelstilzchen): **www.oekoheizungen.de** (1.12.2008)

Seite 205 (Klaus Kinski): **historyofourworld.wordpress.com/category/film** (27.7.2009)

Seite 216 (Beamer): **HP Presseservice**

Seite 224 (Gutenberg-Bibel): **http://www.uta.fi/~trjusc/Gutbib2.jpg** (1.12.2008)

Seite 227 (Verkehrsunfall): **ÖAMTC Presseservice**

Seite 240 (Stollen): **Pixelio Media GmbH**

Seite 241 (Werbeplakate Nivea): zur Verfügung gestellt von **Beiersdorf AG** (Nivea)

Seite 241 (Baby mit Logos): **http://www.directmarketing-support.ch/Sponsoring.jpg** (1.12.2008)

Seite 242 (Werbeplakat): **Foto Ogilvy & Mather**

Seite 243 (Benetton-Plakate): **http://tapestry.xeophin.net/uploads/benettonCemetery.jpg; http://bp0.blogger.com/_DmU30WDeUe8/Rr3zfeSE2mI/AAAAAAAAA9E/btkSxaKklEA/s1600-h/priester+küsst+nonne.jpg**

Seite 244 (Plakate Aidshilfe): **Aids Hilfe Wien**, zur Verfügung gestellt von PKP proximity (Agentur der Aids-Hilfe)

Seite 244 (Malteser-Plakat): **http://www.t-online-business.de/c/13/63/60/46/13636046,tid=print,pt=print,si=0.html** (1.12.2008)

Seite 265 (Elfriede Jelinek). **www.boersenblatt.net** (18.1.2010)

Seite 276 (Thomas Glavinic): **www.scene-festival-nrw.de** (18.1.2010)

Seite 290 (Heinrich Böll): **www.macht-der-worte.de** (18.1.2010)

Bilder aus Büchern:

Seite 181 (Verbergen): **Mitschka, Ruth:** Sich auseinandersetzen – miteinander reden. Linz 2000, S. 19.

Seite 183 (4 Ohren): **Schulz von Thun, Friedemann:** Miteinander reden 1. Störungen und Klärungen. Allgemeine Psychologie der Kommunikation. Reinbek bei Hamburg 2000, S. 45.

Seite 189: Coverbild von: **Antoine de Saint-Exupéry:** Der kleine Prinz. Zürich 1992.

Seite 191 (Ratschlag): **Mitschka, Ruth:** Sich auseinandersetzen – miteinander reden. Linz 2000, S. 31.

Seite 217 (Präsentation verkehrt): **Stanek, Wolfgang; Plattner, Siegrid:** Kommunikation und Rhetorik, 2002, S. 85.

Alle anderen Quellenangaben befinden sich direkt bei den Abbildungen. Sämtliche an dieser Stelle nicht angeführten Fotos und Abbildungen wurden von den Autoren selbst erstellt. Alle Rechte für diese Abbildungen liegen bei den Autoren.